RUHSTORFER · KONVERSIONEN

KARLHEINZ RUHSTORFER

KONVERSIONEN

Eine Archäologie der Bestimmung des Menschen
bei Foucault, Nietzsche, Augustinus und Paulus

FERDINAND SCHÖNINGH
Paderborn · München · Wien · Zürich

Bibliographische Information Der Deutschen Bibliothek

Die Deutsche Bibliothek verzeichnet diese Publikation in der Deutschen Nationalbibliographie;
detaillierte bibliographische Daten sind im Internet über http://dnb.ddb.de abrufbar.

Einbandgestaltung: Evelyn Ziegler, München

Gedruckt auf umweltfreundlichem, chlorfrei gebleichtem
und alterungsbeständigem Papier ⊗ ISO 9706

© 2004 Ferdinand Schöningh, Paderborn
(Verlag Ferdinand Schöningh GmbH, Jühenplatz 1, D-33098 Paderborn)

Internet: www.schoeningh.de

Printed in Germany
Satz: Rhema – Tim Doherty, Münster
Herstellung: Ferdinand Schöningh, Paderborn
ISBN 3-506-71716-2

Ἐν ἀρχῇ ἦν ὁ λόγος

(Joh 1,1)

für Susann

INHALT

VORWORT

Die vorliegende Arbeit wurde im WS 2002/2003 von der Theologischen Fakultät der Albert-Ludwigs-Universität zu Freiburg als Habilitationsschrift angenommen. Für die Drucklegung habe ich die französischen, lateinischen und griechischen Zitate ins Deutsche übersetzt, dabei wurden teilweise die vorhandenen Übersetzungen zu Rate gezogen.

Einer und Viele haben zum Gelingen dieser Arbeit beigetragen. Zuerst möchte ich mich ganz herzlich bei meinem „Habilitationsvater", Chef und theologischen Lehrer Prof. Dr. Peter Walter bedanken. Ohne ihn wäre diese Arbeit nicht zustande gekommen. Mein Dank gilt auch Prof. DDr. Markus Enders, der freundlicherweise das Zweitgutachten verfasst hat. Darüber hinaus gilt es, Dr. Daniel Esch, Dr. Jan-Heiner Tück und Bernd Falk zu nennen, die mir ausdauernd und akkurat beim Korrigieren geholfen haben. Vor allem aber meine Frau Susann Ruhstorfer hat mir in vielerlei Hinsicht und nicht nur beim Bearbeiten des Manuskripts unermüdlich beigestanden. Schließlich haben mir auch unsere Kinder Johannes und Maria auf ihre Weise Kraft für mein Tun gegeben. Ihnen allen sowie meinen Eltern, Josef und Emilie Ruhstorfer, gilt mein tief empfundener Dank.

Die theologischen und philosophischen Gespräche im Kreis der Doktoranden und Habilitanden von Prof. Dr. Peter Walter und darüber hinaus mit Dr. Alwin Letzkus, Dr. Horst Folkers, PD Dr. Reinhard Loock, Xenia Fischer-Loock und PD Dr. Wilhelm Metz waren eine wichtige Anregung für mich. In Dankbarkeit erwähne ich Prof. DDr. Bernhard Uhde, der mich den Respekt vor der Geschichte des religiösen Denkens, nicht nur des Abendlandes, gelehrt hat. Nicht zuletzt möchte ich Prof. Dr. Heribert Boeder danken, dessen Werk mich zu dieser Arbeit inspiriert hat und der stets bereit war, Auskunft zu geben.

Gedruckt wurde diese Arbeit mit freundlicher Unterstützung der Erzdiözese Freiburg, der Diözese Passau sowie der Stiftung für Geisteswissenschaften der Geschwister Boehringer Ingelheim. Namentlich sei Weihbischof Prof. Dr. Paul Wehrle und Bischof Wilhelm Schraml dafür recht herzlich gedankt.

Freiburg im Breisgau, Allerheiligen 2003

Karlheinz Ruhstorfer

EINLEITUNG

1. THEOLOGISCHE HINFÜHRUNG

Womit wäre in einer christlichen Theologie der Anfang zu machen? Mit einer gewissen Selbstverständlichkeit ist zu antworten: Mit der Selbstoffenbarung Gottes in Jesus Christus und so mit der Frohen Botschaft des Neuen Testaments.[1] Doch ist sofort die Situation des möglichen Hörers der Botschaft in den Blick zu nehmen. In der geistigen Landschaft, die von knapp zwei Jahrhunderten nachmetaphysischen Denkens geprägt ist, müsste dem Logos von Gott eine Erörterung der *Negation* desselben vorausgehen, wie sie geschichtlich etwa bei Ludwig Feuerbach, Karl Marx und vor allem Friedrich Nietzsche wirkmächtig geworden ist. So beginnt die Gotteslehre Walter Kaspers mit Ausführungen zur „Frage nach Gott heute" und näherhin mit der „Negation Gottes im modernen Atheismus".[2] Mit dem Übergang in die so genannte Postmoderne ist das antichristliche Pathos der Moderne weitgehend verschwunden. Die Erwartung einer Endlösung der Religion ist verdunstet, und so „wabert Religiöses buchstäblich aus allen Ritzen auch der derzeitigen westlichen Gesellschaften"[3]. Dennoch gilt nach wie vor das Diktum Joseph Ratzingers:

> „Wer heute über die Sache des christlichen Glaubens vor Menschen zu reden versucht, die nicht durch Beruf oder Konvention im Innern des kirchlichen Redens und Denkens angesiedelt sind, wird sehr bald das Fremde und Befremdliche eines solchen Unterfangens verspüren."[4]

Das Befremdliche tritt dann zu Tage, wenn von einem kirchlich verfassten, dogmatisch gehaltenen Christentum die Rede ist; dieses befindet sich, mit Klaus Müller zu reden, „buchstäblich in einem Sturzflug, was [seine] öffentliche Relevanz betrifft – übrigens nicht nur im neuen Berlin, sondern auch in Polen".[5] Der Abgrund,

---

[1] Siehe dazu die Dogmatische Konstitution über die göttliche Offenbarung „Dei Verbum", DH 4201–4235.

[2] Siehe W. Kasper: Der Gott Jesu Christi, Mainz 1982, 13–167, bes. 29–67.

[3] K. Müller: Mehr als Kitt oder Stolperstein. Erwägungen zum philosophischen Profil von Religion in der Moderne, in: M. Knapp, T. Kobusch (Hgg.): Religion – Metaphysik(kritik) – Theologie im Kontext der Moderne/Postmoderne, Berlin–New York 2001, 41–55, dort 41.

[4] J. Ratzinger: Einführung in das Christentum. Vorlesungen über das Apostolische Glaubensbekenntnis, München 1968, 17.

[5] Müller: Mehr als Kitt oder Stolperstein 41.

in welchen die großen christlichen Konfessionen gezogen werden, ist nicht durch die Negation Gottes, sondern durch das *Gleichgültig-Werden* – stricte dictu – von Wahrheitsansprüchen in unserer geschichtlichen Gegenwart bedingt.[6] Der Ausgangspunkt einer christlichen Theologie müsste dann die Herausforderung durch die *radikale Pluralisierung* von Wahrheit und Verbindlichkeit sein.

Um sich aber im Sinne einer Krisis der Gegenwart von dieser Situation zu unterscheiden, bedarf die christliche Theologie eines rationalen Kriteriums der Wahrheit. So gewiss das Kriterium der Wahrheit im Letzten Jesus Christus selbst ist, so gewiss ist auch das Bedürfnis nach einem rationalen Zugang zu Jesus Christus als der Wahrheit in Person.[7] Somit ist die eingangs gestellte Frage zu variieren: *Wie wäre die Vernünftigkeit der Frohen Botschaft von Jesus Christus für eine katholische Theologie heute zu erschließen?* Auch bei der Beantwortung dieser Frage ist zunächst auf die je eigene geschichtliche Gegenwart zu blicken. Welche aktuelle Vernunft erlaubt es, die Rationalität des Glaubens zu erschließen? Eine bedeutende Strömung innerhalb der Theologie stützt sich auf das neuere französische Denken etwa eines Emmanuel Levinas[8], eines Jacques Derrida[9] oder des christlichen Philosophen Jean-Luc Marion[10] und nimmt dieses als *positive* Vorgabe für das eigene Bemühen auf. Eine andere nicht minder beachtliche Richtung der Theologie besinnt sich auf die neuzeitliche Transzendentalphilosophie als Ausgangspunkt des rationalen Zugangs zur christlichen Offenbarung.[11] Mit Sympathie, aber auch einer gewissen Skepsis gegenüber diesen Versuchen, wissend um den eigenen geschichtlichen Ort, versucht die vorliegende Erörterung zunächst die weisende Kraft der großen Philosophie der

---

[6] Vgl. Müller: Mehr als Kitt oder Stolperstein 45.

[7] Vgl. dazu K. Müller: Wieviel Vernunft braucht der Glaube? Erwägungen zur Begründungsproblematik, in: Ders. (Hg.): Fundamentaltheologie. Fluchtlinien und gegenwärtige Herausforderungen. In konzeptioneller Zusammenarbeit mit Gerhard Larcher, Regensburg 1998, 77–100.

[8] J. Wohlmuth (Hg.): Emmanuel Levinas. Eine Herausforderung für die christliche Theologie, Paderborn–München–Wien–Zürich 1998; E. Dirscherl: Die Bedeutung der Nähe Gottes. Ein Gespräch mit Karl Rahner und Emmanuel Levinas, Würzburg 1996.

[9] Für den englischsprachigen Raum seien hier exemplarisch genannt: K. Hart: The trespass of the sign. Deconstruction, theology and philosophy, Cambridge 1989; M. C. Taylor: Deconstructing Theology, New York–Chicago 1982; J. D. Caputo: The prayers and tears of Jacques Derrida. Religion without Religion, Indianapolis 1997; einen Überblick bietet J. Valentin: Das Echo Jacques Derridas in der angelsächsischen Theologie, in: ThRv 97 (2001) 19–28. Für den deutschsprachigen Raum ist auf die Arbeiten von J. Valentin: Atheismus in der Spur Gottes, Mainz 1997; J. Hoff: Spiritualität und Sprachverlust. Theologie nach Foucault und Derrida, Paderborn–München–Wien–Zürich 1999 zu verweisen. Kritisch gegenüber einer theologischen Derrida-Rezeption etwa die Autoren des Projektes der „Radical Orthodoxy". Siehe J. Milbank, C. Pickstock, G. Ward (Hgg.): Radical orthodoxy. A new theology, London 1999, 3. Eine weitere für die Theologie wichtige Kritik an Derrida findet sich bei G. Steiner: Von realer Gegenwart. Hat unser Sprechen Inhalt? Mit einem Nachwort von Botho Strauß, München 1990.

[10] J. Wohlmuth: Ruf und Gabe. Zum Verhältnis von Phänomenologie und Theologie, Bonn 2000.

[11] H. Verweyen: Gottes letztes Wort. Grundriß der Fundamentaltheologie, Regensburg [3]2000; T. Pröpper: Evangelium und freie Vernunft. Konturen einer theologischen Hermeneutik, Freiburg 2001; K. Müller: Wenn ich „ich" sage. Studien zur fundamentaltheologischen Relevanz selbstbewusster Subjektivität, Frankfurt u.a. 1994.

Alten Kirche neu zu erschließen. Denn es ist geraten, vor der Herstellung einer Relation beispielsweise von Kantischem Denken und katholischer Theologie zunächst die unzweifelhaft *eigene* rationale Tradition noch einmal gründlich in den Blick zu nehmen. [12] Die Rationalität der Theologie eines Thomas von Aquin oder Augustinus kann hierbei selbstverständlich – wie im Übrigen auch die Kantische Philosophie – nur mittelbare Gegenwart beanspruchen. Wenn im Folgenden die Metaphysik der mittleren Epoche in den Blick genommen wird, so nicht entsprechend einem alten und eingefleischten theologischen Vorurteil, welches etwa das neuzeitliche Freiheitsdenken als Bedrohung oder als unwichtig ansieht, vielmehr bleiben die griechische und die neuere Epoche abendländischer Metaphysik *aus methodischen Gründen zunächst* ausgeschlossen.

Noch einmal ist zu fragen: *Welche rationalen Verhältnisse zum Anfang aller Theologie, nämlich zur Offenbarung des Neuen Testaments, sind heute notwendigerweise zu berücksichtigen?* In jedem Fall ist die metaphysische Tradition abendländischer Theologie als *positive Aufnahme* der Offenbarung zu bedenken. Ebenso muss die nachmetaphysische moderne *Negation* Gottes und mithin Jesu Christi berücksichtigt werden. Schließlich gilt es, die Herausforderung des postmodernen *Differenzdenkens*, des Denkens von *Limitation* und *Transgression* anzunehmen. Wenn sich nun aber herausstellte, dass die Postmoderne als das gegenwärtig herrschende Denken in ihrem Kern mit der entschieden christlichen Bestimmung des Menschen unvereinbar ist, dann impliziert die Anerkennung des Anfangs der Theologie eine Bekehrung im Sinne des Um-Denkens.

2. Die Bekehrung als Bestimmung des Menschen

Der Begriff der Bekehrung wird hier einerseits in einem sehr weiten, andererseits in einem sehr engen Sinn verwendet. Die Bedeutung von Bekehrung ist sehr weit, insofern mit diesem Begriff nicht nur ein spezifisch *religiöser* Vorgang angesprochen wird, so dass damit nicht nur Bekehrung des Paulus oder Augustins, sondern auch ein bestimmter Sachverhalt bei Friedrich Nietzsche oder Michel Foucault bezeichnet werden kann. Auch ist weniger die *individuelle Erfahrung* von einzelnen Menschen, etwa diejenige des Paulus oder des Augustinus, gemeint, als vielmehr ein zentrales Moment im *Denken* auch dieser beiden christlichen Autoren, das letztlich jeden Menschen betrifft und somit von strenger Allgemeinheit ist. Dieses Moment ist die *Unterscheidung des Menschen von sich selbst* oder auch die *Bestimmung des Menschen*.

---

[12] Diese Einschätzung verbindet und trennt diesen Versuch vom Ansatz der Radical Orthodoxy. Sie verbindet, insofern auch John Milbank eine besondere Berücksichtigung der Theologie des Mittelalters fordert. Sie trennt, insofern die neuzeitliche Theologie gerade nicht für unbedeutend oder gar verderblich gehalten wird. Siehe Milbank: Radical orthodoxy 2f. Die Radical Orthodoxy wiederholt die Denkfigur, die sich im Beginn der sog. neuscholastischen Theologie etwa bei Joseph Kleutgen findet. Dazu ders.: Die Theologie der Vorzeit vertheidigt von Joseph Kleutgen, Priester der Gesellschaft Jesu, 4 Bde., Münster ²1853–1860.

Insofern will nun aber auch die Bedeutung von Bekehrung in einem sehr engen, spezifischen Sinn verstanden werden. Bekehrung bedeutet die Bestimmung des Menschen durch Selbstunterscheidung gemäß dem abstrakt gefassten Diktum: „determinatio negatio est"[13]. Um dies konkret mit einem Paulus-Wort zu illustrieren: „Ich lebe, doch nun nicht ich, sondern Christus lebt in mir" (Gal 2,20). Eine derartige Zuwendung, *conversio* zur Bestimmung des Menschen findet sich auch bei Nietzsche, allerdings nicht mehr im religiösen, christlichen Sinn. Bekehrung bedeutet hier eine Abkehr vom Christentum und eine Kehre zur neuen Bestimmung des Menschen, die bei Nietzsche mit der Chiffre „Dionysos" angezeigt ist: „Dionysos gegen den Gekreuzigten!"

Eine weitere Einschränkung bezüglich der Bedeutung von Bekehrung ist zu machen, die zunächst in Bezug auf das Paulinische Wort von der „Erneuerung der Vernunft" (ἀνακαίνωσις τοῦ νοός, Röm 12,2) verdeutlicht werden soll. Gemeint ist hier eine Umkehr, ein Um-Denken (μετάνοια, vgl. Lk 5,32), welches die Vernunft des Menschen betrifft, sei es, dass die Erneuerung der Vernunft der Bekehrung des Herzens vorausgeht – so Augustin in den „Confessiones" –, sei es, dass beide miteinander einhergehen, wie es das Paulinische Schrifttum nahe legt, oder sei es, dass das eigentliche Umdenken auf Geheiß des Willens zur Macht hin erfolgt (Nietzsche).

Wenn die Frage nach der Bestimmung des Menschen in dieser Untersuchung nicht mit einer Reflexion auf das Wesen des Menschen im Allgemeinen oder mit einer Besinnung auf die Erfahrung des Menschseins in der Welt oder mit der Auswertung von empirischen Daten der Humanwissenschaften einsetzt, sondern vielmehr mit der Frage nach der Selbstunterscheidung des Menschen durch Bekehrung, so hat dies seinen Grund in der Verfasstheit gegenwärtigen Denkens. Die Frage nach dem Selben und dem Anderen, bzw. nach Identität und Differenz ist zu einem Signum der Zeit geworden. Es ist hier zuerst an Jacques Derrida zu erinnern, der in der „différance" ein nicht-prinzipielles, quasi-ursprüngliches Prinzip annimmt.[14] Dessen Werk wird nun auch mehr und mehr in der theologischen Reflexion berücksichtigt, sei es im Sinne einer positiven Vorgabe, sei es im Sinne einer radikalen Kritik. Mehr noch als Derrida hat die Ethik der Andersheit von Emmanuel Levinas in den theologischen Diskurs Eingang gefunden. Für die Problematik des Sich-selbst-ein-Anderer-Werdens rückt das Denken Michel Foucaults in den Blick. Gerade er betonte immer wieder, dass sein ganzes Unternehmen darauf ziele, sich selbst ein Anderer zu werden. Besonders in der letzten Phase seines Werks stellte er die Frage nach der Subjektivität neu. Foucault war bemüht, nach dem Tod Gottes und dem

---

[13] B. de Spinoza: Ep. L, Opera Bd. 4, 240,13 f.

[14] Schon durch die Abweichung in der Orthographie versucht Derrida, die „différance" zu verdeutlichen. Diese ist einerseits ursprünglich, insofern sie im Ursprung von allem liegt, ihr geht keine Einheit voraus, die das Feld der Onto-Theologie eröffnet. Allerdings muss die „différance" gerade auch als Bestreitung jeden Ursprungs, jedes Prinzips und jeder anfänglichen Gegenwart begriffen werden, bezeichnet sie doch gerade auch den Aufschub, das Differieren in eine schlechte Unendlichkeit ohne Ziel. Siehe Jacques Derrida: La différance 6 f., in: Ders.: Marges de la philosophie, Paris 1972, 1–29 (Die Différance 35, in: Ders.: Randgänge der Philosophie, Wien ²1999, 31–56).

Tod des Menschen – den alten Garanten der Identität –, jenseits der Identität eine Ethik der Subjektivität in Alterität zu entwerfen. Wie kann ich durch Arbeit an mir selbst eine vorübergehende *persona*, im Sinne von Maske, entwerfen, so dass der Raum der ursprünglichen Differenz offen bleibt und ich mir stets ein Anderer werden kann? Die Foucaultschen Technologien des Selbst stellen eine gegenwärtige Fassung der Bestimmung des Menschen durch Selbstunterscheidung dar, freilich in einem ganz eigenen Sinn.

Der Mensch wird hier der Bestimmung unterstellt, sich keiner gegebenen Bestimmung zu unterstellen, ohne jedoch den modernen Gestus zu wiederholen, nach dem jede bisherige Bestimmung gegen die künftige aufgegeben werden müsste oder könnte. Die quasi-ursprüngliche Differenz zieht sich hier in einen nicht-dialektischen Widerspruch zusammen, der nicht aufgelöst und nicht aufgehoben werden kann und will. Bestimmung und Bestimmungslosigkeit bilden die beiden Extreme der Relation, die beide gehalten werden. Dadurch aber wird die Bestimmung des Menschen, wie sie die christliche Tradition kannte und wie sie noch in Nietzsches Negation dieser Bestimmung gegenwärtig ist, aufgelöst. Entsprechend kann Bekehrung in diesem gegenwärtigen Kontext lediglich das offene Sich-anders-Werden meinen, das keinen Anfang, keine Mitte und vor allem auch kein Ende kennt.

Die entscheidende Bekehrung im christlichen Sinn ist stets in besonderer Weise auf die Taufe bezogen. Die Taufe bildet das Herz der Bekehrung. Dies wird im Neuen Testament etwa durch den Zusammenhang der „Umkehr" (μετάνοια) mit der Taufe deutlich[15] – ein Zusammenhang, der sich auch in den Texten der Taufliturgie niedergeschlagen hat. Die Taufe zeigt die Einmaligkeit und Dauerhaftigkeit derjenigen Unterscheidung des Menschen von sich selbst an, die als spezifisch christliche Bekehrung verstanden wird. In der Taufe wird die Unterscheidung des Menschen an Tod und Auferstehung Christi rückgebunden. Der Getaufte ist mit Christus gestorben, er wird mit ihm auferstehen.[16] Die Frage nach Bekehrung trifft hier die Wurzeln des Christseins schlechthin. Damit wird gerade diese Frage zu einem ebenso sehr fundamentaltheologischen wie auch dogmatischen Problem ersten Ranges, betrifft doch die Freude, welche in der Frohen Botschaft liegt, die Erneuerung des Menschen als ganzen. Ist im Kontext gegenwärtigen Denkens eine einmalige, durchgreifende und dauerhafte Erneuerung des Menschen überhaupt denkbar? Welche Freude könnte sie einem heutigen Menschen bescheren?

Die Untersuchung der „Bekehrung" bildet somit ihrerseits den engeren Skopus der vorliegenden Untersuchung. Ihr weiterer Blick zielt auf die Frage nach der Möglichkeit, im Kontext gegenwärtigen Denkens die Verbindlichkeit des Neuen Testaments zur Sprache zu bringen. Kann das im Neuen Testament Gedachte einen radikal heutigen Menschen zu einer Unterscheidung von sich selbst anhalten? Wie wäre

---

[15] Röm 6,3–5; vgl. Mk 1,4; Mt 3,8; Lk 3,4.
[16] Röm 6,4: „Wir wurden mit ihm begraben durch die Taufe auf den Tod; und wie Christus durch die Herrlichkeit des Vaters von den Toten auferweckt wurde, so sollen auch wir als neue Menschen leben."

eine derartige Unterscheidung im Gefüge gegenwärtigen Denkens möglich? Diese Frage zielt wohlgemerkt auf die Möglichkeit, nicht aber auf die Wirklichkeit und noch weniger auf die Notwendigkeit der Bekehrung, denn wie bereits die klassische Analysis fidei lehrte, sind erstens die Berufung bzw. Begnadung durch Gott, zweitens die Vernunftgründe und drittens die Freiheit des menschlichen Willens die entscheidenden Momente, welche einen Übergang von der Möglichkeit der Selbstunterscheidung zu deren Wirklichkeit ausmachen. Ziel der theologisch-philosophischen Untersuchung als solcher kann keinesfalls die Herabrufung der Gnade oder die direkte Einflussnahme auf die Freiheit sein, wohl aber der Aufweis der Vernunftgemäßheit einer derartigen Bekehrung. Bereits hier sei behauptet, dass das heutige Denken, da wo es sich in aller ihm eigenen Radikalität und damit auch Reinheit zeigt, eine Bekehrung durch das Gedachte des Neuen Testaments und zu diesem zunächst ausschließt, so dass ein Aufweis der Denkbarkeit des Glaubens notwendig wird.

Der moderne Widerstand gegen den christlichen Glauben hat sich im Horizont der Postmoderne erschöpft. Der moderne Atheismus, wie er sich etwa bei Feuerbach, Marx, Nietzsche, Schlick artikuliert hat, existiert nicht mehr. An dessen Stelle ist eine grundsätzliche Relativierung von Wahrheitsansprüchen und Sinngebungsangeboten getreten; damit ist das Christentum als ein mögliches Angebot der Lebensgestaltung unter vielen anderen durchaus wieder salonfähig geworden. Solange kein absoluter, das heißt ausschließlicher Wahrheitsanspruch besteht, kann sich ein radikal heutiger Mensch durchaus zum Christentum bekehren, warum auch nicht? Eine weitere notwendige Eigenschaft dieser Bekehrung muss dann aber die Offenheit sein, sich wieder anders entscheiden zu können. Die Konversion muss für eine Aversion offen bleiben, dies aber nicht etwa im Blick beispielsweise auf einen Ordensaustritt, auch nicht im Blick auf die grundsätzliche und grundlegende Freiheit in Sachen Glauben, welche auch für die Kirche zentral ist,[17] sondern als eine prinzipielle Offenheit und Unentscheidbarkeit, ja mehr noch als die ursprüngliche Notwendigkeit zur Transgression jeder Grenze, wie Foucault deutlich gemacht hat.[18]

Mit der Relativität des Wahrheitsanspruches sowie des Verbindlichkeitscharakters sind aber zwei zentrale Einschränkungen im Begriff von Bekehrung gegeben, die nicht mit den Konnotationen dieses Begriffes im Sinne des Neuen Testaments oder auch der christlichen Tradition vereinbar sind. Dennoch gibt es auch eine andere Seite innerhalb dieser postmodernen Problematik: In strenger Parallele zu diesem Relativismus findet sich ein Fundamentalismus, gerade in religiöser Hinsicht. Grundsätzlich eignet der Postmoderne eine eigentümliche Janusköpfigkeit: Dem so genannten Wertezerfall steht eine grenzenlose Moralisierung entgegen, der Subversion der technisch perfekte Überwachungsstaat, dem Regionalismus die Globalisierung, der Singularisierung eine weltweite Uniformierung ungekannten Ausmaßes. Während in jenem Zusammenhang die Prinzipien und Fundamente der Wahrheit schlechthin aufgelöst oder doch ins Gleiten gebracht werden, ereignet sich in diesem

---

[17] Dignitatis humanae 1,2, DH 4240.
[18] Siehe dazu hier A.III.3. Der Wille zur Transgression und die Erfahrung des Außen.

eine bloße Behauptung eines Wissens von der Bestimmung des Menschen, eine rein technisch-medial-ökonomische Normierung unter Missachtung der Bedürfnisse der menschlichen Rationalität, der menschlichen Freiheit und vor allem der menschlichen Würde. Bekehrung bedeutet im letzten Fall Eintritt in ein – schlimmstenfalls – willkürliches Zwangssystem. Aber auf welche Vernünftigkeit und welche Freiheit könnte man sich in dieser Situation berufen, ohne nicht wiederum „willkürliche Setzungen der Gewalt" (Derrida) vorzunehmen? Welchen ethischen Maßstab von Gerechtigkeit könnte man hier kritisch anlegen? Ist hier nur die Ethik des Andersseins gerechter Weise denkbar? Ist der einzige Ausweg die Dekonstruktion eben dieser Setzungen wie aller anderen Setzungen unter Berufung auf eine „unmögliche Gerechtigkeit" jenseits aller Setzungen des „Rechts"?[19] Bewahrt uns nur die „verrückte" Ethik der Dekonstruktion vor dem Totalitarismus?[20] Bleibt nur das bloße Offenhalten einer Leerstelle oder Differenz? Derrida jedenfalls konstatiert die „Erfahrung der Aporie" als Grundzug der Gegenwart, freilich einer porösen Aporie: Die Erfahrung einer Unmöglichkeit, welche durchlässig ist für die Möglichkeit der Gerechtigkeit, einer möglichen Gerechtigkeit, welche doch stets unmöglich bleibt.[21]

Die vorliegende Untersuchung versucht nun, der Fliege den Weg aus dem Fliegenglas zu zeigen (Wittgenstein). Dies soll aber nicht unmittelbar etwa im Sinne einer transzendentalen Fragestellung geschehen. Auch wird nicht der Anspruch einer erstphilosophischen Grundlegung erhoben, sondern mittelbar, am konkreten Beispiel der „Bekehrung", soll eine *Archäologie des Wissens* unternommen werden. Durch Abtragen von verschiedenen Schichten soll auf den Grund der christlichen Unterscheidung des Menschen von sich selbst vorgedrungen werden. Welche selbst vernünftige ἀρχή, welches *principium*, welcher Grund kann den Menschen dazu anhalten, sich zu bekehren? Dieser Grund muss für den Menschen, der sich gegenwärtig primär als Sprachwesen, weniger als Vernunftwesen oder weltliches Wesen versteht, ein sprachlicher sein. Das Gesagte des Neuen Testaments ist dieser Grund, und zwar ein Grund, welcher auch und gerade in der gegenwärtigen Situation des Denkens zu Gehör gebracht werden will – dies die kühne Behauptung. In besonderer Weise zeigt sich im Paulinischen Schrifttum der gesuchte Anfang für die Bekehrung des Menschen. Bei Augustin findet sich ein herausragendes Beispiel für die *positive* Aufnahme und philosophische Entfaltung des Paulinischen Gedankens der Unterscheidung des Menschen. Vor allem bei Nietzsche ist Paulus der weltgeschichtliche Gegner schlechthin, bei ihm gilt es, die nach-metaphysische *Negation* des Christentums zu begreifen und sich dazu in ein angemessenes Verhältnis zu setzen. Bei Foucault ist die christliche Bestimmung des Menschen als solche in

---

[19] Siehe J. Derrida: Force de loi. Le ‚fondement mystique de l'autorité', in: Cardozo law review, vol. 11, July/Aug. 1990, 919–1045, 944 (Gesetzeskraft. Der ‚mystische Grund der Autorität', Frankfurt 1991, 30).

[20] Derrida: Force de loi 964 (Gesetzeskraft 52).

[21] Derrida: Force de loi 946 (Gesetzeskraft 33).

die *Gleichgültigkeit* herabgesunken, lediglich deren Sedimente in der gegenwärtigen Gesellschaft erregen den Widerstand bzw. tragen den Widerstand.

Von Foucault aus geht die Untersuchung nun über Nietzsche zurück zu Augustin, um somit eine Figur, ein *geschlossenes Ganzes an möglichen Verhältnissen zur Paulinischen Offenbarung aufzudecken*. Dabei handelt es sich um eine ‚Genealogie der (Un)Moral', um die systematische ‚Archäologie' der (An-)Archie. Diesseits von Historismus, Hermeneutik und Strukturalismus handelt es sich um die „Topologie" der Bestimmung des Menschen und zwar in einer bestimmten Achse.

3. Die logotektonische Systematik Heribert Boeders

Die entscheidende Vorgabe für diese Untersuchung ist die „logotektonische Topologie" Heribert Boeders. Das Denken Boeders – so die These, die im Verlauf dieser Arbeit geprüft werden soll, – gibt maßgebliche Impulse für eine christliche Theologie in unserer geistesgeschichtlichen Situation. Dieses Denken gilt es nun kurz vorzustellen, um sodann Ziel und Methode des eigenen Unternehmens weiter zu präzisieren.

Heribert Boeder stellte seiner Darstellung der nachmetaphysischen Moderne ein Zitat aus James Joyces Ulysses voraus: „History is a nightmare from which I am trying to awake … What if that nightmare gave you a back kick?" Spätestens seit den Zeiten von Marx, Dilthey und Frege wurde die Geschichte der Metaphysik dem abendländischen Denken, das sich nunmehr seiner schneidenden Modernität bewusst wird, zu einem Alptraum, aus dem es zu erwachen galt. Von Marx über Nietzsche bis hin zu Heidegger reichen die Versuche, die Metaphysik zu überwinden und mit ihr das bürgerliche, das christliche und das griechisch-metaphysische Erbe zu verabschieden. Heidegger ging zuletzt dazu über, vom „Überwinden [der Metaphysik] abzulassen und [sie] sich selbst zu überlassen"[22]. Im gegenwärtigen Denken übersetzte Derrida die Heideggersche Destruktion der Metaphysik[23] in die „Dekonstruktion", die sich in einem unauflösbaren Widerspruch zwischen unvermeidlicher Anerkennung metaphysischer Sedimente sowie deren Zersetzung befindet. Die Postmoderne nun hat, im Unterschied zur Moderne, den Versuch aufgegeben, jemals aus dem vorgeblichen Alptraum der Metaphysik zu erwachen. Sie befindet sich vielmehr im Halbschlaf, an der Grenze zwischen Wachen und Traum, Rationalität und Irrationalität, zwischen Position und Negation. Wie die Postmodernen, so geht auch Boeder davon aus, dass das gegenwärtige Denken der Metaphysik nicht entrinnen kann und soll – „and what if that nightmare gave you a back kick". Doch gegen die „Überwindung", gegen die „Verwindung" und auch noch gegen die Derridasche „Schwebe" der Metaphysik fordert Boeder, indem er Heidegger radikalisiert,

---

[22] M. Heidegger: Zur Sache des Denkens, Tübingen ³1988, 25.
[23] Vgl. M. Heidegger: Sein und Zeit, Tübingen ¹¹1967, 19–26.

die Metaphysik sich selbst zu überlassen,[24] ja, sie *in ihrem Vollbrachten anzuerkennen*. Allerdings impliziert gerade die Rede vom Vollbringen die Geschlossenheit und Abgeschiedenheit der gewesenen, in ihr Wesen eingegangenen Metaphysik. Sie bleibt eine von unserer Gegenwart verschiedene Gestalt des Wissens, doch gerade als verschiedene bleibt sie gegenwärtig.[25] Es geht in unserer Gegenwart nicht mehr darum, den vorgeblichen Leichnam der Metaphysik abzuhorchen und in ihm nach Anregungen und Aufregungen herumzustöbern, sondern darum, die Metaphysik im Ganzen überhaupt erst zur Sprache kommen zu lassen, sie als *Realität* unserer gewesenen Vernunftgeschichte anzuerkennen in ihrer *Positivität*.[26]

Trotz dieses grundlegenden Unterschieds befindet sich Boeder aber auch in einer gewissen Nachbarschaft zu Derrida, zum Strukturalismus und zur analytischen Sprachphilosophie. Die vordergründigste Gemeinsamkeit ist die Anerkennung des „linguistic turn". Der Primat der Weltlichkeit der modernen Welt wird abgelöst durch die Zentrierung auf die Sprachlichkeit. An die Stelle der modernen Zeitlichkeit treten geographisch-räumliche Kategorien.[27] Dadurch wird es möglich, die Problematiken, welche der Historismus des 19. Jahrhunderts mit sich brachte, zu verlassen, die Geschichte des Denkens in einer neuen Perspektive zu betrachten und sich der „Entdeckung der räumlichen Logiken, den vielfältigen Spielen von Positionen und der Erkundung der Schwellen möglicher Raumbeziehungen"[28] zuzuwenden. Dieses Spiel von Verhältnissen hat seinen eigentümlichen Ort nicht mehr in der Weltlichkeit der Moderne, sondern in der Sprachlichkeit der Post-/Submoderne.[29] Doch schon Nietzsche wusste: Die kleinste Kluft ist auch die am schwersten zu überbrückende. Und so unterscheidet sich Boeders Denken denn auch im Blick auf die Sprachlichkeit und die Topologien von postmoderner Denk-Art. Inwiefern und zu welchem Zweck kommt für Boeder die Metaphysik in den Blick des gegenwärtigen Sprachdenkens?

In Erneuerung der Heideggerschen Frage: „Was ist Metaphysik?" gelangte Boeder zu einer neuen Rekonstruktion der Metaphysik.[30] Heidegger sah die Geschichte der Metaphysik durch ein anfängliches Geben auf den Weg gebracht. „Es gibt Sein"[31].

---

[24] H. Boeder: Topologie der Metaphysik, Freiburg–München 1980, 32: Boeder fordert, die Metaphysik „frei [zu] lassen zu sich selbst, zu dem Begriff von ihr, den sie selbst erbracht hat und zwar in der ihr eigenen ‚reinen' und ‚conceptualen' Vernunft. Welches Tun ein solches Lassen ist, soll aus der folgenden Darstellung hervorgehen."

[25] Boeder: Topologie 32 f.

[26] Siehe dazu hier Einleitung 4.b) Die Geschlossenheit der Figur. Ich interpretiere hier Boeder bereits in den Kategorien, welche die Grundeinsicht der vorliegenden Darstellung ausmachen.

[27] Siehe dazu bei F. Dosse: Die Geschichte des Strukturalismus Bd. 2. Die Zeichen der Zeit, Hamburg 1997, 535–543 („Eine Topo-Logik").

[28] Dosse: Die Geschichte des Strukturalismus Bd. 2, 535.

[29] Dosse: Die Geschichte des Strukturalismus Bd. 1. Das Feld des Zeichens, Hamburg 1996, 77–89: Der Saussuresche Schnitt. Zur Sprachlichkeit des „postmodernen Wissens" siehe auch F. Lyotard: Das postmoderne Wissen, Wien 1994, 36 ff.

[30] Boeder: Topologie 50, siehe dazu auch H. Boeder: Heideggers Vermächtnis. Zur Unterscheidung der ἀλήθεια, in: E. Richter (Hg.): Die Frage nach der Wahrheit, Frankfurt 1997, 105–120.

[31] Vgl. M. Heidegger: Sein und Zeit 212; vgl. dazu ders.: Brief über den Humanismus, Frankfurt [8]1981, 25; auch ders.: Zeit und Sein 5 f., in: Ders.: Zur Sache des Denkens, Tübingen [3]1988, 1–26.

Doch im Verlauf der Geschichte entzog sich diese Gabe immer mehr bis hin zur völligen Vergessenheit. Wahrheit wurde von Heidegger als ἀλήθεια, als Unverborgenheit des Seins gedacht. Im äußersten Entzug des Seins könne sich eine Kehre ereignen und eine erneute Ankunft des Seins erhofft werden. Durch seine Untersuchung des frühgriechischen Wortgebrauches von λόγος und ἀλήθεια[32] zeigte Boeder, dass die anfängliche Gabe nicht mit Heidegger als weltliches „Sein", sondern als die *Gabe eines Wissens* gedacht werden müsse – eines Wissens von der *Unterscheidung des Menschen von sich selbst*.[33] Damit ist nach Boeder die Frage nach der Unterscheidung des Menschen von sich selbst eine philosophische Frage ersten Ranges. Boeder nennt das anfängliche und in diesem Sinne prinzipielle Wissen von der Bestimmung des Menschen „Weisheit".[34] Erst diese Weisheit habe die Metaphysik hervorgerufen und auf den Weg gebracht. Damit ist aber ein neuer Begriff von Metaphysik gewonnen, ist doch die Metaphysik zuhöchst *Philo-sophie* – Liebe zur Weisheit, und zwar in einem ganz spezifischen Sinn.[35]

Weisheit als ein Wissen um die Bestimmung des Menschen bewegt sich in der Spanne von „wie es ist" und „wie es zu sein hat" bzw. „wie es zu sein hat" und „wie es nicht zu sein hat". Die Unterscheidung des Menschen ereignet sich gerade im Übergang vom „es ist, wie es nicht zu sein hat" zum „es ist, wie es zu sein hat".[36] Sie enthält stets die Anschauung einer vollkommenen Unterscheidung des Menschen von sich selbst. Ihr Gesagtes ist ein vorbildliches Vollendungsgeschehen. Die Weisheit begründet in einem besonderen Sinn die Ethik – Ethik allerdings nicht primär als Sittlichkeit oder Moral, sondern als Weise der Existenz und mehr noch als weisheitliches Wohnen.

Schon für Heidegger war die Frage nach dem Aufenthalt des Menschen im Sinne des Wohnens zentral. Heidegger bringt die Frage nach der Ethik in den Kontext des Wohnens: „ἦθος bedeutet Aufenthalt, Ort des Wohnens. Das Wort nennt den offenen Bezirk, worin der Mensch wohnt. Das Offene seines Aufenthalts lässt das erscheinen, was auf das Wesen des Menschen zukommt."[37] Wohnen bei Heidegger bezieht sich stets auf das In-der-Welt-Sein und das entsprechende Dasein als Erwar-

---

[32] H. Boeder: Der frühgriechische Wortgebrauch von *Logos* und *Aletheia*, in: Archiv für Begriffsgeschichte 4 (1959) 82–102.

[33] Siehe auch Boeder: Topologie 36 und 49.

[34] Boeder: Topologie 682, 685.

[35] Boeder: Topologie 39.

[36] H. Boeder: Göttliche Paradoxa, in: Sapientia 54 (1999) 499–512, 501, bezogen auf die Weisheit der Ersten Epoche der Metaphysik, genauer auf die Musen und ihr Wissen-Lassen: „Bei Allem anwesend zu sein, dies zeichnet die Vernunft aus. Und welches Alles ist das? Was im Reden und Handeln der Sterblichen durch seine Vortrefflichkeit einen Unterschied gemacht hat. Genau deswegen der Rede wert bleibt. Was nicht nur ist, sondern gut, weil im Vergleich: besser oder überlegen. Dies wiederum nach Maßgabe der Unterscheidung des ‚wie es zu sein hat' vom ‚wie es nicht zu sein hat' als dem schlechthin anfänglich Gewussten. Und zwar im Sinne dessen, was immer und überall zu denken gibt. Genau diese Gabe ist das Höchste. Ihm kann nur dankend entsprochen werden. Dankbar für – so sahen es die Griechen – die Herrschaft des Rechts, deren Name ‚Zeus' ist."

[37] Heidegger: Brief über den Humanismus 45.

ten des Seins. Doch bleibt nach Boeder das Heideggersche Wohnen im Geviert von Himmel und Erde, Göttern und Sterblichen mit Blick auf die gegebene Weisheit noch vage, ja, letztendlich unbestimmt. In ganz anderer Weise knüpft auch das neuere französische Sprach-Denken gerade bezüglich der Frage einer Ethik kritisch an Heidegger an. Nach der Verabschiedung der Ethik bei Marx und Nietzsche, aber auch bei Heidegger, wird nun im Horizont der Postmoderne die Frage nach normativer Sittlichkeit und Moral bezogen auf den Anderen neu gestellt. Besonders an Levinas sei erinnert,[38] aber auch für Foucault und Derrida ist Ethik ein Kernbereich ihres Fragens. Man spricht bei beiden Denkern von einer ethischen Kehre.[39] Die Frage der Ethik ist nunmehr: Wie im wahrheitslosen Spiel der Wahrheiten sich halten und verhalten?

Für Boeder aber birgt gerade die Weisheit, wie sie aus der Geschichte der Metaphysik auf uns kommt, dieser jedoch vorausliegt und diese bestimmt, ein Wissen um das Wohnen des Menschen im Sinne des ἦθος, wie es nicht auf die Moralität und das Zwischenmenschliche enggeführt werden darf, sondern das Dasein, genauer das Wohnen des Menschen in seiner ganzen Breite meint. Dies sei hier nur kurz – mit einem Seitenblick auf das gegenwärtige Postulat der Pluralität – durch ein Wort des Johanneischen Christus verdeutlicht: „Im Haus meines Vaters sind viele Wohnungen" (Joh 14,2). Dieses Wissen vom angemessenen Wohnen des Menschen ist sprachlichen Charakters,[40] wieder mit dem Neuen Testament gesprochen, es liegt eine „Frohe Botschaft" in ihm. Im Wort Gottes gilt es zu bleiben. Diese Tatsache gewinnt besonders im Horizont des gegenwärtigen Sprach-Denkens höchste Bedeutung.

Jedes Wohnen, darauf verweist Heidegger, bedarf aber des Bauens.[41] Daraus folgt, dass das Bauen die Voraussetzung ist für ein gegenwärtiges Wohnen in der Sprache, das zunächst labyrinthischen Charakter hat. Daraus folgt aber auch, dass das Gedachte selbst gebaut sein will. Boeder macht klar, wie auf den Bau des Gedachten zu achten ist und zwar auf den Sprach-Bau. Genau dieses bauende Denken im Vorblick auf menschliches Wohnen in der Gegenwart nennt er „Logotektonik".[42]

Im Sinne dieses bauenden Denkens unternahm es Boeder, die Totalität der Metaphysik zur Darstellung zu bringen. Die Totalität ist aber nicht als die Summe

---

[38] Bei Levinas erscheint neben der eigentlichen Ethik des Anderen auch die Frage nach dem Wohnen, siehe E. Levinas: Totalité et Infini. Essai sur l'extériorité, La Haye ²1974, 125–148 (Totalität und Unendlichkeit, Freiburg–München ²1992, 217–266), darin die Kapitel über „Die Bleibe" (La demeure) und „Das Wohnen" (L'habitation).

[39] Zu Derrida und Levinas siehe A. Letzkus: Dekonstruktion und ethische Passion. Denken des Anderen nach Jacques Derrida und Emmanuel Levinas, München 2002.

[40] Vgl. M. Heidegger: „… dichterisch wohnet der Mensch …", in: Vorträge und Aufsätze, Stuttgart ⁷1994, 181–198.

[41] M. Heidegger: Bauen Wohnen Denken, in: Vorträge und Aufsätze, 139–156, 139: „Zum Wohnen, so scheint es, gelangen wir erst durch das Bauen. Dieses, das Bauen hat jenes, das Wohnen zum Ziel. Indessen sind nicht alle Bauten auch Wohnungen. Brücken und Flughalle, Stadion und Kraftwerk sind Bauten, aber keine Wohnungen."

[42] H. Boeder: Logotektonisch Denken, in: Sapientia 53 (1998) 15–24.

des Gedachten zu verstehen, nicht als eine Historie der Philosophie, sondern die Geschichte der Philosophie wird in der „Topologie der Metaphysik" – Boeders erstem Hauptwerk – als ein „logotektonisches Gefüge" verstanden. Die Geschichte erscheint dabei als ein *entzeitlichtes Gefüge von Gedachtem*. Dem Bau der Philosophie liegen eher räumlich-architektonische als historisch-zeitliche Vorstellungen zu Grunde. Die erste wesentliche Operation des Denkens ist das Unterscheiden.[43] Doch anders als in der Postmoderne sind diese Differenzen nicht zwei-, sondern dreigliedrig.[44] Die Binarität des postmodernen Unterscheidens impliziert eine quasi-prinzipielle Differenz und einen unendlichen Regress, wenn jedes Eine durch ein Anderes bestimmt wird und dieses Andere wieder durch Anderes und so fort ins Unendliche.[45] Diese Differenzen sind niemals zu vermitteln. Anders dagegen die Logotektonik Boeders. Ihr Unterscheiden ist ein vermitteltes und begrenztes.

Die elementare Einheit aus Unterschiedenem nennt Boeder *ratio*. Jeder denkerischen Position, wie etwa derjenigen Derridas, kommt eine *ratio terminorum* zu. Dieser eignet eine eigentümliche Vernünftigkeit. Jede *ratio* setzt sich aus drei „Termini" zusammen und bildet ein „Verhältnis". Eben weil die *ratio* eines Denkers dreigliedrig ist, trägt sie sich selbst, will sagen, sie bildet ein geschlossenes Ganzes aus Anfang, Mitte und Ende. Boeder beschreibt die Funktion dieser Einheit folgendermaßen: „Die betreffende ratio terminorum fängt auf, was in der Geschichte der Philosophie die Vernunft gewesen ist"[46]. Da in unserer geschichtlichen Gegenwart Vernunft nicht mehr wie im Zeitalter der Metaphysik als „Fähigkeit zu schließen" bzw. als „Vermögen der Prinzipien" (Kant) begriffen werden kann, da sich Vernunft auch nicht mehr wie in der klassischen Moderne als die Besinnung auf das gelebte Leben, auf die Sachen selbst, auf das weltliche Sein etc. verwirklichen kann, sondern sich in eine unendliche Pluralität von heterogenen Rationalitäten aufgelöst hat, kann zunächst kein allgemein anerkannter Begriff von Vernunft oder Verstand mehr vorausgesetzt werden. Das Denken muss sich also erstlich über sich selbst und seine formalen Operationen verständigen.

Die eben angedeutete relational-rationale Strukturierung des Gedachten entnahm Boeder der Heideggerschen Wendung: „Die Bestimmung der Sache des Denkens". Weil die bisherige, metaphysische Rationalität an ein Ende gekommen war, hatte Heidegger die Aufgabe des Denkens einmal wie folgt gefasst: „Die Aufgabe des Denkens wäre dann die Preisgabe des bisherigen Denkens an die Bestimmung der Sache des Denkens."[47] Boeder unternahm es, für jede Position der Metaphysik, der

---

[43] Boeder: Logotektonisch Denken 16: „Alles Bauen im Sinne der Logotektonik beruht in Unterschieden, die zunächst an der Geschichte der Philosophie als einem geschlossenen Gebilde hervorgetreten sind".

[44] Zur Dreiteiligkeit in der Geschichte der Vernunft siehe Aristoteles: De caelo, 288a11 und I. Kant: Kritik der Urteilskraft, Einleitung LVII, AA 197,18–27. Dazu H. Boeder: Das Vernunftgefüge der Moderne, Freiburg–München 1988, 18 f.

[45] Siehe dazu Derrida: La différance 7 ff. (Die Différance 36 ff.).

[46] Boeder: Logotektonisch Denken 16.

[47] M. Heidegger: Das Ende der Philosophie und die Aufgabe des Denkens, in: Ders.: Zur Sache des Denkens, Tübingen ³1988, 61–80, 80. Siehe auch Boeder: Logotektonisch Denken 16.

Moderne, aber auch der Postmoderne eine bestimmte „ratio terminorum" herauszuarbeiten, d.h. ein Verhältnis aus den „termini" Bestimmung (B), Sache (S) und Denken (D). Je drei Positionen werden dann in eine „ratio rationum" zusammengeschlossen, welche an den klassischen Schluss von Schlüssen zurückdenken lässt. Ein solches Gefüge von „rationes" ergibt eine „Figur" der Vernunft oder einen Vernunfttyp. So bilden beispielsweise Parmenides, Platon und Aristoteles die „conceptuale Vernunft" der Ersten Epoche der Metaphysik. In den Bau einer Figur aufgenommen werden dabei nur Positionen, die einen „Unterschied im Ganzen" machen,[48] also ein neues Paradigma eröffnen und gewissermaßen ‚Prototypen' des Denkens sind.

Wenn im Folgenden die Vernunfttypen kurz charakterisiert werden, so mag gerade hier die „Logotektonik" als schablonenhaft konstruiert erscheinen, doch ist zu betonen, dass hier nur äußerste Abstraktionen, abgezogen aus einer konkreten Fülle, vorgestellt werden, gewissermaßen das „Skelett", das entsprechend mit „Fleisch" zu füllen ist. In vorliegender Untersuchung soll die Fülle lediglich für Foucault, Nietzsche, Augustinus und Paulus herausgearbeitet werden. Bei diesen Positionen jedenfalls hat sich die eigenständige Anwendung der logotektonischen Methode bewährt.

Je nach ihrem Verhältnis zur gegebenen Weisheit unterscheidet Boeder in der Topologie der Metaphysik drei Vernunfttypen, die „natürliche", die „weltliche" und die „conceptuale" Vernunft. Diese erscheinen dann noch einmal verwandelt im Vernunftgefüge der Moderne als „technische", „apokalyptische" und „hermeneutische" Vernunft bzw. im Gefüge der Submoderne als „sprachanalytische", „anarchische" und „strukturalistische" Vernunft.[49] Die Verschiedenheit der Vernunfttypen bzw. Figuren zeigt sich formal in ihren jeweiligen Termfolgen, wobei natürliche und technische, weltliche, apokalyptische und anarchische sowie zuletzt conceptuale und hermeneutische Vernunft – also ‚Vorfahren' und ‚Nachfahren' – dieselbe formale Struktur haben. Abstrakt inhaltlich unterscheiden sich die drei metaphysischen Vernunfttypen durch ihr Verhältnis zur Weisheit:

Die „natürliche Vernunft" steht in einem ausschließenden Verhältnis zur Weisheit. Ihr Name leitet sich von der frühgriechischen *Physio*logie ab. In der ersten Position der natürlichen Vernunft tritt der Terminus des Denkens unmittelbar auf. Die anfängliche

---

[48] Dazu Boeder: Topologie 51: „Indem die Darstellung aus dem Gefüge der Sache selbst Vollständigkeit beansprucht, trennt sie sich radikal von der Wirkungshistorie, die sich stets vor einer Unzahl von größeren und kleineren Beeinflussern sieht. Statt von solch verschwommenen und im Laufe der Zeit immer wieder größer oder kleiner werdenden ‚Größen' der Philosophie-Geschichte ist hier allein von denen die Rede, die zum gemeinsam vollbrachten Werk der Metaphysik nötig gewesen sind." Auch Boeder: Vernunftgefüge 19: „Maßgeblich bleibt nur die Frage: Wer macht einen Unterschied im Ganzen? Was ist unerlässlich zur Verdeutlichung seiner Architektonik?"

[49] Es sei hier nur am Rande erwähnt, dass diese Vernunfttypen in ihrer Abfolge in der Geschichte der Metaphysik, der Welt der Moderne und der Sprache der Submoderne ihrerseits auf der Metaebene eine „ratio rationum" bilden. Dies in folgender Konkretion: natürliche – weltliche – conceptuale Vernunft; hermeneutische – technische – apokalyptische Vernunft; anarchische – strukturalistische – sprachanalytische Vernunft.

Stellung des Denkterminus verhindert die Konzeption einer gegebenen Bestimmung. Das natürliche Denken bestimmt sich seine Sache selbst und gewinnt erst aus ihr die eigentliche, nunmehr natürliche Bestimmung. Entsprechend setzt die zweite Position mit dem resultierenden Bestimmungsterminus ein, den sie über die Mitte des Denkens mit der Sache zusammenschließt, woraufhin in der letzten Position der Sachterminus vermittelt durch die Bestimmung auf das Denken trifft. Damit dreht sich die natürliche Vernunft um den Terminus des Denkens, der ihr Anfang, ihre Mitte und ihr Ende ist. Die abendländische Denkgeschichte beginnt mit der natürlichen Vernunft in der Position des Thales von Milet, dessen Denken die ἱστορίη und θεωρίη und dessen Sache τὰ φανερά und dessen Bestimmung (ἀρχή) die erste φύσις als ὕδωρ sind.[50] Thales bildet zusammen mit Anaximenes und Xenophanes die erste Figur der „natürlichen Vernunft". In jeder dieser Positionen wird die Weisheit der Griechen (Homer, Hesiod, Solon) abgestoßen.

Der zweite Vernunfttypus hat seinen Namen von den vorsokratischen *Kosmo*logen: Anaximander, Pythagoras und Heraklit. Sie eröffnen die Sphäre der „weltlichen" oder „mundanen" Vernunft. Diese hat ihre Achse im Sachterminus. Aus einer ursprünglich gegebenen Sache weltlicher Art entspringt eine Bestimmung, unter welcher das Denken steht. Diese Maßgabe substituiert stets die gegebene Bestimmung der jeweiligen Weisheitsgestalt. Die zweite Position der „weltlichen Vernunft" ist durch die Termfolge Denken – Sache – Bestimmung gekennzeichnet. Die letzte ratio lautet: Bestimmung – Denken – Sache. Diese Art der Vernunft wird für die vorliegende Untersuchung besonders wichtig, da sowohl Nietzsche als auch Foucault Nachfahren der weltlichen Vernunft sind und zwar jeweils in der zweiten Position, so dass ihnen beiden jeweils die Termfolge Denken – Sache – Bestimmung eignet. Wie Marx, Nietzsche und Heidegger die Figur der „apokalyptischen Vernunft" der Moderne bilden, so Merleau-Ponty, Foucault und Derrida die Figur der „anarchischen Vernunft" der Submoderne. Vor allem bei Nietzsche wird sich zeigen, wie die christliche Weisheit durch eine der weltlichen Sache entspringende Gegenbestimmung substituiert wird: „Dionysos gegen den Gekreuzigten". Diese Substitution entfällt in der „anarchischen Vernunft", eben wegen deren an-archischem Grundzug. Sie steht unter der Bestimmung zur Bestimmungslosigkeit durch ein Prinzip.

Die maßgebliche Gestalt der metaphysischen Vernunft nennt Boeder „conceptual", da sie die gegebene Weisheit in eine angemessene Logik birgt. Die conceptuale Vernunft folgt in jeder Epoche der Metaphysik auf ihre jeweiligen natürlichen und weltlichen Vorgaben, von denen sie sich auf Grund der Weisung der σοφία trennt. Die conceptuale Vernunft ist im wörtlichen Sinne philo-sophisch, da sie der Weisheit zugeneigt ist. Ihre Termfolge beginnt mit der Conception, der Empfängnis der Weisheit in den Bestimmungsterminus. Das Denken folgt unmittelbar auf die Bestimmung. Bekehrung besagt im Kontext der conceptualen Vernunft eine *Unter-*

---

[50] Zur weiteren Konkretion dieses abstrakten Schemas siehe für das frühgriechische Denken H. Boeder: Die Unterscheidung des ersten Anfangs der Philosophie, in: Abhandlungen der Braunschweigischen Wissenschaftlichen Gesellschaft 47 (1996) 279–281.

scheidung der Vernunft von sich selbst durch die Begegnung mit der Weisheit. Die Sache der conceptualen Vernunft entspringt dem durch die Weisheit vorbestimmten Denken. So ergibt sich für die ratio terminorum die Folge: Bestimmung – Denken – Sache; Sache – Bestimmung – Denken; Denken – Sache – Bestimmung. In der ersten Epoche beginnt die reine Philosophie mit Parmenides. Sein Gedanke ist von der „musischen Weisheit" auf den Weg gebracht. Augustinus hat die zweite Position der conceptualen Vernunft der Mittleren Epoche inne, welche durch Plotin eröffnet und durch Thomas von Aquin abgeschlossen wird. Entsprechend setzt die Termfolge Augustins mit der Sache ein, die er von Plotin übernimmt,[51] um diese über die Mitte der Bestimmung mit dem Denken zusammenzuschließen. Thomas übernimmt das Augustinische Denken, die *fides quaerens intellectum*, um es im Horizont seiner von Aristoteles geprägten Wissenschaft zu entfalten. Sein Hauptwerk beginnt mit der Definition seines Denkens als Wissenschaft.[52]

Die Entscheidung der *philo-sophia* ist für das logotektonische Denken der Wegweiser zur *sophia*. Sie ist das rationale Kriterium für das Auffinden der Weisheit. Die Weisheit selbst muss aber von eigentümlicher Vernünftigkeit sein, da nur das, was an sich selbst vernünftig ist, eine Vernunft hervorrufen kann. Entsprechend gilt es nun auch für Boeders Logotektonik, diese Rationalität der Weisheit selbst zu erschließen. Auch die Positionen der Weisheit haben eine feste Termfolge, die sich zu einer Figur zusammenfügt. Die Weisheit beginnt wie die conceptuale Vernunft unmittelbar mit der Bestimmung. Da die Weisheit aber primär zur *Unterscheidung* des *Menschen* von sich selbst anhält, nicht aber wie die conceptuale Vernunft primär zur *Unterscheidung der Vernunft*, folgt auf den Bestimmungsterminus unmittelbar die Sache, der zu unterscheidende Mensch, und erst resultativ das Denken. Die Termfolge für die Weisheit lautet demnach: Bestimmung – Sache – Denken; Denken – Bestimmung – Sache; Sache – Denken – Bestimmung.[53]

Drei Mal wurde in der Geschichte des abendländischen Denkens nach Boeder eine Philosophie durch eine vorgängige Weisheit hervorgerufen. Deswegen unterteile sich diese Geschichte in drei Epochen. Das Musische Wissen Homers, Hesiods und Solons rufe die Griechische Metaphysik hervor. Das Christliche Wissen des

---

[51] Diese These Boeders wird in vorliegender Arbeit modifiziert, insofern für Augustin zwei Termfolgen angenommen werden, eine für das Frühwerk, die derjenigen des Plotin gleicht, und eine für das Spätwerk.

[52] S.th. 1,1.

[53] Zur Übersicht seien noch einmal die Termfolgen der Vernunfttypen genannt:

	natürliche Vernunft	weltliche Vernunft	conceptuale Vernunft	Weisheit
Metaphysik:	*natürliche Vernunft*	*weltliche Vernunft*	*conceptuale Vernunft*	*Weisheit*
Moderne:	*technische Vernunft*	*apokalyptische Vernunft*	*hermeneutische Vernunft*	
Submoderne:	*(analytische Vernunft)*	*anarchische Vernunft*	*(strukturalistische Vernunft)*	
Pos. 1	D-B-S	S-B-D	B-D-S	B-S-D
Pos. 2	S-D-B	*D-S-B*	*S-B-D*	*D-B-S*
Pos. 3	B-S-D	B-D-S	D-S-B	S-D-B

Die strukturalistische „Vernunft" der Submoderne ist kontrahiert auf Sache und Denken, die analytische auf das bloße Denken. Die Termfolgen der verhandelten Positionen wurden kursiv markiert, sie bilden *rückläufig* die Grundlage der Gliederung für die jeweiligen Darstellung der Positionen in der vorliegenden Untersuchung.

Neuen Testaments, das sich nach Boeder in die drei Gestalten Synoptiker, Paulus, Johannes auseinanderlegt,[54] begründe die Philo-sophie der Zweiten Epoche. Die Neuere Philo-sophie habe ihre Vorgabe in Rousseau, Schiller und Hölderlin. In jeder dieser Epochen werde das anfängliche Wissen vom Wohnen des Menschen bzw. von der Unterscheidung des Menschen von sich selbst in eine Logik geborgen. In der Ersten Epoche sei der Ort des Wohnens die Polis, in der zweiten die Kirche und in der Dritten der bürgerliche Staat.[55] Der von sich unterschiedene Mensch der Ersten Epoche sei der „Held" des griechischen Epos – wie Odysseus oder Hektor[56], derjenige der Zweiten Epoche der „Heilige" und der Neueren Epoche der „Bürger"[57] angezeigt.

Mit dieser Unterscheidung der Wohnorte und der jeweiligen „neuen" Menschen ist ein erster Hinweis darauf gegeben, dass sich die epochalen Prinzipien in unserer Gegenwart nicht mehr wie in der Metaphysik auszuschließen brauchen, da sich nun zeigt, dass jede Epoche eine eigentümliche Frucht gebracht hat. So anerkennt auch die katholische Kirche spätestens seit dem Zweiten Vatikanum den demokratischen, bürgerlichen Staat und die ihm eigene Freiheit. Die Beantwortung der gründlicher gestellten Fragen etwa nach der Vermittlung des Prinzips neuzeitliche Freiheit mit dem Prinzip christlichen Glaubens ist nicht Thema der Untersuchung.[58] Dennoch ist zu bemerken, dass sich eine Beurteilung des Denkens Boeders letztlich daran bemisst, ob und wie die drei epochalen Prinzipien vereinbar sind. Meiner Einschätzung nach ist es denkbar, dass sich in der biblischen Offenbarung des dreifaltigen Gottes der *einzige* Grund für das abendländische Denken *im Ganzen* aufweisen lässt.

Die Mittlere Epoche,[59] die im Folgenden mit Augustinus in den Blick rückt, ist nun aber nicht deckungsgleich mit dem in vielfältigen Zusammenhängen verwende-

---

[54] Boeder stützt sich hierbei auf R. Bultmann: Theologie des Neuen Testaments, Tübingen ⁹1984.

[55] Diese Wohnorte des Menschen lassen an die drei Gestalten des absoluten Wissens bei Hegel denken: Kunst, Religion und Philosophie – dies zumal die Polis der Griechen als Kunstwerk gedacht ist und die Philosophie der Neuzeit eminent politischen Charakter hat, was sich nicht zuletzt in der Hegelschen Rechtsphilosophie zeigt.

[56] Dazu W. Metz: Hektor als der homerischste aller homerischen Helden, in: Gymnasium 97 (1990) 385–404.

[57] Vgl. J. J. Rousseau: Du contrat social, Paris 1992, 43 f., Livre I, Chapître 8: De l'état civil.

[58] Es sei hier nur noch einmal auf die bereits erwähnten Versuche von Walter Kasper, Hansjürgen Verweyen, Thomas Pröpper und Klaus Müller erinnert. Es ist hier auch auf die grundlegenden Arbeiten von W. Kasper zu verweisen: Das Absolute in der Geschichte. Philosophie und Theologie der Geschichte in der Spätphilosophie Schellings, Mainz 1965; ders.: Theonomie und Autonomie. Zur Ortsbestimmung des Christlichen in der modernen Welt, in: H. Weber und D. Mieth (Hgg.): Anspruch der Wirklichkeit und christlicher Glaube. Probleme und Wege theologischer Ethik heute (FS Alfons Auer), Düsseldorf 1980, 17–41; sowie T. Pröpper: Freiheit als philosophisches Prinzip für Dogmatik. Systematische Reflexionen im Anschluß an Walter Kaspers Konzeption der Dogmatik, in: E. Schockenhoff/P. Walter (Hgg.): Dogma und Glaube. Bausteine für eine theologische Erkenntnislehre (FS Walter Kasper), Mainz 1993, 165–192. Siehe auch hier 451

[59] Siehe dazu v. a. H. Boeder: Topologie 205–303 und ders.: Die philo-sophischen Conceptionen der Mittleren Epoche, in: Ders.: Das Bauzeug der Geschichte. Aufsätze und Vorträge zur griechischen und mittelalterlichen Philosophie, hg. v. G. Meier, Würzburg 1994, 323–343.

ten Begriff Mittelalter. Nach Boeder beginnt die Zweite Epoche des abendländischen Denkens unmittelbar nach Aristoteles mit je einer Figur der natürlichen (Chrysipp, Karneades, Noumenios) und der weltlichen Vernunft (Epikur, Ainesidemos, ‚Poimandros'). Dabei gehen die dogmatische und die skeptische Position jeweils der gnostischen voraus. Diese, die hermeneutische Gnosis (Noumenios) und das Corpus hermeticum (v.a. ‚Poimandros'), werden erst durch das Neue Testament selbst hervorgerufen.[60] Mit der Conception vor allem des Prologs des Johannesevangeliums durch Plotin kommt es zur Unterscheidung der Vernunft von ihrer natürlichen und weltlichen Gestalt und damit zur ersten philosophischen Conception des Neuen Testaments. Auf Plotin folgen zwei weitere Positionen der natürlichen (Porphyrios) und der weltlichen (Jamblichos) Vernunft. Die conceptuale Vernunft Augustins wird von Paulus hervorgerufen, der seinen Gedanken vor allem von Porphyrios und Jamblich unterscheidet. Die dritte Conception bezieht sich mit Thomas von Aquin auf die Synoptiker und grenzt sich dadurch von der natürlichen Vernunft Anselms von Canterbury und Richards von St. Viktor ab. In der Zweiten Epoche folgt nach Boeder noch eine Verschließungsphase, in welcher die natürliche Vernunft (Duns Scotus, Occam, Cusanus) und die weltliche Vernunft (Eckhard, Tauler, Thomas von Kempen) die prinzipielle Ausrichtung der Vernunft auf den Offenbarungscharakter des Neuen Testaments verlieren.

Die Aufgabe der philosophischen Conception der Weisheitsgestalten ist aber keine endlose. So geht die Geschichte der Philosophie denn auch nicht an irgendwelchen Widerlegungen durch das nachmetaphysische Denken der Moderne zu Grunde, sondern mit dem Vollbrachtsein der Aufgaben in ihrer Dritten Epoche verscheidet die Metaphysik im Ganzen. Nur so ist ihr Tun als Vollbringen einer Aufgabe zu begreifen. Demnach stellt sich die Geschichte der Metaphysik als ein geschlossenes Ganzes dar. Das sich selbst überlassene Denken, das nun nicht mehr von der Weisheit hervorgerufen ist, bildet eine eigene Sphäre aus, diejenige der Welt der Moderne. Während aber die metaphysische Vernunft sich stets auf etwas seinerseits Vernünftiges richtete, ist die moderne Vernunft mit einem ihr vorgängigen, ja unvordenklichem Sein beschäftigt.[61] In der Kernbesinnung der Moderne konkretisiert sich dieses weltliche Sein als die gesellschaftlichen Produktionsverhältnisse (Marx), als das aus dem Willen zur Macht vorgezeichnete Leben (Nietzsche), als das sich entziehende und gebende Sein (Heidegger).[62] Dabei wird in jeder dieser drei Positionen ein Entzug, eine Enteignung im Wesen des Menschen festgestellt und zwar bezogen auf das jeweils konkrete weltliche Sein. Eben auf diesen Entzug hin fordern Marx, Nietzsche und Heidegger eine weltgeschichtliche Wende, die für die Zukunft

---

[60] H. Boeder: Einführung in die Vernünftigkeit des Neuen Testaments, in: Braunschweigische Wissenschaftliche Gesellschaft Jahrbuch 38 (1988) 95–109. Es herrscht mittlerweile Konsens darüber, dass die Gnosis ein nachneutestamentliches Phänomen ist. Siehe z.B. C. Scholten: Art. Gnosis, II. Alte Kirche, in: LThK ³1995, Bd. 4, 803–809, 807 und C. Markschies: Die Gnosis, München 2001.

[61] H. Boeder: Das Vernunftgefüge der Moderne, Freiburg–München 1988, 17.

[62] Boeder: Das Vernunftgefüge 237–360.

erwartet wird. Deshalb nennt Boeder diese Figur im Herzen der Moderne auch die „apokalyptische Vernunft". [63] Wie bereits die „weltliche Vernunft" der Metaphysik substituiert deren moderner Nachfahr die Bestimmung des Menschen der Weisheit. Hier wird in Gegenstellung zu Hegel, Augustin und Parmenides die Unterscheidung des Menschen von sich selbst, wie sie im bürgerlichen, christlichen und musischen Wissen der Weisheit vorgedacht war, ersetzt. [64] Die kommunistische Gesellschaft (Marx), der Übermensch (Nietzsche), der Sterbliche (Heidegger) sind die Anzeige für die von sich unterschiedenen Menschen.

Nach der Geschichte der Metaphysik und nach der Welt der Moderne bildet die Sprache der Submoderne die dritte Sphäre auf der Makroebene der Boederschen Topologie. [65] Sie setzt mit der Figur der „anarchischen Vernunft" ein. Merleau-Ponty, Foucault und Derrida simulieren nach Boeder die Kernbesinnung der Moderne. Die „anarchische Vernunft" zeichnet sich zunächst durch die Verabschiedung einer ἀρχή als Ursprung des Denkens im modernen Sinn aus. Es sind aber gerade die Erwartung einer anderen Zukunft und die damit verbundene Unterscheidung des Menschen von sich selbst, an welchen sich Merleau-Ponty, Foucault und Derrida reiben. Die Folgen dieser Erwartung erscheinen als die totalitären Systeme des Kommunismus und des Nationalsozialismus. Diese gelten hier als die Quintessenz der abendländischen Denkgeschichte, ihrer Forderung nach Identität und ihrer Ausgrenzung des Anderen. Konkret wendet sich Merleau-Ponty gegen die marxistische Geschichtsauffassung und die ihr innewohnende Dialektik. Foucault atomisiert Nietzsches Willen zur Macht und die ihm eigene Forderung nach dem Menschen der Zukunft in eine Mikrophysik der Macht und eine endlose Reihe der Selbstunterscheidungen. Derrida wendet sich in seiner Kritik der abendländischen Präsenzmetaphysik gegen die Heideggersche Erwartung der Ankunft des Seins. [66] Damit verschwindet schließlich die Forderung an den Menschen, sich ein für alle Mal von sich zu unterscheiden,

---

[63] Im „Vernunftgefüge der Moderne" schließt Boeder zunächst Dilthey, Husserl und Wittgenstein zur Figur der „hermeneutischen Vernunft" zusammen (103–126). Diese ist die Verwandlung der metaphysischen conceptualen Vernunft und wie diese bezieht sich jene auf ein ursprünglich Gegebenes. In der Moderne ist das erstlich Gegebene nicht mehr die göttliche Weisheit, sondern das weltliche Leben und dessen Sinn. Die „hermeneutische Vernunft" versteht sich als Besinnung auf das ausgelegte Leben. Frege, Schlick und Kuhn bilden die Figur der technischen Vernunft mit ihrer Besinnung auf die Wissenschaften (21–102). Sie ist der Nachfahr der natürlichen Vernunft der Metaphysik. Im übrigen hat Boeder die im „Vernunftgefüge" dargestellte Folge von technischer Vernunft und hermeneutischer Vernunft modifiziert. Das Vernunftgefüge der Moderne setzt nunmehr mit der Diltheyschen Hermeneutik der Geschichte ein.

[64] Es ist noch einmal deutlich zu machen, dass in der Moderne wie in der Weisheit die Unterscheidung des Menschen von sich selbst im Zentrum steht und nicht, wie in der Metaphysik, die Unterscheidung der Vernunft.

[65] H. Boeder: Die Dimension der Submoderne, in: Abhandlungen der Braunschweigischen Wissenschaftlichen Gesellschaft 46 (1995) 139–150. Zum Ganzen der „Sprach-Dimension" siehe auch die entsprechenden Aufsätze in: Ders.: Seditions. Heidegger and the Limit of Modernity, New York 1997, 213–318.

[66] Zwar wird in ‚Die Dimension der Submoderne' die Beziehung Merleau-Pontys auf Marx und Derridas auf Heidegger deutlich, doch bleibt die Beziehung Foucaults auf Nietzsche unklar.

ganz. Die Bestimmung des Menschen ist es nunmehr, keiner Maßgabe zu unterstehen. Doch gerade in diesem double-bind erhält sich eine in sich widersprüchliche Bestimmung des Menschen, die ihre Entfaltung zuletzt in der eigentümlichen Ethik Foucaults und Derridas findet.

Während aber nach Boeder der logotektonische Bau der „anarchischen Vernunft" noch dreigliedrig ist, will sagen, noch nach Sache, Bestimmung und Denken gegliedert ist, ist der Bau der „strukturalistischen Vernunft" zweigliedrig: Sache und Denken. Die Frage nach der Bestimmung entfällt ganz. In der letzten Figur der Submodene, der „performativen Vernunft" oder Sprach-Analyse kontrahiert sich das Denken auf sich selbst. Im Wesentlichen handelt es vom Denken selbst und seinen performances, speech-acts. [67]

Das Ziel des Boederschen Unternehmens ist es, im Horizont des gegenwärtigen Denkens die Weisheit zur Sprache zu bringen – durch eine Unterscheidung der Sprache „von sich". Diese Unterscheidung setzt zunächst die vollständige Unterscheidung der Sprachdimension „in sich" voraus, will sagen, die vollständige logotektonische Topologisierung. Dies bedeutet, dass nach Boeders Ansatz der Schnitt zwischen „Torheit und Weisheit" nicht schon nach der „anarchischen Vernunft", wie dies in der vorliegenden Arbeit versucht wird, sondern erst nach dem performativen Denken gemacht werden kann. Eine gewisse Anzeige für die Möglichkeit der Wende zum reinen Denken der Weisheit, wie Boeder sie annimmt, ist die Zusammenziehung der performativen Vernunft auf das bloße Denken. [68]

4. Der Ansatz der vorliegenden Untersuchung

Als ein Ziel der eigenen Arbeit könnte nun genannt werden, das Denken Heribert Boeders im Ganzen kritisch zu prüfen und auf seine Brauchbarkeit und Fruchtbarkeit für die katholische Theologie zu untersuchen. Die Durchführung dieser Aufgabe ist

---

[67] Vgl. Boeder: Die submoderne Prägung der Linguistic Analysis, in: Abhandlungen der Braunschweigischen Wissenschaftlichen Gesellschaft 51 (2002) 159–175. Boeder untersucht hier Gilbert Ryle, John L. Austin und Michael Dummett.

[68] Siehe Boeder: Göttliche Paradoxa 510: „Zwar hat die submoderne Reflexion mit der Contraction der rationes auf den Terminus des Denkens ein Zeichen gesetzt; lesbar wird es aber erst für eine Wende des Denkens von der Reflexion auf es selbst in das Gewahren des Gedachten, das im Sinne der Unterscheidung, nicht erst der Vernunft, sondern dem zuvor des Menschen von sich, zu denken gegeben hat. Eben daraufhin können wir den Schritt zurück von der topologisch erinnerten Philosophie zum Gedächtnis der σοφία tun. Solche Memoria will aber gebaut sein und zwar logotektonisch. Mit einer Technik, die letztlich nur aus der Übung des Unterscheidens der philosophischen Vernunft und von ihr selbst zu gewinnen ist.

Schon daran mag deutlich werden: weder empfängt das Denken eine neue Maßgabe noch bestimmt es sich eine neue Sache. Aber es nimmt eine Wende von der contrahierten Reflexion der sog. Analytiker auf die Tektonik des Gedachten der σοφία. Vor ihm verhaltend ist es endlich frei, sich auf die Unterscheidung der Sprache zu sammeln, wie sie auch dem Wort des Neuen Testaments anzuhören ist. Nicht als beliebige sprachliche performance, sondern in der vollen Bestimmtheit des sagenden Wortes gibt es zu denken".

aber derzeit in letzter Konsequenz nicht möglich. Erstens liegt der Entwurf Boeders noch nicht ganz vor. Zentrale Fragen sind noch nicht beantwortet: die Vereinbarkeit der drei epochalen Weisheitsgestalten untereinander, die explizite Durchführung der Trennung von der Submoderne, die bleibende Relevanz der Metaphysik, der modernen Weltlichkeit sowie der Postmoderne für eine „von sich" unterschiedene Sprache. Eine vollständige theologische Prüfung des Boederschen Gedankens würde letztlich eine zweite διέξοδος διὰ πάντων erfordern und somit den Rahmen der Untersuchung sprengen. Zudem wäre die Frage, welche Theologie man einer solchen Prüfung zu Grunde legen wollte? Eine metaphysisch-transzendentale? Eine existentiell-erfahrungsorientierte? Eine dekonstruktivistische? Eine sprach-analytische? Also wird im Folgenden ein zentraler Aspekt des Boederschen ‚Systems' herausgegriffen und in den Blick genommen. Dieser Aspekt ist die Unterscheidung des Menschen von sich selbst. Diese Bestimmung des Menschen durch Selbstunterscheidung wird zudem ausschließlich in der für die katholische Theologie zunächst relevanten Achse der Mittleren Epoche untersucht.

Der Umgang mit der Boederschen Vorgabe ist nun aber kein kritischer im herkömmlichen Sinne. So geht es hier nicht um die Prüfung der Forschungsergebnisse Boeders mit historisch-kritischem, hermeneutischem Instrumentarium oder ein Maßnehmen an einem transzendentaltheologischen Begründungsprogramm. Ein Denken, das wie das Boedersche ein neues Paradigma von Rationalität eröffnet, muss gewissermaßen an den eigenen Ansprüchen, am eigenen Prozedere gemessen werden. Boeder sieht die „Logotektonik" sowohl in einer Nähe zum bauenden Denken Heideggers als auch zum technischen Denken der Moderne. Deshalb sollen im Folgenden die Brauchbarkeit sowie die Statik des Baues untersucht werden. Maßstab und Ziel der Untersuchung ist dabei – wie für eine christliche Theologie nur recht und billig – die gegenwärtige Hörbarkeit des Neuen Testaments als Wort Gottes. Ermöglicht es die Logotektonik, hier und heute auf die Weisheit des Neuen Testaments zu hören? Boeder behauptet, die Nicht-Unmöglichkeit des Hörens auf das Wort dargelegt zu haben. [69] Die vorliegende Untersuchung zielt nicht auf irgendeine Form der äußerlichen Überprüfung oder gar Richtigstellung, sondern auf eine Anwendung, d. h. auf ein selbständiges Bauen. Dieses Bauen orientiert sich an den Boederschen Vorgaben, versucht jedoch von einem eigenen Standpunkt aus die eigene Fragestellung im Blick zu behalten, wodurch es zu nicht unerheblichen Abweichungen von Boeder kommt.

---

[69] Boeder: Göttliche Paradoxa 510: „Welche Modifikation erfahren nun aber diesseits der Moderne die vormals unmittelbar aufgetretenen Weisheits-Gestalten? Auch als maßgeblich Gedachtes brauchen sie nicht mehr in Gestalt des Notwendigen anzusprechen, wie es die Philosophie kannte. Im logotektonischen Gefüge der von sich unterschiedenen Sprache genügt jeweils das Gedächtnis, welches uns sagt: die Unterscheidung des Menschen von sich selbst ist nicht unmöglich, nachdem sie in jeder epochalen Gestalt von σοφία bereits vollbracht worden ist. Gegenwärtig in ihrem eigenen Wort. Einer ‚muß' sie nur mögen – φιλό-σοφος – und so auch wie schon Aristoteles bemerkt [Met. 982 b 18], φιλό-μυθος sein. Angesichts unserer gebauten Memoria."

Entscheidend aber ist, dass in der vorliegenden Untersuchung ein eigener, über Boeder hinaus gehender Zugang zur christlichen Weisheit in unserer Gegenwart behauptet werden soll: *Die Kernthese besteht darin, dass der gegenwärtige Zugang zum Hören auf die Weisheit sich aus der Geschlossenheit der möglichen Verhältnisse zur Offenbarung ergibt.* Diese Geschlossenheit folgt aus der Anwendung der klassischen Kategorien der Qualität: Realität, Negation, Limitation bzw. positives Urteil, negatives Urteil und unendliches Urteil auf die drei Verhältnisse zur christlichen Bestimmung des Menschen, die sich mit den Namen Augustinus, Nietzsche und Foucault verbinden. Bevor diese These näher expliziert wird, seien die ausgewählten Topoi des Denkens vorgestellt und auf ihre innere Verbindung hin untersucht.

a) Die Auswahl der Positionen

Da der Versuch ausschließlich die christliche Bestimmung des Menschen zum Thema hat, ergibt sich der erste Schritt zur Auswahl der Positionen von selbst. Ausgangspunkt und Zielpunkt der Untersuchung ist die Weisheit des Neuen Testaments. Im Sinne einer äußersten Reduktion der zu untersuchenden Positionen wurde aus der christlichen Offenbarung das Paulinische Schrifttum als ein zentrales Moment des Neuen Testaments paradigmatisch herausgegriffen.[70]

Paulus von Tarsus, um die Zeitenwende geboren, entstammte dem hellenistischen Judentum. Er erhielt eine Ausbildung in rabbinischer Schriftgelehrsamkeit und war wohl auch mit hellenistischer Kultur vertraut.[71] Durch die Begegnung mit dem Kerygma der hellenistischen Gemeinde bzw. durch die unmittelbare Begegnung mit dem Wort des Auferstandenen bekehrte er sich zum christlichen Glauben.[72] Diesen erstmals zur Klarheit des theologischen Gedankens erhoben zu haben, macht seine geschichtliche Stellung aus.[73] Damit verbunden ist die Herauslösung des jungen Christentums aus der Bindung an das Judentum sowohl in ethnischer Hinsicht als auch bezogen auf die Stellung der jüdischen Weisung (Tora).[74] Der Glaube

---

[70] Diese Auswahl deckt sich auch mit der Boederschen Betonung der ersten Position der Ersten Epoche, der mittleren Position der Mittleren Epoche und der letzten Position der Neueren Epoche und zwar sowohl in der conceptualen Vernunft als auch in der Weisheit selbst. Es werden also Homer und Parmenides, Paulus und Augustin, Hölderlin und Hegel als maßgebliche Conceptionen besonders hervorgehoben.

[71] Bultmann: Theologie des Neuen Testaments 188.

[72] Siehe Bultmann: Theologie des Neuen Testaments 188.

[73] Siehe Bultmann: Theologie des Neuen Testaments 188 und H. Conzelmann: Grundriß der Theologie des Neuen Testaments, Tübingen [5]1992, 173.
Dieser Gedanke schließt nicht aus, dass die später verfassten synoptischen Evangelium, die noch von der geschichtlichen Gegenwart Jesu ausgehen, der paulinischen Theologie *sachlich* vorausgehen. Die Theologie des Johannes hingegen folgt der paulinischen Position, so dass Paulus die Mitte zwischen der synoptischen und der johanneischen Theologie einnimmt. Siehe dazu Conzelmann: Grundriß der Theologie des Neuen Testaments VI–XI und H. Boeder: Einführung in die Vernünftigkeit des Neuen Testaments 104–106.

[74] Siehe Bultmann: Theologie des Neuen Testaments 189; Conzelmann: Grundriß der Theologie des Neuen Testaments 173.

(πίστις) an Christus als den gekreuzigten und auferstandenen Herrn erlangt mit Paulus die entscheidende, heilsrelevante Bedeutung, wodurch sich das Christentum als Heilsweg für die gesamte hellenistische Welt öffnet.[75] Das Urteil des Augustinus, des Erasmus von Rotterdam und Martin Luthers, Nietzsches oder Bultmanns zeigen an, dass Paulus im Zentrum des Christentums steht.[76] Es ist aber hier vor allem an die zentrale Bedeutung der Bekehrung bei Paulus zu erinnern – zunächst an die Bekehrung des Paulus selbst,[77] sodann aber vor allem an die Bekehrung, die Paulus von seinen Hörern bzw. Lesern fordert.[78] Im Verlauf dieser Untersuchung werden vor allem die zweifelsfrei ‚echten' Briefe des Apostels Paulus in Betracht gezogen.[79] Nur nebenbei wird auf die Deuteropaulinen verwiesen.

Aurelius Augustinus (352–430) ist gerade als Philosoph, *amator sapientiae*, in besonderer Weise auf Paulus bezogen. Seine eigene Bekehrung zum Christentum im Jahre 386 wird maßgeblich durch die Begegnung mit dem neuplatonischen und dem paulinischen Schrifttum bewirkt. Die *libri Platonicorum* befreiten Augustin aus der materialistischen Denkart der zeitgenössischen Stoa, des Manichäismus und der akademischen Skepsis. Grundlegend ist dabei die Einsicht: „Gott ist Geist". Das Verhältnis der Geistigkeit des trinitarischen Gottes und des von ihm geschaffenen Menschen ist fortan Augustins Sache. Durch fortgesetztes Studium vor allem seit 391 kommt es zu einer zweiten, gründlicheren Begegnung mit Paulus, die 396 zur entscheidenden Vertiefung seines Denkens, ja in gewissem Sinn zu einer zweiten Bekehrung führt. Die Beschreibung seiner Bekehrung in den „Confessiones" (396) ist Ausdruck dieser Vertiefung. Sie betrifft in besonderer Weise sein Verständnis der Gnade (Ad Simplicianum) und der Heiligen Schrift als Grundlage des Glaubens (De doctrina christiana). Die Gnadenlehre, die Schrifthermeneutik, die Trinitätslehre Augustins, aber auch seine praktischen Überlegungen zum Mönchtum, dem Stand der von sich unterschiedenen Menschen, werden grundlegend für das mittelalterliche Denken und darüber hinaus für das Christentum bis heute.[80] Die „Confes-

---

[75] Vgl. den Aufbau der Bultmannschen Darstellung: A. Der Mensch vor der Offenbarung der πίστις; B. Der Mensch unter der πίστις.

[76] Vgl. J. Gnilka: Paulus von Tarsus. Apostel und Zeuge, Freiburg–Basel–Wien 1996, 9–17; Conzelmann: Grundriß der Theologie des Neuen Testaments 165–171.

[77] Apg 9,3–8; 22,6–10; 26,13–18, gerade in letzterer Stelle wird der Zusammenhang von der Bekehrung des Paulus und seiner Sendung zur Bekehrung des Volks und der Heiden deutlich: „Ich will dich vor dem Volk und den Heiden retten, zu denen ich dich sende, um ihnen die Augen zu öffnen. Denn sie sollen sich von der Finsternis zum Licht und von der Macht des Satans zu Gott bekehren […]."

[78] Röm 5,12–21; 6,1–14; 12,1f.; vgl. Eph 4,17.22.

[79] Römer, Korinther 1 und 2, Galater, Philipper, 1 Thessalonicher, Philemon.

[80] Vgl. dazu z. B. die herausragende Autorität, welche ihm noch in der Dogmatischen Konstitution des Zweiten Vatikanums zur Offenbarung „Dei Verbum" zugestanden wird: DH 4201, 4216–4318, 4223, 4232, 4254. Siehe dazu auch Johannes Paul II.: Enzyklika FIDES ET RATIO von Papst Johannes Paul II. an die Bischöfe der katholischen Kirche über das Verhältnis von Glaube und Vernunft (Verlautbarungen des Apostolischen Stuhls 135), Bonn 1998, Nr. 40 (S. 42f.): „Dem Bischof von Hippo gelang es, die erste große Synthese des philosophischen und theologischen Denkens zu erstellen, in die Strömungen des griechischen und lateinischen Denkens einflossen. Auch bei ihm wurde die große Einheit des Wissens, deren Ausgangspunkt und Grundlage das biblische Denken war, von der Gründlichkeit des spekulativen

siones" – eines der wirkmächtigsten Bücher des Abendlandes – haben eine kaum zu überschätzende Bedeutung als christlicher Protreptikos und damit als Darstellung eines exemplarischen Bekehrungsweges, und das nicht nur bezogen auf die Frömmigkeit, sondern auf die Orientierung des Menschen in einem Gefüge von verschiedenen Positionen des Denkens einer Zeit.

Friedrich Nietzsche (1844–1900) negiert wie kein anderer das Werk des Paulus. Paulus ist für Nietzsche der Erfinder des Christentums. Vor allem der paulinische λόγος τοῦ σταυροῦ ist für Nietzsche ein Gräuel (1888; 13,267,1–5). Der Gekreuzigte steht sowohl für die Enteignung des menschlichen Willens durch die christliche Moral, das biblische „Du sollst" und die darin liegende Ausrichtung auf den Willen Gottes, als auch für den Glauben an eine Welt hinter der sichtbaren als den eigentlichen Ort der Wahrheit und der Vollendung des Menschen. Insofern kann Nietzsche auch seinen Feldzug gegen den Platonismus mit dem Motto „Dionysos gegen den Gekreuzigten" überschreiben. Von Sokrates bis Schopenhauer und Wagner zieht sich für Nietzsche die Geschichte des Glaubens an die Hinterwelt und die Verleumdung „dieser", der einzigen Welt. Im Nihilismus seiner Gegenwart zeigt sich das wahre Gesicht dieses Glaubens an das Nichts. Dem hält Nietzsche einen neuen Glauben entgegen, den Glauben an Dionysos, einen rein weltlichen Gott, dem nicht mehr die Geistigkeit des alten christlichen Gottes zukommt und der die Personifizierung des lebenssteigernden Willens zur Macht ist. Im Zarathustra beschreibt Nietzsche den Weg der Selbstunterscheidung des Menschen zusammengefasst in den „Drei Verwandlungen", ausgehend vom Nihilismus über die Verwandlung zum „Kamel" als bewusstem Ertragen der überkommenen Werte zur zweiten Verwandlung, zum Löwen und seiner Negation des „Du sollst" durch das „Ich will", bis hin zur dritten und letzten Verwandlung zum Kind, das ermächtigt ist, selbst Werte spielerisch zu setzen und zu zerstören. Der von sich unterschiedene Mensch ist der Übermensch, dessen bekehrende Einsicht gerade in der „Ewigen Wiederkehr des Gleichen" besteht. Nietzsche beschreibt seine Einsicht in die „Ewige Wiederkehr" als eine Vision, welche an das Damaskuserlebnis des Paulus denken lässt.[81] Entscheidend ist, dass Nietzsche sich selbst im Zentrum einer weltgeschichtlichen Krisis begreift (EH 6,365,f.), welche die Unterscheidung des neuen dionysischen Menschen vom alten christlichen zum Inhalt hat. Der späte Nietzsche begreift sich als ein „Froher Botschafter", der das antichristliche Evangelium verkündet (EH 6,366).

Denkens bestätigt und getragen. Die vom hl. Augustinus vollzogene Synthese sollte Jahrhunderte lang die höchste Form philosophischen und theologischen Denkens bleiben, die das Abendland gekannt hat."

Es sei hier auch auf die Bibliographien in: C. Mayer (Hg.): CAG, Basel 1995 und W. Geerlings (Hg.): Augustinus – Leben und Werk. Eine bibliographische Einführung, Paderborn 2002 verwiesen.

[81] Siehe J. Salaquarda: Dionysos gegen den Gekreuzigten. Nietzsches Verständnis des Apostels Paulus, in: Ders.: (Hg.): Nietzsche, Darmstadt ²1996, 288–322, 311; vgl. ebd. 314 und C. A. Bernoulli: F. Overbeck und F. Nietzsche. Eine Freundschaft, Jena 1908, 2 Bde., I, 316; zum Ganzen siehe auch D. Havemann: Evangelische Polemik. Nietzsches Paulusdeutung, in: Nietzsche-Studien 30 (2001) 175–186.

So wird das Jahr der Abfassung von „Der Antichrist" zum Jahr eins einer neuen Zeitrechnung (AC 6,254).[82]

Auch im gegenwärtigen Denken rückt nun in besonderer Weise diejenige Position in den Blick, welche auf die Paulinische Weisheit bzw. deren metaphysische Conception bzw. deren moderne Negation bezogen ist. Diese Position ist mit dem Namen *Michel Foucault* (1926–1984) verbunden. Doch scheint es zunächst, dass Foucault nichts oder doch wenig mit dem Christentum zu schaffen hat.[83] In der Tat versinkt im Horizont Foucaults die Paulinische Bestimmung des Menschen sowie dessen augustinische Position in die Gleichgültigkeit. Nietzsches Konstatierung des „Todes Gottes" ist für ihn bereits ein gegebenes Faktum.[84] Wenn Foucault darüber hinaus den „Tod des Menschen" feststellt, dann trifft diese Feststellung nicht nur den metaphysischen Humanismus der klassischen Neuzeit, beginnend etwa mit Descartes, sondern auch noch die nachtheologischen Anthropologien der Moderne, wie z.B. die Biologie, die Medizin oder die so genannten Humanwissenschaften. Foucaults Gedanke wird seinerseits von den Totalitarismen der Moderne hervorgerufen. Gerade die Erwartung einer anderen Zukunft und damit verbunden eines anderen Menschen,[85] sei es im Kommunismus, sei es im Faschismus, sei es bei Marx, Nietzsche oder Heidegger, wirkt hier perhorreszierend und tritt an die Stelle des vormals Bösen. Entsprechend kann hier kein Unterschied im Ganzen mehr gemacht werden, auch nicht in der Unterscheidung vom modernen Denken und den darauf beruhenden Machtmechanismen. Dennoch wirkte gerade Nietzsche auf Foucault bekehrend. In einem späten Interview sagt er: „Nietzsche war eine Offenbarung für mich. […] Ich habe mit meinem Leben gebrochen […]".[86] Bis in die Werktitel „Die Geburt der Klinik", „Genealogie des Strafvollzugs", „Der Wille zum Wissen" erweist sich Foucault als „Nietzscheaner".[87] Doch beschränkt sich seine

---

[82] Zur neueren theologischen Rezeption Nietzsches siehe M. Striet: Vom Stigmatisierten zum Modeheiligen. Die Aktualität Friedrich Nietzsches für die christliche Theologie, in: HerKorr 54 (2000) 523–526 und M. Petzold: Nietzsche unter den Theologen? in: Theologische Literaturzeitung 127 (2002) 867–882. Zu Nietzsche insgesamt siehe auch die Bibliographie in: Salaquarda: Nietzsche 351–374 und M. Striet: Nietzsche und kein Ende. Tendenzen der gegenwärtigen Forschung und Diskussion, in: ThRv 95 (1999) 3–18.

[83] Foucaults Taufname ist Paul-Michel Foucault. Paul war zugleich der Name seines Vaters und Großvaters. Foucault strich „den Namen des Vaters" aus seinem Leben, damit wandte sich der ehemalige Messdiener und Jesuitenschüler vom Katholizismus seiner Herkunft ab (siehe D. Eribon: Foucault, Frankfurt 1993, 23–25). Jacques Lacan, aber auch Jacques Derrida würden die ,Eliminierung des Paulus' durchaus lang und breit interpretieren, hier soll es nur eine ,durchgestrichene Fußnote' bleiben.

[84] MC 396 ff. (OD 460 ff.).

[85] Qu'est-ce que les lumières, DE 4, 575 (Aufklärung 50).

[86] Vérité, pouvoir, soi, DÉ 4,780 (Wahrheit, Macht, Selbst 19).

[87] Siehe Le retour de la morale, DÉ 4,704 (Die Rückkehr der Moral 141): „Ich bin einfach Nietzscheaner, und ich versuche, im Rahmen des Möglichen für eine Reihe von Punkten mit Hilfe der Texte von Nietzsche – aber auch mit antinietzscheanischen Thesen (die dennoch nietzscheanisch sind!) – herauszufinden, was man in diesem oder jenem Bereich machen kann. Ich suche nichts anderes, das aber suche ich gründlich."

Nietzscherezeption auf die kritischen, skeptischen Aspekte. [88] Nach dem Tod Gottes, nach dem „Tod des Menschen", an einem Ort, wo keine Theologie, keine Philosophie, keine Humanwissenschaft, nicht einmal die strukturalistische Linguistik, Psychoanalyse und Ethnologie allgemein verbindliche Aussagen über den Menschen mehr machen können, sucht Foucault nach einer neuen Bestimmung des Menschen. Diese kann nur Selbstbestimmung sein. Da aber der Mensch ohne ein mit sich identisches Selbst sich selbst ein Anderer ist, wird die Selbstbestimmung ebenso sehr Bestimmung durch den Anderen. Ja, die Problematik besteht nunmehr darin: sich selbst immer wieder ein Anderer zu werden. Bestimmung und Nichtbestimmung, Selbst und Anderer (Sache), Wahrheit und Unwahrheit (Denken) befinden sich in einem eigentümlichen Spannungsverhältnis, das nicht aufgelöst werden kann. An der Schwelle zu dieser neuen Aufgabenstellung verfasste Foucault ein Buch über das Christentum, das bis heute nicht veröffentlicht ist: „Les aveux de la chair". [89] Darin wird die frühchristliche Thematisierung der Sexualität untersucht. Kirchenväter im Umfeld Augustins rücken in den Blick. Beim späten Foucault werden die Fragen nach einer spezifischen Unterscheidung des Menschen von sich, nach Konversionen und Aversionen virulent. [90]

b) Die Geschlossenheit der Figur (Die These)

Die Auswahl der Autoren wird schon allein durch deren vielschichtige explizite und implizite Verwiesenheit, die soeben angedeutet wurde, gerechtfertigt. Wenn nun Foucault, Nietzsche, Augustinus und Paulus zu einer geschlossenen, rationalen Figur gefügt werden, so nicht im Sinn der Boederschen „ratio rationum". Die Eingebundenheit der Positionen in eine jeweilige Figur wird vorausgesetzt, was sich an der konkreten Termfolge der einzelnen Autoren zeigt. Die Vollständigkeit der Verhältnisse und damit die Geschlossenheit der Figur ergibt sich vielmehr durch die Anwendung der *Qualitätskategorien* auf die Positionen Foucaults, Nietzsches und Augustins. Behauptet wird ein je eigenes Verhältnis der genannten Denker zur

---

[88] Siehe T. Gutmann: Nietzsches „Wille zur Macht" im Werk Foucaults, in: Nietzsche-Studien 27 (1999) 377–419.

[89] Dazu Eribon: Foucault 464 und 469: „Les aveux de la chair" muss als Schlussstein der Geschichte der Sexualität angesehen werden. Pierre Nora bezeichnete es sogar als „Schlüssel" für das opus magnum und als das Werk, an dem Foucault am meisten hing. Dieses Werk ist nach wie vor der Forschung nicht zugänglich. Am 27.09.2002 antwortete mir M. José Ruiz Funez, Mitarbeiter am Institut Mémoires de l'édition contemporaine (IMEC), 9 rue Bleue, 75009 Paris: „J'ai bien reçu votre courrier du 23 septembre où vous demandez des renseignements sur la possibilité de consulter le manuscrit des *Aveux de la chair* de Michel Foucault. J'ai le regret de vous informer que ce document, présent dans le fonds d'archives Michel Foucault déposé à l'IMEC, n'est pas consultable, et cela à la demande du ayants droit du philosophe avec lesquels nous avons souscrit le contrat de dépôt."

[90] Siehe F. Ortega: Michel Foucault. Rekonstruktion der Freundschaft, München 1997, 9: „*Askese, Konversion* und *Freundschaft* sind Schlüsselbegriffe im Denken Foucaults, die bis jetzt übersehen worden sind." Zur theologischen Rezeption Foucaults siehe auch K. Ruhstorfer: Foucault und Christentum. Grundzüge der neueren theologischen Rezeption, in: ThRv 97 (2001) 1–18.

paulinischen Offenbarung. Augustinus verhält sich zu Paulus nach Art eines *positiven Urteils, Nietzsche* nach Art eines *negativen Urteils, Foucault* nach Art eines *unendlichen Urteils.* Anders ausgedrückt: *Augustinus* nimmt Paulus gemäß der Kategorie der *Realität* auf, *Nietzsche* gemäß der *Negation, Foucault* gemäß der unendlichen *Limitation.* Damit ist *die Vollständigkeit aller möglichen Qualitäten eines Urteils bezüglich der paulinischen Offenbarung erreicht, wodurch sich in unserer geschichtlichen Gegenwart ein neuer Zugang zur christlichen Offenbarung erschließen lässt.* Dies bedarf der Erläuterung:

Die Kantischen Kategorien, die hier in modifizierter Form angewendet werden, zielen zunächst auf eine Vermittlung von Einheit und Vielheit bezogen auf die Sinnlichkeit. Einheitspunkt ist die transzendentale Apperzeption oder das transzendentale Subjekt, welches die letzte Verbindung des Mannigfaltigen leistet.[91] In unserem Kontext dienen die Kategorien wie auch die Urteilsformen dem *Auffinden der Strukturen in der Mannigfalt des Gedachten* und zwar als sprachliche Monumente. Erstes Datum ist hier nicht die Wahrnehmung der Sinnlichkeit, sondern eben die Wahrnehmung von Einheit und Vielheit des Gedachten der Geschichte, der modernen Welt und der postmodernen Sprache. Dieses Gedachte wird nun als eine *limitierte* und damit geordnete Vielfalt dargestellt. Einheitspunkt kann nicht mehr eine wie auch immer geartete Subjektivität sein, sondern die gemeinsame Bezugnahme der Denkpositionen auf die ihrerseits gegebene und zwar sprachlich gegebene Weisheit. Die drei möglichen Verhältnisse des Denkens zur Weisheit entsprechen den Qualitätskategorien der Realität, der Negation und der Limitation.

> „Im bejahenden Urtheile wird das Subjekt unter der Sphäre eines Prädikates gedacht, im verneinenden wird es außer der Sphäre des letztern gesetzt, und im unendlichen wird es in die Sphäre eines Begriffs, die außerhalb der Sphäre eines andern liegt, gesetzt."[92]

In ihrer Kantischen Fassung besagen die Qualitätskategorien folgendes:[93] Die Kategorie der Realität setzt eine sachhaltige Beziehung von Subjekt und Prädikat an. Im Sinne des bejahenden Urteil wird das Subjekt innerhalb der Sphäre des Prädikates angenommen: „Sokrates ist sterblich". In der Negation der Realität eines Verhältnisses von Subjekt und Prädikat liegt das Subjekt außerhalb der Sphäre des Prädikates, wobei die Negation die Copula des Urteils betrifft: „Zeus (ist nicht) sterblich". Die Limitation – ihr entspricht das unendliche Urteil – setzt das Subjekt im nicht näher bestimmten Raum irgendwo außerhalb der Sphäre des Prädikates an. Dies bedarf als sinnvollem Beispiel eines Prädikates, das nicht nur eine einzige Alternative zulässt. Also: „Zeus ist (Nicht-Sokrates)". Dabei bleibt offen, was denn nun Zeus ist. Lediglich das Nicht-Sokrates-Sein wird ihm in Form eines positiven Urteils zugesprochen. Damit enthält ein unendliches Urteil ein positives formales und ein negatives inhaltliches Moment. Die Unendlichkeit ergibt sich aus der unendlichen

---

[91] Kant: KrV, B 139,16ff.
[92] Kant: Logik, AA Bd. 9, 103f.
[93] Kant: Logik, AA Bd. 9, 103f.

Reihe, welche eine Bestimmung des Subjektes gemäß diesem Urteil nach sich zieht. „Zeus ist (Nicht-Plato)", „Zeus ist (Nicht-Aristoteles)" etc. ad infinitum.

Die Kategorien sollen hier jedoch gemäß einer alten Bedeutung als Sage-Weisen[94] verstanden werden. Sie bzw. die Urteilsformen werden damit aber aus dem konkreten Kantischen Kontext gelöst und erscheinen als bloße Verstandesabstraktionen. Damit sind sie nicht mehr Werkzeuge eines metaphysischen Verstandes, sondern elementare Strukturen einer Grammatik des Gedachten: Bauzeug der Geschichte. Sie gehen einerseits analytisch aus der jeweiligen Position, andererseits aus deren synthetischer Zusammenstellung hervor. Sie entspringen keiner metaphysischen Analyse oder Synthese, sondern dem logotektonischen Bauen und seinen Bedürfnissen. Dabei wird dem Gedachten einerseits mit größtmöglicher ἐποχή entgegengeblickt, andererseits werden die Positionen über ihre konkreten Grenzen hinaus zu einem Gefüge gebaut. Das Bauzeug aus der Geschichte der Metaphysik, aus der Welt der Moderne, aus der Sprache der Postmoderne tritt dabei seinerseits in eine dienende Stellung, dienend im Blick auf ein Wohnen des Menschen in der Sprache. Dieses Bauen – Wohnen – Denken[95] hat seinen Grund im Gesagten der Weisheit,[96] gemäß dem Wort: *sapientia aedificabit sibi domus* (Spr 9,1). Die Weisheit selbst ist Grund, hat aber auch ihrerseits einen Grund in Jesus Christus bzw. in der Gabe des Heiligen Geistes.

In diesem Zusammenhang kommt den modifizierten Qualitätsurteilsformen eine grundlegende Stellung zu, haben sie doch nach Hegel das „Dasein"[97] einer Sache im Blick. Dies bedeutet in unserem Zusammenhang eine Aussage über das „Dasein" der bestimmenden Weisheit als Grundlage der Unterscheidung des Menschen von sich selbst. Die Weisheit bedarf der eigenen „Gegenwart" und nicht bloß der Vergegenwärtigung, um bestimmend werden zu können. Dies ist im Blick auf die heutige Frage nach dem „Privileg der Präsenz", wie sie Derrida aufgeworfen hat, zu betonen.[98] Und ebenso ist die Gegenwart der Weisheit von jeder Präsenz zu unterscheiden, die im Gefolge des Heideggerschen Denkens etwa bei Levinas oder Derrida thematisch wird. Sie ist nicht die Präsenz ursprünglicher Weltlichkeit, nicht die Selbstgegenwart eines transzendentalen *cogito*. Gegenwart ist hier nicht als Anwesen des Seins selbst oder irgendeines Seienden aufzufassen, sondern als eine ihrerseits durch die Weisheit überhaupt erst eröffnete und bestimmte Weise des In-der-Spra-

---

[94] Vgl. hierzu die Etymologie des Wortes κατηγορία.

[95] Vgl. M. Heidegger: Vorträge und Aufsätze 154f.: „Das Wesen des Bauens ist das Wohnenlassen. Der Wesensvollzug des Bauens ist das Errichten von Orten durch das Fügen ihrer Räume. *Nur wenn wir das Wohnen vermögen, können wir bauen.*"

[96] Dazu Paulus 1 Kor 3,10f.: „Entsprechend der Gnade Gottes, die mir gegeben wurde, habe ich wie ein weiser Baumeister (σοφὸς ἀρχιτέκτων) den Grund (θεμέλιον) gelegt; ein anderer aber baut darauf weiter. Ein jeder aber möge zusehen, wie er weiterbaut. Denn einen anderen Grund kann niemand legen als den, der gelegt ist, welcher ist Jesus Christus."

[97] Siehe G.W.F. Hegel: Wissenschaft der Logik II, Frankfurt ⁶1993, 311 ff.

[98] Derrida: La différance 17, (Die Différance 45). Siehe auch Boeder: Privilege of Presence? in: Ders.: Seditions 81–90.

che-Seins. Gegenwart ergibt sich aus dem horchenden Gegenüber zum Gesagten der Weisheit: Gegenwärts zur Gabe der Bestimmung, zur Maßgabe denken.[99] Was in diesem Sinne unter Gegenwart verstanden sein soll, kann am ehesten mit einem Verweis auf das Johannesevangelium verdeutlicht werden, wo sich die Herrlichkeit Gottes – seine Gegenwart – vermittelt durch das In-Sein der Seinen im Sohn und des Sohnes im Vater (Joh 17,21–26) nahebringt. Die Mitte, der Sohn aber ist das fleischgewordene Wort, wie es auch noch der Grund der Frohen Botschaft ist. Der Sohn wird zur Gabe für das Denken, in ihm kommt die Herrlichkeit Gottes zur Gegenwart. Die gegebene Gegenwart unterscheidet sich jedoch absolut von jeder sonst bekannten Präsenz einer Sache. Im Vergleich zur bloßen Anwesenheit des Sonstigen ist das Präsent Gottes schlechthin abwesend, es erschließt seine Gegenwart erst durch die Gabe des „Geistes der Wahrheit" (Joh 14,16f.; 16,7).

„Das Urteil des Daseins ist aber auch das Urteil der *Inhärenz*".[100] Im Urteil der Inhärenz tritt nach Hegel das Prädikat als ein unselbständiges auf. Es inhäriert dem Subjekt und gewinnt erst an ihm seinen Halt. Die Positionen Augustins, Nietzsches und Foucaults sind Philosophie im allerweitesten Sinn des Wortes. Sie stellen die Frage nach der Wahrheit in je eigentümlicher rationaler Weise. Dies bedeutet hier, dass in den Positionen Augustins, Nietzsches und Foucaults die Wahrheit in der Stellung des Prädikats auftritt, das an sich unselbständig ist und erst am Subjekt seine Grundlage hat, sein Dasein findet. Die Sphäre des Prädikats ist in je eigener Weise der Raum der Wahrheit im Sinne der ἀλήθεια. Das gemeinsame Subjekt aber ist hier die Paulinische Offenbarung selbst.

Im Augustinischen Urteil über Paulus liegt das Wort des Paulus innerhalb der Sphäre der Wahrheit. Augustin bejaht die Paulinischen Kerngedanken. Die Einsicht in die *Realität* des Paulinischen Denkens wirkt auf Augustinus zweimal bekehrend.[101] Dabei übersetzt Augustin jeweils die unmittelbar auftretende Offenbarung in den Raum der reinen Vernunft oder der neuplatonischen Metaphysik. Die Philo-sophie in ihrer Augustinischen Ausprägung hat in der Paulinischen Weisheit ihren maßgeblichen Halt. Philosophisch wird das Urteil als vernünftiges und das heißt im Horizont der Metaphysik als geschlossenes. Das Dritte des Schlusses, das Medium oder die Copula des Urteils ist der Grund, die *ratio*, die ἀρχή.[102] Der Grund aber sowohl

---

[99] Boeder: Göttliche Paradoxa 511: „Die unterschiedene und dem zuvor unterscheidende Gegenwart des besagten Wortes ist die seine, ihm nicht durch ein Vergegenwärtigen angetragen. Die alltägliche Rede ist ihm aber so wenig fremd, dass es in sie hineingesprochen hat. Deren Verstand – das zeigen auch die Paradoxa des Neuen Testaments – ist allerdings jedesmal befremdet. So wird denn das Wort sowohl nicht aufgenommen als auch aufgenommen – in diesem Falle mit Unterscheidung gehört. So kommt es denn, daß die vom Wort beanspruchte Gegenwart eine andere als die von den Zeitläuften eingebundene ist. Eine Gegenwart, die in keine Zeit fällt, aber auch keine Ewigkeit ist, wie sie als stillgestelltes Jetzt immer noch auf die sog. Natur bezogen blieb. Statt dessen eine Gegenwart rein des Gedankens, der – angesprochen auf seine Wendung ‚gegenwärts' denkt."

[100] Hegel: Wissenschaft der Logik II, 311.

[101] Siehe hier Einleitung 4.b) Die Auswahl der Positionen, dort zu Augustin.

[102] Siehe dazu C.-A. Scheier: Die Grenze der Metaphysik, in: Abhandlungen der Braunschweigischen Wissenschaftlichen Gesellschaft 46 (1995) 189–196, 191: „S ist P, weil S M ist – und M ist P: die

für die Paulinische Offenbarung als solche als auch für die metaphysische Annahme der Wahrheit derselben ist der Heilige Geist. Insofern der Sinn von „Sein" – auch als Copula – in der Mittleren Epoche „geben" ist, bezeichnet der Grund den Heiligen Geist als die Gabe schlechthin, welche die Einsicht – und das heißt hier, den Glauben – in die Wahrheit ermöglicht.

Nietzsche findet die christliche Bestimmung des Menschen, wie sie auf Paulus zurückgeht und mit der Chiffre ‚Gott' angezeigt ist, bereits außerhalb der Sphäre der Wahrheit gesetzt: „Gott ist tot". Dies hat zur Folge, dass die Wahrheit zunächst ohne Halt, weil ohne Prinzip bleibt: Das Moment des Nihilismus. Um der Negation der Paulinischen Bestimmung des Menschen aber ein Fundament zu geben und den Nihilismus zu überwinden, setzt Nietzsche eine Gegenweisheit, die aber eine selbstgeschaffene, gedichtete und in diesem Sinne fiktive Wahrheit ist. Dionysos als der Widersacher des Gekreuzigten bleibt als neue Bestimmung des Menschen wesentlich im Modus der Negation auf die christliche Wahrheit bezogen, sie ist antichristlich und so zuletzt „nein-tuend".

Während die Anwendung des bejahenden und des verneinenden Urteils, wie sie etwa bei Kant vorkommen, in unserem Zusammenhang bereits eine unmittelbare Evidenz finden können, kommt es beim unendlichen Urteil bzw. bei der Limitation, wie sie bei Kant, Fichte[103] und Hegel[104] erscheinen, zu einer entscheidenden Modifikation.[105] Nur in dieser Modifikation können Limitation und unendliches Urteil als Signum des postmodernen Umgangs mit der Weisheit angewandt werden. Schon bei Kant ist die jeweils dritte Urteilsform bzw. Kategorie die Synthese der beiden vorhergehenden.[106] Noch deutlicher wird dies bei Fichte[107] und Hegel. Bei Hegel etwa ist das unendliche Urteil die Wahrheit des für sich je einseitigen positiven und negativen Urteils. Es ist deren Aufhebung in eine höhere Einheit. Doch da im negativen unendlichen Urteil („Der Verstand ist kein Tisch") Subjekt und Prädikat gar keine Beziehung aufeinander haben und im positiv unendlichen Urteil („Das Einzelne ist einzeln") nur die Identität von Subjekt und Prädikat gesetzt ist[108],

---

Mitte ist der Grund. Deswegen schreibt Aristoteles auch – und Hegel ist ihm noch einmal darin gefolgt – den Schluss nicht als Reihe dreier Urteile, sondern als Vermittlung von Subjekt und Prädikat: S – M – P, wobei der Grund, die Mitte M, die Begriffsbestimmungen der Einzelheit, Besonderheit und Allgemeinheit haben kann (was die drei ‚klassischen' Schlussformen entspringen lässt)".

[103] J. G. Fichte: Grundlage der gesammten Wissenschaftslehre (1794), in: Fichtes Werke hg. v. I. H. Fichte Bd. 1, Berlin 1971, 117f.; zur limitativen Dialektik Fichtes W. Janke: Vom Bilde des Absoluten. Grundzüge der Phänomenologie Fichtes, Berlin–New York 1993, 187ff.

[104] Hegel: Logik II, 324–326.

[105] Dies ist bereits deshalb notwendig, da die Limitation als Signum der Postmoderne nicht als höhere Einheit, Synthese von Metaphysik und Moderne gedacht werden muss, sondern als eine dritte Sphäre, getrennt von Metaphysik und Welt der Moderne.

[106] W. Metz: Kategoriendeduktion und produktive Einbildungskraft in der theoretischen Philosophie Kants und Fichtes, Stuttgart–Bad Cannstatt, 1991, 116 und 245.

[107] Metz: Kategoriendeduktion 245f.

[108] Hegel: Logik II, 325.

bezeichnet das unendliche Urteil zuletzt den Übergang, d.h., die Aufhebung des unmittelbaren Urteils des Daseins in das Urteil der Reflexion.

Das unendliche Urteil rückt als Aufhebung von Bejahung und Verneinung wegen der Nähe der Position zur These und der Negation zur Antithese sogar selbst in die Nähe der Synthese als Synthese. Das unendliche Urteil bzw. die Limitation kann zumindest nach Fichte und Hegel als Sinnbild für den dritten Schritt in der Dialektik und damit für die Geschlossenheit des metaphysischen Denkens überhaupt stehen. Doch gerade dies ist der Punkt, wo sich unendliches Urteil bzw. Limitation, wie sie aus der Tradition der Logik über Kant, Fichte und Hegel herkommend begriffen werden müssen, von ihrer Verwendung als Signum postmodernen Denkens abgründig unterscheiden. Stehen sie dort für die Einheit, Geschlossenheit und Synthese der Gegensätze, zeigen sie hier die quasi-ursprügliche „différance" im Sinne des Unterschieds und der Aufschubes[109], die endlose Offenheit, das Setzen und Überschreiten der Grenze[110] und das Schweben zwischen Position und Negation an[111]. Ist es doch die Dialektik selbst und hierbei die Aufhebung der Gegensätze in der Synthese, woran postmodernes Denken prinzipiellen Anstoß nimmt.[112]

Vor allem in der Kantischen Charakterisierung des unendlichen Urteils ist auch die Möglichkeit dieser postmodernen Variante angelegt.

> „Denn es wird durch dasselbe über die endliche Sphäre A hinaus nicht bestimmt, unter welchen *Begriff* das Objekt gehöre, sondern lediglich, daß es in die Sphäre außer A gehöre, welches eigentlich gar keine Sphäre ist, sondern nur die *Angrenzung einer Sphäre an das Unendliche* oder die *Begrenzung selbst.*"[113]

---

[109] Derrida: La différance 6–11 (Die Différance 34–39).

[110] J. Derrida: Tympan If., in: Ders.: Marges I–XXV (Tympanon 13 f., in: Randgänge 13–29). Die Aufsatzsammlung kreist um das Thema der Begrenzung „marge", wie der frz. Titel „Marges de la philosophie" verdeutlicht.

[111] J. Derrida: Ousia et grammè 42, in: Marges 31–78 (Ousia und gramme 62 f., in: Randgänge 57–92).

[112] Dies zeigt sich etwa in der Auseinandersetzung zwischen C. Lévi-Strauss und J.-P. Sartre bezüglich der Dialektik der Geschichte (La pensée sauvage, Paris 1962, 324–354, Chap. IX, Histoire et dialectique). Es zeigt sich in der Forderung M. Merleau-Pontys nach einer Dialektik ohne Synthese (Les aventures de la dialectique 273–313) und ebenso in der These F. Lyotards vom unaufhebbaren Widerstreit (Le différand, Paris 1983). Siehe auch E. Levinas: Totalité et infini 11 f. bes. 12: „Wir haben diese Beziehung Metaphysik genannt. Es ist verfrüht und in jedem Fall ungenügend, sie im Gegensatz zur Negativität als positiv zu qualifizieren. Es wäre falsch, sie als theologisch zu qualifizieren. Sie geht der verneinenden oder bejahenden Antwort voraus; sie stiftet nur die Sprache, in der weder das Ja noch das Nein das erste Wort ist. Diese Beziehung zu beschreiben, macht das eigentliche Thema unserer Untersuchungen aus." Bezogen auf herrschende Strömungen des Denkens G. Deleuze: Différence et repetition, Paris 1968, 1: „Alle diese Zeichen weisen auf einen allgemeinen Anti-Hegelianismus: die Differenz und die Wiederholung sind an die Stelle des Identischen des Negativen, der Identität und des Widerspruchs getreten." Programmatisch J. Derridas Aufsatzsammlung Marges de la philosophie, Paris 1972. M. Foucault: ODisc 74 (ODisk 45): „Ich weiß wohl, [...] dass unsere gesamte Epoche, sei es in der Logik oder in der Epistemologie, sei es durch Marx oder durch Nietzsche, Hegel zu entkommen versucht." Zum Ganzen vgl. auch V. Descombes: Das Selbe und das Andere. Fünfundvierzig Jahre Philosophie in Frankreich 1933–1978, Frankfurt 1981.

[113] Kant: Logik, AA Bd. 9, 104.

Das unendliche Urteil besagt also nur die inhaltliche Differenz von Subjekt (= „Objekt") und Prädikat, anders ausgedrückt, die Begrenzung der endlichen Sphäre des Prädikates. Das Subjekt bleibt dabei beinahe unbestimmt, da nur der Ausschluss einer einzigen Bestimmung durch ein Prädikat angesichts einer unendlichen Möglichkeit von Bestimmungen gegeben ist. So drängt das unendliche Urteil zu einer unendlichen Wiederholung des Ausschließens. Anders als etwa bei Fichte führt diese unendliche Bewegung im postmodernen Denken gerade nicht zu einem Überstig in die unendliche Fülle von Bestimmtheit als Freiheit oder, mit Hegel gesprochen, nicht zu einem Übergang von der schlechten Unendlichkeit zur wahren, sondern es erhält sich die unendliche Bewegung als solche unter Ausschluss des Satzes vom Verbot des infiniten Regresses.

Dies lässt an den differentiellen Charakter der Zeichen bei Saussure denken:

> „Was bei einem Wort in Betracht kommt, das ist nicht der Laut selbst, sondern die lautlichen Differenzen, welche dieses Wort von allen anderen zu unterscheiden gestatten, denn diese Differenzen sind die Träger der Bedeutungen [...], niemals [kann] ein Bruchstück der Sprache letzten Endes auf etwas anderes begründet sein als auf sein Nicht-Zusammenfallen mit allen übrigen."[114]

Derrida folgert, dass der

> „[...] bezeichnete Begriff [le concept signifié] niemals an sich selbst gegenwärtig ist, in hinreichender Präsenz, die nur auf sich selbst verweisen würde. Jeder Begriff ist von Rechts wegen und wesentlich in eine Kette oder in ein System eingeschrieben, in dessen Innerem er durch das systematische Spiel von Differenzen auf den Anderen, auf die anderen Begriffe verweist. Ein solches Spiel, die *différance*, ist nicht einfach ein Begriff, sondern die Möglichkeit der Begrifflichkeit [conceptualité], des Begriffsprozesses und Begriffssystems überhaupt" (La différance 11; Die Differenz 40).

So hinterlässt das Subjekt/Begriff/Zeichen A eine „Spur" (trace) oder eine „Bahnung" (frayage), die sich jedoch auch immer weiter von dem einen bestimmenden Ursprung entfernt.[115] Da aber der Ursprung, die Bedeutung, die Präsenz des Zeichens A niemals gegeben war, ist es das Zeichen des Zeichens, die Spur der Spur von etwas, das niemals gegenwärtig war, ja dessen Spur notwendig das Erlöschen der Spur impliziert.[116] Derrida verdeutlicht dies in Anhalt und Abstoß von Heideggers Unterscheidung des Seins vom Seienden.[117] Da aber nach dem bisher Gesagten

---

[114] F. de Saussure: Grundfragen der Allgemeinen Sprachwissenschaft, Berlin ²1967, 140. Siehe auch ebd. 143; dazu J. Derrida: La différance 11 (Die Différance 39f.) auch A. Letzkus: Dekonstruktion und ethische Passion 104.

[115] La différance 19 (Die Différance 48).

[116] La différance 25 (Die Différance 53): „Das Paradoxe an einer solchen Struktur ist, in der Sprache der Metaphysik, jene Inversion des metaphysischen Begriffs, die den folgenden Effekt produziert: Das Anwesende [le présent] wird zum Zeichen des Zeichens, zur Spur der Spur. Es ist nicht mehr das, worauf jede Verweisung in letzter Instanz verweist. Es wird zu einer Funktion einer verallgemeinerten Verweisungsstruktur. Es ist Spur und Spur des Erlöschens [éffacement] der Spur."

[117] Siehe M. Heidegger: Der Spruch des Anaximander 335f., in: Ders.: Holzwege, Frankfurt 1977, 321–374.

in unserem Zusammenhang als erstlich Gegebenes nicht das Sein angesehen wird, sondern die Weisheit, ist es nunmehr die Weisheit, welche im Denken Derridas oder Foucaults nur noch eine Spur bzw. die Spur des Erlöschens der Spur hinterlässt.[118]

Für unseren konkreten Zusammenhang besagt dies nun Folgendes: Während Augustinus sein Denken unter den Anspruch der Wahrheit des Paulus stellt, während Nietzsches Denken von Paulus zur Negation des Christentums herausgefordert wird, verschwindet bei Foucault die unmittelbare Bezogenheit auf Paulus. Sie erhält sich lediglich als Spur bzw. als Spur des Erlöschens der Spur. Letztere zeigt sich darin, dass Foucault das Christentum mit Nietzsche gerade als Gestalt der Moral begreift und zwar völlig unpaulinisch als Gesetzesmoral. Diese christliche Moral sei aber nicht nur im Verschwinden begriffen, sondern sei bereits verschwunden. Der Anfang dieser Moral liegt nun nicht schlechthin außerhalb der Sphäre der Wahrheit, da dies eine schlichte Negation und damit implizit eine neue Wahrheit wäre. Sondern er wird – Kantisch gesprochen – in die Sphäre eines Begriffes, der nicht innerhalb der Sphäre eines anderen Begriffes liegt, gesetzt. Da aber im postmodernen Kontext der Satz vom Widerspruch und mithin der Satz vom ausgeschlossenen Dritten keine einfache Gültigkeit mehr beanspruchen können, findet sich der Anfang auf der Grenze zwischen wahr und unwahr, seine Wahrheit wird _begrenzt_, wodurch er aber seine ausgezeichnete Stellung als Anfang einbüßt.[119] Daraus folgt die unendliche Pluralisierung der ἀρχαί, verstanden als nicht mehr gegründete und nicht begründbare Herrschaftsdispositive.

Auch hier wird – wie bei Nietzsche – die Sphäre des ‚Prädikates‘ durch das Ausständigsein eines ersten ‚Subjektes‘ haltlos. Doch wird anders als in der Moderne diese Haltlosigkeit nicht mehr als Not empfunden. Es kommt nicht zur Erschaffung eines neuen Gottes und damit zu keiner neuen Herrschaft mehr. Vielmehr werden immer wieder eine endlose Anzahl von ‚Subjekten‘, und das besagt nun Macht-Wissens-Komplexe bzw. Moralen, in die endlose Bewegung der Limitation der Verbindlichkeitsansprüche gezogen. Die Transgression bzw. die Subversion kann nicht bei bestimmten Machtverhältnissen oder Wissensdispositiven halt machen. Dieser Kampf ist, eben weil eine erste und ganze Verbindlichkeit bereits entzogen ist, notwendigerweise ein regionaler, der niemals zur Negation einer ἀρχή im Ganzen führen kann. Die Grenze von Wahrheit und Unwahrheit, von Position und Negation wird bei Foucault ständig überschritten und in ein Spiel der Wahrheiten aufgelöst.

So verschwindet Paulus als der Anfang einer Reihe von Bestimmungen ganz. Er spielt im Werk Foucaults keine Rolle mehr. Jedoch hinterlässt er eine Spur, „die Spur des Verlöschens der Spur", die einmal aufgenommen, zunächst zu Nietzsche führt, sodann zu Augustin und schließlich zu Paulus selbst. Nietzsche wird von Foucault noch unmittelbar berührt und zwar im Zusammenhang einer Bekehrung als einem

---

[118] Derrida wäre hier besonders auf Parmenides und die griechische Weisheit zu beziehen.

[119] Vgl. Foucault: MC 394f. (OD 458). Der Mensch gelangt weder zu seinem Zentrum noch zu seinem Anfang, sondern „zu den Grenzen dessen, was ihn einschließt: zu jenem Gebiet, wo der Tod weilt, wo das Denken erlischt, wo die Verheißung des Ursprungs unendlich sich zurückzieht."

Sich-anders-Werden. Zweimal wird Foucault von Nietzsche zu einer Selbstunterscheidung gebracht.[120] Auch Augustin erscheint noch im Umfeld einer nunmehr in das Feld der Selbsttechniken verschobenen Frage nach der Bestimmung des Menschen. So präsent vor allem Nietzsche, aber auch, eingeschränkt, Augustin im Werk Foucaults sind, sie werden nicht zum Hauptgegenstand seiner Untersuchungen. Diese konzentrieren sich im Sinne der Limitation zunächst auf die Subversion der bestehenden und herrschenden Normierungs- und Identifizierungsinstanzen sowie zuletzt auf eine begrenzte Position von Selbstentwürfen.

Mit dieser endlosen Limitation der anonymen Machtverhältnisse vervollständigen sich aber die möglichen Verhältnisse zum Paulinischen Anfang. Sie reichen von der Bejahung über die Verneinung zum Gleichgültigwerden. Letzteres stellt aber den härtesten Widerstand dar. Er kann nur überwunden werden durch die Begrenzung seiner an-archischen Herrschaft, die zunächst total und unentrinnbar ist. *Nur durch den Aufweis der Begrenztheit jeder der drei möglichen Verhältnisse zum Subjekt des Urteils und durch den Aufweis der Geschlossenheit der Linie als Ganzer wird ein Ausweg möglich – Ausweg, dies besagt hier: Verlassen der Aporie, Gehen ins Freie, ins Offene, in das Hören des Anfangs.*

c) Die archäologische Bauweise

Die archäologische Vorgehensweise der vorliegenden Untersuchung zielt auf das Freilegen des Subjektes der drei Urteilsformen als ἀρχή. Als ἀρχή ist hier zuerst der λόγος gemeint, der bei Gott war, der Gott war und der in Jesus Christus Mensch geworden ist (Joh 1,1 ff.), sodann die Verkündigung des Neuen Testaments insgesamt und schließlich – bezogen auf die untersuchte Achse – die Paulinische Verkündigung im Besonderen. Die Archäologie sucht also die Spur bzw. die Spur des Erlöschens der Spur des Paulinischen Anfangs im Denken Foucaults[121] auf und durchdringt von hier aus die Schichten, welche sich über die Offenbarung gelegt haben. Dieses *Freilegen* hat den Anschein eines Rückschrittes. Wenn aber hierbei die Rede ist vom „Zurückgehen" zu Nietzsche, zu Augustin und schließlich zu Paulus, oder wenn der „frühe" bzw. der „späte" Foucault usw. thematisiert werden, so ist darauf hinzuweisen, dass die Untersuchung strenggenommen weder synchron noch diachron verfährt, eben weil die Zeitlichkeit hier gänzlich in die Texte und in deren Strukturen eingegangen ist. Zwar ist das Denken Foucaults unserem Alltag zeitgeschichtlich gesehen in vielem näher als dasjenige Nietzsches

---

[120] Vgl. Vérité, pouvoir, soi, DÉ 4,780 (Wahrheit, Macht, Selbst 19) und die Stellung, die der Aufsatz, „Nietzsche, la généalogie, l'histoire" im Werk Foucaults hat.

[121] Eben weil die Spuren und Konturen in der Postmoderne verwischt werden, könnten auch G. Deleuze in seiner Beziehung zu Nietzsche und darüber hinaus zum Christentum oder J. Derrida und seine Nietzsche- bzw. Augustinrezeption untersucht werden. Doch genügt es für unseren Kontext die Spur bei *einem* Autor aufzunehmen, der seinerseits einen Unterschied im Ganzen macht. Zu Derrida und Augustin siehe J. Derrida und G. Bennington: Jacques Derrida par Geoffrey Bennington et Jacques Derrida, Paris 1991, darin den Subtext von Derrida mit dem Titel „Circonfessions".

oder Augustins, doch in der Untersuchung selbst bleibt diese äußerlich zeitliche Tatsache aus methodischen Gründen suspendiert.

Für die Bauweise hat das Zurückschreiten zur Folge, dass die Termfolgen der betreffenden Autoren ebenfalls rückwärts aufgenommen werden.[122] Während also Boeder zum Beispiel den Foucaultschen Gedanken mit der Folge Denken – Sache – Bestimmung baut, erscheinen diese hier genau in umgekehrter Reihenfolge, nämlich Bestimmung – Sache – Denken. Doch ist zu betonen, dass „an sich" auch hier die von Boeder angenommene Folge gilt, dass also z. B. Foucault mit der Klärung des Denkens einsetzt.

Es hat sich im Verlauf der Untersuchung gezeigt, dass bei jedem der vier Autoren die Bestimmung in eigentümlicher Weise dem Willen verbunden ist, die Sache der Macht und das Denken dem Wissen. Damit werden die drei *operationes* des Schöpfergottes bei Thomas von Aquin[123] zu Bauelementen, welche die eher abstrakte Unterteilung in Bestimmung, Sache und Denken in jeder der vier Positionen mit einer ersten Konkretion versehen[124] und zwar in folgender Weise:

Foucault:		Denken (Wissen)	– Sache (Macht)	– Bestimmung (Wille)
Nietzsche:		Denken (Wissen)	– Sache (Macht)	– Bestimmung (Wille)
Augustinus:	(bis 396)	Bestimmung (Wille)	– Denken (Wissen)	– Sache (Macht)
	(ab 396)	Sache (Macht)	– Bestimmung (Wille)	– Denken (Wissen)
Paulus:		Denken (Wissen)	– Bestimmung (Wille)	– Sache (Macht)[125]

Die jeweilige Termfolge der Autoren hat ihren Grund bei Boeder zunächst im Zusammenschluss von je drei Denkern zu einer Figur, wobei alle vier, Paulus, Augustinus, Nietzsche und Foucault jeweils die mittlere Position in der jeweiligen Figur einnehmen. Entsprechend ihrer Zugehörigkeit zu einem bestimmten Vernunfttyp (Weisheit, conceptuale Vernunft, apokalyptische Vernunft, an-archische Vernunft) ergibt sich dann die konkrete Termfolge. Paulus berührt sich im Denkterminus mit den Synoptikern und im Sachterminus mit dem Johanneischen Schrifttum.[126] Augustin übernimmt und verwandelt die Sache Plotins und ist im Denkterminus eine Vorgabe für Thomas von Aquin.[127] Nietzsche berührt das Marxsche Denken und die Bestimmung Heideggers.[128] Foucault wiederum kommt vom Denkterminus Merleau-Pontys her und nähert sich dem Bestimmungsterminus Derridas.[129] Wenn im Folgenden auf diese Verhältnisse nicht ausführlich Bezug genommen wird, so verliert die jeweilige Termfolge dennoch nicht ihren Halt, da sie auch *in der inneren*

---

[122] Zur Illustration dieser Verhältnisse sei auf das Inhaltsverzeichnis der vorliegenden Arbeit verwiesen.

[123] S.th. 1,2 prooem. und 1,14 prooem.

[124] Diese Einschreibung von Wissen, Willen und Macht findet sich in der Boederschen Darstellung von Foucault, Nietzsche und Augustin nicht, wohl aber in der von Paulus. Siehe H. Boeder: The Present of Christian *sapientia* in the Sphere of Speech, in: Ders.: Seditions 275–293.

[125] Zur weiteren Entfaltung siehe das Inhaltsverzeichnis der vorliegenden Untersuchung.

[126] Boeder: The Present of Christian *sapientia* 282f. und 285.

[127] Boeder: Die philo-sophischen Conceptionen der Mittleren Epoche 323–343.

[128] Boeder: Das Vernunftgefüge der Moderne 284 und 321.

[129] Boeder: The Dimension of Submodernity, in: Ders.: Seditions 227–240.

Struktur der jeweiligen Position einen Grund finden muss und findet. So und nur so ist ja die weitere Verbindung der ratio terminorum eines Autors mit derjenigen seiner ‚Nachbarn' zu einer Figur sachlich zu rechtfertigen, eine Verbindung, die wie gesagt hier nur angedeutet werden kann.

Die Substruktur der jeweiligen Termini besteht in einer Folge von sprachlichen, weltlichen und geschichtlichen Momenten. Diese haben nach Boeder ihre Herkunft zwar in der Moderne, doch als Bauzeug eignen sie sich auch, um die Geschlossenheit der diagonalen Linie und die Gegenwärtigkeit der Weisheit in der Sprachdimension anzudeuten. Boeder selbst jedoch wendet diese Momente *im metaphysischen Kontext* nicht an, da er diesen Momenten eine spezifische Modernität ansieht. Die Momente Geschichte, Welt und Sprache sind laut Boeder zwar auf die Submoderne übertragbar und von dieser her auf die in der Sprachdimension gegenwärtigen Weisheitsgestalten, in seiner Darstellung der Metaphysik jedoch haben sie keinen Ort. Für den Bau der durchgehenden Linie, wie er in dieser Arbeit beabsichtigt ist, legt es sich jedoch dringend nahe, die Momente, Geschichte, Welt und Sprache aus ihrem modernen Kontext ganz zu lösen und als Struktureme auch auf die Metaphysik, konkret auf die Position Augustins anzuwenden. Dadurch kann eine größere Geschlossenheit der Linie von Positionen erreicht werden. Bei Foucault beginnt und endet die Folge der Strukturmomente mit dem (postmodern) sprachlichen, bei Nietzsche mit dem (modern) weltlichen Moment, bei Augustin mit dem (metaphysisch) geschichtlichen und bei Paulus mit dem (weisheitlich) sprachlichen Moment.[130] So zeigt sich der Primat der Geschichte in der conceptualen Vernunft der Metaphysik,[131] der Vorrang der Welt in der Moderne und die Dominanz der Sprache nach dem linguistic turn. Doch ist zu beachten, dass selbstverständlich Sprachlichkeit beispielsweise im Horizont der Postmoderne radikal anderes besagt als etwa im Umfeld des Augustin. Ist hier bei Sprache zunächst an das inkarnierte *verbum* und dessen Vernünftigkeit zu denken, so ist dort die Sprache das differierend-differenzierende Spiel der Zeichen, in welchem sich das Außer-sich-Sein der Vernunft zeigt. Sprache bei Nietzsche meint zuhöchst Sich-Aussprechen der Welt im dionysischen Gesang, bei Paulus ist das sprachliche Moment auf das Kerygma, das Evangelium als das geoffenbarte Wort Gottes bezogen.

Insgesamt ist festzuhalten, dass es sich in der archäologischen Zugangsweise als sinnvoll erwiesen hat, die innere, chronologische Entfaltung der jeweiligen Position in die Darstellung eingehen zu lassen. Während Boeder grundsätzlich streng synchron baut und damit stets nur eine Termfolge für einen Denker annimmt, fließt in vorliegender Darstellung ein diachrones Moment ein, das jedoch fest in den struk-

---

[130] Es ist darauf hinzuweisen, dass Boeder auf einer Metaebene auch von der *Geschichte* der Metaphysik, von der *Welt* der Moderne und von der *Sprache* der Submoderne spricht. Diese Redeweise stützt die Verwendung die These vom geschichtlichen Moment als primärem in der Metaphysik.

[131] Es ist hier nur die Geschichte von der Auffahrt zur Göttin Dike bei Parmenides, an die Geschichte Jesu als Bestimmung bei Augustin, kondensiert zu den *articuli fidei* des Glaubensbekenntnisses bei Thomas von Aquin sowie an die Geschichte des Begriffs in der Enyklopädie Hegels zu erinnern.

tural-sprachlichen Bau als solchen eingebunden bleibt. Die Konkretion dieser dia-
chronen Betrachtung fällt bei jedem Autor individuell verschieden aus. Bei Foucault
werden drei Phasen angenommen, in die er selbst sein Schaffen unterteilt. Jede Phase
enthält in sich eine je eigene Folge von Bestimmung, Sache und Denken, die sich aber
insgesamt zu einem Gefüge zusammenschließen.[132] Bei Nietzsche erweist sich der
Denkterminus in besonderer Weise mit der Frühphase verbunden, der Sachterminus
mit der mittleren und der Bestimmungsterm mit dem letzten Phase seines Werkes.
Für Augustin müssen zwei unterschiedene, aber aneinander anschließende Termfolgen angenommen werden. In der ersten Phase findet sich parallel zum Plotinischen
Bau die Folge: Bestimmung, Denken, Sache. Durch vertiefte Pauluslektüre jedoch
verändert sich bei Augustin der Bau und beginnt nach 396 mit der Sache (Gott und
Mensch), hat seine Mitte in der Bestimmung (Liebe Gottes) und sein Resultat im
Denken (fides quaerens intellectum).

Ein weiterer Unterschied zu Boeder besteht darin, dass – wie bereits erwähnt –
die Elemente Wille, Wissen und Macht in der untersuchten Achse von Positionen
grundsätzlich den Termini Bestimmung, Denken und Sache zugeordnet werden. Bei
jedem der untersuchten Denker ist die Bestimmung in je eigentümlicher Weise mit
dem Willen verbunden, die Sache mit der Macht, das Denken mit Wissen. Diese
Verknüpfung brachte ans Licht, dass konsequenterweise bei Paulus nicht die Macht
bzw. die δόξα τοῦ θεοῦ, sondern der Wille, konkret die Liebe Gottes, wie sie in
Jesus Christus und seinem Kreuzestod offenbar wird, als Bestimmung angenommen werden muss.[133] Durch die genannten Modifikationen ergeben sich zum Teil
erhebliche Verschiebungen zur Boederschen Darstellung der Autoren. Dennoch ist
festzuhalten, dass sich die archäologische Bauweise und Darstellungsweise dieser
Untersuchung der Logotektonik Boeders grundsätzlich verdankt, auch, wo sie sich
von ihr entfernt.

Der grundlegende Unterschied zu Boeder liegt in der Anwendung der Qualitätskategorien für die möglichen Verhältnisse zur Offenbarung[134] und damit verbunden
in der Zielsetzung der Darstellung, über Augustin, Nietzsche und Foucault einen
gegenwärtigen Zugang zur neutestamentlichen Offenbarung zu finden. Die Gegenwart der Paulinischen Offenbarung wird in der ,Nach-Postmoderne' gerade noch
einmal durch die Weitergabe bei Nietzsche und Foucault sichergestellt. Damit zeichnet sich ein neuer Begriff von „Tradition" ab, der nicht nur die positive Weitergabe

---

[132] Archäologie: Bestimmung – Sache – Denken; Genealogie: Denken – Bestimmung – Sache; Ethik:
Sache – Denken – Bestimmung.

[133] So Boeder etwa in: The Present of Christian *sapientia* 282–285.

[134] Auch Boeder verwendet jüngst für die Eröffnungsphase der Mittleren Epoche sowie für die Weisheit
derselben die Qualitätskategorien, so in einem Vortrag, gehalten zu Freiburg am 22.11.2000 und in:
Die neutestamentliche Verkündigung angesichts der Submoderne, Manuskript (Vortrag gehalten zu
Montecassino). Jedoch bleibt diese Verwendung auf die Mikroebene beschränkt und etwa im Falle der
Weisheit an die sprachlichen, weltlichen und geschichtlichen Momente gebunden. Auf der Makroebene
im oben erläuterten Sinn finden sich die Qualitätskategorien bei Boeder nicht. Dazu auch hier D. Paulus,
Anm. 12.

etwa bei Augustin enthält, sondern auch noch den Abbruch derselben in der entscheidenden Negation durch Nietzsche sowie das Verschwinden der Verbindlichkeit des Neuen Testaments im postmodernen Pluralismus umfasst.

Durch den Aufweis der je eigentümlichen Abhängigkeit Augustins, Nietzsches und Foucaults von Paulus kann ersterem eine andere Dignität und Geltung zugesprochen werden als letzteren, da sich Weisungskraft und Würde der Positionen am jeweiligen Verhältnis zu Paulus bemisst: Der Annahme der Realität der Offenbarung bei Augustin eignet die höchste Wahrheit. Ihr folgt die Negation des Paulus bei Nietzsche. Das geringste Maß an ἀλήθεια, welches durch das Höchstmaß an λήθειν bedingt ist, kommt Foucault zu, dessen Lauterkeit trotzdem zu würdigen bleibt. Sowohl Foucault als auch Nietzsche werden somit für unseren Ort zur Weisung in die Weisheit. Auch sie ermöglichen uns wie Augustin, gegenwärts zur Gegenwart der Weisheit zu denken, auch sie sind Gabe und Aufgabe, auch sie inhärieren dem Neuen Testament.

A. FOUCAULT

Wie Nietzsche mit der Rede vom „Tod Gottes" untrennbar verbunden ist, so Foucault mit derjenigen vom „Tod des Menschen". Der „Tod des Menschen" ist nach Foucault die Konsequenz aus Nietzsches Feststellung des „Todes Gottes".[1] Foucault war durch diesen Gedanken mit einer breiten Strömung des neueren französischen Denkens verbunden, welche darauf zielte, das „moderne Subjekt" zu verabschieden. Dieses wurde trotz aller Brüche als ein kontinuierliches von Descartes über Husserl und Hegel bis hin zu Sartre vorgestellt.[2] Man sah – mit Heidegger – im Subjektbegriff die neuzeitliche Übersetzung Gottes, des onto-theo-logisch höchsten Seienden, des Grundes von allem. Vor allem durch den Strukturalismus wurde das Subjekt als Anfang des Denkens verabschiedet. Auch Foucault war von dieser Abstoßbewegung in Beschlag genommen, erst im Verlauf seines Denkweges stellte sich für ihn erneut die Frage nach dem Subjekt – allerdings unter verwandelten Vorzeichen.[3] Schließlich macht der späte Foucault immer wieder deutlich, worin von Anbeginn das eigentliche Thema seines Werkes und der innere Zusammenhang seiner weitläufigen Untersuchungen bestand, nämlich in der Frage nach dem „Subjekt"[4] selbst, dies jedoch in je eigentümlicher Weise.

Foucault gliedert sein Werk in drei Phasen[5]: Die „Archäologie", die „Genealogie" und die „Ethik". Die *archäologische* Phase im Werk Foucaults beginnt mit seinem ersten Hauptwerk „Histoire de la folie" (Paris 1962)[6] und endet mit der methodologischen Untersuchung „L'archéologie du savoir" (Paris 1969). In dieser Phase stehen „Diskurspraktiken", „Formierungen des Wissens"[7], der „Wahrheit"[8] im Mittelpunkt der Untersuchungen. Inwiefern ist der Mensch diesem Wissen unterworfen? Inwiefern werden die Menschen durch Wissen und Wahrheit voneinander unterschieden? In der zweiten, *genealogischen* Phase, die mit „Nietzsche, la génealogie, l'histoire"

---

[1] MC 396 ff. (OD 460 ff.).
[2] MC 333–339 (OD 389–396).
[3] Le retour de la morale, DÉ 4,697 (Die Rückkehr der Moral 134).
[4] Le sujet et le pouvoir, DÉ 4,223 (Das Subjekt und die Macht 243).
[5] Le sujet et le pouvoir, DÉ 4,223 (Das Subjekt und die Macht 243); L'éthique du souci de soi comme pratique de liberté, DÉ 4,708 f. (Freiheit und Selbstsorge 9); Le souci de la vérité, DÉ 4,646 f. (Sorge um die Wahrheit 15 f.); UP 9 f. (GL 9 f.).
[6] Vgl. dazu D. Eribon: Michel Foucault, Frankfurt 1993, 119.
[7] UP 11 (GL 10 f.).
[8] Le retour de la morale, DÉ 4,697 (Die Rückkehr der Moral 134).

(Paris 1971)[9] einsetzt und mit dem ersten Band der Geschichte der Sexualität, „La volonté du savoir" (Paris 1976), endet, werden vorwiegend „Dispositive der Macht", „Normativitätstypen"[10] und „Teilungspraktiken"[11] untersucht. Die Frage ist hierbei: Inwiefern werden die Menschen mit Macht voneinander separiert, konstituiert und unterworfen? In der *ethischen* Phase rücken schließlich die „Subjektivitätsformen"[12] selbst in den Blick. Das „individuelle Betragen"[13], die „Art und Weise, in der ein Mensch sich selbst in ein Subjekt verwandelt"[14], werden sein Thema. Dahinter steht die Frage: Inwiefern kann sich der Mensch von sich selbst unterscheiden?

Foucault stellt fest, dass er zunächst nur „die beiden ersten Erfahrungen berücksichtigt habe, ohne die dritte zu beachten", obwohl diese drei Erfahrungsbereiche nur in ihrem Verhältnis zueinander verstanden werden können.[15] In der programmatischen Einleitung zu „L'usage des plaisirs" hebt Foucault selbst hervor, dass die letzte, ethische Phase in sich eine archäologische und eine genealogische Achse enthält.[16] Um Foucaults grundsätzlicher Forderung der Zusammengehörigkeit der drei Achsen zu entsprechen, werden in vorliegender Untersuchung in jeder der drei Phasen ihrerseits ethische, genealogische, archäologische Momente in Anschlag gebracht.

Im Zuge des in dieser Untersuchung beabsichtigten Rückschreitens wird zunächst die „ethische", sodann die „genealogische" und schließlich die „archäologische" Phase Foucaults in den Blick genommen. Während in der letzten, ethischen Phase Foucaultschen Denkens die Überlegungen zum *Willen* und damit zur Selbstbestimmung als Resultat erscheinen, ist in der genealogischen Phase die Kritik der *Macht* sowie in der archäologischen Phase das *Wissen* das entscheidende Ergebnis. Jede folgende Phase setzt mit dem Resultat der vorausgehenden ein. Es ergibt sich somit eine geschlossene Abfolge der drei Achsen Foucaultschen Denkens, durch welche die rationale Tektonik seines Gedankens ans Licht tritt.[17] In der Ethik wird die Frage nach der *Bestimmung* des Menschen entschieden. In der Genealogie ist der Mensch, wie er unter Machtverhältnissen hervorgetrieben wird, die *Sache* des Denkens. Die Archäologie stellt die Formen des *Denkens* vor.

Die Foucaultsche Rede von Wissen, Ethik und Macht lässt die Assozation mit den drei *operationes* des Schöpfergottes in der thomasischen Theologie, Wissen, Wille und Macht,[18] als gerechtfertigt erscheinen. Die Interpretation der ethischen Phase

---

[9] Nietzsche, la généalogie, l'histoire, DÉ 2,136–156 (Nietzsche, die Genealogie, die Geschichte).
[10] UP 11(GL 10).
[11] Le sujet et le pouvoir, DÉ 4,223 (Das Subjekt und die Macht 243).
[12] UP 11 (GL 10).
[13] Le retour de la morale, DÉ 4,697 (Die Rückkehr der Moral 134).
[14] Le sujet et le pouvoir, DÉ 4,223 (Das Subjekt und die Macht 243).
[15] Le retour de la morale, DÉ 4,697 (Die Rückkehr der Moral 134).
[16] UP 19 (GL 19).
[17] Zur Foucaultschen Logotektonik bei Boeder siehe ders.: Submodernity 233–235. Boeders kurzer Aufriss des Foucaultschen Gedankens hat nur eine einzige Termfolge von Denken, Sache, Bestimmung. Vgl. auch ders.: Die neutestamentliche Verkündigung angesichts der Submoderne (Typoskript).
[18] S.th. 1,2, prooem.

Foucaults als Herausarbeitung eines bestimmenden *Willens* ist insofern zulässig, als es bei Foucault um die Frage nach Selbstbestimmung, Selbstkonstitution auf Grund der individuellen Freiheit geht.[19] Das Subjekt unterwirft und entwirft sich selbst aus einer Freiheit, die vor allem als Unbestimmtheit gesehen werden muss.[20]

I. ETHIK

Die Bedeutung der Konversionen

Das Denken Michel Foucaults ist von seinem Beginn an auf das *Tun der Wahrheit*, auf ein praktisches Wissen gesammelt. Dies verbindet ihn in besonderer Weise mit dem Christentum, da auch hier die Wahrheit getan werden will.[21] In der letzten Phase seines Denkweges erhält das Christentum eine ausgezeichnete Stellung in Foucaults Werk. Foucault untersucht religiöse Themen wie Pastoralmacht, Beichtpraktiken, christliche Moralvorstellungen im Umfeld seiner weitangelegten Geschichte der Sexualität. Vor allem aber ist zu beachten, dass Foucault noch einen vierten Band der Geschichte der Sexualität über die Subjektierungsweisen des Christentums unter dem Titel „Les aveux de la chair" vollendete, der, wie bereits erwähnt, bis heute unveröffentlicht blieb. Religiös geprägte Praktiken wie Spiritualität, Askese, Konversion werden zu Elementen seiner Diskurspraxis, wobei die Frage nach der ‚Unterscheidung des Menschen von sich selbst' im Zentrum der Überlegungen steht. Diese Unterscheidung will und will nicht Konversion genannt werden. Foucault nimmt den Begriff ἐπιστροφή von seinen platonischen Wurzeln her auf.[22] Sodann wird der Begriff in seiner epikureischen bzw. stoischen Entfaltung untersucht.

---

[19] Siehe À propos de la généalogie de l'ethique, DÉ 4,384 (Zur Genealogie der Ethik 266). Bezogen auf die Ethik der Stoa sagt Foucault ebd.: „Es handelt sich um eine persönliche Entscheidung, die eine kleine Elite betraf. Der *Grund* [*raison*], diese Entscheidung zu treffen, war der *Wille*, ein schönes Leben zu haben und den Anderen die Erinnerung an eine schöne Existenz zu hinterlassen" [Hervorhebung von mir]. Hier gibt Foucault den *Willen* als *Grund* für die Ethik an.

[20] Die Tatsache, dass dabei dem affektiven bzw. vegetativen Streben der „désirs" und der „sexualité" eine zentrale subjektierende aber auch subjektierte Bedeutung zukommt, weist ebenfalls darauf hin, dass hier ein Strebevermögen beachtet wird, das zunächst, unspezifisch gesprochen, durchaus als Wille bezeichnet werden kann.

[21] Hier ist auf die Boedersche Charakterisierung der drei Epochen der Metaphysik zu verweisen, deren erste sich durch einen theoretischen, deren zweite sich durch den praktischen und deren dritte sich durch den poietischen Grundzug auszeichnet. Siehe ders.: Topologie 205 und 683f. Die praktische Ausrichtung Foucaults wurde auch in der theologischen Rezeption Foucaults bemerkt. Siehe dazu K. Ruhstorfer: Foucault und Christentum. Grundzüge der neueren theologischen Rezeption, in: ThRv 97 (2001) 1–18; Vgl. auch G. M. Hoff: Die prekäre Identität des Christlichen, bes. 75–105.

[22] Vorlesung vom 10.2.1982, zit. nach Becker 48: „Das Schema der Epistrophe wird aus vier Elementen gebildet: 1. Sich abwenden von ... (den Erscheinungen); 2. Sich zu sich selbst zurückwenden (sein Unwissen feststellen und eingestehen); 3. Erinnerungsakte vornehmen (Reminiszenz); 4. zu seinem ontologischen Vaterland zurückkehren (zu dem des Wesens, der Wahrheit und des Seins)."

„Im Unterschied zur Epistrophe geht es der Konversion eher um die Befreiung von dem, wovon wir abhängen, was wir nicht beherrschen, worüber wir nicht Herr sind und weniger um die Befreiung vom Körper als um die Etablierung eines abgeschlossenen kompletten Selbstbezugs auf sich. Die Rolle der Erkenntnis ist nicht mehr so entscheidend und fundamental. Wichtiger wird die Praxis, die Askese, die Einübung" (Becker 48).

Als *conversio ad se* (ἐπιστροφὴ εἰς ἑαυτόν) ist die Bekehrung das Ziel aller stoisch-epikureischen Selbstpraktiken.[23] Eben weil die „Bekehrung zu sich" vor Augen hält, „dass das Hauptziel, das man sich vorsetzen soll, in sich selbst, im Verhältnis seiner zu sich zu suchen ist", kommt ihr prinzipieller Rang zu. Die *conversio* impliziert die Veränderung im Blick, will sagen im Denken, und lenkt den Bekehrten auf eine Bahn, „über die man, alle Abhängigkeiten und alle Knechtungen vermeidend, am Ende sich selbst erreicht"[24]. Insofern man dadurch die *potestas sui* erlangt, folgt die *conversio ad se* einer „Ethik der Beherrschung". Insofern aber das Selbst auch Gegenstand des Genusses sein soll, handelt es sich auch um eine Ethik der „Lüste" – „plaisirs"[25].

Durch das Christentum wird ein neuer Bekehrungsbegriff eingeführt. Der christliche Begriff der μετάνοια enthält nach Foucault folgende Merkmale:

„1. eine plötzliche Mutation als einzigartiges Ereignis (die Umwälzung als Bruch); 2. den Übergang eines Seinszustands in einen anderen (den Übergang vom Tod zum Leben als Transfiguration); 3. den Verzicht des Selbst auf sich. Aber dieser Bruch spielt sich nicht im Selbst ab, sondern für, durch, um, in Richtung auf das Selbst" (Becker 48).

Foucault bezeichnet die christliche und folgende Arten von *conversio* als „Transsubjektivierung". Diese steht im Gegensatz zur „Autosubjektivierung" vor allem der stoischen und epikureischen Ethik. Die „Autosubjektivierung" wird als ein langer, kontinuierlicher Prozess der Arbeit an sich vorgestellt.

„,Wie stellt man, indem man sich selbst zum Ziel macht, einen angemessenen und erfüllten Bezug des Selbst zu sich her? Das steht bei dieser Konversion auf dem Spiel' – und ist weit von der christlichen Metanoia entfernt" (Becker 48).

In Analogie zu Nietzsche, der den Sozialismus als „Verwesungsgestalt" des Christentums begreift, sieht Foucault in den revolutionären Bewegungen, die seit dem 19. Jahrhundert entstehen, noch einmal den aus dem Christentum stammenden ,transsubjektivistischen' Konversionsbegriff aufblühen.[26] Foucault lässt keinen Zweifel daran, dass für ihn sowohl Nationalsozialismus als auch stalinistischer Sozialismus als Extremformen dieser ursprünglich christlichen „Transsubjektivierung" zu

---

[23] SS 89 (SS 89).
[24] SS 90 (SS 89).
[25] SS 91 (SS 90f.).
[26] Becker 49: „Ab dem 19. Jahrhundert wird der Begriff der Konversion wieder wichtig, und zwar für die Entscheidung zur Revolution und für die Praxis der Revolution. Die Kirche wird abgelöst von der Partei, die die revolutionären Individuen integriert und organisiert."

verstehen sind. [27] Demgegenüber muss für die Gegenwart die „Autosubjektivierung" als relevante Bekehrungsform angesehen werden, diese kommt Foucaults eigenem Bekehrungsbegriff nahe:

> „Aber ich lege Wert darauf, dass diese Veränderung weder die Form einer plötzlichen Erleuchtung, die ‚die Augen öffnet', noch die einer Durchlässigkeit für alle Bewegungen der Konjunktur annimmt; ich möchte, dass es sich hierbei um die Ausarbeitung [élaboration] seiner selbst durch sich selbst handle, eine eifrige Transformation, eine langsame und anstrengende Modifikation durch beständige Sorge um die Wahrheit" (Le souci de la vérité, DÉ 4,675; Die Sorge um die Wahrheit 26).

Foucaults eigene, vom Willen, sich ein anderer zu werden, getragene Ethik besteht darin: „[...] auf die Dauer fähig zu sein, sich von sich selbst loszumachen (déprendre de soi-même)" [28]. Aber gerade insofern es sich hierbei um eine Abwendung von sich und keine Zuwendung zu sich handelt, ist diese Art der Selbstunterscheidung das „Gegenteil der Haltung der Bekehrung". Konversion im Foucaultschen Sinne meint folglich eine doppelte, paradoxe Bewegung: Indem ich mich mir zukehre, mache ich mich von mir los, bzw. indem ich mich von mir losmache, wende ich mich mir zu. Um nun aber die konkrete Bestimmtheit des Foucaultschen Bekehrungsbegriffes und dessen Stellung im Gefüge seines Denkens fassen zu können, bedarf es eines systematischen Durchblicks auf die ethische Phase Foucaultschen Denkens im Ganzen. Dabei ist vom Resultat, dem bestimmenden Subjekt und dessen Willen, über die Mitte der Wissensbereiche und deren Wahrheit zu den Normativitätstypen und deren Machtrelationen zurückzuschreiten.

1. DAS BESTIMMENDE SUBJEKT UND SEIN WILLE

Foucaults Denkweg beginnt mit der Problematik des Unterschieds zwischen „Vernunft" (raison) und „Wahnsinn" (déraison, folie). Foucault macht die Erfahrung, dass dieser Unterscheidung kein letzter „Grund" (raison) innewohnt. [29] Dies führt zur Problematik, dass Wahnsinn und Vernunft ihre Stelle wechseln und sich gegenseitig aus- bzw. einschließen können. Die Vernunft hat keinen Grund und der Ursprung des Denkens ist nicht rein vernünftig. Diese Konstellation der Grundlosigkeit ist nicht die Folge einer existentiellen Erfahrung, sondern vielmehr deren Bedingung. Vor aller Erfahrung muss sich ein geschichtlicher Denkraum aufgetan haben, in dem sich eine existentielle Erfahrung ereignen kann. [30] Die Erfahrung der Grundlo-

---

[27] Vgl. auch Le sujet et le pouvoir, DÉ 4,224 (Jenseits von Strukturalismus 244) und Les techniques de soi, DÉ 4,812 (Technologien des Selbst 61).

[28] Le souci de la vérité, DÉ 4,675 (Sorge um die Wahrheit 25).

[29] Siehe WG 7–16.

[30] Siehe dazu C.A. Scheier: Nur noch die Spur der Spur? Vom schwierigen Verhältnis des modernen Denkens zur theologischen Tradition, in: Braunschweiger Beiträge für Theorie und Praxis von ru und ku 96, 2/2001, hg. vom Amt für Religionspädagogik und Medienarbeit, Wolfenbüttel 2001, 45–49, 45.

sigkeit wird Foucault vor allem über Nietzsche vermittelt[31]. Bereits bei Nietzsche kann die Vernunft keine prinzipielle Stellung mehr einnehmen. Der vernünftige, ja übervernünftige Gott gibt nicht mehr die Bestimmung des Menschen. Der überkommene Grund von Allem, Gott, ist tot. Dies gilt auch für das neuzeitliche Subjekt, das im Horizont Foucaults als ‚moderner Nachfolger' des vernünftigen Gottes gedacht wurde. Spätestens mit dem Strukturalismus tritt der Tod des Subjekts, verstanden als der Tod des Menschen ans Licht. Der weltliche Mensch der Moderne löst sich in die Sprache und deren Strukturen auf. Neben Lévi-Strauss und Lacan[32] ist vor allem Merleau-Ponty[33] die entscheidende Vorgabe für Foucault.

In Foucaults Spätwerk zeigt sich das Fehlen des Grundes im Kontext der Ethik. Es gibt keinen letzten Grund (raison) oder kein Prinzip, auf das sich eine allgemeine Ethik gründen könnte. Die Bestimmung des Willens kann weder durch den Willen Gottes noch durch die Vernunft geschehen. Auch ist der Wille selbst weder als ein Vernunftwille noch als ein weltlicher Wille zu begreifen. Der Wille ist zuletzt das Sich-Aussprechen einer Sprachstruktur. Dabei weiß er sich immer schon von einem anderen Willen bestimmt. Stets ist er einem anderen Willen unterworfen und mithin Subjekt. Dennoch ist dieses Subjekt auch der maßgebliche Wille des Foucaultschen Denkens. Das grundlose ‚Prinzip' Foucaultscher Ethik heißt sachlich gesehen „sujet" und zwar als in sich gespaltenes, weil in einem unterwerfendes und unterworfenes, wobei die Stellen von Unterwerfendem und Unterworfenem austauschbar sind bzw. wechseln.[34] Auf die Bestimmung hin gesehen ist das Prinzip die *Freiheit*, verstanden als *Wille zur Selbstverwirklichung* und *zum Andersein*, auf das Denken gesehen ist das

---

[31] Siehe Vérité, pouvoir et soi, DÉ 4,780 (Wahrheit, Macht, Selbst 19): „Nietzsche war eine Offenbarung für mich"; vgl. Le retour de la morale, DÉ 4,703 (Die Rückkehr der Moral 141); Entretien avec Michel Foucault, DÉ 4,48 (Erfahrungstier 44).

[32] Entretien avec M. Chapsal, DÉ 1,514 (Gespräch mit Madeleine Chapsal, S 1,665f.)

[33] Nach Boeder schließt der Denkterminus Foucaults unmittelbar an denjenigen Merleau-Pontys an, siehe Boeder: Submodernity 232f. Es ergibt sich die Schwierigkeit, dass Foucault selbst Merleau-Ponty zum Alten Denken des Existentialismus und der Phänomenologie rechnet (siehe: Entretien avec M. Chapsal, DÉ 1,513; Gespräch mit Madeleine Chapsal, S 1,665f.), doch scheint sich Foucault hier eine zentrale Vorgabe zu verhehlen. Dazu B. Liebsch: Abgebrochene Beziehungen: Merleau-Ponty und Foucault über Ontogenese und Geschichte (I), in: Philosophisches Jahrbuch 6 (1994) 177–194, bes. 177f. Anm. 2 und 3. Der späte Foucault anerkennt die Zuwendung Merleau-Pontys zur Linguistik und erwähnt, dass er durch dessen Saussure-Rezeption beeinflusst wurde. Siehe Structuralisme et Poststructuralisme, DÉ 4,434. Die Übereinstimmung zwischen Foucault und Merleau-Ponty besteht in der Verabschiedung des reinen cogito als Grund und dem Verzicht auf die Annahme einer Synthese in der Geschichte. Die Verabschiedung der Synthese als des Aufhebens der Gegensätze in eine höhere Einheit und zwar durch die differentielle Fassung der Sprache ist m.E. der logische Kern der Berührung von Merleau-Ponty und Foucault, siehe auch Eribon: Foucault 48. Schon für Merleau-Ponty ist die unendliche Limitation oder die Differenz der ursprunglose Ursprung. Ders.: Le sens et le non sens, Paris 1966, 109ff. und Les aventures de la dialectique, Paris 1955. Freilich ist der Gedanke Merleau-Pontys mehr auf Hegel und Marx gesammelt, während Foucault mehr von Nietzsche und zuletzt auch den Kirchenvätern berührt wird.

[34] Vgl. La souci de la vérité, DÉ 4,670 (Die Sorge um die Wahrheit 18). Siehe zum Ganzen W. Schmid: Auf der Suche nach einer neuen Lebenskunst. Die Frage nach dem Grund und die Neubegründung der Ethik bei Foucault, Frankfurt 1991.

Prinzip das *Anderssein* selbst. Diese zunächst abstrakte Bestimmung konkretisiert sich in der ethischen Phase Foucaultschen Denkens im Resultat sprachlich, davor weltlich und ursprünglich geschichtlich.

a) Die sprachliche Bestimmung des Subjekts

Bereits in der archäologischen Phase seines Denkweges übersetzte Foucault das „je pense" des Descartes in das „je parle".[35] Vor jedem Sprechen, auch noch vor jedem Schweigen spricht die Sprache unaufhörlich. Der ursprunglose Ursprung ist „das unaufhörliche Geriesel der Sprache. Sprache, die von niemand gesprochen wird: jedes Subjekt bezeichnet darin nur eine grammatikalische Falte"[36]. Das „Ich" wiederum wird in dieser sprachlichen Fassung zu einem anonymen Moment innerhalb der Struktur der Sprache. Doch ist zu bemerken, dass die Sprache, von der hier die Rede ist, nicht von der Geistigkeit eines reinen Signifikats, sondern von der Äußerlichkeit und Materialität des Signifikanten ist. Wie bereits der Sprachbegriff Saussures, der Foucault vermittelt durch Lacan und Lévi-Strauss sowie Merleau-Ponty[37] erreicht, von einer ursprünglichen konstituierenden Differenz der Zeichen ausgeht, so ist das „Ich" Foucaults von dieser sich verschiebenden Differenz vorgeprägt. Wie ein Zeichen durch das andere bestimmt wird, so befindet sich das „Ich" in einer unaufhörlichen Verschiebung jenseits jeder Bindung an sich selbst. Das „Ich" ist von keiner anfänglichen und dauernden Selbigkeit getragen, sondern es lebt im permanenten Aufbrechen seiner Identität,[38] wie auch die Sprache im unendlichen Verschieben ihr wesenloses Wesen zeigt.

Im sprachlichen Moment des Bestimmungs-Terminus ist nicht auf das „penser" bzw. das „parler" als solches abzuheben, sondern auf das *„je parlant"* und zwar insofern es für das Denken und seine Sache bestimmend ist. Doch zunächst ist zu sehen, welchem bestimmenden Anspruch das „Ich" ausgesetzt ist. Das „Je" als sprachliche Falte hält die Mitte zwischen einem doppelten Außen, einem inneren Außen (Begehren) und einem äußeren (Wissens- und Machtfelder). Beide Bereiche wirken auf es zunächst bestimmend ein. Von Innen drängen sich das „Begehren" (désir) und die „Lüste" (plaisirs) dem ihnen unterworfenen „sujet" auf und bewirken es in seiner konkreten Beschaffenheit.[39] Von Außen wirken die Wissensformationen bzw. Machtkonstellationen ebenfalls konstituierend auf das Subjekt ein.[40] Diese

---

[35] La pensée du dehors, DÉ 1,518ff. (Das Denken des Außen, S 1,670ff.). Foucault schließt mit seiner Fassung des Denkens als Sprechen unmittelbar an den Denk-Terminus Merleau-Pontys an. Dazu Boeder: Submodernity 232f., dazu B. Liebsch: Abgebrochene Beziehungen. Vgl. OD 27.

[36] La pensée du dehors, DÉ 1,537 (Das Denken des Außen, S 1,694).

[37] Siehe Entretien avec M. Chapsal, DÉ 1,514 (Gespräch mit Madeleine Chapsal, S 1,665f.) und Structuralisme et Poststructuralisme, DÉ 4,434.

[38] Vgl. Entretien avec Michel Foucault, DÉ 4,43 und 49f. (Erfahrungstier 27 und 38); Le souci de soi comme pratique de liberté, DÉ 4,718 (Freiheit und Selbstsorge 18).

[39] Siehe Le souci de soi comme pratique de liberté, DÉ 4,715 (Freiheit und Selbstsorge 15f.).

[40] Siehe Le sujet et le pouvoir, DÉ 4,222 (Subjekt und Macht 243), UP 13 (GL 12).

Konstitutionsverhältnisse sind deshalb möglich, weil das Begehren (désir), das sich in besonderer Weise in der Sexualität zeigt, seinerseits diskursiviert wurde bzw. sich in der Sprache äußert, ja sogar selbst in besonderer Weise das Begehren und die Lust, sich auszusprechen, ist.[41] Ebenso entfalten die Wissens- und Machtformen als sprachliche Diskurspraktiken, sprachliche Monumente und sprachliche Dispositive ihre Wirksamkeit.

Das Begehren und die Wissens-Macht-Komplexe stehen ihrerseits in einem doppelten Verhältnis zueinander. Einerseits herrscht das Begehren über Wissen und Macht. Andererseits ist das Begehren das Ergebnis der jeweils herrschenden Wissens-Macht-Konstellation. Die beiden möglichen Weisen des Außen treffen auf das Ich aber nicht in Gestalt objektiver, wahrer und damit verbindlicher Gegebenheiten, vielmehr befinden sich Ich, Begehren und Macht-Wissen in einem Spiel, das wesentlich offen ist.[42] Diese Offenheit ist aber nicht immer und überall offenbar und so konkretisiert sich die Foucaultsche Bestimmung zuletzt noch einmal als *sprachliche Subversion*, welche sich in der Forderung nach fortwährender *Konversion* (conversio ad se) bzw. *Aversion* (se deprendre de soi) artikuliert. Unter dieser Bestimmung konstituiert sich das Subjekt selbst als ein vor allem sprachliches Kunstwerk in einer „Ästhetik des Selbst" durch „Technologien des Selbst".

In den „techniques de soi" und in den „esthétiques de l'existence" nimmt Foucault die ἐπιστήμη (Wissenschaft) auf die τέχνη (Kunst) und schließlich auf die αἴσθησις (sinnliche Wahrnehmung) zurück.[43] Nicht die Wissenschaften bestimmen den Menschen, sondern die Selbsttechniken, die ihrerseits von ästhetischen Werten geprägt sind. Die Selbstkonstitution geschieht dabei im Spiel sowohl mit den Elementen des Begehrens als auch mit den Normen des Macht-Wissenskomplexes. Maßgeblich sind hierbei einerseits die vorgegebenen Normen sowie das Begehren und andererseits der „Wille, ein moralisches Subjekt" zu sein. Dieser Wille realisiert sich in der Anstrengung, seine Freiheit zu affirmieren, und dem eigenen Leben eine gewisse Form zu geben.[44] Beide bestimmenden Momente begegnen sich als *diskursive* Gegebenheiten.

Die Konstitution des Selbst ist eine vornehmlich praktische Angelegenheit, die zwar auf theoretische Grundlegungen rückgebunden ist, deren allgemeine Verbindlichkeit jedoch suspendiert wird. In den antiken Praktiken des Selbst vor allem der Stoa oder Epikurs sieht Foucault ebenfalls eine Moral am Werk, die nicht allgemeinen Normen und Regeln verpflichtet ist,[45] sondern die in einer „pratique de soi" besteht, „die zum Gegenstand hat, sich selbst als ein Werk der Schönheit des eigenen Lebens zu konstituieren"[46]. Die „Schönheit des eigenen Lebens" unterliegt vor allem

---

[41] Préface à la transgression, DÉ 1,233f. (Vorrede zur Überschreitung, S 1,320); VS 140f. (WW 128).

[42] Vgl. À propos de la généalogie de l'éthique, DÉ 4,391 (Zur Genealogie der Ethik 273).

[43] Vgl. dazu Aristoteles: Metaphysica A 1 (980a,21–982a,3).

[44] Le souci de la vérité, DÉ 4,671 und 674 (Die Sorge um die Wahrheit 20 und 24); siehe auch À propos de la généalogie de l'éthique, DÉ 4,610 (Zur Genealogie der Ethik 266), auch hier Anm. 19.

[45] À propos de la généalogie de l'éthique, DÉ 4,390 (Zur Genealogie der Ethik 272).

[46] Le souci de la vérité, DÉ 4,671 (Die Sorge um die Wahrheit 20).

dem sich selbst bestimmenden Subjekt und seinem Geschmacksurteil. Dieses ist eine Frage des Stiles,[47] eines „Stiles der Freiheit"[48], eines Stiles, mit seinem „Begehren" umzugehen, ihm Gestalt zu geben. Foucault betrachtet die Verbote und Regeln der griechischen Praktiken des Selbst allerdings nicht in ihrer prinzipiellen Einbettung,[49] ihnen eigne vielmehr eine nicht prinzipiierte Strenge. Und so sollen auch heutige ethische oder moralische Normen ohne Begründung von „einem Willen zur Regel, einem Willen zur Form, einer Suche nach Strenge" bestimmt werden.[50]

Die sprachliche Maßgabe der Ethik zieht sich schließlich auf ein allgemeines, ein besonderes und ein singuläres Moment zusammen. Zwar ist Foucault radikal gegen eine Moral, die allgemeingültig wäre,[51] aber dennoch erscheint seine ‚Verkündigung' in strenger *Allgemeinheit*,[52] insofern sie jeden Gedanken der Allgemeinheit unterläuft, indem sie ihn begrenzt. So ist jeder Mensch gehalten, sich selbst aus vermeintlichen allgemeinen Verbindlichkeiten zu befreien und sich selbst in unabschließbarer Offenheit des Sich-von-sich-selbst-Losmachens zu gestalten. Dabei handelt es sich um die Verbindlichkeit, sich aus jeder Verbindlichkeit zu befreien, wobei die erste Verbindlichkeit diejenige ist, mit sich selbst identisch sein zu müssen.[53] Das Selbstverhältnis befindet sich in der Schwebe zwischen Positivität und Negativität, zwischen Selbstzukehr und Selbstabkehr. Gemäß der Logik des unendlichen Urteils unterwirft und entwindet sich das Subjekt allen möglichen gegebenen Verbindlichkeiten. Die Foucaultsche Bestimmung des Menschen ist nicht *notwendig*, sie ist auch nicht *wirklich*, sondern sie ist stets nur *möglich*. Die Möglichkeit, sich ein anderer zu werden, ist stets offenzuhalten.

In diesem Prozess der Befreiung kommt der Gruppe der Intellektuellen eine *besondere* Funktion zu. Zwar ist ihnen versagt, anderen Leuten vorzuschreiben, was sie zu tun und zu lassen haben,[54] dennoch haben die Intellektuellen die Aufgabe, zuerst sich

---

[47] Le retour de la morale, DÉ 4,698 (Die Rückkehr der Moral 134f.).

[48] Une esthétique de l'existence, DÉ 4,731 (Eine Ästhetik der Existenz 134).

[49] Foucault betont, dass im griechischen Denken keine religiöse Verankerung entscheidend war. Siehe À propos de la généalogie de l'éthique, DÉ 4,611 (Zur Genealogie der Ethik 267). Vgl. die Kritik von P. Hadot an Foucault, in: P. Hadot: Exercices spirituels et philosophie antique, Paris 1987, 229–233.

[50] Le souci de la vérité, DÉ 4,673f. (Die Sorge um die Wahrheit 23).

[51] Entretien avec Michel Foucault, DÉ 4,46f. (Erfahrungstier 33); Vérité, pouvoir et soi, DÉ 4,778f. (Wahrheit, Macht, Selbst 16f.): „Alle meine Analysen richten sich gegen die Idee von universalen Notwendigkeiten in der menschlichen Existenz."

[52] Vgl. Vérité, pouvoir et soi, DÉ 4,778 (Wahrheit, Macht, Selbst 16): „Meine Rolle – aber das ist ein sehr hochtrabender Ausdruck – ist es, den Leuten zu zeigen, dass sie viel freier sind als sie meinen, dass sie bestimmte Sachverhalte als wahr und evident annehmen, die zu einem besonderen Zeitpunkt in der Geschichte fabriziert wurden, und dass diese vorgebliche Wahrheit kritisiert und zerstört werden kann. Irgend etwas in den Köpfen der Menschen [dans l'esprit] zu ändern, ist die Aufgabe der Intellektuellen."

[53] Le sujet et le pouvoir, DÉ 4,226 (Subjekt und Macht 246).

[54] UP 16 (GL 16): „Es ist immer etwas Lächerliches im philosophischen Diskurs, wenn er von Außen den anderen Vorschriften machen will, ihnen sagt, wo ihre Wahrheit liegt und wie sie zu finden ist, oder wenn er sich zutraut, ihr Vorgehen in naiver Positivität zu belehren." Le souci de soi, DÉ 4,676: „Die Rolle eines Intellektuellen ist es nicht, anderen zu sagen, was sie zu tun haben. Mit welchem Recht sollte er das tun?"

selbst immer wieder von sich los zu machen, um so die jeweilige Andersheit des Selbst in sprachlichen Produktionen zu verwirklichen.[55] Die Realisierung der Kritik und des Sich-anders-Werdens sowie die besondere Selbstsorge des Philosophen ermächtigen ihn, die Produkte seiner Selbstsorge mit Allgemeingültigkeitsanspruch auszusprechen und diese gleichzeitig wieder zurückzunehmen. Diese Verwirklichung besteht aber für ihn im Besonderen darin, „den Leuten zu zeigen, dass sie viel freier sind, als sie meinen"[56]. Die sprachlichen Kunstwerke der kritischen Intellektuellen sind die „Frohe Botschaft" und damit die Bestimmung des Menschen im Besonderen. Insofern aber eine Verallgemeinerung nicht nur im Allgemeinen (Allheit), sondern auch noch im Besonderen (Vielheit) problematisch ist, rückt zuletzt die Bestimmung in ihrer *Singularität* (Einheit) für das Individuum Foucault in den Blick. Durch das Schreiben und Sichaussprechen in seinen Werken konstituiert sich das Individuum Foucault, das als solches keine allgemeine und keine besondere Verbindlichkeit für andere Menschen beansprucht, sondern an seinem eigenen Selbst arbeitet:[57] „Jedes meiner Bücher stellt einen Teil meiner Geschichte dar"[58]. Im Fortschreiben seines Textes aber macht sich das Individuum von sich selbst los, verschwindet, taucht dort auf, wo man es nicht vermutet, wird sich ein anderer ohne Bindung an eine Identität.[59]

b) Die Bestimmung in weltlicher Konkretion

Dem eben dargestellten sprachlichen Moment geht die Bestimmung in weltlicher Konkretion voraus. Ein weltliches Außen, das allerdings seinerseits sprachlich vorgezeichnet ist, spricht sich aus. Hier kann weder der Wille des überweltlich-weltlichen Gottes der christlichen Tradition, noch der Wille seines rein weltlichen Substituts Dionysos bestimmend werden. Nicht der Wille zur Macht als Totalität des weltlichen Lebenswillens, sondern der Wille des individuellen Menschen ist hier maßgeblich. Um welchen Menschen handelt es sich hier?

Das Cartesianische „cogito" beerbt in Foucaults Perspektive das christliche Prinzip „Gott". Das neuzeitliche Subjekt wird nicht nur zum innersten Konstitutionsmoment des Wissens, sondern auch des Willens. Foucault unterscheidet jedoch nicht

---

[55] Le souci de la vérité, DÉ 4,675 (Die Sorge um die Wahrheit 25): „Was ist möglicherweise die Ethik eines Intellektuellen – ich bestehe auf diesem Ausdruck ‚Intellektueller', der zur Zeit bei einigen Ekel zu verursachen scheint – wenn nicht: sich auf Dauer in die Lage zu versetzen, sich von sich selbst loszumachen (was das Gegenteil der Haltung einer Konversion ist)?"

[56] Vérité, pouvoir et soi, DÉ 4,778 (Wahrheit, Macht, Selbst 16).

[57] Entretien avec Michel Foucault, DÉ 4,42 (Erfahrungstier 24): „Ich bin ein Experimentator, in dem Sinn, dass ich schreibe, um mich zu verändern und nicht mehr dasselbe zu denken wie zuvor."

[58] Vérité, pouvoir, soi, DÉ 4,779 (Wahrheit, Macht, Selbst 17).

[59] Entretien avec Michel Foucault, DÉ 4,43 (Erfahrungstier 27); UP 16f. (GL 15f.); Vértité, pouvoir, soi, DÉ 4,777 (Wahrheit, Macht, Selbst 15); vgl. auch AS 28 (AW 30): „Fragen Sie mich nicht, wer ich bin, und sagen Sie mir nicht, ich solle derselbe bleiben: das ist eine Moral des Personenstandes [état-civil]; sie beherrscht unsere Papiere. Sie soll uns frei lassen, wenn es sich darum handelt zu schreiben."

zwischen dem Menschen des Bewusstseins, wie er bei Descartes als *res extensa* vorkommt und von der *res cogitans* vorbestimmt ist, und dem Bewusstsein des Menschen, das erst in der nachmetaphysischen Moderne vorherrschend wird. Erst hier erscheint das Bewusstsein als Epiphänomen des weltlichen Menschen. Foucault sieht allerdings ein Kontinuum bis in seine eigene geschichtliche Gegenwart. Zuletzt habe das Subjekt als weltliche Gegebenheit im Existentialismus etwa bei Sartre zu denken gegeben.[60] Die Freiheit des individuellen Menschen ist das Prinzip Sartreschen Denkens. Der in die Welt geworfene Mensch ist aber noch an seine weltliche Wahrheit gebunden und so zur Identität mit sich bestimmt. Dies zeigt sich vor allem in Sartres Forderung „authentisch zu sein"[61]. Foucault wendet sich jedoch strikt gegen ein identisches Subjekt, sei es als transzendentale, sei es als weltliche Gegebenheit.

> „Zuerst, ich denke tatsächlich, dass es kein souveränes, begründendes Subjekt gibt, keine universelle Form des Subjekts, die man überall wiederfinden könnte. Ich bin sehr skeptisch und sehr feindselig gegenüber dieser Konzeption des Subjekts. Ich denke im Gegenteil, dass sich das Subjekt über Praktiken der Unterwerfung [assujetissement] konstituiert oder, in autonomerer Weise, über Praktiken der Befreiung, der Freiheit, wie in der Antike, ausgehend – richtig verstanden – von einer bestimmten Anzahl von Regeln, Stilen, Konventionen, die man im kulturellen Umfeld wiederfindet" (Une esthétique de l'existence, DÉ 4,733; Eine Ästhetik der Existenz 137 f.).

Mit dem transzendentalen Subjekt in Husserlscher oder Sartrescher Bestimmtheit entfällt nach Foucault die letzte Möglichkeit, einen einheitlichen, transzendent-transzendentalen, apriorischen Grund von Allem zu denken. Damit entfallen aber auch das Erkenntnissubjekt und -objekt der technisch-wissenschaftlichen Versuche in Biologie, Medizin, Psychoanalyse, menschliche Verhaltensweisen einheitlich und universal zu beschreiben und zu normieren. Die modernen humanwissenschaftlichen Versuche, die Wahrheit des Begehrens, des Selbst usw. aufzudecken, sind unverbindlich geworden und müssen in ihrer Unverbindlichkeit aufgedeckt werden, weil es *den* Menschen weder als Subjekt noch als Objekt gibt und geben darf.[62] Nach Gott als Träger der Verbindlichkeit stirbt auch der weltliche Mensch als Maßgabe für die Ethik. Entsprechend verhält sich Foucault kritisch gegenüber den zeitgenössischen Emanzipations- und Befreiungsbewegungen, aber auch gegenüber den Selbstfindungsunternehmungen, wie der kalifornischen Selbstkultur.[63] Denn diese wollen ein „wahres Selbst", eine ursprüngliche Wirklichkeit befreien bzw. wiederherstellen, eine Entfremdung aufheben und eine Versöhnung zerrissener Wirklichkeit herbeiführen. Foucault jedoch versucht aufzudecken, dass sich diese Bestrebungen lediglich ihre eigene Prinzipienlosigkeit verhehlen.

---

[60] Entretien avec M. Chapsal, DÉ 1,515 (Gespräch mit Madeleine Chapsal, S 1,664 f.).
[61] À propos de la généalogie de l'éthique, DÉ 4,392 f. (Zur Genealogie der Ethik 274).
[62] Vgl. Entretien avec Michel Foucault, DÉ 4,52 ff. (Erfahrungstier 43 ff.).
[63] À propos de la généalogie de l'éthique, DÉ 4,392 f. und 404 (Zur Genealogie der Ethik 274 und 283 f.).

> „Die neueren Befreiungsbewegungen leiden daran, kein Prinzip zu finden, um darauf die Ausarbeitung einer Moral zu gründen. Sie brauchen eine Moral, aber es gelingt ihnen nicht, eine andere zu finden als diejenige, welche sich auf eine vorgebliche wissenschaftliche Erkenntnis des Ichs, des Begehrens, des Unbewussten usw. gründet" (À propos de la généalogie de l'éthique, DÉ 4,611; Zur Genealogie der Ethik 267).

Das Eingeständnis des Fehlens auch noch eines weltlichen „Prinzips" ist für Foucault aber eine Frage der Wahrhaftigkeit ersten Ranges. Deshalb gilt es, erstlich die tatsächliche Grundlosigkeit für die Selbstbestimmung und Selbstverwirklichung, d. h. den Nihilismus, in aller Radikalität hervorzutreiben. Dann erst erscheint die Problematik, welcher sich Foucault in großer Konsequenz aussetzt. Doch ist der Nihilismus – anders als für Nietzsche – nicht mehr der „unheimlichste aller Gäste". Sowohl der Gedanke der Erhabenheit Gottes als auch des Abgrundes, den sein Tod hinterlässt, sind verblasst.

Der Mensch der klassischen Moderne musste noch die Leerstelle des toten Gottes substituieren und einen nunmehr weltlichen Grund für seine Selbstunterscheidung geltend machen. So war Nietzsches Mensch noch gehalten, sich aus Liebe zum Leben unter der Bestimmung der „Ewigen Wiederkehr des Gleichen" von sich selbst zu unterscheiden, sowohl die fremden Wertsetzungen als auch den Nihilismus zu überwinden und dadurch zum „Übermensch" zu werden. In dessen „Willen zur Macht" äußerte sich der weltliche Wille zur Steigerung des Lebens. Foucault aber stößt auch die Nietzschesche Bestimmung des Menschen und die darin liegende Unterscheidung des Menschen vom Übermenschen ab. Es kann und darf für ihn keine andere Zukunft, keinen „neuen Menschen" geben.[64] Der „Wille zur Macht" hingegen wird von Foucault in der konkreten weltlichen Gestalt der Totalitarismen des 20. Jahrhunderts[65] und in seiner Verwandlung zur Biomacht und zum Wohlfahrtsstaat vielmehr als *die* Bedrohung empfunden.[66] Entsprechend kommt es nach Nietzsches Verabschiedung der Moral, ausgelöst durch die Erfahrung von Nazismus und Stalinismus sowie durch die bleibende Möglichkeit einer totalitären Macht, im Foucaultschen Horizont zu einer „Rückkehr der Moral" – eine Moral verstanden als Begrenzung des Willens zur Macht. Dem *Willen zur Macht* wird ein *Wille zur Entmachtung* an die Seite gesetzt. Beider Herrschaft wird in einem endlosen Prozess *limitiert*.

Der „Wille, nicht so regiert zu werden", ist denn die hier maßgebliche Form der Freiheit und damit das ungegründete ,Prinzip' der Ethik. Aber schon bei Nietzsche durfte dem Willen zur Macht kein *an sich* unterstellt werden. Er musste erst hervorgebracht werden ebenso wie auch das wollende Subjekt dieses Willens. Um so mehr kann Foucaults bestimmender Wille nicht als Setzung eines gegebenen weltlichen Individuum begriffen werden. Was der Mensch ist, muss vielmehr erst aus dem Willen, sich zu gestalten, hervorgebracht werden. Andererseits bleibt der

---

[64] Qu'est-ce que les Lumières, DÉ 4,575 (Was ist Aufklärung 50).
[65] Vgl. Le sujet et le pouvoir, DÉ 4,223 (Die Macht und das Subjekt 244).
[66] Vgl. ,Omnes et singulatim', DÉ 4,134–161 (Omnes et singulatim 65–93).

Mensch durchaus *auch* eine äußere und damit weltliche Gegebenheit. Diese wird nicht schlechthin negiert, sondern ihrerseits *limitiert*. Die äußere Wirklichkeit des vor allem sexuellen Begehrens, die äußere Wirklichkeit der menschlichen Gesellschaft und ihrer Normen werden nicht etwa abgeschafft, sondern sie bleiben in ihrer Weltlichkeit als Realitäten in begrenztem Maße bestimmend. Durch eine Moral ohne gründendes Prinzip wird die Annahme einer fremden Maßgabe begrenzt.

Foucault löst das Problem eines fehlenden Anfangs dadurch, dass er eine Ethik auf das Verhältnis des Subjekts zu sich selbst gründet. Da nun aber das Subjekt kein schlechthin gegebenes ist, muss dieses Selbstverhältnis seinerseits als Resultat einer selbstkreativen Tätigkeit begriffen werden. Um diese Gründungsverhältnisse zu verdeutlichen, sei noch einmal an das existentialistische Denken erinnert. Auch Sartre hatte das Selbstverhältnis des Subjekts noch unter einer festen Bestimmung, nämlich der Authentizität, gesehen. [67] Diese setzt die beiden Seiten des Subjekts S(s) und S(p) in das Verhältnis der Identität. Das reflexive Subjekt soll der ursprüglich weltlichen Gegebenheit seiner Identität gleichkommen. Dem Satz „Ich soll authentisch ich sein" liegt das Identitätsurteil zu Grunde „Ich bin ich", wobei der Kopula „sein" die Stelle der Bestimmung zukommt im Modus des Sollens. „Ich soll ich sein". Gesehen auf die Qualität des Urteils liegt ein *positives Urteil* vor. Bei Foucault entfällt das Dritte, in welches sich das Selbst reflektieren könnte, und damit fehlt die Bestimmung, unter welcher beide Seiten des Subjekts stehen. Das bedeutet nun: Die ‚objektive' weltliche Wirklichkeit des Menschen und das ‚subjektive' Ich stehen einander unvermittelt gegenüber. Damit steht sich das Selbst des Menschen als ein radikal anderes entgegen: moi – autre. Dabei handelt es sich aber nicht einfach um ein *negatives Urteil*, S(s) ist nicht gleich S(p), weil auch das Andere nicht mit sich identisch ist und weil es unendlich viel anderes gibt, das vom Selbst zu unterscheiden ist. Das Andere liegt aber nicht in objektiver Gegebenheit vor, sondern ergibt sich erst in der Unterscheidung vom Selbst. Diese ist keine Tätigkeit des Subjekts, sondern als Differenz ist sie eine quasi-ursprüngliche Gegebenheit. Insofern wird S(p) nur eine von unendlich vielen Prädikatisierungen des Subjekts S(s). Es gilt: S(s) ist nicht S(p)1, nicht S(p)2, nicht S(p)n und so fort ins Unendliche. Es liegt also in der Aussage, dass das Subjekt nicht mit sich identisch ist, bei Foucault ein *unendliches Urteil* vor. [68] Eine unendliche Differenzierung und ein unendlicher Aufschub konstituieren das Selbst.

Wenn sich dieses Selbst in der *conversio ad se* sich selbst zuwendet, wird es sich durch die Begegnung mit sich als Anderem selbst ein Anderes. Diese Begegnung, sei es im Modus der Erkenntnis oder in dem der Selbstsorge, ist als eine „kreative Tätigkeit" [69] zu begreifen. Immer dann, wenn das Selbst sich selbst etwa im delphischen Sinne zu erkennen versucht, entwirft es sich neu, gestaltet es sich selbst um

---

[67] Vgl. À propos de la généalogie de l'éthique, DÉ 4,392 (Zur Genealogie der Ethik 274).

[68] Siehe dazu Le sujet et le pouvoir, DÉ 4,232 (Das Subjekt und die Wahrheit 250): „Ohne Zweifel, das hauptsächliche Ziel [objectif principal] ist heute nicht, das zu entdecken, sondern das zurückzuweisen, was wir sind."

[69] À propos de la généalogie de l'éthique, DÉ 4,393 (Zur Genealogie der Ethik 274).

und wird sich ein Anderes. Damit ergibt sich eine unendliche Reihe von Selbsten. Die Wahrheit des Selbst ist somit die Spur der ins Unendliche sich fortsetzenden Reihe von Selbstentwürfen.[70]

Einerseits ist der subjektive Pol des Subjekts, S(s) bestimmend, weil das Subjekt sich selbst als Anderen entwirft (moi – autre). Insofern aber S(s) seinerseits immer nur Resultat der schöpferischen Tätigkeit im Umgang mit dem Anderen ist, wird es von dem Anderen, S(p) bestimmt, ist ihm subjektiert (autre – moi). Das Andere durchzieht das Selbst in sprachlicher, weltlicher und geschichtlicher Hinsicht ebenso wie das Selbst das Andere sprachlich, weltlich, geschichtlich bestimmt. Das Verhältnis beider gegensätzlicher Selbstverhältnisse kann keinesfalls synthetisiert werden. Vielmehr besteht eine ursprüngliche und unaufhebbare Differenz nicht nur zwischen Selbst und Anderem, sondern auch zwischen Subjektierendem und Subjektiertem zwischen „pratiques de libération" und „pratiques d'assujettissement"[71]. Das Verhältnis von Befreiung und Unterwerfung muss je neu bestimmt werden.

Maßgeblich für die Bestimmung des Menschen ist die anfängliche Kluft zwischen Selbst und Anderem. Der individuelle Mensch ist sich selbst von je her ein Anderer. In einer Welt von Anderen wird der Einzelne stets von den Anderen bestimmt. Da er selbst ein Anderer ist, kann auch er die Anderen bestimmen. Der bestimmende Wille ist also nicht schlechthin der Wille des Einzelnen, sondern der einzelne Mensch ist die Spur des maßgeblichen Willens zum Anderen, die Spur von etwas, das seinerseits niemals gegenwärtig war, weil niemals mit sich identisch, die Spur einer Möglichkeit, die niemals wirklich war. So erscheint die Bestimmung in *weltlicher* Konkretion zunächst als permanente Möglichkeit des Andersseins[72] sodann als *Wille* zum Anderssein,[73] zur Transformation[74], zur Befreiung und damit zur Grenzüberschreitung.

Das Foucaultsche Ethos ist wesentlich eine „attitude limite"[75]. Jenseits der Alternativen von Herrschaft (domination) und Knechtschaft (esclavage), Vernunft und Begierden, Innen und Außen, Position und Negation muss sich die Selbstbestimmung an den *Grenzen* zum Anderen aufhalten. Diese gilt es zu analysieren und auf Möglichkeiten der Überschreitung (franchissement) hin zu untersuchen. Die Überschreitung betrifft vor allem das Allgemeine, Notwendige und Verpflichtende, und zwar insofern dies den Menschen vorgegeben ist. Foucaults stellt die subversive Frage:

---

[70] Siehe Le sujet et le pouvoir, DÉ 4,232 (Das Subjekt und die Wahrheit 250): „Wir müssen das, was wir sein könnten, imaginieren und konstruieren, um diejenige Art von politischem ‚double-bind' loszuwerden, welche in der gleichzeitigen Individualisierung und Totalisierung durch moderne Machtstrukturen besteht. [...] Wir müssen für neue Formen von Subjektivität werben, indem wir den Typ von Individualisierung zurückweisen, der uns über Jahrhunderte auferlegt wurde."

[71] Une esthéthique de l'existence, DÉ 4,733 (Eine Ästhetik der Existenz 137f.).

[72] Qu'est-ce que les Lumières, DÉ 4,574,575,577 (Aufklärung 48ff.): „franchissement possible".

[73] UP 16 (GL 15f.).

[74] Qu'est-ce que les Lumières, DÉ 4,575 (Aufklärung 48f.).

[75] Qu'est-ce que les Lumières, DÉ 4,574 (Aufklärung 48).

„[…] was ist in dem, das uns als universal, notwendig, verpflichtend gegeben ist, der Bestandteil, welcher singulär, kontingent und durch willkürliche Zwänge bedingt ist"? (Qu'est-ce que les Lumières, DÉ 4,574; Aufklärung 48).

Dennoch und deshalb ist die Kritik der Begrenzungen niemals „global und radikal"[76]. Die Transformationen sind „partiell", sie zielen nicht auf „eine andere Gesellschaft, eine andere Weise zu denken, eine andere Kultur, eine andere Vision der Welt"[77]. Alles wird möglich, nur eines *soll* unmöglich sein: der Unterschied im Ganzen und damit verbunden die prinzipielle Einheit und Ganzheit. Der Mensch ist sich selbst immer wieder neu, doch die „Verheißung eines *neuen Menschen*" schlechthin wird als Erinnerung an die „schlechtesten politischen Systeme während des 20. Jahrhunderts" verabschiedet.[78] Hier wird offenkundig, wie die weltliche Erfahrung der konkreten Totalitarismen zu einer Ethik der Limitation und Transgression drängt. Es kann also nicht zu einer zu vollbringenden oder gar vollbrachten ‚Unterscheidung des Menschen von sich selbst' kommen, weder im Sinne einer individuellen Selbstüberwindung etwa durch Askese, noch im Sinne einer allgemeinen Unterscheidung des Bisherigen vom Künftigen in weltgeschichtlicher Hinsicht. Der Imperativ der Selbstsorge: „Fonde-toi, en liberté, par la maîtrise de toi"[79] ist als ein permanentes Errichten und Überschreiten der Grenzen des Selbst zu verstehen. Sowohl das Errichten als auch das Überschreiten erfolgt als Akt der ästhetischen Willkür und des persönlichen Stils. Die politische Seite der Transformation und Transgression ist darauf ausgerichtet, dem identitätslosen Einzelnen den gesellschaftlichen Freiraum zu dieser individuellen Selbstverwirklichung zu geben, ihm eine Welt des ungebundenen ‚Tuns der Wahrheit' zu öffnen.

c) Die Geschichtlichkeit der Bestimmung[80]

Das „Es", welches dem „Ich" als bestimmendes Moment des Menschen vorausgeht, ist nicht die vitale Grundlage des Lebens und in diesem Sinn keine weltliche Gegebenheit, sondern ein sprachlich strukturierter Anspruch von Außen. Dabei sind sowohl das Innere des Ich als auch das Äußere des Es das Produkt geschichtlicher Grenzziehungen. Historische Prozesse haben Normativitäten hinterlassen, welche sich in konkreten Wissens-Macht-Dispositiven inkarniert haben und den Menschen, besonders seinen Willen, zu bestimmen versuchen.[81] Deshalb kommt der historischen Kritik besonderes ethisches Gewicht zu.

---

[76] Qu'est-ce que les Lumières, DÉ 4,575 (Aufklärung 49).

[77] Ebd.

[78] Qu'est-ce que les Lumières, DÉ 4,575 (Aufklärung 50). In diesem Punkt liegt der Kern der Differenz zu Nietzsche. Foucault verabschiedet dessen apokalyptische Hoffnung auf den neuen Menschen.

[79] L'éthique du souci de soi, DÉ 4,729 (Freiheit und Selbstsorge 28).

[80] Zur Geschichtlichkeit im Denken Foucaults bzw. zu Foucault als Historiker siehe U. Brieler: Die Unerbittlichkeit der Historizität: Foucault als Historiker, Köln–Weimar–Wien 1998.

[81] Vérité, pouvoir et soi, DÉ 4,778 (Wahrheit, Macht, Selbst 16).

> „Ich charakterisiere daher das philosophische Ethos, das der kritischen Ontologie unserer selbst eigen ist, als historisch-praktische Erprobung der Grenzen, die wir überschreiten können, und daher als eine Arbeit von uns selbst an uns selbst, insofern wir freie Wesen sind" (Qu'est-ce que les Lumières, DÉ 4,575; Aufklärung 50).

Die Arbeit des Intellektuellen ist es, die Menschen aus der gewohnten Anerkennung von Verbindlichkeiten aufzuwecken sowie deren historische Kontingenz und mithin Zerstörbarkeit aufzuweisen.[82] Erst das Aufdecken der historischen Relativität gibt den Raum zur kreativen Selbstgestaltung des Subjekts frei.

Die Frage: Wer bin ich?, die Frage nach der Wahrheit des Selbst ist im Abendland in besonderer Weise an die je eigene Sexualität gekoppelt. Die Frage: Was will ich? wird zurückgeführt auf die Frage: Was begehre ich? In der Sexualität artikuliert sich eine herausragende Form des Begehrens. Deshalb und nur deshalb schreibt Foucault eine dreibändige „Geschichte der Sexualität". Sie ist eine „Geschichte des Begehrensmenschen". Insofern das „Es", welches begehrt, sowohl die bestimmende als auch die bestimmte Seite des Selbst ist, handelt es sich bei der „Geschichte der Sexualität" um die Geschichte der Bestimmung des Menschen. Während der erste Band, „La volonté du savoir", noch mehr auf die Negation des *Willens* zum Wissen gesammelt ist, sich als Machtkritik versteht und somit in die zweite, genealogische Phase Foucaults gehört, versteht sich die Geschichte der Sexualität seit „L'usage des plaisirs" als eine Geschichte der Selbstkonstitution des Subjekts.[83] Der kreative Wille zur Selbstverwirklichung rückt in das Zentrum der Überlegungen.

Foucault zieht eine Linie von der psychoanalytischen Praxis seiner geschichtlichen Gegenwart, welche darin besteht, dem Analytiker die Wahrheit über das eigene Begehren zu sagen, bis hin zu den christlichen Beichtpraktiken der Vergangenheit. Freud und Lacan seien die Nachfahren christlicher Beichtväter. Die „Geschichte des Begehrensmenschen" führt also zurück bis in die frühchristlichen Praktiken, sein Begehren zu verbalisieren. Das Christentum markiert einen entscheidenden Wendepunkt in der abendländischen Geschichte, insofern es die freieren Selbstpraktiken der Griechen und Römer zum Verschwinden bringt bzw. unter eine christliche Bestimmung zwingt und sie eben dadurch ihrer Freiheit beraubt. Die christlichen Selbstpraktiken haben die stoische Vorstellung von einem Selbst, das als ein Kunstwerk geschaffen wurde, durch die „Idee des Selbst ersetzt, dem man entsagen musste, weil, sich an sich selbst zu binden (s'attachant), gegen den Willen Gottes sei."[84]

Gemäß Foucault erscheint mit dem christlich verstandenen Willen Gottes ein bis dahin unbekannt fester und universaler Grund für die Ethik. Foucault begreift das Christentum als Gesetzesreligion, die mehr oder weniger blinden Gehorsam fordert. Doch sei in unserer geschichtlichen Gegenwart das „Christentum mit der Religion des Textes, der Idee eines Willens Gottes, dem Prinzip des Gehorsams" sowie mit

---

[82] Ebd.
[83] Siehe UP 11 f. (GL 11 f.) Dies gilt vor allem vom zweiten (UP) und dritten (SS) Band, wahrscheinlich auch vom zurückgehaltenen vierten Band mit dem Titel „Les aveux de la chair".
[84] À propos de la généalogie de l'éthique, DÉ 4,403/624 (Zur Genealogie der Ethik 284).

„der Moral als Gehorsam gegenüber einem Regelkodex" bereits im Verschwinden begriffen, ja sei bereits verschwunden.[85]

> „[…] die meisten von uns glauben nicht, dass eine Moral auf der Religion gegründet werden kann, und wir wollen kein gesetzliches System, das in unser moralisches, persönliches und intimes Leben eingreift" (À propos de la généalogie de l'éthique, DÉ 4,611; Zur Genealogie der Ethik 267).

Die christliche Gründung von Moral im Willen Gottes wird seinerseits durch einen Akt des Glaubens („nous ne croyons pas") beiseite gesetzt. Versteht man Glaube als *cum assensione cogitare*, so wird für Foucault nicht nur das Gedachte des Glaubens undenkbar, sondern auch die Zustimmung wird unmöglich, ist doch der Wille („nous ne voulons pas") darauf gesammelt, sich nicht fremdbestimmen zu lassen, auch und vor allem nicht vom Willen Gottes.

Auch wenn die Enteignung des Willens durch das Christentum seinerseits Geschichte geworden ist, so regle noch immer eine allgemeine und notwendige Gesetzgebung in Biologie, Medizin, Psychoanalyse den „Gebrauch der Lüste". Noch immer müsse der Mensch sein wahres Selbst durch eine „reinigende Hermeneutik" entziffern und schließlich müsse er noch immer auf die stets offene Selbstbestimmung wegen all dieser Festlegungen und Unterwerfungen verzichten. Bis in die progressivsten „Kulte" hinein werde durch den Willen zur Wahrheit der Wille zur Selbstverwirklichung verunmöglicht:

> „In dem, was man den zeitgenössischen Kult des Selbst nennen könnte, geht es darum, sein wahres Selbst zu entdecken und es von dem fernzuhalten, was es verdunkeln oder entfremden könnte; dabei wird seine Wahrheit dank eines psychologischen Wissens oder einer psychoanalytischen Arbeit entziffert. Ebenfalls identifiziere nicht nur ich die antike Kultur des Selbst nicht mit dem, was man den zeitgenössische Kult des Selbst nennen könnte, sondern ich denke, sie sind einander diametral entgegengesetzt.
> Was geschehen ist, das ist exakt eine Verkehrung in der klassischen Selbstkultur. Sie ist im Christentum entstanden als die Idee eines Selbst, dem man entsagen musste – weil man sich durch das Festhalten an sich selbst in Gegensatz zum Willen Gottes brachte –, an die Stelle der Idee eines Selbst getreten ist, das als ein Kunstwerk zu konstruieren und zu schaffen ist" (À propos de la généalogie de l'éthique, DÉ 4,624; Zur Genealogie der Ethik 283).

In einer eigentümlichen Nähe und Distanz zu Nietzsche billigt Foucault dem Christentum einen herausragenden Ort in seiner ‚Genealogie der Moral' zu. Nietzsche allerdings überschätze die negative Kraft des Christentums, dennoch steht das Christentum auch für Foucault in äußerst abgeschwächter Form am Anfang der Entzugsgeschichte des Eigen-Willens und des nunmehr sprachlich gefassten Lebens-Willens. In der Psychoanalyse, der Bio-Macht, im Wohlfahrtsstaat, aber auch in den Befreiungsbewegungen erhalte sich der christliche Zwang, die Wahrheit über sich zu sagen, als Bedingung für das Heil. Dieser Zwang ist die säkularisierte Form des

---

[85] Une esthétique de l'existence, DÉ 4,731f. (Eine Ästhetik der Existenz 136).

christlichen „guten Willens", der sich dem Gotteswillen unterordnet. Damit erhält sich in sublimer Form die Fremdbestimmung durch den Willen Gottes. Das Denken und die Sache werden durch einen ‚heilsrelevanten' Willen bestimmt, einen Willen zur Wahrheit.

2. Das Subjekt und die Wahrheit

Das Denken und mithin die philosophische Tätigkeit Foucaults versteht sich in der Tradition der Aufklärung oder der kritischen Vernunft. „Was ist also die Philosophie heute – ich meine die philosophische Aktivität – wenn nicht die kritische Arbeit des Denkens an sich selbst".[86] Dies erinnert zunächst an Kants Satz, dass die Vernunft mit nichts anderem als sich selbst beschäftigt sei. Doch ist die Vernünftigkeit Foucaults vollkommen anderer Art als diejenige Kants. Gegenstand des Denkens ist weder Gott, noch Welt, noch Seele, will sagen, nichts wesentlich Vernünftiges. Die Vernunft ist weder das Vermögen zu schließen noch das Vermögen der Prinzipien,[87] sondern das Vermögen zur Offenheit und zur an-archischen Subversion von Prinzipien. Sie bewegt sich nicht mehr im Moment der Allgemeinheit,[88] sondern der nicht aufhebbaren Singularität, der nicht reduzierbaren Pluralität. Mit der Universalität der Vernunft wird auch deren Träger, das transzendentale Subjekt, abgestoßen.[89] Das Denken kennt keine wesentliche Reinheit mehr, sondern bleibt mit affektiven, körperlichen, begehrlichen Momenten vermischt. Denken bei Foucault weiß sich ausgerichtet auf das jeweilige Anders-sein und das Begehren. Die Form, in der das Begehren für das Denken motivierend wird, ist die Neugier, „curiosité". Diese ersetzt das Begründen der Vernunft. Sie ist sich selbst ein ‚zureichender Grund'.[90] Die Aufgabe der wissenschaftlichen Vernunft ist nicht mehr, ein unmittelbar gegebenes und evidentes Wissen von der Bestimmung des Menschen zu begründen,[91] sondern gerade das Kritisieren und Aufbrechen von Denkgewohnheiten – „anstatt zu legitimieren, was man bereits weiß, sich aufmachen zu wissen wie und bis wohin es möglich wäre, anders zu denken"[92]. Entsprechend fehlt der Rationalität Foucaults

---

[86] UP 16 (GL 16).
[87] Siehe I. Kant: Kritik der reinen Vernunft, AA 3, 238,10 (B 356).
[88] Qu'est-ce que les Lumières, DÉ 4,571 f. (Aufklärung 45 f.), auch À propos de la généalogie de l'éthique, DÉ 4,395 (Zur Genealogie der Ethik 276).
[89] Vgl. À propos de la généalogie de l'éthique, DÉ 4,411 (Zur Genealogie der Ethik 291 f.) und Une esthétique de l'existence, DÉ 4,733 (Eine Ästhetik der Existenz 137 f.).
[90] UP 15 (GL 15): „Was das Motiv angeht, das mich getrieben hat, ist es ganz einfach. In den Augen einiger, so hoffe ich, könnte es aus sich selbst zureichend sein. Es war die Neugier, die einzige Art von Neugier, jedenfalls, die der Mühe wert ist, mit einiger Hartnäckigkeit praktiziert zu werden: nicht diejenige, welche sich anzueignen versucht, was man erkennen muss, sondern diejenige, welche erlaubt, sich von sich selbst loszumachen [déprendre]."
[91] Vgl. I. Kant: Kritik der praktischen Vernunft, Beschluss (AA Bd. 5, 161–163).
[92] Siehe UP 16 (GL 16).

die Verbindlichkeit und Normativität der praktischen Vernunft Kants.[93] Sie empfindet sich dennoch als ‚aufklärerisch‘, weiß aber um den Abgrund, welcher sie von der Vernunft etwa Kants trennt. So findet sich das Denken jenseits der „geistigen und politischen Erpressung des ‚für-oder-gegen-die-Aufklärung-Seins‘ "[94]. Foucault versteht sich selbst als „skeptischen Denker"[95]. Dennoch hält Foucault am Wahrheitsbegriff auch positiv fest. Seine Skepsis ist keine Negation der Wahrheit im Nietzscheschen Sinn, sondern eine kreative Limitation. Begrenzt werden die Wahrheitsansprüche vor allem durch Aufdeckung ihrer Historizität.

> „Was ich zu machen versuche, das ist die Geschichte der Beziehungen, die das Denken zur Wahrheit unterhält; die Geschichte des Denkens, insofern es Denken der Wahrheit ist. All diejenigen, die sagen, dass die Wahrheit für mich nicht existiere, sind einfältige Geister" (Le souci de la vérité, DÉ 4,669; Die Sorge um die Wahrheit 17).

a) Die Geschichte der Problematisierungen

Denken erscheint bei Foucault zunächst als „eine geschichtliche Tatsache". In seinen Büchern geht es um die Geschichte des Denkens:

> „Geschichte des Denkens, das besagt nicht einfach Geschichte der Ideen oder der Repräsentationen, sondern auch den Versuch, auf diese Frage zu antworten: Wie kann sich ein Denken konstituieren? Wie kann das Denken, insofern es Beziehung zur Wahrheit hat, auch eine Geschichte haben? Das ist die Frage, die gestellt ist" (Le souci de la vérité, DÉ 4,668; Die Sorge um die Wahrheit 16).

Diese Geschichte ist weder als eine Geschichte des Fortschritts in der Erkenntnis der Wahrheit[96] zu begreifen noch als eine Geschichte des Abfalles von der Wahrheit.[97] Etwa der Gedanke der Geschichte als Geschichte der Seinsvergessenheit ist Foucault fremd. Es handelt sich nicht um eine „Geschichte dessen, was es Wahres in den Erkenntnissen geben mag"[98], sondern um eine geschichtliche „Analyse der Wahrheitsspiele" in ihrem kreativen Potential, d.h. um die Frage der Konstitution eben dieses Wahren durch das Denken, verstanden als ein geschichtliches. „Ich möchte die Genealogie von Problemen und Problematiken treiben"[99].

Die Geschichtlichkeit des Denkens ist unmittelbar an eine Geschichte der „herméneutique du désir"[100] gebunden und zielt auf die Subversion von gegenwärtig

---

[93] Vgl. UP 16 (GL 16).

[94] Qu'est-ce que les Lumières, DÉ 4,573 (Aufklärung 48).

[95] Le retour de la morale, DÉ 4,706f. (Die Rückkehr der Moral 145).

[96] Vgl. UP 12 (GL 12).

[97] Vgl. L'éthique du souci de soi, DÉ 4,723 (Freiheit und Selbstsorge 22) bezogen auf die Selbstsorge: „Nichts ist mir fremder als die Idee, dass Philosophie in einem bestimmten Moment auf Abwege gekommen sei und dass sie etwas vergessen habe und dass irgendwo in ihrer Geschichte ein Prinzip existiere, ein Fundament, das es wiederzuentdecken gelte."

[98] UP 13 (GL 13).

[99] À propos de la généalogie de l'éthique, DÉ 4,386 (Zur Genealogie der Ethik 268).

[100] UP 12 (GL 12).

herrschendem *Wissen*. Foucault schließt damit an den ersten Band der Geschichte der Sexualität an. Bereits dort erschien die Sexualität an die Frage nach der Wahrheit des Selbst gekoppelt. [101] Die ‚heute' geschichtlich relevante Bedrohung, die „prinzipielle Gefahr" sieht Foucault im Wissen der „Bio-Macht" [102], einer Macht, welche die Menschen im Blick auf ein gelingendes Leben beherrscht, indem sie eine Verbindung von Wahrheit und Normierung herstellt. Aus Liebe zum Leben muss sich der Mensch gemäß der Wahrheit verhalten. Gesehen auf die Verbindung von wahrem Selbst und Sexualität ist für Foucault die Hauptgefahr die Psychoanalyse, auch noch in deren Lacanscher Prägung, weil sie dem Menschen bezüglich der Sexualität ein Wahrheits- und Geständnisgebot auferlegt, wodurch sie auch die Konstitution des Menschen bestimmt, an eine gegebene Wahrheit rückbindet und die Selbstbestimmung verhindert. Stets wird unter dem Deckmantel der Wissenschaftlichkeit oder der Freiheit eine neue Form des Herrschaftswissens errichtet, lediglich unter verändertem Vorzeichen. Während früher die Verbindung ‚Sünde gleich Sex' vorherrschte, gelte heute ‚Sünde gleich (Sex plus Sünde)'. [103] Damit kippt aber die vermeintliche Befreiung in neue Unfreiheit. [104]

Um aber die Herkunft des heutigen Menschen als eines „Geständnistieres" [105] aufzudecken, bedarf es der historischen Analyse des Ursprungs der gegenwärtigen Gefahr. Die psychoanalytische Hermeneutik des Seelenlebens und das Selbstverständnis des heutigen Menschen als „Begehrensmenschen" wurzeln im Christentum. [106] Deshalb wird es für die Geschichte des Denkens zentral, den Unterschied herauszuarbeiten, den das Aufkommen des Christentums macht.

Der zweite und dritte Band der Geschichte der Sexualität sind weniger noch als der erste eine „Studie über die Entwicklung des Sexualverhaltens" [107]. Es war vielmehr Foucaults Ziel:

---

[101] VS 205 (WW 185): „Das geschieht in der Tat durch den ‚Sex', den imaginären, durch das Sexualitätsdispositiv fixierten Punkt, den jeder passieren muss, um zu seiner eigenen Intelligibilität Zugang zu haben (denn er ist zugleich das verborgene Element und das sinnproduzierende Prinzip), zur Totalität seines Körpers (denn er ist ein wirklicher und bedrohter Teil davon, und er konstituiert symbolisch sein Ganzes), zu seiner Identität (denn er verbindet die Kraft eines Triebes mit der Singularität einer Geschichte)."

[102] À propos de la généalogie de l'éthique, DÉ 4,386 (Zur Genealogie der Ethik 268). Vgl. VS 175–211 (WW 159–190).

[103] VS 16 f. (WW 18 f.).

[104] VS 210 f. (WW 190).

[105] VS 80 (WW 77).

[106] VS 205 (WW 185); Le souci de la vérité, DÉ 4,672 (Die Sorge um die Wahrheit 20); UP 12 f. u. 20 (GL 12 f. u. 20 f.).

[107] Les Techniques de soi, DÉ 4,783 (Technologien des Selbst 24): „[…] sondern diejenige geschichtliche [Studie] der Verknüpfung zwischen der Verpflichtung, die Wahrheit zu sagen, und den Verboten, die auf der Sexualität lasten. Ich habe mich gefragt: Zu welcher Entzifferung seiner selbst in Hinsicht auf das, was verboten war, ist das Subjekt gezwungen worden? Diese Frage untersucht die Beziehung zwischen der Askese und der Wahrheit."

„[…] die Praktiken zu analysieren, durch welche die Individuen dazu gebracht worden sind, auf sich selbst zu achten, sich selbst als Begehrenssubjekte zu entziffern, anzuerkennen und zu bekennen, indem sie zwischen sich selbst und sich selbst eine bestimmte Beziehung spielen lassen, die ihnen erlaubt, im Begehren die Wahrheit ihres Seins zu entdecken, sei es des natürlichen, sei es des gefallenen. Kurz, die Idee war, in dieser Genealogie zu suchen, wie die Individuen dazu gebracht wurden, auf sich selbst und auf die Anderen eine Hermeneutik des Begehrens anzuwenden, deren Anlass, aber nicht deren ausschließlicher Bereich, ohne Zweifel ihr sexuelles Verhalten war. Um nun zusammenfassend zu verstehen, wie das moderne Individuum die Erfahrung seiner selbst als ein Subjekt einer ‚Sexualität‘ machen konnte, war es unerlässlich, zuvor die Art und Weise herauszuschälen, durch die der abendländische Mensch über Jahrhunderte dazu gebracht wurde, sich als Begehrenssubjekt anzuerkennen" (UP 12; GL 11f.).

Insofern sich nun diese Geschichte mit den „Formen der Problematisierung" beschäftigt, ist sie eine Geschichte des *Denkens*, welche archäologisch analysiert wird.[108] Beim Rückgang über das Christentum in die heidnische Antike stellt Foucault einen einschneidenden Unterschied in den „Formen der Problematisierung" fest. Will man „einen Augenblick lang so allgemeine Kategorien wie ‚Heidentum‘, ‚Christentum‘, ‚Moral‘ und ‚Sexualmoral‘ akzeptieren"[109], so stellt sich die Frage nach deren spezifischer Differenz. Der maßgebliche Unterschied zwischen Christentum und Heidentum wird allgemein in einer Verschärfung der Sexualmoral bzw. in einer Ausweitung deren Gültigkeitsbereiche gesehen. Diese seien nach allgemeiner Auffassung weniger in „Inzestverbot, Männerherrschaft, Unterwerfung der Frau" zu vermuten als 1. in der Verschränkung des sexuellen Aktes mit dem Bösen, Sündenfall und Tod, 2. in der Einschränkung der legitimen Partnerschaft auf die monogame Ehe, 3. in der Disqualifizierung der Homosexualität sowie 4. im hohen moralischen und spirituellen Wert der strengen Enthaltsamkeit, der dauernden Keuschheit und der Jungfräulichkeit. Foucault antwortet auf diese Vermutungen und Einschätzungen lapidar: „Nun, das ist wohl kaum treffend, und dies lässt sich leicht zeigen"[110].

Foucault zeigt nun, dass jeder dieser vier genannten Unterschiede bereits in der heidnischen Ethik, Medizin, Philosophie präfiguriert und teilweise sogar schon expliziert war.[111] Daraus folgt jedoch nicht, dass die Sexualmoral des Christentums und die des Heidentums eine Kontinuität bilden, nicht einmal, dass die christliche Moral als solche in der heidnischen vorgebildet gewesen sei. Das Gefüge beider Moralen sei im Ganzen verschieden, sie basierten auf einer völlig unterschiedlichen Fassung des Selbstverhältnisses des Menschen,[112] d.h. auf verschiedenen Problematisierungsweisen. Diese sind aber Formen des Wissens. Die Geschichte der Sexualität wird

---

[108] UP 18–21 (GL 18–21).
[109] UP 22 (GL 22).
[110] Ebd.
[111] UP 24–30 (GL 23–29).
[112] UP 31–35 (GL 30–35); SS 317 (SS 306f.).

nun auch zu einer Geschichte des Verhältnisses von Wahrheit und Selbst bzw. der Selbsttechniken.[113]

Die griechischen und griechisch-römischen Moralen bestünden im Wesentlichen in „arts d'existence", „techniques de soi".[114] Dies zeigt zunächst an, dass das Wissen, um das es hier geht, wesentlich technischer Natur ist. Die „Kunst", τέχνη, *ars*, ist im griechischen Kontext die zweite Form des Wissens nach der ἐμπειρία, welche auf Einzelnes geht und keine Begründungszusammenhänge kennt. Die τέχνη hingegen kennt Begründungen für Sachverhalte und richtet sich auf die ἡδονή und die ἀναγκαία, die angenehmen und tunlichen Dinge des Lebens.[115] Die oberste Form des Wissens, die ἐπιστήμη, *scientia*, das Wissen aufgrund von Prinzipien entfällt in der Foucaultschen Darstellung griechischen Wissens und sie muss entfallen, um die Rückprojizierung der Bestimmung des Menschen aus dem ungegründeten Willen zum Anderssein zu ermöglichen. Die Frage nach dem Guten, Wahren und Schönen im allgemeinen, epistemischen Kontext blendet Foucault in seiner Darstellung Platons ebenso aus wie in seinen Ausführungen etwa über die Stoa.[116]

Die Selbsttechniken der Griechen stellen somit ein praktisches Wissen[117] dar, gemäß welchem primär der Einzelne als Einzelner sein Leben auf Grund von „certaines valeurs esthétiques" und „certains critères de style" zum Kunstwerk ausbauen kann. Dieses technische Wissen unterscheidet sich nicht durch die Strenge von der nachfolgenden christlichen Moral, wohl aber in der Form und Begründung:

> „Hingegen waren im antiken Denken die Forderungen nach Zucht [austérité] nicht in einer vereinheitlichten, kohärenten, autoritären und in gleicher Weise allen auferlegten Moral organisiert; sie waren vielmehr eine Zugabe [supplement], wie ein ‚Luxus' im Blick auf die landläufig anerkannte Moral; sie traten vielmehr in ‚zerstreuten Brennpunkten' [foyers dispersés] auf, die ihren Ursprung in verschiedenen philosophischen und religiösen Bewegungen hatten; sie fanden ihr Entwicklungsmilieu in vielfältigen Gruppen; mehr als dass sie Stile der Mäßigung oder Strenge [rigueur] von jeweils eigener Physiognomie auferlegten imposaient], legten sie diese vielmehr nahe [proposaient]" (UP 31 f.; GL 31).

Der Ausfall des antiken wissenschaftlichen Kontextes zeigt sich zunächst darin, dass diesem Wissen die *Notwendigkeit*, *Allgemeinheit* und *Einheitlichkeit* abgesprochen wird.[118] Damit ist das moralische Wissen eines, das sich stets nur auf *Mögliches*, bestenfalls *Wirkliches* bezieht und zwar jeweils in der *Besonderheit* oder einer nicht aufhebbaren *Vielheit*. Die Bestimmung des Menschen in der Antike ist nach Foucault eine plurale. Je nach Alter, Schicht, Stellung, persönlicher Entscheidung gilt eine andere Moral und mithin eine andere Selbsttechnik. Wahrheit des Selbst und Selbsttechnik stehen in einem inneren Zusammenhang, denn es kommt nicht nur

---

[113] Vgl. À propos de la généalogie de l'éthique, DÉ 4,610 (Zur Genealogie der Ethik 266).

[114] UP 18 (GL 18).

[115] Vgl. zum Ganzen Aristoteles: Metaphysica A 1 (980a21–982a).

[116] Dies kritisierte vor allem P. Hadot: Exercices spirituels 229–233.

[117] UP 18 (GL 18): „pratiques réfléchies".

[118] UP 31 (GL 31).

darauf an, die Wahrheit über sich zu erkennen und sich entsprechend der darin liegenden besonderen Zielvorgabe zu gestalten, sondern die modifizierende Gestaltung
des Selbst auf Grund von Selbsttechniken oder Selbstsorge verändert ihrerseits den
Blick auf die Wahrheit und damit die Wahrheit selbst.

In der klassischen griechischen Antike kommt der kognitiv-theoretischen Selbsterkenntnis gemäß dem delphischen γνῶθι σαὐτόν der Primat zu.[119] Doch eng damit
verbunden ist die ἐπιμέλεια ἐαυτοῦ, die eher kognitiv-praktische Sorge um sich.
Diese steht, wie Foucault an Hand von Platos Alkibiades I zu zeigen versucht, an
zweiter Stelle. Das Verhältnis von Selbsterkenntnis und Selbstsorge ändert sich im
Verlauf des Hellenismus, sodass es in den ersten Jahrhunderten unserer Zeitrechnung
zu einem „goldenen Zeitalter in der Selbstkultur"[120] kommt. Die Selbstsorge löst
sich aus dem ursprünglich philosophischen Kontext und wird zu einer „wirklichen
‚Kultur des Selbst'"[121]. Mit Apuleius fragt Foucault auch die heutigen Menschen:
„cur non etiam animum suum ratione excolant?"[122]

Das Hervortreten des Kults des Selbst hat Auswirkungen auf den Status, der der
Wahrheit zukommt. Bei Platon war die Wahrheit noch verbunden mit der „spekulativen" Erkenntnis des „göttlichen Elements".[123] Diese Spiegelung deutet Foucault
allerdings als eine Selbstspiegelung.[124] Dies rechtfertige den Dialog „als Methode zur
Entdeckung von Wahrheit der Seele"[125]. In der Kaiserzeit verändere sich die Stellung
der Wahrheit und mit ihr die „connaissance de soi". Die Wahrheit sei nunmehr eine
gegebene, welche die Seele durch das Hören auf die „préceptes des maîtres"[126] auf-
nehme, um sie erst dann in sich zu entdecken.[127] Deswegen verschwinde auch die
dialektische und dialogische Struktur des Wissens. Doch welche Valenz hat nun dieses gegebene Wissen, das kein Gesetz ist, keine allgemeine Verbindlichkeit besitzt,
nicht notwendig ist und dennoch weiß, wie es zu sein hat? Die Antwort darauf
ergibt sich aus Foucaults Darstellung der Gewissenserforschung bei Seneca. Seneca
sei mehr ein Verwalter, ein Bauinspektor des Selbst, der eine Konstruktion unter-

---

[119] Les techniques de soi, DÉ 4,792 (Technologien des Selbst 36).

[120] SS 63 (SS 62).

[121] SS 62 (SS 62).

[122] SS 62 (SS 63).

[123] Les techniques de soi, DÉ 4,791 f. (Technologien des Selbst 35): „Die Seele vermag sich nur dann zu
erkennen, wenn sie sich in einem Element, das ihr ähnlich ist, beobachtet, einem Spiegel. Die Seele muss
das göttliche Element betrachten [contempler]. In dieser Betrachtung [contemplation] des göttlichen
Elements wird die Seele Regeln entdecken, die geeignet sind, ein gerechtes persönliches Betragen und
gerechte politische Aktion zu begründen."

[124] Les techniques de soi, DÉ 4,796 f. (Technologien des Selbst 42).

[125] Ebd.

[126] Les techniques de soi, DÉ 4,799 (Technologien des Selbst 46).

[127] Les techniques de soi, DÉ 4,796 f. u. 799 (Technologien des Selbst 42 u. 46). Es sei erinnert, dass nach
Boeder die Zweite Epoche der Metaphysik bereits mit der Stoa beginnt. Das heißt, dass der Sinn von
Sein bereits hier nicht mehr Anwesen, wie in der Ersten Epoche, sondern Geben ist. Entsprechend ist
die Wahrheit *gegeben*. Siehe ders.: Topologie 167 ff. und Einführung in die Vernünftigkeit des Neuen
Testaments 98 ff.

sucht, denn ein Richter über seine guten und bösen Taten. Das juridische Modell finde erst im christlichen Kontext Anwendung.[128] Es werde in der Stoa nicht beurteilt, weil keine Wahrheit des Subjekts, keine Identität, keine Natur, kein Ursprung, keine übernatürlichen Ambitionen als Maßgabe gelten. Die Wahrheit bestehe vielmehr in variablen Regeln der Tunlichkeit, der Erbaulichkeit. Wegen dieses praktisch-pragmatischen Aspektes kommt der Einübung in die Wahrheit eine besondere Bedeutung zu. Diese Einübung bedeute „considération progressive de soi, la maîtrise de soi"[129]. Die Meisterschaft über sich selbst liegt nicht im Verzicht auf die Realität, sondern im Erwerb und der Aufnahme von Wahrheit, die dazu dient, sich bereit zu machen für die Realität dieser Welt. Es gehe darum, die Wahrheit oder genauer, die erprobten oder glaubwürdigen Tunlichkeitsregeln zu erfassen, sie aufzunehmen und in ein Handlungsprinzip zu verwandeln.[130] So werde die ἀλήθεια zum ἦθος, zu einem Wohnort des Subjekts. Freilich zielen Foucaults Ausführungen weniger auf eine historische Rekonstruktion der stoischen οἰκείωσις im vom göttlichen λόγος durchherrschten κόσμος, denn auf ein ‚Heimischwerden' im an-archischen Alltag der eigenen Gegenwart.

Zwei Pole eröffnen ein Spektrum der technischen Einübung. Einerseits die μελέτη oder *meditatio*, eine gedankliche Übung, die im erinnernden Vergegenwärtigen von Situationen kraft der φαντασία besteht, wobei dann *hypothetische Schlussfolgerungen* aus den Begebenheiten gezogen werden.[131] Die andere Form ist die γυμνασία, das *exercitium* in künstlich herbeigeführten realen Situationen. Zwischen diesen beiden Polen gibt es ein ganzes Spektrum mittlerer Möglichkeiten. Zwei Bilder aus den mittleren Übungen Epiktets erlangen Berühmtheit und Wirksamkeit bis tief hinein in die christliche Spiritualität von Cassian bis Ignatius von Loyola und schließlich bis Freud: „Der Nachtwächter, der niemand in die Stadt lässt, sofern dieser sich nicht ausweisen kann (Wir müssen Wächter über den Strom unserer Gedanken sein), und der Geldwechsler, der die Echtheit der Münzen prüft"[132]. Letzteres Bild wird zentral für die christliche *discretio spirituum*.

Die genannten Techniken, die nur einen Auszug aus den von Foucault behandelten antiken Selbsttechniken darstellen, geben einen ersten Blick auf das frei, was für

---

[128] Les techniques de soi, DÉ 4,798f. (Technologien des Selbst 44).
[129] Les techniques de soi, DÉ 4,800 (Technologien des Selbst 46).
[130] Im stoischen Kontext erscheint die Wahrheit grundsätzlich von Außen her. Noch in der Vorstellung erhält sich ein materielles Moment. Das vorgestellte φάντασμα muss durch einen ergreifenden Akt erfasst werden. Zur καταληπτικὴ φαντασία siehe SVF II 40,18 und FDS Nr. 256,7. Dazu auch Boeder: Topologie 174f.
[131] Es wird noch zu zeigen sein, dass in der ganzen Achse Augustin-Nietzsche-Foucault die Relation der Urteile im wesentlichen hypothetisch ist. Dies hat seinen Grund in der hypothetischen Logik des Neuen Testaments. Deshalb ist auch die Logik der Zweiten Epoche der Metaphysik insgesamt hypothetisch. Boeder hat herausgearbeitet, dass die Logik der Ersten Epoche *kategorisch*, die der Zweiten *hypothetisch*, die der Dritten *disjunktiv* ist. Siehe Boeder: Topologie 683f. Dazu auch hier im Nietzsche-Teil 197 (Anm. 140), im Augustin-Teil 224 (bes. Anm. 26) und 263 (Anm. 234) sowie im Paulus-Teil 394 (Anm. 329) und 440 (Anm. 465).
[132] Techniques des soi, DÉ 4,802 (Technologien des Selbst 49).

Foucault Denken in geschichtlicher Hinsicht bedeutet. Die Geschichtlichkeit wird aber erst mit dem Unterschied deutlich, den das Christentum bezüglich des Denkens der Wahrheit und der zugehörigen Techniken und Übungen macht.

Foucault stellt das Christentum als „religion de salut" vor.[133] Deren selbstgesetzte Aufgabe ist es, das Individuum von einer Wirklichkeit in eine andere zu führen. Der Übergang führt vom Tod zum Leben, aus der Zeit zur Ewigkeit. Ein Ensemble von Bedingungen und Verhaltensregeln mit dem Ziel, eine bestimmte Transformation des Selbst zu gewährleisten, wird dabei dem Übergang auferlegt.[134] Bereits aus dieser ersten Skizzierung wird deutlich, dass Foucaults Darstellung des Christentums primär auf die Verjenseitigung des Heils und die damit einhergehende Entwertung des diesseitigen Lebens abhebt. Die christliche Unterscheidung der Welt wird als zweipoliger Gegensatz verstanden. Die Verlagerung des Heils ins Jenseits wird schließlich die „gesamte Thematik der Selbstsorge irgendwie aus dem Gleichgewicht und jedenfalls zum Umsturz bringen"[135].

Das zweite Kennzeichen des Christentums ist die Pflicht zur „confession" und zwar in einem doppelten Sinne. Zum einen erlegt das Christentum den Menschen anders als die heidnische Religion „sehr strikte Verpflichtungen zur Wahrheit, zum Dogma und zum Kanon" auf.[136] Man muss sich zur Wahrheit, zur Systematik der Lehrsätze und zu rechtlichen Maßstäben bekennen. Das hypothetische Für-wahr-halten der Stoa weicht der hypothetischen Verpflichtung zum Glauben – unter der Bedingung, das Heil erreichen zu wollen. Der Unterschied liegt darin, dass Wahrheit in der Stoa ihren Ort im überprüfbaren, wandelbaren Alltag hat, wohingegen das Christentum den Ort der Wahrheit im Jenseits ansiedelt. Deshalb muss man „gewisse Bücher als eine Quelle von dauerhafter Wahrheit"[137] ansehen. Die christliche Wahrheit ist eine permanente und einheitliche im Unterschied zur wandelbaren, pluralen, weil zeitlichen der Stoa. Die Wahrheit des Christentums ist nicht nur zu glauben, sondern der Glaube an die Wahrheit, auch wie er sich in institutioneller Autorität ausspricht, ist explizit zu bekennen.

Zum Anderen manifestiert sich die christliche „confession" in der Verpflichtung zur konkreten Wahrheit des Selbst.[138] Der Einzelne muss nachforschen, wer er ist, indem er aufdeckt, was in ihm vorgeht. Dabei kommt es darauf an, „dass er seine Fehler anerkennt, seine Versuchungen zugibt, seine Begierden lokalisiert"[139]. Dieses Wissen über sich selbst muss jeder „offenbaren", entweder gegenüber Gott oder gegenüber den anderen Mitgliedern der Gemeinschaft, sei es öffentlich, sei es privat. Beide Arten von Bekenntnis, die hinsichtlich des Glaubens und die hinsicht-

---

[133] Hier und im Folgenden Techniques des soi, DÉ 4,804f. (Technologien des Selbst 51 f.).

[134] Auch hier zeigt sich der hypothetische Charakter der christlichen Wahrheit.

[135] L'éthique du souci de soi, DÉ 4,717 (Freiheit und Selbstsorge 16).

[136] Techniques des soi, DÉ 4,804 (Technologien des Selbst 52).

[137] Ebd.

[138] Ebd.

[139] Ebd.

lich des Selbst, sind innerlich verbunden. Die Verbindung von beiden erlaubt die heilsrelevante Reinigung der Seele.

> „Der Zugang zur Wahrheit kann nicht konzipiert werden / ist nicht vorstellbar [ne peut se concevoir] ohne Reinheit der Seele. Die Reinheit der Seele folgt aus der Selbsterkenntnis und sie ist die notwendige Bedingung für das Begreifen des Textes; Augustin sagt: ‚Quis facit veritatem‘ (die Wahrheit an sich tun, Zugang zum Licht haben)“ (Les techniques de soi, DÉ 4,805; Technologien des Selbst 52).[140]

Hier zeigt sich, wie nach Foucault das Christentum eine *Notwendigkeit* in das *hypothetische* Bedingungsgefüge einführt. *Wenn* du dich selbst erkennst, *dann* begreifst du den Text der Schrift. *Wenn* du die Wahrheit tust, *dann* kommst du ans Licht. Das Verhältnis vom Bedingungssatz zum Folgesatz ist das von Ursache zu Wirkung.[141] Das *Tun der Wahrheit* bewirkt den Zugang zum Licht. Deutlich zeigt sich, dass Foucault das Christentum als eine Gestalt der Moral begreift. Die Erlösung ist in Foucaults Darstellung des Christentums durch das eigene Tun bedingt. Dieses Tun wird als moralische Arbeit an sich selbst, als das Aufdecken der eigenen Abweichung von der vorgegebenen Norm verstanden. Die Norm ist die Heilige Schrift verstanden als gegebener Gesetzeskodex.

Das christliche Tun der Wahrheit stellt Foucault als einen Akt der Selbstenthüllung oder Offenbarung des Selbst, „révélation de soi“[142], vor. Diese geschieht in der frühen Kirche vor allem durch zwei Techniken, zum einen durch die ἐξομολόγησις, zum anderen durch die ἐξαγόρευσις. Die ἐξομολόγησις ist die „Anerkennung einer Tat“, einer Tatsache durch das öffentliche Bekanntmachen. Sie kann sich auf das öffentliche Bekennen des Glaubens oder der eigenen Sünden beziehen. Foucault betrachtet ausschließlich den Akt des öffentlichen Büßens. Der Vorstellung, dass der Mensch durch die *publicatio sui* von den Sünden geheilt werde, lagen drei Modelle zu Grunde. Erstens ein medizinisches: Das Zeigen der Wunde heilt. Zweitens ein rechtliches: Das Geständnis stimmt den Richter milde. Und drittens das Modell des Todes, der Folter, des Martyriums. Dieses ist das wichtigste. Es verwirklicht sich durch das Auf-sich-Nehmen eines rituellen Martyriums, eines „Bruches mit sich selbst, seiner Vergangenheit, seiner Welt“[143]. Hier nimmt nun die ἐξομολόγησις (*confessio*) die Bedeutung von *conversio* an. Foucault deutet die christliche Bekehrung als einen Verzicht auf sich selbst und das Leben:

---

[140] Vgl. Augustinus: Doctr. chr. 1,10,10 (CCL 32,12,1–8).
   Es ist auch hier auf den praktischen Grundzug hinzuweisen, den Foucault hervorhebt. Die Wahrheit der Mittleren Epoche will *getan* werden. Siehe dazu hier Anm. 21.

[141] Die Relationsbegriffe, welche dem Christentum entsprechen, sind diejenigen der Kausalität, Ursache und Wirkung. Letztlich ist alles von der ersten Ursache hervorgebracht und damit bedingt. Kein geschaffenes Seiendes ist unbedingt. Die alles entscheidende Erstursächlichkeit des Tuns Gottes spielt in Foucaults Darstellung keine Rolle.

[142] Les techniques de soi, DÉ 4,805 (Technologien des Selbst 52).

[143] Les techniques de soi, DÉ 4,807 (Technologien des Selbst 55).

„Die Buße hat nicht zum Ziel, eine Identität zu etablieren, sondern, im Gegenteil, den Verzicht auf sich, den Bruch mit sich selbst zu bezeichnen: *Ego non sum ego*. Diese Formel ist im Herzen der *publicatio sui*. Sie repräsentiert den Bruch des Individuums mit seiner vergangenen Identität. Diese ostentativen Gesten haben die Funktion, die Wahrheit des Seins sogar des Sünders zu offenbaren. Die Offenbarung des Selbst ist zugleich die Zerstörung des Selbst" (Les techniques de soi, DÉ 4,807 f.; Technologien des Selbst 56).

Foucault zeigt sich in seiner Interpretation der christlichen Unterscheidung des Menschen von sich selbst abhängig vom Vor-Urteil Nietzsches, der die Paulinische Bestimmung des Menschen wegen der darin liegenden Ausrichtung auf die „Hinterwelt", zu verstehen als das Nichts, als eine Vernichtung des weltlichen Menschen ansieht. Im Gegensatz dazu zielen nach Foucault die stoischen Praktiken der Selbstprüfung, Selbstbeurteilung und Selbstdisziplin auf die Selbstkonstitution. Die vorgebliche christliche Praxis der *conversio* als Selbstzerstörung befindet sich im radikalen Widerspruch zur *Selbstverwirklichung*, wie sie die Bestimmung Foucaultschen Denkens ist. Nicht, dass das Selbst hier von einer bleibenden Identität wäre – auch für Foucault gilt: *ego non sum ego*, doch ist es die Radikalität der Nichtidentität, die Vollständigkeit des Bruches mit sich, die Foucault ausschließen will. Dem Foucaultschen „se déprendre de soi" liegt eben kein *negatives Urteil* zu Grunde, sondern ein *unendliches*. Jenseits von Position und Negation ist das Denken dazu bestimmt, eine unendliche Arbeit des Veränderns zu leisten. Doch gerade dieser radikalen Offenheit und Unabschließbarkeit widerspricht die Vorstellung eines einmal vollbrachten Bruches. Auch versteht sich die Foucaultsche Selbstverwirklichung als ein selbstkreativer Akt jenseits jeder möglichen einmalig gegebenen Bestimmung. Die Anerkennung einer Bestimmung, eines einmaligen So-und-nicht-anders kommt für Foucault einem Verzicht auf das offene Selbst und damit einer Selbstvernichtung gleich.

Während die ἐξομολόγησις als ein nicht verbaler, theatralischer, symbolischer Akt vorgestellt wird, ist die zweite Technik, die ἐξαγόρευσις, eine verbale Praxis des Denkens. Diese steht unter der Bestimmung zweier Prinzipien: Gehorsam und Kontemplation. In der permanenten Verbalisierung der Gedanken soll sich das Selbst durch Gehorsam als Selbst konstituieren. Gehorsam wohlgemerkt nicht gegenüber dem autonomen Selbst, sondern gegenüber dem spirituellen Meister[144]. Dies betrifft mehr die Seite der Macht und des Willens. Die ἐξαγόρευσις zielt auf das Denken als eine Übung der Kontemplation. Die Kontemplation ist das „bien suprême"[145], das *summum bonum* des monastischen Lebens. Das Denken wird verpflichtet, sich ohne Unterlass auf Gott zu richten und sicherzustellen, dass das Herz ausreichend rein ist, um Gott sehen zu können. Die Selbsttechniken, die nun zum Erreichen dieses Zieles eingesetzt werden, haben ihren Schwerpunkt naturgemäß in den „pensées" und nicht wie bei Seneca in den „actions".[146] Das mönchische Leben der Christen ist somit als „*vita contemplativa*" bestimmt. Dies impliziert eine „beständige Sorge

---

[144] Les techniques de soi, DÉ 4,809 (Technologien des Selbst 56).
[145] Les techniques de soi, DÉ 4,809 (Technologien des Selbst 58).
[146] Les techniques de soi, DÉ 4,809 f. (Technologien des Selbst 58).

um die Gegenwart"[147]. Gegenwärtig aber sind Gedanken, die dahingehend unterschieden werden müssen, ob sie zu Gott hinführen oder von ihm wegführen. Die Gedanken werden mit einem pejorativen griechischen Ausdruck belegt: λογισμοί, „cogitations [Grübelei], le raisonnement, la pensée calculatrice"[148]. Foucault weist auf eine Etymologie des Wortes im Lateinischen hin, welche Cassian gibt[149], „co-agitationes". Das Zusammentreiben der Gedanken setzt Unruhe im „vielbewegten" Geist voraus. Die Unruhe oder das „mouvement" der Gedanken selbst ist es, was von Gott wegführt. Denn die Bewegtheit des Geistes wird von einer geheimen „concupiscence" ausgelöst. Also muss das Band überprüft werden, das die Gedanken mit den Handlungen, die Wahrheit mit der Wirklichkeit verbindet. Welche Verbindung setzt den Geist in Bewegung, ruft eine „Begierde" (désir) hervor, wendet von Gott ab?

Diese Unterscheidung der Geister setzt ein positives oder negatives Urteil voraus. Aber eben dies kann es im Horizont Foucaultschen Denkens nicht mehr geben. Mithin aber wird die Unterscheidung als solche unmöglich. Das unendliche Urteil seinerseits führt aber zu einer endlosen Bewegung des Negierens von Begrenzungen. In diesem Kontext wird die Vorstellung von der Ruhe der Gedanken ein Alptraum. Die Festlegung des Denkens auf den „Einen" – im neuplatonischen Horizont des christlichen Denkens die prinzipielle Bestimmung Gottes – gerät für Foucault zur Vorstellung des Todes.

Die Verschiebungen in der gedanklichen Praktik des Selbst von der heidnischen Spätantike hin zum Christentum wird begleitet von einer grundlegenden Vereinheitlichung – Uniformierung – in Praxis und Theorie. Es entsteht ein systematisches Theoriegefüge, in das die Selbsttechniken eingebunden werden. „Es fand eine Vereinheitlichung in der Lehre statt – für die Augustinus einer der Operatoren war –, die in einem einzigen Theoriegefüge das Spiel zwischen Tod und Unsterblichkeit, die Institution der Ehe und die Bedingungen des Zugangs zur Wahrheit denkbar machte"[150]. Entscheidend aber ist, dass mit dem Erscheinenen des Christentums im Zentrum der Problematisierung des Sexualverhaltens nicht mehr die „Lust" (plaisir) mit der Ästhetik des „Gebrauchs" (usage) stand, sondern das „Begehren" (désir) und seine reinigende Hermeneutik.[151]

b) Die Sprache der Wahrheit

Es wurde bereits im Zusammenhang der sprachlichen Fassung des Subjekts darauf hingewiesen, dass Foucault das „je pense" des Descartes in das „je parle" über-

---

[147] Les techniques de soi, DÉ 4,810 (Technologien des Selbst 58).

[148] Les techniques de soi, DÉ 4,809 (Technologien des Selbst 58).

[149] De institutis coenobitorum, Buch 4, Kap. 10–12 und Kap. 23–33; in: Jean Cassien: Institutions cénobitique (trad. J. C. Guy), Paris 1965 (Source chrétiennes 109), 133–137 und 153–171. Vgl. Augustinus: conf. 10,11,18 (CCL 27,164,14–17).

[150] UP 327 (GL 319).

[151] Vgl. À propos de la généalogie de l'éthique, DÉ 4,609f. (Zur Genealogie der Ethik 265 f.).

setzt hat. Dies hat zur Folge, dass das Denken selbst als ein sprachlicher Akt, eine sprachliche Praxis gesehen werden muss. Foucault nennt diese Praxis „pratique discursive"[152]. Damit umgeht Foucault die Alternative von Skylla und Charybdis, von „science" und „idéologie",[153] „représentation" und „idée".[154] Die Wahrheit ist weder realiter aus der Welt abgeleitet noch idealiter der Wirklichkeit auferlegt, sondern sie ist eine sprachliche Tat. Deshalb ist auch die Geschichte bei Foucault nicht primär ein Rückgriff auf eine vergangene *Wirklichkeit*, auch herrscht hier nicht ein primärer Bezug auf die *Weltlichkeit* des Geschehenen und Getanen, sondern die Geschichte ist erstlich ein *sprachliches* Gebilde, die Abfolge von Sprachkonstellationen. Die sprachlich gefasste Geschichte stellt sich auch weniger als eine Folge, denn als ein Raum dar, ein „Archiv" von „Aussagen".[155] Auch wenn die Aussagen kein Urteil im Kantischen Sinne sind, legt sich ein Vergleich mit den Modalitätskategorien nahe. Die Aussagen im unendlichen Raum des sprachlichen Archivs erscheinen immer nur als *Problematisierung* von Wahrheit und damit als *Möglichkeiten*. Durch „*Problematisieren*"[156] von ebenfalls gegebenen *assertorischen* bzw. *apodiktischen* Urteilen wird die *Modalität* sämtlicher wahrheitsfähiger „énoncés" festgelegt. Insofern kommt es nicht auf das „Wahre in den Erkenntnissen" an, auch darf man das wissenschaftliche Wissen nicht für „bare Münze" nehmen,[157] sondern es handelt sich um eine „Analyse der ,Wahrheitsspiele', der Spiele des Wahren und des Falschen, in denen sich das Sein historisch als Erfahrung konstituiert, das heißt als eines, das gedacht werden kann und muss"[158].

Mit dem Begriff „Spiel" will Foucault die Wahrheit nicht als pure chaotische Fiktion oder als Komödie ausgeben, sondern das Wort „Spiel" zeigt ein „Ensemble von Regeln der Wahrheitsproduktion" an.[159] Diese Produktion führt zu einem bestimmten Resultat, das nach Maßgabe seiner Prinzipien und Verfahrensregeln als gültig oder nicht gültig angesehen werden kann. Dabei gibt es Sieger und Verlierer. Die Regeln sind praktische „Schemata"[160], die vom Individuum nicht selbst erfunden werden. Sie sind in einer Kultur gegeben. ,Geber' dieser Diskurspraktiken kann der Kulturkreis, die Gesellschaft, eine soziale Gruppe oder ein einzelner Mensch sein,

---

[152] UP 11 (GL 11).

[153] UP 11 (GL 11).

[154] Le souci de la vérité, DÉ 4,668 (Die Sorge um die Wahrheit 16).

[155] Vgl. AS 103–174 (AW 113–190).

[156] Siehe Le souci de la vérité, DÉ 4,669 (Die Sorge um die Wahrheit 17): „Der Begriff, der als allgemeine Form für meine Studien seit *Die Geschichte des Wahnsinns* dient, ist die *Problematisierung*, auch wenn ich diesen Begriff noch nicht in ausreichender Weise isoliert habe."

[157] Les techniques de soi, DÉ 4,784 (Technologien des Selbst 26).

[158] UP 13 (GL 13).

[159] L'éthique du souci de soi, DÉ 4,725 (Freiheit und Selbstsorge 24): „Wenn ich sage ,Spiel', dann meine ich ein Ensemble von Regeln für die Produktion der Wahrheit. Das ist kein Spiel im Sinne, dass man etwas nachahmen oder eine Komödie daraus machen würde [...]; es handelt sich um das Ensemble von Verfahren, die zu einem bestimmten Resultat führen, das gemäß seinen Verfahrensprinzipien und -regeln, als gültig oder nicht, erfolgreich oder scheiternd betrachtet werden kann."

[160] Hier und zum Folgenden L'éthique du souci de soi, DÉ 4,719 (Freiheit und Selbstsorge 18f.).

ausgeschlossen jedoch sind universale anthropologische Gegebenheiten. Auch ist
zu bemerken, dass derjenige oder diejenigen, welche Spielregeln vorgeben, niemals
Erstursache derselben, sondern immer nur ein Glied in einem unendlichen Vermitt-
lungsprozess sind. Die Beziehung zwischen ‚Geber' und ‚Empfänger' kann sich in
unterschiedlicher Weise gestalten. Die Spielregel kann vorgeschlagen, nahegelegt oder
aufgezwungen sein. Entsprechend unterschiedlich ist das Maß der Freiheit in diesem
Spiel. Foucault schließt aber einen mit Habermas gedachten „herrschaftsfreien Diskurs"[161] ebenso aus wie die Möglichkeit einer absoluten und totalen Herrschaft.[162]

> „Es gibt immer die Möglichkeit in einem gegebenen Wahrheitsspiel, etwas anderes zu
> entdecken und diese oder jene Regel mehr oder weniger zu verändern und manch-
> mal sogar das ganze Ensemble des Wahrheitsspiels. Ohne Zweifel hat genau das dem
> Abendland – im Vergleich mit anderen Gesellschaften – Möglichkeiten gegeben, die
> man anderswo nicht findet. Wer sagt die Wahrheit? Individuen, die frei sind, die einen
> bestimmten Konsens bilden und die sich in ein bestimmtes Netz von Machtpraktiken
> und Zwangsinstitutionen eingeflochten finden" (L'éthique du souci de soi, DÉ 4,726;
> Freiheit und Selbstsorge 24).

Wer spricht die Wahrheit? Kein *Einzelner* und keine *Allgemeinheit*, sondern eine *Vielheit* von denkenden Subjekten, die keine *res cogitans* als geistige Substanz sind.[163] Die
Akteure, die kreativ in das Spiel der Wahrheit eingreifen, sind inkarniert, stets affiziert von der *res extensa*, dem Außen, dem sprachlichen Anspruch des unter-ichlichen
Es. Hier erscheint noch einmal in die Sprache verwandelt das Nietzschesche „Es",
welches sich spielend seine Bestimmung gibt und neue Werte setzt. „Es spielt"
und „Es" *spricht*. Der Sprecher ist nicht mehr von der Individualität und Identität eines „Ich",[164] sondern von der Unbestimmtheit und Vielheit eines „Man".
„Wen kümmerts, wer spricht?"[165] Der Sprecher markiert eine Position innerhalb
der Sprache selbst. Er ist selbst sprachlicher Natur und gestaltet sich selbst, indem er
spricht.[166] Und nur indem er spricht, ist er, und zwar ist er Subjekt in der Art einer
grammatikalischen Funktion. Deshalb kommt auch den sprachlichen Übungen das
entscheidende Gewicht in den Techniken des Selbst zu, sei es in den platonischen
Dialogen, in der stoischen Verpflichtung, der Wahrheit zuzuhören, sei es in der christlichen ἐξαγόρευσις. Und deshalb ist die Stilisierung des Selbst durch das „Schreiben",
die „écriture" mindestens gleichrangig mit den gedachten oder gesprochenen Übungen. Im geschriebenen Wort drückt sich das intellektuelle Individuum in besonderer
Weise aus, besser: hier konstituiert sich das sprachliche Subjekt in herausragender Weise. Die ἄσκησις der „écriture" manifestiert sich in den antiken Techniken

---

[161] L'éthique du souci de soi, DÉ 4,726 (Freiheit und Selbstsorge 25).
[162] L'éthique du souci de soi, DÉ 4,720 (Freiheit und Selbstsorge 19f.).
[163] Vgl. Les Techniques de soi, DÉ 4,791 (Technologien des Selbst 35); L'éthique du souci de soi, DÉ 4,718
(Freiheit und Selbstsorge 17f.).
[164] L'éthique du souci de soi, DÉ 4,718 (Freiheit und Selbstsorge 18).
[165] Vgl. Qu'est-ce qu'un auteur, DÉ 1,789 (Was ist ein Autor?, S 1,1003): „Wen kümmert's, wer spricht?"
[166] Vgl. Les techniques de soi, DÉ 4,784f. (Technologien des Selbst 25f.) und UP 20f. (GL 21). Foucault
spricht hier von einer „ ,etho-poietischen' Funktion".

des Briefeschreibens ebenso wie im Tagebuchschreiben oder im Verschriftlichen der ἐξομολόγησις (*confessio*)[167] oder im Verfassen eines philosophischen „Versuchs":

> „Der ‚Versuch' [l',essai'] – man muss ihn als verändernde Erprobung seiner Selbst im Wahrheitsspiel verstehen und nicht als vereinfachende Aneignung des Anderen zu Zwek-ken der Verständigung – ist der lebende Körper der Philosophie, sofern diese jetzt noch das ist, was sie einst war, nämlich eine ‚Askese', eine Übung des Selbst im Denken" (UP 16; GL 16).

Was aber ist das Gedachte, genauer das Gesprochene, dem die Wahrheit zukommen kann oder auch nicht? Welcher Art ist der Inhalt der Wahrheit, der Gegenstand von Foucaults „Versuch"? Das sprachlich vorgezeichnete Denken richtet sich nicht auf die Vernunft selbst, noch auf eine Theorie oder eine äußerlich gegebene und damit weltliche Praxis, sondern es richtet sich auf „Geschriebenes", „praktische Texte": „Der Bereich, den ich untersuchen werde, besteht aus Texten, die behaupten, Regeln zu geben"[168].

c) Die Wörter und die Welt

Das Problem der Wahrheit im Sinne des Bezugs von Sprache und Welt, Ideen und Fakten ist für Foucault zentral, auch wenn die Reflexion darüber besonders im Spätwerk vergleichsweise spärlich stattfindet. Seine Bücher wirken wie gängige historisch-kritische Untersuchungen. Ihre Methoden sprengen in nichts die „klas-sischsten Methoden" der Geschichtswissenschaften: „Verweise auf Texte, Quellen, Autoritäten und die Herstellung von Bezügen zwischen Ideen und Fakten, ein Vor-schlag von Verständnisschemata und Erklärungstypen. Es gibt da nichts Originelles. Von diesem Standpunkt aus kann alles, was ich in meinen Büchern sage, verifi-ziert oder widerlegt werden, wie bei irgend einem anderen historischen Buch"[169]. Foucault kann sich somit durchaus mit Anspielung auf Nietzsche als „fröhlichen Positivisten" bezeichnen. Doch ist dies nur die eine Seite:

> „Dennoch, Leute, die mich lesen, besonders diejenigen, die schätzen, was ich mache, sagen mir oft lächelnd: ‚Im Grunde weißt du genau, dass du Fiktionen sagst.' Ich antworte immer: ‚Aber sicher, ohne Frage, das sind nichts anderes als Fiktionen'" (Entretien avec Michel Foucault, DÉ 4,44; Erfahrungstier 28).

Wahrheit in einem traditionellen Sinne bedeutet die Übereinstimmung der Sache mit dem Denken, in linguistischer Terminologie die Übereinstimmung des Signifikates mit dem Signifikanten und dem Referenten, mit Foucault gesprochen die Entspre-

---

[167] Vgl. Les techniques de soi, DÉ 4,793 (Technologien des Selbst 38): „Das Selbst ist etwas, das Stoff, um darüber zu schreiben, hergibt, ein Thema oder ein Objekt (ein Sujet) der Aktivität des Schreibens [écriture]. Das ist weder ein moderner Zug, der der Reformation entspringt, noch das Produkt der Romantik; es ist eine der ältesten Traditionen im Abendland, eine wohl etablierte Tradition, schon tief verwurzelt als Augustin begonnen hat, seine *Confessiones* zu schreiben."

[168] UP 20f. (GL 21).

[169] Entretien avec Michel Foucault, DÉ 4,44 (Erfahrungstier 28).

chung zwischen „les mots et les choses". Die Sache oder der Referent ist für Foucault aber nicht einfach gegeben. Ebensowenig ist die Sache lediglich ein Phantasieprodukt:

> „Problematisierung besagt nicht Repräsentation eines präexistenten Objekts, auch nicht die Erschaffung eines Objekts, das nicht existiert, durch den Diskurs. Sie ist das Ensemble von diskursiven oder nicht-diskursiven Praktiken, das eine Sache in das Spiel des Wahren und Falschen eintreten lässt und es als Objekt für das Denken konstituiert (sei es in Gestalt einer moralischen Reflexion, einer wissenschaftlichen Erkenntnis oder einer politischen Analyse)" (Le souci de la vérité, DÉ 4,670; Die Sorge um die Wahrheit 17f.).

Die Wahrheit ist vielmehr ein Spiel zwischen ‚science' und ‚fiction'.[170] Zwischen der These „Wissenschaft" und der Antithese „Fiktion" herrscht ein dialektisches Verhältnis, ohne dass es zu einer Synthese kommen könnte. Um dies zu verdeutlichen, ist noch einmal festzuhalten, dass es Foucault nicht auf die Positivität oder *Realität* der Sachen als solcher ankommt. Wichtig ist nicht, was die Wissenschaften oder die Techniken an „Wahrem" enthalten.[171] Ebensowenig kommt es ihm aber auf die Fiktionalität der Wahrheit oder die *Negation* der Sachhaltigkeit an. Entscheidend ist vielmehr die unendliche *Limitation*[172], die Frage nach der Grenzziehung zwischen beidem im „Spiel des Wahren und des Falschen"[173]. Die Wahrheit wird eingegrenzt von *unendlichen Urteilen*, ohne dass sich das Denken dadurch der Wahrheit annähern würde – „ceci n'est pas une pipe".

Gerade der zeichenhafte oder sprachliche Verweis auf eine Sache ist das Indiz dafür, dass die Sache selbst abwesend ist. Die Realität dieses Sachverhaltes entzieht sich aber ihrerseits wegen des erneut eröffneten Unterschieds zwischen Sagen und Gesagtem auf der Metaebene. Um die Wahrheit einer Aussage zu bestimmen, bedarf es weiterer Aussagen. Auf jeder Ebene entfernt sich das Bezeichnen weiter von der ursprünglich bezeichneten Sache. So entzieht sich die Sache in einer unendlichen Spur (trace). Wenn nun aber die Wahrheit die Entsprechung von Wort und Sache ist, dann bleibt die Wahrheit stets eine nur mögliche, eine stete *Möglichkeit*, der keine *Wirklichkeit* wie im klassisch metaphysischen Kontext vorausgeht. Die Möglichkeit ist primär und die Wirklichkeit sekundär. Entsprechend kann auch je nach aktuellem Sprachspiel eine Wahrheit zur Unwahrheit werden und eine Unwahrheit zur

---

[170] Vgl. dazu M. de Certeau: Histoire et psychanalyse entre science et fiction, Paris 1987.

[171] Vgl. Les techniques de soi, DÉ 4,784 (Technologien des Selbst 26).

[172] Es sei noch einmal an Qu'est-ce que les Lumières, DÉ 4,574 (Aufklärung 48) erinnert: „Dieses philosophische *Ethos* kann als *Grenz-Haltung* [*attitude limite*] charakterisiert werden. Es handelt sich nicht um ein Verhalten der Zurückweisung. Wir müssen der Alternative von Außen und Innen entkommen, man muss an den Grenzen [frontières] sein. Die Kritik ist wohl die Analyse der Grenzen [limites] und der Reflexion auf sie. Aber wenn die kantische Frage war, zu wissen, welche Grenzen die Erkenntnis nicht überschreiten darf, scheint es mir, dass die kritische Frage heute in eine positive umgewendet werden muss: Was ist in dem, was uns als universal, notwendig, verpflichtend gegeben ist, der Anteil des Singulären, des Kontingenten, des willkürlichen Zwängen Geschuldeten. Alles in allem geht es darum, die in Gestalt der notwendigen Begrenzung [limitation nécessaire] geübte Kritik in eine praktische Kritik in Gestalt einer möglichen Überschreitung [franchissement possible] zu verwandeln."

[173] Le souci de la vérité, DÉ 4,670 (Die Sorge um die Wahrheit 18).

Wahrheit und zwar weitgehend unabhängig vom tatsächlichen Realitätsbezug der Aussage. So ist die Wahrheit stets neu zu problematisieren und auf ihren unendlichen Kontext zu befragen. Der Kontext ist aber nicht beschränkt auf die Sprache oder die „diskursiven Praktiken", auch „nicht-diskursive Praktiken" oder die „Realität" als solche können im Spiel bestimmend werden. Die Unendlichkeit der möglichen Begrenzungen macht an der Grenze der Sprache nicht halt. Die Grenze zwischen der Sprache und ihrem Außen ist stets neu festzulegen. Teilweise ist die Wahrheit eine reine Konstruktion und mithin Fiktion, teilweise aber ist sie die Beschreibung von vorgängigen Sachen.[174] Doch auch hier ist zu beachten, dass niemals die Sachen selbst Gegenstand des Denkens sind. Vielmehr ist die Sache des Denkens stets in ein Gefüge des Wissens, in die Untersuchung der diskursiven Verhältnisse, in die Analyse der Strukturen aufgesogen.

Die Relationskategorie, welche der Wahrheit als dem Verhältnis von Sprache und Realität zukommt, ist also diejenige von *Ursache* und *Wirkung*, wobei weder die Sprache die Ursache für die Realität nach Art einer „création" ist, noch die präexistierende Realität die Ursache ist für die sprachliche „représentation". Auch das *Verhältnis* von Sache und Denken/Sprache ist stets neu zu bestimmen und zwar in einem Spiel, in welchem Ursache und Wirkung ständig ihren Ort tauschen können. Das Verursachen selbst – sowohl das sprachliche als auch das nichtsprachliche – wird als ein *Tun der Wahrheit* begriffen. Die Positionen von actio und passio, von Tun und Getanem, von Täter und Opfer können nicht eindeutig zugeordnet werden.

In diesem Tun der Wahrheit spielt der Faktor Macht eine zentrale, nicht eliminierbare Rolle, ohne dass man sagen könnte, dass die Wahrheitsspiele nichts anderes sind als Spiele der Macht.[175] Dennoch ist das Wahrheitsspiel auch immer ein „strategisches Spiel", d. h. ein Spiel um die Macht. Gerade der strategische Zug des Wahrheitsspiels ersetzt die Notwendigkeit, einen Grund für die Erkenntnis entweder im Intellekt oder in der Sache zu finden, denn es kommt nicht auf die Wahrheit an sich an, sondern darauf, das Spiel zu gewinnen bzw. eine neue Relation zwischen Diskurs und dessen Gegenstand herzustellen.[176] Ohne einen Anspruch von Wahrheit und ohne einen Bezug zur Wirklichkeit ist aber kein Spiel zu gewinnen. So erhalten sich Wahrheit oder Unwahrheit, äußere Wirklichkeit oder Fiktion als unverzichtbare Operatoren, als Elemente des Spiels.

---

[174] L'éthique du souci de soi, DÉ 4,726 (Freiheit und Selbstsorge 24): „Es gibt Wahrheitsspiele, in denen ist die Wahrheit eine Konstruktion, und andere, in denen ist sie es nicht."

[175] Siehe L'éthique du souci de soi, DÉ 4,725 (Freiheit und Selbstsorge 24).

[176] Entretien avec Michel Foucault, DÉ 4,44 (Erfahrungstier 28).

3. DIE MACHTBEZIEHUNGEN

Die *Bestimmung* in Foucaults ethischer Phase ist das Subjekt oder der Wille zur
Selbstverwirklichung. Dabei kommt dem Selbst keine ursprüngliche Einheit und
Identität zu, sondern es befindet sich stets in Differenz zum Anderen. Es wird von
diesem bestimmt und bestimmt dieses. Der Vorgang der Bestimmung selbst ist die
Transgression. Das ethische *Denken* legt sich auseinander in die Kritik der Subjek-
tionsweisen, das Spiel der Wahrheiten und das Wissen um die Technologien des
Selbst. Die *Sache* des Denkens ist der Mensch, nun nicht mehr als Subjekt, sondern
als Objekt und zwar als Objekt der Macht.[177] Die genealogischen Machtanalysen
(Sache) sind über die Mitte der Wahrheitsspiele (Denken) mit der Subjektkonstitution
aus dem Willen zur Transgression (Bestimmung) zusammengeschlossen. Doch ist
hier zu beachten, dass Bestimmung und Sache jeweils ihre Orte wechseln können,
weil die bestimmte Sache und die Bestimmung nur in verschiedenen Hinsichten
unterschieden werden können. Das verwirklichende und das verwirklichte Selbst
sind nicht identisch, aber auch nicht einfach verschieden.

Der Mensch steht unter keiner metaphysischen, natur- oder humanwissenschaftlichen Bestimmung. Er ist in keiner Weise schlechthin gegeben und durch keinerlei
Substanz oder Natur getragen. Was er ist, ergibt sich aus seiner Differenz zum Anderen, zum Anderen zunächst in ihm selbst, sodann zum Anderen außerhalb seiner
selbst. Das Andere zu sich selbst innerhalb dieses Selbst ist der Körper und dessen
Begehren. Der Andere außerhalb ist zu begreifen als der andere Mensch. Insofern
der Mensch aber in Beziehung zu einer Vielheit von anderen Menschen steht, ist dies
als ein gesellschaftliches Verhältnis aufzufassen. Sowohl nach innen als auch nach
außen ist der Mensch immer Machtverhältnissen ausgesetzt. Dies um so mehr als
die Unterscheidung des Einen vom Anderen das Ergebnis von „teilenden Praktiken"
ist. Durch Machtdispositive wird er in sich selbst geteilt und zwar in die eine Seite,
wie es zu sein hat, die höherwertig ist, und in die andere Seite, wie es nicht zu sein
hat, die minderwertiger ist. Innen wie außen wird der Komplex der Andersheit,
sofern er nicht der Norm entspricht, d.h. insofern der Mensch wahnsinnig, krank,
kriminell, sündig oder sexuell pervers ist, von der normierenden Instanz isoliert und
abgetrennt.[178] Diese Machtrelationen sind generell ebenso wenig wie das Subjekt
eine Substanz.[179] Das letzte Moment in der ethischen Betrachtung der Macht ist das
weltliche, dies rückt nun als erstes in den Blick.

---

[177] Le sujet et le pouvoir, DÉ 4,223 (Das Subjekt und die Macht 243): „In der zweiten Phase meiner
 Arbeit habe ich die Objektivierung des Subjekts durch das, was ich ‚Teilungspraktiken' nennen werde,
 untersucht." Diese auf die eigentlich genealogische Phase bezogene Aussage gilt auch hier.
[178] Le sujet et le pouvoir, DÉ 4,223 (Das Subjekt und die Macht 243): „Das Subjekt ist entweder in sich
 selbst geteilt oder von den Anderen abgeteilt. Dieser Prozess macht aus ihm ein Objekt. Die Teilung
 zwischen dem Verrückten und dem geistig gesunden Menschen, dem Kranken und der Person, die bei
 guter Gesundheit ist, dem Verbrecher und dem ‚netten Jungen' illustriert diese Tendenz."
[179] Siehe Le sujet et le pouvoir, DÉ 4,232 (Das Subjekt und die Macht 251).

a) Die Machtbeziehungen in der Welt

Im Unterschied zu seinen frühen und mittleren Genealogien der Macht, die nur einen weitgehend unproduktiven und in diesem Sinne negativen Machtbegriff kennen,[180] sieht der späte Foucault in Macht auch positiv-kreatives Potential. Er unterscheidet drei Ebenen der Machtanalyse: „Les relations stratégiques, les techniques de gouvernement et les états de domination"[181]. Der entscheidende Unterschied ist derjenige zwischen den „Herrschaftszuständen" und den „strategischen Beziehungen". Die Mitte bilden die „Regierungstechniken", angewandtes Wissen über die Leitung seiner selbst, seiner Angehörigen oder einer Institution.[182] Deren Analyse ist insofern wichtig, als sich mit ihrer Hilfe Herrschaftszustände errichten und aufrechterhalten. Diese unterscheiden sich von den strategischen Spielen nicht durch eine *Negation*, wohl aber durch eine *Limitation* der Macht und damit durch das Maß an Freiheit. Die strategischen Machtrelationen entstehen aus einer „conversion de pouvoir". Diese „Bekehrung" wiederum wird möglich durch die Selbstsorge. Die Selbstsorge ist die „Bekehrung der Macht".[183] Die begrenzende Bekehrung der Macht führt aber zu keiner neuen Position im Sinne einer legitimen Macht, sondern zu einer unendlichen Arbeit des Bekehrens und Begrenzens. Diese Begrenzung arbeitet zunächst an den „Begierden" des Einzelnen. Den Machtmissbrauch deutet Foucault in Anlehnung an griechisches Denken als mangelnde Selbstbeherrschung. Derjenige, der nicht Herr über sich selbst ist, sondern „Sklave seiner Begierde", versucht, seine „Fantasien, Gelüste und Begierden" anderen mit Macht aufzuzwängen.[184] Also muss man zunächst durch die „Selbstsorge" Herrschaft über sich erlangen, um keine Herrschaft über andere ausüben zu müssen. Aus dem „Machtmissbrauch" soll eine Gebrauch der Macht und der „Lüste" (plaisirs) werden. Die Machtverhältnisse sind nicht auf das Selbstverhältnis oder das Verhältnis von Individuen zueinander beschränkt. Auch sind sie andererseits nicht auf den Bereich der äußeren, institutionellen, sozialen Wirklichkeit einzugrenzen, sondern sie durchziehen alle Ebenen und Formen menschlicher Beziehung. Entscheidend ist, dass diese Machtbeziehungen nicht unumstößlich und unveränderlich sind. Die Freiheit der Subjekte ist die Bedingung für „relations de pouvoir" im Sinne Foucaults.[185]

---

[180] L'éthique du souci de soi, DÉ 4,728 (Freiheit und Selbstsorge 26).

[181] L'éthique du souci de soi, DÉ 4,728 (Freiheit und Selbstsorge 27).

[182] L'éthique du souci de soi, DÉ 4,728 (Freiheit und Selbstsorge 26).

[183] L'éthique du souci de soi, DÉ 4,715 (Freiheit und Selbstsorge 15): „– *Könnte diese Selbstsorge, die einen positiven ethischen Sinn besitzt, als eine Art von Bekehrung der Macht verstanden werden?* – Eine Konversion, ja. Das ist in der Tat eine Art und Weise zu kontrollieren und zu begrenzen [limiter]."

[184] L'éthique du souci de soi, DÉ 4,715f. (Freiheit und Selbstsorge 15).

[185] L'éthique du souci de soi, DÉ 4,719f. (Freiheit und Selbstsorge 19): „Wenn man von Macht spricht, denken die Leute unmittelbar an eine politische Struktur, an eine Regierung, eine herrschende soziale Klasse, an den Herrn gegenüber dem Knecht etc. Das ist überhaupt nicht das, woran ich denke, wenn ich von Machtbeziehungen spreche. Ich will sagen, dass die Macht in den menschlichen Beziehungen immer gegenwärtig ist, welche auch immer dies seien, ob es sich um verbale Kommunikation handelt, wie wir sie gerade eben betreiben, oder ob es sich um Liebesbeziehungen, um institutionelle oder ökonomische

Die Machtspiele zielen immer darauf, das „Betragen des Anderen" zu lenken und den Anderen zu bestimmen. Schließlich kann ja der Foucaultsche Mensch des Andersseins nur durch Andere bestimmt werden. Dieses Bestimmen selbst ist aber Quelle diverser „appétits et désirs"[186]. Zwar sind Gesellschaften denkbar, die dieses Vergnügens entbehren und in denen „alle diese Spiele irgendwie schon gelaufen sind", doch gerade die unsere biete doch genügend Raum für außerordentlich zahlreiche Spiele, in denen folglich die „Lust" (envie), das Verhalten der Anderen zu bestimmen, um so größer ist. Freiheit und Lust auf Bestimmung des Anderen in strategischen Machtspielen bedingen sich gegenseitig: „Je offener das Spiel ist, desto anziehender und faszinierender ist es"[187].

Doch auch in den westlichen Gesellschaften gibt es die ständige Gefahr der „Beherrschung" durch die „Einsetzung eines Ensembles von – teils traditionellen, teils neuen – Regeln und Normen, die sich auf religiöse, judiziäre, pädagogische, ärztliche Institutionen stützen"[188]. Der bekehrenden Begrenzung der Machtsysteme kommt folglich besonders im Allgemeinen des politischen Lebens eine wichtige Bedeutung zu. Denn einerseits neigen gerade politische und wissenschaftliche Institutionen dazu, in einen „Herrschaftszustand" überzugehen, und andererseits machen gerade sie die Vorgaben, innerhalb deren das Individuum sich entfalten und gestalten kann, bzw. die Vorgaben, welche das Individuum gestalten. So weitet sich die Foucaultsche Sache vom Menschen im Einzelnen und Besonderen auf die Menschen in gesellschaftlicher Allgemeinheit, genauer auf die Machtsysteme als Produkte des Menschen, deren Produkt wiederum der Mensch ist. So wiederholt sich auch auf der Ebene der Macht der Wechsel von Subjekt und Objekt, Beherrschenden und Beherrschten. Ziel der Machtkritik ist die Minimierung der „Beherrschung". Dieser Punkt der Minimierung im politisch-wissenschaftlichen Bereich ist das Gelenk, an welchem die „ethische Hauptaufgabe und der politische Kampf für die Achtung der Rechte und die kritische Reflexion gegen die missbräuchlichen Regierungstechniken und die ethische Suche, die individuelle Freiheit zu begründen erlaubt", ineinander greifen.[189] Das Resultat sollen stets offene und umkehrbare Machtbeziehungen sein. Von Institutionen getragene und geförderte Vorgaben wie persönliche und geschlechtliche Identität, Beziehungen der Freundschaft und Liebe, Familie, gesellschaftliche Formen des Zusammenlebens könnten sich dann in einem offenen Spiel der Kräfte selbst gestalten und permanent umformen.

Beziehungen handelt: Ich meine die Beziehung, in welcher der Eine versucht, das Verhalten des Anderen zu lenken. Das sind Beziehungen, die man auf verschiedenen Ebenen unter verschiedenen Formen finden kann; diese Machtbeziehungen sind bewegliche Beziehungen, das heißt, dass sie modifiziert werden können, dass sie nicht ein für alle Mal gegeben sind. […] Diese Machtrelationen sind also mobil, reversibel und instabil. Man muss auch anmerken, dass es Machtbeziehungen nur in dem Maß geben kann, in dem die Subjekte frei sind."

[186] L'éthique du souci de soi, DÉ 4,729 (Freiheit und Selbstsorge 27).
[187] L'éthique du souci de soi, DÉ 4,729 (Freiheit und Selbstsorge 27).
[188] UP 10 (GL 10).
[189] L'éthique du souci de soi, DÉ 4,727 (Freiheit und Selbstsorge 26).

Die Kritik an den bestehenden Herrschaftsverhältnissen und das Mitwirken an den strategischen Spielen der Macht realisiert sich für Foucault nicht in einer ‚essentialistischen' Frage nach dem Wesen der Macht oder in einer ‚rationalistischen' Suche nach Gründen (rationes) für die Art und Weise der Ausübung der Macht, sondern sie zielt vor allem auf das „Wie" der Machtausübung und damit auf die Praktiken der Macht und zwar in ihrer geschichtlichen Konkretion.[190] Denn diese kritische Analyse der historischen Praxis kann die „Gewissheiten und Dogmatismen der Gegenwart wirksamer erschüttern als abstrakte Kritik"[191].

b) Die historische Genealogie der Machtverhältnisse

Die genealogische Kritik der „Geschichte der Sexualität" zielte ursprünglich darauf, das Machtdispositiv der Psychoanalyse bzw. die gegenwärtige „Biomacht" zu erschüttern. Doch hat sich Foucaults Zielsetzung geändert:

> „Man könnte sagen, um zu schließen, dass das gleichzeitig politische, ethische, soziale und philosophische Problem, das sich uns heute stellt, nicht der Versuch ist, das Individuum vom Staat und seinen Einrichtungen zu befreien, sondern *uns* vom Staat und dem Typ der Individualisierung, die mit ihm verbunden ist, zu befreien. Wir müssen neue Formen der Subjektivität fördern, indem wir den Typ der Individualität zurückweisen, den man uns seit Jahrhunderten auferlegt hat" (Le sujet et le pouvoir, DÉ 4,232; Das Subjekt und die Macht 250).

Nun zielt auch die genealogische Seite der Untersuchung auf die Kritik der Subjektivierungsweise als solcher. Damit einher geht eine veränderte Einschätzung der Macht insgesamt. Indem Foucault den eben erwähnten Unterschied von „domination" und „jeu de pouvoir" einführt, kommt der Macht eine eminent *kreative* Funktion zu. Wie kann sich das Subjekt im Spiel der Wahrheit und der Macht selbst entwerfen, konstituieren und vor allem immer wieder verändern? Entsprechend ist die Sache der „Geschichte der Sexualität" der Mensch und zwar zunächst noch als „homme de désir" in seiner historischen Genese, an deren Anfang das Christentum steht und deren Effekt die Ablösung antiker Selbsttechnologien durch die christliche Selbsthermeneutik ist. Aber gerade wegen dieser Aufdeckung möglicher anderer Formen des Menschseins in der antiken Welt muss nun der neue und weitere „Gegenstand, den man sich vorsetzt," durch die Genealogie neu bestimmt werden. Der Gegenstand wird zunächst überschrieben: „Morale et Pratique de Soi"[192]. Die Sache ist nunmehr der Mensch in seinem moralischen Handeln. Genauer betrachtet ist da zum ersten der präskripive Teil, den Foucault „code morale" nennt. Zum zweiten bezeichnet Moral das Verhalten des Menschen selbst. Und drittens muss auch die „manière" untersucht werden, wie „man sich führen und halten – wie man sich selbst

---

[190] Le sujet et le pouvoir, DÉ 4,232 (Das Subjekt und die Macht 250).
[191] ‚Omnes et singulatim', DÉ 4,160 (Omnes et singulatim 91).
[192] UP 36 (GL 36).

konstituieren soll als Moralsubjekt, das in Bezug auf die den Code konstituierenden Vorschriften handelt"[193].

Im Folgenden entwickelt Foucault ein Schema mit vier Hinsichten, in welchen der historische Unterschied gefasst wird, den das Christentum in der Geschichte der Subjektivierung des Menschen bezüglich der sexuellen Erfahrung macht.[194]

1.   Die „Bestimmung der *ethischen Substanz*" (détermination de la substance éthique): Welches ist der „Hauptstoff" (matière principale) des moralischen Verhaltens? Am Beispiel der Treue in einer Beziehung kann die ethische Substanz entweder in der Befolgung des Gebotes als Gebot selbst liegen. Sie kann auch im hartnäckigen Kampf gegen die Begierden bestehen. Eine andere Möglichkeit ist es, die ethische Substanz in der Intensität, Kontinuität und Gegenseitigkeit der Gefühle oder in der Qualität der Beziehung anzusiedeln.[195] In der Geschichte der Sexualität besteht die ethische Substanz des klassischen griechischen Denkens in den „aphrodisia", in den Akten, gewollt von der Natur, durch diese verbunden mit einer intensiven Lust (plaisir). Zu diesen Akten treibt sie durch eine Kraft, die immer empfänglich ist für „Exzess und Revolte"[196]. Im Christentum dagegen ist die ethische Substanz das „Fleisch"[197], charakterisiert als ein „Bereich von Begierden (domaine des désirs), die sich in den geheimen Kammern (arcanes) des Herzens verstecken und durch ein Ensemble von Akten, die in ihrer Form und ihren Bedingungen sorgfältig definiert sind"[198]. Die Kennzeichnung des „Fleisches" nimmt ihren Ausgangspunkt von der „Endlichkeit, dem Sündenfall und dem Bösen"[199]. Dadurch wird die Sexualität, obwohl an sich kein *malum*, im Christentum dennoch in die Nähe des Bösen gerückt.

2.   Die *„Unterwerfungsweise"* bzw. *„Subjektierungsweise"* (mode d'assujettissement)[200]: Das „Prinzip, gemäß dem man diese Aktivitäten regulieren muss". Diese bestand in der griechischen Antike nicht in einer universalen Gesetzgebung, welche die erlaubten und verbotenen Handlungen festlegt, sondern eher in einer „Geschicklichkeit (savoir-faire), einer Kunst, die die Modalitäten des Gebrauchs in Rücksicht auf verschiedene Variablen (Bedürfnis, Zeitpunkt, Stand) vorschrieb"[201]. Im Christentum hingegen nimmt der „mode d'assujetissement" die Form einer „Anerken-

---

[193] UP 37 (GL 37).

[194] Zum Folgenden vgl. auch À propos de la généalogie de l'éthique, DÉ 4,618–622 (Zur Genealogie der Ethik 274–281).

[195] Zum Ganzen UP 37f. (GL 37f.).

[196] UP 123 (GL 121).

[197] À propos de la généalogie de l'éthique, DÉ 4,619 (Zur Genealogie der Ethik 276).

[198] UP 124 (GL 121f.). Siehe auch À propos de la généalogie de l'éthique, DÉ 4,619 (Zur Genealogie der Ethik 276), wo Foucault auf die Confessiones des Augustinus verweist, um die christliche Sorge um die Begierden des Fleisches zu veranschaulichen: „Für den heiligen Augustinus ist es ganz klar, was ihm Sorge bereitet, wenn er sich an seine Gefühle als junger Mann erinnert, das ist, die Art von Begehren, die er erfahren hat, genau zu wissen. Das ist eine ganz andere ethische Substanz."

[199] SS 317 (SS 306f.).

[200] UP 38 (GL 38).

[201] UP 123 (GL 121).

nung des Gesetzes und eines Gehorsam gegenüber der pastoralen Autorität an"[202]. Das „allgemeine Gesetz" ist aber nichts anderes als „der Wille eines persönlichen Gottes"[203].

3. Die „Formen der *ethischen Arbeit* oder *Ausarbeitung*"[204]. „Die Arbeit, die das Individuum an sich selbst vornimmt (exercer sur lui-même), die notwendige Askese, hatte die Form eines Kampfes, den man führen musste, eines Sieges, der zu erringen war, indem man eine Herrschaft (domination) des Selbst über sich errichtete, gemäß dem Modell einer häuslichen oder politischen Macht"[205]. Während die griechisch-römische „Art der Arbeit" darin bestand, die „Stilisierung der Haltung", die „Ästhetik der Existenz" einzuüben, indem man sich selbst überwindet und dadurch gestaltet,[206] besteht die christliche Arbeit an sich selbst in der „Kodifikation der sexuellen Akte, die immer präziser werden und der Entwicklung einer Hermeneutik des Begehrens und der Prozeduren der Dechiffrierung des Selbst"[207] und zwar nach Art einer „reinigenden Hermeneutik der Begierden (hermeneutique purificatrice des désirs)"[208].

4. Die „*Teleologie* des Moralsubjekts"[209]. Der vierte Aspekt des Moralverhaltens nimmt die Zwecke in den Blick: „Sollen wir rein werden, unsterblich, frei, Herren unserer selbst usw.?"[210] Die „Seinsweise", zu der die griechisch gedachte Herrschaft über sich selbst führen soll, ist die „aktive Freiheit, unlösbar von einem strukturellen, instrumentellen und ontologischen Bezug zur Wahrheit"[211]. Das Moralsubjekt der Griechen und Römer ist durch die „vollkommene Herrschaft des Selbst über sich in der Ausübung (exercice) einer Aktivität von männlicher Art" charakterisiert, wohingegen das christliche Subjekt der Moral auf das „Verwerfen des Selbst" (renoncement à soi) und eine Reinheit angelegt ist, deren Modell auf Seiten der Jungfräulichkeit zu suchen ist"[212].

> „Deshalb ist der Gegensatz zwischen Heidentum und Christentum nicht derjenige zwischen Toleranz und Strenge, sondern der zwischen einer Form der Strenge, die an eine Ästhetik der Existenz gebunden ist, und anderen Formen der Strenge, die an die Notwendigkeit, seiner Selbst zu entsagen, indem man seine eigene Wahrheit entziffert, gebunden sind" (À propos de la généalogie de l'éthique, DÉ 4,626; Genealogie der Ethik).

---

[202] UP 124 (GL 122).
[203] SS 317 (SS 310).
[204] UP 38 (GL 38).
[205] UP 123 (GL 121).
[206] UP 126 (GL 123).
[207] UP 124 (GL 122).
[208] SS 317 (SS 310).
[209] UP 39 (GL 39).
[210] À propos de la généalogie de l'éthique, DÉ 4,620 (Zur Genealogie der Ethik 277).
[211] UP 124 (GL 122).
[212] UP 124 (GL 122); vgl. SS 317 (SS 310).

Also nicht schon die Strenge als solche, sondern die Formen der Strenge, welche entweder an die „Ästhetik der Existenz" oder an die Notwendigkeit des Selbstverzichts und der Selbstentzifferung gebunden sind, machen den ganzen Unterschied zwischen griechisch-römischer und christlicher Selbstkultur aus. Die Unterschiede, die das Christentum im Bezug auf die „ethische Substanz" (*aphrodisia* – Fleisch), die „Weise der Unterwerfung" (Umgang mit besonderen Tunlichkeitsregeln – Anerkennung des allgemeinen Gesetzes) und den „Typ der Arbeit" (Stilisierung – Reinigung) einführt, laufen in der unterschiedlichen „Teleologie" zusammen: Es gilt, sich entweder selbst aus einem gegebenen Schatz von Mustern zu konstruieren oder die gegebene Konkretion des Selbst aufzufinden, an einer allgemeinen Gesetzlichkeit und Wahrheit zu messen und schließlich zu verwerfen. All diese Unterscheidungen kreisen um die Alternative, ob der Mensch eine bewegliche, offene oder eine feste, geschlossene Sache ist: Der Mensch als Herr über sich oder der Mensch als Untertan des Herrn. Foucaults Analysen zielen darauf, eben diese Festigkeit und Geschlossenheit der Machtstrukturen in seiner eigenen geschichtlichen Gegenwart aufzubrechen.

„Moral und Selbstpraktik" der Griechen und Römer sind ihrerseits aber nichts Verbindliches, enthalten keine allgemeingültige Wahrheit, ja, werden nicht einmal als ein vorbildliches Programm vorgestellt. Zwar kann Foucault die griechisch-römische Selbstkultur als ein mögliches Vorbild für die gegenwärtige Situation, in welcher der Einzelne sich ohne Verbindlichkeit entwerfen muss, anpreisen, er kann aber andererseits auch auf die Einzigartigkeit der jeweiligen historischen Situation verweisen, ja sogar die Antike im Ganzen als einen „großen Irrtum" bezeichnen.[213] So wird die antike Selbstkultur ihrerseits nur ein Element in der Reihe der Verneinungen des unendlichen Urteils, das immer ins Andere, Offene, Unbestimmte drängt.

c) Das sprachliche Objekt

Die griechisch-römische Selbstkultur, wie sie Foucault vor allem in „Der Gebrauch der Lüste" und in „Die Sorge um sich" zur Darstellung bringt, ist keine objektive Gegebenheit, sondern das sprachliche Resultat der Foucaultschen Selbstpraktik als Historiker, jenseits aller Unterscheidung von Wahrheit und Unwahrheit im historischen Sinne. So ist die griechische Selbstkultur Resultat der Praktik des Selbst und ihr Vorbild in einem. Die Foucaultsche Genealogie der Moral und damit auch die Rekonstruktion der griechisch-römischen Kultur und des Christentums ist ein funktionales Argument, eine Folge von Schachzügen im Spiel der Wahrheit und im strategischen Spiel der Macht. Die Menschen schaffen diese Spiele und diese Spiele schaffen den Menschen als sprachliches Objekt.

Der Mensch ist für Foucault weder wie im christlichen Kontext ein Geschöpf und Ebenbild Gottes, noch ist er das durch seine eigene Menschennatur selbstgesetzte Freiheitswesen wie in der bürgerlichen Epoche unserer Geschichte. Aber auch

---

[213] Le retour de la morale, DÉ 4,698 (Die Rückkehr der Moral 135).

die weltlichen Gegebenheiten der Moderne, wie die gesellschaftlichen Verhältnisse (Marx) oder das Leben (Nietzsche) oder ein wie auch immer gedachtes existentielles Sein (Heidegger), formen nicht den Menschen. Er besitzt weder eine vernünftige Natur noch ein vorvernünftiges weltliches Wesen. Schlechthin nichts kann ihm die Form, Weisung und Identität geben – auch nicht er sich selbst. Es bleibt die pure Wandelbarkeit, die reine unwirkliche Möglichkeit der Sprache. Der Mensch ist ein komplexer Sprachkörper. Vor diesem Hintergrund gewinnen die Untersuchungen der sprachlichen Macht- und Wissensspiele ihre kreative Potenz. Die Macht ist nicht das Böse, vielmehr ist sie ein letzter Reflex der Kreativität des christlichen Schöpfergottes bzw. der Schöpferkraft des mit Nietzsche gedachten dionysischen Selbst.

Insofern die Macht ihre besondere Realität in der Begegnung der Menschen untereinander hat, treten hier die sprachliche und nichtsprachliche Kommunikation in den Vordergrund. Die Kommunikation ist für Foucault niemals ein rein sprachlicher und nicht einmal ein rein auf den rationalen Diskurs beschränkter Vorgang. Die Kommunikation ist immer ein mit dem Machtkomplex und damit mit der physischen Seite der Macht, d.h. mit den „Machtdispositiven" verbundenes Geschehen. Folglich kommt es nicht darauf an, die Kommunikation im Sinne eines herrschaftsfreien Diskurses zu idealisieren und in ein Jenseits von Institutionen und Praktiken der Macht zu rücken. Wollte man der Macht als der bekehrten, verflüssigten Herrschaft abschwören, so würde man noch einmal die Utopie eines Neuen Menschen heraufbeschwören und damit das freie und kreative Spiel der Macht in ein negatives Herrschaftsprogramm zwängen. Für Foucault kommt alles darauf an, sich jenseits der *Position* und *Negation* der Herrschaft auf der *Grenze* zu bewegen im endlosen Spiel der Macht. Quasi-eschatologische Hoffnungen haben hier keinen Ort.

„Die Vorstellung, dass es einen Zustand der Kommunikation geben kann, in welchem die Wahrheitsspiele ohne Hindernisse, ohne Zwänge und ohne Zwangseffekte zirkulieren können, scheint mir in die Ordnung der Utopie zu gehören. Das heißt genau nicht zu sehen, dass die Machtbeziehungen nicht etwas Schlechtes an sich sind, wovon man sich frei machen müsste; ich glaube, dass es keine Gesellschaft ohne Machtbeziehungen geben kann, wenn man darunter Strategien versteht, durch welche die Individuen versuchen, das Verhalten von Anderen zu leiten, zu bestimmen. Das Problem ist also nicht, sie in die Utopie einer vollkommen transparenten Kommunikation aufzulösen, sondern sich eben die Regeln des Rechts, die Führungstechniken und auch die Moral, den *Ethos*, die Selbstpraktik zu geben, welche erlauben, diese Machtspiele mit einem möglichst geringen Maß an Herrschaft zu spielen" (L'éthique du souci de soi, DÉ 4,727; Freiheit und Selbstsorge 25).

II. GENEALOGIE

Mit der Darstellung der ethischen Selbstkonstitution des Subjekts kommt das Foucaultsche Denken in sein Eigentlichstes. In der Bekehrung der Machtverhältnisse von den verfestigten „dominations" zu den offenen „jeux de pouvoir" wird ein Spielfeld für die offene Selbstverwirklichung geschaffen. Diese Bekehrung ist aber kein einmaliger Akt, sondern sie hat ihre eigentliche Wirklichkeit in der endlosen Abfolge von Selbstzuwendung (conversion) und Selbstabwendung (se déprendre de soi), welche den Kern der Foucaultschen Selbstkultur ausmacht. Damit verbunden ist das Aufdecken der Herkunft des Wissens-Macht-Komplexes aus der christlichen Hermeneutik des Selbst, aus dem Zwang, die Wahrheit über sich zu sagen und der damit verbundenen Maßnahme an einem allgemeinen und notwendigen Gesetz. Die Bekehrung beinhaltet eine Abwendung von Fremdbestimmung aus dem Gesetz oder dem Willen Gottes und eine Zuwendung zur Selbstbestimmung auf Grund der Sorge um sich. Diese besteht aber gerade darin, sich selbst ohne Grund und Identität gemäß „valeurs esthétiques" je ein Anderer zu werden. Wenn Foucault dafür in den griechisch-römischen Selbsttechniken, vor allem in denjenigen der ersten Jahrhunderte unserer Zeitrechnung ein gewisses Vorbild für die Gegenwart erkennt, so bleibt er damit noch einmal im Umfeld neutestamentlichen Wissens bzw. im Umfeld des natürlichen und weltlichen Denkens der Skepsis und der stoischen Dogmatik, was sich nicht zuletzt darin zeigt, dass sein Denken wesentlich ein skeptisches Glauben ist, wie es erstmals in der Eröffnungsphase der Mittleren Epoche seine Entfaltung fand.[214] So zeichnet sich insgesamt die besondere Verbindung der Position Foucaults mit der Mittleren Epoche des abendländischen Denkens ab, deren Prinzip der jenseitige Gott ist, von dem her alles gegeben ist. Das göttliche Geben ist näherhin zu verstehen als *creatio*. Dieser Gedanke findet noch im Foucaultschen Begriff der Bekehrung einen letzten Nachhall. Bekehrung ereignet sich in der Potenz zur *Kreativität* – Zuwendung zur schöpferischen Selbstgestaltung, wobei sowohl das schöpferische Selbst als auch das geschaffene Selbst ohne bleibende Identität sind.

Während die dritte Phase Foucaults die Entfaltung der Bestimmung zum Resultat hat, treibt die zweite Phase die Foucaultsche Sache, den Menschen, der unter Machtverhältnissen steht, hervor. Wenn nun diese Phase in den Blick rückt, so nur insofern sie für das Verstehen des Foucaultschen Gedankens in seinem Gesamtgefüge sowie für das Erkennen der Verbindung zu Foucaults modernem Vorgänger Nietzsche notwendig ist. Gerade die Genealogie weist eine besondere Nähe und Distanz zu Nietzsche auf. Einerseits ist die Subversion Foucaults mittelbar durch Nietzsches Skepsis inspiriert, ja durch eine Konversion zu Nietzsche hervorgerufen, andererseits sind es gerade Nietzsches Wille zur Macht und die darin liegende Anthropologisierung des Willens Gottes, welche Foucaults entschiedenen Widerstand hervorrufen. Das Christentum als herrschende Kraft gilt ihm spätestens seit Nietzsche im Wesentlichen als überwunden.

---

[214] Siehe dazu Boeder: Einführung in die Vernünftigkeit des Neuen Testaments 98 ff.

1. Die Sache der Macht

Die Sache der Macht ist sowohl singulär als auch plural zu fassen. Singulär ist die Sache der Mensch und zwar wie er unter den Machtverhältnissen steht. Der Mensch ist wesentlich sein Körper. Doch eignet ihm auch eine Seele, welche aber mehr noch als der Körper Resultat der Machtwirkungen ist. Plural gesehen ist Foucaults Sache die „Mikrophysik der Macht", das Geflecht aus Institutionen, diskursiven und in diesem Zusammenhang mehr noch nichtdiskursiven Praktiken. Besonders die disziplinierenden, normalisierenden Praktiken des Wohlfahrtsstaates – état providence – rücken in den Blick. Die Vorherbestimmung (*praedestinatio*), welche im vorsorgenden Vorherwissen (*providentia*) liegt, weckt den Willen zum Widerstand durch die Aufdeckung der Genealogie der gegenwärtigen Machtverhältnisse. Die Genealogie der herrschenen Bio-Macht wird vor allem in der Untersuchung des Strafvollzuges in „Überwachen und Strafen" und in der Analyse der Regulierung der Sexualität in „Der Wille zum Wissen" durchgeführt. Damit bekämpft Foucault ausdrücklich die gegenwärtig herrschenden Erben des Gedankens der Bestimmung des Menschen aus dem göttlichen Willen, der in Paulus *sophisch* grundgelegt, in Augustins Prädestinations- und Gnadenlehre *philo-sophisch* entfaltet und bei Nietzsche aus Liebe zum weltlichen Leben „abgeschafft" und mit den Gedanken der „Ewigen Wiederkehr des Gleichen" und des „Willens zur Macht" anthropologisch substituiert wurde.

a) Die Sprache der Macht – Die Macht der Sprache (Diskurse)

Sowohl in „Überwachen und Strafen" als auch im „Willen zum Wissen" ist der eigentliche Gegenstand der Untersuchung der Körper, der individuelle, aber auch der politische Körper.[215] Der Körper, wie er auch als sinnliche Erscheinung vorkommt, ist seinerseits nicht von der Festigkeit einer weltlichen Gegebenheit, welche den Gesetzen der Physiologie unterliegt. Er steht vielmehr in einer Serie von Machtsystemen (régimes), welche ihn formen. Die „Rhythmen der Arbeit, der Muße und der Feste" prägen ihn ebenso wie die „Gifte der Lebensmittel und der Werte, der Ernährungsgewohnheiten und der moralischen Gesetze"[216]. Dagegen bildet er „Widerstandskräfte" (résistances) aus.[217] Der Körper/Leib wird also im Spannungsfeld von Macht und Gegenmacht gebildet, und er ist das Feld, auf welchem die Machtkämpfe sich ereignen. Der Leib erscheint als sprachliches Phänomen.

> „Der Leib: Fläche der Einschreibung der Ereignisse (während die Sprache sie markiert und die Ideen sie auflösen), Ort der Zersetzung des Ich (dem er die Schimäre einer substantiellen Einheit zu unterstellen versucht), Gebilde [volume] in beständigem Zerfall. Die Genealogie, als Analyse der Herkunft, ist am Gelenk zwischen dem Leib und der Geschichte. Sie muss zeigen, dass der Leib ganz von der Geschichte geprägt ist und

---

[215] SP 33 (ÜS 40).
[216] Nietzsche, la généalogie, l'histoire, DÉ 2,147 (Nietzsche, S 2,179).
[217] Ebd.

dass die Geschichte den Leib zerstört" (Nietzsche, la généalogie, l'histoire, DÉ 2,143; Nietzsche, S 2,174).

In Analogie zu Nietzsche reduziert Foucault den Menschen im Wesentlichen auf seinen Leib. Dieser wird hier aber nicht mehr als das weltliche Sein oder Werden aufgefasst, sondern er ist von einer Sprachlichkeit, welche ihrerseits nicht geistig, sondern körperlich ist, wie etwa die Schrift oder der Signifikant. Die Ereignisse schreiben sich in den Leib ein. Die entscheidenden Ereignisse sind aber durch die Machtverhältnisse bestimmt. Die Machtverhältnisse dürfen nicht als die großen, allgemeinen politischen Strukturen verstanden werden. Gerade die Singularität der einzelnen Körper ist der Ort, an dem sich die Machtverhältnisse realisieren: „Die Machtverhältnisse durchziehen das Körperinnere"[218]. Besonders in den modernen Wissenschaften der Biologie und Medizin, aber auch der Psychiatrie und nicht zuletzt der Justiz wird das Wissen ausgebildet, das sich wie eine Grammatik dem Leib einschreibt. Mehr noch als diese Wissenschaften ihr Wissen dem Leib ablesen, schreiben sie ihm sein Sein vor. Und die Seele? „Die Geschichte dieser ‚Mikrophysik‘ der Strafgewalt wäre also eine Genealogie oder ein Stück der Genealogie der modernen ‚Seele‘"[219]. Sowohl der Leib als auch die Seele werden sprachlich vorgestellt. Und eben weil sie von jener ‚Innerlichkeit‘ ist, welche auch den Diskurspraktiken der Macht zukommt, ist sie der „aktuelle Bezugspunkt einer bestimmten Technologie der Macht über den Leib"[220]. Wie der Signifikant dem Signifikat vorgängig ist, so ist der Leib der Seele vorgängig. Die Idealität des Signifikanten und der Seele wirkt auf die leibliche Realität wie ein ideologischer Überbau. Durch die Wirklichkeit dieses durch Machtverhältnisse produzierten Überbaus wird die Seele zum Gefängnis des Leibes – in genauer Verkehrung der platonischen Verhältnisse.[221]

Die sprachliche Machtentfaltung über den Menschen, genauer über den Leib/ Körper bringt Foucault vor allem im „Willen zum Wissen" am Beispiel der Sexualität zur Darstellung. Die Sache des frühen Augustinus sind „Gott und Seele",[222] Nietzsches Sache die Seele Zarathustras und deren Selbstunterscheidung. Die Foucaultsche Sache sind nun der Leib und der „Sex". Inwiefern? Die ganze Geschichte der christlichen Bußpraxis hindurch, spätestens seit Augustin[223] bildet der Sex die privilegierte Materie des Bekennens. Der Sex wird bereits im christlichen Kontext zu einer Sache, die sich überall verbirgt, eine „heimtückische Präsenz", von welcher eine latente Gefahr für das Heil ausgeht. Um ihn ans Licht zu bringen, wird er zum Stimulans für eine „grenzenlos wuchernde Ökonomie des Diskurses". Es kommt zur „Diskursivierung des Sexes"[224]. Auch die modernen Gesellschaften zeichnen

---

[218] Les rapports de pouvoir passent à l'intérieur du corps, DÉ 3,228 (Machtverhältnisse 104).
[219] SP 34 (ÜS 41).
[220] Ebd.
[221] Ebd.
[222] Sol. 1,7,1 (CSEL 89,11,15).
[223] Vgl. À propos de la généalogie de l'éthique, DÉ 4,619 (Zur Genealogie der Ethik 276).
[224] VS 20 (WW 21).

sich dadurch aus, dass sie den Sex nicht ins Dunkle verbannen, sondern vielmehr unablässig von ihm sprechen und ihn als *„das* Geheimnis" geltend machen. Für den Menschen hat die im Christentum wurzelnde „Hermeneutik des Begehrens" zur Folge, dass er zum „Geständnistier" (bête d'aveu) wird.[225] Von den „Confessiones" des Augustinus zieht Foucault eine Linie über Descartes, den deutschen Idealismus bis hin zur nachmetaphysischen Subjektphilosophie Kierkegaards oder Husserls. Der Zwang, die Wahrheit über seine Sexualität zu bekennen, ist aufs engste verbunden mit dem Zwang des Menschen zur Identität mit sich, zur Subjektivität, Persönlichkeit, Seele etc. Der Sex kommt hier nicht so sehr als „sexe-nature (als Element des Lebendigen, Gegenstand einer Biologie)" in den Blick, sondern als „sexe-histoire", „sexe-signification", „sexe-discours".[226] Gerade in seiner Sprachlichkeit wird er zur ersten Sache des Denkens. Zwar scheint der Sex im Abendland unter den großen binären Strukturen Leib-Seele (griechisch), Fleisch-Geist (christlich), Instinkt-Vernunft (Aufklärung), Trieb-Bewusstsein (Moderne) einem unvernünftigen Feld zugeschlagen worden zu sein, doch sind im Gegenteil „wir, unser Leib, unsere Seele, unsere Individualität, unsere Geschichte – unter das Zeichen einer Logik der Konkupiszenz und des Begehrens (désir)" geraten.[227] Mehr noch, nicht nur für die Konstitution des Subjekts wird die sprachliche Sache Sex quasi bestimmend, sondern *für alles.* Die Macht des Sexualitätsdispositivs ist im Abendland die Erbin der Allmacht Gottes. Der vormalige Grund von Allem (ἀρχὴ τῶν πάντων), Gott, erscheint ein letztes Mal im Sex: „Le sexe, raison de tout"[228]. Aber gerade insofern der Sex für den gegenwärtigen Menschen zum Weg zur Fülle und zur Wahrheit über sich sowie zur Quelle des Lebens, ja zum Leben selbst wird, ist er ein Produkt der Machtverhältnisse. Damit aber ist er die Sache des Denkens und *nicht* schon die Bestimmung.

b) Die Welt der Macht (Dispositive)

Dispositive der Macht bringen die Sexualität zur Welt. Dispositive sind weltlich-reale strategische Komplexe aus Wissen, Vorschriften, Praktiken und Institutionen.[229] Die Macht hat Interesse an der Sexualität, denn diese ist ein besonders dichter Durchgangspunkt für die Machtbeziehungen

> „[...] zwischen Männern und Frauen, zwischen Jungen und Alten, zwischen Eltern und Nachkommen, zwischen Lehrern und Schülern, zwischen Priestern und Laien, zwischen Verwaltung und Bevölkerung. In den Machtbeziehungen ist die Sexualität nicht

---

[225] VS 80 (WW 77). Vgl. H. Fink-Eitel: Zwischen Nietzsche und Heidegger Michel Foucaults „Sexualität und Wahrheit" im Spiegel neuerer Sekundärliteratur, in: Philosophisches Jahrbuch 97 (1990) 367–390, 368.

[226] VS 102 (WW 98).

[227] VS 102f. (WW 98).

[228] VS 103 (WW 99).

[229] Zum Begriff Dispositiv siehe in der deutschen Ausgabe WW 35 die Anm. und beispielsweise Le jeu de Michel Foucault, DÉ 3,298f. (Ein Spiel um die Psychoanalyse 119ff.).

das unscheinbarste Element, sondern vielmehr eines derjenigen, die mit der größten Verwendbarkeit [instrumentalité] begabt sind: nützlich für die größte Anzahl von Manövern und in der Lage als Stützpunkt zu dienen, als Scharnier für die verschiedensten Strategien" (VS 136, WW 125).

Die Sexualität wird hervorgebracht, indem die Dispositive der Macht die Normierungsprozesse durchführen. Das Sexualitätsdispositiv ist in sich heterogen und es geht nicht nur darum, den Sex auf die Fortpflanzungsfunktion, die heterosexuelle und erwachsene Form, die eheliche Legitimität zurückzuführen, vielmehr sind die Ziele und Strategien vielfältig. Hierbei zeichnen sich vier strategische Komplexe ab: die „Hysterisierung des weiblichen Körpers", die „Pädagogisierung des kindlichen Sexes", die „Sozialisierung des Fortpflanzungsverhaltens" und die „Psychiatrisierung der perversen Lust"[230].

Während das Sexualitätsdispositiv vor allem mit diskursiven Praktiken der Macht arbeitet, bewirken nicht-diskursive Machtpraktiken der körperlichen Disziplinierung die „Geburt des Gefängnisses", so der Untertitel von „Überwachen und Strafen". Doch auch die nicht-diskursiven Machtpraktiken sind keine „ursprüngliche Gegebenheit", sondern „vielfältige Kraftverhältnisse".[231] Die Macht wirkt in den Peripherien, sie ist immer lokal und instabil, aber gerade deswegen auch omnipräsent. Sie taucht überall auf, erzeugt sich, zerstört sich, verwischt ihre Spuren. Die „Macht ist nicht eine Institution, ist nicht eine Struktur, ist nicht eine Mächtigkeit, mit der einige begabt sind: Sie ist der Name, den man einer komplexen strategischen Situation verliehen hat, die in einer Gesellschaft gegeben ist"[232]. Machtbeziehungen sind gleichzeitig „intentional" und „nicht-subjektiv". Sie zielen auf einen bestimmten Effekt ab, aber ohne dass dieser Ergebnis der Wahl oder Entscheidung eines individuellen Subjekts wäre. Wenn Foucault von „Mikrophysik der Macht" spricht, so meint dies weder, dass der Macht eine φύσις oder *natura* eigne, noch dass sie winzig (μικρά) im Sinne von unbedeutend wäre. Die Macht ist wesentlich substanzlos,[233]

---

[230] VS 137–139 (WW 125–127).

[231] VS 121f.; WW 113f.: „Die Analyse in Sachen Macht darf weder die Souveränität des Staates noch die Gestalt des Gesetzes noch die globale Einheit der Herrschaft als ursprüngliche Gegebenheiten postulieren; diese sind vielmehr Endgestalten. Unter Macht, scheint mir, muss man zunächst die Vielfalt der Kraftverhältnisse [rapports de force] verstehen, die einem Gebiet, auf dem sie wirken, immanent sind, und die konstitutiv für ihre Organisation sind; das Spiel, das durch unaufhörliche Kämpfe und Auseinandersetzungen diese [rapports de force] verändert, verstärkt, verkehrt; die Stützen, die diese Kraftverhältnisse aneinander finden, indem sie eine Kette oder ein System bilden, oder, im Gegenteil, die Verschiebungen, die Widersprüche, die sie gegen einander isolieren; schließlich die Strategien, in denen sie zur Wirkung gelangen, und deren allgemeine Zeichnung und institutionelle Kristallisation in den staatlichen Apparaten, in der Formulierung des Gesetzes, in den sozialen Hegemonien konkrete Gestalt [corps] annehmen."

[232] VS 123 (WW 114).

[233] ‚Omnes et singulatim', DÉ 4,160 (Omnes et singulatim 91): „Die Macht ist keine Substanz."

strenggenommen existiert sie nicht, sie ist bloße situative Beziehung und insofern auch bis in die kapillaren Strukturen von Mensch und Gesellschaft wirksam.[234]

Was ist nun aber das Ziel der Macht? Grundsätzlich zielt sie auf Disziplinierung, Normierung, Unterwerfung. Im Blick auf die Mittlere Epoche der Metaphysik könnte man sagen, sie schafft einen *ordo*, mit Augustin und Paulus gesprochen, sie subjektiert. Subjektieren bedeutet bei Foucault aber immer, Gewalt auszuüben,[235] auszugrenzen und abzuspalten. Dies wird besonders am Beispiel des Strafvollzuges bzw. des abweichenden sexuellen Verhaltens durchgespielt. Die Machtform, welche im 18. Jahrhundert die absolutistische Machtausübung abgelöst hat und heute noch relevant ist, nennt Foucault „bio-pouvoir" – „Bio-Macht"[236]. Sie richtet sich zunächst auf die „politische Anatomie des menschlichen Körpers"[237]. In dieser Hinsicht ist sie um den Körper als Maschine zentriert. Seine Fähigkeiten gilt es zu steigern, seine Kräfte auszunutzen und ihn in wirksame und ökonomische Kontrollsysteme zu integrieren. Sodann hat die Macht die „regulierenden Kontrollen: Bio-Politik der Bevölkerung"[238] zum Gegenstand. Damit ist all das gemeint, was die Fortpflanzung, das Gesundheitsniveau oder die Lebensdauer reguliert und steigert. Mit der „Bio"-Macht wird das „Leben" selbst zum Inbegriff und Träger höchster Macht. Das Recht auf Leben löst das feudale Recht über Leben und Tod als obersten Machtfaktor ab. Die „Tatsache des Lebens"[239] ist nicht mehr nur Unterbau, sondern wird von der Kontrolle des Wissens und vom Eingriff der Macht erfasst. Folglich ist der Mensch fortan nicht mehr nur Rechtssubjekt, sondern „Lebewesen" (être vivant)[240]. Zu dessen Körper verschafft sich die Macht Zugang und zwar nicht mehr über die Todesdrohung, sondern über die „Verantwortung für das Leben"[241]. Das „juridische System des Gesetzes", dessen „hervorragendste Waffe der Tod ist", wird vom „Funktionieren der Norm" als ordnende Größe zurückgedrängt. Denn eine „Macht, die das Leben zu sichern hat, bedarf fortlaufender, regulierender und korrigierender Mechanismen"[242]. Damit wird aber eine „société normalisatrice" zum historischen Effekt der auf das Leben gerichteten Machttechnologie.[243] Die Rolle des Souveräns nimmt das Leben selbst ein.

Schon hier wird Nietzsches „Wille zur Macht", der in der Liebe zum Leben, im Willen, das Leben zu steigern, wurzelt, in verwandelter Bedeutung zum Gegenstand Foucaultscher Kritik. Der Name Nietzsches wird in „Überwachen und Strafen"

---

[234] Le jeu de Michel Foucault, DÉ 3,302–304 (Ein Spiel um die Psychoanalyse 126–129): „Die Macht existiert nicht."
[235] Vgl. VS 123 (WW 114).
[236] VS 184 (WW 167).
[237] VS 183 (WW 266).
[238] Ebd.
[239] VS 187 (WW 170).
[240] VS 187f. (WW 170).
[241] VS 188 (WW 170).
[242] VS 189 (WW 171).
[243] VS 190 (WW 172).

nicht genannt, dennoch sind sowohl der Machtbegriff in weltlicher Hinsicht als auch besonders die „Geburt des Gefängnisses" zutiefst von Nietzsche und hier vor allem von der zweiten Abhandlung der „Genealogie der Moral" mit dem Titel „ ‚Schuld', ‚schlechtes Gewissen' und Verwandtes" (GM 5,291–337) geprägt. Nietzsches Gedanke zielt nun aber letztlich auf das Über-sich-hinaus-Schaffen des Menschen aus dem Willen zur Macht. Nietzsche will in der Verkündigung des Übermenschen für den Menschen eine andere Zukunft schaffen. Dessen Sache ist es, sich zunächst vom Menschen zu unterscheiden und aus dem Willen zur Macht „dem Werden den Stempel des Seins" aufzudrücken. Aber gerade der Gedanke des künftigen „Herrn der Erde" muss Foucault perhorreszieren. So übernimmt er zwar den kritischen und subversiven Grundzug von Nietzsche, nicht aber die Zielsetzung des Gedankens im Willen zur Macht. Die bestehenden Herrschaftsgebilde kritisiert auch Nietzsche, aber um sie in ihrer Dekadenz und Lebensfeindlichkeit zu entlarven und ihnen eine Herrschaft des Lebens selbst entgegenzusetzen. Foucault hingegen zielt vor allem in seiner mittleren Phase lediglich auf die Zersetzung von Herrschaftsgebilden. Diese Zersetzung kann niemals eine totale und globale sein, wenn sie nicht selbst wieder Herrschaft werden will, deshalb begnügt sie sich mit dem unendlichen Limitieren und Unterlaufen der konkreten Dispositive der Macht. Insofern diese Dispositive aber als eine Schöpfung des anonymen, pluralen, diffusen Willens zur Macht verstanden werden müssen, hat Foucaults Totalitäts- und Machtkritik Nietzsche einerseits als Kampfgenossen und Stichwortgeber hinter sich sowie andererseits als Feind vor sich.[244]

c) Die Geschichte der Macht

Die historische Genealogie der Macht ist das eigentliche Gegenmittel des Intellektuellen Foucault gegen die herrschenden Dispositive. Gerade weil Dispositive der Macht pluriform, omnipräsent, disparat sind und ihre Macht regional entfalten, kann die historische Aufdeckung ihrer Genese keine Geschichte von Prinzipien oder eine abstrakte allgemeine Theorie der Macht sein. Eine „reélaboration de la théorie du pouvoir"[245] muss sich daher sowohl in den konkreten regionalen Zentren als

---

[244] Es ist im Vorblick auf Paulus und Augustin noch einmal zu betonen: Die Foucaultsche Kritik erreicht das Christentum nur mittelbar. Unmittelbar provozieren gerade die nachmetaphysischen, modernen Gebilde der Macht und der Beherrschung, die zumindest partiell in der weltlichen Besinnung auf das Menschenwesen (Marx, Nietzsche) wurzeln und als Stalinismus und Nationalsozialismus ihre ideologisierte und auch pervertierte Verwirklichung erfahren haben, Foucaults Widerstand (vgl. Préface, DÉ 3,133–136). Auch noch der Existenzialismus Heideggerscher oder Sartrescher Prägung, die Psychoanalyse Freuds oder Lacans und schließlich der moderne Wohlfahrtsstaat mit ihrem je eigenen Anspruch auf Wahrheit und Authentizität sowie ihrem Wissen um ein *bonum commune* gelten Foucault als Träger totalisierender Macht. Die Erfahrung des Totalitarismus im 20. Jahrhundert ist für Foucault prägend, sie drängt ihn zum konkreten Engagement für die Limitierung der Macht. Dabei birgt sein Ethos eine Spur christlicher Weisheit.

[245] Les rapports de pouvoir passent à l'intérieur des corps, DÉ 3,228–231 (Machtverhältnisse 104–106).

auch mehr noch in den konkreten Peripherien der Macht aufhalten. Die Geschichte des Strafvollzugs und die Geschichte der Sexualität sind solche Genealogien der Macht. Die je heutige konkrete Realität des Strafvollzugs- bzw. des Sexualitäts-Dispositivs gilt es, subversiv zu unterwandern, die Herrschaftsstrukturen aufzubrechen und nach Möglichkeiten nichtnormierender Praxis Ausschau zu halten. Um dies zu leisten, muss die Genealogie bis in die Gefängniszellen, in die öffentlichen und verborgenen Orte der Folter, ja bis in die Seele als neuem, humanisiertem Ort des Strafvollzuges eindringen. Hier ist zu erinnern, dass Foucault keinesfalls, wie noch Nietzsche, eine andere Zukunft, einen neuen Menschen oder eine völlige Befreiung von der disziplinierenden Macht erhofft. Entsprechend lehnt Foucault für die Sexualität die Repressionshypothese ab, nicht nur, weil in der Geschichte des Abendlandes die Sexualität einer Wucherung des Diskurses ausgesetzt war, nicht nur weil auch in der Gegenwart „gewisse Leute ihre Ohren vermieten"[246], um die Sexualität zu diskursivieren und dadurch zu normieren, sondern besonders auch, weil Foucault den Verheißungen der Befreiung und des Glücks und den darin liegenden Gefahren der Totalisierung und stets neuer Normierung zu entgehen versucht.

> „Ein Hauch von Revolte, von verheißener Freiheit, vom kommenden Zeitalter eines anderen Gesetzes durchweht diesen Diskurs über die Unterdrückung des Sexes. Bestimmte alte, traditionelle Funktionen der Prophetie finden sich hier reaktiviert. Morgen gibt's den guten Sex! Weil man diese Repression affirmiert, kann man weiterhin die Dinge diskret koexistieren lassen, welche die Furcht vor der Lächerlichkeit oder die Bitterkeit der Geschichte die meisten von uns abhält einander nahe zu bringen: die Revolution und das Glück oder die Revolution und einen anderen, neueren, schöneren Körper oder auch die Revolution und die Lust" (VS 14; WW 16).

Die eschatologische Hoffnung auf einen neuen Menschen, „une autre cité" (VS 15), – i. e. ein „neues Jerusalem" (WW 17) –, leitet Foucault unmittelbar aus dem Christentum ab. Sie habe sich zunächst auf die säkulare, sozialistische Hoffnung auf eine neue Welt übertragen und sei nun in Form der Psychoanalyse oder der zeitgenössischen Befreiungsbewegungen virulent. Der „Wille zum Wissen" verstanden als eine „Archäologie der Psychoanalyse"[247] führt zurück auf die christliche Hermeneutik der Begierden und auf die ihr zugehörigen Machtdispositive bzw. Diskurspraktiken.[248] In „ ,Omnes et singulatim' – vers une critique de la raison politique"[249] führt Foucault auch den modernen Staat auf seine christlichen Wurzeln zurück. Der Staat ist eine „individualisierende und totalitäre" Macht in Einem.[250] Allumfassend bringt er Individuen sowie Individualitätsformen hervor und beherrscht diese. Eine Kritik und eine Befreiung von diesen Machteffekten dürfen sich nicht auf die „Attacke des einen oder anderen dieser Effekte" stürzen, sondern sie müssen direkt auf die

---

[246] VS 14 (WW 16).
[247] VS 172 (WW 156).
[248] Siehe VS 14, 34, 209, passim.
[249] ,Omnes et singulatim', DÉ 4,134–161 (Omnes et singulatim 65–93).
[250] ,Omnes et singulatim', DÉ 4,161 (Omnes et singulatim 92).

„Wurzeln der politischen Rationalität"[251] zielen. Die Wurzel der politischen Macht liegt aber, was die individualisierende Seite angeht, in der christlichen Pastoralmacht. Die antiken christlichen Schriftsteller und die Kirchenväter hätten die Motive des Hirten und der Macht des Hirten über seine Herde aus der hebräischen Tradition übernommen und an entscheidenden Punkten verändert:[252]

1. Hinsichtlich der Verantwortung. Der Hirt trägt die umfassende Verantwortung für seine Herde im Ganzen und für jedes Schaf im Einzelnen. Er erlangt sein eigenes Heil nur, indem er die Schafe zum Heil führt. Dazu aber bedarf es einer umfassenden Bindung zwischen Hirt und Herde. Diese betrifft nicht nur das Leben, sondern auch die kleinste Einzelheit ihres Handelns. 2. Die wichtigste Abwandlung ist diejenige des Gehorsams. Gehorsam ist nicht mehr nur Mittel, sondern Selbstzweck. Der Wille des Hirten ist zu befolgen, ob er dem Gesetz entspricht oder nicht. So ist etwa für die Mönche entscheidend, dass sie „subditi" sind. Sie sind „ambulantes alieno iudicio et imperio" (Benedikt). 3. Die Pastoralmacht erfordert eine umfassende Kenntnis der Schafe durch den Hirten. Er muss ihre materiellen Bedürfnisse kennen und gegebenenfalls befriedigen. Er muss die offensichtlichen Handlungen und Sünden kennen und er muss um die heimlichen Sünden sowie den Fortschritt des Individuums auf dem Weg des Heils wissen. Um diese Ziele erreichen zu können, bedarf es auf Seiten des Schafes einer besonderen Selbstprüfung und Technik der Gewissenslenkung. 4. Die entscheidende Zielsetzung erlangen diese Techniken aber erst mit der Verjenseitigung des Heils.

Ziel der Techniken ist: „Individuen zu veranlassen, an ihrem eigenen Absterben (mortification) zu arbeiten. Das Absterben ist natürlich nicht der Tod, sondern eine Absage an diese Welt und sich selbst: eine Sorte von täglichem Tod"[253]. Die alltägliche Abtötung ist nach Foucault ein integraler Bestandteil der christlichen Identität. Sie ist das maßgebliche christliche „Selbstverhältnis" (rapport à soi)[254].

Die Kombination von politischem und religiösem Denken ergibt das Spezifische der modernen Staatsmacht. Gerade die Integration der „individualisierenden" Pastoralmacht in die „zentralisierende" politische Macht führt zu einer Machtkonzentration, die im Extrem an die „Bürokratie und die Konzentrationslager"[255] denken lässt:

> „Dadurch dass es gelungen ist, diese beiden Spiele – das Spiel Stadt [cité] und Bürger [citoyen] und das Spiel Hirt und Herde – in dem, was wir moderne Staaten nennen, zu kombinieren, haben sich unsere Gesellschaften als wahrhaft dämonisch offenbart" („Omnes et singulatim", DÉ 4,147; Omnes et singulatim 78).

---

[251] Ebd.

[252] Zum Folgenden siehe ,Omnes et singulatim', DÉ 4,144–147 (Omnes et singulatim 75–79).

[253] ,Omnes et singulatim', DÉ 4,147 (Omnes et singulatim 78).

[254] Ebd.

[255] ,Omnes et singulatim', DÉ 4,135 (Omnes et singulatim 66).

2. Der Wille, nicht beherrscht zu werden

Foucaults Sache der Genealogie ist der Mensch und zwar insofern er als Materie den Normierungsprozessen der Dispositive der Macht unterliegt und von diesen geschaffen wird. Die Macht ist aber nichts anderes als Beziehungen zwischen Menschen.[256] Diese Beziehungen stehen unmittelbar unter der Bestimmung des Willens zum Wissen und demzuvor des Willens zur Macht. Anders als Nietzsche, der diesen Willen als Eigen-Willen sowohl dem Willen Gottes und dessen Säkularisierungen als auch der Willenlosigkeit des Nihilismus entgegensetzt, verharrt Foucault in der Kritik des Willens zur Macht im Sinne eines unendlichen Urteils bzw. der Limitation. Foucault setzt dem Willen zur Macht den Willen, nicht regiert zu werden, entgegen. Während aber die ethische Phase Foucaults die Selbstregierung bzw. die vorübergehende Selbstverwirklichung des Subjekts und folglich eine Bekehrung der Macht zur Bestimmung hatte, steht die Genealogie unter der Bestimmung zum „désassujettissement" und mehr noch der „dé-subjectivation". Foucault sieht sich auch an diesem Punkt von Nietzsche sowie von Blanchot und Bataille inspiriert.[257]

a) Die Geschichte des Willens zur De-subjektierung

Die Bestimmung konkretisiert sich in der Genealogie ausschließlich im Abstoß einer jeweils vorgängigen, gegebenen Fremdbestimmung, der aber in dieser Phase keine Selbstbestimmung entgegengesetzt werden kann, denn die Subjektivität ist gerade die Mitte, „das Element, in dem sich die Wirkungen einer bestimmten Macht und der Gegenstandsbezug eines Wissens miteinander verschränken. Sie ist das Zahnradgetriebe, mittels dessen die Machtbeziehungen ein Wissen ermöglichen und das Wissen die Machtwirkungen erneuert und verstärkt"[258]. „Psyche, Subjektivität, Persönlichkeit, Bewusstsein, Gewissen"[259], all diese Begriffe gehören in den Sachterminus, da sie Resultat und Ansatzpunkt einer Machtausübung „um den Körper, am Körper, im Körper"[260] sind. Die „[h]istorische Wirklichkeit dieser Seele, die im Unterschied zu der von der christlichen Theologie vorgestellten Seele nicht schuldbeladen und strafwürdig geboren wird, sondern aus Prozeduren der Bestrafung, der Überwachung, der Züchtigung, des Zwanges hervorgeht"[261], steht unter wechselnden, ebenfalls historischen Bestimmungen. Diese hatten sich ausgehend vom alles bestimmenden Willen Gottes in christlicher Zeit über den Rationalismus des 18.

---

[256] Siehe auch ‚Omnes et singulatim', DÉ 4,160 (Omnes et singulatim 91 f.).

[257] Entretien avec Michel Foucault, DÉ 4,43 (Erfahrungstier 27): „Dagegen hat die Erfahrung bei Nietzsche, Blanchot, Bataille die Funktion, das Subjekt von sich selbst loszureißen, derart, dass es nicht mehr es selbst ist, oder dass es zu seiner Vernichtung oder Auflösung gebracht wird. Das ist ein Betreiben der De-Subjektivierung."

[258] SP 34 (ÜS 42).

[259] Ebd.

[260] SP 34 (ÜS 41).

[261] SP 34 (ÜS 41 f.).

und 19. Jahrhunderts zur Biomacht gewandelt. „Gott will" – „ich will" – „es will" lautet die Abfolge in den objektivierten Fremdbestimmungen. Damit wird schließlich ein unpersönlicher Wille zum Leben die oberste Bestimmung des Menschen. Der Wille, das Leben der Gesellschaft im Allgemeinen zu fördern, ist die Maßgabe im Kommunismus; der Wille, das Leben des Volkes im Besonderen zu steigern, die Maßgabe des Nationalsozialismus; der Wille, das Leben des Individuums im Einzelnen zu befördern, die Bestimmung des freudianischen Pansexualismus. Auch im modernen Strafvollzug ist der Wille zur Gesundung und Heilung des Lebens bestimmend. Damit erscheint nun ein Nietzscheanisches Element, eben der Wille zum Leben, zur „großen Gesundheit" sowohl in der Fremdbestimmung als auch in der Kritik dieser Bestimmung. In Lacanscher Verwandlung wird das Leben in Form der sprachlich gefassten Sexualität zum bestimmenden ‚Grund für alles'. Die Kritik der Bestimmung des Menschen darf aber dagegen gerade kein ‚Antiprinzip' setzen, sondern muss die herrschenden Normierungen begrenzen.

Die historische Genealogie des bestimmenden Willens beinhaltet somit den Verzicht auf jeden einheitlichen Grund. Der Mensch ebenso wie die Bestimmung des Menschen werden in ihrer räumlichen und vor allem zeitlichen Singularität und Verstreutheit aufgenommen. Genaugenommen wird der Mensch als Pluralität aufgenommen, will sagen, weder als individuelle Einheit noch als allgemeine Ganzheit, da jede isolierte Einheit ihrerseits in eine Vielheit zerfällt. Der normierenden, individualisierenden und totalisierenden Bestimmung widerspricht die (Anti-)Bestimmung des Menschen zum Anderssein. Foucault stößt auch hier jede einheitliche, allgemeine, notwendige Bestimmung des Menschen und damit auch noch die universale und endgültige Befreiung des Menschen ab.[262] Weder die Position einer Norm, noch deren Negation, sondern nur deren unendliche Limitation und die damit verbundene Transgression kann auch hier eine tatsächliche Befreiung bringen, ohne erneut in „Gebote" und „Sünden" zu verfallen.[263]

Die Bestimmung des Menschen zum Anderssein muss als erstes die Identität des Subjekts sprengen. Diese Transgression wird aber nur möglich durch eine „Erfahrung" des Anderen oder des Außen.

> „Für Nietzsche, Bataille, Blanchot […] bedeutet Erfahrung, zu versuchen an einen bestimmten Punkt des Lebens zu kommen, der möglichst nahe am Unlebbaren ist. Gefordert wird ein Maximum an Intensität und zugleich an Unmöglichem" (Entretien avec Michel Foucault, DÉ 4,43; Erfahrungstier 26).

„Unlebbar" und „unmöglich" ist diese Erfahrung, weil sie das erfahrende Selbst in seiner Selbigkeit vernichtet, auflöst und damit „ent-subjektiviert". „Die Idee der Grenzerfahrung (expérience limite), die das Subjekt von sich losreißt"[264], trägt eine prinzipielle Diskontinuität in die Geschichte des Individuums ein. Ein nicht-subjektiv

---

[262] Siehe VS 17 (WW 19).
[263] Vgl. VS 17 (WW 19).
[264] Entretien avec Michel Foucault, DÉ 4,43 (Erfahrungstier 27).

gegründetes „Ereignis" treibt die jeweilige Andersheit hervor.[265] Das Ereignis ist aber ebensosehr vom Willen zur Macht als auch vom Willen zur Entmachtung getragen. Die Unmöglichkeit der Bestimmung des Menschen spitzt sich so zum Selbstwiderspruch zu.

b) Der Diskurs der (Ent-)Subjektierung

Der Selbstwiderspruch zeigt sich auch in der gleichzeitigen Wirklichkeit und Unmöglichkeit einer Gegenbestimmung. Zwar ist es einerseits nicht möglich, „alte, traditionelle Funktionen der Prophetie" oder der „Predigt" in der Befreiung von Fremdbestimmung zu wiederholen, und zwar weil sich dadurch die Fremdbestimmung durch den ‚Verkündiger' der ‚Frohen Botschaft' wiederholen würde und auch, weil jede Selbstbestimmung doch nur eine neue Form der Fremdbestimmung sein kann, jedoch ist andererseits die befreiende Gegenverkündigung als solche wirklich und wirksam. Diese Botschaft in Foucaults Büchern ist aber auch keine Lehre, kein „enseignement". Seine „Bücher [...] sind vielmehr Einladungen oder Gesten, die in der Öffentlichkeit gemacht wurden"[266]. Diese sprachlichen Gesten beabsichtigen, letztlich jede Bestimmung des Menschen zu unterlaufen. Die Bestimmung zeigt sich zuerst in der „Ordnung des Diskurses". Die Ordnung soll mit „Prozeduren der Kontrolle" hergestellt werden. Diese betreffen drei Dimensionen, zunächst diejenige der „Macht und des Begehrens"[267]. Durch wiederum drei „Ausschließungssysteme" sollen Macht und Begehren gebändigt werden. Die „vertrauteste und sichtbarste [Ausschließung] ist das Verbot. Das ‚Du sollst nicht …' betrifft besonders die Sexualität und die Politik. Die „Grenzziehung" zwischen Wahnsinn und Vernunft, Verbrechen und Anständigkeit etc. bildet das zweite, der in der Unterscheidung des Wahren und des Falschen liegende „Zwang zur Wahrheit" das dritte der Ausschließungssysteme, welche „Macht und das Begehren" betreffen. „Ereignis und Zufall" bilden eine zweite Dimension der Ordnung, „Verknappung der sprechenden Subjekte" eine dritte. In all diesen „Prozeduren der Kontrolle" soll die sprachliche Bestimmungslosigkeit bestimmt und dadurch unterdrückt werden.[268] Der Name der Bestimmung, unter

---

[265] Siehe dazu Th. Gutmann: Nietzsches „Wille zur Macht" im Werk Foucaults, in: Nietzsche-Studien 27 (1999) 377–419, 400: „So finden auch die Diskontinuitäten [...] eine neue Erklärung durch den (explizit antistrukturalistischen) Begriff des *„Ereignisses"* (événement), der nun nicht mehr bloß für Foucaults Verzicht steht, Kausal- oder Finalerklärungen für die Umwälzung von Diskursformationen zu geben, sondern mit Nietzsche den ‚Zufall des Kampfes' und das labile Ereignis einer gelungenen Uminterpretation sozialer und kognitiver Regeln im ‚immer erneuerte(n) Risiko des Willens zur Macht' bezeichnet (DÉ 2,148)."

[266] Entretien avec Michel Foucault, DÉ 4,46f. (Erfahrungstier 33).

[267] In OD ist der Begriff „désir", wie er aus der Psychoanalyse stammt, noch nicht in Verdacht geraten wie in VS.

[268] ODisc 52f. (ODisk 33): „Ohne Zweifel gibt es in unserer Gesellschaft – und ich stelle mir vor in allen anderen auch, jedoch anders profiliert und skandiert, – eine tiefe Logophobie, eine Art stummer Furcht vor diesen Ereignissen, vor dieser Masse an gesagten Dingen, vor dem Auftauchen all dieser Aussagen, vor all dem, was es an Gewalttätigem, an Unzusammenhängendem, an Kämpferischem, an

welcher in sprachlicher Hinsicht Foucaults Genealogie steht, ist „bourdonnement", das endlose, chaotische Rauschen, das „Gemurmel des Diskurses." Es geht jedem sprechenden Subjekt voraus. Insofern es aber gerade den gewaltsamen Kampf von Bestimmung und Gegenbestimmung enthält, trägt es die Widersprüchlichkeit der Bestimmung des Menschen in sich aus, denn auch das Verbot und die anderen Ordnungsfaktoren entspringen nicht dem Willen eines Gottes oder eines Menschen, sondern dem unaufhörlichen Rauschen der Sprache selbst.

c) Die Welt der (Ent-)Subjektierung

Der Foucaultsche Diskurs hält sich selbst mit seiner anarchischen Bestimmungskraft auf der Grenze zwischen Sprache und Welt. Bestimmend kann weder ein Wort noch eine äußere Sache werden, sondern nur eine „Erfahrung". Zwar benützt etwa „Überwachen und Strafen" „wahre Dokumente", aber nur insofern diese „eine Erfahrung" ermöglichen, „die eine Veränderung autorisiert, eine Transformation der Beziehung, die wir zu uns selbst und zur Welt haben"[269]. Dies impliziert, dass Foucaults Bücher „wenigstens zum Teil aus einer persönlichen Erfahrung heraus geschrieben" wurden. Diese Erfahrung kann nicht einfach ins Wissen gehoben werden, vielmehr muss „[d]as Verhältnis zur Erfahrung [...] im Buch eine Transformation erlauben, eine Metamorphose, die nicht einfach die meine ist, sondern die einen gewissen Wert, einen gewissen Charakter, der für andere zugänglich ist, so dass diese Erfahrung von anderen gemacht werden kann"[270]. „[D]iese Erfahrung muss schließlich bis zu einem gewissen Grade mit einer kollektiven Praxis, mit einer Denkweise verknüpft sein. Das war beispielsweise bei einer Bewegung wie der Antipsychiatrie oder der Gefangenenbewegung in Frankreich der Fall"[271].

Die Foucaultsche Bestimmung der Genealogie muss sich in der gesellschaftlichen *Praxis* realisieren. Die Entgrenzung erstreckt sich auf alle Bereiche der Gesellschaft, doch hat sie den sogenannten Humanismus[272] und dessen Theorie vom Subjekt zum Zentrum. Von Foucaults persönlichem unermüdlichem ‚Tun der Wahrheit' „jenseits von Gut und Böse" zeugt sein politisches Engagement für eine entgrenzende ‚Conversion', das ihn in die psychiatrischen Anstalten, die Gefängnisse und in die Schulen trieb:

> „Im Herzen des Humanismus die Theorie des *Subjekts* (in der Doppelbedeutung des Worts). Deshalb verwirft der Westen mit derartiger Hartnäckigkeit all das, was diesen Riegel sprengen könnte. Und dieser Riegel kann auf zwei Weisen angegriffen werden. Einerseits durch eine ‚Entunterwerfung' [désassujetissement] des Willens zur Macht (das

---

Ordnungslosem, an Gefährlichem geben kann, vor diesem großen unaufhörlichen und ungeordneten Gemurmel [bourdonnement] des Diskurses."

[269] Entretien avec Michel Foucault, DÉ 4,45f. (Erfahrungstier 31).

[270] Entretien avec Michel Foucault, DÉ 4,46 (Erfahrungstier 32).

[271] Ebd.

[272] Vgl. Vérité, pouvoir, soi, DÉ 4,782 (Wahrheit, Macht, Selbst 22): „Das, was wir Humanismus nennen, haben schon die Marxisten, die Liberalen, die Nazis, die Katholiken benutzt."

heißt durch den politischen Kampf im Sinne von Klassenkampf) oder indem man es unternimmt, das Subjekt als Pseudo-Souverän zu zerstören (das heißt durch eine kulturelle Attacke: Aufhebung der sexuellen Tabus, Beschränkungen [limitations] und Einteilungen, Praxis gemeinschaftlicher Existenz; Beseitigung des Verbots von Drogen; Bruch mit allen Verboten und Abschließungen, durch die sich die normative Individualität rekonstituiert und fortschreibt. Ich denke da an alle Erfahrungen, die unsere Zivilisation verworfen hat und allenfalls im Medium der Literatur duldet" (Par-delà le bien et le mal, DÉ 2,227; Jenseits von Gut und Böse, S 2,277).

Ausgangspunkt dieser ‚befreienden' Praxis ist der vormals der Seele unterworfene „Körper" und seine „Lüste"[273], denn dem Körper eignet anders als der Seele, der Vernunft und dem Subjekt die notwendige Singularität. Diese kommt ihm aus der Materialität zu, war doch die Materie im metaphysischen Denken das *principium individuationis*. Nun aber ist der Foucaultsche Körper zwar noch von einer nicht verallgemeinerbaren, nicht begründbaren und deshalb anarchischen Singularität, jedoch ohne die Identität und Individualität des vormaligen Individuums, da die Seele als Form, besser „Gefängnis des Körpers" sich der Flexibilität und Unbestimmtheit des Körpers unterordnen muss. Doch gerade die Differenz und die ‚Dividualität' oder Teilbarkeit sichern die Unbestimmbarkeit des unendlich pluralen Körpers. Der singuläre und plurale Körper bildet die Basis der Erfahrung, die eine „Bekehrung" aus der Unterwerfung ermöglichen kann. Die aktuellen „Lüste" (plaisirs) ersetzen das „Begehren" (désir), das seinerseits durch die Genealogie der Kritik unterzogen und dadurch der „Subjektierung" durch die Psychoanalyse überführt wurde. Das „Begehren" aber war das, was zunächst vom freien Willens übriggeblieben war. So zeigen sich als Resultat der Folge von vormaligen Bestimmungen: Gottes Wille, Wille des Ich, Begehren des Es, zuletzt die Lüste des Körpers.

3. DAS GENEALOGISCHE WISSEN

Die Bestimmung der Genealogie ist geschichtlich gesehen der Wille, nicht durch eine historisch kontingente Form der Macht normiert zu werden, sprachlich ist das Außen des „großen, unaufhörlichen und ordnungslosen Rauschen des Diskurses" bestimmend. In weltlicher Hinsicht konkretisiert sich die Bestimmung als die individuelle Erfahrung oder das „Ereignis". Dieses ist zunächst auf die Begierden, dann aber auf die Lüste des Körpers bezogen. Wie die Bestimmung durchweg vom Körper ausgeht und auf diesen als Sache zurückwirkt, so muss auch das Denken wesentlich ein körperliches sein, genauer eines, das die Unterscheidung von *phainomena* und *noumena*, Fleisch und Geist, Körper und Seele, *res extensa* und *res cogitans*

---

[273] Vgl. VS 208 (WW 187).

unterläuft.[274] Denken, Wissen, Logik der Genealogie sind auf Nietzscheanische Vorgaben bezogen.[275]

a) Die Subversion des Denkens in weltlicher Hinsicht

Das Denken entstammt einer Weltlichkeit, die es als eine Funktion des Lebens und des Willens zur Macht erscheinen lassen. Doch muss die Welt, der auch die Ereignisse und Erfahrungen entspringen, als ein Produkt des sprachlichen und geschichtlichen Denkens begriffen werden. Zwar ist die Welt eine primär gegebene, doch lässt die Eigenart ihres Gegeben-Seins keine wirklichen oder notwendigen Urteile über diese Welt zu, weil ihr ein „Ursprung" ebenso wie ein durchgängiger Zusammenhang und eine durchgängige Kausalität fehlen. Keine „göttliche Spinne" hat die Welt der Genealogie gewoben, sie ist kein Reich der ‚großen kosmischen Klugheit'.[276] Weder „Vorsehung" noch „Finalursache" wirken in ihr, vielmehr ist sie ein Reich des *Zufalls*; die Welt ist anfang- und endlos.[277]

Damit erweist die Foucaultsche Denk-Welt noch einmal ihre Nachbarschaft zum skeptischen Denken der Eröffnungsphase der Mittleren Epoche. Die Skepsis weiß sich auf eine ursprüngliche Gegebenheit bezogen, aber eben keine aus erster vernünftiger Ursächlichkeit, sei es des christlichen, sei es des stoischen oder gnostischen Gottes, sondern die Welt ist vorgezeichnet durch τύχη.[278] Jeder Gedanke an eine Vorsehung oder schicksalhafte Notwendigkeit ist abzustoßen. Dieser skeptische Hintergrund verbindet die Geschichtsbetrachtung Nietzsches mit derjenigen Foucaults.[279] Das Denken legt sich eine Selbstbeschränkung bezüglich des Erfassens

---

[274] Zitat ODisc 59 (ODisk 37).

[275] Nietzsche, la généalogie, l'histoire, DÉ 2,145 (Nietzsche S 2,176): „[…] dass die Menschen sich die Dinge beschaffen, die sie zum Leben brauchen, dass sie ihnen eine Dauer auferlegen, die sie nicht haben, dass sie sie mit Gewalt angleichen, das ist die Geburt der Logik." Vgl. Nietzsche: Die fröhliche Wissenschaft § 111.

[276] Nietzsche, la généalogie, l'histoire, DÉ 2,148f. (Nietzsche, S 2,180f.).

[277] Ebd.

[278] Vgl. J. Brams: Carneades von Cyrene, Leuven 1973, test. 101.

[279] Nietzsche, la généalogie, l'histoire, DÉ 2,148f. (Nietzsche, 2,180f.): „Im Gegensatz zur christlichen Welt, die ganz von der göttlichen Spinne gewoben ist, und im Unterschied zur griechischen Welt, die in das Reich des Willens und das der großen kosmischen Dummheit aufgeteilt ist, kennt die Welt der tatsächlichen Historie [histoire effective] nur ein einziges Königreich, wo weder die Vorsehung noch eine Finalursache, sondern einzig ‚die eiserne Hand der Notwendigkeit, welche den Würfelbecher des Zufalls schüttelt' (Morgenröte § 130). Auch darf man diesen Zufall nicht als bloße Auslosung verstehen, sondern als das stets wiederbelebte Risiko des Willens zur Macht, der jedem zufälligen Ausgang das Risiko eines noch größeren Zufalls entgegensetzt, um ihn zu meistern (Genealogie, II, 12). Damit ist die Welt, wie wir sie kennen, nicht jene letztlich einfache Figur, wo die Ereignisse sich verflüchtigen, damit nach und nach die Wesenszüge, der Finalsinn, der erste und letzte Wert die Verantwortung übernehmen. […] Wir glauben, dass sich unsere Gegenwart auf tiefgründige Intentionen, auf stabile Notwendigkeiten stützt, und wir bitten die Historiker, uns davon zu überzeugen, aber der wahre historische Sinn erkennt an, dass wir ohne ursprüngliche Anhaltspunkte und Koordinaten in Myriaden von verlorenen Ereignissen leben."

der Wahrheit auf. Alle vorkommenden Dinge sind unerfassbar.[280] Für jede Wahrheit kann eine Gegenwahrheit gefunden werden, dennoch ist das Denken nicht gehalten, sich grundsätzlich des Urteils zu enthalten.[281] Vielmehr ist die Unauffindbarkeit einer einzigen verbindlichen Wahrheit die Voraussetzung für die Aufforderung zur Subversion der Wissens- und Machtdispositive. Dies unterscheidet Foucault auch von Nietzsche. Während dessen Denken von Anbeginn darauf zielt, den Abgrund der Welt durch einen schönen Schein zu übertünchen, durch die Illusion der tragischen Kunst die Unergründlichkeit und Hässlichkeit der Welt erträglich zu machen – zuhöchst durch die Erfindung einer Gegenwahrheit –, bleibt das Denken Foucaults stets im Widerstreit der Wahrheiten heimisch. Der Abgrund der Welt hat für ihn, anders als für Nietzsche, seine Bedrohlichkeit verloren, vielmehr ist er die unmittelbare Voraussetzung für die Machtkritik. Das Wissen um den Abgrund seinerseits entspringt nicht einer ursprünglichen, weltlichen Erfahrung, sondern es ist Resultat der sich widerstreitenden historischen Interpretationen der Welt.

b) Die Subversion als Historie

Die Genealogie zeichnet sich zunächst durch die Ablehnung eines „Ursprungs" im metaphysischen Sinne des Wortes aus. Foucault versteht darunter in Anlehnung an Nietzsche die Anstrengung, im Ursprung „die exakte Essenz der Sache, ihre reinste Möglichkeit und ihre sorgfältig auf sie selbst zurückgefaltete Identität, ihre unbewegliche und allem Externen, Akzidentellen und Nachfolgenden vorangehende Form"[282]. Dem hält Nietzsche/Foucault entgegen, „dass es hinter den Dingen eine ‚ganz andere Sache' gibt: keineswegs ihr wesentliches Geheimnis ohne Datum, sondern ihr Geheimnis, dass sie ohne Wesen sind, dass ihr Wesen ausgehend von ihnen fremden Figuren Stück um Stück konstruiert war. Die Vernunft? Aber sie ist in einer ganz und gar ‚vernünftigen'[283] Weise aus dem Zufall geboren"[284]. Mit der Vernunft teilen auch die „Anhänglichkeit an die Wahrheit und die Strenge der wissenschaftlichen Methoden"[285] die Herkunft aus ihrem Gegenteil. Sie leiten sich aus der „Leidenschaft", dem „Hass" der Wissenschaftler und ihren „fanatischen Diskussionen" sowie dem „Bedürfnis, den Sieg davonzutragen", her.[286] Damit schlägt

---

[280] Vgl. Carneades (ed. Brams): test. 78.

[281] Vgl. zu Carneades Boeder: Einführung in die Vernünftigkeit des Neuen Testaments 99.

[282] Nietzsche, la généalogie, l'histoire, DÉ 2,138 (Nietzsche, S 2,168).

[283] Im maßgeblichen französische Text in DÉ 2,138 steht hier das Wort „raisonnable", die deutsche Übersetzung hingegen wie auch die von Foucault zitierte Nietzschestelle enthalten das Wort „unvernünftig". Auch wenn hier scheinbar Gegenteiliges gesagt ist, bleibt es sachlich gesehen gleich, ob die Abkunft der Vernunft aus ihrem Gegenteil, dem Zufall, in vernünftiger oder unvernünftiger Weise vor sich geht; in jedem Fall steht am Ursprung der Vernunft die Vernunftlosigkeit. Vgl. Foucault: Nietzsche, S 2,169 und Nietzsche: Morgenröte § 123 (3,116,1–3).

[284] Nietzsche, la généalogie, l'histoire, DÉ 2,138 (Nietzsche, S 2,168).

[285] Ebd.

[286] Ebd.

sich Foucault selbst auf die Seite der „effektiven Historie", die im Gegensatz zur „traditionellen" steht. Die „traditionelle Historie" steht in einem Gehorsams- und Glaubensverhältnis zur Metaphysik. Diese wendet ihren Blick den „Fernen und den Höhen zu: den edelsten Epochen und erhabensten Formen, den abstraktesten Ideen und den reinsten Individuen"[287]. Die wirkliche Historie dagegen lenkt ihren Blick auf „das Nahe, auf den Körper, das Nervensystem, die Nahrung und Verdauung, die Energien; sie wühlt in Dekadenzen; und wenn sie sich den hohen Epochen zuwendet, dann mit einem Verdacht, keinem nachtragenden, sondern einem fröhlichen, von einem unerhörten, barbarischen Wimmeln"[288].

Deutlich setzt Nietzsche/Foucault die „wirkliche Historie" der „histoire suprahistorique" entgegen, welche auf Sokrates/Platon zurückgeführt wird.[289] Damit stellt sich Foucault in die Tradition „anti-platonistischer" Metaphysikkritik, die vor allem den außergeschichtlichen Standpunkt der Ewigkeit torpediert, einen Standpunkt, der in olympischer Perspektive die Einheit und Ganzheit der Geschichte zu überblikken vorgibt. Der jeweiligen platonischen Spielart werden vor allem drei Arten der Historie entgegengesetzt:

> „Die erste ist der parodistische und wirklichkeitszersetzende Gebrauch, der sich zur Erinnerungs- und Anerkennungs-Historie [histoire-réminiscence ou reconnaissance] in Gegensatz bringt; die andere ist der dissoziative und identitätszerstörende Gebrauch, der sich zur Kontinuitäts- und Traditions-Historie in Gegensatz bringt; die dritte ist der sakrifizielle oder wahrheitszersetzende Gebrauch, der sich zur Erkenntnis-Historie in Gegensatz bringt" (Nietzsche, la généalogie, l'histoire, DÉ 2,152f.; Nietzsche, S 2,186).

Ziel dieser Entgegensetzungen ist die „Befreiung" der Historie vom „zugleich metaphysischen und anthropologischen Modell des Gedächtnisses"[290]. Ein „Gegen-Gedächtnis"[291] soll das, „was schon war" im Modus der Wirklichkeit in das „So stellt es sich dar" im Modus der Möglichkeit oder gar Unmöglichkeit übersetzen. Die lineare und kontinuierliche Zeitkonzeption wird dabei ebenso aufgebrochen wie der geschlossene Gedächtnisraum.

Es ist hier anzumerken, dass gerade in der Mittleren Epoche der Metaphysik nach Boeder sowohl dem Gedächtnis des Menschen als auch dem Gedächtnis Gottes ein besonderer Ort zukommen und dass die Entsprechung beider wesentlicher Teil der Gottebenbildlichkeit ist. Gottes Gedächtnis, das Gott-Vater appropriiert wird, ist der Ursprung, besser Anfang schlechthin (Augustinus). Aus ihm geht das Wort hervor, das wiederum das Urbild der Schöpfung ist. Alles ist im göttlichen Gedächtnis begründet. Das menschliche Gedächtnis ist deshalb zentral, da ihm das Tun des Gedächtnisses im Blick auf die Erlösung zukommt. Die Erlösungstat Christi findet einen Ort ausgezeichneter Gegenwart im Gedächtnis der Menschen.

---

[287] Nietzsche, la généalogie, l'histoire, DÉ 2,149 (Nietzsche, 2,181).
[288] Ebd.
[289] Nietzsche, la généalogie, l'histoire, DÉ 2,152 (Nietzsche, S 2,186).
[290] Nietzsche, la généalogie, l'histoire, DÉ 2,153 (Nietzsche, S 2,186).
[291] Ebd.

Das Gedächtnis stellt auch den Ort der Tradition, der Kontinuität der Heilstat und des Heilswissens in der Geschichte dar. Doch gerade aus dieser Herkunft müssen sich bei Foucault das Gedächtnis und mit ihm die Geschichte befreien. So kommt es zu einer Metamorphose, man könnte auch sagen Konversion der Geschichte:

> „[…] die Verehrung der Monumente wird zur Parodie; der Respekt vor den alten Kontinuitäten wird zur systematischen Auflösung; die Kritik der Ungerechtigkeiten der Vergangenheit durch die dem Menschen heute verfügbare Wahrheit wird zur Zerstörung des Erkenntnissubjekts durch die Ungerechtigkeit des Willens zum Wissen" (Nietzsche, la généalogie, l'histoire, DÉ 2,156; Nietzsche 89).

c) Die Diskursivität der Subversion

Foucaults skeptisch-anarchische Sicht auf die Historie ist ein Reflex auf die anarchische Struktur der Sprache selbst. Die „Logophobie" des abendländischen Denkens, die „stumme Angst vor jenen Ereignissen, vor jener Masse von gesagten Dingen, vor dem Auftauchen all jener Aussagen, vor allem, was es da Gewalttätiges, Plötzliches, Kämpferisches, Ordnungsloses und Gefährliches gibt"[292], hat die „Verbote, Schranken, Schwellen und Grenzen" hervorgerufen, welche die Ordnung des Diskurses und damit des Denkens ausmachen. Um diese Angst zu analysieren, wenn auch nicht zu beseitigen, muss sich das Denken zu drei Entscheidungen durchringen: „[…] man muss unseren Willen zur Wahrheit in Frage stellen, man muss dem Diskurs seinen Ereignischarakter zurückgeben; endlich muss man die Souveränität des Signifikanten aufheben"[293]. Dazu bedarf es vier methodischer Grundsätze:

1. Das „Prinzip des Umsturzes" (renversement)[294] zielt darauf, die „Verknappungsprinzipien" der Diskurse, will sagen, die „Figuren des Autors, der Disziplin, des Willens zur Wahrheit" ausfindig zu machen und zu stürzen.

2. Das „Prinzip der Diskontiuität" will deutlich machen, dass es nicht darum geht, „die Welt zu durchlaufen und mit all ihren Formen und all ihren Ereignissen ein nicht Gesagtes oder Ungedachtes, das man artikulieren und schließlich denken müsste, zu verknüpfen". Die verknappten Diskurse sind vielmehr als „diskontinuierliche Praktiken zu begreifen, die sich kreuzen, sich manchmal berühren, aber sich ebenso ignorieren und ausschließen"[295].

3. Es liegt also kein kontinuierlicher und damit einheitlicher und aus der Welt ableitbarer Diskurs zu Grunde, der zu befreien wäre, sondern die Praxis der diskontinuierlichen Diskurse ist als „Serie" freizulegen. Dies geschieht vor allem durch das

---

[292] ODisc 52 (ODisk 33).
[293] ODisc 52f. (ODisk 33).
[294] ODisc 53f. (ODisk 34).
[295] ODisc 54 (ODisk 34).

„Prinzip der Spezifität"[296]. Der diskursiven Tatsache geht kein „Spiel der Bedeutungen" voraus. Die Welt kann nicht auf Sinn und Bedeutung hin gelesen werden:

> „Sie [die Welt] ist nicht der Komplize unserer Erkenntnis; es gibt keine prädiskursive Vorsehung, die sie zu unseren Gunsten disponiert. Man muss den Diskurs als eine Gewalt konzipieren, die wir den Dingen antun, jedenfalls aber als eine Praxis, die wir ihnen auferlegen, und genau in dieser Praxis finden die Ereignisse des Diskurses das Prinzip ihrer Regularität" (ODisc 55; ODisk 34f.).

Dies macht noch einmal deutlich, dass die Wahrheit keine durch Gott, Welt oder Seele gegebene sein kann, sondern nur eine *getane*.

4. Die Wahrheit als Verhältnis von Sprache und Welt ist eine gewaltsame Tat, getan aus dem unpersönlichen Willen zum Wissen und aus dem Willen zur Macht, deshalb gilt auch das „Prinzip der Äußerlichkeit". Dieses wendet sich gegen die Notwendigkeit und Wirklichkeit im Diskurs und in seinem Außen. Der Diskurs hat keinen Kern und keine Mitte. Jedoch muss man von seiner „Erscheinung und seiner Regelmäßigkeit" her auf „äußere Bedingungen der Möglichkeit" zugehen – nicht um diese zu erfassen, wohl aber um deren Spur ausfindig zu machen.

Diesen vier „methodischen Prinzipien" liegen vier Begriffe als „regulative Prinzipien" zu Grunde. Ihnen werden ihrerseits vier Begriffe entgegengesetzt, die die traditionelle Ideengeschichte beherrscht haben. Diese traditionellen Notionen haben offenkundig eine besondere Beziehung zur Mittleren Epoche, da in ihr *Gott* primär als *Schöpfer* zu verstehen ist, der allem als erste Ursache zu Grunde liegt. Er ist wesentlich der *Eine* und wegen seiner absoluten Einheit im absoluten Unterschied. Er ist das *Individuum* schlechthin, von absoluter *Originalität* im Sinne von Anfänglichkeit und Einzigkeit. Gott ist aber auch die Wirklichkeit schlechthin, die allem *Bedeutung* gibt. In ihm ist alle Bedeutung beschlossene Realität. Die Schöpfung aber wird zum grundlosen Auftauchen des Ereignisses, die Einheit zur endlosen Reihe, die Originalität zur kontingenten Regularität, die Wirklichkeit der Bedeutung zur permanenten „Bedingung der Möglichkeit"[297].

Ereignis	Schöpfung	[Gott, Subjekt, Autor]
Serie	Einheit	(eines Werks, einer Epoche, eines Themas)
Regularität	Originalität	(Kennzeichen der individuellen Originalität)
Möglichkeitsbedingung	Bedeutung	(Unendlicher Schatz der verborgenen Bedeutungen)

(Vgl. ODisc 55f.; ODisk 35)

---

[296] ODisc 55 (ODisk 34).
[297] Vgl. Schmid: Auf der Suche 108. Schmid macht hier zwei entscheidende Unterschiede zur Kants Rede von der Bedingung der Möglichkeit deutlich: „Es geht nicht um ein ahistorisches *a priori*, sondern um eine historische Bestimmung; es geht nicht um die zentrale Funktion des reinen denkenden Subjekts, sondern gerade um dessen Verschwinden in den epistemologischen Strukturen, von denen es bestimmt wird."

Mit diesen Begriffen wird auch noch eine Reihe anderer metaphysischer Ablagerungen verabschiedet: das Bewusstsein, die Kontinuität, die Freiheit, die Kausalität. Sie werden durch Regelhaftigkeit, Zufall, Diskontinuität, Abhängigkeit, Transformation ersetzt. Am zentralen Begriff des Ereignisses macht Foucault noch einmal deutlich, dass das Denken selbst als ein „Ereignis" jenseits der klassischen Entgegensetzung Materie – Geist angesehen werden muss. Das „Ereignis" ist „weder Substanz noch Akzidens, weder Qualität noch Prozess; das Ereignis gehört nicht zur Ordnung der Körper. Und dennoch ist es keineswegs immateriell, da es immer auf der Ebene der Materialität wirksam ist, Effekt ist"[298].

> „Sagen wir, dass sich die Philosophie des Ereignisses in die auf den ersten Blick paradoxe Richtung eines Materialismus des Immateriellen vorwagen müsste" (ODisc 60; ODisk 37).

Die Diskurse als maßgebliche Erscheinungsweise des Denkens werden ihrer repräsentativen Funktion entkleidet und als „geregelte und diskrete Serien von Ereignissen" genommen. Damit werden „der *Zufall*, die *Diskontinuität* und die *Materialität*" in die „Wurzel des Denkens" eingelassen.[299]

III. ARCHÄOLOGIE

Die Frage nach dem Grund bzw. nach dem Fehlen des Grundes stellt sich in jeder der drei Phasen des Foucaultschen Denkens resultativ: in der ethischen Phase als Frage nach dem sich selbst konstituierenden Subjekt, in der genealogischen Phase im Kampf um die Entmachtung der begründenden Machtdispositive und in der archäologischen Phase im Aufdecken der Grundlosigkeit der wissenschaftlichen Diskurse. In Wille, Macht und Wissen wird damit die Unmöglichkeit einer allgemeinen und notwendigen Begründung hervorgetrieben. Für das Formalobjekt „Bekehrung" ist nun die archäologische Einsicht relevant, dass es keinen Grund für das Sich-anders-Werden des Menschen geben kann – und zwar keinen Grund im *Denken*. Eine Rationalität der Unterscheidung des Menschen von sich selbst kann und darf es nicht geben. Damit wird aber im Denken der grundlose Grund gelegt, man könnte auch sagen, es wird der Leerraum für das Resultat der Foucaultschen Position insgesamt geschaffen, nämlich für die Bestimmung zur stets offenen Selbstverwirklichung des identitätslosen Individuums durch Technologien des Selbst gemäß den Ästhetiken der Existenz.

---

[298] ODisc 59 (ODisk 37).
[299] ODisc 61 (ODisk 38). Zum Ereignis siehe Schmid: Auf der Suche 120.

Die Archäologie Foucaults stellt die Frage nach der ἀρχή,[300] nach dem Grund explizit, um die prinzipielle Grundlosigkeit aufzuweisen.[301] Dies bedeutet aber keine reine Negation der Rationalität, sondern die unendliche Limitation der nur scheinbar gegründeten Wissensformationen. Will man den Satz vom Grund, „nihil est sine ratione", auf das rationale Begründen beziehen, so ist deutlich, dass ihm keine totale Negation der Rationalität entgegengesetzt wird, sondern eine Pluralisierung der *ratio*. Negiert wird eine durchgängig von einem einheitlichen Prinzip ausgehende Vernünftigkeit. Die Foucaultsche Archäologie nimmt also durchaus in Anspruch, rational zu sein.[302] Doch handelt es sich wesentlich um eine an-archische oder ir-rationale Rationalität, ein grundloses Begründen und eine unvernünftige Vernunft. Dies verweist auf den Ausgangspunkt des Foucaultschen Denkwegs: die Kritik der Unterscheidung von Wahnsinn und Vernunft sowie den Willen zum Anders-Sein.[303] Die Archäologie ist folglich ein frei schwebender Bau von Aussagen, d. h. diskursiven Praktiken, die nach allen Seiten offen sind, stets veränderlich, ohne Ursprung, ohne Ende. Ihr nichtprinzipielles Prinzip ist das prinzipielle „Spiel der Differenz".[304]

1. Das archäologische Wissen

Insofern in der archäologischen Phase die Unterstellung einer Bestimmung: der Wille zum Anderssein (3.), sowie die Analytik der Sache: die Menschen in Machtrelationen (2.), dem Denken vorausgehen (1.), ist der Mensch, wie er sich unter der Bestimmung des ursprungslos ursprünglichen Andersseins befindet, das unmittelbare Movens des Denkens. Im Denken wird die Grundlosigkeit als „Tod des Menschen" und zwar bezogen auf die modernen Anthropologien und Humanwissenschaften herausgearbeitet. Anders gesagt: das Denken der Archäologie hat seine Mitte in der Dezentrierung des Subjekts als Grund des Denkens: „Die Instanz des schöpferischen Subjekts (sujet créateur) als Grund des Seins (raison d'être) eines

---

[300] Zum Begriff ἀρχή vgl. Heidegger: Was ist das – die Philosophie? Pfullingen 1956, 24f. Vgl. dazu Boeders Rede von „Anfang" und „Princip" in: Topologie 49.
Zum Foucaultschen Verständnis siehe Schmid: Auf der Suche 102–111. Zur Archäologie Foucaults im Ganzen H. Bublitz: Foucaults Archäologie des kulturellen Unbewussten. Zum Wissensarchiv und Wissensbegehren der modernen Gesellschaften, Frankfurt 1999.

[301] Vgl. AS 183 (AW 200): „Es handelt sich hierbei nicht um die Rückkehr zum Geheimnis des Ursprungs; es handelt sich um die systematische Beschreibung eines Diskurs-Objekts." Und AS 173 (AW 190): „Dieser Ausdruck [sc. Archäologie] ermuntert nicht zur Suche nach irgendeinem Anfang."

[302] AS 172f. (AW 190): „Die so verstandene Diagnostik begründet nicht die Feststellung unserer Identität durch das Spiel der Unterscheidungen. Sie begründet, dass wir Differenz sind: *unsere Vernunft* [*raison*] *ist die Differenz der Diskurse*, unsere Geschichte die Differenz der Zeiten, unser Ich die Differenz der Masken. Die Differenz, weit davon entfernt vergessener oder wiederentdeckter Ursprung zu sein, ist diese Zerstreuung, die wir sind und die wir tätigen" [Hervorh. v. mir].

[303] Vgl. AS 28 und 172f. (AW 30 und 190).

[304] AS 13 (AW 13). Vgl. AS 172f. (AW 190).

Werks und Prinzip seiner Einheit, ist ihr [sc. der Archäologie] fremd".[305] Diese Tatsache ist Folge der „Wiederkehr der Sprache".[306]

a) Archäologie als Sprach-Wissenschaft

Der „Tod des Menschen" ist das Resultat eines geschichtlichen Vorganges, in welchem die *Welt* des modernen Denkens durch die *Sprache* der Postmoderne abgelöst wird. Bei Foucault wird dieser Schritt inhaltlich in „Les mots et les choses. Une Archéologie des Sciences Humaines", formal in „L'archéologie du savoir" vollzogen. Für Foucault ist mit den Namen Nietzsche und Mallarmé die „Wiederkehr der Sprache" verbunden.[307] Der Mensch ist primär als ein *sprechendes* und eben nicht als ein *rationales* oder *logisches* Wesen zu begreifen (vgl. c). Die Herkunft des Menschen aus dem „Anfang" (*principium*, ἀρχή), welcher das „Wort" als λόγος war, ist hier vollkommen getilgt (vgl. Joh 1,1 f.). Es bleibt das bloße „Fleisch" (σάρξ), welches in die entlogisierte Sprache aufgesogen wird. Entsprechend lautet die Frage nach dem Menschen: „Wer spricht?" Foucault gibt vor, diese Frage von Nietzsche übernommen zu haben. Nietzsche stelle, so Foucault, diese Frage bis zum Ende seines Denkweges, „wobei er letzten Endes bereit ist, in das Innere dieser Befragung einzubrechen, um sie in sich selbst als sprechendem und fragendem Subjekt zu begründen: *Ecce homo* [...]"[308].

Mit dem Verweis auf das Pilatuswort „Ecce homo", mit welchem Nietzsche sein Werk selbigen Namens, gewissermaßen seine ‚Retraktationen', bezeichnet, wird ein ganzer Komplex von christlichen Zusammenhängen angedeutet. Zunächst ist an die Menschwerdung Gottes zu denken. Dies besagt hier die Verendlichung des unendlichen Prinzips (ἀρχή) Gott, die sich in der Anthropologisierung der Theologie und der Ablösung der Metaphysik[309] durch die Humanwissenschaften mit dem Übergang vom klassischen Zeitalter in die Moderne zeigt.[310] Sowohl für Nietzsche als auch für Foucault bedeutet dies aber den Tod Gottes. Der anthropologisierte Gott stirbt, wie Menschen sterben. Die Verendlichung hat aber unmittelbare Konsequenzen auch für den Menschen, da das Zwischenspiel des bloß endlichen Menschen von kurzer Dauer ist. Sein Wesen, die *humanitas*, war stets getragen von der Beziehung auf die Gottheit. Im Zeitalter der klassischen Neuzeit musste das Wesen des Menschen selbst als göttlich gedacht werden, was sich etwa in den universalen und absoluten Menschenrechten zeigt. Bezogen auf das klassische Christentum ist der Mensch in seiner Geistigkeit Ebenbild des trinitarischen Gottes. In Gedächtnis, Ver-

---

[305] AS 183 (AW 199). Siehe auch AS 21 ff. (AW 22 ff.).

[306] Vgl. MC 314–354 (OD 367–372).

[307] MC 395 (OD 459).

[308] MC 317 (OD 370).

[309] Zum „Ende der Metaphysik" siehe MC 328 (OD 383): „Aber das Ende der Metaphysik ist nur die negative Seite eines viel komplexeren Ereignisses, das im abendländischen Denken aufgetreten ist. Dieses Ereignis ist das Erscheinen des Menschen."

[310] MC 317 f. (OD 371).

stand und freiem Willen spiegeln sich die drei göttlichen Personen Vater, Sohn und Heiliger Geist. Mit dem Tod Gottes entfällt notwendigerweise auch die Geistigkeit des Menschen als seine *differentia specifica*. Weder die spezifische Rationalität noch die eigentümliche Freiheit können als Proprium des Menschen bestehen. Sie werden in die Leiblichkeit des Menschen aufgesogen und mit ihr vermischt.[311] So erscheint der Mensch nun primär als bloßes „Fleisch" in seiner Endlichkeit, wie er in seinem Leiden und vor seinem Tode steht.[312] Die Fleischlichkeit des Menschen wird aber von ihrer reinen Weltlichkeit in die Sprachlichkeit übersetzt. In der entlogisierten Sprache muss aber auch der *Begriff* des Menschen verschwinden. So besagt das radikale Aufgehen in der pluralisierten Sprache nicht nur die Endlichkeit, sondern das Ende des Menschen als das Ende seines Wesens. Wohl gibt es weiterhin eine unendliche Vielzahl von Menschen. Das mit sich selbst identische Wesen des Menschen jedoch wird verabschiedet. Es kann und darf keine Maßgabe, keine Bestimmung des Menschen geben. Der Tod des *einen* Menschenwesens folgt unmittelbar dem Tod des *einen* Gottes.[313] Und schließlich besagt das *ecce homo*, wie Foucault es hört, die Endlichkeit der Sprache selbst.[314]

Nietzsches Frage „Wer spricht?" bleibt gemäß Foucault nicht unbeantwortet. Mallarmé gibt die Antwort, indem „er sagt, dass derjenige, welcher spricht, in seiner Einsamkeit, in seiner zerbrechlichen Vibration, in seinem Nichts das Wort selbst ist – nicht der Sinn des Wortes, sondern sein änigmatisches und prekäres Sein"[315]. Die Sprache aber ist es, durch welche nach Mallarmé der Autor und damit Mensch „nicht aufhört, sich auszulöschen"[316]. Foucault vermutet, dass „alle Fragen, die heute unsere Neugierde durchqueren"[317], ihren Ort zwischen der Frage Nietzsches und der Antwort Mallarmés haben.

Der Mensch, der stirbt, ist wesentlich das Subjekt und das Objekt des Denkens, insofern dies unter einer Bestimmung steht. Er ist aber Objekt des Wissens nicht im Sinne einer außerhalb des Wissens angesiedelten Sache oder eines Dings an sich, sondern er ist durch das Wissen selbst gebildet: „Seltsamerweise ist der Mensch, dessen Erkenntnis in naiven Augen als die älteste Suche seit Sokrates gilt, ohne

---

[311] Dies geschieht bereits im Werk von M. Merleau-Ponty: Le visible et l'invisible, Paris 1964, 298: „Man muss nicht das Bewusstsein und sein *Ablaufsphänomen* [i. O. dt.] mit seinen distinkten intentionalen Fäden als Erstes nehmen, sondern den Wirbelsturm, der dieses *Ablaufsphänomen* schematisiert, der raum- und zeitgebende Wirbelsturm (der Fleisch ist und nicht Bewusstsein angesichts eines Noema)."

[312] MC 394f. (OD 458): „Vom Inneren der als Sprache empfundenen und durchlaufenen Sprache, im Spiel der bis zu ihrem äußersten Punkt angespannten Möglichkeiten, kündigt sich an, dass der Mensch ,erledigt'/,begrenzt' [fini] ist, und dass er beim Erreichen des Gipfels jedes möglichen Sprechens nicht im Herzen seiner selbst ankommt, sondern am Rand dessen, was ihn begrenzt [limite]: in dieser Gegend, wo der Tod herumschleicht, wo das Denken erlischt, wo sich die Verheißung des Ursprungs unendlich zurückzieht."

[313] Siehe MC 396 (OD 460).

[314] Siehe MC 395 (OD 458f.).

[315] MC 316f. (OD 370).

[316] MC 317 (OD 370).

[317] Ebd.

Zweifel nichts anderes als ein bestimmter Riss in der Ordnung der Dinge, eine Konfiguration, in jedem Fall umrissen durch eine neue Disposition, die er im Wissen angenommen hat"[318]. Das Wissen, durch welches der Mensch konstituiert wird, wurzelt nicht primär in weltlichem Boden, sondern in der Sprache selbst. Wenn Foucault den Menschen als eine „Falte in unserem Wissen" bezeichnet, so bedeutet dies, dass er eine sprachliche, „grammatikalische Falte" ist.[319] Diese Sicht des Menschen wird ermöglicht durch das Aufkommen der neueren Wissenschaften vom Menschen. Die Psychoanalyse Lacans und die Ethnologie Lévi-Strauss' ruhen beide auf der Linguistik, wie sie von Saussure entworfen und von Jakobson fortentwickelt wurde. Die Linguistik aber „spricht nicht mehr vom Menschen selbst"[320]. Entsprechend lösen die Ethnologie und die Psychoanalyse „den Menschen", der durch die – weltlichen – modernen Wissenschaften konstituiert wird und der diese konstituiert, auf.[321] Die Ethnologie zerstört die Fundamente einer anthropologischen Lehre vom Menschen in gesellschaftlicher Allgemeinheit. Die Psychoanalyse unterläuft den autonomen Menschen in seiner Einzelheit. Die Linguistik löst die Anthropozentrik der Sprachlichkeit des als Sprachwesen verstandenen Menschen auf. Sie bilden somit drei „Gegenwissenschaften" zur Anthropologie und zu den modernen Humanwissenschaften. In Analogie zu Kants Erwachen aus dem „dogmatischen Schlummer", will sagen, dem Glauben an die objektive Gegebenheit des „Dings an sich", zielt Foucault in „Die Ordnung der Dinge" darauf, die Moderne aus dem „anthropologischen Schlummer"[322], dem Glauben an die Zentriertheit des Denkens um den Menschen, zu erwecken.

Auch die „Archäologie des Wissens" zielt auf den „Tod des Menschen" als Kehrseite des „Todes Gottes".[323] Gerade die Entfaltung des auf die Sprache gesammelten Denkens führt auch hier zur Verabschiedung des Menschen oder des Subjekts als Subjekt und Objekt des Wissens. Für unseren Zusammenhang genügt es, die zentralen Momente des sprachlichen Denkens zu umreißen. Die „Archäologie des Wissens" versucht eine „reine Beschreibung der diskursiven Ereignisse"[324]. Diese Beschreibung, die sowohl von linguistischer Analyse als auch von einer „Geschichte des Denkens" zu unterscheiden ist,[325] setzt mit der *Limitation* der traditionellen

---

[318] MC 15 (OD 26).

[319] MC 15 (OD 26) und La pensée du dehors, DÉ 1,537 (Das Denken des Außen, S 1,694).

[320] MC 393 (OD 456).

[321] Vgl. MC 391 (OD 453).

[322] Siehe den Abschnitt „le sommeil anthropologique", in: MC 351–354 (OD 410–412).

[323] AS 275 (AW 301): „Der Diskurs ist nicht das Leben: seine Zeit ist nicht die euere; in ihm, versöhnt ihr euch nicht mit dem Tod; es kann gut sein, dass ihr Gott unter dem Gewicht all dessen, was ihr gesagt habt, getötet habt; aber denkt nicht, dass ihr aus all dem, was ihr sagt, einen Menschen machen könnt, der länger leben wird als er."

[324] AS 38f. (AW 41).

[325] AS 38f. (AW 41). Von der Linguistik unterscheidet sich die Archäologie durch das Fehlen der Subsumption, von der „Ideengeschichte" durch das Fehlen der Totalitäten. Vgl. dazu M. Frank: Was ist Neostrukturalismus? Frankfurt 1984.

„Einheiten des Diskurses" ein.[326] Ganze Komplexe von Begriffen wie Tradition, Einfluss, Entwicklung, Mentalität, Ursprung, Kontinuität werden ebenso „problematisiert" und damit „in der Schwebe gehalten"[327] wie die Unterteilungen in Formen, Gattungen, Einzelwerk, Gesamtwerk und damit eben auch der Autor oder das Subjekt. Manche dieser Einheiten gilt es abzustoßen, andere zwischen Position und Negation zu suspendieren. Insofern die Diskurse überkommener Weise an den Menschen gebunden sind, kommt den „Wissenschaften vom Menschen" zwar zunächst eine besondere Stellung zu, doch nur, um diese im Fortgang der Untersuchung zu „verwischen".[328] Die Archäologie untersucht die Bedingungen des Auftauchens der „Aussagen". „Wie kommt es, dass eine solche Aussage erscheint und keine andere an ihrer Stelle?"[329] Die Begründung des Auftauchens führt zwar zur Erkenntnis der „Regelmäßigkeiten der Diskurse" und mithin zu einer „Hierarchie von Beziehungen".[330] Doch kennt dieser Begründungszusammenhang keinen Anfang im Sinne eines transzendenten oder anthropologischen „Ursprungs".[331] Die Sprache ist eine elementare Gegebenheit. „Es gibt" (il y a) Sprache, doch ohne einen ersten Geber oder Sprecher derselben.[332]

Der Begriff „Diskurs"[333] bildet gewissermaßen die besondere Mitte zwischen dem eher singulären Begriff der „Aussage"[334] und dem eher umfassenden Begriff des „Archivs"[335]. Doch ist weder die einzelne Aussage ein gewissermaßen atomarer Kern und damit ein Anfang des Denkens, noch führt die Analyse des Archivs zur Totalität des Gesagten. Die quantitativen Eckbegriffe Einheit und Ganzheit (Allheit) werden suspendiert und damit wird ein endlich-endloses Mittelfeld der Vielheit oder Besonderheit eröffnet. Die relationalen Begriffe Substanz – Akzidens, Ursache – Wirkung, Gemeinschaft (Wechselwirkung) werden limitiert. Sie erscheinen und verschwinden je nach besonderer Lage und Moment des Diskurses, so dass die „Genese oder Kontinuität" der Diskurse ebenso wie deren Identität in Frage gestellt werden.[336]

In vier Punkten gibt Foucault eine vorläufige Charakterisierung der Archäologie in der ihr eigenen Sprachlichkeit[337]: 1. Die Archäologie „ist keine interpretative Disziplin, sie sucht keinen anderen Diskurs, der besser verborgen wäre". Das heißt, die untersuchten „Dokumente" stehen nur für sich selbst und für keine ihnen zugrunde

---

[326] AS 31–43 (AW 33–47).
[327] AS 37 (39f.).
[328] AS 43 (AW 46f.).
[329] AS 39 (AW 42).
[330] AS 97 (AW 107).
[331] AS 148 (AW 165).
[332] Zur Frage „Wer spricht?" siehe AS 68 (AW 75).
[333] Eine Definition von „Diskurs" und „diskursiven Praktiken" siehe AS 152f. (AW 169ff.).
[334] Vgl. AS 106 (AW 116) und AS 152 (AW 170).
[335] Vgl. AS 169 (AW 186f.).
[336] AS 181 (AW 197).
[337] AS 182f. (AW 198).

liegende andere sprachliche oder weltliche Realität. Sie sind sprachliche Monumente.
2. Die Archäologie versucht „die Diskurse in ihrer Spezifität zu definieren; zu zeigen,
worin das Spiel der Regeln, die sich in Bewegung setzen, irreduzibel auf jedes andere
ist." Es gibt keinen Übergang „vom konfusen Feld der Meinung zur Besonderheit
des Systems oder zur definitiven Stabilität der Wissenschaft; sie ist keine ‚Doxologie‘,
sondern eine differentielle Analyse der Modalitäten des Diskurses." 3. „Sie definiert
Typen und Regeln von diskursiven Praktiken, die individuelle Werte durchqueren, die sie mitunter völlig bestimmen und sie beherrschen, ohne dass ihnen etwas
entgeht, mitunter aber nur einen Teil davon beherrschen. Die Instanz des schöpferischen Subjekts als raison d'être eines Werkes und Prinzips seiner Einheit ist ihr
fremd." 4. Entsprechend sucht sie weder in der Einzelheit des Autors und seiner
Absicht noch in der Totalität der Sprache einen verborgenen „Ursprung", den es
aufzudecken gälte; „sie ist die systematische Beschreibung eines Diskurs-Objekts."

Es wird deutlich, dass sich die Sprachlichkeit der Archäologie als ein nach allen
Seiten offener, frei schwebender Bau aus spezifischen Differenzen gestaltet. Die Dif-
ferenz, das Andere und das Anders-Sein sind die unbestimmte und unbestimmbare
Bestimmung, unter welcher das Denken steht.[338]

b) Die Welt der Archäologie

Das Denken bewegt sich in einer Sprachwelt, welche gerade nicht von der Geschlossenheit der Kantischen regulativen Idee und damit der Vernunfttotalität ‚Welt‘ ist.
Aber auch von der nachmetaphysischen Totalität der weltlichen ‚Welt‘ ist der Foucaultsche Sprachraum abgründig geschieden. Die moderne, positive Wissenschaft
namens Archäologie versucht, weltlich gegebene „*Monumente* der Vergangenheit zu
‚memorisieren‘, sie in *Dokumente* zu transformieren, und diese Spuren sprechen zu
lassen, die an sich oft nicht sprachlicher Natur sind oder insgeheim etwas anderes
sagen als sie sagen"[339]. Die Foucaultsche Archäologie geht einen entgegengesetz-
ten Weg. Sie versucht, die sprachlichen „Dokumente" in ebensolche „Monumente"
zu transformieren. Damit tendiert sie zur „intrinsischen Beschreibung des Monuments".[340] Ihre Welt bleibt die der Signifikanten und Signifikate und zwar ohne
durch sie hindurch den Referenten zu finden.[341] Einerseits enthält sich Foucaults
Denken „gänzlich der ‚Dinge‘ ". Es geht darum, sie zu „ent-gegen-wärtigen" (dé-
pré-sentifier)[342]. Die „reiche, schwere und unmittelbare Fülle" der weltlichen Dinge

---

[338] Vgl. AS 172 (AW 190).

[339] AS 14 (AW 15).

[340] Ebd.

[341] AS 64 (AW 71): „Man sieht es: bei den Beschreibungen, zu denen ich die Theorie zu liefern versucht
habe, ist nicht die Frage, den Diskurs zu interpretieren, um durch ihn hindurch die Geschichte des
Referenten zu betreiben. Bei dem gewählten Beispiel sucht man nicht zu wissen, wer wahnsinnig war
in jener Epoche, worin sein Wahnsinn bestand, auch nicht, wenn seine Probleme wohl mit denen
identisch waren, die uns heute vertraut sind."

[342] AS 65 (AW 72).

gibt kein „ursprüngliches Gesetz des Diskurses" ab.[343] Doch führt das Auslassen der
phänomenologischen „Sachen selbst" andererseits nicht zur linguistischen Analyse
der Bedeutung:

> „Einer Analyse, wie ich sie unternehme, sind die *Wörter* ebenso entschieden abwesend
> wie die *Dinge* selbst. ‚Les mots et les choses', ist der – ernsthafte – Titel eines Problems; es
> ist der – ironische – Titel der Arbeit, die dessen Form modifiziert, dessen Gegebenheiten
> deplaziert, und letzten Endes eine ganz andere Aufgabe enthüllt" (AS 66; AW 74).

Die „ganz andere Aufgabe" hat ihren Ort im Zwischenraum von *Position* und *Nega-*
tion der weltlichen Realität der Dinge und sprachlicher Reinheit der Wörter. Wissenschaftlich gesehen liegt der Ort im utopischen Zwischenraum von Phänomenologie
und Strukturalismus. Der Name dieses Zwischenraumes ist Archäologie, seine weltliche Konkretion ist ein sprachliches Tun: „pratique discursive". Die Wahrheit des
Denkens ist eine praktische. Sie besteht darin, dass die Entsprechung (*adaequatio*)
von Sache (*res*) und Denken (*intellectus*) durch die Sprachpraxis selbst hergestellt
wird. Die Praktiken „formen systematisch die Objekte, von denen sie sprechen."[344]
Die Zeichen sind „mehr" denn eine Bezeichnung für eine gegebene Sache. Dieses
„Mehr" kann nicht linguistisch auf die reine Sprache der „langue" und der „parole"
zurückgeführt werden. Dieses „‚Mehr' muss man zum Erscheinen bringen und
beschreiben"[345]. Am anfanglosen Anfang der weltlichen Dinge ist das Wort. Ein
Wort, das selbst immer Fleisch ist, das von dieser Welt ist und eben deshalb die Welt
nicht schafft, wohl aber *die Wahrheit* der Welt *tut*.

So versteht sich das Denken in weltlicher Bestimmtheit einerseits als eine Diagnose
der Gegenwart.[346] Die Philosophie ist damit der auf den Körper ausgerichteten
Medizin verwandt. Ihre ‚Heilsamkeit' besteht aber andererseits gerade darin, in die
weltlichen Gegebenheiten einzugreifen, ohne sie vollends bestimmen zu können und
zwar mit dem Ziel, jedwede *Bestimmung* zu unterlaufen. Auf diese *Bestimmung des*
Menschen ist die Rede vom „Tod des Menschen" bezogen, nicht aber auf das bloß
weltliche und damit unbestimmte Lebewesen oder Gesellschaftswesen Mensch.[347]

Die Existenz der Menschen ist ein bloßes „Funktionieren". Entscheidend ist, dass
die Menschen nicht „*für jemanden* – weder für sich selbst noch für den Menschen
noch für Gott – funktionieren, sondern dass sie einfach existieren".[348] Wegen des
Besitzes eines „Nervensystems" ist es dem Menschen möglich, das eigene Funktionieren in gewissem Maße zu kontrollieren.[349] In dieser Kontrollmöglichkeit des

---

[343] Ebd.
[344] AS 67 (AW 74).
[345] Ebd.
[346] Qui êtes-vous, professeur Foucault?, DÉ 1,606 (Wer sind Sie, Professor Foucault, S 1,776).
[347] Qui êtes-vous, professeur Foucault?, DÉ 1,618 (Wer sind Sie, Professor Foucault, S 1,790): „Il est
    évident qu'en disant que l'homme a cessé d'exister je n'ai absolument pas voulu dire que l'homme,
    comme espèce vivante ou espèce sociale a disparu de la planète."
[348] Qui êtes-vous, professeur Foucault?, DÉ 1,618 (Wer sind Sie, Professor Foucault, S 1,791).
[349] Qui êtes-vous, professeur Foucault?, DÉ 1,619 (Wer sind Sie, Professor Foucault, S 1,792).

Funktionierens wurzeln die theologischen, aber auch die anthropologischen „Ideologien, Philosophien, Metaphysiken, Religionen"[350]. Diese Denkformen gaben den Menschen stets die „Zwecke".

> „Aber die Menschheit verfügt in Wirklichkeit über keinen Zweck [fin], sie funktioniert, sie kontrolliert ihr eigenes Funktionieren, und sie bringt laufend Rechtfertigungen für diese Kontrolle hervor. Wir müssen uns damit abfinden und eingestehen, dass es sich hier nur um Rechtfertigungen handelt. Der Humanismus ist eine davon, die letzte" (Qui êtes-vous, professeur Foucault?, DÉ 1,619; Wer sind Sie, Professor Foucault?, S 1,792).

Gott und der Mensch sind also „Mythen", die die Kontrolle über das Funktionieren der Menschheit gewährleisten sollen. Die Aufgabe des Denkers in weltlicher Hinsicht ist es, die Mythen der Zwecke zu zerstören. In diesem Sinne ist der Philosoph Agent einer Aufklärung, die sich selbst untergräbt, so kann zwischen der singulären anarchischen Aktivität eines Denkers und der allgemeinen Gültigkeit einer philosophischen Lehre, einer „Philosophie", unterschieden werden.

> „Die Rolle des Philosophen – zu sagen, ‚was vorgeht‘ – besteht heute vielleicht darin, aufzuzeigen, dass die Menschheit zu entdecken beginnt, dass sie ohne Mythen funktionieren kann. Das Verschwinden der Philosophien und Religionen korrespondiert ohne Zweifel mit etwas dergleichen" (Qui êtes-vous, professeur Foucault?, DÉ 1,620; Wer sind Sie, Professor Foucault, S 1,793).

c) Die Archäologie als Geschichts-Wissenschaft

Wenn Foucault für seine geschichtliche Gegenwart das Verschwinden der Mythologien feststellt, so darf dies nicht als das Ereignis eines totalen historischen Bruches, als die Ankunft einer schlechthin anderen Zukunft gewertet werden. Foucault begrüßt gerade die Verabschiedung der modernen apokalyptischen Vorstellungen der notwendigen Ankunft der kommunistischen Gesellschaft (Marx), des möglichen Übersichhinausschaffens des Menschen zum Übermenschen (Nietzsche) und die nicht unmögliche Ankunft des Seins (Heidegger). Zwar ist in „Les mots et les choses" die Foucaultsche Fassung der Krise der Gegenwart in besonderer Weise mit dem Namen Nietzsche verbunden, doch darf diese festgestellte oder besser hergestellte Nähe zu Nietzsche nicht darüber hinwegtäuschen, dass gerade die Rede vom Tod des Menschen das Verabschieden einer Totalität ist, welches auch das Entzweibrechen der Geschichte in zwei Teile durch den Verkündiger des Übermenschen unterläuft. Inwiefern nun wendet sich Foucault inhaltlich und formal gegen eine moderne Geschichtskonzeption, die ihre Mitte im Menschen bzw. Übermenschen hat?[351]

Das Denken der Archäologie ist zwar prinzipiell durch seine Sprachlichkeit gekennzeichnet, doch setzt die Reflexion in „Les mots et les choses" und in „L'archéo-

---

[350] Ebd.
[351] Zu Nietzsche und zum Übermenschen siehe MC 275 (OD 322).

logie du savoir" mit Überlegungen zur Geschichte ein. Von den formalen Mutationen, die durch die Tendenz entstehen, die Geschichte als „immanente Beschreibung des [diskursiven] Monuments"[352] zu betrachten, hebt Foucault ohne Anspruch auf systematische Vollständigkeit vier besonders hervor.

1.   „Die Oberflächenwirkung"[353]: Das künftige Problem der Geschichtsschreibung ist die „Konstituierung von Serien" sowie von „Serien der Serien oder ‚Tableaus' ". Die „einfache Kausalität" und die „kontinuierliche Chronologie der Vernunft" und damit der „Fortschritt des Bewusstseins, die Teleologie der Vernunft oder die Evolution des menschlichen Denkens" haben als Konstruktionsmomente der Geschichte ausgedient.

2.   „Der Begriff der Diskontinuität"[354]. Die Diskontinuität ist nicht mehr nur unerwünschter Nebeneffekt, sondern eine gezielte „Operation" des Historikers. Seine Arbeit beabsichtigt nicht mehr, die Diskontinuität zum Verschwinden zu bringen, sondern diese ist gerade das Resultat seiner Arbeit. In ihr wird der Begriff der Diskontinuität nicht als ein einheitliches, indifferentes Weiß zwischen zwei positiven Figuren angenommen, sondern selbst bearbeitet und spezifiziert.

3.   Die „neue" oder „allgemeine Geschichte" löst die „globale Geschichte" ab.[355] Während diese „alle Phänomene um ein einziges Zentrum – Prinzip, Bedeutung, Geist, Weltsicht, Gesamtform" zusammenbindet, entfaltet jene „im Gegenteil den Raum einer Zerstreuung".

4.   „Methodologische Probleme"[356]: Wichtig unter ihnen sind neben anderen die Frage nach der Konstitution von kohärenten und homogenen Korpora der Dokumente, die Erstellung eines Auswahlprinzips, die Definition des Niveaus der Analyse und der Elemente, die für die Korpora treffend sind, sowie die Spezifizierung einer Methode der Analyse.

All diese Konsequenzen aus der Privilegierung der sprachlichen Monumente wollen letzlich *„das Andere* in der Zeit unseres eigenen Denkens denken".[357] Die Differenz auch im zeitlichen Horizont darf nicht auf irgendeinen Modus von Ewigkeit, Außerzeitlichkeit oder Überzeitlichkeit wie auf eine Ursache zurückgeführt werden, sondern sie muss sich in ihrer Andersheit erhalten. Das „moderne" Subjekt als der letzte Zufluchtsort des Einen und Ewigen garantiert den Zusammenhang der Zeit, die Kausalität der Ereignisse, die Rationalität der Geschichte, ihre Teleologie und Totalität. Das mit sich identische Subjekt anzugreifen, ist die Aufgabe der Archäologie.

---

[352] AS 15 (AW 15).
[353] Im Folgenden AS 15f. (AW 15f.).
[354] Im Folgenden AS 16f. (AW 17f.).
[355] Im Folgenden AS 17f. (AW 18ff.).
[356] AS 19 (AW 20ff.).
[357] AS 21 (AW 23).

„Les mots et les choses" versteht sich als eine „Geschichte des Selben",[358] als die Geschichte eines Denkens, welches „das Andere" ausschloss und das seine Selbigkeit oder Identität vormals in einer Analogie zur göttlichen Einheit, sodann in der metaphysischen Repräsentation und zuletzt in der Konstruktion des Menschen als Subjekt und Objekt der Erkenntnis hatte. „Les mots et les choses" legt – so der Untertitel – eine „Archäologie der Humanwissenschaften" vor. Foucault untersucht darin die Abfolge von wissenschaftlichen Feldern,[359] wissenschaftlichen Formationen ausgehend von der Renaissance. Die „episteme" bildet eine „ ‚mittlere' Region" zwischen den eher empirischen „fundamentalen Codes einer Kultur" (Sprache, Wahrnehmungsschemata, Austausch, Techniken, Werte, Hierarchie ihrer Praktiken) und den wissenschaftlichen Theorien oder den Interpretationen der Philosophen"[360]. Die Untersuchung der „episteme" bewegt sich also nicht auf dem Niveau der Theorien selbst, sondern sie soll die „Konfigurationen im Raum des Wissens" zum Erscheinen bringen, die „den verschiedenen Formen der empirischen Erkenntnis Raum gegeben haben".[361]

Zwei große Diskontinuitäten sieht Foucault in der Episteme der abendländischen Kultur gegeben. Erstens den Übergang von der Renaissance zum klassischen Zeitalter. Das klassische Zeitalter ist durch den Begriff der „Repräsentation" gekennzeichnet. In den Wissenschaften repräsentiert sich gleichsam objektiv die Wirklichkeit der Welt. Die Sprache ist Träger der Repräsentation der Dinge. In den Analysen der Sprache, etwa durch die „allgemeine Grammatik" der Autoren von Port-Royal, in der Analyse und Systematisierung der Natur etwa durch Carl von Linné sowie in den Analysen der Waren und allgemeinen Ökonomie beispielsweise durch Adam Smith wird eine Wissensform entwickelt, die – dogmatisch schlummernd – von der metaphysischen Objektivität der Repräsentation ausgeht. Nach dem vom 17. bis zur Wende zum 19. Jahrhundert dauernden klassischen Zeitalter folgt nach Foucault die „Moderne". Die Sprache der Repräsentation zerstreut sich und die metaphysische Objektivität weicht der anthropologischen Subjektivität. Die „Analyse der Repräsentation" wird durch die „Analyse des Sinnes" abgelöst.[362] Foucault deutet Kant als einen der Autoren, die der neuen Anthropozentrik des Sinnes zum Durchbruch verhelfen.[363] Die Entfaltung der modernen Episteme ist in den Besinnungen auf die Sprache durch die Philologie (Bopp), auf das Leben durch die Biologie (Cuvier)

---

[358] MC 15 (OD 27).

[359] MC 13 (OD 24).

[360] MC 11 (OD 22).

[361] MC 13 (OD 25).

[362] MC 57f. (OD 75).

[363] Um zu zeigen, dass diese Einschätzung falsch ist, genügt es in der theoretischen Philosophie auf die Rolle des transzendentalen „Ich" zu verweisen, das offensichtlich nicht dasjenige eines Menschen ist. Vielmehr ist der Mensch derjenige des transzendentalen „Ich". Ebenso ist das praktische Prinzip, der Kategorische Imperativ, keine anthropologische Größe, was nicht zuletzt dadurch deutlich wird, dass auch der Kantische Gott diesem unterstellt ist.

und auf die Arbeit durch die moderne politische Ökonomie (Ricardo) gegeben. [364] Doch durch die „Wiederkehr der Sprache" wird dem „Menschen" der „Platz des Königs" [365] streitig gemacht.

Wenn Foucault den geschichtlichen Schnitt, der mit dem „Tod des Menschen" angezeigt ist und den er auch als solchen empfindet, dennoch nicht als die Verabschiedung der Moderne oder die Ankunft einer Postmoderne oder einer sonstwie genannten geschichtlichen Totalität bezeichnet, so hat dies seinen Grund in der Geschichtskonzeption der Archäologie selbst, der auch „kulturelle Totalitäten", wie sie „Les mots et les choses" nahelegen könnte, fremd sind. Dies macht Foucault in „L'archéologie du savoir" selbstkritisch deutlich. [366] Die Logik der Quantität, die dem archäologischen Denken zu Grunde liegt, ist wiederum die sich jenseits von Position und Negation eines Zeitalters befindende unendliche Limitation. Diese Logik bedeutet auch im geschichtlichen Moment den Abschied einer Unterscheidung des Menschen von sich selbst im *Ganzen*. Der Tod des Menschen weist nicht voraus auf die Ankunft des Übermenschen, sondern auf die unendliche Limitation des „Begriffs" des Menschen. *Der* Mensch, dessen Identität zunächst im metaphysischen Begriff bzw. in einer nach-metaphysischen Erfahrung seines Wesens gründete, erfährt sich nun als vollkommen entlogisiert und damit als grundlos. Der Mensch als eine „Gestalt zwischen zwei Seinsweisen der Sprache" verliert seine Einheit und Ganzheit, nicht aber die radikale Vielheit seiner alltäglichen Erscheinungsformen.

Die geschichtlich verstandene *conversio* des Denkens des Menschen über sich selbst, die sich bei Marx als das Wissen über die Revolution der bürgerlichen in die kommunistische Gesellschaft, bei Nietzsche als Glauben an die *conversio* zum Übermenschen, bei Heidegger als „Kehre" zum Andenken an das Sein zeigte, wird hier bei Foucault zum Eingehen des Menschen in eine vollständige Unterscheidungslosigkeit des Menschen im Ganzen. Die unendlichen Transformationen, die sich das Foucaultsche Denken erkämpft, haben ihren Ort im „Und-so-weiter" des Alltages, der gerade keine andere Zukunft mehr kennt.

2. Der Mensch als Sache der Archäologie

Die Frage nach dem Menschen wird in der Archäologie insofern im Denkterminus verhandelt, als die Geschichte des Menschen die „Geschichte des Selben" ist – die Geschichte des Menschen innerhalb der „episteme". Die Wissenskonfigurationen oder die Diskurspraktiken haben den Menschen bisher als Identität gedacht. Ausgehend von einem Begriff des Menschen oder einer Erfahrung kommt das Denken dazu, „den Menschen" zu definieren und das Andere zu dieser Definition auszuschließen und zu pathologisieren bzw. zu kriminalisieren. Nicht der wissenschaftliche

---

[364] Dazu MC 262–313 (OD 307–366).
[365] MC 318 (OD 372).
[366] AS 27 (AS 29).

Begriff des Menschen, sondern der davon abweichende *andere Mensch* ist die *Sache* der Archäologie. Insofern die Archäologie besonders auf das Wissen und Denken gesammelt ist, kommt der Pathologie des menschlichen Denkens eine herausragende Stellung zu.

a) Die Geschichtlichkeit des Wahnsinns

„Die Geschichte des Wahnsinns wäre die Geschichte des Anderen, – dessen, was einer Kultur gleichzeitig innerlich und fremd ist, was also auszuschließen ist (um die innere Gefahr zu bannen), aber indem es eingeschlossen wird (um seine Andersheit zu reduzieren)" (MC 15; OD 27).

Der Mensch des Abendlandes verstand sich traditionellerweise als *animal rationale*. Die Konstitution dieses Menschen der Rationalität versucht Foucault archäologisch aufzudecken. Die Rationalität entsteht durch eine Selbstunterscheidung, die nicht unbedingt diejenige des Menschen von sich selbst ist, da der Mensch erst mit einer Unterscheidung beginnt. Diese Unterscheidung ist keine Tat der Freiheit und schon gar keine Tat der Vernunft. Mithin geschieht die Konstitution des Menschen nicht durch das mit sich identische Selbst des Menschen. Sie ist keine Selbstkonstitution, sondern die Konstitution durch den Anderen oder das Andere. Mit Verweis auf Lévi-Strauss bemerkt Foucault: „Man weiß sehr wohl seit langer Zeit, dass der Mensch nicht mit der Freiheit, sondern der Grenze, der Linie des Unüberschreitbaren beginnt".[367] Wie ist nun diese Grenzziehung selbst vorzustellen?

„Konstitutiv ist lediglich die Geste, die den Wahnsinn abtrennt, und nicht die Wissenschaft, die in der nach der einmal vollzogenen Trennung wiedereingetretenen Ruhe entsteht. Ursprünglich ist dabei die Zäsur, die die Distanz zwischen Vernunft und Nicht-Vernunft herstellt" (WG 7).[368]

Die Grenzziehung entspringt nicht dem Wissen oder der Vernunft, sondern sie ist die Äußerung eines Willens und damit eine Erscheinung der Macht, eine „Geste", die bewirkt, was sie anzeigt. Vor diese Unterscheidung zurückzugehen, „jenen Punkt Null der Geschichte des Wahnsinns wiederzufinden [...], an dem der Wahnsinn noch undifferenzierte Erfahrung, noch nicht durch eine Trennung gespaltene Erfahrung ist"[369], ist das Ziel von Foucaults „Histoire de la Folie". Dieser Punkt ist nicht so sehr in einer „horizontalen" Untersuchung als vielmehr im Aufdecken der „konstanten Vertikale" zu finden, „die durch die ganze europäische Kultur hindurch die Vernunft demjenigen, was sie nicht ist, das Maß der eigenen Maßlosigkeit gegenüberstellt"[370]. Diese gewissermaßen zeitlos geschichtliche Struktur der Abgrenzung und Ausgrenzung aufgrund einer primären, dunklen Macht ist nach Foucault unverzichtbares Konstitutivum der abendländischen Rationalität.

---

[367] La folie, l'absence d'Œuvre, DÉ 1,415 (Der Wahnsinn, Abwesenheit eines Werks, S 1,543f.).
[368] Vorwort zur deutschen Ausgabe „Wahnsinn und Gesellschaft" von „Histoire de la folie".
[369] WG 7.
[370] WG 9.

> „Diese Struktur allein kann über jene allgemeine Tatsache berichten, dass es in unserer
> Kultur keine Vernunft ohne Wahnsinn geben kann, selbst wenn die rationale Kenntnis,
> die man vom Wahnsinn erwirbt, ihn reduziert und ihn entwaffnet, indem sie ihm den zer-
> brechlichen Status eines pathologischen Fehlers verleiht. *Die Notwendigkeit des Wahnsinns*
> während der ganzen Geschichte des Abendlandes ist mit jener entscheidenden Geste ver-
> bunden, die vom Lärm des Hintergrundes und seiner Monotonie eine bedeutungsvolle
> Sprache abhebt, die sich in der Zeit übermittelt und vollendet. Man kann es kurz fassen
> und sagen, dass er an *die Möglichkeit der Geschichte* gebunden ist" (WG 12).

Eben weil die Vernunft erst durch die Abspaltung vom Wahnsinn konstituiert wird,
kann die Unterscheidung der Vernunft von der Unvernunft keine erstlich vernünftige
sein, sondern eine willkürliche der Macht. Diese Machtfaktoren und Konstellatio-
nen untersucht Foucault nun vor allem im klassischen Zeitalter der Vernunft. Die
Epochenunterteilungen entsprechen weitgehend denen der „Ordnung der Dinge".
In der Renaissance ist der Wahnsinn des Menschen ein Reflex, der sich aus dem Ver-
gleich zur göttlichen Weisheit ergibt. Diese Linie hat nach Foucault ihren biblischen
Gewährsmann in Paulus, in dessen so genannter „Narrenrede" (2 Kor 11,23 ff.).[371]
Auch die mittelalterliche Mystik empfindet die Hingabe an den „dunklen Willen
Gottes" als Wahnsinn. Foucault verweist auf Johannes Tauler und auf Nikolaus
Cusanus' „Idiota de sapientia".[372] Die besondere Wertschätzung des Wahnsinns im
16. Jahrhundert zeige sich etwa in Erasmus' „Laus stultitiae", aber auch im „Don
Quixote" von Cervantes.

Sobald sich aber die Vernunft des Menschen nicht mehr als ein dunkler „Funke des
großen Lichtes Gottes"[373] begreift, kommt der Selbstvergewisserung der menschlichen Vernunft eine zentrale Stellung zu. Im folgenden „klassischen Zeitalter" ist es
Descartes, der den *genius malignus* notwendig aufdecken und ausschließen wollte.
Er signalisiert den Übergang in die rationalistische Epoche, in welcher der Wahnsinn
zum Schweigen gebracht werden musste. Der „großen Einschließung" des Wahnsinns im französischen klassischen Zeitalter bis hin zu Pinels und Tukes Humanisie-
rungen des Wahnsinnigen bilden den Hauptteil der „Histoire de la folie". Erst mit
dem Übergang in die Moderne wird dem Wahnsinn eine neue Stellung gegeben:
„Der Irre enthüllt die elementare Wahrheit des Menschen [...], der Irre enthüllt die
endgültige Wahrheit des Menschen".[374]

Die Anthropologisierung der Moderne bewirkt, dass der Wahnsinn nun nicht
mehr das Andere zur Vernunft, sondern das Andere zum Menschen ist; er ist sein
Anderes. Dies besagt aber, er ist seine verborgene Wahrheit,[375] die es aufzudek-
ken gilt. Im Wahnsinn offenbart sich das Wesentliche und damit das Bestimmende

---

[371] HF 42 (WG 53).
[372] HF 42 (WG 53 f.).
[373] HF 40 (WG 51).
[374] HF 538 (WG 545).
[375] HF 548 (WG 550): „Das menschliche Wesen ist nicht durch ein bestimmtes Verhältnis zur Wahrheit
charakterisiert; sondern es besitzt [détient] als ihm eigentümlich zugehörig eine Wahrheit, die zugleich
dargeboten und verborgen ist."

des Menschen. Dennoch bleibt die Ausschließung über die Moderne hinaus bis in Foucaults Gegenwart beherrschend.[376] Auch Freud bringt hier keine vollkommene Befreiung,[377] da selbst hier die Unterscheidung als solche aufrecht erhalten wird. Die Unterscheidung von wahnsinnigem und nicht-wahnsinnigem Menschen durch den Rückgang in den Ursprung zu unterlaufen, ist Foucaults Absicht.

Es finden sich Formulierungen, die andeuten, dass bereits in dieser frühen Phase Foucaults sein Urteil wesentlich ein unendliches ist. Er will „alles, was endgültige Gestalt und Ruhe in der Wahrheit ausmachen kann, in der Schwebe lassen".[378] Dies ist die Bedingung dafür, den „Punkt Null" zur Erscheinung zu bringen. Entsprechend hat „der Mensch unserer Tage […] nur in dem Rätsel des Irren, der er ist und nicht ist, eine Wahrheit. Jeder Irre trägt und trägt nicht jene Wahrheit des Menschen in sich, den er in der Nacktheit seiner Menschlichkeit darstellt".[379] Doch gibt es ebenso Anzeichen für eine noch vorhandene Unklarheit bezüglich der unendlichen Wiederholung der Limitation, wenn Foucault zu einer Negation der Negation übergeht und die ungetrennte Einheit von Wahnsinn und Vernunft zur Sprache bringen will. Doch gerade die Art, wie Foucault auf eine vorsprachliche Erfahrung des Wahnsinns verweist, und wie er den Wahnsinn noch einmal in ein Gefüge der Metasprache bringt, d.h. einen erneuten Einschluss des Wahnsinns vollbringt, löst den heftigen Widerspruch desjenigen Denkers aus, der mit der genauen Fassung der Limitation als Bestimmung des Denkens, will sagen der „différance" einsetzt – Derrida.[380]

b) Die Sprache des Wahnsinns

Die Wahrheit des Menschen und damit der Wahnsinn wird durch das klassische Zeitalter in ein Schweigen abgedrängt, eine Abgrenzung, die noch bis in die Gegenwart nachwirkt.[381] Die „Histoire de la folie" ist die Geschichte dieses Schweigens, nicht aber die Geschichte der „Sprache der Psychiatrie", die ihrerseits ein „Monolog der Vernunft *über* den Wahnsinn ist", der sich „nur auf einem solchen Schweigen" errichten konnte.[382] An jenem „Punkt Null" vor der Trennung befinden sich „der wahnsinnige Mensch und der Mensch der Vernunft"[383] noch in einem „Dialog" und zwar „in einer sehr ursprünglichen, sehr holprigen, durchaus morgendlicheren Spra-

---

[376] HF 523 (WG 527).

[377] HF 529f. (WG 535).

[378] Préface, DÉ 1,159f. (Vorwort, S 1,223).

[379] HF 548 (WG 550).

[380] Zur Auseinandersetzung Foucault – Derrida siehe Eribon: Foucault 190–193; J. Derrida: Cogito und die Geschichte des Wahnsinns, in: Ders.: Die Schrift und die Differenz, Frankfurt am Main 1972, 52–100, bes. 54f.; Foucaults späte Antwort auf Derrida ist der Aufsatz Mon corps, ce papier, ce feu, in: DÉ 2,245–268, den Foucault 1972 an den Schluss der Neuauflage der HF stellte.
Boeder zeigt, dass Derridas Denken unmittelbar an Foucault anschließt und folglich mit dem Bestimmungsterminus beginnt. Die Bestimmung aber ist die différance; Submodernity 235f.

[381] Préface, DÉ 1,160 (Vorwort, S 1,224).

[382] Préface, DÉ 1,160 (Vorwort, S 1,224).

[383] Préface, DÉ 1,159 (Vorwort, S 1,224).

che als derjenigen der Wissenschaft"[384]. An diesem Punkt sind aber auch Sprache, Welt und Geschichte in einem vorsprachlichen, vorweltlichen und vorgeschichtlichen Moment versammelt. Hier zeichnet sich ab, dass der Sprecher dieser Sprache „kein Subjekt" ist, dass es sich um eine vorlogische Sprache handelt, in welcher Gegensätze und Widersprüche nicht aufgehoben sind, wohl aber widerstreitend einen „leeren und zugleich bevölkerten Raum" teilen, der weder weltlich, noch sprachlich, noch geschichtlich zu begreifen ist, der jedoch eine Sprache hervorbringt, eine Sprache, die nicht nur die „verkohlte Wurzel des Sinnes", sondern auch des Unsinnes ist.[385]

Nur durch die „Sprache des Wahnsinns" kann sich jene imaginäre Erfahrung der Einheit wieder in Erinnerung bringen.

> „Diese Sprache des Wahnsinns wird wiedergeboren, aber als lyrischer Ausbruch: offenkundig, dass im Menschen das Innere ebenso sehr das Äußere ist, dass die Subjektivität im Extrem sich mit der unmittelbaren Faszination des Objekts identifiziert, dass jedes Ziel/ Ende [fin] zur hartnäckigen Wiederkehr bestimmt ist. Sprache, in welcher nicht mehr die unsichtbaren Gestalten der Welt durchscheinen, sondern die geheimen Wahrheiten des Menschen" (HF 537; WG 545).

In den Werken von Hölderlin, Nerval, Nietzsche und Artaud,[386] aber auch von de Sade, Goya und van Gogh[387] bricht die Wahrheit des Wahnsinns und damit die Wahrheit des Menschen hervor. Sie leisten der Ausgrenzung Widerstand und halten den Weg zum ausgegrenzten Geheimnis offen. Dadurch erlangen sie fast den Status von ‚Gegenheiligen',[388] sie nähern sich einem Anti-Ideal und sie entsprechen der Anti-Bestimmung des Menschen. Ihre Werke und ihr nicht von den Werken zu trennendes Leben „gibt der Erfahrung des Wahnsinns eine Tiefe und eine Macht der Offenbarung, die durch die Internierung zunichte gemacht wurde"[389]. Auch Foucault selbst weiß sich von dieser literarischen „Offenbarung" in besonderem Maße auf den Weg gebracht.[390] George Bataille, Maurice Blanchot, Raymond Roussel und allen voran Friedrich Nietzsche bewirkten jene Bekehrung, durch die das Individuum Michel Foucault von der Unwahrheit der Vernunft abgewendet und der Wahrheit des Wahnsinns zugewendet wurde.[391]

---

[384] Ebd.

[385] Préface, DÉ 1,163 (Vorwort, S 1 1,228f.).

[386] HF 530 (WG 536).

[387] HF 549–557 (fehlt in der dt. Ausgabe).

[388] Dass solche Vorstellungen dem Zeitgeist durchaus nicht fremd sind, siehe J.-P. Sartre: Saint Genet, comédien et martyr, Paris 1952.

[389] La folie n'existe que dans une societé, DÉ 1,169 (Der Wahnsinn existiert nur in einer Gesellschaft, S 1,237).

[390] Vgl. La folie n'existe que dans une societé, DÉ 1,168 (Der Wahnsinn existiert nur in einer Gesellschaft, S 1,235).

[391] Entretien avec Michel Foucault, DÉ 4,48 (Erfahrungstier 35); Vérité, pouvoir, soi, DÉ 4,780 (Wahrheit, Macht, Selbst 19); Qui êtes-vous, professeur Foucault?, DÉ 1,601 (Wer sind Sie, Professor Foucault, S 1,771) und öfter.

c) Wahnsinn und die Welt des Man

„Der Wahnsinn existiert nur in einer Gesellschaft, er existiert nicht außerhalb der Formen der Empfindlichkeit, die ihn isolieren, der Formen der Zurückweisung, die ihn ausschließen oder gefangen nehmen"[392]. Damit ist jeder Naturalismus des Wahnsinns und auch des Menschen, auch ein weltlicher, ausgeschlossen. Wahnsinn gründet nicht in einem empirisch-objektiv feststellbaren Defekt der individuellen Seele. Dennoch bewirken gerade die realen Machtverhältnisse, die „Gesten", das Sein des Wahnsinns selbst. Der Wahnsinn wird erstlich durch die normierende Welt eines anonymen Man konstituiert. Foucault will jedoch keine Geschichte der wissenschaftlichen Verbrämung der willkürlichen Grenzziehung, keine „Geschichte der Psychiatrie, sondern eine des Wahnsinns selbst in seiner Lebendigkeit vor jedem Erfasstwerden durch das Wissen"[393] schreiben. Damit hat die „Geschichte des Wahnsinns" als Geschichte der „rudimentären Bewegungen einer Erfahrung" eine weltliche Grundlage, doch widersteht gerade der „Staub jener konkreten Schmerzen, jener unsinnigen Worte"[394] der Rekonstruktion. Die ursprüngliche weltliche Erfahrung des Wahnsinns selbst entzieht sich der Beschreibung. Entsprechend bleibt für die Untersuchung des Wahnsinns nur die „Strukturuntersuchung der historischen Gesamtheit – Vorstellungen, Institutionen, juristischen, polizeilichen Maßnahmen, wissenschaftlichen Begriffe"[395], durch welche der Wahnsinn hervorgebracht wird. Die gesamte jeweilige historische Welt in ihren Machtverhältnissen, welche die Normierung vorgeben, muss somit rekonstruiert werden. Hintergründig weiß sich aber bereits die „Histoire de la folie" ihrerseits als eine Fiktion, die dem heutigen Menschen eine bestimmte Erfahrung vermitteln will, die Erfahrung einer gewaltsamen und vor allem willkürlichen Bestimmung des Menschen durch seine eigene bodenlose *rationalitas*. Subjekt dieser Gesten der Abtrennung oder – wie Foucault das später nennen wird – der Dispositive der Macht ist ein anonymes „Man".[396] Gerade kein Mensch und kein Individuum ‚tut‘ die ‚Unwahrheit‘, die jene Grenzziehung bewirkt, vielmehr handelt es sich um ein „System"[397].

Vor aller weltlichen Erfahrung, vor aller Erfahrung von Sinn und Unsinn liegt die Bedingung der Möglichkeit dieser Erfahrung. Diese Voraussetzung nennt Foucault das „System",[398] ein Begriff und Gedanke, den Foucault aus dem Strukturalismus übernimmt. Vor allem in der Untersuchung der medizinischen Ausschließungssy-

---

[392] La folie n'existe que dans une societé, DÉ 1,169 (Der Wahnsinn existiert nur in einer Gesellschaft, S 1,237).

[393] Préface, DÉ 1,164 (Vorwort, S 1,229).

[394] Ebd.

[395] Ebd.

[396] Entretien avec M. Chapsal, DÉ 1,515 (Gespräch mit Madeleine Chapsal, S 1,666).

[397] Entretien avec M. Chapsal, DÉ 1,514 (Gespräch mit Madeleine Chapsal, S 1,665f.).

[398] Entretien avec M. Chapsal, DÉ 1,515 (Gespräch mit Madeleine Chapsal, S 1,666): „*Wer sondert nun aber dieses System ab?* – Was ist dieses anonyme System ohne Subjekt, wer denkt? Das ‚Ich‘ ist explodiert (schauen Sie sich die moderne Literatur an) – das ist die Entdeckung des ‚es gibt‘ [il y a]. Es gibt ein *Man*. In gewisser Weise kommt man zu einem Standpunkt des 17. Jahrhunderts zurück, mit dem

steme in „Naissance de la clinique" gerät Foucault in eine ausgeprägte Nähe zur strukuralistischen Methode. Foucault hat Mühe, jene frühe Nähe zum Strukturalismus abzuarbeiten. Die Versuche, sich abzugrenzen, verfolgen ihn bis zur Grenze der archäologischen Phase in „L'archéologie du savoir".[399] Foucault weiß sich aber vom Strukturalismus stets durch die Bestimmung seines eigenen Denkens getrennt. Von der ruhigen, bestimmungslosen Analyse der Strukturen unterscheidet Foucault die *Maßgabe der Transgression*. Der Wille zur „Ent-unterwerfung" (de-subjectivation) ist die Bestimmung, unter die er sein Denken von Anfang an gestellt weiß. Diesen Willen hat er nach eigenem Bekunden von de Sade, Bataille, Blanchot, Nietzsche übernommen.[400]

3. Der Wille zur Transgression oder die Erfahrung des Aussen

Die großen Untersuchungen zum Wahnsinn und zur Krankheit bilden innerhalb der archäologischen oder der ersten Phase des Foucaultschen Denkens (Wissen) die genealogische Achse (Wissen-Macht). Diese Achse bringt erstmals in der Analyse der Machtverhältnisse die Sache des Denkens hervor: den Menschen. Die besondere archäologische Achse innerhalb der ersten Phase entfaltet daran anschließend die epistemologische Dimension oder den Denk-Terminus. Auf diese Entfaltung vor allem in „Die Ordnung der Dinge" und „Die Archäologie des Wissens" (Wissen-Wissen) ist die ganze Phase gesammelt. Doch auch die dritte, ethische Achse, die sich mit dem Subjekt und seinem Willen (Wissen-Wille) beschäftigt, ist von Anfang an gegenwärtig.[401] In ihr wird die Bestimmung des Menschen entfaltet. Diese geht der Sache und dem Denken voraus. Der ‚genealogische' Wissen-Macht-Komplex oder die Sache des Denkens ist bereits von der Bestimmung durch einen Willen vorgezeichnet. Dieser Wille und damit die Maßgabe des Foucaultschen Denkens insgesamt tritt im Aufsatz „Préface à la transgression" programmatisch ans Licht. Foucault weiß sich hierin inspiriert von George Bataille, dem dieser Essay gewidmet ist. Die sachliche Durchführung in „Histoire de la folie" ist noch missverständlich, wie die Auseinandersetzung mit Derrida zeigt. Derrida unterstellt Foucault, er nehme noch einen Metastandpunkt ein. Das Ausgeschlossene, der Wahnsinn werde noch einmal inkludiert. Das Außen und das Innen sei noch ‚an sich' zu unterscheiden. Doch nur scheinbar hat Foucault die Limitation noch nicht auf sich selbst angewendet. So verdeutlicht Foucault nach den ersten großen Büchern in einem Aufsatz über

---

Unterschied, dass nicht der Mensch an den Platz Gottes gestellt wird, sondern das anonyme Denken eines Wissens ohne Subjekt, einer Theorie ohne Identität […]."

[399] AS 259–275 (AW 283–301) und AS 26f. (AW 28f.) Dort übt er Selbstkritik etwa bezüglich der naiven Verwendung des Erfahrungsbegriffs in „Histoire de la folie" und bezüglich der Verwendung der strukturalen Analysen in „La Naissance de la clinique".

[400] Siehe Entretien avec Michel Foucault, DÉ 4,43 (Erfahrungstier 27) und Entretien avec M. Chapsal, DÉ 1,518 (Gespräch mit Madeleine Chapsal, S 1,670).

[401] Siehe dazu G. Deleuze: Foucault, Frankfurt 1992, 134.

Maurice Blanchot „La pensée du dehors" ein weiteres Mal die Maßgabe, unter der seine Sache und sein Denken von Anfang an stehen.

Diese Bestimmung ist die Achse des Foucaultschen Denkweges im Ganzen. Sie bildet in der archäologischen Phase den Anfang (Wissen-Wille), in der genealogischen die Mitte (Macht-Wille) und in der ethischen Phase (Wille-Wille) das Ende seines Denkweges. Die Bestimmung ist durchgehend der Wille zum Anders-Sein, der Wille zur Transgression, das Begehren der Differenz im Genetivus subiectivus und obiectivus. In diesem Willen spricht sich in aller Reinheit die Erfahrung des Außen aus.

a) Gott und das sexuelle Begehren

Die weltliche Erscheinungsform des bestimmenden Willens tritt in resultativer Stellung auf. Das bedeutet, dass er bereits sprachlich und geschichtlich vorgezeichnet ist. Es handelt sich um keine ursprüngliche weltliche Erfahrung. Der überweltliche, unsagbare, ewige Gott bezeichete in der abendländischen Tradition die Grenze der Welt, die Grenze der Sprache und die Grenze der Zeit. Sein Wille war für den Menschen die Maßgabe schlechthin. Durch eine mystische Ekstase in das Herz der göttlichen Liebe vorzudringen, wurde von alters her mit sexuellen Bildern beschrieben.[402] Durch den Tod Gottes tritt nun die Sexualität an die Stelle Gottes heran.[403] Doch substituiert das Begehren nicht einfach den Willen Gottes als Bestimmung. Der Tod Gottes ist nicht „das Ende seiner geschichtlichen Herrschaft und auch nicht [...] die endlich freigesetzte Feststellung seiner Nichtexistenz", sondern der „beständige Raum unserer Erfahrung".[404] Der Tod Gottes ist niemals vollendet. Seine Existenz ist vielmehr limitiert, ebenso wie seine Nicht-Existenz limitiert ist. Gott stirbt stets neu durch den Akt der Transgression. Er wird stets neu als existent verkündet, um von neuem getötet werden zu können.[405] Die Transgression selbst setzt die Anerkennung einer Grenze voraus, denn diese Anerkennung ist die Bedingung für

---

[402] Siehe Préface à la transgression, DÉ 1,233 (Vorrede zur Überschreitung, S 1,320).

[403] Vgl. Préface à la transgression, DÉ 1,235f. (Vorrede zur Überschreitung, S 1,322): „Vielleicht sind die Bedeutung der Sexualität in unserer Kultur und die Tatsache, dass sie seit Sade mit den tiefgreifendsten Entscheidungen unserer Sprache in Verbindung gebracht wird, gerade auf jene Beziehung [attache] zurückzuführen, die sie mit dem Tod Gottes verbindet."

[404] Préface à la transgression, DÉ 1,235 (Vorrede zur Überschreitung, S 1,322).

[405] Préface à la transgression, DÉ 1,235 (Vorrede zur Überschreitung, S 1,323): „Was bedeutet tatsächlich der Tod Gottes, außer eine befremdliche Solidarität zwischen seiner Existenz, die platzt, und der Geste, die ihn tötet. Aber was bedeutet, Gott zu töten, wenn er nicht existiert, Gott zu töten, *der nicht existiert*? Vielleicht gleichzeitig Gott zu töten, weil er nicht existiert und damit er nicht existiert: das ist das Lachen. Gott zu töten, um die Existenz von jener Existenz zu befreien, die sie begrenzt [limite], aber auch um sie zu den Grenzen [limites] zu führen, die jene unbegrenzte [illimitée] Existenz auslöscht (das Opfer). Gott zu töten, um zu jenem Nichts zurückzuführen, das er ist, und um seine Existenz im Herzen eines Lichts zu manifestieren, das ihn wie eine Gegenwart auflodern lässt (das ist die Ekstase). Gott zu töten, um die Sprache in einer betäubenden Nacht zu verlieren, und weil diese Wunde ihn

deren Überschreitbarkeit. Eine absolut unüberschreitbare Grenze wäre inexistent, die Überschreitung einer bloß scheinbaren Grenze nichtig.[406]

Anders als in der klassischen Moderne tritt bei Foucault durch den Tod Gottes nicht die Welt in ihrer reinen Weltlichkeit, Ursprünglichkeit und damit bestimmenden Stellung hervor. Ebensowenig wie die Unendlichkeit Gottes schlechthin negiert wird, erscheint die Welt in einfacher endlicher Positivität. Auch sie unterliegt dem unendlichen Urteil. Damit wird ihre feste, weil begrenzte Existenz aufgelöst.

> „Der Tod Gottes gibt uns nicht einer begrenzten [limité] und positiven Welt zurück, sondern einer Welt, die sich in der Erfahrung der Grenze [limite] auflöst, sich in demjenigen Exzess hervorbringt und zerstört, welcher sie überschreitet [se fait et se défait dans l'excès qui la transgresse]" (Préface à la transgression, DÉ 1,236; Vorrede zur Überschreitung, S 1,323).

Der Tod Gottes nimmt unserer Existenz die Grenze des Grenzenlosen. An die Stelle der einen und absoluten Grenze, welche Gott von der Welt trennt, treten nun die unendlich vielen Grenzen und Begrenzungen in der Welt selbst. Ja mehr noch, die Welt verliert ihr Außen, und die maßgebliche Grenze verläuft nun durch das Innere der Welt selbst.[407] Die Welt selbst hat nach dem Verlust der absoluten Grenze „keine Objekte, keine Wesen und keine Räume mehr, die sich entweihen (profaner) lassen"[408]. Die Sexualität bietet nach Foucault vielleicht die einzige Möglichkeit der Grenzziehung, da sie als der einzige absolut universelle Inhalt des Verbotes in Erscheinung tritt. Sie bildet die „Grenze unseres Bewusstseins", die „Grenze des Gesetzes", die „Grenze der Sprache".[409] Dabei ist die Sexualität selbst „denaturalisiert". Sie ist kein Naturphänomen, sie ist nicht die Verbindung der Menschen mit der „glücklichen und profanen Welt der Tiere".

> „[...] sie ist vielmehr ein Riss: nicht um uns herum, um uns zu isolieren oder zu bezeichnen, sondern um die Grenze [limite] in uns zu ziehen und uns selbst als Grenze [limite] zu entwerfen" (Préface à la transgression, DÉ 4,233f.; Vorrede zur Überschreitung, S 1,320f.).

Die Grenze, welche durch die Sexualität bezeichnet wird, verläuft durch das Innere des Menschen, ja der Mensch ist selbst die Grenze, weil sich in ihr sein elementarer und prinzipieller Wille ausspricht: Ich begehre, also bin ich.

Foucault grenzt seine Ökonomie des Begehrens von der dialektischen Ökonomie des „arbeitenden" und produzierenden Menschen ab, wie er gegen Ende des 18. Jahrhunderts die Bühne der Weltgeschichte betrat. Sowohl die metaphysische Produktivität der göttlichen Natur, die Hegel denkt, als auch die weltliche Produk-

---

bluten lassen muss, bis ein ‚immenses, im Schweigen ohne Ende verlorenes Hallelujah' hervorquillt (das ist die Kommunikation)."
Hier starke Abweichungen v. d. dt. Übersetzung in S 1.

[406] Préface à la transgression, DÉ 1,237 (Vorrede zur Überschreitung, S 1,325).

[407] Préface à la transgression, DÉ 1,235 (Vorrede zur Überschreitung, S 1,322).

[408] Préface à la transgression, DÉ 1,234 (Vorrede zur Überschreitung, S 1,321).

[409] Préface à la transgression, DÉ 1,233f. (Vorrede zur Überschreitung, S 1,320).

tivität des mit Marx gedachten Menschen habe einer Dialektik von Bedürfnis und Befriedigung, Konsum und Produktion gehorcht, die sich allein am Vorbild des Hungers ausgerichtet habe.[410] Es zeigt sich, dass Foucault nicht die eigentümliche „Befriedigung" denkt, welche das Hegelsche System kennt, in dem der Trieb des Begreifens im absoluten Wissen an sein Ende kommt. Foucault hat ausschließlich die modern-anthropologische Fassung des Triebs im Blick, der im Hunger als „anthropologischem Minimum" seine Matrix besitzt. In der unendlichen Abfolge von Hunger und Sättigung findet auch der seiner ursprünglichen Produktivkraft enteignete Arbeiter die einzige ihm angemessene Befriedigung. Bei Marx und bei Nietzsche charakterisiert die „Ewige Wiederkehr des Gleichen" die Erfüllung des elementaren vitalen und bestimmenden Willens. Dieser noch immer naturalistischen Sicht von Trieb und Begehren setzt Foucault die „Kategorien der Verschwendung, des Exzesses, der Grenze und der Überschreitung" entgegen.[411] In ihnen ereignet sich „die eigentümliche und irreduzible Form dieser verbrauchenden und verzehrenden Verrichtungen ohne Wiederkehr."[412] An die Stelle des Willens zur Ewigen Wiederkehr des Gleichen, weil Identischen, tritt der Wille zum endlos Anderen, weil Differenten. Das Begehren ist der Wille zur Überschreitung als Überschreitung, der nackte Trieb zum Anderen. Die mit Foucault gedachte Sexualität verkörpert genau diesen endlosen Trieb. Die Geistigkeit und die Fleischlichkeit des Menschen vermischen sich in ihr. Sie begehrt den Andern in seiner Geist-Leiblichkeit. Die Sexualität steht ebenso für die Produktivität des Menschen, wie sie den „kleinen Tod", die partielle Auslöschung des Menschen bezeichnet. Sie tritt an die Stelle der mit Nietzsche gedachten dionysischen „doppelten Wollust" des Schaffens und Zerstörens, insofern sie die Grenze zwischen dem Ich und dem Anderen permanent überschreitet. Sie zielt auf die Überschreitung der Grenze als solcher.[413] In der Erfahrung der Sexualität konstituiert sich der Mensch zugleich als das Wesen der Limitation und der Transgression, ohne dass ein Wesen des Menschen oder ein Subjekt durch diesen Willen zur Be-Entgrenzung entstehen würde. „Das philosophische Subjekt ist aus sich selbst herausgeworfen worden."[414] Rein auf der Grenze erhält sich das Leben als permanente Überschreitung.

Das Begehren, die Transgression, ist die reinste Erfahrung des Außen.[415] Jenes Außen bezeichnet die Leere, welche der Tod Gottes hinterlassen hat. Im unvermittelten Übergang vom Einen zum Anderen, von Funktion zu Argument, von Subjekt zu Prädikat wird die Abwesenheit jenes Dritten erfahren, das sich der Erfahrung der Moderne seit deren Beginn im Schopenhauerschen Abgrund des Willens entzogen hat. Jedoch verliert der Abgrund der Welt seine Abgründigkeit. Es wird – mit

---

[410] Préface à la transgression, DÉ 1,248 (Vorrede zur Überschreitung, S 1,339).
[411] Ebd.
[412] Ebd.
[413] Préface à la transgression, DÉ 1,248 (Vorrede zur Überschreitung, S 1,339f.).
[414] Préface à la transgression, DÉ 1,245 (Vorrede zur Überschreitung, S 1,335).
[415] Vgl. Deleuze: Foucault 134.

Derrida gesprochen – als Spur des Verlöschens der Spur erfahren. Der Drang, die ursprüngliche Differenz zu überschreiten, tritt in verschiedenen Konstellationen auf. Er hat verschiedene Namen:

> „Die Anziehung [attirance] ist für Blanchot ohne Zweifel das, was für Sade das Begehren [désir], für Nietzsche die Gewalt [force], für Artaud die Materialität des Denkens, für Bataille die Transgression ist: die reine und nackteste Erfahrung des Außen" (La pensée du dehors 525; Denken des Außen 679 f.).

b) Die Geschichtlichkeit der Erfahrung des Außen

Die „Erfahrung des Außen" ist ein Denken, das erst in einem bestimmten geschichtlichen Kontext erscheinen kann. Foucault stellt die Vermutung an, das Denken des Außen trete zum ersten Mal im Umfeld des neuplatonischen Denkens im frühen Christentum auf. „Man kann wohl annehmen, daß es aus jenem mystischen Denken geboren wurde, das seit den Texten des Pseudo-Dionysius an den Rändern des Christentums herumgeschlichen ist. Vielleicht hat es nahezu ein Jahrtausend in den Formen einer negativen Theologie überdauert."[416] Damit wäre die Erfahrung des Außen im Umfeld auch des Augustinischen Denkens anzusiedeln, doch macht Foucault in aller Deutlichkeit klar, dass die Verwandtschaft zur negativen Theologie keineswegs sicher ist. Denn in dieser trete zwar das Denken in der Ekstase aus sich heraus, aber doch nur um sich am Ende in der „blendenden Innerlichkeit" eines Denkens, das wirklich Sein und Wort ist, zu sammeln und wiederzufinden.[417] Die christlich-mystische Zerstreuung in die Differenz führe schließlich wieder in die Identität zurück. Der Verlust aller Gegenwart im Nichts Gottes ende wieder im Bei-sich-Sein des Denkens. Damit nimmt Foucault die spätere Abgrenzung Derridas von aller negativen Theologie vorweg.[418] Aber nicht nur die innere Gegenwart und Einheit werden abgelehnt, auch die Absolutheit der Transzendenz perhorresziert das Denken des Außen. Dessen Außen bleibt eine Zerstreuung in Raum, Fleisch, Zeit, Sprache. Sie kennt kein absolutes Schweigen Gottes, „vor jedem Wort und unter jedem Schweigen liegt: das unaufhörliche Geriesel der Sprache."[419]

Für weniger abenteuerlich als die Herkunft aus neuplatonischer Mystik hält Foucault die Annahme, dass der „erste Riss", an dem das Denken des Außen und damit seine Bestimmung des Menschen „für uns" ans Licht gekommen sei, der „endlose Monolog" des Marquis de Sade ist.[420]

---

[416] La pensée du dehors, DÉ 1,521 (Das Denken des Außen, S 1,674).

[417] La pensée du dehors, DÉ 1,521 (Das Denken des Außen, S 1,674).

[418] La pensée du dehors, DÉ 1,537 (Das Denken des Außen, S 1,693): „Trotz einiger Anklänge ist man hier sehr weit von jener Erfahrung entfernt, in welcher sich gewisse Leute zu verlieren pflegen, um sich wiederzufinden. In der ihr eigenen Bewegung sucht die Mystik – auch wenn sie die Nacht durchschreiten muss – zur Positivität einer Existenz zu finden, indem sie ihr gegenüber eine diffizile Kommunikation eröffnet."

[419] La pensée du dehors, DÉ 1,537 (Das Denken des Außen, S 1,694).

[420] La pensée du dehors, DÉ 1,521 (Das Denken des Außen, S 1,674).

„In der Epoche von Kant und Hegel, im Moment, wo die Verinnerlichung des Gesetzes der Geschichte und der Welt niemals gebieterischer vom abendländischen Bewusstsein eingefordert wurde, lässt Sade als gesetzloses Gesetz der Welt nur die Nacktheit des Begehrens gelten" (La pensée du dehors, DÉ 1,521; Das Denken des Außen, S 1,674).

Foucault lässt die Genealogie des Begehrens als der Maßgabe des Menschen, die untrennbar mit dem Tod Gottes verbunden ist, in einer kühnen Linie von de Sade über Hölderlin, Nietzsche, Mallarmé, Artaud, Blanchot, Klossowski schließlich zu Bataille führen.[421]

Die eigentümliche Logik der Transgression hat nach Foucault ein Äquivalent in der Kantischen Unterscheidung zwischen dem *nihil negativum* und dem *nihil privativum*. Der Sache nach jedoch hat sie – wie hier immer wieder gezeigt wurde – mehr Ähnlichkeit mit Kants Lehre von unendlichem Urteil und Limitation bzw. mit deren spezifisch postmoderner Transformation. Dies wird deutlich, wenn Foucault die Entwicklung der Logik der Transgression bei Blanchot beschreibt. *Von der Logik einer „affirmation, qui n'affirme rien" sieht Foucault die zeitgenössische Philosophie insgesamt bestimmt*:

> „Diese Philosophie der nicht-positiven Bejahung, das heißt der Erprobung der Grenze [épreuve de la limite], hat, glaube ich, Blanchot durch das Prinzip der Bestreitung definiert. Es handelt sich dabei nicht um eine verallgemeinerte Verneinung, sondern um eine Bejahung, die nichts bejaht" (Préface à la transgression, DÉ 1,238; Vorrede zur Überschreitung, S 1,327).

Mit der „Bestreitung" (contestation) der Position und Negation, d. h. mit der unendlichen Limitation hat sich das Denken an die Grenze von Ja und Nein begeben. Hier klafft die Differenz von These und Antithese, die nicht mehr in eine Synthese aufgehoben werden kann, sondern die sich ins Unendliche verschiebt. Das dialektische Denken, das seit Sokrates die Gegensätze im Subjekt aufhebe,[422] ist damit verabschiedet. In einer gewissen Parallele zu Heideggers Versuch, im frühesten griechischen Denken „den anderen Anfang" zu finden, drängt auch Foucault in die vorsokratische Philosophie, jedoch nicht um dort die Erfahrung des Seins zu machen, sondern um „sich den Möglichkeiten einer nicht-dialektischen Sprache zu nähern."[423] Nicht das Ende der Philosophie sieht Foucault gekommen, sondern die Zukunft der „Erfahrung der Überschreitung. Vielleicht wird sie eines Tages ebenso entscheidend für unsere Kultur und ebenso vergraben in ihrem Boden erscheinen wie unlängst noch für das dialektische Denken die Erfahrung des Widerspruchs."[424]

Noch einmal steht Nietzsche, genauer noch Nietzsches Bestimmung des Menschen der Zukunft, an der Schaltstelle zum nicht-dialektischen Denken der Transgression und des Außen. Gerade auch Dionysos, der Übermensch und die Ewige

---

[421] La pensée du dehors, DÉ 1,521 f. (Das Denken des Außen, S 1,675 f.), auch Préface à la transgression, DÉ 1,238–240 (Vorrede zur Überschreitung, S 1,326–328).

[422] Préface à la transgression, DÉ 1,243 (Vorrede zur Überschreitung, S 1,333).

[423] Préface à la transgression, DÉ 1,241 (Vorrede zur Überschreitung, S 1,330).

[424] Préface à la transgression, DÉ 1,236 (Vorrede zur Überschreitung, S 1,324).

Wiederkehr des Gleichen haben uns – so Foucault – aus dem „Schlummer, gemischt aus der Dialektik und der Anthropologie"[425], erweckt. Doch sieht Foucault klar und deutlich, dass der Nietzscheanischen Bestimmung des Menschen in seiner eigenen geschichtlichen Gegenwart der Grund entzogen ist. Nietzsches tragische Gestalten können nicht wachgehalten werden.[426] Der Primat der Sprache der Differenz und die darin liegende Erfahrung des Außen selbst sprechen vom Entzug auch noch der Substitution des göttlichen Willens durch den Willen zur Macht bei Nietzsche. Dem dionysischen Willen zur Macht, der in der Weltlichkeit der Welt gründet, wird durch die nicht-dialektische Sprache der Lebensgrund entzogen. Nietzsches dionysisches Ja zur Welt und Nein zum Gott am Kreuze verliert durch das „Ni l'un, ni l'autre"[427] sein logisches Fundament. Doch führt eben diese limitative Unentschiedenheit auch noch dazu, dass die Verabschiedung Gottes verabschiedet wird. Der geschichtliche Unterschied, den die Zukunft der nicht-dialektischen Sprache macht, wird seinerseits limitiert, mit Derrida gesprochen, dekonstruiert.

> „Man muss wohl eines Tages die Souveränität dieser Erfahrungen anerkennen und sich die Aufgabe stellen, sie zu begrüßen: nicht dass es sich dabei darum handelt, ihre Wahrheit zu befreien – eine lächerliche Anmaßung bezüglich dieser Worte, die für uns Grenzen [limites] sind –, sondern um ausgehend von ihnen endlich unsere Sprache zu befreien" (Préface à la transgression, DÉ 1,240; Vorrede zur Überschreitung, S 1,328 f.).

c) Die nicht-dialektische Sprache der Sexualität

Die Sexualität tritt an den Ort des ursprünglich bestimmenden Willens und der ursprünglichen Kreativität heran, und sie tut dies als denaturalisierte, d. h. als gesprochene. Einzig und allein „als gesprochene und in dem Maße, wie sie gesprochen ist", wird die Sexualität für unsere Kultur entscheidend.[428] Das Auftauchen der Sexualität markiert „als fundamentales Problem das Gleiten von einer Philosophie des arbeitenden Menschen" der Moderne zu einer „Philosophie des sprechenden Seins" der Postmoderne. Die Philosophie ist nun nicht mehr sekundär im Verhältnis zur Welt der Arbeit, sondern sekundär zur produktiven Sprache, zur Sprache der Sexualität.[429] Die Sexualität spricht und wird gesprochen.

> „Ab dem Tag, als unsere Sexualität begann zu sprechen und gesprochen zu werden, hörte die Sprache auf, der Moment der Enthüllung des Unendlichen zu sein; in ihrer Dichte

---

[425] Ebd.

[426] Ebd.

[427] La pensée du dehors, DÉ 1,537 (Das Denken des Außen, S 1,693).

[428] Préface à la transgression, DÉ 1,248 (Vorrede zur Überschreitung, S 1,339): „Die Entdeckung der Sexualität, der Himmel der unbestimmten Unwirklichkeit [irréalité indéfini], in den Sade sie seit Beginn des Spiels platziert hatte, die systematischen Formen des Verbots, in denen man sie jetzt gefangen weiß, die Überschreitung, deren Gegenstand und Instrument sie in allen Kulturen ist, zeigen in einer recht gebieterischen Weise die Unmöglichkeit auf, der höheren Erfahrung, die sie für uns konstituiert, eine Sprache wie die tausendjährige der Dialektik zu verleihen."

[429] Ebd.

machen wir seither die Erfahrung der Endlichkeit und des Seins. In ihrer dunklen Bleibe begegnen wir der Abwesenheit Gottes und unserem Tod, den Grenzen [limites] und ihrer Überschreitung" (Préface à la transgression, DÉ 1,249; Vorrede zur Überschreitung, S1,340f.).

Die Sprache der Sexualität erscheint mit dem Tod Gottes. Sie enthüllt nicht mehr die Unendlichkeit des Seins Gottes, sondern die Endlichkeit des Seins der Sprache selbst und mithin des Sprachwesens Mensch. Der bestimmende Wille, der sich hier an Stelle des göttlichen Willens ausspricht, erscheint erstlich als sexuelles Verbot: Du sollst nicht begehren! Jedoch nicht nur ruft das Verbot erst das Begehren hervor, auch das Überschreiten des Gebots ist notwendige Folge der ursprünglichen Grenzziehung. Erst durch diese Funktion kommt der Sexualität universale Geltung zu.[430] Die sprechend-gesprochene Sexualität tritt ebenfalls an die Stelle der Kreativität Gottes. Durch ihren Anspruch wird der Mensch als bestimmter hervorgerufen. Indem ich mein Begehren vernehme, erwacht meine Vernunft, indem ich mein Begehren ausspreche, konstituiere ich mich als Individuum. Ich spreche, also bin ich.[431]

Die Sexualität hat ihren Ort an der Grenze zwischen bestimmendem und bestimmtem Willen, zwischen Hervorbringendem und Hervorgebrachtem. Foucault nennt das Auftauchen der Sexualität in unserer Kultur „ein Ereignis von multiplem Wert".[432] Sie ist erstens an die „ontologische Leere" an den Grenzen unseres Denkens gebunden, welche der Tod Gottes hinterlassen hat. Die „Sprache der Sexualität" tritt als „Souverän" an den Ort der Abwesenheit Gottes heran, an den sich „alle unsere Gesten" wenden, um ebenso zu profanieren wie auch zu beschwören.[433] Das „Heilige" wird in seiner „leeren Form wieder zusammengesetzt".[434] Im Grund (au fond) der Sexualität, im Grund ihrer unbegrenzten Bewegung und im Grund der Reden (discours) über Gott „zeichnet sich eine einzigartige Erfahrung ab: die Erfahrung der Überschreitung."[435] Das Gemeinsame ist hierbei das leere Außen der Sprache, welches erfahren wird. Dabei ist die Leere nicht rein im Sinne einer absoluten Negativität, sondern lediglich die Transgression und Limitation als solche können in diesem Kontext in ihrer Reinheit erscheinen. Die Leere, welche hier nicht mehr wie im modernen Kontext als der Abgrund, das Fehlen der Weisheit, weil der Bestimmung des Menschen empfunden wird, erscheint an der Stelle der Copula des metaphysischen Urteils. Der Unterschied zwischen dem Einen und dem Anderen ist nicht mehr durch den Grund vermittelt. Das Fehlen der maßgeblichen, unüberschreitbaren Grenze führt dazu, dass Subjekt und Prädikat, genauer Funktion und Argument, ihren Ort wechseln können. Genau dieses Wechseln bezeichnet das

---

[430] Préface à la transgression, DÉ 1,248 (Vorrede zur Überschreitung, S 1,340).

[431] La pensée du dehors, DÉ 1,518ff. (Das Denken des Außen, S 1,670–673).

[432] Préface à la transgression, DÉ 1,248 (Vorrede zur Überschreitung, S 1,340).

[433] Préface à la transgression, DÉ 1,234 (Vorrede zur Überschreitung, S 1,321).

[434] Ebd.

[435] Préface à la transgression, DÉ 1,236 (Vorrede zur Überschreitung, S 1,324).

Flimmern und Schillern (scintiller) am Ort jener Leere. [436] Die Sprache der Sexualität „etabliert in dieser Leere ihre Herrschaft [souveraineté], indem sie als Gesetz Grenzen aufstellt, die sie überschreitet" [437].

Die Sexualität ist somit zweitens an ein Denken gebunden, „in dem das Fragen [interrogation] nach der Grenze an die Stelle einer Suche nach der Totalität tritt und in der die Geste der Überschreitung die Bewegung [mouvement] von Widersprüchen ersetzt" [438]. Darin liegt der Abstoß von der umfassenden Totalität des metaphysischen Begriffs, aber mehr noch der in Kontinuität damit gesehenen weltlichen Erscheinung der Totalität im Totalitarismus der politischen Systeme sowie der wissenschaftlichen Ansprüche und deren lebensweltlichen Verwirklichungen in den gesellschaftlichen Institutionen. Darin liegt auch die Substitution einer dreigliedrigen metaphysischen Logik von Subjekt, Medium (Copula) und Prädikat, welche in Gegensätzen, ja Widersprüchen denkt, die in Einheiten aufgehoben werden. Die Antithesis oder die Negation wird in der klassischen Logik negiert und damit sowohl bewahrt als auch auf eine höhere Stufe gehoben. In der zweiwertigen Logik der nachmetaphysischen Moderne und mehr noch in der Logik der modernen Ideologien bedeutet die Negation der Negation die Auslöschung jedweder Opposition, die Vernichtung des Abnormalen, Abweichenden, kurz den Holocaust der Anderen, in Szene gesetzt durch „die Bewegung" des Faschismus und Kommunismus. Der Habitus einer weltlichen, zuhöchst politischen „Bewegung" wird nun ersetzt durch eine „Geste", welche ihrerseits ein körper-sprachliches Zeichen ist. An der Grenze von Außen und Innen, Körper und Seele erscheint die Sexualität als Signum der Transgression. In der Logik der Transgression wird die Synthese durch eine unendliche Limitation und Überschreitung substituiert und damit das „Denken von jeder dialektischen Sprache befreit". Die Grenze zwischen Ja und Nein, These und Antithese wird nicht aufgehoben, sondern sie wird porös, durchlässig für die Überschreitung. [439]

Schließlich ist drittens das Auftauchen der Sexualität an eine „Infragestellung der Sprache durch sich selbst gebunden, in einer Zirkularität [...]" [440]. Die Zirkularität der Sprache zeigt sich im Kreiseln von Zeichen und Bezeichnetem. Die „zirkuläre Sprache" verweist auf sich selbst und zieht sich auf eine Infragestellung ihrer Grenze

---

[436] Préface à la transgression, DÉ 1,234 (Vorrede zur Überschreitung, S 1,321): „Diese [die Überschreitung] – in dem Raum, den unsere Kultur unseren Gesten und unserer Sprache gibt – schreibt nicht die einzige Art vor, das Heilige [sacré] in seinem unmittelbaren Gehalt zu finden, sondern es in seiner leeren Form wieder zusammenzusetzen, in seiner Abwesenheit, die eben dabei schillernd gemacht wird." Siehe hierzu auch La pensée du dehors, DÉ 1,539 (Das Denken des Außen, S 1,696).
Zum Wechseln der Stellen von Funktion und Argument siehe hier Einleitung und Scheier: Nur noch die Spur der Spur? 48.

[437] Préface à la transgression, DÉ 1,236 (Vorrede zur Überschreitung, S 1,324).

[438] Préface à la transgression, DÉ 1,248 (Vorrede zur Überschreitung, S 1,340).

[439] Vgl. dazu Derrida: Apories. Mourir – s'attendre aux ‚limites de la vérité', Paris 1996. Bis in das Spätwerk Derridas hinein erhält sich der logische Grundzug der Postmoderne, ja, er tritt erst bei Derrida in aller logischen Reinheit hervor. Dazu C.-A. Scheier: Aporien oder die poröse Moderne, in: V. Borsò, B. Goldammer (Hgg.): Moderne(n) der Jahrhundertwenden, Baden-Baden 1999, 57–69.

[440] Préface à la transgression, DÉ 1,236 (Vorrede zur Überschreitung, S 1,324).

zurück.[441] Nicht dass es keine Differenz von Innen und Außen gäbe, wohl aber wird das Außen verinnerlicht und das Innere veräußerlicht. Deshalb kann auch der Sprecher dieser Sprache nicht von der Innerlichkeit eines Gottes oder eines Subjekts sein. Die vormalige Sammlung der Innerlichkeit wird zerstreut.

> „Der Zusammenbruch der philosophischen Subjektivität, ihre Zerstreuung ins Innere einer Sprache, die sie enteignet, aber im Raum ihrer Lücke vervielfältigt, ist wahrscheinlich eine der fundamentalen Strukturen des zeitgenössischen Denkens" (Préface à la transgression, DÉ 1,242; Vorrede zur Überschreitung, S 1,332).

In der Lücke, welche das verschwundene Subjekt hinterlassen hat, tut sich eine Leere auf, „in der sich eine Vielzahl sprechender Subjekte verbinden und wieder lösen, kombinieren und ausschließen."[442] Im Herzen der „entdialektisierten Sprache" weiß der Philosoph, „ ,dass wir nicht alles sind'. Er begreift, dass der Philosoph nicht wie ein geheimer und all-sprechender Gott die Totalität seiner Sprache bewohnt. Er entdeckt, dass es neben ihm eine Sprache gibt, die spricht und deren Meister er nicht ist."[443] Die Sprache des Außen wird von niemandem gesprochen. Jedes Subjekt bezeichnet darin nur eine „grammatikalische Falte".[444] In der Falte berührt sich das Innen und das Außen, das Eine und das Andere, doch derart, dass beide in ihrer Stofflichkeit, das heißt hier Sprachlichkeit, übereinkommen.

Die Transgression des Unterschieds von Innen und Außen führt auch zur Subversion der Grenze von Reflexion und Fiktion, von Wissenschaft und Dichtung. Jede innere Gewissheit der Wissenschaft wird in Frage gestellt. Darin manifestiert sich die eigentümliche Produktivität der sexuierten Sprache selbst. Sie bringt einerseits ihren Gegenstand hervor und weiß sich andererseits selbst als materielle Sache. Unfähig, eine äußere gegebene Positivität zu finden, kann sie auch nicht diese Positivität des Außen negieren. Sie muss bereit sein, „sich im bloßen Geräusch aufzulösen, in der unmittelbaren Negation des von ihr Gesagten, in einem Schweigen, das nichts von der Innerlichkeit eines Geheimnisses hat, sondern reines Außen ist, in dem die Worte sich endlos abspulen".[445] Die Negation wird nicht dialektisch eingesetzt. Während nach Foucault eine dialektische Negation das Negierte in die unruhige Innerlichkeit des Geistes hineinbringt, verharrt die nichtdialektische Negation an der Grenze von Innen und Außen. Die Sprache negiert in einer unendlichen Limitation ihr eigenes Gesagtes und schließlich jede Möglichkeit, etwas auszudrücken. „Nicht Reflexion, sondern Vergessen, nicht Widerspruch, sondern Bezweifeln, das auslöscht; nicht Versöhnung, sondern Wiederholung; kein Geist auf der rastlosen Suche nach seiner Einheit, sondern endlose Erosion des Außen. Keine endlich aufscheinende Wahrheit,

---

[441] Préface à la transgression, DÉ 1,244 (Vorrede zur Überschreitung, S 1,334).
[442] Préface à la transgression, DÉ 1,242 (Vorrede zur Überschreitung, S 1,332).
[443] Préface à la transgression, DÉ 1,242 (Vorrede zur Überschreitung, S 1,331).
[444] La pensée du dehors, DÉ 1,537 (Das Denken des Außen, S 1,693).
[445] La pensée du dehors, DÉ 1,523 (Das Denken des Außen, S 1,677).

sondern das endlose Geriesel und die Verlorenheit eines Sprechens, das immer schon begonnen hat"[446].

Doch auch diese Wahrheit ist nicht schlechthin objektiv gegeben, sie weiß sich selbst als Fiktion. Sie weiß sich als Grenze von gegebener Wahrheit und hergestellter Illusion, von science und fiction. Viele Wahrheiten erscheinen hier, doch weiß sich Foucault stets gedrängt, sich selbst ein anderer zu werden, sich selbst zu transgredieren. Foucault weiß, dass er selbst als zufälliges historisches Individuum nicht der letzte Sprecher seiner Wahrheit ist. Er weiß sich eingebunden in einen endlosen Text, zu dessen Eigenschaften die „wechselseitige Transparenz des Anfangs und des Todes gehört"[447]. Endlos werden Anfänge gemacht, endlos ereignet sich das „Außen des Todes", zu dessen Wesen das Vergessen gehört. Dieses Außen hat aber keine Grenze im Ganzen, „von der aus endlich die Wahrheit sichtbar werden würde." Es rückt nicht der eine Anfang (ἀρχή) in den Blick, welcher die Weisheit ist. Die Lauterkeit dieses an-archischen Denkens besteht darin, sich der faktischen Wahrheitslosigkeit der zeitgenössischen Welt und der gegenwärtigen Sprache zu stellen – in aller Radikalität. Die Leere, welche die Weisheit hinterlassen hat, wird als solche ausgehalten und gerade nicht wie in der ideologisierten Moderne eigenmächtig substituiert. Das bleibende Verdienst Foucaults ist es, gegen die totalitären Versuche, den Willen Gottes als Bestimmung durch den Willen des Menschen zu ersetzen, Widerstand zu leisten. Er ist einer absoluten weltlichen Bestimmung des Menschen im Sinne der modernen Ideologien ebenso entgegengetreten, wie einer absoluten sprachlichen Bestimmung durch die weltweit entfesselte Macht des grundlosen Wohlwollens eines sich verabsolutierenden Staates und seiner Herrschaftstechniken sowie einer unbegrenzten und pausenlosen Normierung des Denkens vor allem durch die Macht der Medien. Foucault konnte an seinem geschichtlichen Ort jedoch nicht anders, als die Totalitarismen seiner und letztlich auch unserer geschichtlichen Gegenwart als die Erben und Nachfahren der theologischen Geschichte des Abendlandes zu deuten. Die freilassende und kritische Potenz der christlichen Weisheit musste ihm ebenso verborgen bleiben wie die Herkunft der Totalitarismen aus der Gärung im Ende der Moderne. Die befreiende christliche Weisheit wurde Foucault auch durch die Tendenzen zur Ideologisierung innerhalb des Christentums selbst verstellt. Denn auch das Christentum konnte sich nicht der anti-metaphysischen Dynamik der Moderne entziehen. Im Versuch, sich seinerseits von der Moderne abzugrenzen, geriet es im Verlaufe des 19. und frühen 20. Jahrhunderts selbst in die Versuchung, seine eigene (über)metaphysische Wahrheit zu ideologisieren – sei es nach Art einer modernen Weltanschauung, sei es durch metaphysische Regression. Foucaults eigener, postmoderner Gedanke erreicht seinerseits weder das Wesen der Metaphysik noch die Wahrheit der christlichen Weisheit. Sie bleiben ihm durch die Erfahrung der Moderne verstellt. Vor allem Nietzsches, aber auch Marxens, Husserls und Heideggers Sicht auf die Metaphysik blieben für ihn prägend.

---

[446] Ebd.
[447] La pensée du dehors, DÉ 1,539 (Das Denken des Außen, S 1,696).

B. NIETZSCHE

Die Foucaultsche Unterscheidung des Menschen von sich selbst hat ihren eigentlichen Ort innerhalb der dritten, ethischen Phase seines Werkes. Foucault reflektiert hier explizit auf die offene Selbstgestaltung des Menschen. Den „Technologien des Selbst" liegt wesentlich ein „unendliches Urteil" zugrunde. Ein „Subjekt" wird sich durch den Ausschluss einer ins Unendliche gehenden Vielfalt von möglichen gegebenen Bestimmungen des Menschen ein anderes. Diesem stets offenen Sich-anders-Werden durch eine endlose „Selbstbestimmung" eignet ein an-archischer Grundzug. Die Erfahrung der Grundlosigkeit verunmöglicht nicht nur die Annahme einer bleibenden und verbindlichen Bestimmung, sondern auch noch die eines bleibenden, mit sich identischen Selbst. Das „Selbst" erfährt sich in einem unendlichen Wandel begriffen und weiß um die Unabschließbarkeit der Veränderung. Damit sind auch eine einmalige Krise des Menschen und eine Bekehrung im überkommenen Sinn ausgeschlossen, vielmehr bedeutet Unterscheidung des Menschen von sich selbst hier die unendliche Folge von Konversionen und Aversionen.

So sehr sich Foucault auf Nietzsche beruft, so sehr es in der Tat eine Fülle von Analogien gibt, so sehr gilt hier Nietzsches Wort, dass die kleinste Kluft die am schwersten zu überbrückende ist. Nicht *toto coelo*, wohl aber *toto mundo* sind Foucault und Nietzsche geschieden. Sie sind genau um jene Totalität der Welt verschieden, die Nietzsche als die andere Welt, als die künftige Welt des Übermenschen erwartet. Diese Welt wird für den Menschen in seinem Wesen zur Bestimmung, zum Schicksal. Anders als Foucault kennt Nietzsche sehr wohl eine einmalige geschichtliche Krise, welche eine einmalige Unterscheidung des Menschen von sich selbst bedeutet. Nietzsche weiß sich so sehr in der Mitte der Welt der Moderne, dass mit seinem Wirken die Geschichte dieser Welt in zwei Teile bricht. Damit entspricht die Logik der Konversion bei Nietzsche nicht mehr dem unendlichen, sondern dem *negativen Urteil*. Negiert wird die christliche Bestimmung des Menschen. Der Totalität der bisherigen Welt und ihrer Wertschätzungen steht die künftige Welt gegenüber, die aus der „Umwertung aller Werte" hervorgeht. Insofern für Nietzsche die bisherige Welt durch die Wertschätzung, d. h. die Moral des Christentums geprägt ist, lautet das Signum der Nietzscheschen Besinnung: „Dionysos gegen den Gekreuzigten". Während das Christentum für Foucault letztlich *gleichgültig* war, er es im Wesentlichen als eine überwundene Gestalt der Moral betrachtete, ist es für Nietzsche *der* weltgeschichtliche Gegner, den es zu überwinden gilt. *Bekehrung* bedeutet mithin:

den alten – christlich bestimmten – Menschen ablegen, um zum neuen Übermenschen zu werden, im Vorblick auf die drei Verwandlungen des Geistes im Zarathustra: Überwindung des „Du sollst" durch das „Ich will" und schließlich durch das „Es spielt". Der durch eine Bekehrung von sich unterschiedene Mensch war im Christentum der „Heilige". Bei Foucault erhält sich die Erinnerung an den Heiligen lediglich in der endlosen Transgression der Grenze zwischen dem Heiligen und dem Profanen, in der fortgesetzten Entheiligung, welche eine begrenzte Heiligung voraussetzt, bzw. in den ‚Gegenheiligen' Bataille, Blanchot u. a. Weder der Heilige, noch der Gegenheilige können zu einer Vollendung finden. Anders bei Nietzsche; ihm erscheinen „die Heiligen als die *stärksten Menschen* (durch Selbstüberwindung und Freiheit und Treue)" (1885/6; 12,41,4 f.). Der Heilige im christlichen Sinn (M 6,331) als derjenige, der den Willen Gottes erfüllt, wird für Nietzsche zum abzustoßenden „asketischen Ideal" (GM 5,339), dem er ein „Gegen-Ideal" (EH 6,353) entgegensetzen kann – Zarathustra, den Inbegriff des Übermenschen[1]. In diesem erhält sich hier der Gedanke der Vollendung.

Die Bestimmung ex negativo, nämlich die Gegnerschaft zum Christentum, trägt Nietzsches Gedanken eine Einheitlichkeit und Geschlossenheit ein, die Foucault fremd bleiben musste.[2] So ist es möglich, Nietzsches Besinnung auf das neu zu bestimmende Wesen des Menschen als *ein* Ganzes aus Bestimmung, Sache und Denken darzustellen. Auch seine Gedankenentfaltung lässt drei Phasen erkennen,[3] die sich allerdings mit diesen drei Termini decken:

Die erste Phase reicht von der „Geburt der Tragödie" bis zur „Fröhlichen Wissenschaft". Dieser Phase eignet der Charakter einer vorbereitenden Diagnostik. Ihr Resultat ist eine Vorzeichnung dessen, was für Nietzsche *Denken* bedeutet. Bereits hier wird das *Wissen* auf ein „Glauben" zurückgenommen, wodurch auch dem Willen als der *assensio* zum *cogitatum* des Glaubens zentrale Bedeutung zukommt. Die Form des Denkens ist nicht mehr die Wissenschaft, sondern die Kunst. Die zweite Phase zielt auf eine Ermächtigung des Menschen. Durch eine radikale und neue Selbstbejahung, die eine Selbstunterscheidung beinhaltet, wird ein neuer Typus Mensch geschaffen. „Also sprach Zarathustra" schreibt den Weg derjenigen Unterscheidung des Menschen von sich selbst vor, welche die *Macht* für die Verkündigung des Übermenschen verleiht. Die *Sache* Nietzsches, die in dieser Phase hervorgetrieben wird, ist somit der Mensch, der sich gerade durch die radikale Selbstbejahung von sich unterscheidet und Übermensch wird.

---

[1] Siehe GM 5,337; EH 6,344.

[2] Siehe die Vorrede von 1886 zur „Geburt der Tragödie" von 1872, 1,19,11–18: „*Gegen* die Moral also ... ich hieß sie die *dionysische.*"

[3] Siehe dazu F. Nietzsche: Ecce auctor. Die Vorreden von 1886. Herausgegeben und eingeleitet von C.-A. Scheier, Hamburg 1990, vgl. auch K. Jaspers: Nietzsche, Berlin 1936, 311 ff.; K. Löwith, Nietzsches Philosophie der ewigen Wiederkehr des Gleichen, Stuttgart ²1956, 25 ff.; H. Schoeck: Nietzsches Philosophie des ‚Menschlich-Allzumenschlichen', Tübingen 1948, 10 ff.; E. Biser: ‚Gott ist tot'. Nietzsches Destruktion des christlichen Bewußtseins, München 1962, 17.

„Die Aufgabe für die nunmehr folgenden Jahre war so streng als möglich vorgezeichnet. Nachdem der jasagende Teil meiner Aufgabe gelöst war, kam die neinsagende, neintuende Hälfte derselben an die Reihe: die Umwertung der bisherigen Werte selbst, der große Krieg, – die Heraufbeschwörung eines Tags der Entscheidung" (EH 6,350).

Diese dritte und letzte Phase beginnt mit „Jenseits von Gut und Böse" und endet mit dem Zusammenbruch Nietzsches im Januar 1889. Hier wird die *Bestimmung* entfaltet. Nachdem Nietzsche seine eigene Position gefunden hat, kann er sich auf das zeitgenössische Bewusstsein einlassen und es von Grund auf negieren. Die Ursache dieses Bewusstseins ist gerade das Entfallen des Grundes – Gott ist tot. Insofern sich aber das ‚Heute' Nietzsches dieses Entfallen verhehlt, gerät es in die Unwahrheit. Die Negation der Lüge besagt somit zuerst das Aufdecken des herrschenden Nihilismus und seiner Genealogie. Der Nihilismus hat nach Nietzsche seinen Ursprung in den christlichen Wertschätzungen, will sagen, in der christlichen Moral. Durch diese wurde der Mensch in seinem Wesen, dem *Willen zur Macht*, enteignet. Dieser Wille gehört nicht wie bei Foucault einem aus sprachlichen „modes d'assujettissement" hervorgehenden *sprachlichen* „Subjekt", sondern einem Selbst des Menschen, das zuhöchst und zutiefst *weltlich* bestimmt ist, ja, das die weltliche Bestimmung ist. Der Name, den Nietzsche seiner Bestimmung gibt, lautet „Dionysos". Die höchste Form des Nein-Tuns konkretisiert sich damit in der Verneinung der christlichen Moral, deren Inbegriff der Gott am Kreuz ist: „Dionysos gegen den Gekreuzigten".

Es ergibt sich also für den Bau des Gedankens eine Parallelität der Strukturen bei Nietzsche und Foucault. Dem Denken folgt die Sache, der Sache als Resultat die Bestimmung. Insofern die „Archäologie der Bekehrung" rückwärts voranschreitet, ist auch bei Nietzsche mit der *Bestimmung* zu beginnen. Dieser geht die *Sache* voraus. Der Bau hat seine Basis im *Denk*-Terminus. Auch wenn bei Nietzsche diese Termini mit den Phasen seines Denkens korrespondieren, so enthalten doch alle Phasen Aspekte, Vorzeichnungen, Vertiefungen des Willens, der Macht und des Denkens. So finden sich im Spätwerk beispielsweise auch maßgebliche Antworten zur Frage „Was heißt denken?" und im Zarathustra erscheint bereits an entscheidender Stelle der „Wille zur Macht". Weiterhin ist zu bemerken, dass die ratio terminorum bei Nietzsche eine Kreisbewegung macht; das weltliche Moment des Denkens und das weltliche Moment der Bestimmung berühren sich in der Weltlichkeit des Willens zur Macht. Dies hat seinen Grund in der zentralen Stellung der „Ewigen Wiederkehr des Gleichen". Weil Nietzsche aber seinen Ort nicht in der Sprachsphäre des postmodernen Denkens hat, sondern in der *Welt* der Moderne, beginnt und endet der Bau der „ratio terminorum" eben mit dem *weltlichen* Moment und nicht mit dem sprachlichen wie bei Foucault.

I. Die Moral des ‚Willens zur Macht‘

Die Entfaltung der Foucaultschen Bestimmung ist in seiner *„ethischen"* Phase anzusiedeln. Seine Frage ist die nach einem ‚Ethos‘, einem ‚Wie‘ des Betragens, das stets offen und wandelbar ist. Bestimmend ist hierbei der an-archische *Wille*, nicht regiert zu werden, keinem Prinzip zu unterstehen, freilich ohne einem neuen Ideal von Herrschaftsfreiheit anzuhängen. Bezogen auf stets gegebene, weil unvermeidliche Macht-Verhältnisse ist er subversiv. Die letzte Phase Nietzsches kann analog, doch ex negativo, als *„moralische"* bezeichnet werden. Auch hier wird ein *Wille* bestimmt, der letztlich selbst bestimmend ist. Doch im Gegensatz zum Foucaultschen Willen ist dieser Wille zuinnerst ‚archisch‘[4]. Wie aber kann dieser Wille, wenn der Grund von Allem (ἀρχὴ τῶν πάντων) entfällt, will sagen, Gott tot ist, noch prinzipiell sein? Er kann dies nicht mehr als Grund, wohl aber als Ursprung. Der bestimmende Wille entspringt dem Leben, er ist die Liebe zum Leben, insofern sich dieses stets steigert. Das sich steigernde Leben wird gedacht als Steigerung der Macht. Bestimmend ist also die Liebe zur Macht als Lebenssteigerung, der *Wille zur Macht*.[5] Der Wille zur Macht tritt an die Stelle des Willens Gottes. Im christlichen Kontext gibt der Gotteswille die Bestimmung, wie dies etwa im Vaterunser ausgedrückt ist, wenn es heißt: „Dein Wille geschehe". Der Wille des christlichen Gottes wird in der Gestalt der christlichen Moral zu Nietzsches Widersacher schlechthin, da ihm ein eminent lebensverneinender Zug angesehen wird.

Zwar geht der Wille zur Macht als Prinzip einerseits bereits dem ersten Terminus, nämlich dem Denken, voraus – auch das Denken ist vom Willen zur Macht vorherbestimmt –, jedoch bleibt diese Bestimmung zunächst im Dunkeln. Nietzsche unterliegt bezüglich dieses Sachverhaltes in seiner ersten Phase einem Selbstmissverständnis.[6] So können die inneren Aporien etwa der „Geburt der Tragödie" erst im Licht der Konzeption des Lebens als Wille zur Macht aufgelöst werden.[7] Deshalb entfaltet sich die Bestimmung erst in der Fülle als Resultat des Denkweges Nietzsches. Die Schwierigkeiten, die Nietzsche bis zuletzt hatte, seine Bestimmung zu fassen, zeigen sich auch daran, dass er zunächst ein Werk mit dem Titel „Der Wille zur Macht" geplant hatte, schließlich aber von diesem Vorhaben absehen musste, freilich nicht ohne am Willen zur Macht als Bestimmung des Menschen festzuhalten. Dessen Entfaltung findet sich vor allem in den Werken „Jenseits von Gut und

---

[4] Vgl. GM 5,315,26.

[5] Zur Auseinandersetzung um den „Willen zur Macht" als Prinzip Nietzscheschen Denkens zwischen K. Schlechta, K. Löwith und W. Müller-Lauter siehe W. Müller-Lauter: Nietzsches Lehre vom Willen zur Macht, in: J. Salaquarda (Hg.): Nietzsche, Darmstadt ²1996, 240–244.

[6] R. Loock: Nietzsches dionysische Konzeption des Lebens, in: R. Elm u.a. (Hgg.): Hermeneutik des Lebens. Potentiale des Lebensbegriffs in der Krise der Moderne, Freiburg-München 1999, 65–99, 66f. und 81ff.

[7] M. Fleischer: Dionysos als Ding an sich. Der Anfang von Nietzsches Philosophie in der ästhetischen Metaphysik der ‚Geburt der Tragödie‘, in: Nietzsche-Studien 17 (1988) 74–90, insbes. 88ff.

Böse", „Zur Genealogie der Moral", „Götzendämmerung", „Der Antichrist", „Ecce homo", „Dionysos-Dithyramben" und dem Nachlass aus den Jahren 1884–1889.[8]

Bereits im „Zarathustra", an einer der frühesten Stellen, in welchen Nietzsche vom Willen zur Macht spricht, wird der „Wille zur Wahrheit" auf den „Willen zur Macht" zurückgenommen (Z 4,146,2 f.).[9] Insofern aber der Wille von alters her das „Gute" bzw. das „Böse" zu seinem Gegenstand hat,[10] impliziert diese Rücknahme eine Reduktion der Wahrheit auf Wertschätzungen, welche ihrerseits eine Frage des je eigenen „Schaffens" sind.[11] Mit „Jenseits von Gut und Böse" tritt der Wille zur Macht erstmals in seiner prinzipiellen Stellung ins Offene, ist doch der Wille zur Macht ein Wille zum Guten und zum Bösen.[12] Einerseits entspringt er dem „Fluss des Werdens" (Z 4,146,19 f.)[13], wird von ihm getragen, andererseits ist er aber selbst als „herrschender Wille" (146,25) unabhängig von eben diesem Fluss. Er gleicht einem Nachen, der auf dem Fluss schwimmt. Der Kiel des Nachens bricht die Wellen (147,2).

Der entscheidende Ort, der Ort der Krisis und damit auch der Ort der „Gefahr" (147,4) ist „jener Wille selbst, der Wille zur Macht, – der unerschöpfte zeugende Lebens-Wille" (147,5 f.). Dieser Wille ist das „Herz" des Lebens und die „Wurzel seines Herzens" (147,32 f.), denn „[w]o ich Leben fand, da fand ich Willen zur Macht und noch im Willen des Dienenden fand ich den Willen, Herr zu sein" (148,1 f.). Herr zu sein, ist das Bestreben dieses Willens. Diesen Willen zu wollen ist die Bestimmung des Herrn. Der Wille des Herrn ist die Bestimmung des Menschen, doch handelt es sich hier nicht mehr um den Willen des im Christentum geglaubten Herrn des Himmels und der Erde, sondern um den Willen der „Herren der Erde".[14] Ihr Wille bestimmt bzw. soll bestimmend sein. Er kann dies sein, weil sie zuerst und zuletzt aber Herr über sich selbst sind. Sie sind dies, weil sie sich von sich selbst unterschieden haben. Erst durch die Unterscheidung des Menschen von sich selbst kann der Wille zur Macht an die Stelle des vormaligen christlichen Herrn treten, welcher nicht nur Herr über alles, sondern auch noch über sich selbst in Knechtsgestalt war.[15] Gerade im Willen zur *subiectio* unter den Willen des Vaters wird der Gotteswille für die Menschen bestimmend. Konversion besagt im christlichen Kontext *imitatio Christi*

---

[8] Zur Geschichte des Projektes „Der Wille zur Macht" siehe M. Montinari: Nietzsches Nachlaß von 1885–1888 oder Textkritik und Wille zur Macht, in: J. Salaquarda (Hg.): Nietzsche, Darmstadt ²1996, 323–350. Montinari macht deutlich, dass außer den zahlreichen Textpassagen auch die Kerngedanken des „Willen zur Macht" in diese Werke Eingang gefunden haben, auch wenn der Nachlass „verpflichtendes Erbe" bleibt.

[9] Vgl. JGB 1 (5,15,4).

[10] Siehe Aristoteles: Ethica Nicomachea 1094a.

[11] „Das ist euer ganzer Wille, ihr Weisesten, als ein Wille zur Macht; und auch wenn ihr von Guten und Bösen redet und von den Werthschätzungen. Schaffen wollt ihr noch die Welt, vor der ihr knien könnt: so ist es euere letzte Hoffnung und Trunkenheit" (Z 4,146,11–15).

[12] Siehe JGB 5,55,25–35.

[13] Vgl. JGB 5,54,30 ff.

[14] Z 4,400,15. Vgl. WM 636.

[15] Vgl. Phil 2,7.

als Unterstellung unter den Willen des Vaters. Eben durch diese *subiectio* wird der Mensch selbst Ebenbild Gottes. Die Selbstunterscheidung und Selbstüberwindung, welche nun bei Nietzsche dem Willen zur Macht eigen ist, wurzelt im Wesen des Lebens selbst:

> „Und diess Geheimniss redete das Leben selbst zu mir: ‚Siehe, sprach es, ich bin das, *was sich immer selbst überwinden muss*" (Z 4,148,16 ff.).

Eben weil das Leben an sich selbst vor-vernünftig ist, bleibt seine Stimme für das Denken stets ein Geheimnis. Der bestimmende Wille ist für die Vernunft unergründlich. Als Wille zur Selbststeigerung impliziert er das Zerbrechen des zu Überwindenden.[16] Der Wille zur Macht erscheint als Konstitutivum des Lebens und das Leben als konstitutiv für den Willen zur Macht. Auch noch die Geistigkeit des Willens wurzelt im unvordenklichen Leben und ist Resultat der steigernden Selbstunterscheidung des Lebens.

> „Geist ist das Leben, das selbst in's Leben schneidet: an der eignen Qual mehrt es sich das eigne Wissen, – wusstet ihr das schon"? (Z 4,134,3 ff.).

So erscheint zuerst das Leben als das Vorgängige, Vorgeistige, das seinerseits die drei Formen der Geistigkeit bestimmt, welche an die Plotinisch-Porphyrianischen Hypostasen[17] denken lassen: Seele – Geist – Gott. Zur Gegenbestimmung gegen den christlichen Gott wird der Wille zur Macht unter dem Namen des „Herrn der Seele", der im „Zarathustra" noch namenlos bleibt.[18] Erst in seiner letzten Phase gibt Nietzsche den Namen des „Herren der Seele" als Bestimmung des Menschen preis. Es ist der Name des Gottes, dem er bereits „in aller Heimlichkeit und Ehrfurcht [s]eine Erstlinge[19] dargebracht" (JG 5,238,4 f.) hat:

> „Vergass ich mich soweit, dass ich euch nicht einmal seinen Namen nannte? es sei denn, dass ihr nicht schon von selbst errriethet, wer dieser fragwürdige Geist und Gott ist, der in solcher Weise *gelobt* sein will?" (JG 5,237,28–32).

Erst als „der Gott *Dionysos*, jener grosse Zweideutige und Versucher-Gott" (238,3) erreicht die Bestimmung des Menschen eine Dignität und Konkretion, welche den christlichen Gott ablösen kann, und wie dieser ist jener erster und höchster Gegenstand des Lobens.[20] Loben kann allerdings hier kein dankendes Tun der Wahrheit im Sinne des εὐχαριστεῖν sein, sondern ein Reicher-Werden an sich selbst, ein Sich-selbst-Erneuern, Sich-selbst-Aufbrechen (237,24). Auch Dionysos liebt „den

---

[16] „Nur, wo Leben ist, da ist auch Wille: aber nicht Wille zum Leben, sondern – so lehre ich's dich – Wille zur Macht!" (149,5 ff.).
„Wer ein Schöpfer sein muss im Guten und Bösen, wahrlich, der muss ein Vernichter erst sein und Werthe zerbrechen" (149,18 f.).

[17] Das ἕν hat zwei „Unterstellungen" (ὑποστάσεις), νοῦς und ψυχή.

[18] Vgl. Z 4,280,24 ff.

[19] Gemeint ist hier vor allem „Die Geburt der Tragödie", in welcher Dionysos als Prinzip der Kunst Apollon entgegengesetzt wird.

[20] Vgl. Augustinus: conf. 1,1,1 (CCL 27,1).

Menschen – und dabei spielte er auf Ariadne an, die zugegen war" (239,3 f.), jedoch ist diese Liebe eine rein weltliche, mit allen Konsequenzen. Aus dieser Liebe will Dionysos den Menschen „stärker, böser und tiefer" machen:

> „‚Stärker, böser und tiefer?‘ fragte ich erschreckt. Ja, sagte er noch ein Mal, stärker böser und tiefer; auch schöner‘ – und dazu lächelte der Versucher-Gott mit seinem halkyonischen Lächeln, wie als ob er eben eine bezaubernde Artigkeit gesagt habe" (JGB 5,239,8–13).

Dionysos wird dem Menschen zur Bestimmung – jenseits von Gut und Böse.

Die *„höchste Art alles Seienden"* ist der von sich unterschiedene Mensch selbst: Zarathustra (EH 6,344,13 ff.), genauer seine „Seele". Sie birgt in sich die Gegensätze, gut und böse, hoch und tief, Zufall und Notwendigkeit, Sein und Werden, Flucht und Einholen, Narrheit und Weisheit (344,19–30) und eben deshalb ist sie der Inbegriff des Gottes, der *„Begriff des Dionysos selbst"* (344,31). Nietzsche stellt aber sogleich noch einen zweiten *„Begriff des Dionysos"* (345,14 f.) vor: „[D]er das Schwerste von Schicksal, ein Verhängniss von Aufgaben tragende Geist", der „trotzdem der leichteste und jenseitigste sein kann" (345,4 f.). Darin liegt die Spannung zwischen einem „unerhörten Grade" des Nein-Sagens, Nein-Tuns und zwar „zu Allem, wozu man bisher Ja sagte" (345,2 f.), auf der einen Seite und der unendlichen Bejahung[21] von allem, welche mit der „Ewigen Wiederkehr des Gleichen"[22] verbunden ist, auf der anderen. Erst der „abgründliche Gedanke" der Ewigen Wiederkehr setzt sich der Grundlosigkeit von allem aus und ersetzt das Fehlen eines Grundes durch das „‚ungeheure unbegrenzte Ja- und Amen-sagen‘ … ‚In alle Abgründe trage ich noch mein segnendes Jasagen‘ … *Aber das ist der Begriff des Dionysos noch einmal"* (345,13 ff.).

Die Bestimmung, unter welcher der Mensch steht, erscheint folglich als „sich selbst liebendste [*Seele*], in der alle Dinge ihr Strömen und Wiederströmen und Ebbe und Fluth" haben, sie erscheint als der Ja-sagende und Nein-tuende *Geist* sowie als der in Seele und Geist waltende *Gott* Dionysos. Dionysos ist seinerseits zuerst und zuletzt der Inbegriff der durch die Seele und den Geist verklärten, weil gewollten Welt.

1. DIE DIONYSISCHE WELT

Die Vorgeschichte der dionysischen Welt ist die „Geschichte eines Irrtums". Die Geschichte „Wie die ‚wahre Welt‘ endlich zu Fabel wurde" (GD 6,80,1) als die Geschichte der „Hinterwelt" kommt in Nietzsches Gegenwart zu ihrem Ende. In der griechischen Philosophie („Plato", 80,6), im christlichen Glauben (80,8 ff.), in der neuzeitlichen Philosophie (Kant, 80,13 ff.) wurde in je unterschiedlicher Weise ‚dieser‘ Welt als der unwahren eine „wahre Welt" entgegengesetzt. Diese barg in sich die Bestimmung des Menschen. Den Willen aus seiner Bestimmtheit durch die

---

[21] Zur Bejahung siehe hier III. Die Kunst und das Glauben.
[22] Dazu hier B.II.3. Der Tod Gottes und die Ewigen Wiederkehr.

unwahre Welt der φαινόμενα (Griechentum), die Welt der *concupiscentia* (Christentum), die Welt der Heteronomie des Reiches der Natur (Neuzeit) zu lösen und ihn der „wahren Welt" der Idee, des Willens Gottes, der Freiheit zuzuwenden, ist im geschichtlichen Kontext der jeweils epochal verschiedene Sinn von Konversion. Doch wurden diese „Hinterwelten" wegen ihrer Unerreichbarkeit (80,19) und ihrer Nutzlosigkeit (81,1 f.) abgeschafft.

> „Die wahre Welt haben wir abgeschafft: welche Welt blieb übrig? die scheinbare vielleicht? … Aber nein! *mit der wahren Welt haben wir auch die scheinbare abgeschafft!*" (GD 6,81,8–11).

Damit gilt: „[E]s giebt nur Eine Welt" (1887/8; 13,193,6) und zwar jenseits des Unterschieds von wahrer und scheinbarer. Die alte Unterscheidung von ἀλήθεια und δόξα ist somit abgeschafft. In einer änigmatischen Erkenntnis[23] wie im Spiegel, einer Spekulation (1885; 11,610,19), die wahrheitslos ist, stellt Nietzsche diese eine Welt vor: „Diese Welt: ein Ungeheuer von Kraft, ohne Anfang, ohne Ende, eine feste, eherne Größe von Kraft, welche nicht größer, nicht kleiner wird, die sich nicht verbraucht, sondern nur verwandelt, als Ganzes unveränderlich groß […]" (610,19–22). Die Welt bildet eine von „Nichts" (610,24) umgebene Totalität endlosen Werdens – in Heraklitischer Assonanz: „Eins und ‚Vieles'" (610,29). Jedoch ist diese Welt keine irgendwie begreifbare oder auch nur wahre Ganzheit im Sinne eines wissenschaftlich physischen Alls an sich:[24]

> „Es scheint mir wichtig, dass man *das* All, die Einheit los wird, irgend eine Kraft, ein Unbedingtes; man würde nicht umhin können, es als höchste Instanz zu nehmen und Gott zu taufen. Man muss das All zersplittern" (1886/7; 12,317,10–14).

Entsprechend pulsiert die weltliche Welt zwischen den Polen, dem „Stillsten, Starrsten, Kältesten hinaus in das Glühendste, Wildeste, Sich-selbst-widersprechendste" (1885; 11,611,2 ff.), „[…] aus dem Spiel der Widersprüche zurück bis zur Lust des Einklangs, sich selbst bejahend, noch in dieser Gleichheit seiner Bahnen und Jahre, sich selbst segnend als das, was ewig wiederkommen muß, als ein Werden, das kein satt Werden, keinen Überdruß, keine Müdigkeit kennt […]" (611,5–9). Die Welt hat ihren Rhythmus in der „Ewigen Wiederkehr des Gleichen", nur so gewinnt sie die Schwere, die ihr als Bestimmung zukommt, die das Gegengewicht gegen das Fehlen eines Gottes ‚an sich' bildet. Als dionysische Welt ist sie aber ihrerseits göttlich. Die Welt ist selbst der Schöpfer, der auch immer wieder zum Zerstörer werden muss, der sich selbst in diesem Schaffen und Zerstören genießt. Damit vereinigt die dionysische Welt Eigenschaften des vormaligen Schöpfergottes und seines Widersachers, des Teufels, in sich, war doch das Zerstören ebensosehr wie der in sich verschlossene Selbstgenuss ein Zeichen des Bösen. Aber gerade der Name des Gottes Dionysos steht für das Jenseits von Gut und Böse.

---

[23] Vgl. 1 Kor 13,12, dazu C.-A. Scheier: Nietzsches Labyrinth. Das ursprüngliche Denken und die Seele, Freiburg–München 1985, 227 f.: Änigmatisch Denken.

[24] Vgl. Boeder: Vernunftgefüge 316.

„[…] diese meine *dionysische* Welt des Ewig-sich-selbst-Schaffens, des Ewig-sich-selbst-Zerstörens, diese Geheimniß-Welt der doppelten Wollüste, dieß mein Jenseits von Gut und Böse, ohne Ziel, wenn nicht im Glück des Kreises ein Ziel liegt, ohne Willen, wenn nicht ein Ring zu sich selbst guten Willen hat, – wollt ihr einen *Namen* für diese Welt? Eine *Lösung* für alle ihre Räthsel? Ein *Licht* für euch, ihr Verborgensten, Stärksten, Unerschrockensten, Mitternächtlichsten? – *Diese Welt ist der Wille zur Macht – und nichts außerdem*? Und auch ihr selbst seid dieser Wille zur Macht und nichts außerdem!" (1885; 11,611,9–20).[25]

Wenn gesagt sein soll, dass der Wille zur Macht der Wille der dionysischen Welt, ja die dionysische Welt selbst ist, so ist damit doch kein metaphysisches Prinzip gemeint.[26] Der Wille zur Macht und die dionysische Welt haben ihren Ort jenseits metaphysischer Unterscheidungen. Sie sind nicht mit den Transzendentalien *ens*, *unum*, *verum*, *bonum* zu fassen. Zwar liegt die Welt im eigentlichen Sinne jenseits dieser metaphysischen Begriffe, doch im Blick auf diese traditionelle Bestimmungen Gottes ist sie eher noch deren Negation: Werden, Vielheit, Unwahrheit, Böses.[27]

Nicht nur *ist* die dionysische Welt der Wille zur Macht, sondern auch noch „die Verborgensten, Stärksten, Unerschrockensten, Mitternächtlichsten" *sind* Wille zur Macht und damit die Bestimmung des Menschen. Diese von sich unterschiedenen Menschen „sollen der Erde Herrn sein" (Z 4,400,15). Über die Mitte des Willens zur Macht sind somit Welt und Mensch, Welt und Übermensch, dionysische Welt und dionysische Seele zusammengeschlossen. Inwiefern? „[U]nser Denken und Werthschätzen ist nur ein Ausdruck für dahinter waltende Begehrungen" (1885/6; 12,17,17 f.). Insofern „nichts Anderes als real ,gegeben' ist als unsere Welt der Begierden und Leidenschaften", insofern wir „zu keiner anderen ,Realität' hinab oder hinauf können als gerade zur Realität unserer Triebe" (JGB 5,54,19–23) werden die metaphysischen Begriffe „Subjekt", „Seele" (1885/6; 12,19,8–16), „Geist" und „Bewusstsein" (12,40,7) unterlaufen: „ ,Seele als Subjekts-Vielheit' und ,Seele als Gesellschaftsbau der Triebe und Affekte' " (JGB 5,27,15 f.). Diese Triebe und Affekte befinden sich ihrerseits in einem Kampf[28], der nicht nur sich selbst erhalten, sondern *„wachsen will und sich bewußt sein will"*. Das Wesen dieser „Begehrungen" und „ihre Einheit ist *der Wille zur Macht*" (1885/6; 12,17,19 f.). *„Der Mensch als eine Vielheit von ,Willen zur Macht' "* (1885/6; 12,25,6 f.). Doch nicht nur der Bereich der Begier-

---

[25] Zu diesem Stück aus dem Nachlass vom Juni–Juli 1885, das den Schluss der Kompilation „Der Wille zur Macht" bildet (ebd. 1067), siehe Müller-Lauter: Nietzsches Lehre 240 ff. Vgl. JGB 36 (5,54 f.). Zum Ganzen auch Montinari: Nietzsches Nachlass 334, Loock: Nietzsches dionysische Konzeption 85.

[26] Vgl. W. Weischedel: Der Wille und die Willen. Zur Auseinandersetzung Wolfgang Müller-Lauters mit Martin Heidegger, in: ZPhF 27/1 (1973) 71–76, dazu auch Müller-Lauter: Nietzsches Lehre 245.

[27] Vgl. 1885/6; 13,193,1–7: „Die Conception der Welt, auf welche man in dem Hintergrunde dieses Buches [sc. Der Wille zur Macht, K.R.] stößt, ist absonderlich düster und unangenehm: unter den bisher bekannt gewordenen Typen des Pessimismus scheint keiner diesen Grad von Bösartigkeit erreicht zu haben. Hier fehlt der Gegensatz einer wahren und scheinbaren Welt: es giebt nur Eine Welt, und diese ist falsch, grausam widersprüchlich, verführerisch, ohne Sinn … Eine so beschaffene Welt ist die wahre Welt …"

[28] 12,40,7 ff.: „Das, was wir ,Bewußtsein' und ,Geist' nennen, ist nur ein Mittel und Werkzeug, vermöge dessen nicht ein Subjekt, sondern *ein Kampf sich erhalten will*."

den und Triebe, sondern alle „organischen Grundfunktionen" werden ebenso wie die anorganische Welt auf den Willen zur Macht zurückgeführt.[29] Die dionysische Welt und die dionysische Seele haben nicht nur den selben abgründigen Ursprung, sie sind vielmehr dieser Ursprung selbst, der Wille zur Macht. Damit aber fallen in der Bestimmung Welt und Seele ebensosehr zusammen wie Gott (Dionysos) und Welt, sowie Gott (Dionysos) und Seele.

So ergibt sich eine Totalität des Willens zur Macht, die sich ausgehend vom Gott Dionysos über den Menschen, seinen metaphysischen ‚Überbau' aus Geist und Seele sowie seinen weltlichen ‚Unterbau' bis ins organische Vor-menschliche und ins anorganisch Vor-lebendige erstreckt. Diese Totalität ist nicht schon schlechthin gegeben, sondern sie muss erst gewonnen werden. Nur als *gewollte* ist sie bestimmend. Gewollt aber kann sie nur durch den ‚bekehrten', weil von sich unterschiedenen Menschen werden, nur dieser kann sie „*meine* dionysische Welt, des Ewig-sich-selbst-Schaffens, des Ewig-sich-selbst Zerstörens" nennen.

> „[…] seinen Willen will nun der Geist, seine Welt gewinnt sich der Weltverlorene"
> (Z 4,31,11 f.).

Noch einmal ist zu fragen: wessen Wille ist der Wille zur Macht? Es ist der Wille des antichristlichen *Gottes* Dionysos. Es ist auch der Wille der dionysischen *Welt*, der das Leben und mithin der Wille erst entspringt. Und es ist der Wille der dionysischen *Seele*, die sich selbst, ihre Welt und ihren Gott erst schaffen muss. Damit kann der Wille auf jede der drei alten Vernunfttotalitäten Gott, Welt und Seele zurückgeführt werden, welche bei Kant als die obersten, segulativen Prinzipien galten. Gerade in dieser Unentscheidbarkeit der Zuschreibung des Willens zur Macht zeigt sich, dass auch hier Ursprung und Entsprungenes, Bestimmung und Bestimmtes ihren Ort wechseln können. Sowohl Gott als auch der Seele als auch der Welt eignet die Kreativität, welche im metaphysischen Kontext nur Gott zugesprochen wurde. Die Perspektivität ist dem Willen zur Macht inhärent (1885/6; 12,40,3).[30] Sie ist notwendige Folge des Kampfes um die Macht, welcher einen jeweils verschiedenen Schein von Wahrheit nach sich zieht. Wiewohl die Mitte zwischen Bestimmendem (Gott/Mensch) und Bestimmtem (Mensch/Gott) im Sinne des eindeutigen Grundes entfällt, bleibt sie doch als änigmatischer Ursprung erhalten. Dieser ist bei Nietzsche aber erstlich und letztlich die Welt als dionysische, deren Wesen das Leben als Wille zur Macht ist.[31]

---

[29] Siehe 1885/6; 12,17,23 und JGB 5,54,25 ff.
[30] Dazu Loock: Nietzsches dionysische Konzeption 85.
[31] Loock: Nietzsches dionysische Konzeption 85.

2. Die Fernstenliebe oder die andere Zukunft: Dionysos gegen den Gekreuzigten

Die dionysische Welt und mit ihr der Wille zur Macht sind aber noch nicht als Bestimmung des Menschen zur Geltung gebracht, vielmehr ist diese Welt erst die andere zur bisherigen, die künftige. Dies gilt um so mehr, als die dionysische Welt keine Welt ‚an sich' ist, sondern ihren Ort nur im Willen des Wollenden hat, sei dieser Wille nun derjenige der „künftigen Herren der Erde"[32], sei es der Wille des erwarteten Gottes Dionysos.[33]

> „Ich beschreibe, was kommt: die Heraufkunft des Nihilismus. Ich kann hier beschreiben, weil hier etwas Nothwendiges sich begiebt – die Zeichen davon sind überall, die *Augen* nur für diese Zeichen fehlen noch. Ich lobe, ich tadle hier nicht, *daß* er kommt: ich glaube, es giebt eine der größten *Krisen*, einen Augenblick der *allertiefsten* Selbstbesinnung des Menschen: ob der Mensch sich davon erholt, ob er Herr wird über diese Krise, das ist eine Frage seiner Kraft: es ist möglich ..." (1887/8; 13,57,26–30).

Der Mensch als der Wollende, der sich seine Bestimmung gibt und der sich auch noch seinen Gott erschafft, ist ein *mögliches* Resultat der Krise, die Nietzsche seiner eigenen geschichtlichen Gegenwart ansieht. Diese Krise ist als Krise *notwendig*. Nicht notwendig ist ihr Ausgang, ob der Mensch die Selbstunterscheidung im Ganzen zu vollbringen vermag oder nicht. Foucault kennt eine derartige Krise, die einen Unterschied im Ganzen betrifft, nicht, ja er wendet sich gegen sie. Ist bei Foucault eine schlechthin andere Zukunft *unmöglich*, so bleibt sie bei Nietzsche *möglich*.[34] Die Unterscheidung des bisherigen Menschen vom künftigen ist nach Nietzsche eine Frage der Kraft des Menschen, eine Frage der Kraft seines Willens und der Tiefe seiner Besinnung. Kann sich der Mensch selbst einen Sinn geben, kann er seinem Willen ein Ziel und das heißt neue Werte geben? Diese Besinnung wird notwendig, da das gegenwärtige Zeitalter besinnungslos ist und zwar angesichts der Ankunft des „unheimlichsten aller Gäste", des Nihilismus.[35]

An diesem Punkt entspringt die geschichtliche Aufgabe Nietzsches, denn „der hier das Wort nimmt, hat umgekehrt Nichts bisher gethan als *sich zu besinnen* [...] als der erste vollkommene Nihilist Europas, der aber den Nihilismus selbst schon in sich zu Ende gelebt hat, – der ihn hinter sich, unter sich, außer sich hat ..." (13,190,1–11).

---

[32] Vgl. 1884; 11,50,6–9.

[33] Vgl. Loock: Nietzsches dionysische Konzeption 98.

[34] Es wird zu zeigen sein, dass die andere Zukunft im christlichen Kontext als eine *wirkliche* begriffen werden muss, wirklich seit dem Geschehen am Kreuz.

[35] Siehe dazu den nachgelassenen Entwurf einer Vorrede des „Willens zur Macht": „Was ich erzähle, ist die Geschichte der nächsten zwei Jahrhunderte. Ich beschreibe, was kommt, was nicht mehr anders kommen kann: *die Heraufkunft des Nihilismus*. Diese Geschichte kann schon jetzt erzählt werden: denn die Notwendigkeit selbst ist hier am Werke. [...] Unsere ganze europäische Cultur bewegt sich seit langem schon mit einer Tortur der Spannung, die von Jahrzehnt zu Jahrzehnt wächst, wie auf eine Katastrophe los: unruhig, gewaltsam, überstürzt: wie ein Strom, der *ans Ende* will, der sich nicht mehr besinnt, der Furcht davor hat, sich zu besinnen" (1884; 13,189,15–26).

Damit aber hat Nietzsche eine Unterscheidung des Menschen von sich selbst bereits vollbracht.[36] An sich selbst hat er die Krise der Menschheit bereits ausgetragen. Er ist als weltliches Individuum in seine Bestimmung eingetreten, deshalb kann er von sich sagen:

> „Ich kenne mein Loos. Es wird sich einmal an meinen Namen die Erinnerung an etwas Ungeheures anknüpfen, – an eine Krisis, wie es keine auf Erden gab, an die tiefste Gewissens-Collision, an eine Entscheidung, heraufbeschworen *gegen* Alles, was bis dahin geglaubt, gefordert, geheiligt worden war. Ich bin kein Mensch, ich bin Dynamit" (6,364,3–8).

Die schier unerträgliche *superbia*, die sich hier auszusprechen scheint, ist nichts als die Selbstbestimmung des durch den Nihilismus zunächst bestimmungslos gewordenen Menschen der Moderne. Hier sind Vernunft, Bewusstsein, Geistigkeit allerdings Epiphänomene des primär weltlichen Menschen in seiner Vereinzelung. Nicht die göttliche Vernunft benutzt das Individuum – wie im Zeitalter der Metaphysik[37] –, sondern das weltliche Individuum selbst ist gezwungen, allein für sich und die weltliche Menschheit zu sprechen. Wenn dagegen der Apostel Paulus seine Verkündigung als „was es in Wahrheit ist – als Gotteswort" (1 Thess 2,13) bezeichnet, so kann er dies, weil er sich von der Gnade Gottes getragen weiß. Er bleibt in *humilitas* Gott unterstellt. Im nachmetaphysisch modernen Kontext Nietzsches ist der Mensch nicht mehr zur *humilitas*, zur Unterordnung unter den Schöpfer bestimmt, durch welche gerade erst Macht und Wille Gottes im Menschen zur Wirkung kommen. Für die christliche *subiectio* gibt es bei Nietzsche keinen *Grund* mehr. Hinter allem waltet schlechthin *nichts*.[38] Doch genau dieses Nichts an Bestimmung wurde – so Nietzsche – durch das Christentum verhehlt. Die Fiktion des göttlichen Willens als Grund ist das πρῶτον ψεῦδος des Christentums.

> „Die Forderung man solle *glauben*, dass Alles im Grunde in den besten Händen ist, dass ein Buch, die Bibel, eine endgültige Beruhigung über die göttliche Lenkung und Weisheit im Geschick der Menschheit gibt, ist, zurückübersetzt in die Realität, der Wille, die Wahrheit über das erbarmungswürdige Gegentheil davon nicht aufkommen zu lassen, nämlich, dass die Menschheit bisher in den *schlechtesten* Händen war" (EH 6,330,31–331,6).

Das Fehlen des gnadenhaften Wirkens Gottes in Welt und Geschichte und mehr noch die Überzeugung von der Schädlichkeit der bisherigen Ausrichtung auf den Willen Gottes und seine Gnade treiben Nietzsches Aufgabe hervor und zwar „mit Notwendigkeit". Ein Moment der Demut erhält sich in der Einsicht, dass selbst Nietzsche den „Augenblick höchster Selbstbesinnung der Menschheit" nicht herbeiführen, sondern

---

[36] Der Punkt im Leben Nietzsches, an dem sich diese Unterscheidung ereignet, ist die Entdeckung der „Ewigen Wiederkehr des Gleichen", siehe EH 6,335f. Dazu hier II.3. Der Tod Gottes und die Ewige Wiederkehr.

[37] Es ist hier beispielsweise daran zu erinnern, dass etwa Hegel sehr wohl zwischen seiner geschichtlichen Individualität und der Allgemeinheit der Vernunft zu unterscheiden weiß, welche sich in der Besonderheit verwirklicht. Auch das weltliche Individuum Hegel weiß sich ganz Gott unterstellt.

[38] Dieses Nichts ist keinesfalls mit Heidegger als ein irgendwie geartetes Seyn zu begreifen.

lediglich vorbereiten kann (330,19f).[39] Nietzsche stilisiert sich mit Blick auf seine abgründliche Besinnung zur Inkarnation der neuen Bestimmung des Menschen: *„Umwerthung aller Werthe*: das ist meine Formel für einen Akt höchster Selbstbesinnung der Menschheit, die in mir Fleisch und Genie geworden ist" (345,21–24). Und in einer Analogie zu Paulus weiß sich Nietzsche durch sein „Loos" als „ein Froher Botschafter" (366,6) zu seinem Tun der Wahrheit „abgegrenzt"[40]. Es ist hier zu betonen, dass Nietzsche ähnlich wie Paulus in die Bestimmung seines Denkens als ganzer Mensch eingehen muss. Beide müssen sich von ihrer völkisch-religiösen Herkunft lösen.[41] Beide müssen sich unmittelbar ihrem Prinzip unterstellen.[42] Der eine dem christlichen, der andere dem anti-christlichen, das freilich nicht gegeben ist, sondern erst geschaffen werden muss.

Das Tun der Wahrheit Nietzsches ist *toto coelo* – um den Himmel des Neuen Testaments – vom Tun der Wahrheit Jesu Christi sowie der bisherigen Heiligen unterschieden. Wo dieser Himmel unglaubwürdig wird, kann er nur mehr als eine Erfindung seiner Verkündiger gelten. Diese sind in besonderer Weise die „Heiligen". Der Heilige war der im christlichen Sinn von sich unterschiedene, der dem Willen Gottes als seiner Bestimmung zugewandte und in diesem Sinne konvertierte Mensch. Die geforderte Selbstunterscheidung aufgrund der Ausrichtung auf diesen Himmel führt nun aber zur Verleumdung ‚dieser' Welt, zur Schändung des weltlichen Menschen. Die Menschheit wurde bis dato von den „sogenannten ‚Heiligen', diesen Weltverleumdern und Menschenschändern" (EH 6,331,7f.) regiert. Aber da, wo die Menschheit „aus der Herrschaft des Zufalls und der Priester heraustritt", stellt sich „die Frage des warum?, des wozu? zum ersten Male *als Ganzes* […]" (330,21f.). Es ist noch einmal zu betonen, dass es für Nietzsche anders als für Foucault in seinem Abstoß der bisherigen Bestimmung des Menschen auf den *ganzen* Unterschied ankommt. Und wie Foucault das Christentum als eine partikuläre, aber weltgeschichtlich bedeutsame Gestalt der antiken *Ethik* begreift, so begreift es Nietzsche primär als eine Gestalt der *Moral*, einer Moral allerdings, welche ihrerseits

---

[39] Dies ist nebenbei bemerkt ein zentraler Unterschied zur Ideologisierung etwa des Marxischen oder Nietzscheschen Gedankens in Formen des Kommunismus oder Nazismus, da diese Ideologien mit Gewalt die andere Zukunft herbeizwingen wollen.

[40] Siehe Röm 1,1: „Παῦλος δοῦλος Χριστοῦ Ἰησοῦ, κλητὸς ἀπόστολος ἀφωρισμένος εἰς εὐαγγέλιον θεοῦ, […]" [Hervorh. v. mir].

[41] Dass sich sowohl Nietzsche als auch Paulus von der völkischen Herkunft lösen müssen, ist ebenfalls hervorzuheben. Im Verständnis des Paulus fallen Volk und Religion im Judentum ohnehin zusammen, was für ihn zum Anstoß wird. Gerade das 19. Jahrhundert rückt den völkischen Gedanken in weltlicher Hinsicht auf eine quasi-religiöse Höhe. Die Ablehnung der völkisch-religiösen Symbiose durch Nietzsche spielt besonders in Nietzsches Auseinandersetzung mit Richard Wagner eine zentrale Rolle. Dass Nietzsches Schwester, Elisabeth Förster-Nietzsche, seinen anti-völkischen Zug verschleierte und damit die Rezeption Nietzsches durch die Nationalsozialisten vorbereiten half, gehört mit zur Tragödie Nietzsches.

[42] Vgl. unten die Ausführungen über die Erleuchtung Nietzsches bezüglich des Gedankens der Ewigen Wiederkehr.

einen Unterschied im Ganzen macht und welche die Totalität der bisherigen Moral in ihrem Wesen prägte:

> „Hat man mich verstanden? – Was mich abgrenzt, was mich bei Seite stellt gegen den ganzen Rest der Menschheit, das ist, die christliche Moral entdeckt zu haben" (EH 6,371,15 ff.).

> „– Hat man mich verstanden? – [...] Die *Entdeckung* der christlichen Moral ist ein Ereignis, das nicht seines Gleichen hat, eine wirkliche Katastrophe. Wer über sie aufklärt, ist eine force majeure, ein Schicksal. – Er bricht die Geschichte der Menschheit in zwei Stücke. Man lebt *vor* ihm und man lebt *nach* ihm" (373,14–18).

> „– Hat man mich verstanden? – *Dionysos gegen den Gekreuzigten* ..." (374,31 f.).

Mit dieser dreimaligen Frage endet eines von Nietzsches letzten Büchern, „Ecce homo".[43] Bereits der Titel macht klar, dass derjenige, welcher hier spricht, sich selbst in eine gewisse Nähe zum „Gekreuzigten" rückt. Das tertium comparationis liegt formal in der weltgeschichtlichen Bedeutung und inhaltlich in der Negierung der Werte, für welche der „Gekreuzigte" steht. Damit aber wird Nietzsche selbst zum „Antichrist" schlechthin. So kann gerade diese Formel als sein Vermächtnis gelten. Sie formuliert die *Bestimmung* der Sache seines Denkens in *geschichtlicher* Konkretion.

„Dionysos gegen den Gekreuzigten?" Inwiefern aber ruft gerade der „Gekreuzigte" und nicht Platon oder Kant oder Schopenhauer den Widerstand Nietzsches hervor? Inwiefern ist es das Christentum als Gestalt der Moral, was den weltgeschichtlichen Unterschied im Ganzen macht? Inwiefern sieht Nietzsche gerade „in der Paradoxie der Formel ‚Gott am Kreuze' " die Umwertung aller bis dahin geltenden Werte?[44] Der Grund liegt erstens in der Nietzscheschen Fassung des *Denkens* als Glauben bzw. Wertschätzen,[45] zweitens in der *Sache* Nietzsches, d. h., in der Konkretion des von sich unterschiedenen Menschen bzw. des Todes Gottes,[46] und schließlich drittens in der *Bestimmung* selbst, nämlich in der einen, dionysischen Welt und dem entsprechenden Willen zur Macht. Der Mensch, „*nicht* als Einzelner, *nicht* als Volk, sondern als Menschheit" (EH 6,372,12) wird von der Enteignung des Willens zur Macht betroffen. Damit ist aber der Mensch in seinem Wesen enteignet. Diese Enteignung mit weltgeschichtlicher Auswirkung ist aber gerade durch das Christentum geschehen.

---

[43] Diese Buch erfüllt eine ähnliche Aufgabe, wie die „Retractationes" des Augustin. Der Verfasser gibt sich Rechenschaft über sein Werk und insofern auch über sein Leben.

[44] JGB 5,67,3–10: „Die modernen Menschen, mit ihrer Abstumpfung gegen alle christliche Nomenklatur, führen das Schauerlich-Superlativische nicht mehr nach, das für einen antiken Geschmack in der Paradoxie der Formel ‚Gott am Kreuze' lag. Es hat bisher noch niemals und nirgendwo eine gleiche Kühnheit im Umkehren, etwas gleich Furchtbares, Fragendes und Fragwürdiges gegeben wie diese Formel: sie verhiess eine Umwerthung aller antiken Werthe."

[45] Siehe hier III. Die Kunst und das Glauben.

[46] Siehe hier II. Die Ermächtigung des Menschen.

An Stelle des menschlichen Willens soll im Christentum der Wille des „Hinterwelt-Gottes" geschehen. Dessen Gesetz – mit Nietzsche gesprochen, dessen Moral[47] – besteht, wie gerade auch die Paulinische Verkündigung lehrt, in der Nächsten- und Gottesliebe. Diese vom „Fleisch" und seinen Begierden unterschiedene christliche Liebe verleugnet in Nietzsches Verständnis gerade die „allerersten Instinkte des Lebens", die „Geschlechtlichkeit" die „Notwendigkeit zum Gedeihen", die *strenge* Selbstsucht" (EH 6,372,17f.). Gerade die lebensnotwendige und lebenssteigernde *Selbst*sucht wird durch die christliche *Nächsten*liebe – „Nächsten*sucht*" – negiert (372,15–23). „Diese einzige Moral, die bisher gelehrt worden ist, die Entselbstungs-Moral, verräth einen Willen zum Ende, sie *verneint* im untersten Grunde das Leben" (372,30–32). Mehr noch als die Nächstenliebe aber ist es die christliche Gottesliebe, welche das Wesen des Menschen zerstört. Eine Zerstörung, die wiederum im Ideal des christlichen Heiligen zu verderblicher Anschaulichkeit kommt. Sie und der von ihnen erfundene Begriff „Gott […] als Gegensatz-Begriff zum Leben" (373,31f.) entwerten und vernichten durch die Ausrichtung auf Gottes „Jenseits" in der „wahren Welt" letztlich das einzig wirkliche Leben in dieser Welt, welche die einzig reale ist.

In der Tat ist der christliche Gottesbegriff, wie er im Neuen Testament grundgelegt ist und in der neuplatonisch-christlichen Philosophie rational entfaltet wurde, durch die überweltliche Jenseitigkeit und Wahrheit Gottes gekennzeichnet. Der Gott, der im absoluten Unterschied zu allem lebt, ist das *summum bonum*. Erst von ihm her ist alles gegeben und erhält alles seine relative Güte und damit seinen *Wert*. Der Punkt, an dem sich die Auslegung Nietzsches und die christliche Auslegung dieses Sachverhaltes scheiden, ist ein doppelter. Zunächst stellt sich für Nietzsche die Frage nach der Existenz Gottes. Diese muss auf dem Boden des Primats der weltlichen Welt verneint werden. Gott ist in weltlichen Begriffen nicht real, weil keine weltliche Sache. Der Primat der Welt ist derart bestimmend, dass auch für den Fall der Existenz Gottes diesem aus Liebe zur Welt der Glaube und damit die Anerkennung versagt werden müsste, da nach Nietzsche in jedem Fall der Glaube an den in ‚unzugänglichem Licht' (1 Tim 6,16) wohnenden Gott diese Welt unendlich abwertet und den Willen zum irdischen Leben schwächt. Damit zeichnet sich ab, dass mehr noch als die Frage der bloßen Existenz Gottes die Frage nach der Anerkennung als prinzipieller Bestimmung des Menschen entscheidend ist. Die Be-Wertung Gottes entscheidet hier über seine Existenz.

Für Nietzsche ist klar, dass in den „heiligsten Werthbegriffen der Instinkt der Verneinung, der Verderbnis, der décadence-Instinkt verführerisch gewaltet hat. Die Frage nach der Herkunft der moralischen Werthe ist deshalb für mich eine Frage *ersten Ranges*, weil sie die Zukunft der Menschheit bedingt" (EH 6,330,27–31). Durch die christlichen Werte wird diese Welt entwertet. Die Genealogie der Moral führt zurück auf den Glauben an den Christengott als höchstes Gut und auf das

---

[47] Nietzsches Definition von Moral lautet: „Idiosynkrasie von décadents, mit der Hinterabsicht, sich am Leben zu rächen" (EH 6,373,7ff.).

Geschehen seines Willens als höchsten Wert. Die Ausrichtung des Willens auf diesen Gott ist aber eine Ausrichtung auf *Nichts*.[48]

Eben deshalb sind die aus dem Christentum stammenden Werte in ihrem Kern *nihilistisch*. Noch einmal ist nun zu fragen,

> „[…] warum ist die Heraufkunft des Nihilismus nunmehr *nothwendig*? Weil unsere bis-
> herigen Werthe selbst es sind, die in ihm ihre letzte Folgerung ziehn; weil der Nihilism die
> zu Ende gedachte Logik unserer großen Werthe und Ideale ist, – weil wir den Nihilismus
> erst erleben müssen, um dahinter zu kommen, was eigentlich der *Werth* dieser ‚Werthe'
> war … Wir haben, irgendwann, neue Werthe nöthig" (1886/6; 12,190,21–28).

Was aber war der Wert dieser Werte und seiner „asketischen Ideale"? Er gründet in der „Grundthatsache des menschlichen Willens" (GM 5,339,25), dass er ein Ziel braucht „– und eher noch will er *das Nichts* wollen, als *nicht* wollen" (26 f.). Der „horror vacui" (26) ist also die Ursache für das Bedürfnis nach Moral und der damit verbundenen Zielsetzung für den Willen. Dieses Bedürfnis wiederum bewirkte, dass sich die christliche Moral in ihren verschiedenen Formen stets erhalten hat.

Ausgehend von den sokratisch-platonischen Vorformen über die „bleich, nor-disch, königsbergisch" (GD 6,80,16) gewordene Gestalt als kategorischen Imperativ (EH 6,372,10)[49] bis hin zu der Form, die Nietzsche am meisten affiziert hat, die Philosophie Schopenhauers,[50] spannt sich der Bogen der verschiedenen Formen der „Hinterwelt-Moral". Platon, das Christentum und Schopenhauer sind für Nietz-sche die herausragenden Gegner zum „Dionysischen"[51], welche paradigmatisch für die drei Epochen der abendländischen Denkgeschichte stehen. Die Mitte und das Zentrum dieser Folge aber stellt das Christentum dar. Somit zielt der Nietzschesche Gedanke insgesamt in besonderer Weise auf die Metaphysik der Mittleren Epo-che.[52] Dies ist um so mehr zu betonen, als Nietzsches Verständnis des Christentums eine modern-schopenhauerische Verzerrung erfährt.[53] Dennoch gilt für Nietzsche: Auch noch Schopenhauer „blieb im moralisch christlichen Ideal hängen" (1887; 12,355,6). Nietzsche deutet Schopenhauers Forderung nach „Mitleid" als eine der

---

[48] Siehe AC 6,185,1–12: „Der christliche Gottesbegriff – Gott als Krankengott, Gott als Spinne, Gott als Geist – ist einer der corruptesten Gottesbegriffe, die auf Erden erreicht worden sind; er stellt vielleicht selbst den Pegel des Tiefstands in der absteigenden Entwicklung des Götter-Typus dar. Gott zum *Widerspruch des Lebens* abgeartet, statt dessen Verklärung und ewiges *Ja* zu sein! Gott dem Leben, der Natur, dem Willen zum Leben die Feindschaft angesagt! Gott die Formel für jede Verleumdung des ‚Diesseits', für jede Lüge vom ‚Jenseits'! In Gott das Nichts vergöttlicht, der Wille zum Nichts heilig gesprochen …".

[49] Zu Kant und Rousseau siehe 1887; 12,340: „Moral-Fanatiker à la Rousseau mit unterirdischer Christ-lichkeit der Werthe", auch AC 6,171 f.

[50] Siehe 1887; 12,354,28–355,15), auch AC 6,170.

[51] Siehe EH 6,312,5–9.

[52] Dazu Boeder: Vernunftgefüge 286 f.

[53] Siehe Loock: Nietzsches dionysische Konzeption 65: „Unschwer ist zu erkennen, dass die hier erfundene dionysische Konzeption des Lebens sich vom Denken Schopenhauers (das zugleich mit dem Christen-tum identifiziert wird) abstößt und dadurch ihre Bestimmtheit gewinnt." Die zahlreichen Bezugspunkte zur Metaphysik der Mittleren Epoche arbeitet auch Boeder (Vernunftgefüge 284–320) deutlich heraus.

letzten großen Varianten des christlichen Themas der Nächstenliebe. In der Form des Schopenhauerschen „Mitleids"[54] wird die alte Moral für Nietzsche noch einmal bedrängend, sogar dann noch, wenn er dazu übergeht, neue Werte zu setzen. Schon der Tod Gottes wurde im „Zarathustra" auf sein „Mitleiden mit den Menschen" zurückgeführt.[55] Das „Mitleiden mit den höheren Menschen" bleibt noch die ‚letzte Sünde' Zarathustras (Z 4,408). Die letzte Selbstunterscheidung, die Zarathustra zu vollbringen hat, mit welcher er die alte Moral vollständig ablegt, ist die Unterscheidung der Liebe[56], d. h. die Negation des Mitleids.

Dennoch gilt, dass die Vollbringung des Nihilismus die Voraussetzung der neuen Wertsetzung ist. Nietzsches eigentliches „Gegen-Evangelium", die Schrift „Der Wille zur Macht. Umwertung aller Werthe" bleibt Zukunfts-Musik.[57] Aber diese kündigt sich in den späten Werken klar und deutlich vernehmbar an. Doch bleibt die Arbeit Nietzsches weitgehend negativ. Sie zielt auf die Beseitigung der alten Moral und ihrer Reste. So zielt die „Genealogie der Moral" darauf ab, offenzulegen, dass „der Mensch, das *Thier* Mensch" bis auf die „asketischen Ideale" „bisher keinen Sinn" hatte (GM 5,411,5 ff.). Die eigentliche Überwindung des Christentums bleibt der inneren Dynamik der „Heraufkunft des Nihilismus" selbst überlassen.

> „Alle grossen Dinge gehen durch sich selbst zu Grunde, durch einen Akt der Selbstaufhebung: so will es das Gesetz des Lebens, das Gesetz der *nothwendigen* ‚Selbstüberwindung' im Wesen des Lebens. […] Dergestalt gieng das Christentum *als Dogma* zu Grunde an seiner eigenen Moral; dergestalt muss nun auch das Christenthum *als Moral* noch zu Grunde gehen, – wir stehen an der Schwelle *dieses* Ereignisses" (GM 5,410,13–21).

Der „Antichrist", Nietzsches ausführliche Kampfschrift gegen das Christentum, gilt vorübergehend als Teil eines geplanten Hauptwerks mit dem Titel „Umwertung aller Werte". Zeitweise betrachtet es Nietzsche als die ganze „Umwerthung" selbst.[58] Nachdem er im ersten Kapitel des „Antichrist" deutlich macht, dass es nunmehr

---

54 Vgl. 1885/6; 12,159,6–15: „NB. Schopenhauer hatte, aus seinem Nihilismus heraus, ein vollkommenes Recht darauf, das Mitleiden allein als Tugend übrig zu behalten: mit ihm wird in der That die Verneinung des Willens zum Leben am Kräftigsten gefördert. Das Mitleiden, die caritas, kreuzt, indem es den Deprimirten und Schwachen gestattet fortzuleben und Nachkommenschaft zu haben, die natürlichen Gesetze der Entwicklung: es beschleunigt den Verfall, es zerstört die Gattung, – es *verneint* das Leben."

55 Z 4,115,29–32: „Also sprach der Teufel einst zu mir: ‚auch Gott hat seine Hölle: das ist seine Liebe zu den Menschen'. Und jüngst hörte ich ihn diess Wort sagen: ‚Gott ist todt; an seinem Mitleiden mit den Menschen ist Gott gestorben'."

56 Vgl. C.A. Bernoulli: F. Overbeck und F. Nietzsche. Eine Freundschaft, Jena 1908, 2 Bde., hier 2,267; dazu J. Salaquarda: Dionysos gegen den Gekreuzigten, in: Ders.: Nietzsche, 288–322, 290.

57 1887/8; 13,190,13–21: „Denn man vergreife sich nicht über den Sinn des Titels, mit dem dies Zukunfts-Evangelium benannt sein will. ‚*Der Wille zur Macht. Versuch einer Umwerthung aller Werthe'* – mit dieser Formel ist eine *Gegenbewegung* zum Ausdruck gebracht, in Absicht auf Princip und Aufgabe: eine Bewegung, welche in irgend einer Zukunft jenen vollkommenen Nihilismus ablösen wird; welche ihn aber *voraussetzt*, logisch und psychologisch, welche schlechterdings nur *auf ihn* und *aus ihm* kommen kann."

58 Montinari: Nietzsches Nachlass 345 u. 348.

um die Final-Bestimmung des Willens geht,[59] welcher den Nihilismus überwunden hat, gibt er im zweiten Kapitel eine neue Bestimmung des Willens und damit der Liebe. Er beginnt mit einer neuen Unterscheidung von „gut" und „schlecht": Gut ist alles, „was das Gefühl der Macht, den Willen zur Macht, die Macht selbst im Menschen erhöht." Schlecht ist alles, „was aus der Schwäche stammt" (AC 6,170,1 ff.). Diese neue Wertsetzung versteht sich selbst als die Negation des christlichen Liebes-Begriffes. Im Christentum treten angesichts der Herrlichkeit Gottes, seiner Liebe zur Schöpfung und der Größe der verheißenen Erlösung die natürlichen Unterschiede des Geschaffenen zurück. Vor allem aber wegen der Selbsterniedrigung Gottes in die „Knechtsgestalt" (Phil 2,7) gilt die Nächstenliebe den „geringsten meiner Brüder" in besonderer Weise (Mt 25,40). Diese Verkehrung der ‚natürlichen' Wertschätzung wird da, wo diese paradox erscheinende Herrlichkeit Gottes ihren Ort im Glauben der Menschen verliert, zum Anstoß. Die höchste christliche Tugend,[60] die *caritas*, wird hier als Perversion empfunden:

> „Die Schwachen und Missrathnen sollen zu Grunde gehn: erster Satz *unsrer* Menschenliebe. Und man soll ihnen noch dazu helfen. Was ist schändlicher als irgend ein Laster? – Das Mitleiden der That mit allen Missrathnen und Schwachen – das Christentum …" (AC 6,170,11–14).

Nietzsches antichristliche, „moralinfreie Tugend" (170,9) zielt auf eine neue Unterscheidung des Menschen von sich selbst. Sie soll helfen, einen „höherwerthigeren, lebenswürdigeren, zukunftsgewisseren […] Typus" zu „züchten" (170,21): „Etwas, das im Verhältnis zur Gesammt-Menschheit eine Art Übermensch ist" (171,12 f.). Diesem neuen Menschen der Zukunft gilt nun die Liebe als „Fernsten-Liebe"[61]. Doch das Christentum „hat einen *Todkrieg* gegen diesen *höheren* Typus Mensch gemacht" (171,20 f.). Dies ist der Grund, warum nun Nietzsche dem Christentum und seinen Erben seinerseits den Krieg erklärt.

Die Liebe ist also einerseits als Liebe zum Fernsten, nämlich zum künftigen Menschen, bestimmt, andererseits aber als Liebe zum Leben selbst. Auch noch jenseits von Gut und Böse kann sich Nietzsche nicht über den ambivalenten, ja mehr noch den „furchtbaren und fragwürdigen Charakter des Daseins" hinwegtäuschen (1887/8; 13,193,11 f.). Das „Leiden" ist ein unvermeidbarer Bestandteil des Lebens selbst. An der Unterscheidung des Leidens gewinnt die Formel „Dionysos gegen den Gekreuzigten" ihre letzte Konkretion. „Dionysos" und der „Gekreuzigte" verkörpern in gegensätzlicher Art je einen *„erlösenden* Typus" (1888; 13,266,11).

> „Dionysos gegen den ‚Gekreuzigten': da habt ihr den Gegensatz. Es ist *nicht* eine Differenz hinsichtlich des Martyriums, – nur hat dasselbe einen anderen Sinn" (266,17 ff.).

---

[59] AC 6,169,24 f.: „Formel unseres Glücks: ein Ja, ein Nein, eine gerade Linie, ein *Ziel*."
[60] Es ist bereits hier darauf hinzuweisen, dass die ἀγάπη bei Paulus keine Tugend im moralischen Sinne Nietzsches ist, sondern eine Gnadengabe und zwar das höchste χάρισμα.
[61] Siehe z. B. Z 4,77,11.

Im Falle des Dionysos bedingt das „Leben selbst, seine ewige Fruchtbarkeit und Wiederkehr [...] die Qual, die Zerstörung, den Willen zur Vernichtung ..." (266,19 ff.). Es besteht also eine innere Notwendigkeit des Leidens, es ist hypothetisch an das Leben selbst gekoppelt. Das *malum*, im Sinne sowohl des Schlechten als auch des Bösen, wird vom Leben bedingt und ist seinerseits die Bedingung für neues Leben, dies zum einen im Sinne der Steigerung desselben, zum andern im Sinne der „Ewigen Wiederkehr des Gleichen". Im Christentum gründet das Leiden nicht in der Bestimmung, nämlich in Gottes Willen selbst, sondern ist es entspringt der Ursünde und damit dem Widerspruch zum göttlichen Willen. Dieser Widerspruch ist möglich und wirklich, nicht aber notwendig. Durch einen freien Willensakt des Menschen kam das Böse in die Welt. Durch einen freien Willensakt Gottes wird es besiegt – wohlgemerkt nicht aus der Macht Gottes, sondern durch seine Liebe zur Welt, die sich in der *subiectio* des Gottessohnes zuhöchst am Kreuz konkretisiert. Durch das einmalige Leiden Christi werden sowohl das Böse der Schuld als auch das Schlechte des Leidens hinweggenommen, dies jedoch im Vorblick auf das Gericht und das Ewige Leben. Somit birgt das Leiden des Gekreuzigten sowohl den Gedanken der Erlösung *in* der Welt als auch den der Erlösung *von* der Welt.[62] Für Nietzsche aber muss das christliche „Leiden, der ‚Gekreuzigte als der Unschuldige', als Einwand gegen dieses Leben, als Formel seiner Verurtheilung" erscheinen (266,22 ff.).

> „Man erräth: das Problem ist das vom Sinn des Leidens: ob ein christlicher Sinn, ob ein tragischer Sinn ... Im ersten Falle soll es der Weg sein zu einem seligen Sein, im letzteren gilt *das Sein als selig genug*, um ein Ungeheures von Leid noch zu rechtfertigen
> Der tragische Mensch bejaht noch das herbste Leiden: er ist stark, voll, vergöttlichend genug dazu
> Der christliche verneint noch das glücklichste Los auf Erden: er ist schwach, arm, enterbt genug, um in jeder Form noch am Leben zu leiden ...
> ‚Der Gott am Kreuz' ist ein Fluch auf Leben, ein Fingerzeig, sich von ihm zu erlösen
> Der in Stücke geschnittene Dionysos ist eine *Verheißung* ins Leben: es wird ewig wieder geboren und aus der Zerstörung heimkommen" (1888; 13,266,25–267,5).

Leiden und Mitleiden, Kreuz und Liebe, wie Nietzsche sie als Gegensatz zu seiner Lehre versteht, haben ihren Ursprung nicht im historischen Jesus, sondern in der Paulinischen Verkündigung, genauer im λόγος τοῦ σταυροῦ. Besonders im „Antichrist" unterscheidet Nietzsche scharf zwischen Jesus und Paulus.[63] Jesus ist ein religiöser Schwärmer von ausgeprägter Innerlichkeit. Er befindet sich im Gegensatz zu allem Ringen, Feind-sein-Können und Widerstand. „Alles, was fest, Sitte, Institution, Kirche ist", ruft in diesem Jesus Widerwillen hervor. Sein Reich ist nicht von dieser Welt. „*Jede* Realität" (AC 6,200,19) ist ihm fremd.

> „Was heisst ‚frohe Botschaft'? Das wahre Leben, das ewige Leben ist gefunden – es wird nicht verheissen, es ist da, es ist *in euch*: als Leben in der Liebe, in der Liebe ohne Abzug und Ausschluss, ohne Distanz" (200,4–7).

---

[62] Zum Ganzen siehe hier C.II.2.a) Der Mittler und die Geschichte der Menschheit.
[63] Siehe dazu Salaquarda: Dionysos gegen den Gekreuzigten 290 ff.

„Die Sünde, jedwedes Distanz-Verhältnis zwischen Gott und Mensch ist abgeschafft, – eben das ist die ‚frohe Botschaft‘ " (205,3 ff.).

Jesus ist zwar ein „décadent" (202,15), jedoch in einer vergleichsweise harmlosen Variante, ist er doch für Nietzsche ein „Idiot" zunächst im griechischen Sinne des Wortes, ein Privatmann, dann aber auch im Sinne eines unterscheidungslosen Toren. Insofern Jesus als Urheber eines Aufstandes der „Ausgestossenen und Sünder" gegen die „Heiligen Israels" (198,6), gegen die „Priester und Theologen" (202,10), die herrschende „Kaste" „verstanden oder *missverstanden* worden ist" (202,2 f.), führen ihn gerade seine Innerlichkeit und seine unterscheidungslose Liebe ans Kreuz. „Er starb für *seine* Schuld" (202,26), nicht für die unsere.

Der Interpretation des Kreuzestodes Jesu entspringt das Christentum.[64] Seine Jünger konnten sich mit diesem Tod nicht abfinden und verkehrten das Evangelium des „einzigen Christen" Jesus in „eine ‚*schlimme* Botschaft‘, ein *Dysangelium*" (211,24 f.). Um Rache zu nehmen an den Pharisäern und Theologen, welche den Tod Jesu zu verantworten hatten, stilisierten sie Jesus zum „Sohn Gottes" (214,25). In diesem Prozess kommt Paulus die herausragende Bedeutung zu:[65] „Der ‚frohen Botschaft‘ folgte auf dem Fuss die *allerschlimmste*: die des Paulus" (215,29 f.).[66] Anders als Jesus ist Paulus „ganz und gar kein Idiot! – daran hängt die Geschichte des Christenthums" (1888; 13,237,27 f.). Paulus ist für Nietzsche ein „Genie"; er ist „das Genie im Hass" (AC 6,215,31 f.). „Was hat dieser Dysangelist alles dem Hasse zum Opfer gebracht! Vor allem den Erlöser: er schlug ihn an *sein* Kreuz" (216,1 ff.). Aus Hass auf das Judentum, auf seine eigene Unfähigkeit, das jüdische Gesetz zu erfüllen, erfindet Paulus das Christentum; er erfindet seinen eigenen λόγος τοῦ σταυροῦ. Entsprechend ist die Paulinische Bekehrung, die in der Begegnung mit dem Auferstandenen besteht, eine Erfindung:

> „Paulus legte einfach das Schwergewicht jenes ganzen Daseins hinter dieses Dasein, – in der Lüge vom ‚wiederauferstandenen‘ Jesus. Er konnte im Grunde das Leben des Erlösers überhaupt nicht brauchen, – er hatte den Tod am Kreuz nöthig und etwas mehr noch ... Ein Paulus, der seine Heimath an dem Hauptsitz der stoischen Aufklärung hatte, für ehrlich halten, wenn er sich aus einer Hallucination den Beweis vom Noch-Leben des Erlösers zurecht macht, oder auch nur seiner Erzählung, dass er diese Hallucination gehabt hat, Glauben schenken, wäre eine wahre niaiserie seitens eines Psychologen: Paulus wollte den Zweck, folglich wollte er auch die Mittel" (216,18–29).

Der Zweck des Paulus aber ist die Macht: „[...] mit Paulus wollte nochmals der Priester zur Macht" (AC 6,216,31 f.). In diesem kranken Willen zur Macht wurzelt nach Nietzsche die ganze christliche Theologie, an seine Interpretation des Kreuzes Jesu knüpfen sich letztlich „die *kirchlichen Cruditäten* von einem Gott als *Person*, von

---

[64] Siehe AC 40–43 (6,213–218).

[65] Vgl. 1888; 13,244,24 f.: „Zur Psychologie des *Paulus*. Das Faktum ist der Tod Jesu. Dies bleibt *auszulegen*."

[66] Vgl. 1887/8; 13,109,26 f.: „Man sieht, was mit dem Tode am Kreuze geschehen war. Als der Dämon des Dysangeliums erscheint *Paulus* ..."

einem ‚Reich Gottes', welches *kommt,* von einem ‚Himmelreich' *jenseits,* von einem ‚Sohne Gottes', der *zweiten Person* der Trinität" (206,24–27).[67] Nietzsche hält fest:

> „Kein Gott für unsere Sünden gestorben; keine Erlösung durch den Glauben; keine Wiederauferstehung nach dem Tode – das sind alles Falschmünzereien des eigentlichen Christenthums, für die man jenen unheilvollen Querkopf verantwortlich machen muß" (1887/8; 13,103,22–26).

Nietzsche greift verschiedene Theologoumena des Paulus an – so auch das Ternar Glaube, Hoffnung, Liebe.[68] Die Spitze seines Angriffs zielt jedoch auf das „Wort vom Kreuz", wie es am Anfang des Ersten Korintherbriefes entfaltet wird. Paulus setzt hier die „Weisheit Gottes" der „Weisheit dieser Welt" entgegen (1 Kor 1,18–25). Eben weil Nietzsche seine eigene Lehre als *Weisheit* versteht – und zwar durchaus als Weisheit dieser Welt – hat hier die geschichtliche Entgegensetzung ihr Zentrum.

Nietzsche interpretiert die Paulinische „Weisheit" einmal als Gegensatz zum Jesuanischen Evangelium (AC 6,223,1–19).[69] Sodann, weiterhin historisierend, wird die „Weisheit" des von Paulus erfundenen Gottes den „beiden grossen Gegnerinnen alles Aberglaubens, Philologie und Medizin" (226,1 f.), entgegengesetzt. Der Gott, dessen Weisheit hier erscheint, ist der Wille des Paulus selbst. „Paulus *will* ‚die Weisheit der Welt' zu Schanden machen: seine Feinde sind die *guten* Philologen und Ärzte alexandrinischer Schulung" (226,5 ff.). Wenn die Philologen und Ärzte als ‚Antichristen' herausgestellt werden, so steckt dahinter die ambivalente Wertschätzung, die Nietzsche den aufblühenden philologischen und naturwissenschaftlichen Wissenschaften des 19. Jahrhunderts hinsichtlich ihrer Christentumskritik entgegenbringt. Entscheidend aber ist die unmittelbare Konfrontation mit der Bestimmung des Willens durch das „Wort vom Kreuz" und den darin liegenden Wert-Schätzungen.[70] Das Kreuz ist das Symbol für eine falsche Vergöttlichung des Schwachen, Törichten, Unedlen, Verachteten, kurz, des Leidens.

> „Das Christenthum hat die rancune der Kranken auf dem Grunde, den Instinkt *gegen* die Gesundheit gerichtet. Alles Wohlgerathene, Stolze, Übermüthige, die Schönheit vor allem thut ihm in den Ohren und Augen weh. Nochmals erinnre ich an das unschätzbare Wort des Paulus. ‚Das *schwach* ist vor der Welt, was *thöricht* ist vor der Welt, das *Unedle* und *Verachtete* vor der Welt hat Gott erwählet': *das* war die Formel, in *hoc signo* siegte die décadence. – *Gott am Kreuze* – versteht man immer noch die furchtbare Hintergedanklichkeit dieses Symbols nicht? – Alles, was leidet, Alles, was am Kreuze

---

[67] Vgl. AC 6,210,30: „Wir wissen, unser *Gewissen* weiß es, *was* überhaupt jene unheimlichen Erfindungen der Priester und der Kirche Werth sind, *wozu sie dienten,* mit denen jener Zustand von Selbstschändung der Menschheit erreicht worden ist, der Ekel vor ihrem Anblick machen kann – die Begriffe ‚Jenseits', ‚jüngstes Gericht', ‚Unsterblichkeit der Seele', die ‚Seele' selbst; es sind Folter-Instrumente, es sind Systeme von Grausamkeiten, vermöge deren der Priester Herr wurde, Herr blieb …"

[68] Siehe AC 6,190 f.

[69] Dies wird hier v. a. aus dem Zusammenhang deutlich.

[70] Siehe AC 6,223,1–19. Nietzsche zitiert hier ausführlich 1 Kor 1,20b–25 und verweist darauf, dass in der ersten Abhandlung der „Genealogie der Moral" erstmals sein Gegensatz zur „Tschandala-Moral" des Paulus ans Licht trat.

hängt, ist göttlich … Wir Alle hängen am Kreuze, folglich sind *wir* göttlich … Wir allein sind göttlich … Das Christenthum war ein Sieg, eine *vornehmere* Gesinnung gieng an ihm zu Grunde, – das Christenthum war bisher das grösste Unglück der Menschheit. – –" (AC 6,232,7–24).

Gegenüber sämtlichen aus dem Christentum stammenden „moralischen Werthen" verlangt Nietzsche „*naturalistische* Werthe [,] Vernatürlichung der Moral" (1886/7; 12,342,21 f.). Damit sind Werte angestrebt, welche der Natur der Welt entsprechen. Diese besteht einerseits im Über-sich-hinaus-Schaffen des Lebendigen aufgrund des Willens zur Macht; darin zeigt sich jenseits von Gut und Böse das neue, antichristliche *Gute* (AC 6,170,1). Doch darf andererseits die fallende Linie des Lebens nicht ignoriert werden: Leid, Verfall, Zerstörung; sie werden zunächst als das *Schlechte*, dann aber moralisch, weil auf den Willen hin angesehen, als das *Böse* verstanden. Dies wird in der *Sache* durch die Lehre von der „Ewigen Wiederkunft des Gleichen" integriert. In der *Bestimmung* findet es seinen Ausdruck im Wesen des Gottes Dionysos. Er steht für das Ja auch zur fallenden Linie des Leben, im Ja zu Zerstörung und Leid. Dieses Ja ist aber nicht die Billigung des Unterschieds zwischen Billigung und Missbilligung wie im Augustinischen Kontext,[71] auch nicht die Bejahung des Leides als Folge der Sünde und nicht die indirekte Bejahung auch der Sünde, sondern die *unmittelbare Billigung von Sünde und Leid als solchem*. In diesem Sinne werden Leid und Sünde bei Nietzsche dionysisch *verklärt*. Die Verklärung von Geschichte und Welt im Ganzen erfolgt sprachlich. Sie erhebt sich bis zur „Vergottung". Erst damit finden die Aufhebung des Leidens im „Gekreuzigten" und das der Inkarnation sowie dem Kreuzesgeschehen innewohnenden *mirabile commercium* ihr Äquivalent. Die θέωσις bei den griechischen Kirchenvätern war eine eindeutige Verwandlung des Menschen bis zur Ähnlichkeit mit Gott bei Wahrung des absoluten Unterschiedes. Anders muss die „Vergottung" bei Nietzsche gedacht werden. Sie führt zwar einerseits bis zur Identität mit dem Gott, doch andererseits enthält sie ebenso eine unvermeidliche „Entgottung". Sie führt gerade nicht in eine ewige Ewigkeit, sondern bleibt eine zeitgebundene Ewigkeit im Sinne der Ewigen Wiederkunft.

> „An Stelle von Metaphysik und Religion *die ewige Wiederkunftslehre* (diese als Mittel der Züchtung und Auswahl).
>
> Gott als Culminations-Moment: das Dasein eine ewige Vergottung und Entgottung. Aber *darin kein Werthhöhepunkt* sondern nur Macht-Höhepunkte" (1887; 12,342,30–343,5).

3. Die dionysische Dichtung oder der Herr der Seele

Bereits in seinem „ersten Buch", der „Geburt der Tragödie aus dem Geiste der Musik", bringt Nietzsche den Gott Dionysos und mit ihm die tragische Dichtung

---

[71] Vgl. dazu hier C.II.1. Der Geist der Liebe und das Wort Gottes.

als maßgebliche Form des Denkens zur Sprache.[72] Nietzsche spricht im späten „Vorwort an Richard Wagner" aus dem Jahre 1886 von der „Kunst als der höchsten Aufgabe und der eigentlich metaphysischen Thätigkeit dieses Lebens" (GT 1,24,10), allerdings zunächst noch im Sinne Wagners bzw. Schopenhauers. Nietzsche betont, dass die Kunst bereits in „Die Geburt der Tragödie" der Moral entgegengesetzt wird, „dass nur als ästhetisches Phänomen das Dasein der Welt *gerechtfertigt* ist" (GT 1,17,11 f.). Die *iustificatio* – ein paulinisch-lutherischer Kernbegriff – bezieht sich hier nicht auf die Rechtfertigung des Menschen, sondern des Daseins der Welt. Die Welt muss gerechtfertigt werden und zwar nicht angesichts der Sünde, sondern angesichts des Leidens, angesichts der fallenden Linie des Lebens. Diese Rechtfertigung kann nur ein Gott vollbringen. Sie geschieht durch einen „gänzlich unbedenklichen und unmoralischen Künstler-Gott" (17,15 f.). Nietzsche interpretiert ihn als einen Gott, „der im Bauen wie im Zerstören, im Guten wie im Schlimmen, seiner gleichen Lust und Selbstherrlichkeit inne werden will, der sich Welten schaffend von der *Noth* der Fülle und Ueberfülle, vom *Leiden* der in ihm gedrängten Gegensätze löst" (17,16–20). Einerseits zieht nun dieser Gott die Schöpferkraft des alten Gottes sowie seine Herrlichkeit auf sich. Auch erscheint er als Erlöser vom Leiden, das nun aber nicht im Mangel, sondern im Überfluss besteht. Andererseits aber muss dieser Gott selbst als ein Geschöpf des Künstlers betrachtet werden, der sich seinen Gott schafft – sprachlich gesehen, dichtet. Insofern handelt es sich um eine Erlösung „im *Scheine*" und durch den Schein – eine Selbsterlösung der *Seele* des Künstlers, eine Selbsterlösung der *Welt* und eine Selbsterlösung *Gottes* in einem.

> „Die Welt, in jedem Augenblicke die *erreichte* Erlösung Gottes, als die ewig wechselnde, ewig neue Vision des Leidendsten, Gegensätzlichsten, Widerspruchsreichsten, der nur im *Scheine* sich zu erlösen weiss" (GT 1,17,20).

Zu dieser „rein ästhetischen Weltauslegung und Welt-Rechtfertigung" (18,11) findet sich nun kein größerer Gegensatz als „die christliche Lehre" (18,12). Der Wahrheitsanspruch des christlichen Gottes, der „*jede* Kunst in's Reich der Lüge verweist", führt über die Kunstfeindlichkeit zur Lebensfeindlichkeit: „[…] denn alles Leben ruht auf Schein, Kunst, Täuschung, Optik, Nothwendigkeit des Perspektivischen und des Irrthums" (18,20–22). Nietzsche interpretiert sein Schweigen über das Christentum in „Die Geburt der Tragödie" als ein „feindseliges" (18,6). Im Nachhinein identifiziert er – als „Philologe und Mensch der Worte" – den gedichteten Gott Dionysos mit dem „Antichrist".

> „Gegen die Moral also kehrte sich damals, mit diesem fragwürdigen Buche, mein Instinkt, als ein fürsprechender Instinkt des Lebens, und erfand sich eine grundsätzliche Gegenlehre und Gegenwerthung des Lebens, eine rein artistische, eine antichristliche. Wie sie nennen? Als Philologe und Mensch der Worte taufte ich sie, nicht ohne einige Freiheit – denn wer wüsste den rechten Namen des Antichrist? – auf den Namen einen griechischen Gottes: ich hiess sie die dionysische" (GT 1,19,9–18).

---

[72] Siehe hier B.II.2. Die tragische Kunst.

Wer aber ist der Dichter eines solchen Gottes, *wer spricht* die neue Bestimmung
des Menschen aus? Zunächst ist *Nietzsche* selbst der Sprecher. Nietzsche begreift
sein eigenes schriftstellerisches Schaffen als Verkündigung. Er verkündigt eine neue
Weisheit, die der christlichen entgegengesetzt ist. In der Negation des Christentums
versteht sich Nietzsche als „*froher Botschafter*" (EH 6,366,5). Seine Botschaft ist
ein „Zukunfts-Evangelium" (1886/7; 12,190,14). Er verheißt eine andere Zukunft,
geschieden von allem Bisherigen, wie es unter der Herrschaft der christlichen Moral
stand. In Analogie zu Jesus/Paulus erlässt Nietzsche ein ‚Neues Gebot'. Damit versteht er sich nicht nur als „Künstler", „Weiser", „Gelehrter", „Frommer", sondern
als „Gesetzgeber" (EH 6,337,32–338,2). Der „Antichrist", der als Teil des Nietzscheschen Gegen-Evangeliums zu verstehen ist, endet mit einem „Gesetz wider
das Christentum. Gegeben am Tage des Heils, am ersten Tage des Jahres Eins (am
30. September 1888 der falschen Zeitrechnung)" (AC 6,254,1 ff.). Dieses Gesetz ist
unterzeichnet mit „Der Antichrist".

Indem er sein „Loos" kennt, wird Nietzsche, alias der „Antichrist", selbst zum
Schicksal. Er entspricht seiner Bestimmung, welche in seiner „dionysischen Natur"
besteht. So zeichnet sich ab, dass einerseits Nietzsche selbst der Schöpfer der neuen
Bestimmung des Menschen ist, dass er aber andererseits unter dieser Bestimmung
steht, die ihm geoffenbart wurde. Bestimmender und Bestimmter, Schöpfer und
Geschöpf wechseln hier auf änigmatische Weise die Stellen.[73] Nietzsches Bestimmung ist zuhöchst und zuletzt die dionysische Welt als die gewollte Welt, sodann
Dionysos, wie er dem Gekreuzigten entgegengesetzt ist, und zuerst Dionysos, der
gedichtete Gott. Die Basis ist die Dichtung als Manifestation des Willens zur Macht,
weil aus ihr sowohl die geschichtliche als auch die weltliche Fassung der Bestimmung
als Schöpfung begriffen werden können.

Die Dichtung ist zunächst Tragödie. Sie ist dies, weil sie zum „Untergang" des
übermenschlichen Helden unter die Menschen führt. Die dionysische Kunstform
par excellence führt zum Scheitern des Gottes Dionysos selbst, er stirbt immer
wieder und kehrt aus seinem Tod immer wieder zurück ins Leben – dies geschieht
in Verwandlung des Sterbens des Gottessohnes Christus. Aber auch Zarathustra
geht seinem Sterben entgegen. Und Nietzsche selbst wird schließlich zum leidenden
Gottesknecht, wenn er sich selbst in „Ecce homo" verklärt. Gerade aber der Tod, der
hier nicht in seiner Natürlichkeit erscheint, sondern als gewollter, weil gedichteter,
bezieht sich auf die Unterscheidung des Menschen von sich selbst. Die Akteure der
Tragödie befinden sich in einem Spiel, in welchem sie ihre Masken tauschen können.

Schon der „Zarathustra" ist zur dionysischen Dichtung zu rechnen, ja im „Zara-
thustra" wurde Nietzsches „Begriff ‚dionysisch' höchste That" (vgl. EH 6,343,5).
Dennoch bleibt der „Zarathustra"[74] erst noch vorbereitend, und zwar insofern der
Name des neuen Gottes Dionysos noch nicht genannt wird. Die dionysische Dich-

---

[73] Loock: Nietzsches dionysische Konzeption 98. Zur Änigmatik siehe Scheier: Nietzsches Labyrinth
227 f.
[74] Die vier Teile des „Zarathustra" erscheinen 1883 bis 1885.

tung findet ihre Vertiefung in den Werken der „Umwerthung", vor allem in deren antichristlicher Verkündigung bzw. Gesetzgebung (1886–88). Sie vollendet sich in der Selbstdichtung des „Ecce homo" (1888) und in den labyrinthischen „Dionysos-Dithyramben" (1888). Mehr noch als in der Verkündigung und Gesetzgebung des „Antichrist", tritt hier der ursprünglich kreative, künstlerische Charakter in den Vordergrund. Das *facere* des Gott-Vaters bei der Erschaffung der Welt und das *facere veritatem* des Gott-Sohnes Jesus Christus werden hier übersetzt in das kreative Tun der Wahrheit als Dichten. Die höchste Tat ist die neue Bestimmung des Menschen, die sich der dafür auf dem Weg einer fortschreitenden Bekehrung ermächtigte „Geist" selbst gibt. Der „Geist" ist es, welcher sich verwandeln muss,[75] der Geist des Zarathustra, welcher einer der beiden Begriffe des Dionysos ist, wie die spätere Interpretation in „Ecce homo" verdeutlicht. Auch im christlichen Kontext ist es der „Geist", welcher im Evangelium die Bestimmung des Menschen gibt, dort aber der „Heilige", weil göttliche, von aller bloßen Menschlichkeit unterschiedene Geist. Diese Heiligkeit, welche die Absonderung von allem Weltlichen meint, muss Nietzsche negieren. So ist es ein weltlicher Geist, welcher die Bestimmung ausspricht.

> „Welche Sprache wird ein solcher Geist reden, wenn er mit sich allein redet? Die Sprache des *Dithyrambus*. Ich bin der Erfinder des Dithyrambus. Man höre, wie Zarathustra *vor Sonnenaufgang (III, 18)* mit sich redet: ein solches smaragdenes Glück, eine solche göttliche Zärtlichkeit hatte noch keine Zunge vor mir. Auch die tiefste Schwermut eines solchen Dionysos wird noch Dithyrambus; ich nehme, zum Zeichen, das *Nachtlied*, die unsterbliche Klage, durch die Überfülle von Licht und Macht, durch seine *Sonnen*-Natur, verurtheilt zu sein, nicht zu lieben" (EH 6,345,16–26).

Gerade hier wird deutlich, wie das Verhältnis von „Geist" – Nietzsche als „Erfinder des Dithyrambus" – Zarathustra – Dionysos in labyrinthischer Weise schillert. Die vier Sprecher des Dithyrambus können hier kaum unterschieden werden. Doch noch einmal ist nach Dionysos als dem sprechenden Geist zu fragen. Wer ist Dionysos? In einer kurzen Notiz formuliert Nietzsche:

> „Dionysos.
> Dionysos als Erzieher.
> Dionysos als Betrüger.
> Dionysos als Vernichter.
> Dionysos als Schöpfer" (1885; 11,504,26–30).

Die vier Zuweisungen bilden zwei Gruppen, die je in sich Gegensätzliches bezeichnen. „Erzieher" und „Betrüger", „Vernichter" und „Schöpfer". Dionysos wird hier zuerst unmittelbar auf das *Denken* und dessen Wahrheit bezogen. Er erzieht das Denken. Doch ist die Wahrheit der Erziehung in einem Atemzug negiert. Erziehen heißt notwendigerweise betrügen. Dionysos wird sodann auf die *Sache* bezogen. Er

---

[75] Vgl. Z 4,29–31: „Von den drei Verwandlungen" und 4,134,3–5: „Geist ist das Leben, das sich selbst in's Leben schneidet" auch 312,9–10.

bringt vor allem den (Über-) Menschen als seine Sache hervor, und er zerstört sie. Dionysos ist damit in Einem die Position und Negation der *Bestimmung*, die er gibt und ist. Nur wenn die Wahrheit der Bestimmung in der Schwebe gehalten wird, droht sie nicht zu einer neuen Wahrheit ‚an sich' zu werden. Nur wenn die Sache auch wieder zerstört wird, erhält sich Dionysos die Möglichkeit zur beständigen Schöpfung.

Erzieher und Erzogener, Betrüger und Betrogener, Vernichter und Vernichteter, Schöpfer und Geschöpf prallen hier unmittelbar aufeinander. Die beiden Extreme der Relation sind unvermittelt und deshalb durch einen Abgrund getrennt. Das nicht beendbare Wechseln ihrer Orte und die endlose Bewegung, die diesem Wechsel innewohnt, zeigen an, dass das Fehlen des Grundes das Fehlen des Seins ist. Dionysos ist ein Gott des Werdens.

Der Grund, in diesem Zusammenhang vorzustellen als das göttliche Sein selbst, das aus seiner jenseitigen Fülle alles gibt, erhält und vollendet, ist entfallen. Es bleibt das Leben als Ursprung. Es bleibt das bloße Werden, das seinerseits als ein endloses sich in sich selbst krümmt. Dies ist das Wesen der „Ewigen Wiederkehr des Gleichen". Gerade hier ist der innere Bezugspunkt zwischen der „Ewigen Wiederkehr" und Dionysos. Sein doppelköpfiges Wesen, das nicht in einem die Gegensätze aufhebenden Grund geborgen ist, führt zur Ruhelosigkeit des Übergehens vom Einen zum Anderen. Die „Genesung" des Zarathustra, seiner letzten Selbstunterscheidung, besteht in der Annahme des „abgründlichen Gedankens" (Z 4,199,21 f.). Der Gedanke des Abgrundes schlechthin ist der Gedanke der „Ewigen Wiederkehr". Er ist dies, weil er dem unvordenklichen Leben selbst entspringt, er ist dies aber auch, weil er selbst ein gedichteter Gedanke ist – eine dionysische Lüge, geschaffen aus dem Willen zur Macht, aus Liebe zum Leben, um die offenbare Grundlosigkeit zu überbrücken.

Im Christentum war die höchste Form der Annäherung an Gott die *contemplatio*, die Betrachtung des Seins Gottes, seiner ewigen Herrlichkeit, soweit das von dieser Welt des Werdens aus möglich ist. Nun aber findet sich ein neuer „Gipfel der Betrachtung":

> „Dem Werden den Charakter des Seins *aufzuprägen* – das ist der höchste *Wille zur Macht*.
>
> *Zwiefache Fälschung*, von den Sinnen her und vom Geiste her, um eine Welt des Seienden zu erhalten, des Verharrenden, Gleichwerthigen, usw.
>
> Daß alles wiederkehrt, ist die extremste Annäherung einer Welt des Werdens an die des Seins: Gipfel der Betrachtung" (1886/7; 12,312,11–18).

Die Bestimmung durch den Willen zur Macht findet ihre höchste Ausprägung im Übertünchen des Abgrundes. Das endlosen Werden als solches führt zur Nihilierung des Einzelnen, weil zu seiner völligen Entwertung durch den Fortgang in die schlechte Unendlichkeit. Nur wenn der Übergang als eine Wiederkehr vorgestellt wird, kann die Ewigkeit des Seins substituiert werden, das heißt, kann das unendliche Gewicht des Einzelnen in verwandelter Bedeutung erhalten werden. Die Seele, die sich der Welt des Seins im Sinne der Welt der Ewigen Wiederkehr des Gleichen annähert, erfährt eine Entrückung, sie befindet sich auf dem Gipfel der Betrachtung, dem Mittag, dem Moment, in welchem die Sonne im Zenit steht.

Die Seele wird mit ihrer Bestimmung, der dionysischen Welt, immer nur ek-statisch eins. Dort, wo die verheißene Vollendung wirklich wird, verstummt der Gesang für eine Weile. Der Gesang ist nur die Brücke in diesen Moment des „Mittags". Im Moment der Vollkommenheit selbst herrscht Schweigen.

 - „Scheue dich! Heisser Mittag schläft auf den Fluren. Singe nicht! Still! Die Welt ist vollkommen" (Z 4,343).
 - „Wie? Ward die Welt nicht eben vollkommen? Rund und reif? Oh des goldenen runden Reifs – wohin fliegt er wohl? (344,13f.).
 - „Lass mich doch! Still! Ward nicht die Welt eben vollkommen? Oh des goldnen runden Balls! (344,26f.).

Die Selbstvergessenheit und das Schweigen können nur einen Moment dauern und die „große Sehnsucht" (378) nach Erlösung kommt immer wieder zurück.

„Wann trinkst du diesen Tropfen Thau's, der auf alle Erdendinge niederfiel, – wann trinkst du diese wunderliche Seele – wann, Brunnen der Ewigkeit! du heiterer schauerlicher Mittags-Abgrund! wann trinkst du meine Seele in dich zurück?" (345,3–6).

Das Fehlen des Seins als Grund – vorgestellt als der Tod Gottes – bedingt, dass die Einung mit dem Einen nicht als eine bleibende „Vergottung" vorgestellt werden darf. Entsprechend dem „abgründlichen Gedanken" der Ewigen Wiederkehr muss selbst das Zu-Grunde-Gehen vorübergehend bleiben. Auch das Ende von „Zarathustra's Untergang" (277,1–5) ist nur ein Anfang. Entsprechend bleibt der Gesang Zarathustras Letztes. Es bleibt bei der Verheißung der Ankunft des Gottes, unter dessen Bestimmung Zarathustra steht. Damit bildet der „Zarathustra" den Anfang der Bestimmung durch die dionysische Welt, durch den geschichtlichen Anti-Christ und durch den gedichteten Gott. Entsprechend berühren sich die Verheißung der Ankunft des Dionysos und die Vollendung der Bestimmung in den „Dionysos-Dithyramben".

Nietzsche hat drei Gedichte aus dem „Zarathustra" – zum Teil verwandelt – in die „Dionysos-Dithyramben"[76] aufgenommen, unter ihnen das Lied des „Zauberers", das nun als „Klage der Ariadne" erscheint. Das Lied drückt den schier unerträglichen Schmerz eines alten Mannes über einen „unbekannten Gott"[77] aus. Dieser Gott martert seinen Gläubigen grundlos, ohne ihn zu töten, ohne einen Unterschied im Ganzen zu setzen. Einerseits lässt dieser Gott wegen seiner Liebesforderung und auch wegen seiner Jenseitigkeit an den alten Gott des Christentums denken.

---

[76] „Das Lied der Schwermut" (Z 4,371–374) erscheint als „Nur Narr! Nur Dichter!" (DD 6,377–380). „Unter Töchtern der Wüste" trägt denselben Titel (Z 4,379–385; DD 6,381–387). Das Lied im Kapitel „Der Zauberer" (Z 4,313–317) wird zur „Klage der Ariadne" (DD 6,397–401).

[77] Vgl. Apg 17,23. Paulus trifft in Athen auf einen Altar, der dem „unbekannten Gott" geweiht ist, er identifiziert diesen mit dem Gott Jesu Christi. Das Leiden Christi, das ihm von seinem göttlichen Vater zugemutet wird, hat einen gewissen Anklang an das Leiden der Ariadne.

Andererseits erinnern gerade das Spiel von Anwesenheit und Abwesenheit sowie vor allem die Grausamkeit des Gottes an den verheißenen „große[n] Löser [...], de[n] Namenlose[n]" aus der „großen Sehnsucht" (Z 4,280,26). Diese Mehrdeutigkeit bleibt unentwirrbar. Klar ist aber, dass das Leiden an dem geliebten, gehassten Gott nur ein gespieltes ist. Der alte Mann, der dieses Lied singt, wird von Zarathustra als „Lügner aus dem Grunde" durchschaut (Z 4,317,10f.) und zwar aus dem Grunde der Grundlosigkeit. Er versucht, Zarathustra zu täuschen und spielt ihm „Den Büsser des Geistes" (318,1) vor, denjenigen, der Buße tut dafür, dass er die Abwesenheit Gottes erkannt hat, „den Dichter und Zauberer, der gegen sich selbst endlich seinen Geist wendet, den Verwandelten, der an seinem bösen Wissen und Gewissen erfriert" (318,3–5). Anders in den „Dionysos-Dithyramben": Hier tritt das Gedicht unmittelbar auf unter der Überschrift „Klage der Ariadne". Ariadne singt nunmehr das Lied. Damit ist von vornherein der Bezug zu Dionysos gegeben und dieser, als der grausame Gott, ist es, der seine Geliebte quält. Entsprechend ist das Gedicht hier um eine Epiphanie des Dionysos erweitert:

> „Ein Blitz. Dionysos wird in smaragdener Schönheit sichtbar.
> Dionysos:
> Sei klug, Ariadne! ...
> Du hast kleine Ohren, du hast meine Ohren:
> steck ein kluges Wort hinein! –
> Muss man sich nicht erst hassen, wenn man sich lieben soll? –
> Ich bin dein Labyrinth" (DD 6,401,19–25).

Die kleinen Ohren der Ariadne spielen auf Nietzsche selbst an, der sich stets seiner kleinen Ohren rühmte. Aber auch Dionysos selbst hat kleine Ohren. Damit tragen sowohl die von Dionysos verlassene Ariadne, als auch der erscheinende Gott selbst Züge Nietzsches. Das Wort, das er Ariadne zuspricht, zielt darauf, dass sie auch in der Qual die Lust erkennt. Das bedeutet zugleich, dass sie entsprechend der Polarität des Dionysos den Hass als notwendige Voraussetzung der Liebe kennen lernt. Ariadne/Nietzsche, der selbst „den Ausgang aus ganzen Jahrtausenden des Labyrinths" (AC 6,169,7f.) – gemeint sind die zwei Jahrtausende des Christentums – fand, bleibt im Labyrinth des Dionysos gefangen. Er steht unter der „Vorherbestimmung zum Labyrinth" (167,17).

Damit ist aber noch einmal zu fragen: Inwiefern ist der verheißene Ausweg aus dem Labyrinth, der mit der Ankunft des Dionysos zusammenfällt, nicht eine Lüge, wenn doch zugleich Dionysos selbst Labyrinth ist – ein anderes als das christliche, aber doch Labyrinth – und wenn Dionysos selbst der „Betrüger" (1885; 11,504,28) ist? Die „Dionysos-Dithyramben" sind der Ort, in welchem Dionysos selbst erscheint und sich entzieht, Dionysos, der sich im „Zarathustra" selbst verheißt und doch nicht kommt. Der dithyrambische Gesang bleibt im Ganzen der Ort der abwesenden Anwesenheit, der anwesenden Abwesenheit, der Ort der Verheißung für die Zukunft als ganz andere. Aus dem „Zarathustra" hat Nietzsche das Gedicht „Nur Narr! Nur Dichter!" übernommen und den „Dionysos-Dithyramben" vorangestellt.

„Nur Narr! Nur Dichter!
Nur Buntes redend, aus Narrenlarven bunt herausredend,
herumsteigend auf lügnerischen Wortbrücken,
auf Lügen-Regenbogen zwischen falschen Himmeln
herumschweifend, herumschleichend –
nur Narr! *nur* Dichter?" (DD 6,378,4–11).

Wer spricht hier? Nietzsche? Der alte Zauberer aus dem „Zarathustra", der als „Dichter und Lügner" dort ebenfalls bereits die nachmalige Ariadne-Klage sang? Zarathustra selbst? Oder gar Dionysos? Doch sind diese Fragen so wenig zu beantworten wie die Frage nach der Wahrheit der Verheißung. So besteht die Möglichkeit des Ausbleibens der Parusie des Dionysos. Nietzsche als letzter Jünger des Dionysos, wäre dann „nur Narr", nur „Dichter" oder, wie er sich selbst bezeichnet, ein „Hanswurst"[78], denn gerade da, wo sich Gedichteter und Dichter, Bestimmender und Bestimmter am nächsten kommen, bleibt die kleinste Kluft, die am schwersten zu überbrückende.[79] Die gedichtete Gegenwart des Dionysos wäre dann nur Dichtung und damit Lüge:

„– gedenkst du noch, gedenkst du, heisses Herz,
Wie da du durstetest? –
Dass ich verbannt sei
von *aller* Wahrheit,
Nur Narr!
Nur Dichter!" (Z 4,374,15–20; DD 6,380,17–21).

Da, wo das Denken als ein Glauben vorgezeichnet ist, da, wo alle Wahrheit perspektivisch bleiben muss, da, wo vor aller Vernunft der Abgrund selbst sich zu denken gibt, sind die Rätsel unvermeidlich, ja mehr noch, ist die Lüge unvermeidlich: „Daß die Lüge nöthig ist, um zu leben, das gehört selbst noch mit zu diesem furchtbaren und fragwürdigen Charakter des Daseins …" (1887/8; 13,193,11 f.). Aber die Lüge besitzt dort, wo es keine Wahrheit oder nur viele Wahrheiten gibt, einen anderen Stellenwert als im metaphysischen oder etwa im weisheitlich-paulinischen Kontext.[80]

---

[78] Vgl. EH 6,365,16–19: „Ich will kein Heiliger sein, lieber noch ein Hanswurst … Vielleicht bin ich ein Hanswurst … Und trotzdem oder vielmehr *nicht* trotzdem – denn es gab nichts Verlogneres bisher als Heilige – redet aus mir die Wahrheit."

[79] Vgl. Z 4,272,18f.

[80] Es ist an die Unterscheidung der Wege bei Parmenides zu erinnern. Nietzsche bewegt sich nicht auf dem Weg der metaphysischen Wahrheit und deren Position: „Es ist, wie es zu sein hat". Auch nicht auf dem Weg der Sterblichen, denen Sein und Nichtsein wieder als dasselbe erscheinen und auch wieder nicht, dem Weg der Limitation. Nietzsches Weg ist der, dass „es ist, wie es nicht ist", und darüber hinaus, dass „es ist, wie es nicht zu sein hat". Doch ist gerade dieser Abgrund zu überbrücken, zu überlügen. Siehe Parmenides, Diels-Kranz 28, Fragment B 3. Im Gedicht des Parmenides wird erstmals in die Unterscheidung zwischen „wie es ist" und „wie es nicht ist" und mehr noch zwischen „wie es zu sein hat" und „wie es nicht zu sein hat" – und zwar aus göttlicher Weisung – rein vernünftig gedacht und damit die Metaphysik eröffnet. Dazu Boeder: Topologie 98–115.

Paulus machte als weisheitliche Vorgabe für die Metaphysik der Zweiten Epoche deutlich, dass es dem Menschen in dieser Welt nicht möglich ist, zu *wissen*, wie es ist. Er kann es nur glauben. Und doch hat der Mensch die begründete Hoffnung, dereinst einzusehen, wie es ist, – wie *er*, Gott, ist. „Wir sehen jetzt wie durch Spiegel in einem dunklen Bild (ἐν αἰνίγματι), dann aber schauen wir von Angesicht zu Angesicht" (1 Kor 13,12). Auch Nietzsche erkennt nur in Spiegeln änigmatisch, aber „zwischen hundert Spiegeln, von dir selbst falsch, zwischen hundert Erinnerungen ungewiss, an jeder Wunde müd, an jedem Froste kalt, in eigenen Stricken gewürgt, Selbstkenner, Selbsthenker" (DD 6,390,21–32). Doch anders als Paulus befindet er sich nicht im Interim zwischen der anfänglichen Herrlichkeit und der eschatologischen Herrlichkeit Gottes im Zustand der Gnade, wo Glaube, Hoffnung und Liebe die Antwort auf die Gabe Gottes sind. Nietzsche befindet sich „zwischen zwei Nichtsen", die eschatologische Lösung durch den Löser Dionysos bleibt aus. Es bleibt die reine Selbstbestimmung in der Selbstdichtung, das Selbst-Geben, das Selbst-Schaffen, das Selbst-Erkennen und das Selbst-Henken …

> „Jetzt –
> zwischen zwei Nichtse
> eingekrümmt,
> ein Fragezeichen,
> ein müdes Räthsel –
> ein Räthsel für *Raubvögel* …
>
> sie werden dich schon ‚lösen',
> sie hungern schon nach deiner ‚Lösung',
> sie flattern schon um dich, ihr Räthsel,
> um dich, Gehenkter! …
> Oh Zarathustra! …
> *Selbstkenner!* …
> *Selbsthenker!* …" (DD 6,392,6–18).

Wer aber sind die „Raubvögel"? Sind sie des Rätsels Lösung? Sind sie Dionysos? Wann kommen sie? Das Rätsel bleibt.

II. Die Ermächtigung des Menschen

Die *Bestimmung* Nietzsches ist in *weltlicher* Hinsicht der Wille zur Macht in der dionysischen Welt (I.1), *geschichtlich* die Entgegensetzung der bisherigen Geschichte der christlichen Moral und der dionysischen Zukunft in der „Umwerthung der Werthe" (I.2) und *sprachlich* der dionysische Gesang als die gewollte, weil gedichtete Maßgabe (I.3). In diesen drei Momenten konkretisiert sich die Negation der christlichen Weisheit. Die *Sache* Nietzsches ist nun der Mensch – mit einer Anspielung auf Augustin[81]

---

[81] Vgl. sol. 1,17 (CSEL 89,11,15). Dazu auch C.III. Der abgekehrte Mensch und seine Hoffnung.

könnte man auch sagen: Gott und Mensch. Gott ist insofern Nietzsches Sache, als diese ihren Ausgang nimmt bei der *geschichtlichen* Feststellung des „Todes Gottes" (II.3).[82] Der Mensch aber ist seine Sache im Blick auf den aus der Unterscheidung des Menschen von sich selbst hervorgehenden „Übermenschen". Entsprechend ist der eigentliche Ort der „Bekehrung" bei Nietzsche der Sach-Terminus. Im Unterscheidungsweg des „Zarathustra" wird die Sache Nietzsches konkret.[83] Sie hat ihre Mitte in der Selbstunterscheidung des Menschen. Diese bildet das *weltliche* Moment in der Sache (II.2). Und sie hat ihre Vollendung in der Ermächtigung zum dionysischen Gesang als dem *sprachlichen* Moment des Sachterminus (II.1). Hier berührt sie sich mit der Bestimmung eben durch die dionysische Dichtung.

Hier ist nun Folgendes festzuhalten: Während im Bestimmungsterminus Dichtung und Dichter, Geschöpf und Schöpfung, Wille und Gewolltes mehr und mehr auf einander zugehen, bis sie sich schließlich an der unüberbrückbaren Kluft begegnen, um aneinander vorbeizugehen – im Sanctus Ianuarius 1889[84], in welchem die Welt *für Nietzsche* vorübergehend verklärt wird –,[85] bleibt die Verklärung der Welt im Sachterminus eine künftige. Die Bestimmung kommt noch nicht zur Gegenwart. Die *Macht* des alten Gottes, die Bestimmung des Menschen geben zu können, muss auf den neuen, von sich unterschiedenen Menschen übergehen. Doch ist der neue Mensch, den es anzuziehen gilt, hier erst noch seinerseits Gegenstand des „Glaubens" (Z 4,154,30)[86], der „Hoffnung" und der „Liebe" (4,59,33 ff.). Und nicht nur der Übermensch ist Sache der Zukunft, auch noch Zarathustra selbst muss sich als Verkündiger des Übermenschen erst ermächtigen. Die Sache stellt somit insgesamt erst den *Weg* der Ermächtigung zur Verkündigung dar. Dieser Weg ist die Erschaffung des Schaffenden durch die Selbstunterscheidung des Menschen. Im Unterscheidungsweg Zarathustras erfüllt sich damit der „bejahende Teil" des Nietzscheschen Werks.

Das Ja-Sagen ist aber kein unvermitteltes. Es hat vielmehr den Nihilismus zu seiner Voraussetzung. Dieser muss erst mit der Feststellung des Todes Gottes zur notwendigen Konkretion gebracht werden. Dies geschah bereits in „Die Fröhliche Wissenschaft" und wird in der Vorrede des „Zarathustra" als Resultat aufgenommen. Ihm folgen die „Drei Verwandlungen des Geistes" – Zarathustras erste Rede. Der Geist, dessen Wesen in der Selbstüberwindung besteht, muss sich in einer ersten

---

[82] Vgl. hier B.II.3: Der Tod Gottes und die Ewige Wiederkehr und B.III.1: Die Geschichtlichkeit des Denkens und der Tod Gottes.

[83] Siehe W. Metz: Friedrich Nietzsche. Die Verwandlung des Menschen in „Also sprach Zarathustra", in: F. Decher und J. Hennigfeld (Hgg.): Philosophische Anthropologie im 19. Jahrhundert, Würzburg 1991, 181–192.

[84] Siehe B 6,565–579.

[85] B 6,572 (1239): „Die Welt ist verklärt, denn Gott ist auf der Erde. Sehen Sie nicht, wie alle Himmel sich freuen? Ich habe Besitz ergriffen von meinem Reich, werfe den Papst in's Gefängniß und lasse Wilhelm, Bismarck und Stöcker erschießen. Der Gekreuzigte." Siehe dazu Scheier: Ecce auctor CXXII.

[86] Wenn nicht anders vermerkt, beziehen sich alle Seitenangaben in diesem Kapitel auf „Also sprach Zarathustra".

Selbstunterscheidung noch einmal den überlieferten Werten der christlichen Herkunft, die im Gebot der Feindesliebe und der Begegnung mit dem nunmehr zum „Gespenst" verkommenen Gott gipfeln, aussetzen. Dies muss er tun, um seinen Willen durch das Tragen des Schwersten in Abgrenzung von der Bestimmungslosigkeit des Nihilismus herauszubilden.

> „Alles diess Schwerste nimmt der tragsame Geist auf sich: dem Kameele gleich, das beladen in die Wüste eilt, also eilt er in seine Wüste" (30,3 ff.).

Unter der Bedingung der größten Einsamkeit ereignet sich die zweite Verwandlung – „zum Löwen wird hier der Geist" (30,7). Wie die Eremiten in der Wüste Gott begegnen, so sucht und findet der Geist in der Wüste seinen Gott, nun allerdings nicht mehr zu dessen Lobe, sondern zu dessen Negation.

> „Seinen letzten Herrn sucht er sich hier: feind will er ihm werden und seinem letzten Gotte, um Sieg will er mit dem grossen Drachen ringen. Welches ist der grosse Drache, den der Geist nicht mehr Herr und Gott heissen mag? ‚Du-sollst' heisst der grosse Drache. Aber der Geist des Löwen sagt ‚ich will' " (30,9–14).

Hier wächst sich der Wille des Geistes zum Eigen-Willen aus. Sein Wille steht dem Gotteswillen diametral gegenüber. Dieser Geist ist noch nicht jenseits von Gut und Böse, vielmehr ist er erst nur böse. Eine Bosheit freilich, welche weiß, was sie tut, und sie tut es, weil sie es tun muss. Diese Notwendigkeit ist ein Akt der Befreiung. Der letzte Gott ist unglaubwürdig und damit auch unverbindlich. Sein Gebot kann nicht mehr die Bewertungsgrundlage der Unterscheidung von Gut und Böse sein.

> „[A]ls sein Heiligstes liebte er einst das ‚Du-sollst': nun muss er Wahn und Willkür auch noch im Heiligsten finden […]" (30,34–31,1).

Das vormals Gute ist ebenso willkürlich wie das vormals Böse. Durch die Willkür des „letzten Gottes" wird der Geist nicht nur seinem eigenen Willen entfremdet, sondern dieser wird ihm enteignet. Diese Enteignung trifft das Selbst des Geistes, der nichts anderes als Wille sein kann.

Die Wiederaneignung des Willens muss zunächst als das radikal Böse, weil als Entgegensetzung zum Gotteswillen erscheinen. Jedoch verbleibt der Löwe in einer Negation, welche nicht ein schaffendes Entgegensetzen ist. Sie ist noch keine „Umwerthung aller Werthe", welche eine neue Bestimmung des Menschen hervorbringt. Deshalb bedarf es einer dritten Verwandlung. Der Löwe muss noch ein Kind werden. Der Löwe muss erst noch ins Jenseits von Gut und Böse gelangen und seine Schuld verlieren, um nicht mehr durch seine Vergangenheit gefesselt zu sein. Dem Kind gehört die Zukunft und mehr noch die Gegenwart. Im Kind erscheint nunmehr verwandelt die Schöpferkraft des alten Gottes. Es gewinnt sich eine Welt, es will seinen Willen und kann nunmehr zu allem Ja sagen. Dieses „heilige […] Ja-Sagen" ist die Verwandlung des Ja, das Gott am siebten Tage zu seiner Schöpfung sprach. Und es ist gerade die Welt des Gottes Dionysos, die Welt des Willens zur Macht, die ewig kreisende Welt der Wiederkehr des Gleichen, welche der Geist durch seine Selbstverwandlung zu gewinnen sucht.

„Unschuld ist das Kind und Vergessen, ein Neubeginnen, ein Spiel, ein aus sich rollendes Rad, eine erste Bewegung, ein heiliges Ja-sagen. Ja, zum Spiele des Schaffens, meine Brüder, bedarf es eines heiligen Ja-sagens: *seinen* Willen will nun der Geist, *seine* Welt gewinnt sich der Weltverlorene" (31,7–12).

Doch zeigt gerade der Fortgang des Nietzscheschen Gedankens, wie sehr die Wiedergewinnung der Welt und mithin die (Selbst-)Bestimmung des Menschen jenseits von Gut und Böse problematisch und der Negation der christlichen (Fremd-)Bestimmung verhaftet bleibt. „Also sprach Zarathustra" ist ein „Buch für alle und keinen". Es ist ein Buch für *keinen*, insofern nach der Heraufkunft des Nihilismus kein allgemein verbindliches Sprechen und Schreiben mehr möglich ist – ja, nicht einmal ein allgemein verständliches. Es ist aber ein Buch für *alle*, insofern der Nihilismus ein menschheitliches Geschick ist, dem sich keiner entziehen kann.

1. Zarathustra, der Lehrer und Fürsprecher

Das sprachliche Moment in der Sache geht unmittelbar dem sprachlichen Moment in der Bestimmung voraus. Hier vollendet sich die Unterscheidung des Sprechers von sich selbst als die Ermächtigung zum Gesang. Während aber im Bestimmungsterminus Nietzsche/Zarathustra/Dionysos schließlich ineinander verschwimmen, zeigt sich im Sachterminus das labyrinthische Aufeinander-zu-Gehen und Auseinander-Gehen der Geschiedenen. Weil aber Nietzsche selbst im Ende seines Denkweges mehr und mehr in seinem Werk aufgeht,[87] ist bei der Frage nach dem Bekehrungsweg des „Verkündigers"[88] Zarathustra zuletzt auch die Frage nach Nietzsches eigenem Unterscheidungsweg und seiner Ermächtigung als Verkündiger zu stellen, insofern diese mit Zarathustra verbunden sind. In „Ecce homo" schreibt Nietzsche bezogen auf „Also sprach Zarathustra":

> „Hat Jemand, Ende des neunzehnten Jahrhunderts, einen deutlichen Begriff davon, was Dichter starker Zeitalter *Inspiration* nannten? Im andren Falle will ich's beschreiben. – Mit dem geringsten Rest von Aberglauben in sich würde man in der That die Vorstellung, bloss Incarnation, bloss Mundstück bloss Medium übermächtiger Gewalten zu sein, kaum abzuweisen wissen. Der Begriff Offenbarung, in dem Sinn, dass plötzlich, mit unsäglicher Sicherheit und Feinheit, Etwas *sichtbar*, hörbar wird, Etwas, das Einen im Tiefsten erschüttert und umwirft, beschreibt einfach den Tatbestand. Man hört, man sucht nicht, man nimmt, man fragt nicht, wer da giebt. Wie ein Blitz leuchtet ein Gedanke auf, mit Nothwendigkeit, in der Form ohne Zögern, – ich habe nie eine Wahl gehabt" (EH 6,339).

---

[87] G. Colli: Nachwort, in: 6,449–458, 452: „Und in der pathologischen Übertragung wird Nietzsche selbst der Antichrist. Ganz allgemein werden jetzt die alten Themen rein persönlich abgehandelt, Nietzsches Denken identifiziert sich mit Nietzsches Person."

[88] Z 4, 277,1–5: „Ich sprach mein Wort, ich zerbreche an meinem Wort: so will es mein ewiges Loos –, als Verkündiger gehe ich zu Grunde! die Stunde kam nun, dass der Untergehende sich selbst segnet. Also – *endet* Zarathustra's Untergang.' – –"

Mit deutlicher Anspielung auf das Damaskus-Erlebnis des Paulus beschreibt Nietzsche seine eigene „Bekehrung".[89] Aus dem christlich-schopenhauerischen Nein zur Welt wird das Ja Nietzsches. Am Anfang seiner Ja-sagenden Phase steht ein Ereignis, das einer Offenbarung gleicht. Die entscheidende Einsicht wird Nietzsche *gegeben*.[90] Er selbst vergleicht das Ereignis mit einer Empfängnis, welche an die jungfräuliche Empfängnis Mariens durch den Heiligen Geist denken lässt. Die Stunde der Entbindung ist die Zeit der Niederschrift des Zarathustra.[91] Achtzehn Monate früher, im Moment der Empfängnis, befindet sich Nietzsche „6000 Fuss jenseits von Mensch und Zeit" (EH 6,335,8 f.),[92] dort wird ihm die „höchste Formel der Bejahung" geoffenbart (335,6). Nietzsche selbst bezeichnet sich danach als „Wiedergeborenen" (335,21). Doch anders als im Neuen Testament sind es nicht die Menschwerdung Gottes bzw. der Tod und die Auferstehung des Gottessohnes, welche zu denken geben. Nicht die konkrete Begegnung mit dem auferstandenen Gekreuzigten – wie im Falle des Paulus – führt zur Erleuchtung, sondern „ein Gedanke" leuchtet auf, der auf den Tod Gottes reagiert und diesen substituiert:[93] „der *Ewige-Wiederkunfts-Gedanke*". (335,5 f.). Eingedenk des mythologischen Charakters der Rede von Offenbarung versteht sich Nietzsche als „Incarnation", „Mundstück", „Medium" eines bestimmenden Willens – eines Willens, der mit „übermächtiger Gewalt […]" auftritt und ihm daher keine Wahlfreiheit lässt. Zwar bleibt in der Schwebe, ob diese Inspiration nicht doch die Sache seiner eigenen Kreativität ist, doch ist klar, dass diese Alternative im Nietzscheschen Labyrinth nur eine scheinbare ist – entspringt doch beides der Widersprüchlichkeit des Lebens.

Auf dieselbe ‚Inspiration' des „Zarathustra" bezieht sich das Gedicht „Sils Maria" aus dem fünften Teil der „Fröhlichen Wissenschaft" („Lieder des Prinzen Vogelfrei"). Im August 1881 bei Sils Maria am See von Silvaplana hatte ihm der „erste Blitz des Zarathustra-Gedankens […] eingeleuchtet" (EH 6,341,10 f.).

Sils-Maria

„Hier sass ich, wartend, wartend, – doch auf Nichts,
Jenseits von Gut und Böse, bald des Lichts
Geniessend, bald des Schattens, ganz nur Spiel,
Ganz See, ganz Mittag, ganz Zeit ohne Ziel.

---

[89] Siehe dazu Salaquarda: Dionysos gegen den Gekreuzigten 290 und Bernoulli: Overbeck I, 316: „Nietzsche hatte also in jenem ersten Silser Sommer seinen Tag von Damaskus erlebt; es fiel ihm wie Schuppen von den Augen; er vollzog den Schritt vom Nein zum Ja; aus dem Saulus wurde Paulus; aus dem Pessimisten der Optimist."

[90] Damit bleibt Nietzsche auch ex negativo dem Geben als epochalen Sinn des Seins der Zweiten Epoche der Metaphysik verhaftet.

[91] Siehe EH 6,335,23–336,6.

[92] Vgl. 1881; 9,494.

[93] Am Ende des vierten Buches der „Fröhlichen Wissenschaft", der Schrift Nietzsches, die den Tod Gottes konstatiert, folgen die Nummer, die den Gedanken der Ewigen Wiederkehr einführt, und der Beginn des Zarathustra unmittelbar aufeinander. Dem Sprecher des Gedankens, der hier als „Dämon" bezeichnet wird – wohl eine Anspielung auf Sokrates – antwortet Nietzsche (FW 3,570,23): „du bist ein Gott und nie hörte ich Göttlicheres!" Vgl. dazu die Notiz von Anfang August 1881 im Nachlass 9,494,1–21.

Da, plötzlich, Freundin! wurde Eins zu Zwei –
– und Zarathustra gieng an mir vorbei …" (FW 3,649,10–16).

Die im Gedicht beschriebene Erwartung des Nichts bezieht sich auf die unvermeidliche Heraufkunft des Nihilismus, die der Unterscheidung von Gut und Böse den Boden entzieht. Entsprechend können sowohl das „Licht" – ein altes Symbol für Gott – als auch dessen Mangel, der „Schatten" genossen werden. Jedoch ist auch das zu genießende Licht[94] nicht von der Geistigkeit des alten Gottes, sondern es ist weltliches Licht des hellen Tages. Das lyrische „Ich" ist „ganz nur Spiel", das heißt, es hat die Verwandlung des Geistes vollendet und wurde zum Kind, in welchem *es* spielt. *Es* ist die selbstvergessene Einheit von Welt und Seele, welche im Mittag, dem Moment des höchsten Sonnenstandes, ek-statisch erreicht wird. Das Verstreichen der Zeit verliert darüber seine Bedeutung, sein „Ziel". Unerwartet aus dem erwarteten Nichts auftauchend erscheint Zarathustra; die quasi-‚mystische' Einheit zerbricht, „Eins" wird zu „Zwei". Dadurch wird deutlich, dass nicht das Eingehen in die ewige Einheit des alten Gottes das Ziel sein kann, nicht einmal in der Verwandlung zur verklärten Einheit mit der Welt, sondern dass die Entzweiung bleibt, ja sogar erneut durch das Vorbeigehen des Zarathustra bewirkt wird. Zarathustra bringt nicht den Frieden, welcher in der Einheit des Vielen besteht,[95] sondern den Krieg, die Entzweiung. Zunächst ist auch der Mensch mit sich selbst entzweit, wenn auch hier in Freundschaft, deshalb die Anrede an die Seele als „Freundin". Die Entzweiung bezeichnet aber gerade auch die Fülle der dionysischen Polarität[96] von Gut und Böse, den ewigen Krieg der unaufhebbaren Gegensätze, welcher sich zeitlich in der Ewigen Wiederkehr des Gleichen manifestiert. Gerade eine letzte Versöhnung der Geschichte entfällt.

Der „Ewige-Wiederkunfts-Gedanke" ist die „Grundconception" des „Zarathustra" (EH 6,335,5). Zarathustra ist der „Lehrer der Ewigen Wiederkunft" (Z 4,275, 29f.). Nietzsche bezeichnet sich auch selbst in einem Atemzug als „der letzte Jünger des Philosophen Dionysos" und als „Lehrer der ewigen Wiederkunft" (GD 6,160, 28ff.). Nietzsche und Zarathustra scheinen ineinander zu verschwimmen.

> „Man hat mich nicht gefragt, man hätte mich fragen sollen, was gerade in meinem Munde, im Munde des ersten Immoralisten der Name *Zarathustra* bedeutet: […] Versteht man mich? … die Selbstüberwindung der Moral aus Wahrhaftigkeit, die Selbstüberwindung des Moralisten in seinen Gegensatz – *in mich* – das bedeutet in meinem Munde der Name Zarathustra" (EH 6,367,1 ff. u. 22–25).

---

[94] Vgl. hierzu die Augustinische Unterscheidung von *uti* und *frui*, in: Doctr. 1,3 (CCL 32,8,1).

[95] Vgl. Eph 4,2–6: „[…] μετὰ πάσης ταπεινοφροσύνης καὶ πραΰτητος, μετὰ μακροθυμίας, ἀνεχόμενοι ἀλλήλων ἐν ἀγάπῃ, σπουδάζοντες τηρεῖν τὴν ἑνότητα τοῦ πνεύματος ἐν τῷ συνδέσμῳ τῆς εἰρήνης· ἓν σῶμα καὶ ἓν πνεῦμα, καθὼς καὶ ἐκλήθητε ἐν μιᾷ ἐλπίδι τῆς κλήσεως ὑμῶν· εἷς κύριος, μία πίστις, ἓν βάπτισμα, εἷς θεὸς καὶ πατὴρ πάντων, ὁ ἐπὶ πάντων καὶ διὰ πάντων καὶ ἐν πᾶσιν."

[96] Vgl. dazu eine Variante des Gedichts am Ende von JGB 5,243,12–20.

Ähnlich wie bei der Formulierung des geschichtlichen Gegensatzes „Dionysos gegen den Gekreuzigten" fragt Nietzsche hier ausdrücklich nach dem richtigen Verständnis. Zarathustras Name bezeichnet die Unterscheidung des Menschen von sich selbst im Sinne einer antichristlichen Bekehrung. Nietzsche selbst ist der von sich unterschiedene Mensch, der Antichrist, der sein neues Selbst dichtet als sein Geschöpf Zarathustra, dessen Unterscheidungsweg diejenige Bestimmung bereits in sich birgt, der auch der Schöpfer des Zarathustra unterworfen ist. Auch hier ist noch einmal anzumerken: Insofern die im „Zarathustra" ausgesprochene Bestimmung des Menschen an Nietzsches Person, an seine Individualität, weil Kreativität gebunden bleibt, ist das Buch ein „Buch für keinen". Insofern es aber einen Unterscheidungsweg vorzeichnet, der allgemeingültig ist, ist der „Zarathustra" ein „Buch für alle". Bestimmend ist der „Wille zur Macht". Er bestimmt bereits die Selbstunterscheidung des Menschen als des Sprechers der Bestimmung.

Die Lehre von der „Ewigen Wiederkehr", wie sie im „Zarathustra" entfaltet wird, ist auf das engste mit dem Gott Dionysos verbunden.[97] Obwohl im „Zarathustra" der Name des Dionysos nie genannt wird – Zarathustra und Dionysos sind hier noch geschieden –, interpretiert Nietzsche den „Zarathustra" später unter dem Vorzeichen des Dionysos: „Mein Begriff ‚dionysisch' wurde hier *höchste That*" (EH 6,343,4f.). Zarathustra selbst „fühlt sich [...] als die *höchste Art alles Seienden*" (344,14ff.). Das *summum ens* war aber ein Attribut des alten Gottes. Damit ist Zarathustra selbst göttlich – dionysisch. Seine Seele „*ist der Begriff des Dionysos selbst*" (344,33) und sein Geist „*ist der Begriff des Dionysos noch einmal*" (345,14f.). Aus der späten Interpretation des „Nachtliedes" in „Ecce homo" geht hervor: Zarathustra wird zuletzt Dionysos (345–348). Zarathustras „Seele ist ein springender Brunnen" – sie ist die Quelle, aus welcher die gedichtete Welt hervorgeht. Zarathustras „Seele ist das Lied eines Liebenden". Sie ist selbst Lied und damit gedichtet wie der Gott Dionysos.[98]

Die Seele ist an die Stelle des alten Schöpfergottes getreten. Dieser war die Quelle allen Seins und die Liebe selbst. Die schenkende Seele ist die gebende – durchaus im Sinne der Liebe: gebend und hingebend. Jedoch leidet sie an dieser Liebe, weil sie niemand hat, dem sie angemessen geben könnte.[99] Die Einsamkeit ist für sie konstitutiv. Doch ist diese Einsamkeit nicht die Bedingung für die Begegnung mit dem alten Gott, sondern mit sich selbst, wird sie doch schließlich selbst zur *omnitudo realitatis* – es „giebt kein Aussen" (Z 4,272,20f.). Bezogen auf dieses Leiden der Seele stellt Nietzsche in „Ecce homo" fest: „Dergleichen ist nie gedichtet, nie gefühlt, nie *gelitten* worden: so leidet ein Gott, ein Dionysos" (EH 6,348,2ff.).

---

[97] Vgl. der Gliederungsentwurf zur „Umwerthung aller Werthe" vom September 1888, 13,545,25: „*Dionysos. Philosophie der ewigen Wiederkunft*".

[98] Vgl. im „Zarathustra" 4,136ff.

[99] 4,137,3ff.: „Sie nehmen von mir: aber rühre ich noch an ihre Seele? Eine Kluft ist zwischen Geben und Nehmen; und die kleinste Kluft ist am letzten zu überbrücken."

Auch noch dort im Spätwerk, wo die Seele bzw. der Geist mit dem Einen perichoretisch zusammenfallen, leiden diese an ihrer Einsamkeit. Es ist zu bemerken, dass die zwei plotinischen Hypostasen des Einen (ἕν), Geist (νοῦς) und Seele (ψυχή), die erstmals von Porphyrios zu einer Dreifalt innerhalb des „Geistigen Alls" (κόσμος νοητός) umgedeutet wurden,[100] hier einen gewissen Nachhall finden. Eine Dreifalt aus Seele, Geist und Gott (Dionysos) tritt zusammen – wird zu Einem – und tritt auseinander in einem Spiel ohne Ende. Und es ist genau die göttliche Überfülle dieser einsamsten Seele, welche ihren größten Schmerz ausmacht. Wem könnte sie geben, wem könnte sie sich hingeben, zu wem könnte Zarathustra sprechen?

Doch ist zu beachten, dass im „Zarathustra" die Seele selbst das „Nachtlied" singt[101] und nicht wie in der späteren Selbstdeutung des „Ecce homo" der Gott Dionysos.[102] Lediglich im vierten Teil des „Zarathustra" finden sich zwei Momente der ekstatischen Vereinigung der Seele mit ihrem Gott Dionysos in den beiden Stücken „Mittag"[103] und „Das Nachtwandlerlied"[104]. Der vierte Teil bildet einen Übergang hin zur Bestimmung, dem „Nein-tuenden Teil" des Nietzscheschen Werkes, in welchem Bestimmung und Bestimmtes eins geworden sind. Die Negation bezieht sich auf diejenige Fassung der Liebe als der christlichen Bestimmung des Menschen, die für Nietzsche relevant wird, das Schopenhauersche Mitleid. Entsprechend thematisiert der vierte „Zarathustra" die Unterscheidung der Liebe Zarathustras zum Übermenschen vom Mitleid mit den höheren Menschen. In den ersten drei Büchern erfüllt sich der Ja-sagende Teil seines Werkes. Hier geht Nietzsche auf den eigentlichen Gedanken und damit auf Dionysos erst zu, Zarathustras Seele und Dionysos sind hier durch einen Abgrund getrennt, so sehr, dass von Dionysos nicht einmal ausdrücklich die Rede ist.[105]

Wenn nun im „Zarathustra" die Seele an ihrer Einsamkeit leidet, so deshalb, weil Seele und Seele durch einen Abgrund getrennt sind. Sie trennt genau der Abgrund, den der Tod Gottes hinterlassen hat. Die alte Hinterwelt, der Wohnort des jenseitigen Gottes, erscheint nun in verwandelter Bedeutung als der Wohnort der Seele:

> „Zu jeder Seele gehört eine andere Welt, für jede Seele ist jede andere Seele eine Hinterwelt. Zwischen dem Ähnlichsten gerade lügt der Schein am schönsten; denn die kleinste Kluft ist am schwersten zu überbrücken. Für mich – wie gäbe es ein Ausser-mir? Es giebt kein Aussen! Aber das vergessen wir bei allen Tönen; wie lieblich ist es, dass wir vergessen! Sind nicht den Dingen Namen und Töne geschenkt, dass der Mensch sich an den Dingen erquicke? Es ist eine schöne Narrethei, das Sprechen: damit tanzt der Mensch über alle Dinge" (Z 4,272,16–25).

---

[100] Zum Ganzen hier C.I.
[101] Z 4,136–139.
[102] EH 6,345,27–347,39.
[103] Z 4,342–345.
[104] Z 4,135–404.
[105] Zu dieser Gliederung vgl. Scheier: Ecce auctor XXV.

Es gibt kein Allgemeines, weder im Sinne der *genera* noch der *species*. Jeder Mensch ist eine Singularität. Die Einheit und Einzigkeit Gottes sind auf die einzelnen Seelen übergegangen. Also ist auch schon die nicht dionysisch verklärte Seele gewissermaßen die *omnitudo realitatis*. „Worte und Töne" sind da nur „Schein-Brücken zwischen Ewig-Geschiedenem" (272,13–15 ff.). Eben deshalb muss die Verkündigung Zarathustras schöner Schein und tragische *Dichtung* sein. Doch leidet Zarathustra an der Unmöglichkeit der Mitteilung und der Hingabe, deshalb erwartet er den „großen Löser" (280,26).

Nicht nur sind im „Zarathustra" Seele und Seele, Geist und Seele, die Seele und ihr „Herr" geschieden, auch der Geist Zarathustras ist von Dionysos zu unterscheiden. Zarathustras *Geist* ist vorherbestimmt als „das Leben das sich selbst in's Leben schneidet" (134,2). Im „Zarathustra" wird der Weg dieser Schnitte und Schritte der Selbstunterscheidung beschrieben, wie bereits aus den einleitenden „Drei Verwandlungen [...] des Geistes" (29,3) deutlich wird. Der Weg der Selbstunterscheidung von Zarathustras Geist führt auf die Erwartung des namenlosen „Herrn" (280,24.26) erst zu.

„Also sprach Zarathustra" ist eine *Tragödie*.[106] Die Vorrede macht deutlich, dass der von den Menschen unterschiedene Zarathustra in der Einsamkeit Weisheit gefunden hat. Doch gerade diese übermenschliche Weisheit trennt ihn noch mehr von den Menschen. Er wird über sie erhoben, ohne schon selbst der Übermensch zu sein. Er ist erst noch dessen Verkündiger. Als solcher gleicht er einem tragischen Helden, der von der Masse der Menschen unterschieden und dennoch zum Untergang bestimmt ist. Bereits im Beginn seines Untergangs ist Zarathustra von einer quasi-göttlichen Fülle, vergleichbar der „Sonne" (11,8–15), dem alten Symbol Gottes. Er ist seiner „Weisheit überdrüssig" (11,16) und will geben. Er will sie den Menschen mitteilen. Dazu aber muss derjenige, welcher sich über die Menschen bereits erhoben hat, wieder zu ihnen „untergehen". „Zarathustra will wieder Mensch werden" (12,8f.). Mit einer deutlichen Anspielung auf die Menschwerdung Gottes beginnt „Zarathustras Untergang" (12,10). Er tritt zunächst als der Lehrer des „Übermenschen" (14,13) auf, aber dies ist erst der Beginn seines Lehrens und Lernens.

Der Weg Zarathustras oszilliert zwischen der Einsamkeit und dem Wirken unter den Menschen. Er beginnt mit dem Verzicht auf den Selbstgenuss des Geistes in der Einsamkeit zu Gunsten der Verkündigung (14,3f.). Doch ist es nicht die Liebe zu den Menschen, welche Zarathustra hinabsteigen lässt, sondern die Liebe zum Übermenschen. Diese ist jedoch nicht Nächstenliebe, sondern „Fernsten-Liebe":

> „Die Zukunft und das Fernste sei dir die Ursache deines Heute: in deinem Freunde sollst du den Übermenschen als deine Ursache lieben. Meine Brüder, zur Nächstenliebe rathe ich euch nicht: ich rathe euch zur Fernsten-Liebe" (Z 4,78,30–79,2).

Die Liebenden sind stets die „Schaffenden, die schufen Gut und Böse" (76,6f.), und sie schufen sich zuhöchst auch noch „einen Gott" (82,26). Das einzige über dem

---

[106] Siehe FW 3,571,2: Das Stück ist überschrieben „Incipit tragoedia".

Menschen denkbare Wesen ist der Übermensch, das höchste Gut, jenseits von Gut und Böse. Und eben weil dieser neue, zu schaffende Gott erst noch der Fernste ist, führt der „Weg des Schaffenden" in die Einsamkeit. Wenn der Übermensch aber schon für den Schaffenden und den Verkündiger selbst das Fernste ist, um wie viel mehr dann für diejenigen, welchen die Verkündigung gilt, jene „Vielen", an deren Niedrigkeit der „Eine" leidet (81,14f.). Nur der „Einsame" kann den Weg zu sich selbst gehen (82,19), einen Weg, der an den eigenen „sieben Teufeln" vorbei führt. Der „Einsame" muss sich selbst „verbrennen" wollen, um dann erneut zu entstehen – wie Phoenix aus der Asche.

> „Mit meinen Thränen gehe in deine Vereinsamung, mein Bruder. Ich liebe den, der über sich selbst hinaus schaffen will und so zu Grunde geht" (83,1ff.).

Zarathustra spricht diese Worte nicht zu den Menschen im Allgemeinen, nicht einmal zu seinen Brüdern und Jüngern im Besonderen, sondern zu einem Bruder als Einzelnen. Nur wenn die Jünger ihrerseits in die Einsamkeit und Vereinzelung gehen, kann die „gute Botschaft" (100,32) Zarathustras ihre Frucht bringen. Aus den „Einsamen von heute" soll „einst ein Volk" werden. Auch das neue Gegen-Evangelium konstituiert damit ein besonderes, „auserwähltes Volk" (101,2). Doch ist diese neue ἐκκλησία erst noch diejenige Gemeinschaft, aus welcher der „Übermensch" erwachsen soll (ebd.).[107] Kaum hat Zarathustra „diese Worte gesagt […], schwieg er, wie Einer, der nicht sein letztes Wort gesagt hat" (101,7f.). Die Singularität, welche seine Verkündigung fordert und welche ihr inhärent ist, drängt ihn dazu zu schweigen, sich von seinen Jüngern abzuwenden und in die Einsamkeit zurückzugehen. Zarathustra lehrt eben keine Wahrheit von allgemeiner oder besonderer Verbindlichkeit, vielmehr lehrt er das Ende aller Wahrheit. Deshalb rät Zarathustra seinen Jüngern nicht nur, ihn zu verlassen, sondern sich gegen ihn zu wehren. „Vielleicht betrog er euch" (101,14f.). Zarathustra liegt nichts an „allen Gläubigen" (101,24).[108] Ihm Glauben schenken, hieße, ihn misszuverstehen.[109]

> „Nun heisse ich euch, mich zu verlieren und euch zu finden; und erst, wenn ihr mich Alle verleugnet habt, will ich euch wiederkehren" (101,28f.).

Diese besondere Form des paradoxen Denkens wirkt sich auch auf den Willen aus. Deshalb fordert Zarathustra nicht nur – wie Christus –, seine Feinde zu lieben, sondern auch noch seine Freunde zu hassen (101,16f.). Die Vereinzelung des Menschen ist hiermit auf die Spitze getrieben. Auf jeder Ebene ist die abgründige Geschiedenheit der Individuen zu betonen. Keine widerspruchsfreie Logik, kein allgemeiner Begriff, kein Wort kann das Leben, das sich in den Individuen konkretisiert, erfassen und damit die Individuen verbinden. Es gibt keine Verbindlichkeit und nicht einmal diese Aussage hat Verbindlichkeit. Damit zeigt sich erst die ganze unvermeidbare

---

[107] 101,3ff.: „Wahrlich, eine Stätte der Genesung soll noch die Erde werden! Und schon liegt ein neuer Geruch um sie, ein Heil bringender, – und eine neue Hoffnung!"

[108] Zum Verhältnis von Glauben und Dichtung siehe auch „Von den Dichtern" (163,19–164,6).

[109] Vgl. 101,18f.: „Man vergilt einem Lehrer schlecht, wenn man immer nur der Schüler bleibt."

innere Widersprüchlichkeit der Zarathustrischen Verkündigung, die eben nicht mit einem bloßen ‚Retorsionsargument' zu unterlaufen ist. Vielmehr ist sie erst in ihrer ganzen inneren Logik und Geschlossenheit auszuschreiten und anzuerkennen. Ein unmittelbarer Widerspruch gegen Nietzsche muss ins Leere laufen.

Das erste Buch des „Zarathustra" endet mit einer Besinnung auf das Verhältnis des Verkündigers zu seinen Jüngern. Seine Wiederkunft wird verheißen und zwar am „großen Mittag", dem Moment, „da der Mensch auf der Mitte seiner Bahn steht zwischen Thier und Übermensch" (102,6f.). Doch bereits am Beginn des zweiten Buchs kehrt Zarathustra wieder zu seinen Jüngern zurück, weil er seine „*Lehre*" in Gefahr sieht (105,22). Zarathustras „Schaffens-Wille" drängt ihn immer wieder zu den Menschen (111,24ff.). Seine Rede richtet sich nun an Einzelne, die „auf den glückseligen Inseln" sitzen und damit durch Meere getrennt sind. Zarathustra spricht hier von der Glückseligkeit des Schaffenden. „Einst sagte man Gott, wenn man auf ferne Meere blickte; nun aber lehrte ich euch sagen: Übermensch" (109,10f.). Gott war außerhalb des schaffenden Vermögens der Menschen. Der Übermensch aber liegt innerhalb des Macht-Bereichs des Menschen.

> „Schaffen – das ist die grosse Erlösung vom Leiden, und des Lebens Leichtwerden. Aber dass der Schaffende sei, dazu selbst thut Leid noth und viel Verwandelung" (110,32ff.).

Im Folgenden wird das Verhältnis des einzigen Verkündigers zu den Hörern des Wortes problematisiert – zum Beginn als die Frage nach dem „Mitleiden", in der Mitte in der Trilogie von „Nachtlied", „Tanzlied" und „Grablied" (136–145) und am Ende in der Besinnung auf sich selbst in „Die stillste Stunde". Zarathustra kann nicht die Menschheit im Allgemeinen verwandeln, auch nicht seine Jünger im Besonderen, lediglich sich selbst als Einzelnen, denn der Grund für die „Selbst-Überwindung" kann nur im Willen des Einzelnen liegen, in seinem „Willen zur Macht"[110]. Im Willen zur Macht selbst liegt damit aber auch die Gefahr des Versagens und des Sich-Versagens. Dem Willen steht ein „Widerwille" gegenüber. Der Befreier selbst befindet sich in Unfreiheit, „der Wille selbst ist noch ein Gefangener" (179,29). Zarathustra will den „Krüppeln", „Bettlern", „Bucklichten" die erlösende Botschaft bringen. Doch verstrickt er sich dadurch selbst in die Unausweichlichkeit der Zeitenfolge, in die Unaufhebbarkeit der Vergangenheit.

Die künftige Erlösung vermag zunächst nicht die vergangene Unerlöstheit zu befreien. Der Wille hat seine Grenze am nichtgewollten unerwünschten Vergangenen – „‚Es war': also heisst des Willens Zähneknirschen und einsamste Trübsal" (179,33–180,1). Der „*Geist der Rache*" (180,22) entspringt dem Unvermögen, in die Vergangenheit zurück zu können und sie anders zu machen. Hier entspringt das ‚*servum arbitrium*' Nietzsches. Die Grenze des Willens zur Macht ist die Grenze der Macht des Willens. Doch kann keine fremde Gnade den Willen erlösen, auch keine transzendentale Freiheit kann ihn befreien, er bleibt stets auf sich selbst verwiesen. Wie der Wille Augustins im achten Buch der „Confessiones" ist der Wille Zarathu-

---

[110] Siehe 146,11.20; 147,5.35; 149,3 u.a.; vgl. auch 74,14.

stras zerrissen und wie dieser verzweifelt auch jener an sich selbst. Eine Erlösung kann für Zarathustra nur die radikale Ausdehnung des Willens auch noch auf die Vergangenheit bringen.[111] Dies bleibt im zweiten Buch erst noch Desiderat.

> „An den Menschen klammert sich mein Wille, mit Ketten binde ich mich an den Menschen, weil es mich hinauf reisst zum Übermenschen: denn dahin will mein anderer Wille" (183,11 ff.)

Solange der Wille und das heißt die Liebe Zarathustras den Menschen gilt, bleibt sein Wille zerrissen zwischen Mensch und Übermensch. Der Wille zum Menschen impliziert aber den Widerwillen vor der Unvollkommenheit. Die Liebe zu den Menschen bedeutet hier auch Liebe zu sich selbst als Mensch. Zarathustra muss seine Liebe nicht nur von den Menschen in ihrer Unvollkommenheit abziehen, sondern auch noch von seiner eigenen Unvollkommenheit. So kommt es in der „Stillsten Stunde" zur Krise (187). Es ist die *stillste* Stunde, weil Zarathustras Verkündigung hier schweigt. Er ist ganz auf sich selbst zurückgeworfen. Die „stillste Stunde" ist die „Herrin" Zarathustras (187,11). Sie selbst spricht zu ihm ohne Stimme. Hinter der stillsten Stunde verbirgt sich die Bestimmung Zarathustras durch den Herrn der Seele – den Namenlosen.

„Du weisst es" spricht die Herrin (187,22f.). Zarathustra weiß das zur Erlösung Notwendige, doch ihm fehlt der Wille zu sprechen – „ich will es nicht reden" (188,6). Wie Christus am Ölberg bittet er darum, dass dieser Kelch des Sprechens an ihm vorübergehen möge, doch die stillste Stunde bleibt hart: „Was liegt an dir Zarathustra! sprich dein Wort und zerbrich!" (188,13f.). Zarathustras Widerwille kann nur durch einen „vollbringenden Tod" (93,13) gebrochen werden. Er muss die Selbstunterscheidung vollbringen, er muss seiner bloßen Menschlichkeit absterben – Menschlichkeit im Sinne von Mensch-Sein *und* menschlich Sein. Zarathustra nimmt noch einen Unterschied zwischen sich selbst und der Herkunft seiner Botschaft an. Es erhält sich bei Zarathustra noch ein Rest des Glaubens an den absoluten Unterschied zwischen dem Menschen und dem Herrn der Menschen, wenn er mit Johannes dem Täufer auf den ‚Messias' verweist und sagt: „Ich warte des Würdigeren; ich bin nicht werth, an ihm auch nur zu zerbrechen" (188,16f.). Doch was bei Johannes Demut ist, wird bei Zarathustra zu Hochmut. Zarathustra weigert sich, von seiner Eigen-Liebe abzusehen und rein aus Liebe zum Übermenschen diesen zu verkünden. Das durchschaut die Herrin und wirft ihm vor: „Was liegt an dir? Du bist mir noch nicht demüthig genug. Die Demuth hat das härteste Fell" (188,18–20). Demut heißt nun, von seiner Menschlichkeit absehen zu können und sich der Bestimmung zur Übermenschlichkeit auszusetzen. Auch Zarathustras Verweis auf die Unfruchtbarkeit seiner Verkündigung in den Niederungen der Menschen fällt hier nicht ins Gewicht, da es nicht auf ein „An-sich" des Widerstandes ankommt. Zarathustra hat nicht nur das *Wissen* für die neue Bestimmung des Menschen, er hat

---

[111] „Die Vergangnen zu erlösen und alles ‚Es war' umzuschaffen in ein ‚So wollte ich es!' – das hiesse mir erst Erlösung!" (179,26f.).

auch die *Macht* dazu, doch es fehlt ihm noch der *Wille*. Der Weg der Ermächtigung erfüllt sich im *Willen* zur Macht:

> „Das ist dein Unverzeihlichstes: du hast die Macht, und du willst nicht herrschen"
> (189,12 f.).

Zarathustra fühlt sich erst noch als „Kamel", das einer fremden Bestimmung untersteht. „Mir fehlt des Löwen Stimme zu allem Befehlen" (189,14 f.). Auch der Verweis auf die ausstehende dritte Verwandlung „zum Kinde" durch die stillste Stunde kann Zarathustra nicht überzeugen. Er will nicht (189,29). Also endet das zweite Buch damit, dass Zarathustra, dessen Früchte zwar reif sind, der selbst jedoch noch nicht reif ist (189,33), wieder in die Einsamkeit zurück muss, um mürbe zu werden.

Im dritten Buch nun begegnet Zarathustra in der Einsamkeit seinem „abgründlichen Gedanken" (199,21 f.). Erst wenn er zum „Einsamsten" (197,25) geworden ist, begegnet ihm sein letzter Widersacher, der „Geist der Schwere" (198,11). Erst durch die Bejahung des Lebens bis in die tiefsten Abgründe und Niederungen kann er den Geist der Schwere, der auch der Geist der Rache ist, überwinden. Erst mit der Annahme des Gedankens der „Ewigen Wiederkunft des Gleichen" wird er schließlich „Der Genesende"[112], unterwegs zu sich selbst, zu seiner Bestimmung, zur „großen Gesundheit". Deshalb kann Zarathustra besonders hier sagen, *wer* er ist. Zarathustra ist zunächst der „Gottlose" (271,2), sodann der „Fürsprecher des Lebens, des Leidens, des Kreises" (271,4 f.) und schließlich der „Lehrer der ewigen Wiederkunft" (275,29). Als Sprechender, als Lehrender vollendet sich schließlich Zarathustras „Untergang":

> „Ich sprach mein Wort, ich zerbreche an meinem Wort: so will es mein ewiges Loos –,
> als Verkündiger gehe ich zu Grunde! Die Stunde kam nun, dass der Untergehende sich
> selbst segnet. Also – *endet* Zarathustra's Untergang.' – –" (277,1–5).

Doch ist diese Vollendung in der letzten ‚Bekehrung' auch der Moment der größten Entfernung von den Menschen, denen er verkündigen will. Getränkt mit „Weisheit" gleicht er einem „Weinstock mit schwellenden Eutern und gedrängten braunen Gold-Weintrauben: –" (279,16 f.). Die Seele trägt nun Prädikate des Plotinisch-Augustinischen Einen, leidet sie doch gerade an ihrer „Über-Fülle" (279,32), ihrem „Über-Reichthum" (279,30) und ihrer „Über-Güte" (280,2), da sie zum Geben bestimmt ist, aber keinen Nehmer hat. In Verkehrung der überkommenen Verhältnisse fragt Zarathustra: „[…] hat der Geber nicht zu danken, dass der Nehmende nahm?" (279,26). Waren vormals die Unbedürftigkeit und die Überfülle Bedingungen der göttlichen Glückseligkeit, werden sie nun zu Ursachen des Leidens. Mit dem durch die Annahme des Gedankens der Ewigen Wiederkunft ‚bekehrten' Geist, „mit dem Sturme, welcher ‚Geist' heißt" (278,10), spricht Zarathustra zu seiner leidenden

---

[112] Dazu M. Heidegger: Wer ist Nietzsches Zarathustra?, in: Ders.: Vorträge und Aufsätze, Stuttgart ⁷1994, 94–122, 98: „ ‚Der Genesende' ist derjenige, der sich zur Heimkehr sammelt, nämlich zur Einkehr in seine Bestimmung. Der Genesende ist unterwegs zu ihm selbst, so daß er von sich sagen kann, wer er ist."

Seele. Die Seele will nun weinen und ihr Leid beklagen, doch verweist sie der Geist auf sich selbst. Sie selbst spricht zu sich: „ ‚Ist alles Weinen nicht ein Klagen? und alles Klagen nicht ein Anklagen?' " (280,6 f.).

Die bekehrte Seele ist durch die Annahme des Wiederkunftsgedankens gerade zum Ja-Sagen gekommen und genau deshalb kann und will sie nicht klagen. Sie will nicht „all [ihr] Leid über [ihre] Fülle und über all die Drängniss des Weinstocks nach Winzer und Winzermesser" (280,9–11) ausschütten.

> „Aber willst du nicht weinen, nicht ausweinen deine purpurne Schwermuth, so wirst du *singen* müssen, oh meine Seele! Siehe, ich lächle selbst, der ich dir solches vorhersage:
> – singen, mit brausendem Gesange, bis alle Meere still werden, dass sie deiner Sehnsucht zuhorchen, –
> – bis über stille sehnsüchtige Meere der Nachen schwebt, das güldene Wunder, um dessen Gold alle guten schlimmen wunderlichen Dinge hüpfen: –
> – auch vieles große und kleine Gethier und Alles, was leichte wunderliche Füsse hat, dass es auf veilchenblauen Pfaden laufen kann, –
> – hin zu dem güldenen, dem freiwilligen Nachen und zu seinem Herrn: das aber ist der Winzer, der mit diamantenem Winzermesser wartet, –
> – dein grosser Löser, oh meine Seele, der Namenlose – – dem zukünftige Gesänge erst Namen finden! Und wahrlich schon duftet dein Athem nach zukünftigen Gesängen, –
> – schon glühst du und träumst, schon trinkst du durstig an allen tiefen klingenden Trost-Brunnen, schon ruht deine Schwermuth in der Seligkeit zukünftiger Gesänge! – –
> Oh meine Seele nun gab ich dir Alles und auch mein Letztes, und alle meine Hände sind an dich leer geworden: – *dass ich dich singen hiess*, siehe, das war mein Letztes!" (280,12–35).

Das Letzte der Seele und damit die Vollendung des Unterscheidungsweges ist das Singen – das Singen in der Erwartung des „Lösers", den der Geist der Seele „vorhersagt". Insofern ist die Verheißung der Ankunft des Erlösers aus der „großen Sehnsucht" das Letzte des Zarathustra. Diese Ankunft ist in mehrfacher Weise zu denken. Die erste Weise ist die des Ausbleibens der Erlösung durch Dionysos im Zarathustra, bei einer gleichzeitigen Verklärung der Welt im Gesang. Diese geschieht bereits im „Anderen Tanzlied" und im „Ja- und Amen-Lied", mit denen das dritte Buch des „Zarathustra" endet.

Sodann geht Zarathustra im „Anderen Tanzlied" noch einer allerletzten Selbstunterscheidung entgegen. Eine „alte schwere schwere Brumm-Glocke" (285,3) schlägt Zarathustra die Stunde. Er geht seinem Tod entgegen. Mit dem Leben selbst, mit dem Abgrund,[113] spricht er und das Leben antwortet ihm: „[…] du denkst daran, oh Zarathustra, ich weiss es, dass du mich bald verlassen willst" (285,1 f.). Zarathustra antwortet dem Leben zögernd: „Ja, […], aber du weißt es auch –". Und er „[…] sagte ihr Etwas in's Ohr, mitten hinein zwischen ihre verwirrten gelben thörichten Haar-Zotteln" (285,10 f.). Nun folgt eine erneute Antwort des Lebens,

---

[113] Vgl. das erste „Tanzlied" (140,6 f.): „In dein Auge schaute ich jüngst, oh Leben! Und in's Unergründliche schien ich mir da zu sinken."

der aber die Anführungszeichen, mit denen sonst die direkte Rede gekennzeichnet ist, fehlen, so dass sich die Frage nach dem Sprecher hier stellt. Spricht Nietzsche als Autor, spricht Zarathustra oder spricht das Leben selbst?

> „Du *weißt* das, oh Zarathustra? Das weiss Niemand" (285,12f.).

Was weiß niemand? Den Zeitpunkt des eigenen Todes? Oder, was hier auch zu erwarten wäre, die Weisheit Zarathustras bezüglich der Ewigen Wiederkunft? Dann aber bedeutete die letzte Selbstunterscheidung durch den Tod nur wieder die Rückkehr in das Leben.

Zarathustra und das Leben jedenfalls scheinen sich über dieses geheime Wissen bestens verstanden zu haben,[114] und es liegt auf der Hand, dass Zarathustra selbst sich mit dem Ja zum Leben auch mit dem Leben als der Ewigen Wiederkehr des Gleichen versöhnt hat, denn er findet nun sein letztes Glück in der Liebe zur Ewigkeit, die im „Ja- und Amen-Lied" (287–291) besungen wird.

2. Die Welt des Menschen – der Mensch der Welt

Der erste Mensch, der Zarathustra auf seinem Unterscheidungsweg begegnet, ist ein Heiliger, ein von sich unterschiedener Mensch der alten, christlichen Religion, genauer, eine Karikatur desselben. Der Heilige lebt in der Einsamkeit hinter dem Wald. Aber eben wegen seiner Abgeschiedenheit von der Welt hat dieser „Hinterweltler" noch nichts davon vernommen, wovon alle Welt spricht, nämlich „dass Gott tot ist" (14,5ff.).[115] Unmittelbar an diese Szene schließt die erste Verkündigungsrede Zarathustras an. Das alte Ideal des Menschen hat mit dem Tod Gottes seinen Grund verloren. Die christliche Unterscheidung des Menschen von sich selbst ist grundlos geworden. Damit ist aber der Mensch in seinem Wesen bestimmungslos geworden und der Verwahrlosung ausgesetzt. Genau gegen diesen Verlust der Wahrheit im Wesen des Menschen ist die erste ‚Predigt' Zarathustras gerichtet:

> *Ich lehre euch den Übermenschen.* Der Mensch ist Etwas, das überwunden werden soll" (14,13).

Bevor der „Übermensch" und seine Welt näher in den Blick rücken, ist noch der „Mensch" zu betrachten, aus dessen Überwindung der Übermensch hervorgeht. Überkommenerweise war die Spezies Mensch im christlichen Kosmos zwischen Tier und Engel oder zwischen Tier und Gott angesiedelt. Mit den ersteren verband das Leib-Geist-Wesen Mensch die Leiblichkeit, mit Gott und Engeln die Geistigkeit oder Rationalität. Nachdem Gott und die rein geistige (Hinter-)Welt unglaubwürdig geworden sind, erscheint der Mensch selbst als Höhepunkt der bisherigen Evolu-

---

[114] 285,14–18: „Und wir sahen uns an und blickten auf die grüne Wiese, über welche eben der kühle Abend lief, und weinten mit einander. Damals aber war mir das Leben lieber, als je alle meine Weisheit. – Also sprach Zarathustra."

[115] Zum Tod Gottes siehe hier B.II.3.

tion der sinnlichen Lebewesen. Doch fehlt diesem Menschen nach dem Tod Gottes der Wille und die Vorstellung, weiter über sich hinauszuschaffen.[116] Der moderne Mensch des 19. Jahrhunderts begnügt sich damit, sich auf das Nächstniedrigere, den „Affen", zurückzuführen. Die bereits seit der Antike bekannte Ähnlichkeit mit dem Affen beginnt nunmehr, für den Menschen ihre Anstößigkeit zu verlieren, und die wechselseitige Versicherung der äffischen Herkunft wird zum Anzeichen der Fortschrittlichkeit und Wissenschaftlichkeit. Zarathustra aber hält dagegen, dass der Affe für den Menschen „[e]in Gelächter oder eine schmerzliche Scham" (14,19) sei. Dies jedoch nur um zu fordern: „Und eben das soll der Mensch für den Übermenschen sein: ein Gelächter oder eine schmerzliche Scham" (14,20f.), denn nicht nur ist der Mensch „mehr Affe als irgendein Affe" (14,24), sondern auch die höchsten Exemplare sind erst noch „ein Zwiespalt und Zwitter von Pflanze und von Gespenst" (14,25f.).

In die so empfundene Sinnlosigkeit, weil Richtungslosigkeit der Evolution spricht Zarathustra seine Verkündigung eines neuen Sinnes[117]:

> „Der Übermensch ist der Sinn der Erde. Euer Wille sage: Der Übermensch *sei* der Sinn der Erde" (14,29f.).

Der Übermensch kann nicht mehr der schlechthin und objektiv gegebene Sinn sein, denn dann wäre der Glaube an den alten Gott und seine Hinterwelt nur transformiert, wie in der Kantischen oder Schopenhauerschen Ethik, in der sozialistischen Eschatologie oder im Positivismus der Naturwissenschaften. Das „An-sich" der Wahrheit hätte sich erhalten. Deshalb ist es der Wille selbst, der fordert, dass der Übermensch der „Sinn der Erde" sein *solle*. Dieses Sollen entspringt keinem reinen und allgemeinen Imperativ, wie das Sollen des kategorischen Imperativs, sondern dem Willen des sich verwandelnden Geistes, d.h. des unvordenklichen Lebens, das „sich selbst in's Leben schneidet" (134,3ff.). Der Wille aber des Lebens ist der

---

[116] Siehe 14,16ff.: „Alle Wesen bisher schufen Etwas über sich hinaus: und ihr wollt die Ebbe dieser grossen Fluth sein und lieber noch zum Thiere zurückgehn, als den Menschen überwinden".

[117] Zur spezifisch modernen Bedeutung von Sinn siehe Art. Sinn des Lebens (V. Gerhardt), in: HWP 9 (1995), 815–824, 816ff. Schopenhauers Verwendung des Begriffs ist für Nietzsche entscheidend. Vgl. A. Schopenhauer: Die Welt als Wille und Vorstellung II, 28 und ders.: Aphorismen zur Lebensweisheit V, 9; V 14. Bei Schopenhauer ist auch bei Feuerbach ist die Weltlichkeit des Sinnes entscheidend. Feuerbach betont den Zusammenhang der Sinnfrage mit der Sinnlichkeit des Menschen und dem Unglaubwürdigwerden Gottes. Siehe L. Feuerbach: Die Unsterblichkeitsfrage vom Standpunkte der Anthropologie (1846), in: Ders.: Ges. Werke, Hg. W. Schuffenhauer, Bd. 10, Berlin 1971, 282; ders.: Das Wesen des Christentums (1841), Ges. Werke, Bd. 5, Berlin 1973, 129 und 130. Siehe auch die mit Nietzsche etwa zeitgleiche Verwendung des Begriffes Sinn bei W. Dilthey: Einleitung in die Geisteswissenschaften (1883), Ges. Schriften, Bd. 1, Stuttgart–Göttingen 1959, 96, 97 und 112. Für Dilthey ist die weltliche Geschichtlichkeit des Sinns bzw. der Sinn der Geschichte entscheidend. Im Übrigen verwendet schon Kant den Begriff, doch ist bei Kant der Sinn noch vollkommen an die Vernunft rückgebunden (vgl. ders.: Vorlesungen über Naturrecht, AA 27,2–2, 1321). Damit entspricht die Rede vom Sinn noch dem, was in der klassischen deutschen Philosophie „Bestimmung des Menschen" heißt (so auch HWP 9,816). Die Rede vom weltlichen, vorvernünftigen, anthropologischen „Sinn der Erde" tritt also an die Stelle der überweltlichen, vernünftigen, theologischen „Bestimmung des Menschen".

„Wille zur Macht". Damit konkretisiert sich das Verhältnis des „Willens zur Macht" (Bestimmung) zum „Übermenschen" (Sache). Während der „Übermensch" bereits im Zarathustra seine entscheidende Charakterisierung erfährt, bleibt die Entfaltung des „Willens zur Macht" dem Spätwerk vorbehalten.

Der Übermensch ist der Herr der Erde. „Diese Herren der Erde sollen nun Gott *ersetzen*" (1885; 11,620,25 f.). Damit treten der „Übermensch" bzw. die „Herren der Erde" an die Stelle des Schöpfers, genauer, sie *sollen* an die Stelle des Schöpfers treten. Der Ort des Herrn – und dies muss Nietzsche eigens betonen – bleibt ein verwandelter. Zwar bleibt der Übermensch, wie einst Gott erst Gegenstand der Hoffnung,[118] d. h. seine Gegenwart ist erst noch verheißen, doch wird seine Abwesenheit nicht durch den absoluten Unterschied bedingt, den der eine Schöpfer zu allen Geschöpfen macht, sondern durch die zeitliche Differenz zwischen der bisherigen Welt und der künftigen. Anders ausgedrückt: Die ausständige Gegenwart des Herrn ist nicht im Himmel, nicht im Eingehen der Erde in den Himmel und nicht in der Verklärung der Welt zu suchen, vielmehr bleibt diese trotz der erwarteten Verklärung der Welt durch die Ankunft des Herrn die bloße Erde – und wird kein Himmel auf Erden.

> „Ich beschwöre Euch, meine Brüder, *bleibt der Erde treu* und glaubt Denen nicht, welche euch von überirdischen Hoffnungen reden!" (15,1 f.).

Entsprechend ist die Charakterisierung der Sache Mensch, wie sie zum Gegenstand der bestimmenden Liebe wird,[119] noch einmal zu präzisieren:

> „Der Mensch ist ein Seil, geknüpft zwischen Thier und Übermensch, – ein Seil über dem Abgrunde" (16,25 f.).

Nietzsche will keinen Begriff vom Menschen geben, er spricht statt dessen in Bildern. Das Bild für den Menschen im Allgemeinen ist das Seil, auf dem der Mensch im Einzelnen gehen kann. Deshalb kommt dem Menschen generell ein "gefährliches Auf-dem-Wege"-Sein zu (16,27). Dieses Unterwegssein erinnert an die Pilgerschaft des Menschen in der Mittleren Epoche, speziell bei Augustin. Die Vergänglichkeit und Vorläufigkeit des weltlichen Daseins lässt den Menschen auf seine Finalbestimmung im Himmel, in der Begegnung und Vereinigung mit seinem Grund, Gott selbst, vorblicken. Der Zweck des Daseins ist das „glückselige Leben" (*beata vita*) in der Liebesvereinigung mit Gott. Auch bei Nietzsche liegt die Finalität des Menschen, nicht in ihm selbst, sondern im gewollten Menschen, der allein liebenswert ist, im

---

[118] Vgl. dazu die Sache von Augustinus, hier: C.I. Der abgekehrte Mensch und seine Hoffnung, und die Sache des Paulus, hier: D.III. Die Hoffnung auf die Herrlichkeit des Vaters. Im Denken des 20. Jahrhunderts wird die eschatologische Hoffnung, verstellt durch die Ideologisierung der modernen Eschatologie etwa des Marxismus und auch des Nietzscheanismus, zum Alptraum. Gegen die totalitären Diskurse der Macht, gegen ein „Ende der Geschichte" wendet sich dann die Sache Foucaults: der den Machtverhältnissen subjektierte Mensch, dazu hier: A.I.3; II.1 und III.2.

[119] Vgl. dazu 17 passim die wiederkehrende Formel: „Ich liebe die, welche […]".

Übermenschen.[120] Der Weg zu seinem Ziel bleibt für den Menschen abgründig. Kein Himmel, aber auch kein fester Grund trägt die einzelnen Menschen, die auf dem Seil vom Tier-Sein zum Übermensch-Sein fortschreiten. Deshalb entscheiden einzig die Kraft der Liebe zum Übermenschen und das Ausmaß der Macht über den Fortschritt auf dem Weg. Folglich gibt es zwei Möglichkeiten des Scheiterns zu unterscheiden.

Einerseits besteht die Gefahr des Absturzes, welche aber nicht die größte ist. Am Beispiel des Seiltänzers, der durch einen „Possenreißer" zu Fall kommt, zeigt sich die Hochachtung Zarathustras für den, der „aus der Gefahr [s]einen Beruf gemacht [hat], daran ist nichts zu verachten" (22,16 f.). An seinem „Beruf" (22,18) und mehr noch an seiner Berufung zum Übermenschen zu Grunde zu gehen, ist ohnehin die *Aufgabe* des Menschen im Doppelsinn des Wortes. Gerade denjenigen, welche ihr Menschsein – und damit ihr Übergang – und Untergang-Sein erfüllen, gilt die Liebe Zarathustras. Damit aber beginnen sie, das bloße Mensch-Sein zu überwinden.

Die eigentliche Gefahr des Menschen aber ist es, den eigenen Untergang als Mensch nicht zu wollen. Diese Menschen, die am Menschsein bis zum äußersten festhalten, weil ihnen der Wille über sich hinaus fehlt, sind für Zarathustra die „letzten Menschen" – ihnen kommt Zarathustras ganze „Verachtung" zu. Der „letzte Mensch" ist im Sinne einer künftigen Gegenwirklichkeit das Gegenideal zum Übermenschen. Analog zu den Wehe-Rufen des Neuen Testaments warnt Zarathustra in einem apokalyptischen Ton vor der Ankunft des „letzten Menschen". Das Fehlen der Selbstunterscheidung beim „letzten Menschen" zeigt sich darin, dass alles Große von ihm klein gemacht wird: „Die Erde ist dann klein geworden, und auf ihr hüpft der letzte Mensch, der Alles klein macht" (19,27 f.). Die bereits um ihren göttlichen Himmel gebrachte Erde verliert nun auch noch die Höhe des Übermenschen. Die endliche Erde wird auch noch platt, es fehlt an Höhe und Tiefe, an Gut und Böse.

> „Seht, ich zeige euch den *letzten Menschen*. ,Was ist Liebe? Was ist Schöpfung? Was ist Sehnsucht? Was ist Stern? – so fragt der letzte Mensch und blinzelt" (19,25 f.).

Jeder Wert wird entwertet – Entwertung aller Werte. Entsprechend weiß der letzte Mensch nicht mehr, was Liebe ist. Dem Willen und mit ihm der Liebe fehlt ein liebenswürdiger Gegenstand – ein *bonum*. Es ist zu erinnern: „Gott sah, dass es gut war" (Gen 1 passim). Mit diesen Worten wird in der Genesis die Schöpfung bewertet. Doch dieser Wert der gewollten und damit bejahten Welt entfällt für den letzten Menschen. Damit erschlafft das Strebevermögen und mit ihm die Sehnsucht nach dem Großen, nach dem Höheren. Das Höhere und Höchste kann nur dem gähnenden Abgrund (χάος) des Lebens selbst entspringen. Diesen Abgrund muss der Mensch in sich tragen. Das „Chaos" (19,18.20) ist der Ort des Ursprungs, den die letzten Menschen übertünchen. Doch nur aus ihm kann ein „Stern" geboren

---

[120] 16,30–17,2: „Was gross ist am Menschen, das ist, dass er eine Brücke und kein Zweck ist: was geliebt werden kann am Menschen, das ist, dass er ein *Übergang* und ein *Untergang* ist."

werden.[121] Für die letzten Menschen entfällt die Möglichkeit, den Übermenschen hervorzubringen – dieser ist aber der „Stern", den das Chaos des Lebens gebiert: das *summum bonum*.

Die letzten Menschen befinden sich dadurch, dass sie sich den bestimmenden Abgrund des Lebens verhehlen, in Unwahrheit – bezeichnet doch die ἀλήθεια das Nicht-Verhehlen der Bestimmung des Menschen.[122] „‚Wir haben das Glück erfunden' – sagen die letzten Menschen und blinzeln" (19,25f. u. 20f.). Das Verbergen der Bestimmung des Menschen geschieht durch das Sich-Einnisten im kleinen Glück und Unglück des Alltags. Die Fülle der kleinen Behaglichkeiten und Unbehaglichkeiten verdecken den Blick auf das Große und Ganze. Es kommt zu einer *fruitio* dessen, was doch nur zum Gebrauch da ist, um den Übermenschen hervorzubringen.

Das Fehlen des Vorblickes auf den „Herrn der Erde" (1885; 11,620,25f.) veranlasst Zarathustra, bezüglich der „letzten Menschen" festzustellen: „Kein Hirt und eine Heerde!" (Z 4,20,11). Das Ausfallen der Unterscheidung des Menschen verunmöglicht auch die Unterscheidung von Herr und Knecht, deshalb wird die Gesellschaft der herrenlosen „letzten Menschen" zu einer Herde von Gleichen, in welcher die Diktatur der Normalität herrscht. Paradoxerweise kommt es gerade da, wo die Herrschaft eines begründeten Prinzips entfällt, zur grundlosen Herrschaft des „Man". Dessen Herrschaft ist per se totalitär[123] – „wer anders fühlt, geht freiwillig in's Irrenhaus" (20,12).[124] Doch gerade die Unterscheidungslosigkeit führt zur grenzenlosen Ausdehnung des Irrenhauses. Dies wissen die „letzten Menschen" und verbergen ihr Wissen, für sie wird die Welt zur Komödie, zum Käfig voller Narren: „‚Ehemals war alle Welt irre' – sagen die Feinsten und blinzeln. Man ist klug und weiss Alles, was geschehen ist, so hat man kein Ende zu spotten" (20,13–16).

Die homogenisierte, gleichgeschaltete Welt der Verbraucher – sie verzehren, ohne zu schaffen – strebt nach dem Glück: „‚Wir haben das Glück erfunden' – sagen die letzten Menschen und blinzeln" (20,20f.). Das Blinzeln der letzten Menschen ist nicht nur Ausdruck ihres Zynismus, sondern auch der tiefgreifenden Verstörung, weil sie um die Unhaltbarkeit ihrer Glücksideologie wissen. Auch lässt das Blinzeln an den „Moment des zitternden Erblickens" denken, in welchem Augustin Gott sieht und doch nicht sieht.[125] Die Zeitstruktur, welche in der Spannung von Ewigkeit und

---

[121] 19,18f.: „Ich sage euch: man muss noch Chaos in sich haben, um einen tanzenden Stern gebären zu können. Ich sage euch: ihr habt noch Chaos in euch."

[122] Siehe H. Boeder: Logos und Aletheia.

[123] Dies ist festzuhalten und zu betonen, da der Totalitarismus, welcher der eigentliche Gegenstand der anarchischen Kritik der Postmoderne ist, gerade der ideologisierten Alltäglichkeit und der industriellen Normativität der klassischen Moderne entspringt und genau nicht den Weisungen von Weisheit und Metaphysik. Dies wird hier am Beispiel von Paulus und Augustinus exemplarisch gezeigt.

[124] Dem Bild vom „letzten Menschen" eignet eine gewisse Unbestimmtheit, die sie gerade für verschiedene Assoziationen öffnet: Bezeichnet Zarathustra darin die demokratische Gesellschaft der gleichberechtigten Bürger oder die sozialistische Gesellschaft der Gleichen oder ist sie gar ein hellsichtiger Vorblick auf die Unbestimmtheit der gegenwärtigen – postmodernen – Situation, deren Kennzeichen die Spannung von Normierungsgesellschaft und anarchischem Kult des Anderen ist?

[125] Conf. 7,22 (CCL 27,107,27f.): „[…] et peruenit ad id, quod est in ictu trepidantis aspectus."

Zeitlichkeit besteht, verhindert das Glück der Gottesschau über den Augenblick hinaus. Entsprechend ist das Glück des letzten Menschen ein Augenblicksglück ohne Dauer und Perspektive, es geht auf im alltäglichen Konsum, doch gerade darin ist es unvergänglich – „Sein Geschlecht ist unaustilgbar, wie der Erdfloh, der letzte Mensch lebt am längsten" (19,28f.).

Der Weg der „letzten Menschen", der jedem das gleiche Maß an Glücksgütern verspricht, der sich im Alltag, in den gewöhnlichen Genüssen des Konsums einrichtet, erscheint den Menschen attraktiver als der steile, entbehrungsreiche Unterscheidungsweg zum Übermenschen:

> „Gieb uns diesen letzten Menschen, oh Zarathustra, – so riefen sie – mache uns zu diesen letzten Menschen! So schenken wir dir den Übermenschen" (20,24ff.).

Nur ein toter Seiltänzer wird zunächst Zarathustras Gefährte. Der Artist verunglückte beim Versuch, das „Seil" zu überschreiten – freilich noch nicht das Seil zum Übermenschen, aber doch wagte er einen „Übergang" über einen „Abgrund". Gerade darin fand er seinen „Untergang" und wurde so Zarathustras würdig. Zarathustra aber bedarf der lebendigen Gefährten, drängt ihn doch seine Weisheit zum Geben und Hingeben. Doch muss er hier einsehen, dass seine Botschaft immer nur eine Besonderheit von „Herausgerufenen" meinen kann und niemals schlechthin die Allgemeinheit der „Heerde". Diese neue ‚ἐκκλησία' soll gerade keine neue Herde bilden, sondern eine Gemeinschaft der „Mitschaffenden", die wie Zarathustra aus sich heraus die Selbstunterscheidung des Menschen vollbringen – auf den „Treppen des Übermenschen" (26,34).

Die Selbstunterscheidungen im „Zarathustra" haben ihrerseits ein Maß und ein Ziel, sind sie doch das Resultat eines neuen Gebotes, eines neuen Gesetzes. Die „Tafel" der „Überwindungen" des Menschen sind Ausdruck des „Willens zur Macht" (74,12ff.). Insofern legt erst der Mensch die „Werthe" in die Dinge, ja sein Wesen ist das Schätzen und Schaffen – und zwar von Werten. „[…] ohne das Schätzen wäre die Nuss des Daseins hohl" (75,25f.). Damit ist es das Wesen des Menschen, durch Schaffen von Werten, durch Wertschätzungen der Welt Sinn zu verleihen. Zunächst war es die Vielheit der Menschen, die „Heerde", welche die „Tafel des Guten schuf", dann aber ist es der Einzelne. „Der Einzelne selbst ist noch die jüngste Schöpfung" (75,29). Wenn aber der Mensch, dessen Auszeichnung bereits im Mittelalter darin bestand, der schöpferischen „Würde der Ursächlichkeit" teilhaftig zu sein, [126] bei Nietzsche zur schöpferischen Erstursache wird, dann ist dabei nicht an die Autonomie des Menschen im Kantischen Sinn zu denken, welche die neuzeitliche Menschenwürde begründet, [127] denn auch der reinen praktischen Vernunft und ihrem Prinzip der absoluten Freiheit kommt eine reine Allgemeinheit und Geistigkeit zu, die Nietzsche nur als theologische „Hinterwelt" deuten kann. Es ist gerade nicht das in Freiheit gründende, rein vernünftige Wesen des Menschen, das hier

---

[126] Siehe Thomas von Aquin: S.th. 1,22,3 co.
[127] Siehe Immanuel Kant: KpV, AA Bd. 5,3.

schöpferisch gesetzgebend tätig wird, sondern der anthropologisierte, rein weltliche
Mensch in seiner Vereinzelung. Die „Gottähnlichkeit" etwa des klassisch christlichen
Menschen als *imago trinitatis* oder des bürgerlich neuzeitlichen Menschen als auto-
nome Vernünftigkeit ist hier getilgt. Kein Glaube an den jenseitigen Schöpfergott,
auch kein reiner Vernunftglaube, kann anerkannt werden. Die Rationalität des Menschen als Grund für die „Gottähnlichkeit" (37,31) erscheint nur noch als „Raserei
der Vernunft" (37,39).

Gott war nach Augustin der Seele näher als sie sich selbst.[128] Deshalb musste
der Weg nach innen als ein Aufstieg zu Gott entsprechend der Ordnung der Dinge
begriffen werden. Der Leib, der Seele untergeordnet, leitete diese über die sinnliche
Welt hinaus zur geistigen Welt. Die Ordnung der geistigen Welt führte zu Gott.
Gott herrschte über die Seele, und die Seele herrschte über den Leib. Zarathustras
Anthropologie negiert genau diese Subjektionsordnung, welcher der Mensch als
Subjekt entspringt. Nur noch die „Kinder" unterscheiden nach Nietzsche derart
Leib und Seele. Der „Erwachte" sagt: „Leib bin ich ganz und gar, und Nichts
außerdem; und die Seele ist nur ein Wort für etwas am Leibe" (39,7-9). Nachdem
die Hinterwelt in ihrer reinen Geistigkeit weggefallen ist, bleibt die reine Welt in ihrer
Sinnlichkeit als die einzige Welt übrig. „Geist", „Vernunft", „Ich" werden dadurch
zu Epiphänomenen der materiellen Welt, die damit aber auch ihren Bezug zur
geistigen Welt verliert. Die geistige Rationalität, das vormalige Kennzeichen der
Spezies Mensch, erhält sich nur verwandelt als ein „Werk- und Spielzeug" des Leibes
(39,12ff.). Weil dieser nun im umfassenden Sinn bestimmend ist als die umfassendere
Wirklichkeit und die Ursache des Geistigen, kommt ihm auch die umfassendere
rationalitas zu, er ist die „große Vernunft". Diese erscheint nicht als theoretische
Größe oder Vernunftwirklichkeit, sondern sie ist praktischer Natur. Die „grosse
Vernunft, die sagt nicht Ich, aber thut Ich" (39,17).[129]

Der Leib als die „große Vernunft" bildet die eine weltliche Totalität des Menschseins, in ihm sind die Gegensätze Einheit und Vielheit, Herde und Hirt, wenn nicht
versöhnt und aufgehoben, so doch als „ein Krieg und ein Frieden" in einer Ganzheit umfangen. Dem Leib entspringt folgerichtig auch die eigentümliche weltliche
Vernunft, welche aus sich den Ersatz für die vormalige vernünftige Weisheit hervorbringt. Diese gibt dem weltlichen Menschen selbst das Wissen um seine Bestimmung:
„Es ist mehr Vernunft in deinem Leibe, als in deiner besten Weisheit" (40,6f.). Die
Weisheit dieser Welt verfügt die Bestimmung zum Übermenschen. Der Ursprung
dieser Weisheit geht dem Denken stets voraus, er liegt vor aller Rationalität im
überkommenen Sinn.

> „Hinter deinen Gedanken und Gefühlen, mein Bruder, steht ein mächtiger Gebieter, ein
> unbekannter Weiser – der heisst Selbst. In deinem Leibe wohnt er, dein Leib ist er"
> (40,3ff.).

---

[128] Siehe Augustinus: Conf. 3,11 (CCL 27,22,58).

[129] Es ist hier noch einmal an den praktischen Grundzug der Mittleren Epoche und an das prinzipielle Tun
der Wahrheit zu erinnern.

Das ἡγεμονικόν bleibt der geistigen „kleinen Vernunft" stets verborgen. Es ist – wie Freud es nennen wird – unbewusst. Es ist das Unbewusste, das unbewusste „Es". Nietzsche nennt es an dieser Stelle das „Selbst". Damit hat das „Ich" seine Herrschaft abgegeben: „Dein Selbst lacht über dein Ich und seine stolzen Sprünge" (40,9). Das Selbst des rein weltlichen Leibes ist seinerseits durch eine ursprüngliche Kreativität ausgezeichnet. Seine „ganze Inbrunst" (40,29f.) liegt darin, „über sich selbst hinaus-zuschaffen" (28f.). Dem Leben zugewendet (vgl. 40,27) fällt der Wille des Leibes mit dem Willen zur Macht des Lebens zusammen. Nur derart *konvertierte*, weil der Bestimmung zugewendete Menschen werden zu „Brücken zum Übermenschen" (41,6), nicht jedoch die „Verächter des Leibes" (41,5).

Die Welt des Menschen ist weder von einem Gott geschaffen, noch ist sie schlecht-hin gegeben. Der Mensch der Welt vermag es wiederum nicht, „einen Gott [zu] schaffen" (109,14) oder „einen Gott [zu] denken" (109,23). „Wohl aber könntet ihr den Übermenschen schaffen" (109,15), so weit reicht der „schaffende Wille" (109,13). Jeder Versuch, einen Gott ‚an sich' zu denken, macht diesen zum Gedanken des Menschen. Der Mensch der Welt vermag es aber, seine Welt zu erschaffen, die Welt des Menschen. Sie soll seine „Vernunft", sein „Bild", sein „Wille" und seine „Liebe selbst werden" (110,3–6). Nur in der weltlichen Welt als geschaffener liegt die „Seligkeit" des Menschen begründet. Um das ‚glückselige Leben' zu erlangen, bedarf es der Befreiung vom Unglück. „[D]ie grosse Erlösung vom Leiden" (110,32) wird ihrerseits durch das Schaffen erreicht, ja sie besteht im Schaffen. Wovon aber muss der Mensch, der unterwegs ist zum Übermenschen, eigens erlöst werden? Zweifels-ohne nicht mehr von dem mit Augustin gedachten *peccatum originale*, das in der Verkehrung der Subjektionsordnung bestand und das als *peccatum hereditarium* im Sinne einer Strafe weiteres Leid, neue Sünde, Tod, unfreien Willen und damit einen Teufelskreis nach sich zog, der vom Menschen selbst nicht mehr durchbrochen wer-den konnte. Dennoch erscheint ein der Ursprungssünde verwandter Gedanke auch bei Nietzsche. Auch hier ist der Mensch in einem *circulus vitiosus* gefangen.[130] Der Zusammenhang von Schuld und Strafe erhält sich als „*Geist der Rache*" (180,22)[131]. Freilich kann es für Nietzsche keinen schuldfreien Urstand geben, in welchem der Zeit noch nicht der bedrängende Charakter zukommt, der seine härteste Gestalt in der Sterblichkeit des Menschen zeigt. Bei Nietzsche spitzt sich die Problematik auch noch insofern zu, als der rein *weltliche* Mensch auch ein rein *zeitlicher* ist. Die Seele, das Ich, der Geist waren vormals die Momente der Anthropologie, welche das mit sich selbst Identische, weil Unveränderliche des Menschen ausmachten, wohingegen der Leib durch seine Materialität gerade veränderlich war. Der Mensch, der aber ganz und gar Leib ist, weiß sich auch vollkommen an die Zeit ausgeliefert.

---

[130] Dazu C.-A. Scheier: Nur noch die Spur der Spur? 49.

[131] 180,14: „Diess, ja diess allein ist *Rache* selbst: des Willens Widerwille gegen die Zeit und ihr ‚Es war'."

3. Der Tod Gottes und die Ewige Wiederkehr

Die *Sache* Nietzsches ist der Mensch, wie er sich nicht nur vom Tier, sondern auch von sich selbst unterscheiden soll. Dieser Mensch zeichnet sich durch seine radikale Weltlichkeit aus. Der Gedanke einer Über- oder Hinterwelt wird bis in seine subtilsten Nachwirkungen hinein negiert. Die *Sache* Nietzsches ist aber auch Gott, und zwar im Modus der Negation. Bei Augustin war die Unveränderlichkeit eines der vorrangigen Prädikate Gottes. Die sinnliche Welt, in welche auch der Mensch eingebunden war, wurde durch die Unruhe und Veränderlichkeit gekennzeichnet. Die Geistigkeit des Menschen bildete in *memoria, intellectus* und *voluntas*, besonders aber in der *memoria* die Mitte zwischen der Ewigkeit Gottes und der Zeitlichkeit der Welt. Aber durch den Tod Gottes wird auch diese geistige Welt in den Abgrund der Zeit gerissen. Die weltliche Welt ist eine durch und durch geschichtliche.[132]

Der Tod Gottes wird im „Zarathustra" als Resultat einer geschichtlichen Entwicklung aufgenommen. Dieses Resultat betrifft den Menschen zuinnerst – auch in seiner weltlichen Existenz, dies jedoch in ambivalenter Weise. Einerseits wird der Mensch aus der alten Unterwerfung unter den Willen Gottes befreit, andererseits verliert sein Wille gerade den Grund, überhaupt etwas zu wollen, nachdem der oberste Wert entfallen ist. Das erste Buch des „Zarathustra" kreist sowohl um den Gedanken vom Tod Gottes als auch um den Gedanken des Übermenschen, welcher als neues höchstes Gut dem Menschen und damit der Erde einen neuen Sinn gibt.

„Todt sind alle Götter: nun wollen wir, dass der Übermensch lebe" (4,102,13f.).

Das zweite Buch handelt immer wieder von der Erlösung, die mit dem Glauben an den Übermenschen verbunden ist. Es schließt mit der Einsicht, dass Zarathustra weder der Menschheit im Allgemeinen noch seinen Jüngern im Besonderen noch sich selbst im Einzelnen die Erlösung bringen kann. Der Mensch als das zu überwindende Lebewesen hält Zarathustra zurück. Er ist an seine Vergangenheit als Mensch gebunden. Das Schaffen des Menschen hat an der vergangenen Welt zunächst seine Grenze. Die vergangene Welt kann nicht neu geschaffen und so auch nicht erlöst werden. Ihre Kausalität aber wirkt bis in die Gegenwart und Zukunft hinein und verhindert als „Geist der Rache" die erlösende Bejahung durch den Willen. Wie aber entsteht der „Geist der Rache" und wodurch kann er überwunden werden? Die Erfahrung des Leidens fragt nach der Ursache des Leidens. Diese Kausalität kann aber nicht auf ein erstes Böses des Menschen und die gerechte Strafe Gottes für die Ursprungssünde zurückgeführt werden, sondern der Leidenszusammenhang krümmt sich zu einem *circulus vitiosus* ohne Anfang und Ende. Das Leid verursacht den Willen zur Rache, der sich selbst als gerechte Strafe verbirgt und wieder neues Leid auslöst. Diese Bedrängnis durch die Zeitenfolge ist selbst ursprünglich. Die

---

[132] Siehe W. Dilthey: Einleitung in die Geisteswissenschaften I (1883), Vorrede XVIII–XX, Ges. Schr. 1, Stuttgart–Göttingen 1959; vgl. P. Hünermann: Der Durchbruch des geschichtlichen Denkens im 19. Jahrhundert, Freiburg–Basel–Wien 1969.

weltliche Welt ist per se vergänglich, so dass sich der Geist der Rache gegen diese Welt und ihre Zeitlichkeit im Ganzen richtet.[133] Schopenhauers vom Buddhismus inspirierte Erlösung durch „Nicht-Wollen" wird für Nietzsche hier zum „Fabellied des Wahnsinns" und damit zum Gegenbild schlechthin.[134] Der Erlösung vom Willen setzt Nietzsche die Erlösung durch den Willen entgegen. Der Mensch kann und muss sich jedoch selbst durch seinen „schaffenden Willen" erlösen (181,17). Dieser erlöst durch eine grenzenlose Bejahung allen Geschehens: „Aber so will ich es, so werde ich es wollen." (180,19f.). Doch bleibt die „Versöhnung" erst noch fraglich. Auch die Herkunft des „Zurückwollens" ist noch unklar. Inwiefern kann der Wille Vergangenes wollen und dieses durch seinen Willen verklären? Zunächst bricht Zarathustra mit Fragen die Ausführungen über die „Erlösung" ab.[135] Es bedarf erst noch der letzten und entscheidenden Selbstunterscheidung des Menschen, bevor der Mensch zum großen Ja-Sagen ermächtigt wird.

Im dritten Buch kommt es zur tiefsten Krisis Zarathustras. Über eine Zuspitzung der Problematik der radikalen Zeitlichkeit führt Nietzsche zum entscheidenden Gedanken der „Ewigen Wiederkehr des Gleichen" und zur maßgeblichen Selbstunterscheidung des Menschen. Zunächst steigt die Spannung. Bereits die radikale Zeitlichkeit des Lebens als solche bewirkt dessen Vergänglichkeit und beschwert damit den Willen. Und mehr noch, der aufsteigenden Linie steht eine fallende Linie des Lebens entgegen. Zwar vermag Zarathustras Fuß „dem Geiste zum Trotz, der ihn abwärts zog, abgrundwärts zog, dem Geist der Schwere, meinem Teufel und Erzfeinde" (198,10ff.), den steilen Weg zum Übermenschen aufwärts zu steigen, doch macht eben dieser „Geist der Schwere" Zarathustra klar, dass deshalb das Fallen und Absteigen nicht ausbleiben kann:

> „Oh Zarathustra, du Stein der Weisheit, du Schleuderstein, du Stern-Zertrümmerer! Dich selbst warfst du hoch, – aber jeder geworfene Stein – muss fallen!
>
> Verurteilt zu dir selbst und zur eignen Steinigung: oh Zarathustra, weit warfst du ja den Stein, – aber auf *dich* wird er zurückfallen!" (198,19–24).

Selbst wenn die Entwertung der zeitlichen Güter durch den Nihilismus – eben weil sie nicht mehr von der Ewigkeit Gottes getragen sind –, durch die Wertschöpfungen des Menschen ersetzt wird, wenn sogar noch das Vergangene vom Willen zur Macht erfasst und gewollt wird, so kann der Wille doch nicht die fallende Linie des Lebens verhindern. Es kommt unweigerlich immer wieder zum Verfall und Vergehen alles Großen, letztlich im Tod. Die natürlichen *bona* und die ‚guten' Taten des Menschen sind nicht mehr in der Ewigkeit Gottes aufgehoben. Es gibt kein „ewiges Leben"

---

[133] 180,31: „Alles vergeht, darum ist Alles werth zu vergehn!"

[134] Es sei hier daran erinnert, dass Nietzsche Schopenhauer noch als eine säkularisierte Gestalt des platonisierenden Christentums begreift.

[135] 181,23: „Wurde der Wille sich selbst schon Erlöser und Freudebringer? Verlernte er den Geist der Rache und alles Zähneknirschen? Und wer lehrte ihn Versöhnung mit der Zeit, und Höheres als alle Versöhnung ist? Höheres als alle Versöhnung muss der Wille wollen, welcher der Wille zur Macht ist –: doch wie geschieht ihm das? Wer lehrte ihn auch noch das Zurückwollen?"

(57,6) nach dem Tod. Anders ausgedrückt: die *perfectio* des Menschen kann nur eine zeitweilige sein – auch die Vollkommenheit des Übermenschen. Und genau an diesem Punkt führt Zarathustra seinen „Grundgedanken" ein, den Gedanken, der die göttliche Ewigkeit als tragenden Grund allen zeitlichen Geschehens substituiert.

Durch seinen Mut unterscheidet sich der Mensch vom Tier. Sein Mut besteht darin, am „Abgrund" leben zu können, den Gott hinterlassen hat.[136] Der Mensch erschafft sich sein eigenes „ewiges Leben" durch die radikalste Bejahung dieses Lebens:

> „Muth ist der beste Todtschläger, Muth, der angreift: der schlägt noch den Tod todt, denn er spricht: ‚War *das* das Leben? Wohlan! Noch ein Mal!'" (199,12 ff.).

Die Sterblichkeit war eines der Kennzeichen des Menschen. Auch der Mensch des „Zarathustra" kann nicht seine Sterblichkeit ablegen und sich in diesem Sinn vergöttlichen, wohl aber kann er seine Sterblichkeit umdeuten, umwollen. Mit dem „abgründlichen Gedanken" (199,19 f.), dem Gedanken der „Ewigen Wiederkunft des Gleichen" vermag Zarathustra den „Geist der Schwere" abzuschütteln. Und auch die Überwindung des „Geistes der Rache" kommt hier an ihren Ursprung, denn nur insofern ich das Vergangene auch noch als das Zukünftige will, kann es der „Wille zur Macht" ganz erfassen.

An einem „Thorweg" mit dem Namen „Augenblick" begegnen sich zwei Wege, die jeweils in die Ewigkeit führen. Der Weg in die Vergangenheit und der Weg in die Zukunft begegnen sich aber in der Unendlichkeit.

> „Muss nicht, was laufen *kann* von allen Dingen, schon einmal diese Gasse gelaufen sein? Muss nicht, was geschehn *kann* von allen Dingen, schon einmal geschehn, gethan, vorübergelaufen sein?" (200,15–18).

Doch Zarathustra, der mit diesen Worten den Geist der Schwere überwindet, ist sich der Konsequenzen des Gedankens zunächst nicht bewusst. Plötzlich kommt ihm wie eine Erinnerung oder ein Traum das Bild des Moments, in dem er den „abgründlichen Gedanken" mit allen seinen Implikationen und Konsequenzen annimmt und eben dadurch ein neuer Mensch oder vielmehr ein „nicht mehr Mensch" (202,17) wird.

> „Einen jungen Hirten sah ich, sich windend, würgend zuckend, verzerrten Antlitzes, dem eine schwarze schwere Schlange aus dem Munde hieng" (201,23 ff.).

Die Schlange ist das Symbol für die Zeit und hier für die „Ewige Wiederkunft des Gleichen". Damit ist aber auch all das Schreckliche, Banale, Kleine, Ungewollte symbolisiert, das ebenfalls ewig wiederkehrt. Die Schlange hat sich fest im Hals verbissen, so dass sie nicht ausgespuckt und nicht herausgezogen werden kann. Erst

---

[136] 199,6 ff.: „Der Muth schlägt auch den Schwindel todt an Abgründen: und wo stünde der Mensch nicht an Abgründen! Ist Sehen nicht selbst – Abgründe sehen?"

als der Hirt der Schlange den Kopf abbeißt und von sich speit, wie Zarathustra ihm zugerufen hatte, kann er sich von der Qual erlösen. Er springt auf:

> „Nicht mehr Hirt, nicht mehr Mensch, – ein Verwandelter, ein Umleuchteter, welcher *lachte*! Niemals noch auf Erden lachte je ein Mensch, wie *er* lachte!" (4,202,17ff.).

Das „Gesicht des Einsamsten" (202,7) aber gibt Rätsel auf. Denn weder ist die zeitliche Zuordnung der Szenen mit dem jungen Hirten und mit dem Geist der Schwere geklärt noch die Identität des jungen Hirten. War es Zarathustras eigene Konversion oder die eines anderen Menschen?

Am Ende des dritten Buchs wird diese Szene in „Der Genesende" nochmals aufgenommen (270–278). Zarathustra ruft den Gedanken der Ewigen Wiederkehr noch einmal aus dem Abgrund. Er gibt sich hier die bereits besprochenen Prädikate, die sich jedoch erst an dieser Stelle ganz erschließen. Zarathustra ist zunächst der „Gottlose" (271,2), weil erst der Tod Gottes den Abgrund eröffnet, welchem der Gedanke der Ewigen Wiederkunft entspringt. Der „Abgrund" selbst „redet" (271,6f.) den „abgründlichen Gedanken" (271,5). Dieses Wortspiel besagt Folgendes: Erstens fehlt dem Gedanken selbst der Grund. Er kann nicht begründet werden, sondern führt selbst in eine unergründliche Tiefe. Zweitens birgt er einen Schrecken, der nicht nur vom Fehlen des Grundes ausgelöst wird, sondern von der Wiederkehr des Kleinsten und Ekelhaftesten selbst. Drittes ist der Gedanke aber gründlich gedacht, das heißt, erst hier kommt die Unterscheidung des Menschen auf ihren (Ab-)Grund, da erst dieser Gedanke den Unterschied im Ganzen macht. Dies bedeutet, erst hier findet das Ja zur Welt seine radikalste Fassung, welche die Gediegenheit des vormaligen Gottesgedankens erreicht. Doch während dieser Gedanke ein urteilendes Ja und Nein zu Mensch und Welt kennt, ist der Gedanke der Ewigen Wiederkehr ein bloßes Ja zur weltlichen Welt und zum weltlichen Menschen. Dies wird durch die nächsten drei Prädikate ausgedrückt: „Ich Zarathustra, der Fürsprecher des Lebens, der Fürsprecher des Leidens, der Fürsprecher des Kreises" (271,3).

Das Leben in seiner Widersprüchlichkeit bis hin zu seiner Negation im Tod wird durch Zarathustra bejaht. Er vertritt die Sache des Lebens wie ein Anwalt vor Gericht. Auf der Anklagebank steht aber nicht mehr Gott, wie in der vormaligen Theodizee, sondern die Welt selbst und mit ihr die Zeit. Der Ekel an der Welt muss noch bejaht werden – ohne Grund, rein als Setzung des abgründigen Willens zur Macht. Die Bejahung muss eine ewige sein, eben deshalb ist Zarathustra zuletzt der „Fürsprecher" nicht nur des Lebens in seiner steigenden und fallenden Linie, sondern der ewigen kreisförmigen Wiederkehr der Abfolge von Steigen und Fallen.

In „Der Genesende" wird deutlich, dass Zarathustra selbst derjenige ist, dem die Schlange in den Schlund kroch (vgl. 273,9ff.). Und auch hier wirft der Gedanke zu Boden: „Kaum hatte Zarathustra diese Worte gesprochen, da stürzte er nieder gleich einem Todten und blieb lange wie ein Todter" (271,11ff.). Es wird deutlich, wie das dem Abgrund entsprungene Wort den ‚alten Menschen' tötet und einen ‚neuen Menschen' hervorgehen lässt. Nietzsche macht an dieser Stelle Anspielungen auf die Bekehrung des Paulus. Zarathustra wird wie Paulus zu Boden geworfen, wieder zu Bewusstsein gekommen, will er „lange nicht essen noch trinken" (271,14),[137] wirklich entscheidend dabei ist aber, dass lediglich die Bekehrung des Paulus einen Begriff für die weltgeschichtliche Bedeutung bereithält, die Nietzsche dieser Bekehrung Zarathustras zumisst.

Die besondere Härte und der Ekel der „Ewigen Wiederkunft" liegen darin, dass der Unterscheidung des Menschen von sich selbst, sei es in individueller, sei es in menschheitsgeschichtlicher Hinsicht, das ‚Ein-für-alle-Mal' genommen wird.

„Ewig kehrt er wieder, der Mensch, dess du müde bist, der kleine Mensch" (274,18f.)

Deshalb war es der „grosse Überdruss am Menschen" selbst, der Zarathustra würgte und ihm in den Schlund gekrochen war. Die Ewige Wiederkehr besagt, dass nach der Selbstunterscheidung zum Übermenschen auch der letzte Mensch ewig wiederkehren muss und dass „die ewige Wiederkunft auch des Kleinsten" noch bejaht und gewollt sein will.

Allerdings ist hier festzuhalten, dass die Lehre von der Ewigen Wiederkunft nicht als ein naturalistisches „Leier-Lied" verstanden sein will (275,19). Es liegt kein mechanistisch-objektivierbarer Sachverhalt vor, so sehr Nietzsche sich um die wissenschaftliche Fundierung bemühte. Doch müssen diese Bemühungen als strategische Operationen verstanden werden. Die Wiederkunft ist Sache des Willens, nur so ist die Zeit eine gewollte Zeit. Zarathustra selbst ist als eine der „Ursachen der ewigen Wiederkunft" zu begreifen (276,25). Ein „Knoten von Ursachen", der weder zu durchschauen noch zu durchtrennen ist.

So vollendet sich Zarathustras Untergang in einem gewollten Tod – einem Tod, der einerseits wie der Tod Christi die vollbrachte Unterscheidung des Menschen von sich selbst markiert, und der andererseits wie die Auferstehung Christi die Überwindung des natürlichen Todes anzeigt. Jedoch erscheint die Auferstehung für Zarathustra als Wiederkehr in *dieses* Leben.

> „Ich komme wieder, mit dieser Sonne, mit dieser Erde, mit diesem Adler, mit dieser Schlange – *nicht* zu einem neuen Leben oder besseren Leben oder ähnlichen Leben:
> – ich komme ewig wieder zu diesem gleichen und selbigen Leben im Grössten und auch im Kleinsten, dass ich wieder aller Dinge ewige Wiederkunft lehre, –
> – dass ich wieder das Wort spreche vom grossen Erden- und Menschen-Mittage, dass ich wieder den Menschen den Übermenschen künde" (276,26–34).

Der „Ewige-Wiederkunfts-Gedanke" ist die „Grundconception" von „Also sprach Zarathustra" (EH 6,335,5). Er ist der Grund-Gedanke im strengen Sinne des Wortes, weil er den Grund von allem, der mit dem Tod Gottes entfallen ist, ersetzt. Als „höchste Formel der Bejahung" (EH 6,335,6) tritt er an die Stelle des göttlichen Ja zur Welt am siebten Tag der Schöpfung. Das Ja Gottes war jedoch ein unterscheidendes, das die Billigung des Unterschiedes von Billigung und Missbilligung impliziert – mit anderen Worten, den Gedanken des Gerichts. Unterscheidungsgrund der *civitas diaboli* und der *civitas Dei* war die Liebe zu Gott und zum Nächsten. Mit der

---

[137] Siehe Apg 9,9.

Heraufkunft des Nihilismus aber entfiel das Liebesgebot als Grund und Inhalt der Unterscheidung des Menschen von sich selbst. Es folgt daraus erstens das Erschlaffen des Lebens-Willens und der Lebens-Liebe in der Décadence des Nihilimus, zweitens die ununterschiedene Selbst-Liebe der letzten Menschen, drittens das Mitleiden mit den „höheren Menschen", wie es im dritten Teil des „Zarathustra" thematisch wird. All dem tritt das Ja der Ewigen Wiederkunft entgegen. Das göttliche Ja des Wiederkunftsgedankens bringt die neue Unterscheidung des Menschen mit sich.

> „,[…] nie hörte ich göttlicheres!' Wenn jener Gedanke über dich Gewalt bekäme, er würde dich, wie du bist, verwandeln und vielleicht zermalmen" (FW 3,570,23 ff.).

Zunächst beschwert die Ewige Wiederkunft als „Das grösste Schwergewicht" (FW 3, 570,8) das unerträglich leicht und sinnlos gewordene Handeln des Menschen und gibt ihm damit einen unendlichen Sinn, wenn jede Handlung so getan sein will, dass „du diess noch einmal und noch unzählige Male" wollen kannst (FW 3,570,26). Sodann bricht er den privaten Eigen-Sinn der letzten Menschen auf, die in ihrer alltäglichen kleinen Welt das Glück suchen.[138] Das Ja der Ewigen Wiederkunft lässt nichts außer sich und bringt damit die Totalität der Welt vor das Urteil und den Willen des Menschen. Schließlich befreit das große Ja – auch noch zum Leiden – den Willen des Menschen vor dem Mitleiden, und trägt somit zur letzten Krisis Zarathustras bei.[139]

Der Gedanke der „Ewigen Wiederkunft des Gleichen" geht dem „Zarathustra" voraus, er durchzieht das Werk und er bleibt für Nietzsche darüber hinaus zentral. Seinen ersten literarischen Niederschlag findet er in der „Fröhlichen Wissenschaft", welche mit ihm und der Ankündigung der Tragödie „Also sprach Zarathustra" endet (FW 3,571). Die Ewige Wiederkunft ist Gegenstand eines „Glaubens", der als solcher aber zwingend ist. Einerseits bleibt dieser Glaube hypothetisch – wie die Logik der Mittleren Epoche[140] – andererseits handelt es sich um die *„wissenschaftlichste"* aller möglichen Hypothesen" (FW 3,213,19 f.). So ist nun im Folgenden nach den Vorzeichnungen zu fragen, welche die Sache Nietzsches durch das Denken erfährt, das sich selbst schließlich als ja-sagender Glaube und tragische Kunst präsentiert.

---

[138] Vgl. 1886/7; 12,217,4–12.

[139] Zu letzterem siehe das vierte Buche des „Zarathustra". Über den Zusammenhang von Nihilismus, Ewiger Wiederkehr und der letzten geschichtlichen Krisis der Menschheit siehe das Fragment „Der europäische Nihilismus. Lenzer Heide, den 10. Juni 1887", (1887; 12,211,5–217,26).
Zum Ganzen siehe Boeder: Vernunftgefüge 310–314, bes. 313: „Erst der geschichtlich gewordene Glaube an die Wiederkehr bringt den Nihilismus ins Reine, trägt seine letzte Krise aus."

[140] Dazu Boeder: Topologie 683 f.

III. Die Kunst und das Glauben [141]

Nietzsches Sache berührt die Sache Augustins: Gott und Seele bzw. Gott und Mensch. Beides wird bei Nietzsche schließlich zusammengezogen in den künftigen Übermenschen. Im Übermenschen kommt der alles bestimmende Wille zur Macht zur Welt (II.2). Die Herausbildung des neuen Menschen, der zunächst der Verkündiger des Übermenschen im „Zarathustra" ist, steht im Zentrum des Nietzscheschen Gedankens. Die Selbstaufklärung über das Verhältnis von Bestimmendem und Bestimmtem, von Gott und Mensch, Herrn der Seele und Seele selbst, Dionysos und seinen Jüngern vollendet den Denkweg Nietzsches, zuhöchst in der Besinnung auf die dionysische Welt (I.1). Am Anfang seines Denkweges steht aber die Reflexion über das Denken selbst als ein weltliches (III.3). Die Sache Nietzsches und seine Bestimmung erfahren eine Vorzeichnung durch eine Besinnung auf Wissenschaft, Kunst und Wahrheit – wobei das Denken selbst als ein Glauben erscheint.

> „Über das Verhältniß der Kunst zur Wahrheit bin ich am frühesten ernst geworden: und noch jetzt stehe ich mit einem heiligen Entsetzen vor diesem Zwiespalt. Mein erstes Buch (war) ihm geweiht; die Geburt der Tragödie glaubt an die Kunst auf dem Hintergrund eines anderen Glaubens: dass es *nicht möglich ist mit der Wahrheit zu leben*; dass der ‚Wille zur Wahrheit' bereits ein Symptom der Entartung ist ..." (1888; 13,500,9–16).

Das Denken steht von Anfang an unter der Bestimmung des „Willens zur Macht", doch muss sich die Konkretion dieser Bestimmung erst im Fortgang des Denkwegs herausstellen. Auch die vollkommene Aufklärung über das Denken als wahrheitsloses Glauben ist in Nietzsches „erstem Buch" erst nur angelegt, noch nicht aber durchgeführt. Dies ist auch der Grund dafür, warum Nietzsche bis in die letzten Schriften auf den Ursprung seines Denkweges in „Die Geburt der Tragödie aus dem Geiste der Musik" reflektiert und sich diesen Ursprung anzueignen versucht. [142] Darin liegt nun aber auch, dass Nietzsches Denken selbst eine Kreisbewegung macht – die durchaus an die „Ewige Wiederkehr des Gleichen" denken lässt. Nicht zuletzt

---

[141] Boeder nennt seine Fassung des Denkterminus „Das Glauben und seine Kunst" (Vernunftgefüge 287–302). Er untersucht dabei aber fast ausschließlich die Fragmente der Spätphase Nietzsches und bezieht diese deutlich auf das Denken der Mittleren Epoche. Hier sollen hingegen vor allem die Werke aus Nietzsches erster Phase zur Sprache kommen, da bereits beim frühen Nietzsche die entscheidenden Weichen im Denken gestellt sind. Bei der Darstellung dieses Kapitels („Die Kunst und das Glauben") soll nun vor allem auf die Grundlegung der Unterscheidung des Menschen von sich selbst bzw. auf die Unterscheidung des Denkens von sich selbst achtgegeben werden.

[142] Siehe dazu Loock: Nietzsches dionysische Konzeption 65f., bes. 66. Die Aussage des Fragments aus Nietzsches letztem Sommer bezüglich des Ursprungs des Nietzscheschen Denkweges wird durch die veröffentlichten Schriften gestützt. Auch am Ende von „Jenseits von Gut und Böse" (1886) und „Götzendämmerung" (1889) findet sich ein Verweis auf „Die Geburt der Tragödie". Besonders deutlich wird dies im Ende der „Götzendämmerung" (6,160,24–30): „Und damit berühre ich wieder die Stelle, von der ich einstmals ausgieng – die ‚Geburt der Tragödie' war meine erste Umwerthung aller Werthe: damit stelle ich mich wieder auf den Boden zurück, aus dem mein Wollen, mein Können wächst – ich, der letzte Jünger des Philosophen Dionysos, – ich, der Lehrer der ewigen Wiederkunft ..."

die je eigene Besinnung auf Dionysos im Frühwerk und im Spätwerk ist ein Indiz für diese ringförmige Entwicklung.

Zunächst ist jedoch festzuhalten, dass in der „Geburt der Tragödie" die Problematisierung des Wissens im Zentrum steht.[143] Inwiefern wird hier das Problem der Wissenschaft fragwürdig? Die späte Vorrede benennt die Aufgabe auf das Deutlichste. Trotz aller Selbstkritik bleibt die Aufgabe seines Erstlingswerkes, der sich Nietzsche immer noch verbunden weiß, bestehen, und zwar

> „[…] – vor einem älteren, hundert Mal verwöhnteren, aber keineswegs kälter gewordenen Auge, das auch jener Aufgabe selbst nicht fremder wurde, an welche sich jenes verwegene Buch zum ersten Male herangewagt hat, – *die Wissenschaft unter der Optik des Künstlers zu sehn, die Kunst aber unter der des Lebens* …" (GT 1,14,6–11).

Um diese Rückführung der Wissenschaft über die Kunst auf das Leben und die ihr eigene Hierarchie verstehen zu können, ist zunächst auf den Zusammenhang zwischen dem Tod Gottes und der Wissenschaft und mithin auf die eigentümliche Stellung von Geschichte und Geschichtlichkeit des Denkens zu achten, sodann auf die Fassung der „Kunst als der höchsten Aufgabe und der eigentlichen metaphysischen Thätigkeit dieses Lebens" (GT 1,24,14f.). Die dionysische Tragödie steht im Zentrum der sprachlichen Fassung des Denkterminus. Schließlich und erstlich aber muss die Vorzeichnung des Denkens durch die Weltlichkeit herausgearbeitet werden. Von Anfang an steht das Denken im Dienste des unvordenklichen Lebens und seiner Steigerung.[144]

1. DIE GESCHICHTLICHKEIT DES DENKENS UND DER TOD GOTTES

Das dritte Buch der „Fröhlichen Wissenschaft" hebt unter der Überschrift „Neue Kämpfe" mit der beiläufigen Feststellung des Todes Gottes an. Allerdings sei auch noch der Schatten des toten Gottes eine Kraft, die es zu überwinden gilt. In der Moral, aber auch in der Erkenntnis führe der alte Gott sein Schattendasein. Der Tod Gottes hat *„Die grösste Veränderung"* – so die Überschrift eines Aphorismus der „Fröhlichen Wissenschaft – hervorgerufen. „Die Beleuchtung und die Farben aller Dinge haben sich verändert! Wir verstehen nicht mehr ganz, wie die alten Menschen das Nächste und Häufigste empfanden […]" (495,6–9)[145]. Eine Unterscheidung des Menschen in den alten, gottgläubigen, und den neuen, gottlosen, ist die Folge. Bis in den Alltag hinein zeitigt diese Unterscheidung ihre Wirkungen. Der neue Mensch ist

---

[143] In seiner Vorrede zu „Die Geburt der Tragödie" aus dem Jahre 1886 mit dem Titel „Versuch einer Selbstkritik" schreibt Nietzsche: „Was ich damals zu fassen bekam, etwas Furchtbares und Gefährliches, ein Problem mit Hörnern, nicht nothwendig gerade ein Stier, jedenfalls ein neues Problem: heute würde ich sagen, dass es das Problem der Wissenschaft selbst war – Wissenschaft zum ersten Male als problematisch, als fragwürdig gefasst" (GT 1,13).

[144] Vgl. FW 3,620,10 und WL 1,876,4f.

[145] Die Seitenangabe beziehen sich im Folgenden auf FW im dritten Band der Studienausgabe.

noch nicht das Thema der „Fröhlichen Wissenschaft", er wird erst im „Zarathustra" thematisch. Wohl aber werden die Wirkungen des Todes Gottes bedacht, hier in besonderer Weise die „Wissenschaft" betreffend. Erst das „grösste neuere Ereignis, – dass ‚Gott todt ist', dass der Glaube an den christlichen Gott unglaubwürdig geworden ist" (574,11 f.), gibt der Wissenschaft die ihr eigentümliche „Fröhlichkeit".

Der Gedanke wird erstmals im Stück „Der tolle Mensch" entfaltet. Bereits der Titel dieses Stücks impliziert eine Unterscheidung der Vernunft in diejenige der ‚normalen' Menschen und diejenige des ‚tollen', weil verrückten Menschen. Nur dem Narren, der von der gängigen Vernunft abweicht, erschließt sich die Tat, die „Alle" (481,2) vollbracht haben. Wodurch wurden aber alle zu den Mördern Gottes? Durch ein Umdenken – neutestamentlich eine μετάνοια! Aus der veränderten Stellung des Erkennens zum Denken folgt der Tod Gottes. Die Weltlichkeit der Welt und die entlogisierte Sprache verunmöglichen den Glauben an das „Heiligste und Mächtigste, was die Welt bisher besass" (481,13 f.).

So gehen auch dem Stück „Der tolle Mensch" Ausführungen zum „Ursprung der Erkenntnis" (469 ff.)[146], zur „Herkunft des Logischen" (471 f.) und über „Ursache und Wirkung" (472 f.) voraus. Für den Gott, der auch und gerade in seiner Menschwerdung als die Wahrheit in Person begriffen wurde,[147] muss die Rückführung der Wahrheit auf die Nützlichkeit für das Leben tödlich sein, zumal die Wahrheit selbst in diesem Zusammenhang nur „als die unkräftigste Form der Erkenntnis" (469,18) erscheint. Der Gott, der selbst der prinzipielle, göttliche λόγος ist, wird mit der Erklärung der bloß menschlichen Herkunft der Logik unglaubwürdig.

> „Woher ist die Logik im menschlichen Kopfe entstanden? Gewiss aus der Unlogik, deren Reich ursprünglich ungeheuer gewesen sein muss" (471,21 f.).[148]

---

[146] 469,6–22: „Der Intellect hat ungeheure Zeitstrecken hindurch Nichts als Irrthümer erzeugt; einige davon ergaben sich als nützlich und arterhaltend: wer auf sie stiess, oder sie vererbt bekam, kämpfte seinen Kampf für sich und seinen Nachwuchs mit grösserem Glücke. Solche irrthümliche Glaubenssätze, die immer weiter vererbt und endlich fast zum menschlichen Art- und Grundbestand wurden, sind zum Beispiel diese: dass es dauernde Dinge gebe, dass es gleiche Dinge gebe, dass es Dinge, Stoffe, Körper gebe, dass ein Ding das sei, als was es erscheine, dass unser Wollen frei sei, dass was für mich gut ist, auch an und für sich gut sei. Sehr spät erst traten die Leugner und Anzweifler solcher Sätze auf, – sehr spät erst trat die Wahrheit auf, als die unkräftigste Form der Erkenntniss. Es schien, dass man mit ihr nicht zu leben vermöge, unser Organismus war auf ihren Gegensatz eingerichtet; alle seine höheren Functionen, die Wahrnehmungen der Sinne und jede Art von Empfindung überhaupt, arbeiteten mit jenen uralt einverleibten Grundirrthümern. Mehr noch: jene Sätze wurden selbst innerhalb der Erkenntniss zu den Normen, nach denen man ‚wahr' und ‚unwahr' bemass – bis hinein in die entlegensten Gegenden der reinen Logik. Also: die Kraft der Erkenntnisse liegt nicht in ihrem Grade von Wahrheit, sondern in ihrem Alter, ihrer Einverleibtheit, ihrem Charakter als Lebensbedingung."

[147] Augustinus: Conf. 7,25 (CCL 109,19–23): „Quia itaque uera scripta sunt, totum hominem in Christo agnoscebam, non corpus tantum hominis aut cum corpore sine mente animum, sed ipsum hominem, non persona ueritatis, sed magna quadam naturae humanae excellentia et perfectiore participatione sapientiae praeferri ceteris arbitrabar."

[148] Vgl. dazu Morgenröte § 123 und Foucault: Nietzsche, la généalogie, l'histoire, DÉ 2,138.

Die Annahme der Existenz Gottes, der von der alten rationalen Wissenschaft von Gott, der Theologie, als *prima causa* begriffen wurde,[149] erscheint wegen der Zersetzung der Kette von Ursache und Wirkung in ein „willkürliches Zertheilt- und Zerstücktsein" (473,17) ohne innere Notwendigkeit schließlich selbst als eine willkürliche Setzung der Gewalt.

Ein Glaube an die Welt tritt an die Stelle des Glaubens an den christlichen Gott. Dieser weltliche Glaube ist aber zunächst ein ununterschiedener, ein Glaube, der zwar Gott als solchen nicht mehr anerkennt – Gott ist diesem Glauben gleichgültig geworden –, der aber nicht weiß, was ihm wie und warum abhanden gekommen ist, und der sich folglich über den tollen Menschen eben so lustig machen kann, wie über den Tod Gottes (vgl. 480,25–32). Für die Menschen dieses Glaubens gilt: ... denn sie wissen nicht, was sie tun. Der tolle Mensch hingegen weiß, *wer* da getötet wurde und er weiß um die Folgen dieser Tat.

Zunächst ist hervorzuheben, dass der Tod Gottes eine *Tat* ist, d. h. er ist Resultat eines radikal neuen *Tuns der Wahrheit*, und zwar einer Wahrheit, die sich radikal weltlich versteht. Diese Wahrheit lautet: Es gibt kein rein weltliches Unbedingtes, woraus folgt, dass das Denken keinen Anfang und so auch keine Orientierung hat. Diesen Gedanken schreitet der „tolle Mensch" in seiner Rede aus. Das unendliche „Meer" als der Anfang des Denkens[150], der „Horizont" als die Unterscheidung zwischen Himmel und Erde, die „Sonne" als Quelle des Lichtes, der Wärme und als Symbol Gottes werden durch die Tat der Menschen zum Verschwinden gebracht. Es folgt die Heraufkunft des Nihilismus als die vollkommene Haltlosigkeit. Gerade diese haben sich die unterscheidungslosen Menschen, die an die letzten Menschen des „Zarathustra" erinnern, verhehlt. Ob dieses Verhehlens (λήθειν) befinden sie sich gerade nicht in der Wahrheit (ἀλήθεια) über das Fehlen der Wahrheit. Die Wahrheit gab dem Menschen aber im Streben nach dem Guten auch den Anhalt, sich von sich selbst zu unterscheiden. Diese Unterscheidung entfällt zunächst. Doch gibt der Tod Gottes auch den Raum für eine neue Selbstunterscheidung des Menschen frei.

> „Ist nicht die Grösse dieser That zu gross für uns? Müssen wir nicht selbst zu Göttern werden, um nur ihrer würdig zu erscheinen?" (481,21 f.).

Doch bleibt in dieser Phase des Nietzscheschen Denkens die Rede von der Selbstunterscheidung des Menschen durch seine Vergottung noch dunkel. Deutlicher ist zunächst die Tatsache, dass die Geschichte durch den Tod Gottes in zwei Teile gebrochen wird, und dass das Ausmaß dieses Bruchs den Zeitgenossen Nietzsches und „Mördern Gottes" noch nicht vor Augen steht. So befindet sich der tolle Mensch in einer ähnlichen Außenseiterrolle wie später Zarathustra, wenn er in Erneuerung der Unterscheidung des Menschen von sich selbst den Übermenschen verkündigen wird:

---

[149] Siehe Thomas von Aquin: S.th. 1,2,3 co.

[150] Inwiefern Nietzsche hier an den Anfang der Philosophie bei Thales von Milet, der das Meer als die ἀρχὴ τῶν πάντων nennt, anspielt, muss hier offen bleiben, jedenfalls ist das Meer ein Bild für die Unendlichkeit Gottes.

„ ‚[…] Es gab nie eine grössere That, – und wer nur immer nach uns geboren wird, gehört um dieser That willen in eine höhere Geschichte, als alle Geschichte bisher war!' – Hier schwieg der tolle Mensch und sah wieder seine Zuhörer an: auch sie schwiegen und blickten befremdet auf ihn. Endlich warf er seine Laterne auf den Boden, dass sie in Stücke sprang und erlosch. ‚Ich komme zu früh, sagte er dann, ich bin noch nicht an der Zeit. Diess ungeheure Ereigniss ist noch unterwegs und wandert, – es ist noch nicht bis zu den Ohren der Menschen gedrungen. Blitz und Donner brauchen Zeit, das Licht der Gestirne braucht Zeit, Thaten brauchen Zeit, auch nachdem sie gethan sind, um gesehen und gehört zu werden. Diese That ist ihnen immer noch ferner, als die fernsten Gestirne, – *und doch haben sie dieselbe gethan!*' " (481,23–482,2).

Mit dem Tod Gottes ist die „ ‚wahre Welt' endlich zur Fabel" geworden, wie Nietzsche später noch auf dieses Ereignis reflektieren wird. Die Geschichte Gottes ist selbst die „Geschichte eines Irrthums" (6,80,1 f.). Diese Geschichte hat ihre Vorgeschichte in der platonischen Unterscheidung von φαινόμενα und νοούμενα. Die Welt der Ideen ist die wahre Welt und der Ort Gottes. Die Geschichte Gottes als Wahrheit hat aber auch eine Nachgeschichte in der Neuzeit zunächst bei Kant: die wahre Welt, „bleich geworden" als Ding an sich. Die Mitte dieser Bewegung ist aber der christliche Gedanke. Das Unglaubwürdigwerden des christlichen Gottes führt zunächst in die Verbergung der wahren Welt in die modernen Wissenschaften, den positivistischen Glauben an die schlechthin gegebenen, von ihrer Vernünftigkeit entbundenen Phänomene – „Positivismus". Sodann in die „Heiterkeit" und den „Teufelslärm aller freien Geister". Doch sind es gerade diese freien Geister, die nicht mehr an Gott und die wahre Welt, wohl aber an die Wahrheit der scheinbaren Welt glauben. Ihnen hat sich weder die Abgründigkeit der Welt noch der Abgrund als solcher als Abgrund des Nichts eröffnet. Doch gilt es auch noch die „scheinbare Welt" abzuschaffen (GD 6,81,7). Nichts ist schlechthin gegeben. Weder ein mit Schopenhauer gedachter, allen Erscheinungen und Vorstellungen zu Grunde liegender Wille – das letzte Residuum des Dings an sich –,[151] noch ein Etwas, das als kleines Glück des Alltags den Zufluchtsort der „letzten Menschen" bildet. Erst wenn sich das Denken selbst über seine Grundlosigkeit aufgeklärt hat, wird es sich selbst zum neuen Anfang. So lässt Nietzsche die ganze Geschichte der „wahren Welt" als Vorspiel zum Zarathustra erscheinen: „Ende des längsten Irrthums; Höhepunkt der Menschheit; INCIPIT ZARATHUSTRA." (6,81,22 f.). Auch die „Fröhliche Wissenschaft" vollendet sich in der Ankündigung des neuen Gedankens von „grösste[m] Schwergewicht" (3,570,8) und der neuen Unterscheidung des Menschen von sich selbst im „Untergang" Zarathustras: „*Incipit tragoedia*" (571,1).

Was aber beginnt mit der Tragödie „Zarathustra"? Die Freisetzung der Schaffenden. Die Kreativität des alten Schöpfergottes muss auf den Menschen übergehen. Dieser Mensch ist aber nicht schon gegeben, sondern er muss sich erst durch Selbstunterscheidung hervorbringen. Erst damit kann es erneut zu einem Glauben kommen, der dem Menschen einen Halt bietet, zu einem wahrheitslosen Glauben,

---

[151] Siehe A. Schopenhauer: Die Welt als Wille und Vorstellung I, § 1 (SW Bd. 2,5,19–27).

ohne den der Mensch nicht leben kann.[152] Das Denken auch des modernen Menschen bedarf des Anhalts an etwas Unbedingtes: „Ein Intellekt nicht möglich ohne die Setzung des Unbedingten" (1884; 11,206,8). Doch ist dieses Unbedingte nicht möglich „*als* Intellekt" (206,13). Ein Gott von eigenständiger Geistigkeit, wie dies der christliche Gott als Trinität war, bleibt ausgeschlossen. Wohl aber ist das Schaffen oder Erdichten eines „Absoluten" möglich.[153]

> „Ich sage: der Intellekt ist eine schaffende Kraft: damit er schließen, begründen könne, muß er erst den Begriff des Unbedingten geschaffen haben – *er glaubt an das, was er schafft, als wahr*: dies ist das Grundphänomen" (1884; 11,206,17–20).

Erst der von sich unterschiedene Mensch hat sich selbst als Schaffenden geschaffen.[154] Damit aber bleibt die Wahrheit notwendig perspektivisch, zumal der Schaffende selbst nicht als „Ding an sich" verkannt werden darf. Die Perspektivität des Lebens selbst muss als ursprünglich angesetzt werden.[155] Der Name dieser schaffenden Kraft ist aber der „Wille zur Macht". Vor ihm erscheinen Wahrheit und Lüge, Täuschung und Wahrheit für das Leben *gleich nützlich*. Eben deshalb können der Wille, nicht zu täuschen, und der Wille, nicht getäuscht zu werden, letztlich nur auf dem „Boden der Moral" wurzeln (FW 3,576,21). Auch noch der Wille zur Wahrheit ist ein „Wille zum Tode" (576,32), weil Wille zu einer Hinterwelt, und gerade deshalb wird deutlich, „[i]nwiefern auch wir noch fromm sind". Wir sind es in unserem *Glauben* an die Wahrheit und die Wissenschaft.

> „Doch man wird es begriffen haben, worauf ich hinaus will, nämlich dass es immer noch ein *metaphysischer Glaube* ist, auf dem unser Glaube an die Wissenschaft ruht, – dass auch wir Erkennenden von heute, wir Gottlosen und Antimetaphysiker, auch *unser* Feuer noch von dem Brande nehmen, den ein Jahrtausende alter Glaube entzündet hat, jener Christen-Glaube, der auch der Glaube Plato's war, dass Gott die Wahrheit ist, dass die Wahrheit göttlich ist ... Aber wie, wenn dies gerade immer mehr unglaubwürdig wird, wenn Nichts sich mehr als göttlich erweist, es sei denn der Irrthum, die Blindheit, die Lüge, – wenn Gott selbst sich als unsre längste Lüge erweist? –" (FW 3,577,7–18).[156]

Schon früh, in „Vom Nutzen und Nachtheil der Historie für das Leben" erfolgte die Besinnung auf den Zusammenhang von Wissenschaft, Tod Gottes und Bestimmung des Menschen. Das Denken des Menschen erscheint als ein Epiphänomen des Lebens. Der Mensch hat sich als ein „animal" und kein „cogital" (HL 1,329,12) zu verstehen. Dem cartesianischen „cogito ergo sum" setzt Nietzsche das „vivo ergo cogito" (329,8f.) entgegen. Folglich steht das leere „Sein" des Denkens im Gegensatz

---

[152] „*Wahrheit ist die Art von Irrthum*, ohne welche eine bestimmte Art von lebendigen Wesen nicht leben könnte. Der Werth für das Leben entscheidet zuletzt" (1885; 11,506,21–24).

[153] „Schließlich könnte das Logische möglich sein in folge eines Grundirrthums, eines fehlerhaften Setzens (*Schaffens, Erdichtens* eines Absoluten)" (1884; 11,206,13ff.).

[154] Vgl. Loock: Nietzsches dionysische Konzeption 89–99

[155] Loock: Nietzsches dionysische Konzeption 85.

[156] Vgl. die Bezugnahme Nietzsches auf das Stück „Inwiefern wir noch fromm sind" in: „Zur Genealogie der Moral", 5,400f.

zum „volle[n] und grüne[n] ‚Leben' " (329,9). Das Sein ist Nichts – nun aber nicht
mehr dialektisch vermittelt wie bei Hegel. Unter den Wissenschaften, die das Leben
in seinem Kern bedrohen, kommt der „Historie" eine herausragende Bedeutung zu.
Nicht zuletzt die Philosophie Hegels habe die Gefahren der herrschenden historischen Bildung verstärkt (308,7–11). Nach Nietzsches Verständnis ist die Hegelsche
Philosophie selbst durch und durch „Geschichte". Nietzsche zieht dabei die höchste
Gestalt des absoluten Geistes, die Philosophie, mit der Vollendung des objektiven
Geistes in der Weltgeschichte bzw. im Weltgericht zusammen. Dadurch wird die
begriffliche Innerlichkeit des Absoluten wieder auf die Äußerlichkeit der Geschichte
zurückgenommen. Diese Geschichte kann für Nietzsche nur der äußere und damit
weltliche „Weltprozeß" sein. So tritt die Historie selbst an die Stelle der Philosophie als höchster Synthese des Wissens, welche die anderen Gestalten des absoluten
Geistes, Kunst und Religion, nicht mehr aufhebt, wohl aber verdrängt: „eine solche
Betrachtungsart hat die Geschichte an Stelle der anderen geistigen Mächte, Kunst
und Religion, als einzig souverän gesetzt […]" (308,19 f.).

> „Man hat diese Hegelisch verstandene Geschichte mit Hohn das Wandeln Gottes auf der
> Erde genannt, welcher Gott aber seinerseits erst durch die Geschichte gemacht wird.
> Dieser Gott aber wurde sich selbst innerhalb der Hegelischen Hirnschalen durchsichtig
> und verständlich und ist bereits alle dialektisch möglichen Stufen seines Werdens, bis
> zu jener Selbstoffenbarung, emporgestiegen: so dass für Hegel der Höhepunkt und der
> Endpunkt des Weltprozesses in seiner eigenen Berliner Existenz zusammenfielen. Ja
> er hätte sagen müssen, dass alle nach ihm kommenden Dinge eigentlich nur als eine
> musikalische Coda des weltgeschichtlichen Rondos, noch eigentlicher, als überflüssig zu
> schätzen seien" (308,24 ff.).

Die mit Nietzsche so verstandene Geschichtsphilosophie Hegels führt zu einer Beseitigung des Werdens und zu einem Stillstand des Seins. Die Welt geht gewissermaßen
in die Ewigkeit Gottes ein und ist somit schließlich am Ende. Damit steht das Leben,
das sich selbst als weltliches Werden begreift, aber unmittelbar vor seinem Tod und
das heißt vor seiner Vernichtung. Diese eschatologische Vorstellung von Geschichte
wurzele im christlich-mittelalterlichen „memento mori" (304,14). Das Christentum und sein „Gedanke an das nahe Weltende, an das bänglich erwartete Gericht"
(304,7 f.) seien somit der Todfeind „jeder Cultur […], die zum Weiterstreben reizt
und jenes memento vivere als Wahlspruch führt" (305,4 ff.).

> „In diesem Sinne leben wir noch im Mittelalter, ist Historie immer noch eine verkappte
> Theologie: wie ebenfalls die Ehrfurcht, mit welcher der unwissenschaftliche Laie die
> wissenschaftliche Kaste behandelt, eine vom Clerus her vererbte Ehrfurcht ist" (305,23–
> 26).

Doch ist die historische Wissenschaft nicht nur die gegenwärtige Gestalt der christlichen Theologie, sie birgt vielmehr auch den Keim des Untergangs der Theologie in
sich:

> „Was man am Christenthume lernen kann, dass es unter der Wirkung einer historisirenden
> Behandlung blasirt und unnatürlich geworden ist, bis endlich eine vollkommen histori-

sche, das heisst gerechte Behandlung es in reines Wissen um das Christenthum auflöst und dadurch vernichtet, das kann man an allem, was Leben hat, studiren: dass es aufhört zu leben, wenn es zu Ende secirt ist und schmerzlich krankhaft lebt, wenn man anfängt an ihm die historischen Secirübungen zu machen" (297,26–33).

So wird einerseits deutlich, dass die Historie das Leben im Sinne der Fest-Stellung des Werdens zum „leeren ‚Sein' " bedroht, indem sie den Menschen gleich an das Ende seines Lebens stellt und eine Unterscheidung des Menschen von sich nur noch die Vernichtung desselben bedeuten kann – ist doch die Stelle Gottes als Sein zum Nichts geworden. Andererseits vernichtet die Radikalisierung des Werdens durch die Historie als solche das Leben, indem es ihm die Illusion des Seins und der Vollkommenheit raubt. „[J]eder Mensch, der *reif* werden will, braucht einen solchen umhüllenden Wahn, eine solche schützende und umschleiernde Wolke" (298,27 f.). Der moderne Nihilismus bedroht das Leben folglich sowohl in Gestalt eines absoluten und wissenschaftlichen Gottesglaubens à la Hegelscher Geschichtsphilosophie wie auch als relativistische, historisierende Entwertung aller „Sitten und Begriffe" (299,34). Das ungefilterte Eindringen der historischen Wahrheit relativiert das einzelne Menschenleben und seine notwendigen Werte und Wertschätzungen:

> „Ohne Beschönigung des Ausdrucks gesprochen: die Masse des Einströmenden ist so gross, das Befremdende, Barbarische und Gewaltsame dringt so übermächtig, ‚zu scheusslichen Klumpen geballt', auf die jugendliche Seele ein, dass sie sich nur mit einem vorsätzlichen Stumpfsinn zu retten weiss. Wo ein feineres und stärkeres Bewusstsein zu Grunde lag, stellt sich wohl auch eine andere Empfindung ein: Ekel" (299,27–31).

Der „Ekel" wird ausgelöst – Nietzsche zitiert hier Hölderlin – durch das „Vorübergehende und Abwechselnde der menschlichen Gedanken und Systeme" (300,7 f.). So wird bereits für Nietzsche das pure Anders-Werden in der Geschichte lange vor Foucault thematisch. Doch im Unterschied zu Foucault ist hier das mit dem radikalen Werden verbundene Entfallen des Seins und letztlich Gottes als Bestimmungsgrund für den Menschen eine tödliche Bedrohung. Foucault weiß sich um diese Bedrohung erleichtert, er begrüßt den Ausfall des Identischen und Bleibenden und richtet sich nun im bloßen Anders-Werden ohne den Schein einer ewigen Bestimmung des Menschen ein.

Für Nietzsche jedoch erfährt die Bedrohung des Menschen noch eine Verschärfung durch die Verhältnisse im Wissenschaftsbetrieb. Der Wissenschaftler wird verstanden als der Produzent von Wahrheit (vgl. 300,19 f.). Die Kreativität des Menschen wird aber durch die industrielle Fertigung der vielen partikularen historischen Wahrheiten in der „wissenschaftlichen Fabrik" zerstört.

> „Glaubt es mir: wenn die Menschen in der wissenschaftlichen Fabrik arbeiten und nutzbar werden sollen, bevor sie reif sind, so ist in Kurzem die Wissenschaft ebenso ruinirt, wie die allzuzeitig in dieser Fabrik verwendeten Sclaven. Ich bedaure, dass man schon nöthig hat, sich des sprachlichen Jargons der Sclavenhalter und Arbeitgeber zur Bezeichnung solcher Verhältnisse zu bedienen, die an sich frei von Utilitäten, enthoben der Lebensnoth gedacht werden sollten: aber unwillkürlich drängen sich die Worte ‚Fabrik, Arbeitsmarkt,

Angebot, Nutzbarmachung' – und wie all die Hülfszeitwörter des Egoismus lauten – auf die Lippen, wenn man die jüngste Generation der Gelehrten schildern will. Die gediegene Mittelmässigkeit wird immer mittelmässiger, die Wissenschaft im ökonomischen Sinne immer nutzbarer" (300,25–301,2).

Hier überlagern sich die Schöpferkraft des Menschen, die bei Nietzsche immer auf den Tod des Schöpfergottes der christlichen Epoche bezogen ist, und die Produktivität des Menschenwesens, wie sie in der bürgerlichen Epoche der Metaphysik gedacht wurde. Die moderne Übersetzung der Produktivität der Menschheit des Menschen und mithin der Produktivität des Hegelschen Begriffs in die Produktivkraft des Arbeiters wird von Marx vollbracht. Also findet sich hier der Berührungspunkt des Marxischen Denkterminus als „kritisches Begreifen"[157] mit demjenigen Nietzsches. Das „kritische Begreifen" der Geschichte der Produktionsverhältnisse übersetzt Nietzsche seinerseits in die *Produktion von geschichtlicher Wahrheit*. Durch diese aber ist der Mensch in der ihm eigenen Kreativität enteignet und mehr noch, er wird seiner ursprünglichsten Vitalität beraubt. Der industrielle Wissenschaftsbetrieb ist auf die Produktion von gesellschaftlich nützlichen Wahrheiten ausgerichtet.[158] Aber gerade die Vernutzung verkennt den wesentlichen Selbstzweck und Selbstgenuss der menschlichen Schöpferkraft. Nietzsche berührt an diesem Punkt also auch die Augustinische Unterscheidung von *uti* und *frui*.[159] Gott ist der eigentliche Gegenstand des Genusses; alles Übrige ist für die Erreichung der *fruitio Dei* zu benutzen. Im Genuss Gottes erreicht der Mensch seine Bestimmung. Für Nietzsche hingegen ist das Leben selbst die höchste Sache des Genusses. Das Denken und die Wissenschaft spiegeln nicht mehr – *per speculum in aenigmate* (1 Kor 13,12) – spekulativ die höchste Sache des Genusses, sondern sind ihr entgegengesetzt. Bekehrung bei Augustin impliziert die Wiederherstellung der Schöpfungsordnung und damit die Unterordnung der Welt und der vitalen Kräfte des Menschen unter die Vernunft, sowie die Unterordnung der Vernunft unter Gott. So impliziert Bekehrung an diesem Ort des Nietzscheschen Denkens die Unterordnung der rationalen Tätigkeit unter das Leben und seiner „Instincte".[160] Entsprechend muss sich der denkende Mensch aus der Verknechtung unter die gesellschaftliche Nutzbarkeit in der kryptotheologischen Historie befreien und diese selbst in Dienst nehmen,

---

[157] Nach Boeder endet die ratio terminorum Marxens mit dem Denken als kritischem Begreifen. Nietzsches ratio beginnt mit dem Denken als Glauben und Kunst und schließt sich damit an Marx an. Siehe Boeder: Vernunftgefüge 278–284.

[158] C.-A. Scheier hat die industrielle Produktion als Signum der ersten Phase der Moderne herausgearbeitet. Siehe z.B. ders.: Der Mensch, diese Fabrikware der Natur … Bemerkungen zur geschichtlichen Selbstbestimmung des Menschen, in: Braunschweiger Beiträge für Theorie und Praxis 88-2 (1999) 57–60, 60 Anm. 12 und ders.: Zur Willensfreiheit bei Schopenhauer im Blick auf Feuerbachs Abhandlung ‚Über Spiritualismus und Materialismus', besonders in Beziehung auf die Willensfreiheit, in: A. Arndt und W. Jaeschke (Hgg.): Materialismus und Spiritualismus, Hamburg 2000, 91–100, 100f.

[159] Siehe Augustinus: Doctr. 1,3 (CCL 32,8,1).

[160] Vgl. HL 1,271 und 299.

„[...] aber nicht wie eine Schaar von reinen, dem Leben nur zusehenden Denkern, nicht wie wissensgierige, durch Wissen allein zu befriedigende Einzelne, denen Vermehrung der Erkenntniss das Ziel selbst ist, sondern immer nur zum Zweck des Lebens und also auch unter der Herrschaft und obersten Führung dieses Zweckes" (271,6–11).

Wissenschaftliche „Wahrheit" (272,9) und „Weisheit" (257,1–9) stehen im Widerspruch zum Leben. Keinesfalls dürfen sie über das Leben bestimmen. Vielmehr müssen Wahrheit und Weisheit unter die Herrschaft des Lebens gebracht und zur Steigerung des Lebens dienstbar gemacht werden.

Das „Unhistorische" und das „Überhistorische" (330,3) gelten Nietzsche als herausragende Gegengifte gegen die radikale Objektivität der modernen historischen Wissenschaften und damit als Mittel zur Konversion des Denkens. Das „Unhistorische" bezeichnet die „Kraft, *vergessen* zu können und sich in einen begrenzten *Horizont* einzuschliessen" (330,6 f.). Das Überhistorische soll nach dem Tod Gottes den Schein des Seins wiederherstellen und „den Blick von dem Werden ablenken, hin zu dem, was dem Dasein den Charakter des Ewigen und Gleichbedeutenden giebt, zu *Kunst* und *Religion*" (330,9 f.). Freilich handelt es sich hierbei nicht um die beiden Gestalten des absoluten Geistes in Hegels „Enzyklopädie", auch ist die gesuchte Religion nicht die christliche. Vielmehr gilt es hier an die dionysische Kunstreligion zu denken, die Nietzsche in der „Geburt der Tragödie" verhandelt hat. Bereits dort sieht Nietzsche den geschichtlichen Ort des ‚Sündenfalls', der in seiner eigenen, geschichtlichen Gegenwart zu überwinden ist, im Übergang von der tragischen zur theoretischen Daseinsform, den er mit der Person des Sokrates markiert.

„Dies ist der neue Gegensatz: das Dionysische und das Sokratische, und das Kunstwerk der griechischen Tragödie ging an ihm zu Grunde" (GT 1,83,9 f.).

In Bezug auf die Unterscheidung des Menschen von sich selbst liegt in der geschichtlichen Besinnung auf die Historie die Forderung, die Kehre vom apollinisch-dionysischen zum „theoretischen Menschen" (GT 1,98,9 f.) durch die „Wiedergeburt der Tragödie" (103,14) zu überwinden. Die theoretische und damit auch optimistische Weltbetrachtung muss sich wieder in die tragische und mithin pessimistische aufgeben. Der Optimismus der theoretischen Weltbetrachtung wurzelt im „Wesen der Logik" (101,21; vgl. 118,14 f.).[161] Bis an ihre Grenzen vorangetrieben scheitert die Theorie aber und offenbart ihr eigenes inneres Wesen als Kunst. Die durch diese Selbstauflösung der Theorie ermöglichte „Wiedergeburt der Tragödie" impliziert

---

[161] GT 1,99,5–17: „Nun steht freilich neben dieser vereinzelten Erkenntniss, als einem Excess der Ehrlichkeit, wenn nicht des Uebermuthes, eine tiefsinnige *Wahnvorstellung*, welche zuerst in der Person des Sokrates zur Welt kam, jener unerschütterliche Glaube, dass das Denken, an dem Leitfaden der Causalität, bis in die tiefsten Abgründe des Seins reiche, und dass das Denken das Sein nicht nur zu erkennen, sondern sogar zu *corrigiren* im Stande sei. Dieser erhabene metaphysische Wahn ist als Instinct der Wissenschaft beigegeben und führt sie immer und immer wieder zu ihren Grenzen, an denen sie in *Kunst* umschlagen muss: *auf welche es eigentlich, bei diesem Mechanismus, abgesehn ist.*" Vgl. 100,25 ff.

also eine Conversio des Menschen, die in der Frühphase Nietzsches primär als eine Bekehrung der „Weltbetrachtung" aufgefasst werden muss.

2. Die tragische Kunst

Bereits im Vorwort zur „Geburt der Tragödie" von 1871, das an Richard Wagner gerichtet war, schreibt Nietzsche, dass er „von der Kunst als der höchsten Aufgabe und der eigentlichen metaphysischen Thätigkeit dieses Lebens" (GT 1,24,14f.) überzeugt sei. Die Kunst tritt damit an die Stelle der theoretischen Philosophie, sowohl im Sinne einer theologischen Geschichtsbetrachtung wie auch einer historisierenden Theologie als erster Wissenschaft. Die produktive Kunst tritt aber auch an die Stelle der praktischen Religion als der Maßgabe für das Tun der Wahrheit. Damit kommt die Kunst, welche bei Hegel nach Philosophie und Religion die dritte Gestalt des absoluten Wissens war, zu höchsten metaphysischen Ehren. Doch ist auch achtzugeben, welche Religion denn durch die Kunst als höchste Tätigkeit des Menschen abgelöst wird: Es ist die Religion im Sinne der Schopenhauerschen Moral und Askese. Die späteren Reflexionen Nietzsches auf seinen denkerischen Anfang machen deutlich, dass er bereits hier das Christentum als seinen eigentlichen Gegner vor Augen hat.[162] Während er in der „Geburt der Tragödie" selbst noch fast ausschließlich positiv auf Schopenhauer reagiert,[163] wird Nietzsche später seinen Erzfeind, das Christentum, mit Kant, Schopenhauer und Wagner identifizieren. Der Grund für deren frühe Wertschätzung liegt darin, dass Nietzsche ihnen zuschreibt, die „Wiedergeburt der Tragödie" durch den „Sieg über den im Wesen der Logik verborgen liegenden Optimismus" (118,14f.) vorbereitet zu haben.[164] Durch sie trete an die Stelle der „Wissenschaft als höchstes Ziel die Weisheit" (118,29). Nietzsche fasst diese Weisheit durchaus als eine neue Bestimmung des Menschen auf, und zwar im Sinne der Selbstunterscheidung vom theoretischen zum „tragischen Menschen" (vgl. 119,6). Dieser neue, „tragische Mensch" ist aber nicht nur unterschieden vom theoretischen Menschen, sondern auch und vor allem vom „Heiligen" Schopenhauerscher Prägung. Bezogen auf diese Unterscheidung seines tragischen, dionysischen Men-

---

[162] Vgl. GT 1,18,5–19,18; Und die Ausführungen in der „Fröhlichen Wissenschaft" über die romantische Kunst 3,620.

[163] Vgl. GT 1,49 dort findet sich im Zusammenhang mit der Bestimmung der Lyrik die einzige explizite Kritik an Schopenhauer. Dazu Loock: Nietzsches dionysische Konzeption 77, Anm. 13.

[164] GT 1,118,12–24: „Der ungeheuren Tapferkeit und Weisheit *Kant's* und *Schopenhauer's* ist der schwerste Sieg gelungen, der Sieg über den im Wesen der Logik verborgen liegenden Optimismus, der wiederum der Untergrund unserer Cultur ist. Wenn dieser an die Erkennbarkeit und Ergründlichkeit aller Welträthsel, gestützt auf die ihm unbedenklichen aeternae veritates, geglaubt und Raum, Zeit und Causalität als gänzlich unbedingte Gesetze von allgemeinster Gültigkeit behandelt hatte, offenbarte Kant, wie diese eigentlich nur dazu dienten, die blosse Erscheinung, das Werk der Maja, zur einzigen und höchsten Realität zu erheben und sie an die Stelle des innersten und wahren Wesens der Dinge zu setzen und die wirkliche Erkenntniss von diesem dadurch unmöglich zu machen, d. h., nach einem Schopenhauer'schen Ausspruche, den Träumer noch fester einzuschläfern (W. a. W. u. V. I, p. 498)."

schen vom Schopenhauerschen Heiligen spricht Nietzsche in der „Götzendämme-rung" von einer „ersten Umwerthung aller Werthe" (GD 6,116), welche er in der „Geburt der Tragödie" vollbracht habe. Ihren weltgeschichtlichen Rang erhält die Überwindung des Schopenhauerschen Ideals aber erst durch seine Identifizierung mit dem christlichen Heiligen als von sich unterschiedenen und in diesem Sinne vollkommenen Menschen. Mit dieser Identifikation durchschaut Nietzsche – so sein Selbstverständnis – den Gedanken Schopenhauers auf seinen geschichtlichen Ursprung hin – Schopenhauer ist für den späten Nietzsche nur eine Modifikation des wesentlich christlichen Gedankens.[165] Wiewohl Nietzsche in der „Geburt der Tragödie" vom Christentum feindselig schweigt, liegt bereits hier implizit eine anti-schopenhauerische, weil anti-christliche Wendung zu Grunde, eine Wendung, die aber noch nicht ins Reine gebracht ist.

Nietzsche hatte sich „für so eigne Anschauungen und Wagnisse auch eine *eigne Sprache* zu erlauben" (GT 1,19,23 f.). In der „Geburt der Tragödie" aber waren seine „dionysischen Ahnungen" (20,6) erst noch mit „Schopenhauerischen und Kanti-schen Formeln" (19,25) „verdunkelt und verdorben" (20,6 f.). Das Verständnis die-ser Verdunkelung ist von höchstem Belang auch für das Verständnis von Nietzsches eigentümlicher Antichristlichkeit und damit seiner neuen antichristlichen Weisheit, da Nietzsche zwar einerseits das Christentum berührt und in seinem Kern trifft, er aber andererseits selbst einen durch Schopenhauersche – nicht Kantische – Formeln verdunkelten Blick auf das Christentum hat. Inwiefern?

Während Nietzsche in der „Geburt der Tragödie" von 1871 die „neue Kunst" für den „tragischen Menschen" im Blick auf seine „Selbsterziehung zum Ernst und zum Schrecken" als *Kunst des metaphysischen Trostes* für notwendig hält und sich damit noch in der Nähe Schopenhauers befindet, lehnt er im „Versuch einer Selbstkritik" von 1886 die Kunst als metaphysischen Trost entschieden ab, da dieses Kunst-verständnis der „Romantiker" schließlich im Christentum enden müsse. Nietzsche führt hier eine Unterscheidung des Trostes ein und fordert statt der jenseitigen Vertröstung die „Kunst des *diesseitigen* Trostes – ihr solltet *lachen* lernen, meine jungen Freunde, wenn anders ihr durchaus Pessimisten bleiben wollt" (22,7 ff.). Die Selbstkritik endet mit einer Anspielung auf das eucharistische Hochgebet aus dem „Zarathustra": „Erhebt eure Herzen, meine Brüder, hoch, höher!" (22,14). Nietzsche wird erst im „Zarathustra" mit der Schopenhauerschen Vorgabe ins Reine kommen. Inwiefern aber denkt er bereits in der „Geburt der Tragödie" mit Schopenhauer gegen Schopenhauer?

Nietzsche übernimmt von Schopenhauer die Überzeugung, dass sich „der ein-zelne Mensch, gestützt und vertrauend auf das principium individuationis" „wie auf

---

[165] GT 1,18,10–16: „In Wahrheit, es giebt zu der rein ästhetischen Weltauslegung und Welt-Rechtfertigung, wie sie in diesem Buche gelehrt wird, keinen grösseren Gegensatz als die christliche Lehre, welche *nur* moralisch ist und sein will und mit ihren absoluten Maassen, zum Beispiel mit ihrer Wahrhaftigkeit Gottes, die Kunst, *jede* Kunst in's Reich der *Lüge* verweist, – das heisst verneint, verdammt, verurtheilt."

einem tobenden Meere" inmitten einer „Welt voll von Qualen" (28,12 ff.) befindet. [166] Insofern bleibt Nietzsche mit Schopenhauer „Pessimist". „An dieser Stelle hat uns Schopenhauer das ungeheure *Grausen* geschildert, welches den Menschen ergreift, wenn er plötzlich an den Erkenntnisformen der Erscheinung irre wird" (28,24 ff.). Nietzsche berührt Schopenhauers Grundgedanken. Die Welt legt sich auseinander in *Wille und Vorstellung.* Der *Wille,* die Übersetzung des Kantischen „Ding an sich" und als solches vollkommen unerkennbar, ist das Wesen der Welt: [167] „[...] das Ansich des Lebens, der Wille, das Daseyn selbst, ein stetes Leiden und theils jämmerlich, theils schrecklich [...]" [168]. Demgegenüber findet sich die *Vorstellung* als das Sein der Welt *für* das erkennende Lebewesen. Durch die Modifikationen des Satzes vom Grunde, durch die Anschauungsformen Raum und Zeit sowie durch die Annahme der Kausalität umgibt sich der Weltwille mit einer Sphäre des Scheins. Er individuiert sich in die unendliche Vielfalt der Erscheinungen. Schopenhauer deutet diesen Schein mit einer Wendung aus den Upanischaden als „Maja", als eine Illusion, die sich das Wesen der Welt verschleiert. [169] Auch die Individualität des Menschen ist folglich nur ein Moment in der Illusion der Vorstellung, um im chaotischen Leiden zu bestehen.

Das Leiden, das im Wesen der Welt liegt, hat seine Ursache in der dem „Willen wesentliche[n] Entzweiung mit sich selbst" [170]. Der Wille ist notwendig auf etwas gerichtet, da er selbst aber das einzige An-sich der Welt ist, kann sich der Wille nur auf sich selbst richten. Er selbst ist aber, weil außer ihm nichts ist, der reine Mangel. Er verzehrt sich selbst und reproduziert damit den Mangel immer aufs Neue: [171] „Er flieht sich gerade dadurch, dass er sich erreicht, und ist deshalb nicht nur grundlos, sondern der Ab-grund" [172].

Wenn sich der Wille, das An-sich des Lebens aber selbst in der Vorstellung, „ohne Interesse, ohne Subjektivität, rein objektiv" [173] zuhöchst als platonische Idee ansieht, stellt sich der „Sabbath der Zuchthausarbeit des Wollens [ein], das Rad des Ixion steht still" [174].

> „Diese rein erkennbare Seite der Welt und die Wiederholung derselben in irgend einer Kunst ist das Element des Künstlers" (Schopenhauer: Die Welt als Wille und Vorstellung 1,315,33–316,2).

Die Kunst – und als höchste Kunstform die Musik – spendet somit einen Trost *im* Leben. Aber eben deshalb, weil ihr dieser Trost zum „Zweck an sich" wird, verstellt sie sich den Weg *aus* dem Leben. Der Wille ist immer *Wille zum Leben.* So kann

---

[166] 28,15; vgl. Schopenhauer: Die Welt als Wille und Vorstellung 1,416.
[167] Vgl. Schopenhauer: Die Welt als Wille und Vorstellung 1,324.
[168] Schopenhauer: Die Welt als Wille und Vorstellung 1,315,34 f.
[169] Siehe dazu Loock: Nietzsches dionysische Konzeption 69.
[170] Schopenhauer: Die Welt als Wille und Vorstellung 1,174,36.
[171] Siehe dazu Schopenhauer: Die Welt als Wille und Vorstellung 1,230 ff. (§ 38).
[172] Loock: Nietzsches dionysische Konzeption 70.
[173] Schopenhauer: Die Welt als Wille und Vorstellung 1,231,28 f.
[174] Schopenhauer: Die Welt als Wille und Vorstellung 1,231,36 f.

es zu einer Erlösung vom Leiden nur kommen im Auslöschen des Willens selbst. Nur wenn die Produktion der Welt der Logik, der Individuation und des Scheins auf ihren Ursprung hin durchschaut wird, und dieses Durchschauen sich zur Moral und Askese fortbestimmt, wird eine dauerhafte Erlösung möglich.

> „Daher wird sie ihm nicht, wie [...] bei dem zur Resignation gelangten Heiligen [...], Quietiv des Willens, erlöst ihn nicht auf immer, sondern nur auf Augenblicke vom Leben, und ist ihm so noch nicht der Weg aus demselben, sondern nur einstweilen ein Trost in demselben, bis seine dadurch gesteigerte Kraft, endlich des Spieles müde, den Ernst ergreift" (Schopenhauer: Die Welt als Wille und Vorstellung 1,316,9–14).

Das Spiel der Kunst muss ernst werden. Die Kunst muss sich in die Moral und Askese hinein aufgeben. Der „Künstler" als der von dem bloß Leidenden unterschiedene Mensch muss sich weiter von sich unterscheiden und zum „Heiligen" werden, zu einem „Weltüberwinder und freiwilligen Büßer". Eine Anschauung für einen derart von sich unterschiedenen Menschen findet sich in den Religionen und ihren Heiligen, „welche die indische Weisheit uns aufstellt und wirklich hervorgebracht hat, oder gar der Heiland des Christenthums, jene vortreffliche Gestalt voll tiefen Lebens, von größter poetischer Wahrheit und höchster Bedeutsamkeit, die jedoch, bei vollkommener Tugend, Heiligkeit und Erhabenheit, im Zustande des höchsten Leidens vor uns steht"[175]. Der letztlich von sich unterschiedene Mensch muss bei Schopenhauer seine Individualität aufgeben und sich *als Mensch* zum Verschwinden bringen. Und gerade deshalb gibt Schopenhauer *keine* Anschauung des von sich unterschiedenen Menschen – anders Nietzsche.

Genau dieser Übergang vom Spiel zum „Ernste des Daseins" (GT 1,24,11) ist es, welchen Nietzsche bereits in „Die Geburt der Tragödie" ablehnt. Eben deshalb wird bei ihm die Kunst als „Kunst des *diesseitigen* Trostes" (22,7) und nicht die mit Schopenhauer gedachte Religion oder Moral zur „eigentlich metaphysischen Thätigkeit dieses Lebens" (24,15).[176]

Nietzsches eigener Gedanke entspringt „Schopenhauers Hiatus zwischen der unmittelbaren *Sprache* des Willens in der Musik und dem System der kontemplierenden Künste"[177], vor allem der *Sprach*kunst des Trauerspiels. Dies ist bei Nietzsche ein Ort des ursprünglichen Schaffens. Daraus folgt eine einschneidende Verwandlung sowohl für den Willen als auch für die Vorstellung. Das sprachliche Moment des Denkterminus bei Nietzsche legt sich nun in die dionysische Kunst der Tragödie und die apollinische Kunst des schönen Scheins auseinander.[178] Zur Kunst

---

[175] Schopenhauer: Die Welt als Wille und Vorstellung 1,109,7–12.

[176] Vgl. dazu eine Aufzeichnung von November 1887–Mai 1888: „Die Kunst und nichts als die Kunst. Sie ist die große Ermöglicherin des Lebens, die große Verführerin zum Leben, das große Stimulans zum Leben" (13,194). Dazu die Erweiterung dieser Aufzeichnung vom Mai–Juni 1888, 13,521: „Die Kunst als einzig überlegene Gegenkraft gegen allen Willen zur Verneinung des Lebens, als das Antichristliche, Antibuddhistische, Antinihilistische par excellence."

[177] Loock: Nietzsches dionysische Konzeption 74, Hervorhebung von mir.

[178] Bereits P. Szondi hat die Herkunft des Dionysischen und Apollinischen aus Schopenhauers Willen und Vorstellung herausgearbeitet. Siehe ders.: Schriften I, Frankfurt a.M. 1978, 193 f.

werden das Dionysische und das Apollinische erst durch die Unterscheidung von ihrer ursprünglichen, natürlichen Gestalt. Das barbarisch Dionysische besteht in der „abscheuliche[n] Mischung von Wollust und Grausamkeit" (32,8 f.). Gegen diese „überschwängliche [...], geschlechtliche [...] Zuchtlosigkeit" (32,5) steht die „in seinem ganzen Stolz sich aufrichtende Gestalt des Apollo, der das Medusenhaupt keiner gefährlicheren Macht entgegenhalten konnte als dieser fratzenhaft ungeschlacht dionysischen" (32,13–16). Die Versöhnung dieser beiden Gegner, Dionysos und Apoll, ist „der wichtigste Moment in der Geschichte des griechischen Cultus". Erst dadurch wird aus beiden Naturkräften Kunst.

Das Apollinische gewinnt seine vollkommene Sprachlichkeit in der homerischen Dichtung.[179] Der „Zauberberg" der olympischen Götter stellt die Scheinwelt dar, durch welche das Leben überhaupt erst erträglich wird. „Der Grieche kannte und empfand die Schrecken und Entsetzlichkeiten des Daseins: um überhaupt leben zu können, musste er vor sie hin die glänzende Traumgeburt der Olympischen stellen" (35,29–32). Das Dasein ist für Nietzsche nicht weniger leidvoll als für Schopenhauer. Damit kommt der apollinischen Kunst die Funktion eines verschleiernden Trostes über das Grauenhafte des Daseins zu.[180] Der Mensch als Individuum hat nur im apollinischen Schein, wie schon in der ‚Vorstellung' bei Schopenhauer, seine eigentliche Sphäre. Aber auch die höchsten Formen der Erlösung im Schein kennen bei Nietzsche keinen Übergang zum Nicht-Individuellen, wie dies in der Kontemplation der Ideen nach Schopenhauer der Fall war. Vielmehr ereignet sich im Apollinischen die „Vergöttlichung der Individuation" (40,3), die ihr einziges Gesetz in der „Forderung des ‚Erkenne dich selbst' und des ‚Nicht zu viel!' " (40,9 f.) hat. Die apollinische Kunst wird damit zur gewollten Verführung zum Leben,[181] die sich nicht noch einmal in eine asketische Selbstverneinung auflösen muss.

Das Apollinische entspringt seinerseits einer ursprünglichen, dionysischen Kreativität.[182] Deshalb erreicht die „Untersuchung" der „Geburt der Tragödie" ihr „Ziel"

---

[179] Siehe GT 1,37.

[180] Vgl. Loock: Nietzsches dionysische Konzeption 75.

[181] GT 1,36,18–23: „Derselbe Trieb, der die Kunst in's Leben ruft, als die zum Weiterleben verführende Ergänzung und Vollendung des Daseins, liess auch die olympische Welt entstehn, in der sich der hellenische ‚Wille' einen verklärenden Spiegel vorhielt. So rechtfertigen die Götter das Menschenleben, indem sie es selbst leben – die allein genügende Theodizee."

[182] Vgl. Loock: Nietzsches dionysische Konzeption 75: „In künstlerischer Bedeutung hat das Dionysische zweierlei Gestalt: zunächst als Fundament der apollinischen Kultur, sodann als dionysische Kunst der Tragödie."
Siehe dazu auch Nietzsches Ausführungen über den Ursprung der Lyrik GT 1,42–48, bes. 1,43,33–44,6: „Er [der Lyriker] ist zuerst, als dionysischer Künstler, gänzlich mit dem Ur-Einen, seinem Schmerz und Widerspruch, eins geworden und producirt das Abbild dieses Ur-Einen als Musik, wenn anders diese mit Recht eine Wiederholung der Welt und ein zweiter Abguss derselben genannt worden ist, jetzt aber wird diese Musik ihm wieder wie in einem *gleichnissartigen Traumbilde*, unter der apollinischen Traumeinwirkung sichtbar."
Auch GT 1,154,32–155,2: „Hier zeigt sich das Dionysische, an dem Apollinischen gemessen, als die ewige und ursprüngliche Kunstgewalt, die überhaupt die ganze Welt der Erscheinung in's Dasein ruft."

in der Analyse des Ursprungs der dionysischen Kunst.[183] Nietzsche orientiert sich „in dem Labyrinth [...] als welches wir *den Ursprung der griechischen Tragödie* bezeichnen müssen" (52,6ff.) an Hand der Frage *Wer spricht?* und kommt so mit Entschiedenheit zur Antwort, „*dass die Tragödie aus dem tragischen Chor entstanden ist*" (52,13f.). Der Chor ist der kollektive Sänger bzw. Sprecher der Tragödie. Zum Singen ermächtigt wird dieser erst durch eine Unterscheidung des Menschen von sich selbst.

> „Dieser Prozess des Tragödienchors ist das dramatische Urphänomen: sich selbst vor sich verwandelt zu sehen und jetzt zu handeln, als ob man wirklich in einem andern Leib, in einen andern Charakter eingegangen wäre. Dieser Prozess steht an dem Anfang der Entwickelung des Dramas" (61,10–13).

Während in der apollinischen Dichtung der Rhapsoden und mithin in aller anderen griechischen Chorlyrik der Künstler nicht mit seinem Bild verschmilzt, sondern dieses von außen betrachtet,[184] findet sich im dionysischen Chor „ein Aufgeben des Individuums durch Einkehr in eine fremde Natur."

> „[...] der dithyrambische Chor ist ein Chor von Verwandelten, bei denen ihre bürgerliche Vergangenheit, ihre sociale Stellung völlig vergessen ist: sie sind die zeitlichen ausserhalb der Gesellschaftssphären lebenden Diener ihres Gottes" (61,24–28).

Die Verwandlung erfolgt in zwei Stufen. Zunächst die Metamorphose des „dionysischen Schwärmers" in den „Satyr", hierbei wird die barbarisch-dionysische Stufe der Wollust und Grausamkeit auf die musikalisch-ästhetische Ebene gehoben. Der Satyr ist ein „fingiertes *Naturwesen*", das im „Zerbrechen des Individuums" mit dem „Ur-Sein" (62,15f.), dem „Ur-Einen" (51,27) verschmilzt.[185] Der Name dieses ursprünglichen Gottes ist aber „Dionysos", und dieser wird dadurch selbst zum eigentlichen Sänger und Sprecher der Tragödie. Mit Dionysos, seinem „Herrn und Meister", eins geworden, *verkündet* der Chor „aus dem Herzen der Welt die Wahrheit" (63,10f.). Der vorsprachliche Ursprung der Wahrheit ruft erst die Musik als ursprüngliche Kunst und sodann die dithyrambische Chorlyrik als seine Erscheinungen hervor. Die zweite Verwandlung, nämlich die des Satyrn zum Schauenden, enthält nun ein apollinisches Moment; „als Satyr wiederum schaut er den Gott, d.h. er sieht in seiner Verwandlung eine neue Vision ausser sich, als apollinische Vollendung seines Zustandes. Mit dieser neuen Vision ist das Drama vollständig" (62,1–4).

Damit wird aber auch deutlich, dass und inwiefern es nun beider „Kunsttriebe", des apollinischen und des dionysischen, bedarf. Von jenem „Fundamente aller Existenz, von dem dionysischen Untergrunde der Welt" darf „genau nur soviel dem menschlichen Individuum in's Bewusstsein treten, als von jener apollinischen Verklärungskraft wieder überwunden werden kann" (155,13–16). Die apollinischen

---

[183] Vgl. GT 1,42,14f.

[184] GT 1,61,14f.; 1,61,20 und 1,61,28ff.

[185] Vgl. GT 1,29f.

Illusionen des schönen Scheins und die entgrenzende Kraft des Dionysischen müssen in einer strengen Proportion zusammenwirken. Nur durch *apollinischen* Verklärungsschein kann die belebte Welt der *Individuation* im Leben festgehalten werden (155,3 f.). Nur in Bezug zur *dionysischen* Entgrenzung erhält sich die ursprüngliche *Lebendigkeit* der Individuen.

Die Welt – nicht mehr, wie bei Paulus, der Mensch als Sünder – bedarf der Rechtfertigung. Das Gute und das Böse entspringen letztlich der Welt. Insofern der Name für das Wesen der Welt „Dionysos" ist, bedarf auch dieser Gott einer Rechtfertigung, einer Theodizee. Diese verklärende Rechtfertigung ist für den Menschen als Individuum lebensnotwendig, sie muss ihn vor dem Ekel an der Abgründigkeit der Welt retten. Geleistet werden kann die Rechtfertigung nur durch die soeben beschriebene Unterscheidung des Menschen von sich selbst, dies zumal der Chor der Tragödie selbst der „idealische Zuschauer" (59,26 f.) ist und somit in die Dynamik der Tragödie hineingenommen wird. Dem Kunstwerk kommt die „höchste Würde" zu (47,25). Es selbst ist die Theodizee, übersetzt in die Rechtfertigung der Welt, „denn nur als *aesthetischens Phänomen* ist das Dasein und die Welt ewig *gerechtfertigt*" (47,27 f.). [186] So kann gerade in der dionysischen Tragödie jene ästhetische Rechtfertigung der Welt stattfinden, deren sie bedarf.

3. Das weltliche Denken

Es wird nunmehr deutlich, dass die Kunst nicht nur die mit Schopenhauer moralisch gedachte Rechtfertigung der Welt als höchste Tätigkeit ablöst, sondern selbst den Status der vormaligen Theologie einnimmt, ja selbst an die Stelle der geoffenbarten Weisheit als eines Wissens um die Bestimmung des Menschen tritt. Schließlich verschmilzt der Künstler als von sich unterschiedener Mensch zumindest partiell mit dem Schöpfer. In der Vereinigung mit dem weltlichen Gott wird der Künstler aber auch selbst zum Kunstwerk, er erfährt sich selbst als vom „Ur-Einen", dem „dionysischen Weltenkünstler" hervorgebrachtes Produkt (GT 1,30,5–16). Erst von dieser quasi-mystischen Vereinigung her wird der Sänger/Künstler zum tragischen Gesang ermächtigt. Die Stellen von Schöpfer und Geschöpf wechseln noch nicht – wie im Spätwerk – die Stellen. Darin liegt: Der schöpferische Wille des Ur-Einen, der selbst vorsprachlich ist, wird noch durchgehend als Ding-an-sich gedacht. [187] Nietzsche setzt den Ursprung des Denkens als weltliches An-sich voraus.

---

[186] Zur Rechtfertigung der Welt als ästhetischem Phänomen siehe auch GT 1,152,17–34 und im „Versuch einer Selbstkritik" von 1886 den 5. Abschnitt, 1,17,7–19,18. Zum ganzen auch hier den Abschnitt B.I.3. Die dionysische Dichtung oder der Herr der Seele.

[187] Siehe dazu Loock: Nietzsches dionysische Konzeption 80 f.: „Den Ursprung als Ansich zu denken, bedeutet dann aber die Fixierung und das Erstarren seiner Kreativität - und umgekehrt verstellt der Scheincharakter seiner Produkte die Möglichkeit eines Sich-Spiegelns in ihnen." Siehe auch ebd. 84 f., sowie M. Fleischer: Dionysos als Ding an sich. Der Anfang von Nietzsches Philosophie in der ästhetischen Metaphysik der ‚Geburt der Tragödie', in: Nietzsche-Studien 17 (1988) 74–90.

Damit erreicht die Kreativität des von sich unterschiedenen Menschen noch nicht den Ursprung schlechthin, wie dies Nietzsche seit dem „Zarathustra" annimmt und in den Spätwerken im Dunstkreis des Projektes „Der Wille zur Macht" vollendet. Es erhält sich ein ursprünglich Gegebenes, das gerade weil es selbst nicht als perspektivischer Schein, sondern als weltliche Realität auftritt, auch nicht künstlerisch verklärt werden kann. Der Ursprung selbst ist in sich zerrissen, er ist schöpferisch und zerstörerisch. Der verklärende Schein der Kunst kann hier noch nicht in diesen Abgrund eindringen und so das Leiden an der Welt verklären.[188] Das Schaffen verläuft einseitig vom weltlichen Willen über den Künstler zum Kunstwerk. Die Zerstörung des Geschaffenen erreicht nur das Kunstwerk, den Künstler in seiner Selbstunterscheidung, nicht aber den weltlichen Ursprung selbst. Damit bleibt die ästhetische Rechtfertigung der Welt, welche Nietzsche im 6. Abschnitt des „Versuches einer Selbstkritik" von 1886 noch einmal entscheidend vertieft, in der „Geburt der Tragödie" selbst noch ein Fragment.[189] Es bedarf erst noch der Auflösung des Ursprungs als Ding-an-sich in die ursprüngliche Perspektivität des Lebens.[190] Erst dadurch erreicht die verklärende Kreativität des Menschen auch noch die weltliche Welt, die nur in Wertschätzungen *erscheint*, und insofern selbst Gegenstand des Wert-Schaffens sein kann. Der entsprechend schaffende Mensch, der aus eigener Macht alles vollkommen bejaht bis in die ewige Wiederkehr des Gleichen, ist dann aber erst seinerseits zu schaffen. Diese paradoxe Aufgabe der Ermächtigung des Menschen durch Selbstunterscheidung kann sich Nietzsche aber erst nach seinem ‚Damaskus-Erlebnis' in Sils Maria stellen, wo Zarathustra an ihm vorübergegangen war.

Nach dieser entscheidenden Konversion Nietzsches in der Mitte seines Denkweges wird das Denken ermächtigt, sich seine eigene Bestimmung zu geben. Der Gedanke des Todes Gottes ist bis in alle Konsequenzen durchdacht. Der neue Mensch muss jedes An-sich ablegen. Ausgehend vom Glauben an Gott als Wahrheit an sich und der entsprechenden christlichen Moral, über deren Varianten in moderner Wissenschaft, romantischer Kunst und Schopenhauerscher Moral bis hin zur Unterscheidung von wahrer Welt und scheinbarer Welt überhaupt und dem kryptomoralischen Mitleiden mit den höheren Menschen. Auch die dionysische Welt als die ursprüngliche Welt eines abgründigen Willens zum Leben darf nicht als eine Welt an

---

[188] Vgl. dagegen die Fortsetzung der Aufzeichnung vom Mai–Juni 1888; 13,521: „Die Kunst als die *Erlösung des Erkennenden*, dessen, der den furchtbaren und fragwürdigen Charakter des Daseins sieht, sehen will, des Tragisch-Erkennenden.
Die Kunst als die Erlösung *des Handelnden*, – dessen, der den furchtbaren und fragwürdigen Charakter des Daseins nicht nur sieht, sondern lebt, leben will, des tragisch-kriegerischen Menschen, des Helden. Die Kunst als die *Erlösung des Leidenden*, – als Weg zu Zuständen, wo das Leiden gewollt, verklärt, vergöttlicht wird, wo das Leiden eine Form der großen Entzückung ist."

[189] Loock: Nietzsches dionysische Konzeption 81: „Wenn der fürsprechende Instinkt des Lebens in der *Geburt der Tragödie* durch den Gedanken verstellt bleibt, dann deshalb, weil der Gedanke den Zusammenhang von abgründigem Ekel, Schein und Reproduktion noch nicht durchdrungen hat." Dazu Fleischer: Dionysos als Ding an sich 88 ff.

[190] Loock: Nietzsches dionysische Konzeption 85.

sich vorgestellt werden. Vielmehr muss die eigentümliche Macht im Ursprung selbst freigelegt werden. Dies bedeutet die Freilegung der Macht im Innersten der Welt als ursprüngliche Kreativität des Lebens selbst. Das Leben aber erscheint bei Nietzsche schließlich nur in Individuen. Das Ur-Eine selbst ist ein Krieg der individuierten Lebewesen. Dadurch wird aber die Annahme eines schöpferischen An-sich der Welt zerbrochen und zwar in die ursprüngliche Perspektivität des Lebens. Der Schopenhauersche Wille zum Leben wird so zum Willen zur Macht der Individuen. Der Wille zur Macht ist der Wille zur Steigerung des Lebens. Dies impliziert den Willen zur Selbstunterscheidung im Sinne des Machtgewinns. Die Durchsetzung der jeweiligen Perspektive geschieht mit dem Ziel der Steigerung der Macht. Dadurch kann der Widerwille, der Ekel am Dasein, überwunden werden. Die Unterscheidung des Menschen von sich selbst hat somit ihr Zentrum in der Bejahung des Lebens bis in seine Abgründe, die sich in der Annahme des Gedankens der Ewigen Wiederkunft vollzieht. Dadurch erst wird das Wesen der Welt und damit die Bestimmung des Menschen als Wille zur Macht denkbar.

Die Grundlage für die Perspektivität des Willens zur Macht hat Nietzsche bereits in „Ueber Wahrheit und Lüge im außermoralischen Sinn" gelegt. Ausgangspunkt der Erkenntnis ist die weltliche Wirklichkeit, die aber als „Ding an sich" gerade nicht zugänglich ist (WL 1,879,6). Vielmehr kommen die Dinge erst in ihrer Relation zu den Menschen in den Blick (879,8), dies aber wiederum in eminent weltlicher Weise. Am Anfang der Erkenntnis steht der weltliche Mensch im Sinne der biologischen Physiologie, der „Nervenreiz" (898,22 und 879,10). In einer ersten Metapher wird er übertragen in ein „Bild" und mit einer zweiten Metapher wird das „Bild" in einen „Laut" übersetzt. So entspringt die Sprache einer Weltlichkeit, welcher der Perspektivität von Wahrheit Vorschub leistet. Nietzsche beantwortet die Pilatusfrage:

> „Was ist also Wahrheit? Ein bewegliches Heer von Metaphern, Metonymien, Anthropomorphismen, kurz eine Summe von menschlichen Relationen, die poetisch und rhetorisch gesteigert, übertragen, geschmückt wurden, und die nach langem Gebrauche einem Volke fest, canonisch und verbindlich dünken: die Wahrheiten sind Illusionen, von denen man vergessen hat, dass sie welche sind [...]" (WL 1,880,30–881,2).

Die Illusionen entspringen der menschlichen Kreativität. Nur wenn sich der Mensch als *„künstlerisch schaffendes* Subjekt" vergisst (883,31) entsteht der „unbesiegbare Glaube, *diese* Sonne, *dieses* Fenster, *dieser* Tisch sei eine Wahrheit an sich" (883,28 f.). Die Frage, welche der „Weltperceptionen" richtiger ist, kann mangels eines übermenschlichen, göttlichen „Maassstabes" nicht beantwortet werden (884,3 ff.). So rückt das Leben des Individuums selbst an die maßgebende Stelle. Wahrheit und Lüge sind hier aber gleichermaßen intellektuelle Mittel zur Erhaltung des Individuums, [191] eines Individuums, das seinerseits von vorvernünftigen, archaisch-abgründigen Trie-

---

[191] WL 1,876,15–20: „Der Intellekt, als ein Mittel zur Erhaltung des Individuums, entfaltet seine Hauptkräfte in der Verstellung; denn diese ist das Mittel, durch das die schwächeren, weniger robusten Individuen sich erhalten, als welchen ein Kampf um die Existenz mit Hörnern oder scharfem Raubthier-Gebiss zu führen versagt ist. Im Menschen kommt diese Verstellungskunst auf ihren Gipfel."

ben getragen wird.[192] Der Wahrheit kommt nur insofern ein gewisser Vorzug zu, als sie für die zwischenmenschlichen Beziehungen besonders nützlich ist, denn der Mensch braucht einen „Friedensschluss und trachtet darnach dass wenigstens das allergröbste bellum omnium contra omnes aus seiner Welt verschwinde" (877,21 f.). Nicht aber beabsichtigt dieser Friedenschluss einen beständigen Kontrakt von allgemeiner Verbindlichkeit. Die Allgemeinheit fällt außerhalb des Interesses Nietzsches. Die Besonderheit bzw. die Einzelheit großer Individuen ist bei ihm im Zentrum der Besinnung. Wie schon die geschichtliche Wahrheit so ist auch die Wahrheit in sprachlicher Hinsicht in den Dienst genommen, „immer wieder zur Erzeugung des Grossen Anlass zu geben und Kräfte zu verleihen". Denn – so fährt Nietzsche fort – „das Ziel der Menschheit kann nicht am Ende liegen, sondern nur in ihren höchsten Exemplaren" (HL 1,317,23–26).

So steht am Anfang und am Ende des Nietzscheschen Denkweges der weltliche Wille zur Macht. Am Anfang erschien er aber noch als eine gegebene Bestimmung des Menschen, gegeben aus weltlichen Realitäten, in welchen sich ein Rest von christlichem Glauben an Gott als die Wahrheit erhalten hat. Der diagnostische Blick deckt auch die radikale Weltlichkeit des Denkens als eine Wahrheit auf. Erst am Ende seines Weges kann Nietzsche die Weltlichkeit der Welt aus dem Willen zur Macht denken. Die Welt ist ihrerseits von allem gedachten An-sich gereinigt und damit eine rein gewollte Welt. Die Welt als Wille zur Macht ist dann allein bestimmend. Erst am Ende ist der Mensch, die Sache Nietzsches, ganz seiner Bestimmung zugewandt und damit konvertiert. Dazwischen liegt ein Unterscheidungsweg, zunächst bezogen auf das Denken (Wissen), dann auf das Tun (Macht) und zuletzt auf das Wollen (Wille) der wahrheitslosen Wahrheit.

---

[192] Vgl. WL 1,877,2–15.

C. AUGUSTINUS

Die Bezogenheit auf Paulus verschwindet bei Foucault und hinterlässt lediglich die Spur des Verlöschens der Spur. Nur insofern, als nach Foucault die christliche Mönchstheologie der Patristik und damit auch Augustin die freieren Selbstpraktiken etwa der Stoiker zurückdrängen, findet sich die Spur einer Beziehung zu Augustin und damit indirekt auch zu Paulus. Deutlicher lässt sich die Spur des Paulus bei Foucault durch dessen Bezugnahme auf Nietzsche aufnehmen, betrachtet sich Foucault doch als „Nietzscheaner"[1]. Dennoch wird Nietzsches Gegenbestimmung, der Wille zur Macht, auch zur Herausforderung für Foucault. Dabei wendet sich Foucault nicht direkt gegen Nietzsche, sondern gegen Konkretionen eines grundlos gewordenen Machtwillens, die auch als Substitute des vormals verbindlichen Gotteswillens gelten können. Die entscheidende Herausforderung für Foucault selbst sind die Nachfahren der universalen Heilslehre des Christentums und der christlichen ‚Gesetzesmoral', die Erben der Beicht- und Seelsorgspraxis sowie die modernen Substitute des ehedem christlichen absoluten Wahrheitsanspruches: der moderne Wohlfahrtsstaat mit seinen Verheißungen, die diversen Normierungspraktiken, die verschiedenen Wissenschaften vom Menschen, vor allem aber die modernen Totalitarismen, Marxismus und Faschismus. Dabei zielt Foucault nicht auf die Zentren der Macht und nicht auf eine Negation derselben, sondern auf eine *unendliche Limitation* der regionalen Dispositive der Macht. Das Spiel der Wissens- und Machtverhältnisse wird durchaus in seinem kreativen Charakter gesehen. Es gibt für den Menschen keine allgemeine verbindliche Wahrheit außer derjenigen von seiner prinzipiellen Offenheit bzw. Bestimmungslosigkeit. Diese Wahrheit allerdings gilt es zu verfechten, und zwar in einem Kampf um das jeweils mögliche Anderssein. Dabei werden begrenzte und konkrete Fremdbestimmungen aufgebrochen, um zu einer Selbstbestimmung zu finden. Weder das Selbst noch der leitende Wille zum Anderssein sind mit sich identisch und dem Subjekt vollständig bewusst. Der Wille entspringt vielmehr einem dem Ich vorgängigen Es, genauer der Grenzziehung zwischen Ich und Es sowie den normativen Über-Ich-Setzungen. Es ist ein Wille des Draußen, ein Wille zur Transgression.

Bei Nietzsche erscheint Paulus in herausragender Stellung. Die auf ihn zurückgehende Moral des Christentums impliziert eine Negierung des Willens zum Leben,

---

[1] Le retour de la morale, DÉ 4,704 (Die Rückkehr der Moral 141).

ihr Sinnbild ist der „Gekreuzigte". Der Gekreuzigte der Paulinischen Verkündigung ist für diese Welt gestorben, er lebt im Vorblick auf eine „Hinterwelt". Welt, Hinterwelt und die Grenze zwischen beiden sind eine Setzung aus dem Willen Gottes. Da aber dieser, gesehen auf die einzig wirkliche Fülle dieser Welt, nichts ist, führt die Ausrichtung auf den Willen Gottes unweigerlich zum Nihilismus und damit zur Negation der Welt. Diese Negation gilt es seinerseits zu *negieren*. Die *Negation* der Negation kann aber nur ein Wille vollbringen, der nicht schon gegeben ist, sondern der sich selbst hervorgebracht hat. Der schöpferische Wille zur Macht, als ein Wille zur Steigerung des Lebens wird dem Willen Gottes als Bestimmung des Menschen entgegengesetzt. „Dionysos gegen den Gekreuzigten" heißt die Formel für die kreative Selbstunterscheidung, welche in der Aversion vom Christentum und der Konversion des Lebens zum rein weltlichen Leben und damit zu sich selbst ihre Mitte hat. Diese Krisis kann Nietzsche in seinem eigenen Denken und Leben, nicht aber in der Weltgeschichte herbeiführen, so sehr sein Bemühen darauf zielt. Es bleibt bei der Erwartung der anderen Zukunft.

Augustinus verhält sich zu Paulus nach Art eines *bejahenden Urteils*. Er ist in seinem ganzen Denken und in der Sache seines Denkens von der paulinischen Offenbarung bestimmt. Augustinus übersetzt diese in die Sphäre der reinen Vernunft, der Metaphysik bzw. der Philosophie. Wahrheit (ἀλήθεια) bedeutet für Augustin das Sich-Zeigen des verborgenen Gottes. Diese Offenbarung geschieht in Christus als der *virtus et sapientia Dei*.[2] Diese Wendung aus dem Ersten Korintherbrief (1,24) des Apostels Paulus birgt für den frühen Augustin die Bestimmung des Menschen, die es in der Philosophie als der Liebe zur Weisheit zu entfalten gilt. Die Sphäre der reinen Vernunft *inhäriert*[3] gewissermaßen als Prädikat in der *virtus et sapientia Dei* als ihrem Subjekt. Gott selbst wird in Christus zum Subjekt des Denkens. Gott kann aber zum Subjekt werden, weil Gott sich selbst in Christus von sich unterscheidet und sich sich selbst „unterwirft".[4] In dieser Selbstunterscheidung Gottes hat die Unterscheidung des Menschen von sich selbst ihr Vorbild und ihren Halt. Die *Bejahung* dieser gegebenen Bestimmung des Menschen wird bei Augustin zur entscheidenden Frage nach dem Heil. Die im strengen Sinne maß-gebliche Unterscheidung des Menschen von sich selbst ist bereits vollbracht. Ihre *Realität* soll durch den Menschen anerkannt werden. Und genau diese Anerkennung oder Zustimmung führt zur Unterscheidung des an Christus Glaubenden von sich selbst. Sie führt zur Inständigkeit in Christus als der Wahrheit in Person.

---

[2] Es handelt sich hierbei neben Mt 7,7 um die einzige Schriftstelle aus dem Neuen Testament, die in Augustins erster Schrift „Contra Academicos" zitiert wird. Zur Stellung dieses Wortes im Frühwerk Augustins siehe U. R. Pérez Paoli: Der plotinische Begriff ὑπόστασις und die augustinische Bestimmung Gottes als *subiectum*, Würzburg 1990, 89–152, bes. 103.

[3] Vgl. Hegels Ausführungen zu den Qualitätskategorien als Kategorien des Daseins in der Logik II,311 ff. Siehe dazu in vorliegender Arbeit die Einleitung.

[4] Siehe Boeder: Topologie 252.

Wenn die göttliche Wahrheit als Subjekt des Urteils in die Sphäre der menschlichen Wahrheit gesetzt wird, dann befinden sich göttliche und menschliche Wahrheit dabei nicht in einer einfachen Identität, sondern im Verhältnis von Urbild zu Abbild entsprechend einer *speculatio*.[5] Die copula des Urteils muss ihrerseits eine göttliche Gabe sein, weil sie das unwandelbare Wort Gottes mit der Sphäre wandelbarer menschlicher Wahrheit in ein Verhältnis setzt. Sie ist zu begreifen als die Gnade des Heiligen Geistes. Insofern der Heilige Geist selbst gegeben ist, wird er zum Grund des Urteils: Christus (S) ist die Wahrheit (P).

Während die Unterscheidung des Menschen von sich selbst bei Foucault und Nietzsche in den Sachterminus fällt, weil der Mensch die Sache des Denkens ist, so ist bei Augustin zu bemerken, dass sich die Unterscheidung des Menschen im Bestimmungsterminus findet.[6] Christus als der bereits von sich unterschiedene Mensch vermittelt die Bestimmung durch den göttlichen Willen an den Menschen. Das Erfüllen dieses Willens besagt aber für den Menschen gemäß Paulus (Gal 2,20 und 2,27 f.): Einswerden mit Christus.[7] So bedeutet die Unterscheidung des Menschen bei Augustin gerade das Eingehen in die Bestimmung.[8]

Für Augustins eigene Bekehrung ist aber nicht nur Paulus, sondern auch die Begegnung mit dem Neuplatonismus entscheidend, ja sie ist für ihn überhaupt erst die Bedingung eines angemessenen Hörens auf die Offenbarungsschriften.[9] Es ist aber zu bemerken, dass Augustinus das neuplatonische Denken teilweise mit der Offenbarung identifiziert. Diese Identifikation ist bereits in „Contra Academicos"[10] auf das Verhältnis der Neuplatoniker zu Paulus bezogen. In den „Confessiones" macht Augustinus die partielle Identität der *„libri Platonicorum"* mit dem Johannesprolog deutlich.[11] Damit gewinnt er durch das Eintreten in die neuplatonische Philosophie, die er bereits früh seinem christlichen Horizont anverwandelt, ein *positives* Verhältnis auch zum Johanneischen Denken. Die inhaltliche Gemeinsamkeit zwischen der christlichen Offenbarung und dem Platonismus sieht Augustin in der „Abwendung [*aversio*] vom Irdischen und in der Zuwendung [*conversio*] zum einen und wahren Gott."[12]

---

[5] Siehe dazu 1 Kor 12,3.

[6] Zum Begriff *conversio* bei Augustin in seiner ganzen semantischen Breite mit einer Fülle von Verweisen auf die Verwendung bei Augustin bietet G. Madec: Art. Conuersio, in: Augustinus-Lexikon, hg. v. C. Mayer, Bd. 1, Basel 1986–1994, 1282–1294; auch K. Flasch: Augustin. Einführung in sein Denken, Stuttgart 1980, 47–52.

[7] Vgl. dazu E. P. Sanders: Paulus. Eine Einführung, Stuttgart 1995, 98–109.

[8] Siehe das Zitat von Röm 13,14 in der Bekehrungsszene der Confessiones (8,12,29; CCL 27,131,34 f.): „[...] sed induite dominum Jesum Christum [...]."

[9] Siehe K. Ruhstorfer: Die Platoniker und Paulus. Augustins neue Sicht auf das Denken, Wollen und Tun der Wahrheit (Confessiones 7), in: N. Fischer, C. Mayer (Hgg.): Die Confessiones des Augustinus von Hippo. Einführung und Interpretation zu den dreizehn Büchern (Forschungen zur europäischen Geistesgeschichte 1), Freiburg–Basel–Wien 1998, 283–341.

[10] Acad. 2,2,5f. (CCL 29,21,63–69).

[11] Conf. 7,9,13 (CCL 27,101,6–19).

[12] Vera rel. 5,5,19 (CCL 32,191,94 f.).

Die *Bestimmung* des frühen Augustin bis 396 ist bereits Christus und zwar als *virtus atque sapientia Dei*. Mit ihr setzt die Termfolge des Augustinus ein.[13] Die Bestimmung durch die *facta verbi*, die „getane" Wahrheit des Christus wirkt unmittelbar erweckend für die in die körperliche Welt versunkene Vernunft.[14] Das *Denken* erfährt an sich selbst eine Bekehrung und wird zunächst ein Glaube, der sich dann aber zur Einsicht in das Geglaubte erheben will.[15] Die *Sache* des frühen Augustin sind Gott und die Seele[16] bzw. deren unmittelbares Verhältnis. Gerade im Frühwerk sind Gott und Seele durch eine je eigene Vernünftigkeit und damit durch den Denkterminus vorgezeichnet. Beide sind von reiner, jedoch absolut unterschiedener Geistigkeit. Die Seele bildet die einzige Mitte zwischen Gott und den Körpern.[17] Das Denken, das sich von der Körperwelt abwendet, kann hier, insofern es vom Mittler Jesus Christus erweckt wurde, aus sich selbst das gestörte Verhältnis von Seele und Gott überbrücken und sich bis zur *visio* Gottes als dem *summus modus* erheben.[18] Damit ergibt sich für das Frühwerk Augustins aber dieselbe Termfolge wie für Plotin[19], wenn auch mit veränderten Inhalten. Der Bestimmung folgt unmittelbar das Denken der gereinigten Vernunft, diese bringt die beiden Sachen, Gott und Seele, in ein unmittelbares Verhältnis des Einsehens bzw. des Anhangens im Sinne der *uera religio*. Durch die Religion wird der geschichtliche Mensch an die Ewigkeit Gottes rückgebunden. Bekehrung bedeutet hier noch eine Abwendung vom körperlichen, weil zeitlichen Menschen hin zur reinen, zeitlosen Geistigkeit.

Eine intensive Pauluslektüre entfernt Augustin seit 391 mehr und mehr von seinen neuplatonischen Vorgaben und lässt ihn seit 396 sein eigenes Denken voll zur Entfaltung bringen. Formal zeigt sich dies an einer veränderten Termfolge. Augustinus setzt nun mit seiner *Sache* ein, indem er an das Resultat seines Frühwerkes, die Geschichtlichkeit des Verhältnisses von Gott und Mensch, anknüpft. Die Paulinische Vorlage führt Augustin dabei allerdings zur Lehre vom *peccatum originale* und der freien Gnadenwahl Gottes.[20] Die Geschichtlichkeit und die Weltlichkeit des Menschen werden nunmehr vertieft bedacht. Seine *Sache* ist jezzt nicht mehr so

---

[13] Die Terme Bestimmung, Denken und Sache erinnern hier nicht nur an die operationes Wille, Wissen, Macht, sondern sie lassen hier ebenfalls an die stoische Einteilung der Wissenschaften denken: Ethik, Logik, Physik.
Die Termfolge des *frühen* Augustinus soll hier nur kurz angedeutet werden. Eine genauere Explikation muss in einer separaten Untersuchung geleistet werden. In der vorliegenden Arbeit wird in extenso lediglich auf den *reifen* Augustinus nach 396 Bezug genommen.

[14] Acad. 3,19,42 (CCL 29,60,10–19).

[15] Sol. 1,12,1 (CSEL 89,19,18.20); lib. arb. 2,2,5,11–6,19 (CCL 29, 238,23–239,87).

[16] Siehe sol. 1,7,1 (CSEL 89,11,15).

[17] Pérez Paoli: Hypostasis 83.

[18] Sol. 1,13,1–14,1 (CSEL 89,21,10–22,18); beata u. 4,34 (CCL 29,84,255–260).

[19] Zu Plotin siehe Boeder: Die Conceptionen der Mittleren Epoche 329–332: Die *Bestimmung* ist das Eine, das in der Schönheit erweckend wirkt, das *Denken* ist die Aufmerksamkeit auf das Eine, die *Sache* ist der Weg der Umkehr zum Einen aus der körperlichen Welt über die beiden geistigen Hypostasen des Einen, Seele und Geist.

[20] Erstmals greifbar in: Simpl. 1,2 (CCL 44,24–56).

sehr die rein geistige *Seele* in ihrem Verhältnis zu Gott, sondern noch deutlicher das Verhältnis von Gott und dem *Menschen*, der als ein *compositum* aus Seele *und* Leib begriffen wird. Die entscheidende Krise erfolgt jetzt im Fleisch, sie wird zu einer Frage des Willens, genauer der Ordnung der Liebe. [21] Mit seiner Interpretation des neunten Kapitel des Römerbriefes in „Ad Simplicianum" besinnt sich Augustinus neu auf den ebensosehr von Plotin wie von der Heiligen Schrift ererbten Grundsatz: Alles ist von Gott gegeben. Bezogen auf die Bekehrung besagt dies: Der Mensch ist bei seiner Rettung vollkommen auf die Gnade angewiesen, mit Paulus gesprochen: „[…] quid autem habes, quod non accepisti? Si autem accepisti, quid gloriaris, quasi non acceperis" (1 Kor 4,7).

Nach 396 setzt Augustinus mit seiner *Sache* ein, dem gestörten Verhältnis von Gott und Mensch. Die rein menschlichen Vermögen erfahren an sich selbst nur ihre *Ohnmacht*. Entsprechend kann nicht schon die erweckte Vernunft eine Bekehrung bewirken. Dem heilswirksamen *Wissen* der Wahrheit geht deutlich der *Wille* und seine Bekehrung voraus. Das entsprechende bekehrte Denken ist der Glaube als ein „Denken mit Zustimmung"[22]. Die befreiende Bestimmung des Menschen erfolgt primär durch den barmherzigen *Willen*, d.h. die Liebe Gottes, und zwar verstanden als seine „Gnade […] durch Jesus Christus unseren Herrn"[23]. Die sekundäre Ursache für die Bekehrung ist der menschliche *Wille* als begnadeter. Der Glaube als das bekehrte *Denken* folgt erst auf die Krise des Willens und die Erlangung der Liebe. So bilden beim späten Augustin die Bestimmung des Menschen und damit verbunden die Bekehrung durch die Vereinigung mit dem Mittler zwischen Gott und Mensch, dem Gottmenschen Jesus Christus, die Mitte zwischen der vorausgehenden Entfaltung der Sache Gott und Mensch und dem nachfolgenden Glauben, der eben dieses spiegelbildliche Verhältnis von Gott und Mensch spekulativ bedenkt und damit bereits in diesem Leben überbrückt.

I. Das bekehrte Denken

Augustins Verständnis des Denkens leitet sich zunächst von der stoischen Philosophie her. [24] Er wurde durch sie mit den elementaren Denkprinzipien wie dem

---

[21] Vgl. conf. 8.

[22] „*Cum assensione cogitare*", siehe praed. sanct. 2,5 (PL 44,963,5–7).

[23] Die Bibelübersetzungen des Augustinus (Vetus latina, Vulgata), ebenso die Versio Sixtina-Clementina, Wordsworth-White und die Vulgata Stuttgartiensis lesen Röm 7,25 *gratia Dei*, statt wie die Neo-Vulgata *gratias autem Deo*. Zur Stelle conf. 7,21,27 (CCL 27,111,20–25).

[24] Flasch: Augustin 23: „Unbeeindruckt von den weiteren ‚Bekehrungen' Augustins hielten sich in seinem Denken einige stoische Konstanten. […] Dies galt vor allem für die Dialektik (das ist die Logik), die Augustin als das besondere Terrain der Stoiker ansah." Siehe c. Crescon. 1,19,24 (PL 43,459). Zum Verhältnis Stoa – Augustin siehe auch G. Verbeke: Augustin et le Stoïcisme, in: RechAug, Suppl.-Bd. 1, Paris 1958, 67–89. Die Vermittlung stoischen Gedankenguts dürfte vor allem über die Cicero-Lektüre erfolgt sein; dazu Flasch: Augustin 26.

Satz vom Widerspruch vertraut, und zwar in spezifisch stoischer Ausprägung: So erscheint das Widerspruchsprinzip in Form von hypothetischen Schlüssen.[25] Doch schon die Urteile selbst haben einen hypothetischen Charakter.[26] Bis hin zur Vorstellung von Gerechtigkeit und Gericht im Spätwerk bleibt die Logik Augustins hypothetisch.[27] Zentralbegriff der stoischen Erkenntnislehre ist die καταληπτικὴ φαντασία, sie ist das Kriterium für die Wahrheit.[28] Weil die Erkenntnis als die Begegnung zweier Körper gedacht ist, wird das ‚Begreifen' als ein ‚Ergreifen' vorgestellt. Der Erkennende muss, da er selbst schon durch andere Eindrücke vorgeprägt ist, seine „Zustimmung" (συνκατάθεσις) zum Gegenstand geben. Diese *assensio* ist ein Akt des Willens und als solcher die Bedingung für die *cogitatio*. Bei Augustinus wird Denken seit seiner Begegnung mit den „Platonicorum libri" anders als bei den Stoikern, Manichäern und Skeptikern als ein rein geistiger Akt begriffen. Dennoch hebt Augustin schon in seiner Schrift „Gegen die Skeptiker" bei der Analyse des Urteils die Rolle der *assensio* besonders hervor.[29] Auch bei der Verwandlung seiner Sache in eine rein geistige erhält sich die Angewiesenheit des Denkens auf die Zustimmung. Besonders tritt die Rolle der Zustimmung beim späten Augustin und zwar in seiner Definition des Glaubens hervor:

> „[…] es ist notwendig […], dass alles, was geglaubt wird, durch einen vorausgehenden Denkakt [*cogitatio*] geglaubt wird. Obgleich ja auch Glauben selbst nichts anderes ist, als mit Zustimmung Denken. Denn nicht jeder, der denkt, glaubt; und daher denken die meisten, um nicht zu glauben; aber jeder, der glaubt, denkt und indem er glaubt, denkt er und indem er denkt, glaubt er" (praed. sanct. 2,5; PL 44,963,4–10).

Augustinus entfaltet hier ein Bedingungsgefüge, in welchem das Verhältnis von *cogitare* und *credere* geklärt wird. Der umfangreichere Begriff ist das Denken. Wenn jemand denkt, dann glaubt er nicht notwendigerweise. Das Denken findet nicht von sich aus zum Glauben, vielmehr bedarf es der willentlichen Zustimmung. Daraus folgt, dass die einen nicht glauben *wollen*. Sie denken, um nicht zu glauben. Diese Gruppe wendet sich von Gott ab. Der geringere Teil der denkenden Menschen hingegen gibt die Zustimmung zum Glauben und wendet sich damit Gott zu. Wer nun die Zustimmung und damit die Zuwendung zu Gott erbracht hat, der *denkt* notwendigerweise. Wenn er denkt, dann glaubt er; wenn er glaubt, dann denkt er.

　　Glaube als *cum assensione cogitare* ist ein konvertiertes Denken. Dem Denken geht die willentliche Zuwendung zu Gott voraus und dieser Zuwendung des Menschen

---

[25] Siehe Acad. 3,13,29 (CCL 29,51,1–52,42), dazu Flasch: Augustin 25. Vgl. die fünf unbeweisbaren Grundsyllogismen des Chrysipp, in: K. Hülser: Fragmente zur Dialektik der Stoiker (FDS), Stuttgart 1987, Fragment Nr. 1128 oder H. v. Arnim: Stoicorum Veterum Fragmenta (SVF), Stuttgart 1968, Bd. 2, Nr. 68,15; 70,40.

[26] Nach Boeder ist die Logik der Mittleren Epoche insgesamt wesentlich hypothetisch oder konditional; Topologie 683 f.

[27] Siehe Pérez Paoli: Hypostasis 215, 232–239.

[28] SVF II 40,18. FDS Nr. 256,7. Dazu auch Boeder: Topologie 174 f. Zu den Quellen von Augustins Begriff von „cogitare" siehe G. Watson: Cogitatio, in: AugL 1047 f.

[29] Siehe Acad. 3,14,32 (CCL 29,54,73); vgl. Flasch: Augustin 25.

geht die Zuwendung Gottes voraus. So schreibt Augustin kurz vor der eben zitierten Stelle bezogen auf die Bekehrung des Paulus:

> „Abgekehrt [*aversus*] freilich vom Glauben, den er verfolgte, als vehementer Feind [*adversus*] wurde er plötzlich durch die mächtigere Gnade zu ihm bekehrt [*conversus*]; jener bekehrte ihn [*convertente*], von dem durch den Propheten gesagt wurde, dass er dies tun würde: *Indem Du bekehrst / dich zuwendest* [*convertens*], *wirst Du uns beleben* [Ps 84,7], so dass nicht nur aus einem, der nicht glauben will, einer wird, der glauben will, sondern auch aus dem Verfolger einer, der Verfolgung bei der Verteidigung des Glaubens, den er verfolgt hatte, leiden sollte" (praed. sanct. 2,4; PL 44,962,33–40).

Die Willenszustimmung selbst kann nicht vom Menschen allein erbracht werden, vielmehr ist sie eine Gabe. So ist für den späten Augustin die Gnade Gottes der Anfang des Glaubens.[30] Auch das Psalmwort hat hypothetischen Charakter. Wenn Gott sich uns zuwendet, dann werden wir leben. Damit steht aber die Unterscheidung des Menschen von sich unter der Bedingung der Zuwendung Gottes. Sei es in der Krisis des Einzelnen oder in der Unterscheidung der Glaubenden von den Nichtglaubenden im Gericht.[31]

Wenn *credere* eine Form des *cogitare* ist, dann bleibt zu fragen, was Denken für Augustin bedeutet. Vom sinnlich wahrgenommenen „Anblick eines Körpers" (*species corporis*) bleibt eine rein geistige „Ähnlichkeit" (*similitudo*) in der *anima rationalis* zurück. Die *memoria* ist der Ort, an welchem jene *similitudo* aufbewahrt wird. Gedacht wird eine erinnerte Sache, wenn die *voluntas* die *acies* dem Erinnerungsbild zuwendet (*convertat*) und diese wiederum von der geistigen *similitudo* geformt wird (*formetur*).

> „Und so entsteht jene Trinität aus Gedächtnis, innerer Schau und Willen, welcher beide verbindet; diese drei heißen, insofern sie durch Zusammenfügung [*coactu*] selbst in Eines zusammengefügt werden [*coguntur*], Denken [*cogitatio*]" (trin. 11,3,6; CCL 50A,340,1–3).[32]

Denken besteht also im Zusammenziehen von Erinnerungsbild und geistigem Sehvermögen über die Mitte des Willens. Während zwischen der Vorstellung (*phantasia*) und dem Erinnerungsbild (*similitudo*) ein Substanzunterschied besteht – ist doch dieses geistig und jene körperlich –, sind *memoria*, *intellectus* und *voluntas* von derselben Substanz. Und gerade deshalb sind sie ihrerseits ein Abbild der göttlichen Trinität. Entscheidend dafür, ob etwas gedacht wird oder nicht, ist in der menschlichen *mens*

---

[30] Siehe die Selbstkritik Augustins bezüglich seiner frühen Auffassung vom „initium fidei" (sol. 2,1; CSEL 89,45; exp. prop. Rm. 37.52–54.56; CSEL 84,19.34–40 und diu. qu. 68,3f.; CCL 44A,179f.) in Simpl. 1 Vorr. (CCL 44,7) und 1,2,9.10 (CCL 44,33ff) sowie explizit v. a. praed. sanct. 4,8 (PL 44,365f.) und perseu. 20,52–22,58 (PL 45,1025–1029). Dazu T. G. Ring: Einführung, in: An Simplicianus zwei Bücher über verschiedene Fragen, eingel., übertragen und erläutert von T. G. Ring, Würzburg 1991, 38f. u. 284ff.

[31] Dazu Pérez Paoli: Hypostasis 232–239.

[32] Vgl. dazu conf. 10,11,18 (CCL 27,163,9–17), wo Augustinus „cogitare" als Intensivum von „cogere" deutet. Denken heißt, etwas aus den Räumen des Gedächtnisses sammeln.

der Wille. Er entscheidet darüber, ob sich der *intellectus* einer geistigen Sache zuwendet oder nicht.

1. Glaube, der die Einsicht sucht

Die einzige Schriftstelle, die in Augustinus erster Schrift „Contra Academicos" außer 1 Kor 1,24 erscheint, ist Mt 7,7: *Quaerite et inuenietis.*[33] Dieses Wort ist auf die philosophische Erkenntnis Gottes als der Wahrheit bezogen. Der *intellegentia* Gottes geht freilich die *auctoritas Diuina*[34] bzw. der Glaube voraus. Augustin fasst dieses Verhältnis in „De libero arbitrio" erstmals mit dem Wort aus Jes 7,9: *Nisi credideritis, non intellegetis.*[35] Durch dieses Schriftwort werden Glaube und Einsicht in ein Bedingungsgefüge gebracht. Der Glaube ist die *hypothetisch* notwendige Voraussetzung für die Einsicht. Wiewohl Gott sich nicht nur durch seine offenbare Wahrheit, sondern auch durch seine Verborgenheit auszeichnet,[36] lässt der frühe Augustinus den Glauben schon in diesem Leben in die Einsicht übergehen.[37] Dieser Genuss Gottes[38] bleibt zwar nur eine zeitweilige Vollendung und muss von der endgültigen nach dem Tode unterschieden werden,[39] doch ist Augustins frühes Denken auf den jetzt möglichen Aufstieg zur Schau Gottes gesammelt.

Für die Denkbarkeit dieser Gotteserkenntnis spielt Röm 1,20 eine entscheidende Rolle: *Inuisibilia enim ipsius a creatura mundi per ea, quae facta sunt, intellecta conspi-*

---

[33] Acad. 2,3,9 (CCL 29,23,59).

[34] Acad. 3,19,42 (CCL 29,60,15).

[35] Lib. arb. 1,2,4,10 (CCL 29,213,12); lib. arb. 2,2,6,17 (CCL 29,239,70); dazu siehe auch E. TeSelle: Crede ut intelligas, in: AugL 116–119, bes. 116.

[36] Acad. 1,1,3 (CCL 29,5,75–80): „Sie selbst [die Wahrheit] lehrt nämlich und wahr lehrt sie, dass überhaupt nichts zu verehren ist und alles gering geschätzt werden muss, was auch immer mit den sterblichen Augen gesehen wird, was auch immer mit irgendeinem Sinn berührt wird. Sie selbst verheißt, dass sie den zuhöchst wahren und zutiefst verborgenen Gott deutlich darlegen wird [*perspicue se demonstraturam*], und sie geruht, [ihn] mehr und mehr, gleichsam durch luzide Wolken zu zeigen."

[37] Sol. 1,8 (CSEL 89,13,21–23): „Ich glaube nicht, sondern, was ich wissen kann, suche ich, nicht, was ich glauben soll. Von allem aber, was wir wissen, sagen wir vielleicht mit Recht, dass wir es glauben, aber nicht von allem, was wir glauben, dass wir es wissen."
Sol. 1,12 (CSEL 89,19,18–20): „Es verheißt dir nämlich die Vernunft [*ratio*], die mit dir spricht, dass sie Gott so deinem Geist [*menti*] offenkundig machen wird [*se demonstraturam*], wie die Sonne [etwas] den Augen offenkundig macht." Auch sol. 1,24 (CSEL 89,36f.); beata u. 34f. (CCL 29,84f.); ord. 2,25 (CSEL 63,164f.); quant. 76 (CSEL 89,224f.).
In: Sol. 1,14 (CSEL 89,23,8–11) betont Augustin allerdings, dass in diesem Leben im Leibe neben der Hoffnung und der Liebe stets *auch* der Glaube notwendig ist. Augustinus wird aber diese Sicht später deutlich kritisieren: „Mir missfällt, dass ich gesagt habe, dass die Seele, wenn sie in diesem Leben Gott einsieht [*deo intellecto*], schon glücklich ist, es sei denn vielleicht in der Hoffnung" (retr. 1,4,3; CCL 57,14,29f.).
Zum Ganzen vgl. Ruhstorfer: Die Platoniker und Paulus 305f.; Pérez Paoli: Hypostasis 154–165 und 175.

[38] Vgl. beata u. 4,34 (CCL 29,84,266).

[39] Acad. 1,8,23 (CCL 29,16,54–57).

ciuntur, sempiterna eius et virtus et divinitas, ut sint inexcusabiles. Die vertiefte Auseinandersetzung mit Paulus jedoch bringt Augustin dazu, das Verhältnis von Glaube und Einsicht neu zu bestimmen. Augustinus radikalisiert den Unterschied zwischen Schöpfer und Geschöpf. Das Denken ist nunmehr eindeutiger als im Frühwerk dasjenige des Menschen, verstanden als Leib-Geist-Wesen. Gerade die verstärkte Betonung der Inkarnation der menschlichen Vernunft verunmöglicht die Annahme einer weitgehenden Loslösung des Geistes vom Leib durch einen intellektualen Aufstieg der Seele. Aber nicht nur die Verbindung der Seele mit der Leiblichkeit und der Wandelbarkeit des Körpers ist hinderlich, sondern auch die Geistigkeit des Menschen selbst ist wandelbar und in ihrer Wandelbarkeit schwach, anfällig für die Abwendung von Gott, d. h. für die Sünde, die unmittelbare Liebe und den Genuss der zeitlichen Güter. Die freiwillige und mithin durch den Geist des Menschen verursachte Abkehr des Geschöpfs verursacht erst die unüberwindliche Kluft zwischen der *Zeitlichkeit* des Menschen und der *Ewigkeit* Gottes. Für das Leib-Geist-Wesen Mensch ist ebenso wie für die Seele die *fruitio Dei* das Ziel, auf das hin es ausgerichtet wird.

Das rein vernünftige Erkennen Gottes, ausgehend von den Geschöpfen, wie Augustin es mit Röm 1,20 assoziiert, vermag nur noch zum *videre patriam* zu führen, nicht aber zur *habitatio* der Wahrheit. Das bloße Einsehen bewirkt noch nicht die Unterscheidung des Menschen von sich selbst, sondern es bereitet den Glauben an den einen von sich unterschiedenen Menschen vor. Zur Erneuerung des Menschen und damit zum Genuss Gottes und zum entsprechenden Wohnen und Bleiben gelangt der Mensch nur durch den „Mittler zwischen Gott und Menschen, den Menschen Christus Jesus"[40]. Erst durch die Unterscheidung des Menschen von sich selbst, wenn der Gläubige Christus anzieht, kommt es zur Bekehrung des Denkens und damit zum Glauben. Dennoch können auch beim späten Augustinus Denken und Glauben niemals entgegengesetzt werden.[41] Sowohl der Glaube als auch die Vernunft sind eine Gabe Gottes. Eine *fides* ohne *ratio* ist undenkbar. Der Glaube geht zwar der Einsicht (*intellectus*) voraus, aber er kann und muss sich seiner Vernunftgemäßheit versichern, zumal ein gewisses Maß an Rationalität bereits die Bedingung für den Glauben ist.[42]

---

[40] Dieses Wort aus dem deuteropaulinischen Ersten Timotheusbrief (2,5) stammt für Augustin selbstverständlich aus der Feder des Paulus.

[41] Siehe E. Gilson: Introduction à l'étude de s. Augustin, Paris ³1946, 31–159; M. Löhrer: Der Glaubensbegriff des heiligen Augustinus in seinen ersten Schriften bis zu den Confessiones, Zürich–Köln 1955; P.-T. Camelot: ‚Quod intelligimus, debemus rationi'. Note sur la méthode théologique de s. Augustin, in: Historisches Jahrbuch 77 (1958) 397–402; R. Holte: Béatitude et Sagesse, Paris 1962, 203–386; Flasch: Augustin 314–316.

[42] Ep. 120,3 (CSEL 34,2;706,19–27): „Es sei ferne, dass Gott in uns das hasse, wodurch er uns als Lebewesen geschaffen hat, die vor den übrigen ausgezeichnet sind. Es sei ferne, sage ich, dass wir deshalb glauben sollen, um die Vernunft [*rationem*] nicht zu empfangen oder zu suchen, zumal wir ja auch nicht glauben könnten, wenn wir keine vernünftigen Seelen hätten. Dass folglich in einigen Dingen, die zur heilsamen Lehre gehören und die wir mit der Vernunft wahrzunehmen noch nicht vermögen, wohl aber irgendwann vermögen werden, der Glaube der Vernunft vorhergehe, durch welchen das Herz gereinigt werde, damit dieses das Licht der großen Vernunft erfasse und ans Ziel bringe, das ist durchaus Sache

Die Geschichte Jesu ist der bestimmende Gegenstand des Glaubens.[43] Glaube selbst ist ein *geschichtliches* Denken. Dies zuerst wegen seines Geglaubten,[44] insofern der Glaube seinen Anfang beim vergangenen geschichtlichen Faktum des Lebens, Sterbens und der Auferstehung Jesu nimmt, bei dem das Denken selbst nicht unmittelbar anwesend sein kann. Die Gegenwart Christi, sein Sitzen zur Rechten des Vaters, kann ebensowenig eingesehen werden, wie seine zukünftige Wiederkehr als Richter. Glaube ist für Augustin mit dem Hebräerbrief (11,1) gesprochen: *„conuictio rerum quae non uidentur".*[45] Weil die Erkenntnis mit den Sinneseindrücken anhebt, können die geschichtlichen Ereignisse um Jesus, die nicht gesehen werden können, auch nicht eingesehen werden. Wohl aber kann sich der Glaube selbst in seiner reinen Geistigkeit durchsichtig werden und so zur notwendigen Festigkeit finden. Zweitens ist der Glaube ein geschichtliches Denken, weil es das dem geschichtlichen Wesen Mensch angemessene Denken ist. Der Glaube ist für den Menschen notwendig und zwar im Sinne des besagten hypothetischen Schlusses, nicht nur der Glaube an die „zeitlichen Dinge", d.h. die Geschichte Jesu, sondern auch an die *res aeternae*. Auch Dinge, welche die Ewigkeit Gottes betreffen, können vom zeitlichen Wesen Mensch nur auf zeitliche Weise eingesehen werden, und dies geschieht im Glauben.[46] Der irdische Mensch befindet sich noch nicht wie die „Heiligen" mit „ihren unsterblichen und geistlichen Leibern" in jenem ewigen „Frieden, der jede Einsicht (*intellectus*) übersteigt" (Phil 4,7).[47] Dennoch führt gerade der zeitliche Glaube zum Ewigen hin.

Augustin beschreibt die Vollendung des Menschen mit den Worten von 1 Joh 3,2[48] sowie vor allem mit 1 Kor 13,12f.[49] Er konkretisiert die Relation des jetzigen,

---

der Vernunft. Und daher hat der Prophet vernünftigerweise gesagt: *Wenn ihr nicht glaubt, werdet ihr nicht einsehen* [*intellegetis*; Jes 7,9 LXX]."

[43] Mit Anspielung auf Röm 6,9f. ep. 120,9 (CSEL 34,3;711,26–712,2): „Der Glaube allein handelt von sichtbaren, vergangenen Dingen, die, zeitlich gesehen, vorübergegangen sind, da ja nicht mehr gehofft wird, sie zu sehen, sondern als getane und vollbrachte werden sie geglaubt, so auch dass *Christus einmal für unsere Sünden gestorben und auferstanden ist, dass er nicht mehr stirbt und der Tod über ihn nicht mehr herrscht* *[Röm 6,9f]."
Auch ench. 1,5 (CCL 46,50,54–57) mit einer Bezugnahme auf 1 Kor 3,11: „Das sichere und eigentümliche Fundament des katholischen Glaubens ist aber Christus: *Ein anderes Fundament nämlich*, sagt der Apostel, *kann niemand legen, außer dem, das gelegt wurde, welches ist Christus Jesus."

[44] Ench. 2,8 (CCL 46,51,27–30): „Der Glaube erstreckt sich auch auf Vergangenes, Gegenwärtiges und Zukünftiges. Wir glauben nämlich, dass Christus gestorben ist, was bereits vergangen ist; wir glauben, dass er zur Rechten des Vaters sitzt, was nun ist, und wir glauben, dass er kommen wird zu richten, was zukünftig ist." Vgl. auch trin. 13,1,3 (CCL 50A,383,75–90), dort bezogen auf Hebr 11,1.

[45] Ench. 2,8 (CCL 46,51,27–30). Gerade im Enchiridion kann Augustin die Gegenstände des Glaubens auch mit dem Glaubensbekenntnis und dem Vaterunser identifizieren, ebd. 2,7.

[46] Trin. 14,1,3 (CCL 50A,424,67–80).

[47] Siehe ciu. 22,29 (CCL 48,956,8f.).

[48] Io. eu. tr. 34,9 (CCL 36,315,16): „*Geliebte, nun sind wir Kinder Gottes, und noch nicht ist offenbar geworden, was wir sein werden; da wir ja wissen, wenn er erscheinen wird, werden wir ihm ähnlich sein, da wir ihn ja sehen werden, wie er ist."

[49] „*Wir sehen nun durch einen Spiegel im Rätselbild, dann aber von Angesicht zu Angesicht; nun erkenne ich teilweise; dann aber werde ich erkennen, wie auch ich erkannt bin. Nun aber bleiben Glaube, Hoffnung*

bruchstückhaften zum künftigen, vollen Schauen Gottes, wie er ist, mit 2 Kor 5,6 f. [50] als das Verhältnis von *fides* und *visio*. In diesem Leben „im Leibe" ist dem Menschen nur die Glaubenserkenntnis möglich – „im Glauben wandeln wir" –, doch hat diese *peregrinatio* ihr Ziel in der erhofften Schau Gottes von Angesicht zu Angesicht. Die *fruitio Dei* beginnt bereits jetzt im Glauben und findet ihre Vollendung in der *species* oder *visio* des dreifaltigen Gottes.

Die intellektuelle Gotteserkenntnis aus den Geschöpfen in Röm 1,20 wird auf diese spekulative *Glauben*serkenntnis des Schöpfers bezogen [51] – diese werden benutzt, jener wird genossen – wobei das Moment eines unmittelbaren Genusses Gottes, wie es im Frühwerk gedacht wird, zurücktritt. Die Vermittlung durch Jesus Christus rückt in den Vordergrund. Das vorzüglichste Geschöpf ist die *mens* des Menschen, sie ist eine *imago* des Schöpfers, jedoch eine unvollkommene. [52] Das einzige vollkommene Abbild des Schöpfers in der Kreatur stellt Jesus Christus dar. Seine *mens* wird von keiner Sünde verzerrt und nimmt folglich die ihr zugewiesene Mittelstellung vollkommen ein; sie herrscht über das *corpus* und ordnet sich Gott vollkommen unter, deshalb leuchtet in ihr die *imago trinitatis* vollkommen auf. Die Betrachtung des vollkommenen Abbildes führt so zur höchsten Form des intellektuellen Genusses, der in diesem Leben möglich ist.

Die rationale Tätigkeit des Vernunftwesens Mensch kommt in der rationalen *speculatio* von der zeitlichen *mens* in die ewige *trinitas* zu ihrer höchsten Entfaltung. [53] Dies geschieht unter einer dreifachen Bedingung: erstens der Anerkennung des absoluten Unterschiedes zwischen Schöpfer und Geschöpf in der *humilitas*, zweitens

---

und Liebe, diese drei; am größten unter ihnen ist aber die Liebe." Dazu ciu. 22,29 (CCL 48,858,71); trin. 1 passim (z. B. CCL 50,49,63) und 15 passim (z. B. CCL 50A,522,46).

[50] „*So sind wir also immer zuversichtlich, auch wenn wir wissen, dass wir gegenwärtig im Leib, [fern]vom Herrn pilgern; im Glauben wandeln wir und nicht im Schauen [per speciem].*"
Eine interessante Zusammenschau von 2 Kor 5,7 und Jes 7,9 findet sich in doctr. chr. 2,12,17 (CCL 32,43,25–32): „Da ja nun also die Einsicht im Schauen [*intellectus in specie*] unvergänglich ist, der Glaube aber in den Wiegen der zeitlichen Dinge die Kleinen gleichsam mit Milch nährt, *wandeln wir nun in Glauben nicht im Schauen* *[vgl. 2 Kor 5,7]; wenn wir aber nicht im Glauben gewandelt sind, dann können wir nicht zum Schauen gelangen, welches nicht vergeht, sondern bleibt, wenn wir mit gereinigter Einsicht der Wahrheit anhangen. Deshalb schreibt dieser [Übersetzer von Jes 7,9]: *Wenn ihr nicht glaubt, werdet ihr nicht bleiben,* jener [Übersetzer] aber: *Wenn ihr nicht glaubt, werdet ihr nicht einsehen.*"

[51] Siehe Trin. 15,2,3 (CCL 50A,462,34).

[52] Siehe Trin. 15,8,14 (CCL 50A,478,6 ff.).

[53] Zur speziellen Bedeutung von *speculari* bei Augustin, das im Allgemeinen soviel wie „erforschen", „ausspähen", „betrachten", „ins Auge fassen" bedeutet, siehe en. Ps. 98,4 (CCL 39,1381,18 ff.): „Zion wird *speculatio* genannt, das heißt Schau [*uisio*] und Betrachtung [*contemplatio*]. Denn *speculari* heißt vorauszuschauen [*prospicere*] oder anblicken [*conspicere*] oder sich anstrengen, um zu sehen [*intendere ut uideas*]. Zion ist aber jede Seele, wenn sie sich anstrengt, das Licht zu sehen, das man sehen soll." Vgl. dazu ciu. 17,16 (CCL 48,851,49 f.). Doch handelt es sich hierbei um eine „Schau" und „Betrachtung" wie im Spiegel. Augustin deutet etwa 2 Kor 3,18 mit 1 Kor 13,12: „*Die Betrachtenden,* nennt der [Apostel] *durch einen Spiegel* Schauende, nicht von einer Anhöhe aus Vorblickende" („*speculantes* dixit, *per speculum uidentes, non de specula prospicientes*"; trin. 15,8,14; CCL 50A,479,13 f.). Zur herausragenden Stellung, welche die spekulative Gotteserkenntnis einnimmt, siehe trin. 14,1,1 (CCL 50A,421 f.).

des Glaubens an den Mittler zwischen Schöpfer und Geschöpf und drittens der „Liebe" zum Geglaubten.[54] Die Liebe ist aber nicht nur die Bedingung des Glaubens, der Glaube ist umgekehrt auch die Bedingung für die Werke der Liebe. Der Glaube führt zur Gerechtigkeit (vgl. Röm 1,17). Die Gerechtigkeit führt zum Glauben. Wahrhaft gerecht ist aber nur einer, Christus, ihm gilt es sich zuzuwenden.

Nach der *conversio ad Dominum* erfolgt eine *renovatio mentis* (Röm 12,2) – eine Erneuerung des Denkens und schließlich eine Erneuerung des ganzen Menschen. Dieser *novus homo* entspricht dem Willen des Schöpfers (vgl. Röm 12,2). Und eben deshalb wird er wieder zur ursprüglichen *imago Dei*,[55] d.h. das spekulative Verhältnis von *mens* und *deus* wird erneuert. Anders als die Erneuerung durch die Taufe geschieht „diese Erneuerung" jedoch nicht in einem einzigen Moment, sondern sie erstreckt sich über das ganze irdische Leben des Menschen, über seine ganze „Pilgerreise" in die himmlische Heimat.[56] Durch den Glauben werden der „gute Eifer und die guten Sitten" gefördert (doctr. chr. 1,10,10; CCL 32,12,8), wodurch das *speculum*, die *mens*, ihrerseits gereinigt wird.[57] Der *intellectus* kann deutlicher und mehr einsehen, und die vertiefte Einsicht wiederum führt zur Verstärkung der Suche nach Gott durch den spekulativen Glauben. Die höchste spekulative Tätigkeit ist die ‚*fides quaerens intellectum*'[58] – „fides quaerit, intellectus inuenit". Beide sind untrennbar verbunden:

> „Der Glaube sucht, die Einsicht findet; deswegen sagt der Prophet: *Wenn ihr nicht glaubt, werdet ihr nicht einsehen* [Jes 7,9]. Und wiederum sucht die Einsicht noch immer denjenigen, den sie findet: *Gott* nämlich *schaut auf die Söhne des Menschen*, wie im heiligen Psalm gesungen wird, *damit er sieht, ob einer ist, der einsieht und Gott sucht* [Ps 13,2]. Deshalb also muss der Mensch einsehen, damit er Gott sucht" (trin. 15,2,2; CCL 50A,461,27–31).

Der suchende Glaube selbst, der sich in der *speculatio* vollzieht, ist also der Weg, der zur fortschreitenden Erneuerung des Menschen führt.[59] Und erst in der Herrlichkeit der Gottesschau wird die *fides* aufhören, indem sich der spekulative *intellectus* vervollkommnet.[60] Da der *intellectus* in der *mens* seinen Ort hat und die *mens* das Beste

---

[54] Siehe dazu hier C.I.2.a) *Fides, quae per dilectionem operatur.*

[55] Trin. 14,16,22 (CCL 50A,451,1–452,13): „Diejenigen aber, die sich, nachdem sie ermahnt wurden, zum Herrn bekehren [*conuertuntur*], weg von jener Ungestaltigkeit [*deformitate*], in der sie durch die weltlichen Begierden dieser Welt gleichgestaltig wurden [*conformabuntur*], werden von jenem [dem Herrn] umgestaltet [*reformantur*], indem sie auf das Wort des Apostels hören: *Werdet nicht dieser Welt gleichgestaltig, sondern lasst euch umgestalten in der Neuheit eueres Geistes* [*mentis*; Röm 12,1], damit jenes Abbild beginne, von demjenigen umgestaltet zu werden [*reformari*], von welchem es gestaltet wurde [*formata est*]; denn nicht kann es sich selbst umgestalten, wie es sich ungestalt machen konnte."

[56] Siehe doctr. chr. 1,4,4 (CCL 32,8) und 1,10,10 (CCL 32,12).

[57] Vgl. ciu. 11,2 (CCL 48,322,20–30). Dazu Flasch: Augustin 320 f.

[58] Diese Anselmische Wendung kommt bei Augustinus zwar in dieser Form nicht vor, trifft aber die Sache.

[59] Vgl. ep. 120,4 (CSEL 34,2,707 f.).

[60] Siehe auch Flasch: Augustin 321–324.

im Menschen ist – lediglich Gott selbst ist besser als diese[61] –, erlangt der Mensch als solcher mit der *visio* seine Vollendung.

> „In diesem Abbild freilich wird dann die Ähnlichkeit mit Gott vollkommen sein, wenn die Schau vollkommen sein wird, über die der Apostel sagt: *Wir schauen nun durch den Spiegel* [per speculum] *in ein Rätselbild, dann aber von Angesicht zu Angesicht* [1 Kor 13,12]. Ebenso sagt er: *Indem wir aber mit enthülltem Angesicht die Herrlichkeit des Herrn betrachten* [speculantes], *werden wir in sein Abbild umgestaltet von Herrlichkeit zu Herrlichkeit gleichwie von dem Geist des Herrn* [2 Kor 3,18]; das ist es, was bei denen von Tag zu Tag geschieht, die in guter Weise voranschreiten" (trin. 14,17,23; CCL 50A,455,31–37).

Augustinus deutet die Verwandlung des Menschen durch die *speculatio* als eine Transformation von der „Herrlichkeit der Schöpfung in die Herrlichkeit der Rechtfertigung, […] von der Herrlichkeit des Glaubens [fides] zur Herrlichkeit des Schauens [species], von der Herrlichkeit, in der wir Kinder Gottes sind, zur Herrlichkeit, in der wir ihm ähnlich sein werden, weil wir ihn sehen werden, wie er ist" (trin. 15,8,14; CCL 50A,480,34–39). Die letzte Verwandlung führt aber nicht nur zur Erneuerung der *mens*, sondern auch zur Erneuerung des *corpus*.[62] Der Mensch kann nur als ganzer in die Vollendung eingehen. Der Leib des Menschen ist dann ganz seinem Geist untergeordnet, wie auch der Mensch als ganzer Christus untergeordnet ist,[63] welcher seinerseits als Mensch dem Vater untersteht. In dieser Subjektionsordnung vollendet sich die *fruitio Dei*, da der Mensch dann nicht mehr Vergängliches zu genießen versucht. Augustin wird nicht zuletzt durch das 15. Kapitel des Ersten Korintherbriefes auf diese Vollendung verwiesen.[64]

Die auf das letzte Ziel fortschreitende spekulative *conversio* des Menschen ist einerseits durch Jesus Christus vermittelte Gabe des Heiligen Geistes – reine Gnade.[65] Andererseits ist sie ein Verdienst des Menschen und lässt als solches einen Lohn erwarten,[66] sodass jeder Mensch, der sich am letzten Tag seines Lebens um seinen Glauben an den Mittler müht, „zu Gott, den er verehrte (coluit), hingeführt und von diesem vollendet werden muss; er wird von den heiligen Engeln aufgenommen, und er wird am Ende der Zeit einen unverderblichen Leib nicht zur Strafe, sondern zur Herrlichkeit erhalten" (trin. 14,17,23; CCL 50A,455,27–30). Die eschatologische Einsicht in das Wesen Gottes wird in diesem Leben durch den spekulativen Glauben

---

[61] Ciu. 11,2 (CCL 48,322,14–16).
[62] Siehe ciu. 22,29f. (CCL 48,861 ff.).
[63] Vgl. auch ciu. 11,2 (CCL 48,322).
[64] Bes. 1 Kor 15,27f. und 42–50. Die Stellen, an denen sich Augustin auf diese Paulusworte bezieht, sind Legion, hier nur einige Beispiele: trin. 1,10.13; 4,11.17; 14,19; 15 Oratio; ench. 23,91, ciu. 22,30.
[65] Bezogen auf 2 Kor 3,18 trin. 15,8,14: „Dadurch, dass er hinzufügt, *gleichwie von dem Geist des Herrn*, zeigt er, dass uns das Gut einer so wünschenswerten Umgestaltung [transformationis] durch die Gnade Gottes verliehen wird."
[66] Trin. 14,17,23 (CCL 50A,454,20–455,24).

verdient.[67] Doch drängt es gerade das verdienstvolle Denken zum Danken. Der Glaube weiß, dass er sich und alles Gott verdankt, er weiß, dass er sich niemals von sich aus zur Einsicht erheben kann. So beginnt und vollendet sich das bekehrte Denken im Gebet.[68] Die unmittelbare Anrede Gottes durch die gereinigte *mens* lässt ihn in besonderer Weise zur Gegenwart kommen, nicht zuletzt, weil die darin sich aussprechende Liebe das bekehrte Denken mit Gott verbindet. Das Gebet ist die höchste Form des Denkens.

2. Die Weltlichkeit des Glaubens

Unter Berufung auf Paulus vollendet sich das Denken bei Augustin nach diesem Leben in der Schau Gottes von Angesicht zu Angesicht. Für das Leben in dieser Welt bleibt auch das bekehrte Denken spekulativer Glaube, der nach Einsicht sucht. Und gerade weil der Glaube damit durch das zeitlich-irdische Dasein des Menschen geprägt ist, kommt ihm selbst auch eine eigentümliche Weltlichkeit zu.[69] Diese zeigt sich zuerst in den *sacramenta humilitatis*, in welchen der Glaube den Herrn am Werk sieht, sodann in dem einen *sacramentum*, das die Kirche als die Gemeinschaft der Glaubenden ist, und schließlich in der Verwirklichung des Glaubens durch die Liebe. In diesen Konkretionen manifestiert sich in besonderer Weise der eminent praktische Grundzug des Augustinischen Denkens, das bereits von der neutestamentlichen Vorgabe her als ein Tun der Wahrheit verstanden werden muss, und zwar bis hinein in das spekulative Tun der *mens*.[70]

a) Fides, quae per dilectionem operatur (Gal 5,6)[71]

Der *intellectus* der Wahrheit, in der Vollendung zu verstehen als *species facie ad faciem*, steht unter der Bedingung des Glaubens: „Wenn ihr nicht glaubt, werdet ihr nicht einsehen". Diesem Glauben aber muss die Liebe vorausgehen, sie muss ihn begleiten und ihm nachfolgen. „Groß ist der Glaube, aber er nützt nichts, wenn er die Liebe nicht hat."[72] Damit aber steht zuletzt die Gottesschau selbst unter der Bedingung

---

[67] Io. eu. tr. 29,6 (CCL 36,287,16 f.): „Einsicht [*intellectus*] ist der Lohn des Glaubens. Versuche also nicht einzusehen, damit du glaubst, sondern glaube, damit du einsiehst." Vgl. s. 126,1 (RB 69 [1959] 183,2 ff.): „Der Glaube ist eine Stufe des Einsehens: das Einsehen aber der Lohn [*meritum*] des Glaubens."

[68] Vgl. conf. 1,1,1 (CCL 27,1), conf. 13,38,53 (CCL 27,272 f.), trin. 15,28,51 (CCL 50A,533 ff. bes. 534,17 f.).

[69] Siehe den Abschnitt „Tun der Wahrheit", in: Ruhstorfer: Die Platoniker und Paulus 329–333.

[70] Dazu Boeder: Topologie 238–243, 683 f.

[71] Vgl. exp. Gal. 42 (CSEL 84,114,12).

[72] Io. eu. tr. 6,21 (CCL 36,64,2-7) dem geht voraus: „Aber was sagt derselbe Apostel? *Wenn ich alle Geheimnisse wüsste und die Prophetengabe hätte und allen Glauben, so dass ich Berge versetzen könnte* [1 Kor 12,21–13,1]; damit du nicht etwa das sagst: Ich habe geglaubt, das genügt mir. Sondern, was sagt Jakob? *Die Dämonen haben geglaubt, und sie zittern* [Jak 2,19]. Groß ist der Glaube, aber er nützt nichts, wenn er die Liebe nicht hat."

der Liebe – „liebe, damit du siehst"[73]. Die Einsicht (*intellectus*), welche der Glaube sucht, hat mit hypothetischer Notwendigkeit die Liebe zur Voraussetzung und kann ohne diese ebensowenig bestehen wie das Einsehen (*intelligentia*) und das Wissen (*scientia*), die in diesem Leben schon möglich sind. Grundsätzlich gilt, mit Paulus gesprochen: „Wissen bläht auf, Liebe aber erbaut" (1 Kor 8,1). Nicht etwa, als ob Wissen als solches zu hassen wäre, wohl aber das Wissen ohne Liebe.[74] Das bloße Wissen zieht die *superbia* nach sich, auch wenn es sich dabei um Glaubenswissen handelt. Die Liebe jedoch führt zur *humilitas*, zu einem „Grund" (*humus*), von dem her sie erbauen kann. Dieser „Grund" (*fundamentum*) ist bereits gelegt (1 Kor 3,10 f.), und er heißt: Jesus Christus.[75] Christus ist der in die Welt gekommene „Grund" (*principium*) von allem. Erst in ihm, in seiner Liebe, können Glaube und Wissen heilswirksam werden. Die Liebe Christi, zu verstehen im Genetivus subiectivus und obiectivus, wird damit auch zur Bedingung für die Erlangung der Glückseligkeit der *visio beata* in der himmlischen Heimat. Das von Christus in dieser Welt Getane und Vollbrachte ist der Weg in die Heimat, sowohl als erster Gegenstand des Glaubens wie auch als Maß für unser Tun der Wahrheit.[76]

Dem Glauben geht die Tat der Liebe voraus, insofern erstens die Zuwendung Christi die Bedingung für unsere Bekehrung des Willens ist, insofern zweitens die Zustimmung unseres Willens die Voraussetzung für den Glauben darstellt und da drittens die Werke der Liebe eine Vertiefung der Glaubenserkenntnis ermöglichen. Der Glaube wird seinerseits von der Liebe begleitet, zunächst, weil der Glaube die Liebe zu seinem Gegenstand hat. Dieser Gegenstand ist aber letztlich Christus, der durch sein Tun der Liebe das Gesetz erfüllt und auf seinen Grund hin durchschaut hat – mit Paulus gesprochen: „Die Fülle des Gesetzes ist die Liebe" (Röm 13,10).[77] Des weiteren begleitet die Liebe den Glauben, da dieser erst dadurch wirklich und wirksam wird, dass er sich in Werken der Liebe verwirklicht. Die Grundaussage des Paulus, dass der Mensch ohne Werke des Gesetzes durch den Glauben gerechtfertigt wird (Röm 3,28), darf nach Augustin nicht gegen die Werke ausgespielt werden. Denn der Glaube, „aus dem der Gerechte lebt [Hab 2,4; Röm 1,17]", ist notwendigerweise mit Werken der Liebe verbunden, wie Augustin mit Gal 5,6 immer wieder deutlich macht. Gemäß seinen guten Werken wird dem Menschen auch das ewige Leben zuteil (vgl. Röm 2,6). Doch bleibt das ewige Leben auch dann reine Gabe

---

[73] Mai sermo 15 (MA 1,299).

[74] Siehe bezogen auf 1 Kor 8,1 auch Io. eu. tr. 27,5 (CCL 36,272,14–18).

[75] Conf. 7,20,26 (CCL 27,110,13 f.): „Wo nämlich war jene vom Fundament der Demut her erbauende Liebe, die Jesus Christus ist?" Augustinus macht an dieser Stelle deutlich, dass die neuplatonische Einsicht als solche zur *superbia* und damit ins Verderben führt, nicht aber zum Weg in die Heimat.

[76] Conf. 10,6 (CCL 27,157,28 ff.): „Mir wäre dein Wort zu wenig, wenn es [nur] durch das Sprechen vorschriebe und nicht auch durch das Tun vorausginge."

[77] Io. eu. tr. 83, bes. 3 (CCL 36,536,12).

der Gnade,[78] denn schließlich haben die Werke ihr Maß und ihren Halt an der vollbrachten Liebe Christi.[79]

> „*Wie der Vater mich geliebt hat*, sagt er, *habe auch ich euch geliebt; bleibt in meiner Liebe* [*dilectione*; Joh 15,9]. Siehe, woher wir unsere guten Werke haben! Aber woher sollten wir sie haben, wenn nicht weil der Glaube durch die Liebe wirkt? Woher aber könnten wir lieben, wenn wir nicht vorher geliebt würden?" (Io. eu. tr. 82,2; CCL 36,532,1–4).

Die guten Werke der Liebe im Sinne von verdienstvollen Taten folgen dem Glauben nach, denn die eigentliche Rechtfertigung des Menschen besteht im Glauben an Christus. Insofern der Mensch aber durch die *iustificatio* gerade zu einem Gerechten gemacht wird – *iustus factus* –, muss er als Gerechtfertigter auch Werke der Liebe vollbringen.[80] Damit gilt die hypothetische Notwendigkeit: ‚Wenn du glaubst, dann wirst du gute Werke tun'. Mit eigenmächtigen Werken kann der Mensch sich nicht den Glauben verdienen: „Die Werke sind aus dem Glauben, nicht der Glaube aus den Werken"[81]. Der Glaube selbst wie auch die aus ihm folgenden guten Werke müssen als ein Effekt der Gnade Gottes angesehen werden.[82] Mit dem Epheserbrief macht Augustin deutlich: „[…] aus Gnade seid ihr heil gemacht worden durch den Glauben, und das nicht aus euch, sondern Gottes Gabe ist es [Eph 2,8]" (gr. et lib. arb. 7,17; PL 44,892,6f.). Alles Gute ist von Gott gegeben, der Glaube ebenso wie die Werke. Die Gnade und der Glaube an sie sind die notwendige Voraussetzung für die Verdienstlichkeit der guten Werke. Dieser Sachverhalt ist für Augustin grundlegend in den Worten des Paulus ausgesprochen: „Was hast du, das du nicht empfangen hast? Wenn du aber auch empfangen hast, was rühmst du dich, als ob du nicht empfangen hättest?" (1 Kor 4,7).

Es gilt mit bedingter Notwendigkeit: Nur wenn der Mensch seine eigenen Werke der Liebe als eine Gabe Gottes ansieht, kann er sich durch das Vollbringen dieser Werke retten. Genau in diesem Sinn ist das Wort Augustins zu hören, dass „niemand liebt, der nicht glaubt"[83]. Zu glauben ist, dass die Werke der Liebe zuerst durch die Gnade und dann erst durch den Menschen gewirkt werden. So kann Augustin sagen: „Wenn also deine guten Verdienste Gaben Gottes sind, dann krönt Gott

---

[78] Gr. et lib. arb. 7,18 (PL 44,892,7–24). Siehe auch ciu. 19,27 (CCL 48,697,8–12).

[79] Io. eu. tr. 83,3 (CCL 36,536,27) und ebd. 84,1 (CCL 36,536,5f.) mit Verweis auf Joh 15,9: „*Hoc est mandatum meum, ut diligatis inuicem, sicut dilexi uos.*" Auch im Umfeld dieser Stellen ist der Gedanke getragen von Röm 13,10 und 1 Kor 13,13.

[80] Rechtfertigung ist bei Augustinus – ebenso wie bei Paulus – in der Tat eine Veränderung im Menschen und nicht bloß eine juridische Gerechtsprechung des Sünders.

[81] Gr. et lib. arb. 7,17 (PL 44,892,3f.).

[82] Gr. et lib. arb. 7,17 (PL 44,891,53–892,6): „[…] damit sie nicht sagen können, dass sie durch ihre Werke eine derartige Gabe verdient haben, fügt er sofort hinzu: *nicht aus den Werken, damit sich nicht etwa einer überhebt* [Eph 2,8f.]. Nicht weil er gute Werke verneint oder zunichte macht, sagt er doch, *dass Gott jedem gemäß seinen Werken vergilt* *[Röm 2,6], sondern weil die Werke aus dem Glauben sind und nicht der Glaube aus den Werken; und deshalb haben wir von jenem die Werke der Gerechtigkeit, von dem der Glaube selbst stammt, worüber gesagt wird: *Der Gerechte lebt aus Glauben* [Hab 2,4; Röm 1,17]."

[83] Io. eu. tr. 83,3 (CCL 36, 536,15).

deine Verdienste nicht als deine Verdienste, sondern als seine Gaben" (gr. et lib. arb. 6,15; PL 44,891,2). Dies kann für Augustin niemals zu einem Widerspruch führen, weil die Ursächlichkeit Gottes und das Wirken des Menschen auf absolut verschiedenen Ebenen anzusiedeln sind. Das Wirken Gottes verdrängt dasjenige des Menschen nicht, sondern ermöglicht es: „prima est igitur gratia, secunda opera bona" (Simpl. 1,2,3; CCL 44,27,93f.).[84] Die Anerkennung des absoluten Unterschieds zwischen Schöpfer und Geschöpf ist ein erstes verdienstvolles Werk, das im und aus dem Glauben geschieht.

> „[…] daher antwortet der Apostel durchweg richtig: *Wer unterscheidet dich? Was aber hast du, das du nicht empfangen hast? Wenn du aber auch empfangen hast, was rühmst du dich, als hättest du nicht empfangen?* [1 Kor 4,7] Daher wird demjenigen, der solches denkt, in zuhöchst wahrer Weise gesagt: Seine Gaben krönt Gott, nicht deine Verdienste, wenn dir von dir selbst und nicht von jenem deine Verdienste kommen. Diese nämlich, wenn sie ebensolche sind, sind schlecht, und diese krönt Gott nicht; wenn sie aber gut sind, sind sie Gottes Gaben; denn, wie der Apostel Jakobus sagt: *Jedes durchweg gute Geschenk und jede vollkommene Gabe kommt von oben, indem sie vom Vater der Lichter herabsteigt* [Jak 1,17]. […] Wenn also deine guten Verdienste Gottes Gaben sind, dann krönt Gott deine Verdienste nicht als deine Verdienste, sondern als seine Gaben" (gr. et lib. arb. 6,15; PL 44,890,14-47).

b) Die Gemeinschaft der Glaubenden

Der Glaube, der durch die Liebe wirkt, verbindet den einzelnen Menschen sowohl mit Gott als auch mit seinen Mitmenschen. Die Liebe konstituiert die Gemeinschaft der Glaubenden als *civitas Dei* und grenzt sie ab von der Gemeinschaft der *civitas terrena*. Die Bürger des Gottesstaates lieben Gott bis zur Selbstverachtung, während die Bürger des irdischen Staates sich selbst bis hin zur Verachtung Gottes lieben.[85] Die Liebe als die getane Wahrheit ist die Frucht, an der die wahren Jünger Jesu erkennbar sind. Doch ist auch umgekehrt die Mitgliedschaft in der Gemeinschaft der Glaubenden, der Kirche, eine Bedingung für die Erlangung des Heiles. Ebensowenig wie der Glaube ohne Liebe die Unterscheidung des Menschen von sich selbst bewirkt, ist eine Bekehrung ohne Eintritt in die Gemeinschaft der Glaubenden denkbar. So „las" der berühmte römische Rhetor und neuplatonische Philosoph Marius Victorinus, „wie Simplician berichtete, […] alle Heiligen Schriften und durchforschte eifrigst und gründlichst die ganze christliche Literatur". Er war zum Glauben an Christus

---

[84] Dieser Gedanke wird von Röm 4,4 und 2 Tim 4,7 gestützt. Augustin macht deutlich, dass der Mensch zwar einen Verdienst (*merces*) vor Gott erwerben kann, diesem geht allerdings die ungeschuldete Gnade notwendigerweise voraus. Zur Ursachenlehre auch Ruhstorfer: Die Platoniker und Paulus 326–329. Die mittelalterliche Theologie wird dieses Ursachengefüge in der Lehre von Gott als der „causa prima" und von den „causae secundae" zum Ausdruck bringen. Siehe z.B.: Thomas v. Aquin: S.th. 1,23,5.

[85] Ciu. 14,28 (CCL 48,451,1ff.): „Deshalb machen zwei Arten der Liebe die beiden Staaten aus, den irdischen die Selbstliebe bis zur Verachtung Gottes, den himmlischen aber die Gottesliebe bis zur Selbstverachtung."

gekommen und bekannte sich auch vor Simplician zu diesem Glauben. Simplician aber antwortete ihm: „Ich will das nicht glauben, und ich zähle dich nicht zu den Christen, außer ich werde dich in der Kirche Christi sehen. Jener [Victorinus] aber lachte ihn aus und antwortete: Also machen die [Kirchen-] Mauern den Christen aus?" (conf. 8,2,4; CCL 27,115,33–36).

Die *humilitas* und die *caritas*, wie sie Zeichen des wahren Glaubens sind, haben ihr Maß in der Inkarnation des Wortes Gottes. Christus, „die ewige Wahrheit, die höheren Teile deiner Schöpfung überragend, richtete die Untergeordneten [*subditos*] zu sich selbst auf, im Niederen aber erbaute er sich ein niederes [*humilis*] Haus von unserem Lehm, durch welches er uns, die wir uns unterwerfen [*subdendos*] sollten, von uns selbst herabdrückte und zu sich herüberwarf, indem er den Hochmut [*tumorem*] heilte und die Liebe nährte […]" (conf. 7,18,24; CCL 108,9–14). Dieses Haus ist aber nicht nur zu verstehen als der Leib des Menschen Jesus Christus, sondern auch als das Haus, das die Kirche als Gemeinschaft der an Christus Glaubenden darstellt. [86] Augustinus versteht mit Paulus die Glaubenden ihrerseits als den Leib Christi – „ihr aber seid der Leib Christi und die Glieder" (1 Kor 12,27). [87] Die „Mauern" (*parietes*) des Kirchengebäudes sind damit nicht nur die Umgrenzung des Ortes, an dem sich die Gemeinschaft der Glaubenden als der lebendige Leib Christi versammelt, sondern sie kennzeichnen die Grenze der Gemeinschaft der Glaubenden als solcher. In diesem Sinne machen nun tatsächlich die Kirchenmauern den Unterschied im Ganzen. Die Demut erfordert eine Konkretion in der Verwirklichung des Glaubens, die bis zu den Wänden des Kirchengebäudes reicht, will sagen, der Glaube muss sich in der konkreten Gemeinde vor Ort verwirklichen. [88]

Die Kirche als Leib Christi ist die Gemeinschaft der von sich unterschiedenen Menschen. Durch den Glauben „geht" der Mensch in Christus „hinein", durch das Eingehen in Christus „hat" er Christus, und durch Christus hat er bereits jetzt Anteil am ewigen Leben. [89] Weil der eine Christus im inneren Menschen durch den Glauben wohnt, ist es auch „ein einziger Glaube" durch den die Kirche geeint wird. Deshalb vollzieht sich durch den Glauben die Vereinigung der Gläubigen zum einen „ganzen Christus", der aus dem Haupt und dem Leib besteht. Dabei stellt Christus selbst das Haupt dar, den Leib aber bildet die Kirche als die Gemeinschaft der

---

[86] Vgl. J. Ratzinger: Volk und Haus Gottes in Augustins Lehre von der Kirche, München 1954, 237–254.

[87] En. ps. 138,2 (CCL 40,1990,8 ff.): „Er selbst ist der Lenker, Bräutigam und Erlöser der Kirche, unser Haupt: Und da er ja Haupt ist, hat er einen Leib. Der Leib aber ist seine heilige Kirche, die auch seine Braut ist; zu ihr sagt der Apostel: *Ihr aber seid der Leib Christi und die Glieder* [1 Kor 12,27]."

[88] Ratzinger: Volk und Haus Gottes 210: „Die Vereinigung des Menschen mit Christus ereignet sich also nicht einfach zwischen dem Glaubenden und Gott, der Weg zum Geiste Christi ereignet sich *niemals* direkt, sondern immer nur durch das Eingehen in den Leib Christi, in die Kirche. Dies ist also nun die eigentliche Art, wie der Mensch eins wird mit Christus: Indem er eins wird mit der Kirche."
Zum Verhältnis von Kirche und mystischem Leib Christi siehe auch F. Hofmann: Der Kirchenbegriff des Heiligen Augustinus in seinen Grundlagen und seiner Entwicklung, München 1933,196–256.

[89] Io. eu. tr. 26,10 (CCL 36,264,1–6). Dazu Ratzinger: Volk und Haus Gottes 208: „Halten wir also fest: unser Insein (habitare) in Christus ist wirklich in unserm Glauben."

Glaubenden; beide zusammen sind ein einziges Fleisch, wie Braut und Bräutigam.[90] Entscheidend ist hier der Gedanke der *Einheit*, die durch den Glauben als Sich-in-Eines-Denken erreicht wird.[91] Die Realität der Einheit bleibt unabhängig vom Denken des Menschen als solchem. Christus selbst lebt und wirkt in seinen Gliedern. Er wird mit ihnen – von Saulus – verfolgt;[92] er hungert und dürstet mit ihnen; er müht sich im Vorblick auf die himmlische Herrlichkeit, die er, als Haupt bereits in den Himmel vorausgegangen, für uns eröffnet.[93]

Glaube und Mitgliedschaft in der Gemeinschaft der Glaubenden stehen unter der Bedingung der Gabe des Geistes bzw. der Zustimmung zum Geist Christi.[94] Kein Geschenk ist erhabener als die Gabe des Heiligen Geistes, und allein diese Gabe scheidet „die Söhne des ewigen Reiches von den Söhnen des ewigen Verderbens" (trin. 15,18,32; CCL 50A,507,1–3). Doch gilt ebensosehr umgekehrt: „Wir erhalten also den heiligen Geist, wenn wir die Kirche lieben, wenn wir von der Liebe begleitet werden, wenn wir uns am katholischen Namen und Glauben erfreuen" (Io. eu. tr. 32,8; CCL 36,304,1 ff.).[95] Den gläubigen Gliedern der Kirche ist der Geist Gottes verheißen, und das Maß der Liebe zur Kirche Christi entscheidet über die Gabe des Gottesgeistes (ebd.). Vorzügliche Gaben des Geistes sind der Glaube und vor allem die Liebe (vgl. 1 Kor 13,13).

Das Gemeinwesen Gottes „lebt, solange es unter Unfrommen wandert, aus dem Glauben"[96]. Insofern dieser Glaube aber die *civitas Dei* von der *civitas terrena* unterscheidet, liegt ihm eine Unterscheidung der Liebe zu Grunde, ist es doch die Liebe, welche die *civitates* bestimmt.[97] Die Gottesliebe konkretisiert sich sowohl in einem *cultus* der *sacramenta humilitatis*, zuhöchst der Eucharistie, als auch in einem *cultus* Gottes in *sapientia* und *pietas*,[98] einem Tun der Wahrheit, das nicht zuletzt philo-sophisch ist. Die Gemeinschaft der Heiligen, Menschen und Engel, lebt in der *Hoffnung* auf den Lohn für ihr weisheitliches Tun. Der Lohn besteht in der Anschauung Gottes und in der Einheit mit ihm. Die Hoffnung richtet sich demnach

---

[90] En. ps. 74,4 (CCL 39,1026,7–1027,21). Augustinus bezieht sich hier auf die Haupt-Leib-Metaphorik des Epheserbriefs.

[91] En. ps. 30,2,1,4 (CCL 38,193,23–38): „Höre den Apostel, wie er dasselbe deutlicher ausdrückt: *Wie nämlich der Leib einer ist und doch viele Glieder hat, alle Glieder des Leibes aber, obwohl sie viele sind, ein einziger Leib sind, so auch Christus* [1 Kor 12,12]. Wenn er über die Glieder spricht, das heißt über die Gläubigen, sagt er nicht: so auch die Glieder Christi; sondern das Ganze, worüber er redet, nennt er Christus."

[92] En. ps. 30,2,1,3 (CCL 38,192,20–27), mit Bezug auf die Bekehrung des Paulus in Apg 9,4!

[93] S. 137,2 (PL 38,755,1–4) und S. 137,1 f. (PL 38,754).

[94] Io. eu. tr. 26,13 (CCL 36,266,10–13).

[95] Dazu Ratzinger: Volk und Haus Gottes 207: „Und dies ist nun nach Augustin die eigentliche Weise, wie der Mensch in Beziehung, in das Verhältnis des Eins-Seins zu Christus kommt: indem er den Geist Christi empfängt, d. h.: indem er glaubt."

[96] Ciu. 1, praef. (CCL 47,1,2). Die Stelle enthält eine Anspielung auf 2 Kor 5,6 f. und Röm 1,17 (vgl. Hab 2,4).

[97] Ciu. 14,28 (CCL 48,451,1 ff.).

[98] Ciu. 14,28 (CCL 48,452,22–27), bezogen auf Röm 1,21 ff. und 1 Kor 15,28.

darauf, dass Gott in der Welt der Vollendeten, der himmlischen *societas*, „alles in allem sei" (1 Kor 15,28; ciu. 14,28; CCL 48,452,26).

Der Gottesstaat ist identisch mit der Kirche als dem Leib Christi.[99] Er umfasst letztlich alle Heiligen von Abel bis hin zu den letzten Menschen, die „Christus glauben werden".[100] Über die Menschen als Leib-Geistwesen hinaus sind auch noch die reinen Geistwesen, die Engel, Bürger des Gottesstaates. Mit Paulus macht Augustin deutlich,[101] dass für die Menschen nicht schon die bloße äußere Mitgliedschaft in der Kirche auf Grund der Initiation durch die Taufe genügt, um zur eschatologischen *societas sanctorum*[102], zur Gesellschaft der von sich unterschiedenen und bleibend Gott zugewandten – konvertierten – Menschen zu gehören. Es bedarf vielmehr des *donum perseverantiae*, der Gabe des Beharrens in der Gnade. Der einmal zum Glauben Gekommene muss sich immer wieder erneut von der unmittelbaren Liebe zur Welt abwenden und sich neu zu Gott bekehren. So enthält die irdische Kirche in sich sowohl „Gute" als auch „Böse". Solange sie unterwegs ist zur himmlischen Heimat, bleibt sie ein *corpus permixtum*.[103] Gerade in der langen und schweren Auseinandersetzung mit dem Donatismus fordert Augustin immer wieder, das Beieinander von Sündern und Heiligen, von nicht konvertierten und konvertierten Gläubigen auch in der Kirche zu ertragen, wiewohl man versuchen muss, auch diese Sünder auf Christus hin zu bekehren.[104] Erst mit der Wiederkunft des Herrn beim Gericht kommt es zu einer endgültigen Scheidung der „Schafe" von den „Böcken" (Mt 25,31–46) – auch insofern sie bereits Teil der irdischen Gemeinschaft der Gläubigen waren.[105]

c) Sacramenta humilitatis

Die Bekehrung des Menschen hat ihren Anfang im Willen Gottes, ihre Mitte im Wollen und Denken des Menschen und ihre Vollendung in der Erneuerung des Menschen im Sakrament der Taufe. Erst durch die Taufe wird der Bekehrte zum Bürger des

---

[99] Vgl. E. Gilson: Les métamorphoses de la cité de Dieu, Paris 1952; J. Ratzinger: Herkunft und Sinn der Civitas-Lehre Augustins, in: Augustinus Magister. Congrès International Augustinien, Paris, 21–24 septembre 1954, Bd. 2, Communications, Paris 1954, 965–979; ders.: Volk und Haus Gottes 276–295; Flasch: Augustin 384–388.

[100] En. ps. 90,2,1 (CCL 39,1266,36–42): „Der Leib dieses Hauptes ist die Kirche, nicht [nur] die an diesem Ort, sondern die sowohl an diesem Ort als auch auf dem ganzen Erdkreis; nicht [nur] jene zu dieser Zeit, sondern von Abel selber an bis zu denen, die zukünftig, bis hin zum Ende geboren werden und die an Christus glauben werden, das ganze Volk der Heiligen, die zu einem einzigen Gemeinwesen [*ciuitatem*] gehören; dieses Gemeinwesen ist der Leib Christi, dessen Haupt ist Christus. Dort sind auch die Engel unsere Mitbürger."

[101] Gal 5,19 ff., in: Ciu. 21,25 (CCL 48,794,1–19).

[102] Ciu. 14,28 (CCL 48,452,24–27): „[Durch Weisheit, die Frömmigkeit ist] wird der wahre Gott verehrt [*colitur*], und dabei erwarten sie als Belohnung in der Gesellschaft der Heiligen – nicht nur der Menschen, sondern auch der Engel –, dass *Gott alles in allem sei* [1 Kor 15,28]."

[103] Dazu W. Simonis: Ecclesia visibilis et invisibilis. Untersuchungen zur Ekklesiologie und Sakramentenlehre in der afrikanischen Tradition von Cyprian bis Augustinus (FTS 5), Frankfurt 1970, 84–90.

[104] C. ep. Parm. 3,2,6 (CSEL 51,107).

[105] C. ep. Parm. 3,3,19 (CSEL 51,123f.); c. Gaud. 2,3,3 (CSEL 53,257); u. v. a.

Gottesstaates. Dies macht Augustinus gerade auch im Blick auf die Bekehrung des Apostels Paulus deutlich, denn auch Paulus muss durch die Sakramente der Kirche eingegliedert werden.[106] Erst durch die *sacramenta humilitatis* wird der Mensch ein Glied des Leibes Christi. Beim späten Augustinus werden die Sakramente zu einer notwendigen Bedingung des Heils. Doch wie schon die bloße Mitgliedschaft in der Kirche nicht automatisch zur Erlangung des Heils führt, ist auch die Erneuerung durch die Sakramente noch nicht hinreichend. Die Wirksamkeit der Sakramente steht ihrerseits unter der Bedingung des Glaubens, der durch die Liebe wirkt.[107] Auch hier gilt: *„Nisi credideritis, non intellegitis"* (s. 272; PL 38; 246,32).

Was aber ist ein Sakrament? Allgemein gesprochen ein Zeichen. „Ein Zeichen ist eine Sache, die außer dem sinnfälligen Anblick (*species*), den sie den Sinnen einträgt, etwas anderes aus sich heraus in das Denken kommen lässt" (doctr. chr. 2,1,1; CCL 32,32,5–7). Im Besonderen ist ein Sakrament aber ein „heiliges Zeichen"[108], das sich auf „göttliche Sachen"[109] bezieht.

> „Jene [Dinge], Brüder, werden deshalb Sakramente genannt, weil in ihnen Eines gesehen und Anderes eingesehen [*intelligitur*] wird. Was gesehen wird, hat eine körperliche Gestalt, was eingesehen wird, hat eine geistliche Frucht" (s. 272; PL 38,1247,46).

Zu einem Sakrament gehören folglich einerseits das Zeichen im engeren Sinn und andererseits die bezeichnete göttliche Sache. Letztere ist es, welche die „geistliche Frucht" bringt. Das Sakrament als Zeichen setzt sich aus einem Element und dem Wort zusammen, es ist gewissermaßen ein „sichtbares Wort".[110] Das Element wird nicht willkürlich gewählt, sondern es hat von sich aus eine „Ähnlichkeit" mit der bezeichneten Sache.[111] Das Wort wiederum ist – mit Paulus (Röm 10,8) gesprochen – das „Wort des Glaubens, das wir verkündigen".[112] Worin besteht nun aber die „göttliche Sache", auf die sich das Sakrament bezieht? Diese ist nicht schon Gott im Allgemeinen oder der Vater im Besonderen, auch nicht die Gnade oder der Heilige Geist, sondern die getane und vollbrachte Wahrheit des fleischgewordenen Wortes Gottes – Leben, Tod, Auferstehung und Himmelfahrt Jesu Christi.[113] Jesus Christus als wirksames Urbild der Unterscheidung des Menschen von sich selbst ist

---

[106] Doctr. chr. prooem. 6 (CCL 32,4,83–87).

[107] Gal 5,19–21, in: Ciu. 21,25 (CCL 48,794,1–19).

[108] Ciu. 10,5 (CCL 47,277,16): „Das sichtbare Opfer [*sacrificium*] ist also das Sakrament, d. h. das heilige Zeichen [*sacrum signum*], eines unsichtbaren Opfers."

[109] Ep. 138,7 (CSEL 44 p. 132,1 f.): „Es ist aber überaus weitläufig, angemessen die verschiedenen Zeichen zu erörtern, die, weil sie sich auf göttliche Dinge erstrecken, Sakramente genannt werden."

[110] Io. eu. tr. 80,3 (CCL 36,529,5–7): „Kommt das Wort zum Element hinzu, entsteht ein Sakrament – selbst auch gleichsam ein sichtbares Wort."

[111] Siehe dazu Hofmann: Der Kirchenbegriff 345 f.

[112] Bezogen auf die Taufe, Io. eu. tr. 80,3 (CCL 36,529,11 f.). Siehe weiter unten.

[113] Hofmann: Der Kirchenbegriff 343; J. Finkenzeller: Die Lehre von den Sakramenten im allgemeinen, Bd. 1, Von der Schrift bis zur Scholastik. Handbuch der Dogmengeschichte, hg. von M. Schmaus u. a., Bd. 4, Fasz. 1a, Freiburg 1980, 44.

die *res* der Sakramente.[114] Die „Frucht" des Sakraments ist also in jedem Fall die Unterscheidung des Menschen, wie sie in Christus ihr Vorbild hat.

Warum aber werden die Sakramente und allen voran die Taufe zur notwendigen Bedingung des Heils? Augustinus verweist auf das 5. und 6. Kapitel des Römerbriefes.

> „Wenn der Apostel [...] sagt: *Wie durch die Übertretung eines Einzigen für alle Menschen zur Verurteilung, so durch die Gerechtigkeit eines Einzigen für alle Menschen zur Gerechtsprechung* [Röm 5,18], dann zeigt er genügend auf, dass keiner, der aus Adam geboren wird, nicht durch die Verurteilung niedergehalten wird, und dass keiner von der Verurteilung befreit wird, der nicht in Christus wiedergeboren ist" (ench. 14,51; CCL 46,76,41–45).

Durch die Sünde des einen Menschen Adam sind alle aus ihm Geborenen der Ungerechtigkeit und damit der Verdammnis verfallen.[115] Die Befreiung aus der Verdammnis steht unter der Bedingung der Wiedergeburt in Christus. Diese Wiedergeburt ereignet sich in der Taufe. In ungewöhnlich langen Passagen zitiert Augustinus im „Enchiridion" (14,52; CCL 46,77,55–78,11) immer wieder Paulus (Röm 6,1–11). Augustinus betont mit Röm 6,3: *„Quicumque baptizati sumus in Christo Iesu in morte ipsius baptizati sumus!"* (77,62f. und 67f.). Die Taufe erfolgt auf den Tod Christi. Der alte Mensch wird mit Christus „gekreuzigt" und „begraben", wodurch der Täufling der Sünde abstirbt, nicht in dem Sinne, dass er fortan nicht mehr sündigen könnte, wohl aber insofern die Ursünde abgewaschen wird und der neue Mensch nicht mehr für die Sünde, sondern für Gott lebt.

Doch bleibt die Heilswirksamkeit der Taufe in gewissem Sinn abhängig vom Tun des Menschen. Schon ihr Zustandekommen steht unter der Bedingung des Glaubens.

> „Woher jene große Kraft des Wassers, dass es den Leib berührt und das Herz abwäscht, wenn nicht aus dem Tun des Wortes, [und zwar] nicht weil es gesagt wird, sondern weil es geglaubt wird? Denn im Wort selbst ist Eines der vorübergehende Klang, Anderes die bleibende Kraft [*virtus*]. *Das ist das Wort des Glaubens, das wir verkündigen*, sagt der Apostel, *denn wenn du in deinem Mund bekennst, dass Jesus der Herr ist, und wenn du in deinem Herzen glaubst, dass Gott ihn von den Toten auferweckt hat, wirst du gerettet werden; denn mit dem Herzen wird geglaubt zur Gerechtigkeit, mit dem Mund aber bekannt zur Rettung* [Röm 10,8–10]" (Io. eu. tr. 80,3; CCL 36,529,9–16).

Die Bekehrung des Willens und des Denkens, die in einem Akt des Bekennens geäußert wird, muss dem Empfang der Taufe vorausgehen. Das Bekenntnis meint einerseits das Eingeständnis der eigenen Schuld, andererseits den Inhalt des Glaubens,

---

[114] Vgl. dazu W. Gessel: Eucharistische Gemeinschaft bei Augustinus, Würzburg 1966, 152f.

[115] Augustinus begründet die Entstehung der *massa damnationis* mit dem Verweis auf Röm 5,12. In Adam haben alle Menschen gesündigt. Zur Problematik der Augustinischen Auslegung dieser Stelle sowie zur Erbsünde und deren hypothetischer Struktur im Allgemeinen siehe unten. Eine kritische, knappe, jedoch äußerst gründliche Darstellung der Erbsündenlehre Augustins bietet H. Hoping: Freiheit im Widerspruch. Eine Untersuchung zur Erbsündenlehre im Ausgang von Immanuel Kant, Innsbruck 1990, 14–27. Siehe auch L. Scheffczyk: Urstand, Fall, Erbsünde. Von der Schrift bis Augustinus. Handbuch der Dogmengeschichte, hg. v. Michael Schmaus u. a., Bd. II, Fasz. 3a (1. Teil), Freiburg–Basel–Wien 1981, 176–239.

der in kürzester Form lautet: „*Dominus Iesus* [Phil 2,11]"[116]. Dies bedeutet aber nicht, dass deshalb die *virtus* Gottes selbst, d. i. Christus, in Abhängigkeit vom Tun des Menschen geriete, da die Vorbereitung auf die Taufe ihrerseits als ein Wirken Gottes angesehen werden muss.[117] Die Taufe ist das „Sakrament des Glaubens" schlechthin! Der Glaube geht der Taufe voraus, er begleitet sie im Ablegen des Bekenntnisses und er ist Wirkung der Taufe. Zwar muss der Glaube etwa bei der Kindertaufe durch den Glauben der Eltern bzw. der Kirche vertreten werden, doch bringt das Sakrament selbst den Glauben bei, ja, es *ist* der Glaube.

> „Wenn nämlich die Sakramente nicht eine gewisse Ähnlichkeit mit den Dingen hätten, deren Sakramente sie sind, wären sie ganz und gar keine Sakramente. Aus dieser Ähnlichkeit aber erhalten die meisten sogar die Namen der Dinge selbst. Wie also in einer bestimmten Weise das Sakrament des Leibes Christi der Leib Christi ist, das Sakrament des Blutes Christi das Blut Christi, so ist das Sakrament des Glaubens der Glaube. Nichts anderes aber bedeutet zu glauben [*credere*] als Glauben [*fides*] zu haben. Und wenn man von daher antwortet, dass das kleine Kind glaubt, welches die innere Regung [*affectum*] des Glaubens nicht hat, antwortet man, dass es den Glauben wegen des Sakraments des Glaubens hat und dass es sich zu Gott bekehrt wegen des Sakraments der Bekehrung [*conuersionis*], gerade weil diese Antwort selbst zur Feier des Sakraments gehört. So sagt der Apostel selbst über die Taufe: *Mitbegraben sind wir mit Christus durch die Taufe in den Tod*; nicht sagt er: Wir haben sein Begräbnis versinnbildlicht [*significauimus*], sondern er sagt vielmehr: *Mitbegraben sind wir*. Er hat also das Sakrament einer so großen Sache mit nichts anderem bezeichnet als mit dem Wort für diese Sache" (ep. 98,9; CSEL 34,2; 531,3–18).

Wegen der Ähnlichkeit mit ihrer „Sache" haben viele Sakramente schon den Namen von dieser her erhalten. Aber mehr noch, ein Sakrament bezeichnet nicht nur seine *res*, sondern es bewirkt sie. Die Taufe ist damit nicht nur das Zeichen für die Unterscheidung des Menschen von sich selbst, sondern sie bewirkt diese. Sie ist das „Sakrament der Bekehrung" und das „Sakrament des Glaubens"! In der Taufe geschieht die Zukehr Gottes zum Menschen und die Bekehrung des Menschen zu Gott,[118] der alte Mensch stirbt und der neue wird geboren. Die „Sache" des Sakraments der Taufe ist der Glaube an Christus; das „Wort" des Sakraments ist seitens des Täuflings das Bekennen sowie seitens des Taufenden die Taufformel; die Frucht ist die Bekehrung und mithin das Ewige Leben.

Die *virtus sacramenti* ist über jedes menschliche Vermögen erhaben und zwar nicht nur im Blick auf den Empfänger des Sakraments, sondern auch bezogen auf den Spender. Augustinus macht mit Verweis auf 1 Kor 3,6f. deutlich, dass nicht

---

[116] Conf. 1,14 (CCL 27,112,31); trin. 1,29 (CCL 50,72,6); Io. eu. tr. 104,3 (CCL 36,603,11).

[117] Vgl. die Führung des Menschen durch Gott, wie sie in den Confessions dargestellt wird, besonders aber wie die Bekehrung des Willens im 8. Buch der Confessiones als ein Wirken Gottes geschildert ist.

[118] Vgl. bapt. 4,25,32 (CSEL 51,260): „Es zeigt sich, dass eines das Sakrament der Taufe ist und ein anderes die Bekehrung des Herzens, aber das Heil des Menschen erfüllt sich aus beidem."

der Diener und Spender des Sakraments die Reinigung und Rechtfertigung bewirkt, sondern Jesus Christus.[119] Christus selbst ist in Wahrheit derjenige, der tauft.[120]

Durch die Taufe als Sakrament des Glaubens und der Bekehrung wird der Gläubige ein Glied am Leib Christi, ein Mitglied der Kirche.[121] Die Einheit der Glieder des Leibes untereinander und des Leibes Christi mit seinem Haupt findet ihre besondere Vertiefung und Verwirklichung im Sakrament der Eucharistie. Auch das Sakrament des Leibes und Blutes ist von der Liebe Gottes in Jesus Christus eingesetzt und steht wie schon die Taufe in ihrer Wirksamkeit unter der Bedingung der Liebe. Die Eucharistie ist uns gegeben und mit ihr der Heilige Geist, damit wir glauben. Der Glaube muss sich im Essen des Brotes bewähren, da darin die Unterscheidung von „sehen" und „einsehen", von nichtbekehrtem und bekehrtem Denken zur Wirklichkeit des Tuns kommt.[122] Gesehen werden das Brot und der Kelch, eingesehen werden Leib und Blut Christi.[123] „Denn an ihn zu glauben bedeutet, das Brot des Lebens zu essen. Wer glaubt, der isst" (Io. eu. tr. 26,1; CCL 36,260,33).[124] So vollzieht sich schließlich auch die Unterscheidung des Menschen von sich selbst im das Essen des Brotes und im Trinken des Weines. Der Gläubige wird dadurch „unsichtbar genährt, weil er unsichtbar wiedergeboren wird. Er ist innerlich ein Kind, er ist innerlich neu" (loc. cit. 260,33–35). Gerade in dieser Erneuerung findet der Mensch seine Sättigung. Die Konversion befriedigt, befriedet und gibt den Grund zum eucharistischen Danken.[125]

Durch die Teilnahme am Leib und Blut Christi wird der Gläubige selbst verwandelt. Er wird zu dem, was er sieht: Brot, und einsieht: Leib Christi. Wie das Brot aus vielen Körnern besteht, so auch der Leib Christi aus vielen Gliedern. Mit Paulus (1 Kor 10,17) macht Augustin deutlich, dass die Transformation des Menschen durch die Eucharistie die Eingliederung in den einen Leib Christi bedeutet, der die Gemeinschaft der Glaubenden ist. Der im Mahl Bekehrte hat Anteil an der „Einheit,

---

[119] C. litt. Pet. 3,54,66 (CSEL 52,220, 24–31).

[120] Io. eu. tr. 6,7 (CCL 36,57,31) „[…] eine gewisse Eigentümlichkeit wird in Christus darin bestehen, dass, obwohl viele Diener [*ministri*], seien es Gerechte oder Ungerechte, taufen sollten, die Heiligkeit der Taufe nur jenem zugeschrieben werden kann, über dem die Taube herabsteigt; von dem heißt es: *Dieser ist es, der im Heiligen Geist tauft* [Joh 1,33]? Mag Petrus taufen, dieser ist es, der tauft; mag Paulus taufen, dieser ist es, der tauft; mag Judas taufen, dieser ist es, der tauft."

[121] Hofmann: Das Kirchenverständnis des Heiligen Augustin 353–390.

[122] Vgl. s. 272 (PL 38,1247,46 ff.).

[123] S. 272 (PL 38,1246,26–32).

[124] Zu beachten ist hier der Zusammenhang mit Röm 5,6, der vor dem oben zitierten Satz hergestellt wird: „[…] hören wir ihn [Paulus] selbst: *die Liebe*, sagt er, *Gottes ist in unsere Herzen gegossen durch den Heiligen Geist, der uns gegeben ist* [Röm 5,6]. Da der Herr den Geist geben wollte, nannte er sich selbst das Brot, das vom Himmel herabgekommen ist, und er forderte uns auf, an ihn zu glauben" (Io. eu. tr. 26,1; CCL 36,260,28–32).

[125] Io. eu. tr. 26,14 (CCL 36,267,1–7), s. 272 (CCL 38,1247,37–45): „Als zum Herrn Bekehrte […] sagen wir Dank" und loc. cit. Z. 33: „das Geheimnis des Friedens und unserer Einheit hat er an seinem Tisch geheiligt [*consecravit*]."

Wahrheit, Frömmigkeit und Liebe", die im Leib Christi herrschen. [126] Zwar weiß Augustinus auch, dass das „Gefüge der Glieder", die in der Wirklichkeit existierende Kirche, abschrecken kann, doch ergeht an jeden die Aufforderung, ein „schönes, zweckmäßiges und gesundes" Mitglied der Kirche zu sein, um nicht dereinst als unwürdiges Glied der Kirche abgeschnitten werden. Jetzt ist die Zeit des durchaus auch leidvollen Arbeitens und Mühens in und mit der Kirche. Doch gerade deshalb bleibt die Eucharistie das stärkende „Sakrament der Frömmigkeit", das „Zeichen der Einheit" und das Band der Liebe". [127]

Schon das Essen des Brotes selbst steht unter der Bedingung der Würdigkeit des Empfängers. Mit bedingter Notwendigkeit wird dem Unreinen und Unbedachten der Empfang des Sakraments zum Gericht. [128] Wer unwürdig den Leib und das Blut des Herrn empfängt, der isst sich selbst das Gericht (vgl. 1 Kor 11,29). So lange die Menschheit noch auf das letzte Ziel unterwegs ist, bleibt auch die Vollendung, so sehr sie im eucharistischen Mal vorweggenommen ist, hypothetisch. Dennoch wird schon jetzt in der Speise und im Trank des Sakraments die eschatologische *societas* durch ihre Verwandlung in den Leib Christi anfanghaft wirklich.

> „Diese Speise und diesen Trank will er deshalb als die Gesellschaft [*societas*] seines Leibes und seiner Glieder verstanden wissen, welcher die heilige Kirche in seinen vorherbestimmten, berufenen, gerechtgemachten und verherrlichten Heiligen und Gläubigen ist [vgl. Röm 8,30]. Das erste davon ist bereits geschehen, nämlich die Vorherbestimmung [*praedestinatio*]; das zweite und dritte ist geschehen, geschieht und wird geschehen, die Berufung und Gerechtmachung [*uocatio et iustificatio*]; das vierte aber ist nun in der Hoffnung [gegenwärtig], der Sache nach ist es zukünftig, nämlich die Verherrlichung [*glorificatio*]. Das Sakrament dieser Sache, nämlich der Einheit des Leibes und des Blutes Christi, wird irgendwo täglich, irgendwo in bestimmten Abständen von Tagen beim sonntäglichen Tisch des Herrn [*mensa dominica*] bereitet und vom Tisch des Herrn genommen: Manchen zum Leben, manchen zum Tod; die Sache selbst aber [die Verherrlichung], um deren Sakrament es sich handelt, ist jedem Menschen zum Heil, keinem zum Tod, wer auch immer ihrer teilhaftig wird" (Io. eu. tr. 26,15; CCL 36,267,27–39). [129]

Die Prädestination des Gläubigen hat bereits stattgefunden und liegt gewissermaßen in der Vergangenheit. Die Berufung und Rechtfertigung hingegen geschieht gerade,

---

[126] S. 272 (PL 38,1237,13–24): „Sei ein Glied des Leibes Christi, damit es wahr sei, Amen. Warum also im Brot? Nichts eigenes wollen wir hier beibringen, den Apostel selbst wollen wir zum wiederholten Male hören, der, wenn er von jenem Sakrament spricht, sagt, *ein Brot* [*ist es*], *ein Leib sind wir Vielen* [1 Kor 10,17], seht es ein und freut euch; Einheit, Wahrheit, Frömmigkeit, Liebe. *Ein Brot*: Wer ist dieses eine Brot? *Ein Leib die Vielen*. Bedenkt noch einmal, dass Brot nicht aus einem Weizenkorn gemacht wird, sondern aus vielen. Als ihr Euch dem Exorzismus unterzogt, wurdet ihr gemahlen. Als ihr getauft wurdet, wurdet euch Wasser beigefügt. Als ihr das Feuer des Heiligen Geistes empfingt, wurdet ihr gleichsam gebacken. Seid, was ihr seht, und empfangt, was ihr seid. Das ist es, was der Apostel [Paulus] über das Brot sagt."

[127] Siehe Io. eu. tr. 26,13 (CCL 36,266,24–267,33). Augustin deutet hier 1 Kor 10,17.

[128] Bezogen auf 1 Kor 11,27–29 siehe Io. eu. tr. 26,18 (CCL 36,268,1–12).

[129] Die Folge Vorherbestimmung, Berufung, Rechtfertigung, Verherrlichung übernimmt Augustin von Röm 8,29.

hat aber ein vergangenes, ein gegenwärtiges und ein künftiges Moment, sie ist die aktuelle Transformation des Menschen. Die Verherrlichung ist noch strikt zukünftig. Sie steht unter der Bedingung der *vocatio congrua* und der durch sie hervorgerufenen guten Werke. In jedem Fall aber ist der Empfang der Sakramente eine notwendige Bedingung, ohne die weder Prädestination, Berufung, Rechtfertigung noch auch die letzte Verherrlichung stattfindet. Damit ist die Eucharistie auch notwendig für eine effektive Bekehrung.

3. Die Logizität des Glaubens

Das bekehrte Denken zeigt als sein erstes Moment die ihm eigentümliche Sprachlichkeit. Diese ist vollkommen anderen Wesens als in Moderne und Postmoderne, wo die Sprache nicht mehr zuinnerst an die Vernunft rückgebunden ist. In der Moderne ist sie vorgezeichnet durch die besondere Weltlichkeit. In der Postmoderne hingegen kommt der Sprache der Primat zu, doch zeichnet sie sich zunächst durch die Differentialität der Zeichen aus. Der sich selbst tragende Begriff ist verschwunden. Ein Zeichen findet nur am jeweils anderen Halt – ad infinitum – und bleibt somit im Letzten haltlos. Die Sprache ist wesentlich an-archisch, d. h. sie kennt keinen Anfang, der seinerseits rein vernünftig wäre. Es gibt kein erstes oder letztes Signifikat. Das Bezeichnete (signifié) wird vielmehr auf das materielle Zeichen (signifiant) zurückgenommen, die gesprochene Sprache auf das schriftliche Zeichen. Genauer gesagt, oszilliert die Sprache an der Grenze zwischen Materialität und Geistigkeit, Unvernunft und Vernunft. Dies zeigt sich vor allem in der Sprachlichkeit der mit Derrida gedachten „écriture". Die metaphysische Reinheit des λόγος jedenfalls ist verabschiedet.

Augustinus befindet sich dagegen im Raum der Metaphysik. Dementsprechend bedeutet Sprachlichkeit zunächst reine Logizität. Diese ‚Sprache' ist zuerst λόγος – *verbum* und zwar von reiner Geistigkeit, die in die menschliche und die göttliche unterschieden werden muss, getrennt durch den absoluten Unterschied. Die Geistigkeit Gottes wiederum ist als Heiliger Geist und göttliches Wort zu fassen, beide, der *spiritus sanctus* und das göttliche *verbum*, sind selbst Gott. „*In principio erat uerbum, et uerbum erat apud deum, et deus erat uerbum*" (Joh 1,1; Io. eu. tr. 1,8; CCL 36,5,10). Auch das Wort Gottes muss noch einmal differenziert werden, insofern es als Fleisch gewordenes Wort Gottes (Joh 1,14) *für uns* zur Bestimmung wird, an sich aber als zweite göttliche Person in der Herrlichkeit Gottes verbleibt. Der menschliche Geist, die *mens*, ist spekulatives Abbild des trinitarischen Gottes.

Das Wort Gottes ist streng von Wörtern zu unterscheiden, wie wir sie in unserem Alltag gebrauchen. [130] Die Wörter des Alltags sind vergänglich und durch den

---

[130] Io. eu. tr. 1,10 (CCL 36,6,1–9): „[…] Und wer denkt dieses Wort? Du sollst dir also nicht irgendetwas gleichsam Banales [*uile*] vorstellen, wenn du ‚Wort' hörst und es mit Worten zusammenbringen, die du täglich hörst: Der hat solche Worte [*uerba*] gesprochen, solche Worte gesagt; solche Worte erzählst du

Gebrauch entwertet, jenes ist unvergänglich und jeder Vernutzung entzogen. Die Mitte zwischen dem Wort Gottes, das selbst Gott ist, und den Wörtern der sinnlich vernehmbaren Sprache ist der Begriff der Sache. „Es gibt ein Wort auch im Menschen selbst, das innen bleibt, denn der Ton geht aus dem Mund hervor. Es ist ein Wort, das wahrhaft in geistiger Weise (*spiritaliter*) gesagt wird, das, was du am Ton begreifst (*intellegis*) ist nicht selbst Ton" (Io. eu. tr. 1,8; CCL 36,5,12–15).[131] Es findet sich also bei Augustin die Dreiheit von bezeichneter Sache (Referent), Begriff oder bezeichnetem Gedanken (signifié) und dem äußeren, bezeichnenden Wort (signifiant), jedoch mit dem entscheidenden Unterschied zu Saussure, dass die Mitte, der Begriff, zuletzt der göttliche Begriff, der Sache und dem Zeichen einen festen Grund und somit einen Halt bietet. Der Verursachungszusammenhang setzt nur ‚für uns' mit der Wahrnehmung der äußeren Sache ein. ‚An sich' geht das rein geistige Wort Gottes allem voraus und bewirkt alles. Das Wort Gottes ist über die Mitte des Begriffs oder „Plans" (*consilium*) mit den „Zeichen" (*signa*) und mit den „Sachen" (*res*) selbst zusammengeschlossen. Der Begriff und das sprachliche Zeichen sind ihrerseits Sachen. Anders aber das Wort Gottes: Es ist strenggenommen keine „Sache" (*res*), ja nicht einmal „Ursache" (*causa*).[132] Dennoch ist das Wort Gottes, durch welches alles geschaffen wurde, auch die Ursache der Erneuerung des Menschen[133] und die höchste Sache des Genusses des bekehrten Denkens.[134]

Die Sprachlichkeit des Glaubens muss als ein Tun der Wahrheit verstanden werden, das sich selbst als eine Reaktion auf das Tun des Wortes Gottes selbst versteht. Wegen der sich in den Taten Christi manifestierenden Liebe und der darin liegenden gemeinschaftsstiftenden Kraft ist auch das ‚logische' bzw. ‚verbale' Tun der Wahrheit im Vorblick auf die Gemeinschaft der Glaubenden zu begreifen. Auf die Bekehrung des Willens im Bestimmungsterminus (C.II.) folgt als erstes Moment des Denkens – bezogen auf den bekehrten Menschen und die Ursache der Bekehrung – die *confessio* sowohl des Lobes als auch der Sünden (C.I.3.c).[135] Sodann kommt es zu einer Besinnung auf die *Offenbarung*, welche zwischen Gott und Mensch vermittelt (C.I.3.b).[136] Zuletzt aber ist das sprachliche Tun der Wahrheit ein Dienst an Gott selbst (C.I.3.a).

---

mir. Denn, indem man die Wörter [*nomina uerborum*] beständig ausspricht, werden sie [die gedachten Worte] gleichsam banal. Und wenn du hörst: *Im Anfang war das Wort*, dann halte das nicht für irgendetwas Banales, was du zu denken gewohnt bist, wenn du immer wieder menschliche Worte hörst, [sondern] höre, was du denken sollst: *Gott war das Wort*."

[131] Vgl. Io. eu. tr. 1,9 (CCL 36,5,1–4).

[132] Doctr. chr. 1,2,2 (CCL 32,7,12ff.) und 1,5,5 (CCL 32,9,1–4).

[133] Io. eu. tr. 1,12 (CCL 36,7,6–8): „Et si tibi contigit fieri per uerbum, ut per illud factus sis, per te deficis: si per te deficis, ille te reficiat qui te fecit; si per te deterior efficeris, ille te recreet qui te creauit."

[134] Siehe doctr. chr. 1,5,5 (CCL 32,9,1).

[135] Hier ist einerseits an die Schilderung der Bekehrung in conf. 8 und andererseits an die Verfassung der „Confessiones" nach der Bekehrung von 396 zu erinnern.

[136] Augustinus beginnt unmittelbar nach 396 mit der Arbeit an „De doctrina christiana".

a) Der cultus Dei

Augustinus unterscheidet mit Paulus (1 Kor 12,8) Weisheit und Wissenschaft. Bezogen auf Hiob bestimmt Augustin diese beiden Begriffe näher:

> *„Siehe, Frömmigkeit ist Weisheit; sich aber des Bösen enthalten, ist Wissen[schaft;* Hiob 28,28]. Bei diesem Unterschied muss man einsehen, dass Weisheit sich auf theoretische Betrachtung [*ad contemplationem*], Wissen[schaft] auf praktisches Tun [*ad actionem*] bezieht" (trin. 12,14,22; CCL 50,375,19–22).

Die „Wissenschaft" ist auf die zeitlichen, sinnlichen Dinge bezogen. Insofern der Mensch unmittelbar in diese verstrickt ist,[137] bedeutet „Wissenschaft" auch *disciplina*. Damit ist ein Lernen und Sich-Üben in den Tugenden gemeint,[138] das sein Vorbild im Tun des fleischgewordenen Wortes hat. Jesus Christus als Mensch ist damit Sache der „Wissenschaft" als *cognitio historica*[139] bzw. *cognitio rationalis*[140]. Die „Weisheit" hingegen ist *cognitio intellectualis* und ihrem Wesen nach *contemplatio*, ruhige Schau der ewigen Dinge. Deshalb ist das Wort Gottes, insofern es selbst Gott ist, auch Gegenstand der „Weisheit".[141] Es ist hier der Begriff der „Weisheit" in sich zu unterscheiden: Einerseits meint „Weisheit" das Wort Gottes selbst, denn „die Weisheit wird Gottes Sohn, sein einziggeborener genannt" (trin. 14,1,1; CCL 50A,421,2f.); andererseits ist „Weisheit" ein Tun des Menschen, und zwar ein ausgezeichnetes:

> „[…] wir sprechen über die Weisheit des Menschen, die wahre aber, die gottgemäß ist, und sie ist seine [Gottes] wahre und vorzügliche Verehrung [*cultus*], was die Griechen mit einem einzigen Ausdruck θεοσέβεια bezeichnen" (trin. 14,1,1; CCL 50A,421,3f.).

Das Tun der reinen „Vernunft" (*intellectus*), das in der „Betrachtung" (*contemplatio*) des Wortes Gottes besteht, ist selbst der wahre und vorzügliche „Gottesdienst"[142]. Doch bleibt die Betrachtung der Vernunft stets auf dem Glauben begründet, und so wird auch Augustin durch die *humilitas* und das Wissen um seine eigene Sündigkeit dazu gedrängt, sein eigenes Tun nicht als „Weisheit" und sich selbst nicht als „Weisen", sondern lediglich als „Liebhaber der Weisheit" zu bezeichnen.[143] Die Logizität des Glaubens vollendet sich in der *philosophia*, verstanden als Liebe zur Weisheit, wobei

---

[137] Trin. 12,14,22 (CCL 50,376,34ff.).

[138] Trin. 12,14,22 (CCL 50,376,36ff.).

[139] Trin. 13,1,2 (CCL 50A,382, 26–47).

[140] Trin. 12,15,25 (CCL 50A,379,43).

[141] Trin. 13,1,2 (CCL 50A,382,36f.): Das ewige Wort Gottes, das die Sache der Weisheit ist, „erfordert ein kontemplatives Leben, und es ist mit dem einsichtigen Geist [*intellectuali mente*] zu betrachten."

[142] Vgl. trin. 14,1,1 (CCL 50A,422,24f.): „Gott also selbst ist die höchste Weisheit; die Verehrung [*cultus*] Gottes ist die Weisheit des Menschen, über die wir nun sprechen."

[143] „Aber ich wage es so allerdings nicht, mich als Weisen auszugeben. Es reicht mir, dass auch jene [die Pythagoräer] nicht abstreiten können, dass es auch einem Philosophen, das heißt einem Liebhaber der Weisheit [*amatoris sapientiae*] zukommt, über die Weisheit zu erörtern. Dies zu tun, davon haben auch jene nicht abgelassen, die sich eher als Liebhaber der Weisheit, denn als Weise ausgegeben haben." (trin. 14,1,2; CCL 50A,422,42–433,47).

Weisheit im weitesten Sinne das „Wissen um menschliche und göttliche Dinge"[144], sodann den höchsten menschlichen *cultus Dei* und schließlich Christus selbst als die göttliche *sapientia* meint.[145]

b) Tractatio scripturarum

Die Heilige Schrift vermittelt zwischen dem Wort Gottes und dem gläubigen Menschen, sowohl im Blick auf die *scientia* als auch im Blick auf die *sapientia*.[146] Obwohl die Lektüre der Heiligen Schrift direkt zur Einsicht in die Bestimmung des Menschen führen kann, wie gerade das *tolle lege* bei der Bekehrung des Augustin zeigt,[147] warnt Augustinus doch vor der Möglichkeit der Täuschung, vor allem aber vor der *superbia*, die darin liegen kann.[148] So hat der Verweis auf das naive Verständnis der Schrift durch den Heiligen Antonius direkt vor der Lektüre der Römerbriefstelle durch Augustin eine doppelte Funktion. Einerseits legitimiert sie die Bekehrung durch ein unmittelbares Aufnehmen der Heiligen Schrift. Doch andererseits wird gerade durch diese Legitimation die Bekehrung des Augustin auf Grund der Lektüre des Römerbriefes in den Rahmen kirchlicher Tradition gestellt.[149] Das Verständnis der Schrift wird an die Interpretationstradition der Kirche rückgebunden. Jeder Mensch, der Wahres einsieht, muss dies als Gabe Gottes begreifen;[150] diese drängt zur Weitergabe.[151] Die Menschen sind als gesellschaftliche Wesen von Gott gewollt und bedürfen des gegenseitigen Gebens auch im Blick auf das Lernen.[152] Eine Schriftauslegung ohne vorausgehende Ausbildung im Umgang mit der Schrift wird zur Ausnahme erklärt.

> „Es gibt gewisse Regeln für den Gebrauch der Schriften, die denen, die mit deren Studium befasst sind, wie mir scheint, nicht unvorteilhafterweise weitergegeben werden können, damit sie [ihnen] nicht nur beim Lesen von anderen [Autoren], die in den göttlichen Schriften Verborgenes [bereits] erschlossen haben, sondern auch ihnen selbst beim Erschließen von Nutzen sind. Diese [Regeln] denen weiterzugeben [*tradere*], die

---

[144] Trin. 14,1,3 (CCL 50A,423,49). Diese Definition geht auf Chrysipp, Fragment 35, zurück. Diese und weitere Belegstellen siehe in CCL 50A die Fußnote zum loc.cit.

[145] Zum *amor sapientiae* als *amor Christi* siehe Pérez Paoli: Hypostasis 91f., 143, 203, 243.

[146] Zur vermittelnden Funktion der Heiligen als Offenbarungsempfänger siehe den Prolog zum Johannesevangeliumskommentar, Io. eu. tr. 1,1–6 (CCL 36,1–4).

[147] Conf. 8,12,29 (CCL 27,131,18–38).

[148] Doctr. chr. prooem. 6 (CCL 32,4,83).

[149] Siehe doctr. chr. prooem. 8 (CCL 32,5,115–131). Augustinus macht hier deutlich, dass Menschen, die zum wahren Verständnis der Schrift ohne menschliche Vermittlung gelangen, gerade wenn sie ihre Einsicht mitteilen, doch wiederum den Wert des gemeinschaftlichen Lernens und Wissens voraussetzen.

[150] Augustinus verweist in doctr. chr. prooem 8 (CCL 32,5,130f.) auf die zentrale Schriftstelle seiner Gnadenlehre 1 Kor 4,7 („Quid habemus, quod non accepimus? Quod si accepimus, quod gloriamur quasi non accepimus?") und damit auf das epochale Prinzip des Gegebenseins von Allem.

[151] Doctr. chr. 1,1 (CCL 32,6,10f.): „Jede Sache nämlich, die, wenn sie weitergegeben wird [*dando*], nicht verliert, wird, solange sie gehabt und nicht weitergegeben wird, noch nicht gehabt, wie sie zu haben ist."

[152] Doctr. chr. prooem. 5 (CCL 32,3f.).

Lernen wollen und können, habe ich mir vorgenommen [...]" (doctr. chr. prooem. 1; CCL 321,1–5).

Augustinus weist der menschlichen Vernunft eine epochal neue Aufgabe zu – mit Thomas von Aquin gesprochen: *cognitionem Dei tradere*.[153] Die heilsrelevante Wahrheit ist mit der Offenbarung Gottes in den Heiligen Schriften gegeben. Diese Offenbarung nach vernünftigen Maßstäben auszulegen, die darin beschlossene Wahrheit aufzufinden und das Gefundene weiterzugeben, ist die Aufgabe der Vernunft.[154] Diese Stellung der Vernunft zu verkennen, führt in jedem Fall zur verderblichen *superbia*, sei es, dass, wie bei den beschriebenen Charismatikern, auf die rationale Auslegung verzichtet wird, sei es, dass die Vernunft selbst nach neuplatonischer Art einen Aufstieg zu Gott unternimmt.[155]

Betrachtet man diejenigen Werke Augustins, in welchen er Texte der Bibel interpretiert, so fällt auf, dass zunächst die ganze Heilige Schrift Träger der Offenbarung ist und als Gesamtes ausgelegt werden muss. Unter den Schriften des Alten Testaments widmet sich Augustin besonders der Genesis sowie den Psalmen. Der Genesis kommt vor allem in der antimanichäischen Frage nach der Schöpfung Bedeutung zu. Die Psalmen deutet Augustin im Blick auf die menschliche Existenz in Alltag und Kirche. Man könnte auch vom Wohnen in Christus sprechen. Unter den neutestamentlichen Schriften interpretiert Augustin besonders ausführlich das Johannesevangelium. Die partielle Identität des Johannesprologs mit dem Denken der *Platonicorum libri* spielt eine zentrale erschließende Rolle im Prozess seiner Bekehrung.[156] Die Bedeutung, die dem Paulinischen Schrifttum zukommt, ist weitaus größer, als

---

[153] S.th. 1,2 prooem.; zur historischen Situierung von „De doctrina christiana" siehe K. Pollmann: Doctrina Christiana. Untersuchung zu den Anfängen der christlichen Hermeneutik unter besonderer Berücksichtigung von Augustinus; *De doctrina christiana*, (Paradosis. Beiträge zur Geschichte der altchristlichen Literatur und Theologie 41), Freiburg (Schweiz) 1996, 66–87.

[154] Es ist zu erinnern: Bei Plotin hat die göttliche Vernunft eine Mittelstellung zwischen der Seele und dem Einen. Ihr kommt es zu, auf Grund der Spuren der Schönheit des Einen die Seele bis an die Grenze des Einen zu führen und sich dann in die Einheit mit dem Einen hinein aufzugeben. Bei Augustinus sind aber sowohl die Vernunft als auch die Seele diejenigen des gottgewollten Leib-Geist-Wesens Mensch. Gott und die rationale Seele des Menschen bedürfen nun einer neuen Vermittlung. Diese geschieht in Jesus Christus. Das Geschehen um Jesus Christus ist dem geistig-weltlichen Menschen vollkommen angemessen, bedarf aber seinerseits einer menschlichen Vermittlung auch bezogen auf das Wissen um dieses Geschehen. Siehe dazu Ruhstorfer: Die Platoniker und Paulus 293–299 (Die Platoniker), 303–310 (Denken nach 386) und 318–324 (Denken nach 396).

[155] Zu ersteren doctr. chr. prooem. passim., zu letzterem conf. 7,9,13–21,27 (CCL 27,101–112).

[156] Conf. 7,9,13 (CCL 27,101f.); dazu Ruhstorfer: Die Platoniker und Paulus 293f. und 332. Auch Boeder: Die philosophischen Conceptionen 332; A. Solignac: Introduction et notes, in: Les Confessions, Livres I–VII, texte de l'édition de M. Skutella; introduction et notes par A. Solignac, Paris 1962, 35ff. Solignac bietet auch eine Synopse zwischen den von Augustinus zitierten Stellen aus dem Johannesevangelium und Plotinstellen, op. cit. 683–689.

Anzahl und Umfang der Kommentare[157] zunächst nahe legen.[158] Sowohl in der Bekehrung von 386 als auch in der Wende von 396 spielt Paulus die entscheidende Rolle.[159]

c) Die confessio laudis et peccatorum des Individuums

„Siehe, denn du hast die Wahrheit geliebt [Ps 50,8/51,8], weil nämlich *der* sie *tut, ans Licht kommt* [Joh 3,21]. Ich will sie tun in meinem Herzen vor dir mit dem Bekenntnis [*confessione*], mit meinem Schreibstift aber vor vielen Zeugen" (conf. 10,1,1; CCL 27,155,6ff.).

Durch die Bekehrung findet der Mensch einen festen Halt in der Wahrheit. Er erkennt sie nicht nur, sondern er verweilt in ihr unerschütterlich (*stabilior*).[160] Das Sein in der Wahrheit ist ein Sein in Christus und in dem von ihm Vollbrachten.[161] Entsprechend will die Wahrheit ihrerseits getan und vollbracht werden. Das erste Tun der Wahrheit ist ein sprachliches. Die Wahrheit will bekannt werden, und zwar öffentlich, sie drängt ans Licht. Augustinus bezeichnet das Bekennen der Wahrheit im Sinne des Glaubensbekenntnisses als *profiteri*.[162] Ein unverzichtbares Element im Zusammenhang mit der Erneuerung des Menschen in der Taufe ist das Ablegen des *symbolon*.[163] Das Bekenntnis der Wahrheit, insofern diese auf den einzelnen Menschen als solchen bezogen ist, nennt Augustinus *confessio*.[164]

Augustinus beginnt seine Besinnung über das Wesen der „Confessiones" mit einem Zitat aus dem Ersten Korintherbrief: „*Cognoscam* te, cognitor meus, cognoscam, sicut et cognitus sum".[165] Die Gotteserkenntnis steht unter der Bedingung, selbst von Gott erkannt zu sein, und sie steht unter der Bedingung, sich selbst zu

---

[157] De diversis quaestionibus LXXXIII, q.66–q.73 (CCL 74a,150–212); Expositio quarundam propositionum ex epistula apostoli ad Romanos (CSEL 84,3–52); Expositio epistulae ad Galatas (CSEL 84,55–141); Epistulae ad Romanos inchoata expsitio liber unus (CSEL 84,145–178); Ad Simplicianum (CCL 40;101–148).

[158] J. Lössl: Intellectus gratiae. Die erkenntnistheoretische und hermeneutische Dimension der Gnadenlehre Augustins von Hippo, Leiden–New York–Köln 1997; Ruhstorfer: Die Platoniker und Paulus 299, dort weitere Literatur.

[159] Acad. 2,5 (CCL 29,21,63–69). Dazu E. Feldmann: Der junge Augustinus und Paulus. Ein Beitrag zur (Manichäischen) Paulus-Rezeption, in: Manichaean Studies III. Atti del Terzo Congresso internazionale di Studi ‚Manicheismo e Oriente Christiano Antico', Löwen–Neapel 1997, 41–76; L. C. Ferrari: Paul at the Conversion of Augustine (Conf.VIII,12,29–30), in: Augustinian Studies 11 (1980) 5–20; F. van Fleteren: St. Augustines Theory of Conversion, in: Ders. u. J. C. Schnaubelt: Collectanea Augustiniana. Augustine, Second Founder of the Faith, New York u.a. 1990, 65–80, bes. 74.

[160] Conf. 8,1,1 (CCL 27,113,11).

[161] Conf. 8,12,29 (CCL 27,131,35).

[162] Conf. 8,2,5 (CCL 27,116,55–72), bes. Z. 55: „profitenda fides"; Z. 66: „[…] in conspectu sanctae multitudinis profiteri."

[163] F. van der Meer: Augustinus der Seelsorger. Leben und Wirken eines Kirchenvaters, Köln 1958, 381 f.

[164] Die dreizehn Bücher der „Confessiones" sollen den *intellectus* und die *affectus* des Menschen zu Gott hin anstacheln, siehe retr. 2,6,1 (CCL 57,94,2–5). Zur Grundlegung des *confessio*-Gedankens bei Paulus siehe Röm 10,10.

[165] Conf. 10,1,1 (CCL 27,155,1f.); vgl. 1 Kor 13,12.

erkennen. Das doppelte Wissen um das Wesen Gottes und die eigene Natur ist der Gegenstand der „Confessiones". Die *confessio* ist nichts anderes als die Kundgabe der durch die Gnade gegebenen Selbst- und Gotteserkenntnis. [166]

Durch die Bekehrung zum Glauben wendet sich der Mensch von seiner Sündigkeit ab, der alte Mensch stirbt mit Christus und der neue, Gott zugewandte Mensch wird mit ihm zum Leben erweckt. Wiewohl die Sündigkeit im Sinne des *peccatum originale* eine allgemeine Tatsache ist, betrifft die Bekehrung doch den Menschen in seiner unvertretbaren Individualität. Damit rückt der alte Mensch in seiner konkreten Sündigkeit in den Blick. Die Schuld Adams ist zwar durch die Tat Christi getilgt, jedoch bleibt die *concupiscentia* als die Neigung zur Sünde erhalten. Deshalb muss der Einzelne sich über seinen Zustand genaue Rechenschaft geben. Mit seiner Erneuerung gewinnt er auch eine neue und vertiefte Unterscheidungskraft bezüglich des Unterschiedes von Gebot und Verbot, Billigung und Missbilligung. Die individuelle Persönlichkeit wird zum Gegenstand ihres eigenen Urteils, der Mensch erlangt die sittliche Verantwortung über sich selbst. [167] Da der Wille des Menschen durch die Bekehrung ebenfalls aus der Zuwendung zum Bösen und der damit verbundenen inneren Zerrissenheit befreit wird, gewinnt die Einsicht in die eigene Bedrohtheit durch die Sünde größte Bedeutung. Auch um sich die darin liegende Unterscheidung des Menschen von sich selbst in ihrer Größe und Eigenart bewusst zu machen, bedarf es des Erinnerns der eigenen Sünden und des Sich-Bekennens zu dieser Schuld. Da das Böse nichts anderes ist als der Mangel an Gutem, ist die Erkenntnis des Mangels für die Einschätzung des empfangenen Guten unerlässlich. Die Bekehrung in ihrer bleibenden Wirksamkeit ist ihrerseits als eine Gabe zu begreifen; mit Paulus gesprochen, „was hast du, das du nicht empfangen hast?" (1 Kor 4,7). Das getane Böse muss der Mensch sich selbst zuschreiben, das empfangene Gute aber Gott. Folglich bedeutet, sich zu Gott zu bekehren: Bekennen des eigenen Mangels – *confessio peccatorum* – und Bekennen der bekehrenden Gnade – *confessio laudis*. [168]

> „Sieh jetzt auf das Bekenntnis des Lobes, denn im Bekenntnis der Sünden hast du dir missfallen, im Bekenntnis des Lobes wird Gott dir gefallen. Es soll dir missfallen, was du in dir gemacht hast; es soll dir gefallen, der dich gemacht hat. Denn die Sünde ist dein Werk, Werk Gottes bist du. Gott hasst dein Werk in seinem Werk. Zu ihm also bekehre dich [*conuertere*], ihm bekenne, wenn du dich anklagst und ihn lobst, dann wirst du recht [*rectus*]. Denn verkehrte [*peruersi*] Menschen machen das Gegenteil, sie loben sich und klagen Gott an" (s. Dolbeau 8,6; RB 101, 1991, 247).

Damit enthält das Bekennen der Sünden und des Lobes die wesentlichen Elemente des bekehrten Denkens. Es macht die Einsicht in die grundlegende *humilitas* deutlich, die weiß, dass alles Gute von Gott kommt. [169] Die *humilitas* anerkennt die eigene

---

[166] Conf. 10,3,3 (CCL 27,9).

[167] Vgl. Pérez Paoli: Hypostasis 216.

[168] Dazu auch s. Dolbeau 8,1 (RB 101, 1991, 244,15f.). Augustinus führt hier die beiden Weisen des Bekennens auf die Heilige Schrift zurück.

[169] Vgl. conf. 10,2,2 (CCL 27,156,9–13). Es ist hier die Bezugnahme auf die mit Paulus gedachte „Recht-

Niedrigkeit und Schwäche im Unterschied zur Erhabenheit und Stärke des Herrn. Sie ist die Anerkennung des absoluten Unterschieds zwischen Schöpfer und Geschöpf. Das erste *peccatum* und die erste *superbia* manifestieren sich da, wo diese Grenze nicht beachtet wird. Das erste Moment des bekehrten Denkens ist aber das Bekennen des Lobes.

> „*Groß bist du, Herr, und sehr zu loben* [Ps 144,3]. *Groß ist deine Kraft* [*uirtus*] *und deine Weisheit ist ohne Zahl* [Ps 146,5]. Und loben will dich der Mensch, irgendein Teil deiner Schöpfung, und der Mensch, der seine Sterblichkeit umherträgt, der das Zeugnis seiner Sünde umherträgt und das Zeugnis, dass *du den Hochmütigen widerstehst* [1 Petr 5,5]. Und dennoch loben will dich der Mensch, irgendein Teil deiner Schöpfung. Du stachelst an, dass dich zu loben erfreut, denn du hast uns auf dich hin gemacht und unruhig ist unser Herz, bis es ruht in dir" (conf. 1,1,1; CCL 27,1,1-7).[170]

Die Anerkennung der Größe Gottes und der Kleinheit des Menschen impliziert jedoch nicht die Vernichtung des menschlichen Subjektes, sondern vielmehr dessen eigentliche Konstituierung als *subiectus* Gottes und sein Eingehen in eine Ordnung der Dinge und Ursachen, wobei die Ursächlichkeit des Menschen bezüglich des Guten immer nur eine relative, weil gegebene sein kann.[171] Die Subjektwerdung des Menschen erhält ihren Grund und ihre Würde in der Selbstunterscheidung Gottes, welche durch die Menschwerdung an den einzelnen Menschen als *persönliche* Bestimmung kommt,[172] ist Christus doch die Wahrheit in Person, die *persona veritatis*.[173] Deshalb bedeutet das Eingehen in Christus eben nicht das Aufgeben der menschlichen Individualität.[174] So lassen gerade die „Confessiones" des Augustinus in einer bis dahin weltgeschichtlich einmaligen Weise die Gründe und Abgründe

---

fertigung des Gottlosen" zu bemerken: „Wenn ich nämlich böse bin, so heißt dir zu bekennen, nichts anderes, als mir zu missfallen; wenn ich aber gottgefällig [*pius*] bin, heißt dir zu bekennen nichts anderes, als diese Tatsache nicht mir zuzuschreiben, *da ja du*, Herr, *den Gerechten gutheißt* [*benedicis*; *Ps 5,13], aber zuvor *machst du* ihn, *den Gottlosen* [*impium*], *gerecht* [*Röm 4,5]." Siehe auch conf. 10,4,5 (CCL 27,157,13f.): „Mein Gutes ist deine Anordnung und deine Gabe, mein Übel ist sowohl mein Vergehen als auch dein Urteil."

170 Zur Preisung Gottes am Anfang der Confessiones siehe K. Kienzler: Die unbegreifliche Wirklichkeit der menschlichen Sehnsucht nach Gott, in: Fischer/Mayer (Hgg.): Die Confessiones des Augustinus von Hippo, 61-106, bes. 61-71.

171 Vgl. 1 Kor 15,28. Der Sohn als Mensch ist selbst ein Subjekt Gottes. Dazu trin. 1,8,15 (CCL 50,48,29-49,47).

172 Vgl. die an das Zitat anschließende Passage conf. 1,1,1 (CCL 27,1,7-17).

173 Conf. 7,19,25 (CCL 27,109,21).

174 Lössl: Intellectus gratiae 211: „Ziel ist dabei nicht die Selbstvernichtung des Sünders, sondern seine Öffnung auf einen Raum in seinem (geistigen) Innern hin, aus dem heraus die Gnade wirksam wird und ihn zu neuem Leben erweckt (non ego uiuo, sed gratia dei mecum)."
Gerade die eigentümliche Zusammenziehung von 1 Kor 15,10 und Gal 2,20 macht deutlich, dass es Augustin beim Sterben mit Christus um die Konstitution des Neuen Menschen geht, der auf Grund seiner erneuerten Menschlichkeit selbst zusammen mit der Gnade Gottes Gutes wirkt. Eine Unterscheidung des Todes als Vernichtung und als Erneuerung findet sich bezogen auf Gal 2,20 beispielsweise in en. ps. 9,5 (CCL 38,50,1-8). Es handelt sich hier nicht um die Vernichtung der Singularität durch die Allgemeinheit, vielmehr wird die Einzelheit des Menschen als Individuum in der Begegnung mit dem

des menschlichen Individuums hervortreten. Augustinus stilisiert darin sein eigenes Leben zu einem Prototyp des christlichen Bekehrungsweges.[175]

Die *confessio laudis et peccatorum* erfolgt entweder in der Stille des Herzens als Zwiesprache zwischen Schöpfer und Geschöpf oder aber als ein öffentliches Tun der Gläubigen. Das Ablegen der *confessio* in der Liebesgemeinschaft der Gläubigen[176] trägt vielfältige „Frucht". Das mitgeteilte Wissen um die konkret mögliche und wirkliche Unterscheidung des Menschen von sich selbst ermutigt und stärkt die „Schwachen" und erfreut die „Guten".[177] Das Wissen um eine geglückte Bekehrung drängt die Gläubigen zum Dank. Das Bewusstsein um die bleibende Gefährdung des Bekehrten führt zum Gebet für diesen.[178] Gerade durch die *confessio* erhält die *conversio* des Menschen den Charakter eines gemeinschaftlichen Tuns.

II. Der bekehrende Grund: Die Liebe Gottes

Wie schon bei Foucault und Nietzsche entspringt die Bestimmung des Menschen dem Willen, bei Augustinus aber nicht mehr dem ‚es-lichen' Willen zum Anders-Sein bzw. dem ‚über-ich-lichen' Willen zur Macht, sondern dem Willen Gottes, der sich in Jesus Christus offenbart. Sowohl bei Nietzsche als auch bei Foucault ermächtigt sich der Mensch auf dem Weg der Selbstunterscheidung, um sich schließlich selbst seine Bestimmung geben zu können. Bei Augustinus hingegen ist die Bestimmung schlechthin vorgegeben, und zwar durch Gott. Deshalb kann die Unterscheidung des Menschen dem Bestimmungsterminus nicht schon vorausgehen. Während bei Foucault und Nietzsche die Unterscheidung des Menschen von sich selbst in den Sachterminus fällt, auf welchen der Bestimmungsterminus folgt, hat sie bei Augustin ihren Ort in der Bestimmung selbst. Der Grund hierfür liegt in der Tatsache, dass die Unterscheidung des Menschen eine eigentümliche Vereinigung des Menschen mit seiner Bestimmung – Jesus Christus – besagt. Die Vereinigung ist jedoch keine ἕνωσις, sei es im Sinne einer Plotinischen Aufgabe des νοῦς in das Eine, sei es im Sinne einer Porphyrianischen Einswerdung in der Substanz, sondern eine Vereinigung in Liebe, in welcher der absolute Unterschied der Vereinigten, Mensch und Gott, gewahrt bleibt. Der Grund dieser Vereinigung, der auch die Bekehrung des Menschen bewirkt, ist die Liebe. Nach dem Ersten Johannesbrief (4,16) ist aber Gott selbst die Liebe.[179]

Individuum Jesus Christus geformt. Foucaults Gedanken bezüglich der Normierung und Zerstörung der Singularität treffen den Augustinischen Gedanken nicht.

[175] Zur literarischen Eigenart der „Confessiones" siehe E. Feldmann: Das literarische Genus und das Gesamtkonzept der Confessiones, in: Fischer/Mayer (Hgg.): Die Confessiones des Augustinus von Hippo 11–60.

[176] Conf. 10,3,3 (CCL 27,156,10–14).

[177] Conf. 10,3,4 (CCL 27,156,15–23).

[178] Conf. 10,4,5 (CCL 27,157,1–5).

[179] Siehe dazu z. B. ep. Io. tr. 7,4–7 (PL 35,2031 f.).

Die Liebe Gottes bezieht sich zuhöchst auf Gott selbst. So ist denn die trinitarische Liebe zwischen Gott Vater, Gott Sohn und Gott Heiligem Geist das Prinzip des Augustinischen Denkens schlechthin.[180] Diese Liebe bezieht sich aber auch auf das von Gott absolut verschiedene Geschöpf. Nicht schon die Bestimmtheit Gottes als anfängliches Geben drängt Gott über ihn selbst hinaus. Er ist sich selbst genug, ist er doch vollkommen. Das Geben des von Gott geschaffenen Seins entspringt einzig einem freien Entschluss des göttlichen Willens.[181] Gott ist auf seine Schöpfung durch seine Liebe bezogen, die in ihrem Wesen unterscheidend ist: Gott liebt das Gute, er hasst das Böse und liebt auch noch die Unterscheidung zwischen Gut und Böse. Während die Schöpfung ihren Grund im Willen Gottes hat, ist für den Sündenfall einzig der Wille des Geschöpfs verantwortlich, das ins Verderben fällt, indem es dem Willen Gottes zuwider handelt.[182] Die Erlösung des gefallenen Geschöpfs hingegen gründet wieder ausschließlich im göttlichen Willen.

Zumal für den Menschen nach dem Sündenfall konkretisiert sich die Bestimmung sowohl in Gestalt des Mittlers zwischen Gott und Mensch, Jesus Christus,[183] als auch in der Sendung des Heiligen Geistes, des Geistes der Liebe. In beiden Gaben verwirklicht sich die Liebe Gottes zu seinem Geschöpf,[184] denn Gott ist die Liebe und die Liebe Gottes ruft die Gegenliebe des Menschen hervor. Durch die Liebe Gottes und die Liebe des Menschen kommt es zur Erneuerung des Menschen. Der neue Mensch bleibt in Christus, und er bleibt in der Liebe. Christus ist nicht nur das Vorbild für die Selbstunterscheidung des Menschen, sondern in seinem Tod und in seiner Auferstehung ist die Unterscheidung des Menschen für alle wirksam vollbracht. Mit dem Johannesprolog und 1 Kor 15,20–28 deutet Augustin das ganze Christusgeschehen als einen Akt der Selbstunterscheidung Gottes. In Christus unter-

---

[180] Siehe dazu Boeder: Topologie 268–272.

[181] Siehe ciu. 11,4 und 21; auch Gn. adu. Man. 1,4 (PL 34,176,45–51): „Wer aber sagt: Warum hat Gott Himmel und Erde gemacht? Dem ist zu antworten: Weil er gewollt hat. Denn der Wille Gottes ist die Ursache des Himmels und der Erde, und daher ist der Wille Gottes größer als Himmel und Erde. Wer aber sagt: Warum hat Gott Himmel und Erde machen wollen? Der fragt nach etwas Größerem als der Wille Gottes ist. Nichts Größeres kann aber gefunden werden." Dazu Pérez Paoli: Hypostasis 205, H. Boeder: Fruitio Dei, in: W. Wimmel (Hg.): Forschungen zur römischen Literatur, Wiesbaden 1970, 14–20, 19.

[182] Ciu. 12,7 (CCL 48,362f.).

[183] Conf. 10,43,68 (CCL 27,192,1–45); trin. 13,10,13 (CCL 50A,399,6); trin. 13,24 (CCL 50A,416,40). Augustinus entnimmt die für ihn so zentrale Rede vom Mittler 1 Tim 2,5 und Gal 3,19. Augustinus hält die Briefe an Timotheus selbstverständlich für authentisch Paulinisches Schrifttum.

[184] Trin. 15,17,31 (CCL 50A,507,128–134): „*Gott ist die Liebe* [1 Joh 4,7]. Gott also, der Heilige Geist, der aus Gott hervorgeht, wenn er dem Menschen gegeben wird, entzündet diesen in Liebe zu Gott und zum Nächsten, und er ist selbst die Liebe. Denn woher hat der Mensch die Gottesliebe außer von Gott. Deswegen sagt er [Johannes] ein wenig später: *Wir wollen lieben, weil er uns zuvor geliebt hat* [* 1 Joh 4,7.10]. Auch der Apostel Paulus sagt: *Die Liebe Gottes ist in unsere Herzen eingegossen, durch den Heiligen Geist, der uns gegeben ist* [*Röm 5,5]." Bezüglich der Erlösung in Christus, die nach Röm 5,8 ihren Grund ebenfalls in der Liebe Gottes hat, siehe z.B. trin. 13,10,14 (CCL 50A,400); 13,16,21 (CCL 50A,410).

wirft sich Gott sich selbst. Der Mittler ist das Subjekt Gottes.[185] Erst als Subjekt Gottes wird der Mittler den Menschen zur Bestimmung.

Augustinus entnimmt die Bestimmung des Menschen sowohl der Johanneischen als auch der Paulinischen Offenbarung. Von größter Bedeutung für ihn ist aber auch in dieser Hinsicht der Apostel Paulus.

1. Der Geist der Liebe und das Wort Gottes

Die Sprachlichkeit, besser, Logizität der Bestimmung bildet deren letztes, weil höchstes Moment. Die Bestimmung als vollkommene Geistigkeit Gottes ist die göttliche Trinität.[186] Für uns zeigt sich als erste und letzte Eigenschaft der Dreifaltigkeit deren *ineffabilitas*.[187] Sie ist die sprachliche und logische Anzeige für den absoluten Unterschied, den Gott zu Allem macht. Dieser Unterschied gründet schon in der absoluten Einheit Gottes. Die Trinität ist von derselben Einfachheit und Einheit wie das Plotinische Eine, weil in ihr die drei göttlichen Personen in Liebe absolut vereinigt sind.[188] Die trinitarische Liebe ist damit das unaussprechliche Prinzip Augustinischen Denkens.

Die Liebe als Prinzip wird möglich, weil in Gott selbst ein Unterschied gedacht ist. Das prinzipielle Geben nimmt seinen Anfang in Gott selbst. Gott Vater zeugt den Sohn, der gleichen Wesens wie der Vater ist. Der Unterschied zwischen den göttlichen Personen wird einzig durch deren Relation bestimmt.[189] In ihrem Wesen und in allen Eigenschaften sind sie Eines. Der Beziehung von Vater und Sohn entspringt der ebenfalls konsubstantielle Geist der Liebe, der die dritte göttliche Person darstellt. Obgleich der Heilige Geist sowohl die Liebe des Vaters zum Sohn als auch die Liebe des Sohnes zum Vater ist und die Liebe in besonderer Weise dem Heiligen Geist zugesprochen werden kann, bleibt sie doch wegen der Gleichheit im Wesen Gottes die prinzipielle Charakterisierung des trinitarischen Gottes im Ganzen.[190] Gott ist die Liebe, und er ist sie, insofern er Trinität ist.[191]

Für die Menschen sagbar, denkbar und rettend wird die Trinität erst durch die zweifache Offenbarung des Wortes Gottes und des Geistes der Liebe. Damit tritt Gott selbst aus seiner absoluten Einheit und Jenseitigkeit hervor in die Welt der

---

[185] Dazu Pérez Paoli: Hypostasis.

[186] Doctr. chr. 1,5,5 (CCL 32,9,1–18).

[187] Siehe doctr. chr. 1,6,6 (CCL 32,9,4f.); trin. 15,27,50 (CCL 50A,531,72).

[188] Wie schon beim Abbild der Trinität, der menschlichen *mens*, der Wille, d.h. die Liebe, *memoria* und *visio* vereint (trin. 11,3,6 und 11,3,18), vereint die Liebe in der göttlichen Dreifaltigkeit selbst Vater und Sohn (trin. 15,17,27–31).

[189] Trin. 5,4,6–5,16,17 (CCL 50,210–227).

[190] Boeder: Topologie 270: „Erst der Geist der Liebe, welcher der Geist ebenso des ‚Vaters' wie des ‚Sohnes' ist, erweist den trinitarischen Gott als die erfüllte Fassung des plotinischen Prinzips und der mittleren Epoche überhaupt."

[191] Trin. 15,17,27–31 (CCL 50A,501–507).

Vielheit. Rettend wird die Offenbarung, indem sie die Welt, die sich nicht nur im absoluten Unterschied, sondern durch die Sünde auch im Gegensatz und sogar im Widerspruch zu Gott befindet, zur in sich unterschiedenen Einheit der Liebe zurückführt. Dies geschieht durch den unterscheidenden Grundzug sowohl des geoffenbarten Wortes als auch des gegebenen Geistes der Liebe.

a) Das Wort Gottes

Alles, was die Gottheit des in Jesus Christus geoffenbarten Wortes Gottes betrifft, ist paradoxerweise unsagbar [192] – paradoxerweise, weil als *Wort* für die Menschen un*sag*bar und undenkbar. An uns, die wir mit dem Psalmwort (Ps 71,3) mit „Hügeln" verglichen werden, kommt das Wort nur vermittelt durch „Berge", wie Johannes, der Evangelist, einer war, d. h. durch besonders inspirierte Offenbarungsträger und Zeugen des Christusereignisses. [193] Aber auch durch die Offenbarung etwa des Johannesprologs wissen wir noch nicht, „wie es ist", sehen jedoch, was wir wissen können, mit Paulus gesprochen, „wie im Spiegel". Auch nach der Offenbarung des Wortes Gottes bleibt für uns die Gotteserkenntnis spekulativ, dabei gleicht das Wort Gottes weniger dem gesprochenen menschlichen Wort, dem Klang, als dem gedachten und in diesem Sinne geistigen Wort, dem „Begriff" (*verbum*). [194] Einerseits kann ein Begriff durch Reflexion auf die Erfahrung aus der Anschauung gewonnen werden – und dies lässt an den Anfang der Offenbarung in der irdischen Existenz Christi denken, denn auch unser Wissen um den Gottessohn wird aus der sinnlichen Erfahrung mit dem Menschen Jesus gewonnen. Andererseits aber bezeichnet der „Begriff" auch den Grund für die Existenz einer Sache, sein Wesen. In diesem Sinne gleicht das Wort Gottes dem „Plan" (*consilium*) eines Künstlers. [195] Durch sein Wort hat der Vater die Welt geschaffen, indem er sprach: „*fiat*", [196] und dieses Wort ist es, das im Anfang bei Gott war und das selbst Gott war. Gott schuf einzig wegen der ihm eigenen Güte: „*quia bonum est*", damit das geschaffene Gute der Güte Gottes entspreche, das Gute sich mitteile. Das Wort Gottes ist selbst die eine ἀρχὴ τῶν πάντων, ebensosehr wie

---

[192] Io. eu. tr. 2,2 (CCL 36,12,2–4): „Allerdings, was oben gesagt wurde, geliebte Brüder, ist über die unausssprechliche Gottheit Christi gesagt worden und zwar in beinahe unaussprechlicher Weise [*ineffabiliter*]."

[193] Io. eu. tr. 1,1 (CCL 36,1,19–25): „Denn sagen, wie es ist, wer kann das? Ich wage zu sagen, meine Brüder, dass vielleicht nicht einmal Johannes selbst gesagt hat, wie es ist, sondern wie auch er selbst es vermochte; denn ein Mensch hat über Gott gesprochen und zwar ein von Gott inspirierter, aber eben dennoch ein Mensch. Weil er inspiriert war, hat er etwas gesagt; wäre er nicht inspiriert gewesen, hätte er nichts gesagt; weil er aber auch als Inspirierter ein Mensch war, hat er nicht ganz gesagt, was ist, sondern, was ein Mensch vermochte, hat er gesagt."

[194] Io. eu. tr. 1,8 (CCL 36, 4f. bes. 5,33f.): „Wenn du das denkst [die lebendige, ewige, allmächtige, unendliche, überall gegenwärtige, überall ganze, nirgends eingeschlossene *substantia*], so ist dies der Begriff Gottes [*verbum de deo*] in deinem Herzen." Auch die BKV, Augustinus IV, 8 übersetzt hier *verbum* mit „Begriff".

[195] Io. eu. tr. 1,9 (CCL 36,5f.).

[196] Hier und im Folgenden siehe Ciu. 11,24 (CCL 48,343,23–344,38).

der Heilige Geist und der Vater. Durch die Sorgfalt des Verstandes wird es möglich, in den Werken Gottes jene „geheime Weise des Sprechens" zu vernehmen, durch die wir auf die Trinität als den Grund von allem verwiesen werden. Besonders aber im Wort Gottes hat alles, was ist, sein Urbild und seine ideale Wahrheit:

> „Indem er gleichsam sich selbst aussprach [*dicens*], zeugte der Vater das ihm in allem gleiche Wort. Denn nicht hätte er sich selbst vollständig und vollkommen ausgesprochen, wenn in seinem Wort irgendetwas mehr oder weniger als in ihm selbst wäre. Dort wird zuhöchst jenes *Ja, ja; nein, nein* [*est, est; non, non*; Mt 5,37; Jak 5,12] wahrgenommen, und daher ist dieses Wort wahrhaft die Wahrheit, da ja, was auch immer in eben dem Wissen ist, von welchem es gezeugt wurde, auch in ihm selbst ist; was aber in diesem nicht ist, ist auch in jenem nicht. Und etwas Falsches kann dieses Wort niemals haben, weil es sich unwandelbar so verhält, wie sich der verhält, von dem es ist" (trin. 15,14,23; CCL 50A,496,7–175).

Das Wort Gottes entspringt vor aller Zeit dem Vater, dessen Wissen es gleichsam ist. Es unterscheidet sich besonders durch seine Unwandelbarkeit von jedem menschlichen Wort oder Begriff, ja, von der ganzen Sphäre des menschlichen Wohnens. Während Gott in jener unwandelbaren Wahrheit des *est est* wohnt, und so von sich sagen kann „*Ego sum qui sum*" (Ex 3,14)[197], ist die Welt des Menschen von einer Zeitlichkeit bestimmt, die seit dem Sündenfall für den Menschen zum Verhängnis geworden ist. Der Mensch ist so, dass er auch nicht ist. *Est* und *non* gehen für ihn ineinander über – sowohl im Sinne des Übergangs von Sein zu Nichtsein als auch von der Wahrheit zur Unwahrheit. Diese Welt ist zwar der Wohnort des Menschen, doch findet er darin keine dauerhafte und wahrhafte Bleibe. Der Mensch ist der Vergänglichkeit und mithin dem Tod ausgesetzt. Er muss das Meer dieser Zeit und Welt überqueren, um in die Heimat jenes anfänglichen Wortes zurückzufinden;[198] nur dort kann er ewiges Leben finden. In dieser Welt wohnt der Mensch in der Lüge, die ihm zur zweiten Natur wurde: „*Omnis enim homo mendax*" [Röm 3,4].[199] Weil die Menschen hinfällig und lügnerisch sind, können sie Gottes *nomen incommutabilitatis* nicht erfassen.[200] Der Mensch müsste angesichts seiner Entfernung von Gott verzweifeln, wenn ihm nicht in der Offenbarung des Gottesnamens eine Verheißung gegeben wäre, denn es beschränkt sich Gottes Wesen nicht auf seine ewige Wahr-

---

[197] Hier in: Io. eu. tr. 2,2 (CCL 36,12,12).

[198] Io. eu. tr. 2,2 (CCL 36,12,31 ff.): „Er hat das Holz eingesetzt, durch das wir das Meer überqueren sollen, denn niemand kann das Meer dieser Welt überqueren, wenn er nicht vom Kreuz Christi getragen wird."

[199] Augustinus zitiert dieses Pauluswort insgesamt 59 Mal u. a. gr. et pecc. org. 2,47 (CSEL 42,205,25).

[200] S. 7,7 (CCL 41,76,159–163): „*Ich bin, der ich bin. Sage dies den Kindern Israels: Der ist, hat mich zu euch geschickt. Sein* [*esse*] *ist der Name der Unwandelbarkeit. Denn alle Dinge, die sich wandeln, hören auf zu sein, was sie waren und fangen an zu sein, was sie nicht waren. Sein ist* [*esse est*]. *Wahrhaftes Sein, unversehrtes Sein, echtes Sein hat nur der, der sich nicht wandelt.*" Und weiter s. 7,7 (CCL 41,76,184–188): „Gleichsam also jener Erhabenheit des Wesens [*excellentia essentiae*] bei Weitem unähnlich, müsste er [der Mensch] verzweifeln, [Gott] erhebt den, der verzweifelt, weil er ja den sieht, der sich fürchtet; als ob er sagte: ,Weil ich gesagt habe: *ich bin, der ich bin*, und: *der ist hat mich geschickt*, hast du eingesehen, was Sein [*esse*] ist, und du bist daran verzweifelt, es fassen zu können.' "

heit und sein ewiges Sein, vielmehr wird Moses auch Gottes *nomen misericordiae* geoffenbart:[201]

> „Richte die Hoffnung auf: ‚*Ich bin der Gott Abrahams, der Gott Isaaks und Jakobs* [Ex 3,14]. So bin ich, was ich bin, so bin ich das Sein selbst [*ipsum esse*], dass ich den Menschen nicht fern sein will [*deesse*].‘ Wenn wir nun irgendwie Gott suchen und den erkunden können, der ist, und zwar *nicht weit* entfernt *von jedem von uns, denn in ihm leben wir, bewegen wir uns und sind wir* [Apg 17,27 f.], so wollen wir in unaussprechlicher Weise sein Wesen [*essentia*] loben und seine Barmherzigkeit lieben" (s. 7,7; CCL 41,76,188–195).

Mit Paulus (Gal 3,16) macht Augustin deutlich, dass die „Verheißung" bereits vor der Offenbarung an Mose Abraham gegeben wurde und sich auf Christus als den „Nachkommen" Abrahams bezieht.[202] Das Wort der Verheißung ist von derselben Unwandelbarkeit und Wahrheit wie Gott selbst, deshalb vermag es bereits in Abraham den Glauben hervorzurufen. Durch die Fleischwerdung des Wortes Gottes erfüllt sich seine Verheißung, bei den Menschen zu sein, für sie da zu sein. Das fleischgewordene Wort Gottes ist für die Menschen der Weg in die himmlische Heimat. Zu diesem Weg aber wird es nur, weil es die Endlichkeit und die Sündigkeit der Welt über sich hat ergehen lassen, weil sein eigener Weg bis zum Tod am Kreuz führt. Im „*verbum crucis*" (1 Kor 1,18), wie es bei Augustin vor allem dasjenige der Paulinischen Verkündigung ist, wird die Erfüllung der Verheißung anschaulich. Im „Wort vom Kreuz" liegt die erlösende, weil bekehrende Bestimmung des Menschen. Um das Wort vom Kreuz wahrhaft zu begreifen, bedarf es der Gabe des Geistes der Liebe. So kann auch niemand sagen, „Jesus ist der Herr, wenn nicht im Heiligen Geist" (1 Kor 12,3).[203] Die Einsicht in das Wort Gottes muss von der Gabe des Heiligen Geistes begleitet werden.

b) Der Geist der Liebe

Auch der prinzipiellen Liebe eignet nicht nur der vereinigende Zug der *caritas*. Die Liebe Gottes ist ebenso ein Wille zur Unterscheidung: *dilectio*.[204] Zwar macht Augustinus mit Gen 1 immer wieder deutlich, dass Gott das Geschaffene gutheißt,

---

[201] S. 7,7 (CCL 41,76,170 f.). „Der Name der Unwandelbarkeit" bezeichnet Gott „an sich" (*in se*), der Name der Barmherzigkeit Gott „für uns" (*ad nos*, ebd.). Vgl. zum Ganzen Pérez Paoli: Hypostasis 227 f.

[202] Exp. Gal. 23 (CSEL 84,85,2–20); doctr. chr. 4,20,39 (CCL 32,144 ff.); Gn. litt. 11,24 (CSEL 28,1;356 f.).

[203] Siehe dazu z. B.: Io. eu. tr. 74,1 (CCL 36513,38–46).

[204] Es ist auf die Etymologie des Wortes hinzuweisen, das sich aus der Vorsilbe „dis" und der Wortfamilie um „ligere" bzw. „legere", „lectio" herleitet und soviel wie „auslesen", „auseinanderlesen", „auswählen", „schätzen", „hochachten", „lieben aus Achtung" bedeutet.
Siehe dazu Pérez Paoli: Hypostasis 205 ff.; Pérez Paoli macht deutlich, dass es sich hierbei um die Liebe Gottes zur Gerechtigkeit handelt. Die Wörter *caritas* und *dilectio* verwendet Augustinus bedeutungsgleich. Beiden Wörtern eignet aber jener unterscheidende Grundzug, der im Wort *dilectio* explizit enthalten ist.

entspringt es doch dem göttlichen *Wort*,[205] aber dennoch findet sich in der Schöpfung Böses, dessen Bosheit einzig aus dem freien Willen des Geschöpfs hervorgeht.[206] Wie aber kann Gott die Gesamtheit des Geschaffenen lieben und für vollkommen erklären, wenn sich in ihm *mala* in der Doppelbedeutung von Bösem und Schlechtem finden? Schon in seinem Frühwerk „De ordine" arbeitet Augustinus die unterscheidende Liebe in ihrem Zusammenhang mit der Gerechtigkeit Gottes heraus. Gott liebt das Gute, und er hasst das Böse. Insofern das Böse in der Schöpfung aber in die göttliche Ordnung eingefügt ist, kann sich die Liebe Gottes auf die Ordnung der Schöpfung im Ganzen beziehen.[207]

> „So liegen die üblen Dingen [*mala*], die Gott nicht liebt, auch nicht außerhalb der Ordnung, welche Gott ihrerseits dennoch liebt [*diligit*]; denn das liebt er: zu lieben das Gute und nicht zu lieben das Übel; das gehört zur großartigen Ordnung und zur göttlichen Verfügung" (ord. 1,7,18; CCL 29,98,27–31).

Die Ausübung der göttlichen Gerechtigkeit ist nur da möglich, wo es eine „Unterscheidung" (*distinctio*) gibt.[208] Dennoch ist zu bemerken, dass das *malum* nicht schlechthin notwendig ist, sondern lediglich von Gott zugelassen, auch wenn es letztlich besser ist, dass es Gutes und Böses gibt.[209] Das Böse wird, indem es Gegenstand des göttlichen Urteils ist, zwar nicht an sich in Gutes verwandelt, jedoch sind Missbilligung und Verurteilung des Bösen ihrerseits ein Gut, ist doch das göttliche Urteil gerecht. Gott verwandelt aber auch das *malum* teilweise an sich in ein *bonum*, sei es, dass er das Schlechte verbessert und schließlich zur Vollkommenheit führt, sei es, dass er das böse Geschöpf, dessen Bosheit in der willentlichen Abkehr von Gott besteht, zu sich *bekehrt*.[210] Doch bleibt die Liebe Gottes auch bei ihrem Werk der

---

[205] Siehe die zahlreichen Kommentare Augustins zu Gen 1, z.B. Gn. adu. Man. 1,13 (PL 34, 179,39–58); conf. 13,28,42–30,45 (CCL 27,267ff.); Io. eu. tr. 1,10–19 (CCL 36,6–11).

[206] Ench. 8,23 (CCL 46,63,5–8): „[...] in keiner Weise dürfen wir zweifeln, dass die Ursache der guten Dinge, die zu uns gehören, einzig die Güte Gottes sei, der bösen Dinge aber der Wille des wandelbaren Gutes, der vom unwandelbaren Gut abfällt, zuerst der Engel, sodann der Menschen."

[207] Zum Ganzen Pérez Paoli: Hypostasis 226 ff.

[208] Ord. 1,7,19 (CCL 29,98,42–51).

[209] Ench. 24,96 (CCL 46,100,30–38): „Man darf nicht zweifeln, dass Gott Gutes tut, auch wenn er geschehen lässt, was auch immer Übles geschieht. Denn ausschließlich mit gerechtem Urteil lässt er dies zu, und es ist in der Tat alles gut, was gerecht ist. Obwohl also Übel, insofern es übel ist, nichts Gutes ist, ist es dennoch gut, dass es nicht nur Gutes, sondern auch Übles gibt. Denn wäre es nicht gut, dass es auch Übles gibt, hätte der allmächtige Gute in keiner Weise zugelassen, dass es existiere; für ihn ist es ohne Zweifel ebenso leicht, das zu tun, was er will, wie es leicht ist, das nicht zuzulassen, was er nicht will." Vgl. ciu. 11,23 (CCL 48,341 f.).

[210] Bezüglich des generellen Verhältnisses der Trinität zum *malum* in den Geschöpfen siehe ench. 3,11 (CCL 46,53,27–34); zitiert hier S. 304f. Zum besonderen Verhältnis von Barmherzigkeit und Gerechtigkeit Gottes im Blick auf die Erlösung des wollenden Geschöpfs siehe ench. 24,97–27,103 (CCL 46,100,43–106,50). Die Ausführungen Augustins an dieser Stelle stützen sich auf 1 Tim 2,4 und Röm 9,11–21.

Vollendung der Schöpfung eine unterscheidende. Unter Berufung auf Röm 5,5[211], 1 Kor 13 und Gal 5,6[212] stellt Augustin fest:

> „Nichts ist erhabener als jene Gabe Gottes [sc. die Liebe; *dilectio*]. Sie allein ist es, die die Kinder des ewigen Reiches von den Kindern des ewigen Verderbens trennt [*diuidit*]" (trin. 15,18,32; CCL 50A,507 ff.).

Denen, die Gott liebt, gibt er sich selbst als Liebe, als Heiliger Geist.[213] Der Heilige Geist selbst ist die größte Gabe.[214] Diese Liebe des Geistes ist eine *freie* Gabe und damit reine Gnade, *gratia*[215]. Sie ist sowohl *caritas* als auch *dilectio* und als solche der Wille zum Unterschied von Gut und Böse. So zeigt sich auch in der Augustinischen Lehre von der Gnade der kritische Wille Gottes.

> „Denn einzig die Gnade unterscheidet [*discernit*] die Erlösten von den Verlorenen, die eine vom Ursprung her stammende gemeinsame Schuld [*causa*] zu einer Masse der Verlorenheit zusammenwachsen ließ" (ench. 25,99; CCL 46,102,53–56).

In einer jahrelangen Auseinandersetzung mit Paulus entwickelt Augustin seine Lehre von der Gnade.[216] Zum entscheidenden Durchbruch gelangt er im Jahre 396 in seinen Büchern „Ad Simplicianum" mit einer Interpretation von Röm 9,10–29. Von dieser Sicht der Erlösung des Menschen durch die Gnade wird Augustinus nicht mehr abweichen. Die *intentio apostoli* bei der Abfassung jenes Abschnittes ist es herauszustellen, „*ut de meritis operum nemo glorietur*" (1 Kor 4,7).[217] Die Zugehörigkeit eines Menschen zur Gruppe der Erlösten muss als reine Gabe begriffen werden. Die Bekehrung erhält der Mensch aus Gnade; ihr gehen keine verdienstvollen Werke voraus, sondern diese folgen ihr nach,[218] weil sonst die Gnade eben nicht mehr freie Gabe wäre, sondern ein geschuldetes Gut.[219] Warum aber kann der Mensch die erlösende Zukehr zu Gott nicht aus eigenem Vermögen erwirken und verdienen?

---

211 „*Dilectio dei* [...] *diffusa est in cordibus nostris per spiritum sanctum qui datus est nobis.*" Zit. nach trin. 15,17,31 (CCL 50A,507,133 f.).

212 „*In Christo* [...] *Iesu neque circumcisio aliquid ualet, neque praeputium, sed fides quae per dilectionem operatur.*" Zit. nach trin. 15,18,32 (CCL 50A,507 f.,23 ff.). Bemerkenswerterweise liest der Schrifttext des Augustin *dilectio*, anders als die Vulgata, die das griechische ἀγάπη mit *caritas* übersetzt.

213 Trin. 15,18,32 (CCL 50A,508,26–29): „Die Liebe [*dilectio*] also, die von Gott ist und die Gott ist, ist eigentümlich [*proprie*] der Heilige Geist, durch den in unsere Herzen die Liebe [*caritas*] Gottes eingegossen wird [*diffunditur*], durch die in uns die ganze Trinität einwohnt."

214 Trin. 15,19,37 (CCL 50A,513,137 f.); vgl. dazu 1 Kor 13,13.

215 Trin. 15,19,34 (CCL 50A,509 f.).

216 Brown: Augustinus 315; Flasch: Augustinus 172 f.; Lössl: Intellectus gratiae 1; J. K. Riches: Readings of Augustine on Paul, their impact on critical studies of Paul, in: Society of Biblical Literature: Seminar papers 134 (1998) 943–967.

217 Simpl. 1,2,2 (CCL 44,23,12 ff.).

218 Siehe Simpl. 1,2,2 (CCL 44,25,24).

219 Siehe Simpl. 1,2,2 (CCL 44,24,21); vgl. Röm 11,6.

Mit Paulus[220] betont Augustin, dass alle Menschen durch die Abkehr des freien Willens von Gott gesündigt haben.[221] Damit wurde die Menschheit insgesamt zu einer *massa damnata* (ench. 8,27, CCL 46,64,43). Alle Menschen haben die Verurteilung gleichermaßen verdient. Weder durch gute Werke noch durch den Glaubensakt noch durch die Betätigung des freien Willens kann der Mensch sich erneuern, um sich so dem verurteilungswürdigen Zustand zu entziehen. Dieses Unvermögen hängt an der Unfreiheit des Willens, „denn indem der Mensch den freien Willen schlecht gebrauchte, hat der Mensch sich selbst und diesen verdorben" (ench. 9,30; CCL 46,65,37f.). Wie ein Selbstmörder sich nicht wieder zum Leben erwecken kann, so kann der Wille sich nicht selbst befreien (ebd.). Zwar geht der freie Wille vielen Gnadengaben voraus, aber derjenigen Gabe, die er selbst ist, geht die Barmherzigkeit Gottes voraus, und sie folgt ihr nach.[222] Weil nun auch das *initium fidei*, das doch in der *assensio* des freien Willens besteht, nicht aus dem Menschen selbst stammen kann, wird auch der Glaube durch das Erbarmen Gottes bewirkt. Wenn Wille und Glaube kein primäres Verdienst erwerben können, dann auch nicht die Werke des Menschen.[223]

Durch einen Akt der *superbia* hat die Menschheit ihre Ausrichtung auf die Herrlichkeit Gottes verloren.[224] Dieser Verlust ist die Folge der größeren Liebe zur eigenen Herrlichkeit als zur Herrlichkeit Gottes und damit das Resultat des illegitimen Selbstgenusses und der fehlenden Anerkennung des absoluten Unterschiedes zwischen Schöpfer und Geschöpf. Durch die Abwendung der Liebe von der Herrlichkeit Gottes hat das Geschöpf seine finale Bestimmung verloren. Die Gottebenbildlichkeit des Menschen in *memoria*, *intellectus* und *voluntas* ist entstellt und geschwächt. Einzig durch die Zuwendung Gottes in der Gnade kann der Mensch sich wieder der verlorenen Bestimmung unterstellen. Wen Gott aber dieser Gnade teilhaftig werden lässt, ist einzig und allein Sache seiner „Vorherbestimmung" (*praedestinatio*). Das Vorherwissen und die Vorherbestimmung lassen aus dem Menschen wieder ein Abbild Gottes werden. Die Prädestination führt zur Rechtfertigung und zur Ver-

---

[220] Z.B. Röm 3,23; 5,12.18 u.v.a.

[221] Dazu, wie es zum Gedanken der Erbsünde kommen kann, siehe hier C.III.3. Die Geschichte des Verhältnisses von Gott und Mensch (animal rationale *mortale*).

[222] Ench. 9,32 (CCL 46,67,99–104): „Der gute Wille des Menschen geht nämlich vielen Gaben Gottes voraus, aber nicht allen; zu denjenigen, welchen er nicht vorausgeht, gehört auch er selbst. Denn beides kann man in den Heiligen Schriften lesen, sowohl *Seine Barmherzigkeit kommt mir zuvor*, als auch *Seine Barmherzigkeit folgt mir nach* [Ps 58,11]: Dem, der nicht will, kommt sie zuvor, damit er will; dem, der will, folgt sie nach, damit er nicht vergebens will."

[223] Simpl. 1,2,2 (CCL 44,23,12ff.). Zum Ganzen Ruhstorfer: Die Platoniker und Paulus 325–239. Doch ist zu betonen, dass die Bekehrung des Denkens nicht der Bekehrung des Willens vorausgeht, weil bekehrtes Denken Glauben ist, der Glauben aber erst auf die Zustimmung des Willens folgt. So ist im siebten Buch der Confessiones noch nicht vom bekehrten Denken, sondern erst von einer Vorbereitung des Denkens auf den Glauben die Rede, zu dem es erst mit der Bekehrung des Denkens im achten Buch kommt.

[224] Röm 3,23; dazu z.B.: spir. et lit. 16 (CSEL 60, 168), en. Ps. 30,2,1,6 (CCL 38,195). Ausführlicher dazu weiter unten.

herrlichung des Menschen,[225] deshalb ist jede Selbstverherrlichung ausgeschlossen. Die entsprechende Haltung des Menschen ist die *humilitas*.[226] Augustinus verweist in diesem Zusammenhang immer wieder auf 1 Kor 4,7:[227]

> „Quis enim te discernit? Quid autem habes, quod non accepisti? Si autem accepisti, quid gloriaris, quasi non acceperis?"

Die „Unterscheidung" (*discretio*) von der Sünde und die daraus resultierende Auszeichnung muss der Mensch sich schenken lassen. Durch diesen Gedanken bringt Augustin den Plotinischen Grundsatz zur Geltung, dass alles, insofern es gut ist, eine Gabe des ersten Guten ist. Weil aber das Handeln Gottes durch einen ewigen Entschluss seines Willens feststeht, ist auch schon von Ewigkeit her vorherbestimmt (*praedestinatus*)[228], welcher Mensch in Entsprechung zu seiner Bestimmung (*destinatio*) gebracht werden soll und welcher nicht.

In der zweiten „Quaestio ad Simplicianum" stellt Augustinus mehrfach, bezogen auf Röm 9,13, die Frage, warum Gott Jakob geliebt, Esau aber gehasst hat, warum er einen Menschen erwählt hat und einen anderen nicht. Der Willensentschluss Gottes, Jakob zu retten und Esau zu verurteilen, gründet einzig und allein im Willen und im Ratschluss Gottes, jedoch in keiner Weise im Wollen oder Tun des Menschen. Inwiefern aber ist es gerecht, dass Gott den einen erwählt und den anderen nicht? Festzuhalten ist, dass beide wegen der Erbschuld schon vor ihrer Geburt Sünder sind. Beide haben die Verurteilung verdient. Wenn Gott dennoch den einen verurteilt und den anderen rettet, so hat dies seinen Grund einzig in seinem Willen zur Unterscheidung. Gott wollte, dass sowohl seine Gerechtigkeit als auch seine Barmherzigkeit offenbar werden:[229] Ohne die Wirklichkeit einer Verurteilung des Bösen wäre das kritische Wesen des Gerichtes nur eine leere Farce, ohne die Wirklichkeit des unverdienten Freispruches könnte kein Mensch Erlösung fin-

---

[225] Röm 8,28–30: „Scimus autem quoniam diligentibus Deum omnia cooperantur in bonum his qui secundum propositum vocati sunt sancti nam quos praescivit et praedestinavit conformes fieri imaginis Filii eius ut sit ipse primogenitus in multis fratribus quos autem praedestinavit hos et vocavit et quos vocavit hos et iustificavit quos autem iustificavit illos et glorificavit." Dazu z.B. exp. prp. Rm. 55 (CSEL 84,30); trin. 13,16,20 (CCL 50A,409f.).

[226] Biblischer Beleg bei Augustin für die Rolle der Demut ist oft Jak 4,6 (= 1 Petr 5,5; vgl. Spr 3,37). Siehe z.B. Conf. 1,1 (CCL 27,1,5).

[227] Z.B. Simpl. 1,2,9 (CCL 44,34) und conf. 7,21,27 (CCL 27,110). Augustin zitiert dieses Schriftwort 81 mal. Dazu Ring: Einführung, 39. In praed. sanct. 4,8 (PL 44,966,44) bezeichnet es Augustinus als eine Offenbarung, dass ihm der Sinn von 1 Kor 4,7 aufging. Im Umfeld dieser Stelle findet sich auch die missverständliche Formulierung „bei der Lösung dieser Frage hat man sich zwar um die freie Urteilskraft [*liberum arbitrium*] des menschlichen Willens gemüht, aber die Gnade Gottes hat gesiegt" (966,30ff.; vgl. retr. 2,1,1; CCL 57,89,20f.). Es darf jedoch hieraus keinesfalls die Folgerung gezogen werden, dass es bei Augustinus keinen freien Willen gäbe.

[228] Auch die Rede von der *praedestinatio* geht auf Paulus zurück: Röm 8,29f.

[229] Ench. 24,94 (CCL 49,99,4f.); Augustinus zitiert hier Ps. 100,1: *„Misericordiam et iudicium cantabo tibi domine."* Auch Simpl. 1,2,12 (CCL 44,36,322–37,331).

den. Diese Spannung zwischen Gerechtigkeit und Barmherzigkeit ist zu halten.[230] Dennoch vollzieht sich auch die Prädestination des Erlösten nicht willkürlich, sondern sie ist ihrerseits gerecht, auch wenn der „Ratschluss" Gottes, gemäß welchem er den Einen erlöst und den Anderen dem Gericht verfallen lässt, für die Menschen unerforschlich und damit auch unsagbar bleibt. Wenn Augustin mit Paulus auf die Unbegreifbarkeit der göttlichen Urteile und die Unerforschbarkeit seiner Wege (Röm 11,33)[231] abhebt, so appelliert er an die Anerkennung des absoluten Unterschieds von Schöpfer und Geschöpf im Sinne der *humilitas*. Mit Paulus fragt Augustin (Simpl. 1,2,22; CCL 44,56,806): „Mensch, wer bist du?" (Röm 9,20), um das Geschöpf auf seine Geschöpflichkeit zu verweisen.

Augustin findet sich damit in Übereinstimmung mit dem Plotinischen Prinzip der *ineffabilitas* des ersten Einen. Alles ist dem Einen absolut unterstellt, der Eine aber ist absolut verborgen. Dieser Gedanke entspringt der innersten Mitte des Neuen Testaments im Ganzen und mithin auch des Paulinischen Gedankens. Augustin betont am Ende von „Ad Simplicianum" noch einmal, dass die Absicht des Apostels, wenn er die freie Gnadenwahl Gottes herausarbeite, einzig darin liege, die Selbstverherrlichung des Menschen auszuschließen.[232] Alles – zuhöchst aber die Herrlichkeit – bleibt freie Gabe Gottes. Augustinus ignoriert bei seiner Interpretation von Römer 9–11, dass dieser Gedanke bei Paulus eigentlich der heilsgeschichtlichen Stellung Israels gewidmet ist. Doch befindet er sich mit seiner Auslegung durchweg in Übereinstimmung mit Paulus, der nirgendwo einen Zweifel daran lässt, dass der Mensch sich sein Heil nicht aus eigenem Wollen und Vermögen verdienen kann und dass die Gabe des Heiles ihren Grund einzig im Willen Gottes hat, die Menschen zu erlösen.

Den Heilswillen Gottes, wie er sich im deuteropaulinischen Ersten Timotheusbrief ausspricht – „Gott will, dass alle Menschen gerettet werden" (1 Tim 2,4) – deutet Augustin im Sinne der unterscheidenden Liebe. Es gilt, dieses Wort so zu verstehen, als hieße es,

> „[…] dass kein Mensch gerettet wird, außer der, von dem er selbst [Gott] es gewollt hat; nicht dass es nur solche Menschen gäbe, von denen er gewollt hat, dass sie gerettet werden, sondern dass keiner gerettet wird, außer der, von dem er es gewollt hat; und daher muss man bitten, dass er will, weil es notwendigerweise geschieht, wenn er will" (ench. 27,103; CCL 46,104,6–9).

Die Rettung des Menschen steht unter der Bedingung des göttlichen Willens. Und sie folgt mit hypothetischer Notwendigkeit. Wenn Gott will, wird der Mensch gerettet. Der Wille des Menschen vermag dem göttlichen Willen nicht zu widerstehen, da sonst die Wirklichkeit der Erlösung vom Geschöpf, nicht aber vom Erlöser abhinge

---

[230] Dies gilt auch für eine heutige Theologie, gerade auch da, wo sie sich von der Augustinischen Lehre von der *massa damnata* trennt und den universalen Heilswillen Gottes hervorhebt!

[231] In: Simpl. 1,2,22 (CCL 44,42,485): „*Inscrutabilia* […] *sunt iudicia eius et inuestigabiles uiae eius.*"

[232] Simpl. 1,2,21 (CCL 44,53,734 ff.): „Als einzige Absicht der Apostel und aller Gerechtgemachten, die uns die Einsicht in die Gnade [*intellectus gratiae*] aufgezeigt haben, wird also festgehalten: *Wer sich rühmt, rühme sich im Herrn* [2 Kor 10,17]."

und dessen Wille nicht auch von der Allmacht begleitet würde.[233] Dennoch geschieht die Bekehrung des Menschen nicht am Willen des Menschen vorbei, sondern der menschliche Wille ist als *Zweitursache* dem göttlichen *unterstellt*. Wenn Gott den Menschen begnadet, dann wird dessen Wille zum Wollen befreit. Auch in diesem Gedanken weiß sich Augustinus von Paulus inspiriert.

> „Denn wenn Gott sich erbarmt, dann wollen wir auch. Zur selben Barmherzigkeit gehört es freilich, dass wir wollen; *denn Gott ist es, der in uns das Wollen und das Wirken bewirkt für* [unseren]*guten Willen* [Phil 2,13]. Denn wenn wir fragen, ob der gute Wille eine Gabe Gottes sei, wäre es verwunderlich, wenn irgendeiner dies zu leugnen wagte" (Simpl. 1,2,12; CCL 44,37,334–37,338).

Damit ist der menschliche Wille selbst hypothetisch, insofern er gut ist. Wenn Paulus in Röm 9,16 schreibt: „[...] non volentis, neque currentis, sed miserentis Dei", dann will Augustin dies, eben weil sich Schöpfer und Geschöpf auf absolut verschiedenen Ebenen befinden, nicht im Sinne einer *Disjunktion*: entweder Gottes Wille oder der menschliche, verstanden wissen,[234] sondern im Sinne einer *Hypothese (Unterstellung!)*: Wenn sich Gottes Wille dem Geschöpf in Liebe zuwendet, dann befreit er den Willen des Menschen, sich zu Gott zu bekehren.[235] Und wenn der Mensch sich bekehren will, dann ist dieser Wille immer schon von der Gnade Gottes getragen. Ob Gott die Begnadung mit letzter Konsequenz will, bleibt dem Geschöpf verborgen. Doch ist der Mensch gehalten, Gott zu bitten, dass er sich erbarmen wolle. Wissend um dieses hypothetische Ursachengefüge[236], den absoluten Primat des göttlichen Willens demütig anerkennend, kann der Mensch durchaus *auch* sein Heil wirken und zwar genau in der gottgewollten Ordnung, „das Erste ist also die Gnade, das Zweite sind die guten Werke [...]" (Simpl. 1,2,3; CCL 44,27,98 f.).

Die befreiende Gnade des Geistes der Liebe kommt zu den Menschen „durch Jesus Christus".[237] Die Inkarnation des Sohnes ist selbst das „summum [...] exemplum gratiae" (ciu. 10,29; CCL 47,304,22 f.). In Leben, Sterben und Auferstehung Christi manifestiert sich die Liebe Gottes.[238] Dem Tun Gottes in Christus entspringt die Gnade, wodurch ein heilsrelevantes Tun des Menschen möglich wird. Die erste und

---

[233] Ench. 24,97 (CCL 46,100); Simpl.1,2,13 (CCL 44,37 f.).

[234] Die Disjunktion prägt die Logik neuzeitlichen Denkens. Dies gilt sowohl für die Luthersche Alternative ‚entweder der freie Wille oder die Gnade' als auch für die ignatianisch-jesuitische Fassung der Freiheit. Siehe zu Luther K. Ruhstorfer: Das Prinzip ignatianischen Denkens. Zum geschichtlichen Ort der „Geistlichen Übungen" des Ignatius von Loyola, Freiburg 1998, 272–275, zu Ignatius ebd. 378–384. Thomas von Aquin hingegen klärt die Augustinische *hypothetische* Freiheit weiter. Siehe op. cit. 375–378. Zum frühneuzeitlichen Gnadenstreit zwischen Jesuiten und Dominikanern siehe auch K. Ruhstorfer: Freiheit und Prädestination. Der Ansatz des Dr. Josef Heiler, Pfarrer von Triberg, in: Freiburger Diözesan-Archiv 120 (2000) 157–188, dort 162–174.

[235] Pérez Paoli: Hypostasis 203: „Die philosophische conuersio in Gestalt der re-ligio ist die gebührende Antwort auf die Liebe Gottes zu den Menschen."

[236] Pérez Paoli: Hypostasis 212–215.

[237] Conf. 7,21,27 (CCL 27,111,21).

[238] Trin. 13,14 (CCL 50A,410,49 f.); vgl. Röm 5,8.

entscheidende Tat ist die *assensio* im Glaubensakt, welchem aber Werke der Liebe folgen müssen.

Die konkrete Bestimmung des Menschen erfolgt in *sprachlicher* Hinsicht durch die *doctrina christiana*.[239] Die *doctrina* wird von Christus selbst in Wort und Tat verkündigt, bis hin zu seinem Tod. Die „Lehre" Christi (vgl. Joh 7,16) ist nichts von ihm Verschiedenes. Wie er *in forma Dei* (vgl. Phil 2,6) nichts anderes ist als das Leben selbst, „so ist nicht eines der Sohn und anderes die Lehre, sondern die Lehre selbst ist der Sohn" (trin. 2,2,4; CCL 50,85,1 f.). Auch der Mensch Jesus Christus (*in forma servi*) unterscheidet sich nicht von der sprachlichen Bestimmung des Menschen durch die „göttliche Lehre". Er ist, was er sagt und tut. In ihm gilt das *„est, est; non, non"*, ist er doch die Wahrheit in Person. Die Wahrheit aber will getan werden.[240] Wegen dieses praktischen Charakters der Wahrheit zieht sich die Verkündigung Christi auf das doppelte Liebesgebot zusammen. Gott und den Nächsten zu lieben, entsprechend dem Maß der Liebe Christi, dies ist die Weisung für den Menschen, der Inhalt der Unterscheidung des Menschen von sich selbst und das sprachliche Moment in der Bestimmung des Menschen.

Das Wort des Mittlers bleibt gegenwärtig in der Heiligen Schrift und in der Kirche. Sowohl in der Heiligen Schrift[241] als auch in der Predigt der Kirche[242] ist es Christus

---

[239] Zum Folgenden vgl. trin. 15,11,20 (CCL 50A,487,22–488,36) Augustinus macht hier deutlich, dass die „*doctrina*" als Gotteswort im Menschenwort zwischen dem bloßen menschlichen Vorstellen, Meinen und Begreifen einerseits und dem Wort, das Gott ist, andererseits vermittelt. Mit Paulus sagt er über die Sprachlichkeit der Lehre: „*also [kommt] der Glaube von der Verkündigung [auditu], die Verkündigung aber durch das Wort Christi* [Röm 10,17], und wiederum, *als ihr von uns das Wort der Verkündigung [auditus] Gottes angenommen habt, habt ihr es nicht als Menschenwort angenommen, sondern als das, was es wahrhaft ist: Gotteswort* [1 Thess 2,13]." Dieses Wort heißt deshalb „Wort Gottes, weil es als göttliche Lehre überliefert wird [*doctrina diuina traditur*], nicht als menschliche." Die spekulative Entsprechung des geoffenbarten Gotteswortes mit dem verborgenen ist der Grund dafür, dass dieses in jenem wie im Rätselbild geschaut werden kann [vgl. 1 Kor 13,12].

[240] Trin. 15,11,20 (CCL 50A,489,63–68): „Wahr aber ist das Wort, wenn es vom Wissen, gut zu handeln, gezeugt wird, so dass auch dort bewahrt ist: *Ja, ja; nein, nein* [Mt 5,37], so dass, wenn Ja in dem Wissen ist, aus welchem heraus man leben muss, es auch in dem Wort sei, durch welches man handeln muss; wenn Nein, dann Nein, sonst wird das derartige Wort eine Lüge sein, nicht Wahrheit, und daher Sünde, nicht rechtes Handeln."

[241] Dies wird sehr schön aus dem Aufbau der Confessiones deutlich. Conf. 10 endet mit dem Lobpreis des Mittlers, „in dem alle Schätze der Weisheit und Wissenschaft verborgen sind" (conf. 10,43,70; CCL 27,193,34f.; Ps 6,2; Kol 2,3). Conf. 11 beginnt dann mit der Exegese der Hl. Schrift, Augustinus sagt: „Siehe, deine Stimme ist meine Freude; deine Stimme ist mir mehr als die Fülle der Lüste. Gib mir, was ich liebe, ich liebe nämlich. Auch das hast du gegeben" (conf. 11,2,3; CCL 27,195,30ff.).

[242] En. Ps. 74,4 (CCL 39,1027,15–18): „Schon beginnt aus der Person des Hauptes die Predigt. Ob das Haupt spricht, ob die Glieder sprechen, Christus spricht; er spricht aus der Person des Hauptes, er spricht aus der Person des Leibes."
Ebd. (CCL 39,1027,28–33): „Christus verkündigt [*euangelizat*] sich selbst; er verkündigt sich selbst auch in seinen Gliedern, die bereits vorhanden sind, damit er auch andere herbeiführe und es kommen herbei, die noch nicht da waren, und verbinden sich mit seinen Gliedern, durch welche Glieder das Evangelium gepredigt wurde; und es entsteht ein einziger Körper unter einem einzigen Haupt, in einem einzigen Geist, in einem einzigen Leben."

selbst, der spricht.[243] Christus selbst ist auch der eigentliche Gegenstand der Schriften sowohl des Alten wie auch des Neuen Testaments.[244] Der Inhalt der Schrift lässt sich mit Paulus auch als „Glaube, Hoffnung und Liebe" zusammenfassen.[245] An die Behandlung der Heiligen Schrift heranzugehen, steht unter der Bedingung, Glaube, Hoffnung und Liebe als Ziel des Gesetzes erkannt zu haben. Jede Einsicht in das Wort der Offenbarung muss auf diese drei bezogen werden.[246] Damit ist die sprachliche Bestimmung des Menschen bei Augustin insgesamt von Paulinischem Denken vorgezeichnet.

Die Bücher der Offenbarung sind dazu da, den *Willen* Gottes zu erforschen und kennenzulernen.[247] So war es schon die Absicht der Verfasser der Bücher, gemäß dem Willen Gottes zu sprechen.[248] Den Sinn der Heiligen Schrift als der sprachlichen Bestimmung des Menschen zu erfassen, ist zwar einerseits reine Gabe des Heiligen Geistes, doch bedarf es andererseits auch des menschlichen Bemühens. Das Auffinden der Wahrheit der Schrift ausschließlich auf den Heiligen Geist zu beziehen, wäre eine Tat der *superbia*, weil der Mensch sich über seine eigene Verfassung als gesellschaftliches und geschichtliches Wesen hinwegtäuschen würde. Deshalb muss der Mensch die menschliche Vernunft beim Hören auf die Bestimmung des Menschen durch die Schrift gebrauchen. Sowohl die Vernunft als auch die Logik der Offenbarung sind eine Gabe[249], Gabe des Heiligen Geistes, Gabe des Geistes der Liebe.[250]

2. DIE GESCHICHTLICHKEIT DER BESTIMMUNG

Das geschichtliche Moment des Bestimmungsterminus bildet die Mitte des Augustinischen Gedankens. Hier findet sich auch das Zentrum der Unterscheidung des Menschen von sich selbst, ist diese doch ein Ereignis in der Zeit. Der alte Mensch wird abgelegt, der neue Mensch wird angezogen. Der Übergang bezeichnet ein Vollendungsgeschehen. Bestimmend ist in diesem Geschehen der Wille Gottes als unterscheidende Liebe, als Wille zur Barmherzigkeit und zur Gerechtigkeit. Dieser

---

[243] Siehe ciu. 11,3 (CCL 48,322f.,1–5): „Dieser [Christus] hat zuerst durch die Propheten, dann durch sich selbst, dann durch die Apostel, bis er es für genug hielt, gesprochen; er hat auch die Schrift, die kanonisch genannt wird und von überragender Autorität ist, gestiftet, der wir Glauben schenken in den Dingen, die nicht zu wissen nicht zuträglich ist, und die wir nicht durch uns selbst zu kennen vermögen."

[244] Conf.11,2,4 (CCL 27,196,42–56). Zu den Psalmen bei Augustin siehe M. Fiedrowicz: Psalmus vox totius Christi. Studien zu Augustins „Enarrationes in Psalmos", Freiburg im Breisgau 1997.

[245] Doctr. chr. 1,39,43. Im Extremfall kann der Besitz dieser drei Tugenden sogar die Heiligen Bücher ersetzen.

[246] Doctr. chr. 1,40,44 (CCL 32,31f.,1–4).

[247] Doctr. chr. 2,9,14 (CCL 32,41,1f.).

[248] Doctr. chr. 2,5,6 (CCL 32,35,5–8).

[249] Doctr. chr. prooem. 8 (CCL 32,4). Auch hier findet sich wieder ein Verweis auf 1 Kor 4,7.

[250] Vgl. hierzu auch oben C.I.3.b) Tractatio scripturarum.

Wille vermittelt sich durch Jesus Christus in die Welt insofern sie der Schauplatz der Geschichte ist. Das Erscheinen des Mittlers bestimmt die Geschichte der Menschheit im Allgemeinen (a). Der Mittler wird dadurch selbst zu einem geschichtlichen Wesen mit einer besonderen Geschichte (b). Die besondere Geschichte Christi wird dem Individuum zur Bestimmung und hält dieses dazu an, sich von sich zu unterscheiden (c). Das an sich letzte Moment, die Unterscheidung des Menschen von sich selbst, ist für uns das erste. Deshalb wird es gemäß dem rückschreitenden Vorgehen der Untersuchung zuletzt besprochen.

a) Der Mittler und die Geschichte der Menschheit

Die Schöpfung gründet im Willen des Vaters. Sie wurde geschaffen durch das Wort, das im Anfang war. Aus dem Nichts hat Gott sie hervorgebracht, und eben weil sie *ex nihilo* entstand, aber nicht wie der Sohn die vollkommene Güte des Schöpfers teilt, ist sie gewissermaßen mit dem Nichts vermischt und bleibt wandelbar.[251] Dennoch müssen das Geschöpf und auch der freie Wille als ein Gut angesehen werden. Gott, dem größeren Gut, anzuhangen bedeutet für die geistige Kreatur Glück, Leben und Gerechtigkeit. Die Ursache des *malum*, nicht im Sinne des Mangels, sondern des Bösen, ist der freie Wille des Geschöpfs. „Wie aber kann das Gute Ursache des Bösen sein?" (ciu. 12,6; CCL 48,361,53f.). Durch eine *peruersa conuersio* (ebd. 56), durch den freien Willen – zuerst des rein geistigen Geschöpfs, des Engels, dann aber auch des geist-leiblichen, nämlich des Menschen – wendet sich die Schöpfung von der Ausrichtung auf das vollkommene Gut ab und zieht das niedrigere Gut dem höheren vor.[252] Diese Bosheit des Willens hat ihrerseits keine weitere Ursache, ist sie doch als *malum* selbst nichtig. Der böse Wille ist keine causa „*efficiens*", sondern „*deficiens*".[253] Durch diesen Defekt schätzt sich das Geschöpf selbst höher ein als seinen Schöpfer. Damit handelt es nicht mehr aus Liebe zur Gerechtigkeit, d.h. zur gerechten Ordnung der Dinge, sondern aus *Willen zur Macht*.[254]

---

[251] Ciu. 12,1 (CCL 48,356,36–43).

[252] Ciu. 12,6 (CCL 48,361,54–58): „Denn wenn der Wille sich, nachdem er das Höhere zurückgelassen hat, dem Niedrigeren zukehrt [*conuertit*], wird er böse, nicht weil böse ist, wohin er sich kehrt [*conuertit*], sondern weil jene Bekehrung [*conuersio*] selbst verkehrt [*peruersa*] ist. Deshalb machte nicht die niedrigere Sache den Willen böse, sondern er machte sich selbst dazu, indem er die niedrigere Sache in verdrehter und ungeordneter Weise anstrebte."

[253] Ciu. 12,7 (CCL 48,362,1–4): „Niemand also suche die bewirkende Ursache [*efficientem causam*] für den bösen Willen; denn sie ist nicht bewirkend, sondern verwirkend [*deficiens*], weil sie auch keine Hervorbringung [*effectio*] ist, sondern eine Ermangelung [*defectio*]. Von dem nämlich abzufallen [*deficere*], der zuhöchst ist, zu dem, was weniger ist, das bedeutet, einen bösen Willen zu haben."

[254] Ciu. 12,1 (CCL 48,355,17–22): „[…] die Anderen haben sich mehr an ihrer eigenen Macht vergnügt, als ob sie sich selbst ihr eigenes Gut wären; vom höheren, allen gemeinsamen, glückseligmachenden Gut sind sie zum eigenen [Gut] abgefallen; indem sie den Dünkel der Überhebung für erhabene Ewigkeit, die List der Nichtigkeit für gewisseste Wahrheit, den Eifer der Besonderung [*studia partium*] für ungeteilte Liebe gehalten haben, sind sie stolz, betrügerisch, neidisch geworden." Dazu Pérez Paoli: Hypostasis 226. Was hier im metaphysischen Kontext als das Movens des Bösen erscheint, wird im

Die Geschichte der Menschheit wird somit zur Geschichte eines inneren Kampfes, der sich sowohl im Inneren des einzelnen Menschen als auch zwischen zwei Gemeinschaften abspielt. Nur die Ausrichtung des Willens, dessen *rectitudo* oder *perversitas*, unterscheidet die beiden Staaten, die *civitas Dei* und die *civitas terrena*.[255] Der Liebe zu sich selbst im Sinne der eben besprochenen *superbia*, also der Selbstherrlichkeit (vgl. ebd Z. 4f.) und dem Willen zur Macht, stehen die Liebe zu Gott und die „Selbstverachtung" gegenüber. Letztere darf aber keinesfalls als ein Hass auf sich oder den eigenen Körper verstanden werden, sondern als eine Liebe gemäß der Ordnung, welche eine Liebe zur eigenen Seele und zum eigenen Körper – secundum ordinem – durchaus einschließt.[256]

Die göttliche Liebe zur Barmherzigkeit und die Liebe zur Gerechtigkeit sind das Prinzip der menschlichen Geschichte. Nicht schon das bloße Erschaffen von Welt und Zeit konstituiert die Geschichte. Vielmehr hat Gott die Welt in ihrer Zeitlichkeit im Vorblick auf das *Gericht* geschaffen. Der letzte Zweck der Schöpfung ist die Einrichtung und die Vollendung der *civitas Dei*, der Gemeinschaft derjenigen vernünftigen Geschöpfe, Menschen und Engel, die Gott lieben. Erst der Wille Gottes zu dieser Vollendung der Schöpfung ergibt ein geschlossenes Ganzes aus Anfang, Mitte und Ende.[257] Augustinus konstruiert die Geschichte der Menschheit nicht von ihrem Anfang oder Ende, sondern von ihrer Mitte her. Die Mitte der Geschichte der Menschheit ist die Geschichte des Mittlers, in welcher sich der Wille Gottes zur Gerechtigkeit und Barmherzigkeit offenbart.[258] Die Ankunft des Mittlers ist den Menschen schon seit Abraham verheißen.[259] Gott hat verheißen, aus „Menschenkindern" (*filii hominum*) „Gotteskinder" (*filii Dei*) zu machen. Durch diese Unterscheidung wird den Menschen die „Teilhabe an der Gottheit" verheißen. Gott gewährt diese, indem er aus dem „Gottessohn" (*filius Dei*) einen „Menschensohn" (*filius hominum*) gemacht hat.[260] Wir, die wir von Natur aus Menschenkinder sind,

---

nach-metaphysisch modernen Kontext bei Nietzsche unter veränderten Bedingungen zur Bestimmung des Menschen schlechthin. Wegen der veränderten Gesamtsituation kann aber das Nietzschesche Denken nicht schlechthin als böse bezeichnet werden. Moralische Wertungen sind fernzuhalten.

255 Ciu. 14,28 (CCL 48,451,1 ff.): „Deshalb machen zwei [Arten von] Liebe die zwei Staaten aus, die Selbstliebe bis zur Verachtung Gottes den irdischen, die Liebe zu Gott bis zur Selbstverachtung aber den himmlischen." In den auf diese Stelle folgenden Passagen begründet Augustin seinen Geschichtsentwurf vor allem mit Röm 1,21–25 und 1 Kor 15,28.

256 Vgl. doctr. chr. 1,23,22 ff. (CCL 32,18 ff.).

257 Pérez Paoli: Hypostasis 215.

258 Ciu. 21,24 (CCL 48,792,139–145), bez. auf 1 Kor 1,20 f.

259 Siehe, bezogen auf Gen 22,10–18, ciu. 16,32 (CCL 48,537,64 ff.). Siehe auch ciu. 16,43 (CCL 549,46–52). Augustinus deutet die Abrahamsverheißung mit Röm 4 und Gal 3 f.

260 En. Ps. 52,5 (CCL 39,642,8–19): „[...] ich habe den Menschen geschenkt, gut zu handeln, aber aus mir, spricht er [Gott], nicht aus sich; aus sich nämlich sind sie böse; Menschensöhne sind sie, wenn sie böse handeln; wenn [sie] gut [handeln, sind sie] meine Söhne. Das nämlich macht Gott, aus Menschensöhnen, Gottessöhne, weil er aus dem Gottessohn einen Menschensohn gemacht hat. Seht, welches jene Teilhabe ist: Verheißen ist uns die Teilhabe an der Gottheit; es würde der lügen, der verheißt, wenn er nicht zuvor Teilhaber der Sterblichkeit geworden wäre. Denn der Gottessohn wurde Teilhaber der Sterblichkeit, damit der sterbliche Mensch Teilhaber der Gottheit würde. Der dir

werden durch die Gnade Gotteskinder.[261] Durch die Liebe des Gottessohnes, der sich selbst zum Menschensohn erniedrigt (vgl. Phil 2,6–9), erhöht Gott die Menschenkinder zu seinen Söhnen und Töchtern.

Das Wort Gottes, das im Anfang der Geschichte war, wird durch Jesus Christus zu deren Mitte. Der Mittler zwischen Gott und Menschen vermittelt nicht nur zwischen der göttlichen und menschlichen Natur, sondern auch zwischen der gefallenen Natur und der Herrlichkeit Gottes. Die *beata mortalitas* steht zwischen der *mortalis* miseria und der *beata* immortalitas.[262] Hier wird das menschliche Elend mit der göttlichen Herrlichkeit zusammengeschlossen. Der terminus medius des Zusammenschlusses ist der Grund. Christus ist der Grund für das Verhältnis von Gott und Mensch und damit auch der Grund der Geschichte überhaupt. Der *iustus mortalis* vermittelt zwischen den *mortales* peccatores und dem *iustus* immortalis.[263] Durch den *homo Deus iustificans*[264] ist die Unterscheidung des Menschen von sich selbst präfiguriert, die bewirkt, dass aus dem Sünder ein Gerechtfertigter wird.

Die Inkarnation des Sohnes ist nicht nur eine gute und der göttlichen Würde angemessene Art, uns zu befreien. Gott hätte in seiner Allmacht auch auf eine andere Weise erlösen können, doch ist die Erlösung durch den Mittler die unserem Elend angemessenste Weise.[265] Vor allem sollte durch seine Selbsthingabe und seine

---

verheißen hat, sein Gut mit dir zu teilen [*communicandum*], hat zuvor mit dir dein Übel geteilt. Der dir die Gottheit verheißen hat, zeigte an dir die Liebe."

[261] Ciu. 10,29 (CCL 48,781,11–15): „Denn *es wusste der Herr, wer zu ihm gehört* [2 Tim 2,19], und *wie viele auch immer durch den Geist Gottes getrieben werden, diese sind Gottessöhne* [Röm 8,14]. Der einzige, der seinem Wesen [*natura*] nach Gottessohn ist, wurde für uns der Barmherzigkeit nach Menschensohn, damit wir – dem Wesen nach Menschensöhne – durch ihn der Gnade nach Gottessöhne werden."

[262] Ciu. 9,15 (CCL 47,262,1–6). Formalisiert lautet der Schluss: (S) sterblich/un-glücklich – (M) sterblich/glücklich – (P) un-sterblich/glücklich.

[263] Conf. 10,43,68 (CCL 27,192,1–8): „Der wahre Mittler aber, den du durch deine geheime Barmherzigkeit den Demütigen gezeigt hast und den du gesandt hast, damit sie durch sein Beispiel die Demut selbst lernen sollten, jener *Mittler zwischen Gott und den Menschen, der Mensch Christus Jesus* [1 Tim 2,5], ist zwischen den sterblichen Sündern und dem unsterblichen Gerechten erschienen, sterblich mit den Menschen, gerecht mit Gott, damit er – da ja der Lohn der Gerechtigkeit Leben und Friede ist – durch die mit Gott verbundene Gerechtigkeit den Tod der gerechtgemachten Gottlosen vernichte, den er mit ihnen gemeinsam haben wollte."
Formalisiert lautet der Schluss: (S) un-gerecht/sterblich – (M) gerecht/sterblich – (P) un-sterblich/gerecht.

[264] Ciu. 21,15 (CCL 48,781,23).

[265] Trin. 13,10,13 (CCL 50A,399,5–400,24): Augustinus betont, es sei nicht genug: „[…] dass wir jene Weise, durch die Gott geruhte, uns durch den *Mittler zwischen Gott und den Menschen, den Menschen Jesus Christus* zu befreien, als gut und der göttlichen Würde entsprechend behaupten, sondern wir sollen auch zeigen, dass Gott eine andere mögliche Art nicht fehle, dessen Macht doch alles gleichermaßen unterliegt, und es vielmehr keine angemessenere [*conuenientiorem*] andere Weise, unser Elend zu heilen, gebe und auch nicht zu geben brauche. Denn was war wohl so sehr notwendig, um unsere Hoffnung zu errichten und den Geist [*mentes*] der Sterblichen, der durch die Verhältnisse der Sterblichkeit niedergeworfen ist, von der Verzweiflung an der Unsterblichkeit zu befreien, als dass uns gezeigt würde, wie viel Gewicht wir bei Gott haben und wie sehr Gott uns liebt. Was aber ist für jenen so gewichtigen Erweis dieser Tatsache offenkundiger und herrlicher, als dass der Sohn Gottes, der als der unwandelbar Gute in sich bleibt, was er war, und von uns empfängt, was er nicht war, ohne

Selbstunterscheidung seine Liebe zu uns offenbar werden. Die Art des Vergehens des Geschöpfs, die Selbstüberhebung, und der Zustand des gefallenen Geschöpfs haben es für die liebende Gerechtigkeit Gottes als die angemessenste Weise erscheinen lassen, durch die Menschwerdung Gottes den Menschen zu sich zu bekehren: „Weil also der Mensch durch den Hochmut gefallen ist, wandte er zur Heilung die Demut an" (doctr. chr. 1,13,13; CCL 32,14,14f.). Weil der in die Fleischlichkeit gefallene Mensch die Weisheit Gottes nicht mehr als solche erkennen konnte, gefiel es Gott, durch die „Torheit der Verkündigung" (1 Kor 1,21) die Menschheit zu retten.[266] Die Torheit und das Ärgernis der Menschwerdung Gottes bestehen darin, dass Gott „sich selbst erniedrigt hat (*humiliavit*) und gehorsam wurde bis zum Tod, bis zum Tod am Kreuz" (Phil 2,8).

Der Gehorsam des Sohnes wird dem Ungehorsam der Menschen entgegengesetzt. Als Gott bleibt er der Herr, als Mensch wird er zum Knecht. Er vereinigt die Gottes- und die Knechtsgestalt in einer Person.[267] Als Gott bleibt der Mittler selbst unwandelbar, Gott gleich.[268] Als Mensch jedoch hat er sich von seiner Gottheit unterschieden. Er ist geringer geworden als er selbst. Er wurde als fleischgewordener Sohn *minor se ipso*[269] und deshalb als Wort Gottes auch *maior se ipso*. Dies ist auch der Grund, warum der Sohn einerseits als dem Vater gleich und andererseits als dem Vater untergeordnet erscheint. Dadurch dass er, dessen Gott-gleich-Sein kein „Raub", kein Akt der Überhebung und damit auch kein Rechtsbruch war, nicht daran festhielt, wie Gott zu sein, und sich in die Gestalt des Knechtes entleerte, wird er für die Menschen, deren Rechtsbruch eben darin besteht, wie Gott sein zu wollen, als *via humilitatis* zum Weg in die angemessene Haltung gegenüber Gott. Wenn Christus sich Gott unterwarf, muss sich ihm der Mensch um so mehr unterwerfen. Die Wiederherstellung der anfänglichen Subjektionsordnung ist denn auch das Ziel des Wirkens Christi.[270] Bei der Übergabe des wiedergeordneten Reiches Christi wird

---

Schädigung seiner Natur geruhte, sich in die Gemeinschaft mit unserer Natur zu begeben, als dass der Sohn Gottes, ohne zuvor irgend ein Übel verdient zu haben, unser Übel ertrug [*perferret*], und so uns – die wir schon glauben, wie sehr uns Gott liebt, und die wir schon erhofften, woran wir verzweifelten – seine Gaben, ohne dass wir irgend Gutes verdient hätten, ja obwohl wir vielmehr Übles verdienen würden, in ungeschuldeter Großzügigkeit antrug [*conferret*]."
Dieser Gedanke basiert auf Röm 5,5–10, siehe trin 13,10,14 (CCL 50A,400,26–401,60), vgl. auch Röm 8,31f., dazu trin. 13,11,15 (CCL 50A,402,9–17).

266 Doctr. chr. 1,11,11f. (CCL 32,32,12f.); bez. auf 1 Kor 1,25.
267 Trin. 1,7,14 (CCL 50,45,13–25); bez. auf Phil 2,7.
268 Siehe Phil 2,6 in: Conf. 10,43,68 (CCL 27,193,15).
269 Trin. 1,7,14 (CCL 50,45,16); 1,11,22 (CCL 50,60,10); 2,1,2 (CCL 50,81,8).
270 Trin. 1,10,20 (CCL 50,57,27–35): „Denn wir werden Gott, den Vater und den Sohn und den Heiligen Geist, betrachten [*contemplabimur*], *wenn der Mittler zwischen Gott und Menschen, der Mensch Jesus Christus, das Reich dem Gott und Vater übergeben wird* [*tradiderit*, 1 Kor 15,24 und 1 Tim 2,5], so dass nicht mehr unser Mittler und Priester für uns eintritt, der Sohn Gottes und Sohn des Menschen, sondern damit auch er selbst, insofern er Priester ist, der wegen uns die Knechtsgestalt angenommen hat, dem unterworfen ist, der ihm alles unterworfen hat und dem er alles unterworfen hat, damit er, insofern er Gott ist, zusammen mit ihm [dem Vater], uns zu Unterworfenen [*subiectos*] habe, und insofern er Priester ist, zusammen mit uns ihm unterworfen sei [vgl. 1 Kor 15,27f.]."

Christus als *sacerdos* zusammen mit uns *illi subiectus* sein (1 Kor 15,28), wenn er auch als zusammen mit dem Vater uns als seine „Subjekte" haben wird. So offenbart sich Gott in Christus als der „Deus sibi ipsi subiectus".[271]

Bei der Wiederherstellung des eschatologischen Reiches kommt es zur letzten Krisis und mithin zur Scheidung der menschlichen *civitates*. Diejenigen, die in der ungeordneten Selbstliebe verharren, verfallen dem Gericht und schließlich der ewigen Strafe, jede eigenmächtige Herrschaft wird zerstört (1 Kor 15,24–27). Christus sammelt die Seinen, die ihn und einander lieben, in der *civitas Dei*. Doch auch Christus wird seine Herrschaft am Ende dem Vater übergeben. Im endzeitlichen Reich wird Gott wegen der Ordnung der Dinge, die dort herrscht, „alles in allem sein" (1 Kor 15,28). Diese Ordnung bewirkt den Frieden. Der ewige Sabbat bedeutet für die *civitas Dei* den Genuss Gottes ohne Ende. Demzuvor wird Christus selbst das Urteil sprechen. Obwohl er als Gott die Macht zu richten bereits besäße, wird er in derjenigen Gestalt als Richter wiederkommen, in welcher er selbst verurteilt wurde, nämlich in der Gestalt des Menschensohnes.[272] Der *iniustissime iudicatus* kommt wieder als *iustissime iudicaturus*.[273] Der Mensch Jesus Christus erwirbt sich die Befugnis zu richten durch sein eigenes Vollbringen der Wahrheit, das heißt, indem er den göttlichen Willen erfüllt.

b) Die Geschichte des Mittlers

Die Geschichte Jesu Christi steht in der Mitte des Augustinischen Denkens und bildet das Herzstück seiner Bestimmung des Menschen. Obwohl die Fleischwerdung des Wortes Gottes schon für den frühen Augustin von zentraler Bedeutung ist, befasste er sich nicht ausführlicher mit dem Leben, Sterben und der Auferstehung Christi. Dies hängt wohl einerseits mit seiner Nähe zum neuplatonischen Denken zusammen, auf Grund welcher er die Bedeutung des λόγος bzw. νοῦς höher einschätzte als diejenige des Menschen Jesus. Andererseits war Augustin schon früh von Paulinischem Den-

---

[271] Pérez Paoli: Hypostasis 216.

[272] Trin. 1,13,28 (CCL 50,70,30–43): „Die Schau selbst, die als höchste Belohnung den Gerechten verheißen ist, geschieht von Angesicht zu Angesicht; und sie ereignet sich, wenn er das Reich dem Gott und Vater übergibt, worunter er auch die Schau seiner eigenen Gestalt verstanden haben will, und zwar – nachdem Gott die ganze Schöpfung unterworfen wurde – auch derjenigen Gestalt, in welcher der Sohn Gottes Sohn des Menschen geworden ist, weil dieser [Gestalt] gemäß *dann auch der Sohn selbst jenem unterworfen sein wird, der ihm alles unterworfen hat, damit Gott alles in allem sei* [1 Kor 15,28]. Anderenfalls, wenn der Gottessohn in der Gestalt, in welcher er dem Vater gleich ist, den Gottlosen beim Gericht als Richter erschiene, was wäre es da noch Großes, wenn er denen, die ihn lieben, verheißt: *Auch ich werde ihn lieben, und mich selbst ihm zeigen* [Joh 14,21]. Deshalb wird der Sohn des Menschen auch nicht aus menschlicher Macht, sondern aus derjenigen, durch die er Gottes Sohn ist, richten; und ebenso wenig wird er beim Gericht in der Gestalt erscheinen, in welcher er als Gott dem Vater gleich ist, sondern in derjenigen, in welcher er Sohn des Menschen ist." Zu 1 Kor 15,28 siehe auch trin. 15,51 (CCL 50A,535,37–51) und ciu. 22,30 (CCL 48,863,28–46).

[273] Ciu. 20,19 (CCL 48,733,125f.). In der Eschatologie bezieht sich Augustinus besonders auf die Paulinischen Thessalonicherbriefe; ciu. 20,19 passim.

ken geprägt, in welchem ebenfalls das Leben Christi keine besonders große Rolle spielt und sich die heilsrelevante Geschichte Jesu im Wesentlichen auf Tod und Auferstehung zusammenzieht.[274] Für Augustinus gewannen die Inkarnation und damit die Geschichte Jesu mit der Wende von 396 an Bestimmungskraft. Doch verfasste er erst sehr viel später einen auf Predigten beruhenden durchlaufenden Kommentar zum Johannesevangelium. Während der Prolog des Johannesevangeliums nach Augustin schon das Denken der Neuplatoniker bestimmte, war die Fleischwerdung das Schibboleth, an welchem die *via humilitatis*[275] und so auch die wahre Bestimmung des Menschen erkennbar wurde. Spätestens nach 396 zieht das ganze Leben Jesu, wie es Johannes schildert, die Aufmerksamkeit des Augustinus auf sich. Wie aus dem siebten Buch der „Confessiones" deutlich wird, macht gerade die Fleischwerdung des Wortes den Unterschied im Ganzen. Ohne sie führt auch der Glaube an die Geistigkeit und Erhabenheit Gottes zur *superbia*. Die fundamentale Stellung der *humilitas*, die eindeutige Fassung der heilsrelevanten Unterscheidung des Menschen von sich selbst als einer *Krise im Fleisch*[276] lässt Augustin aufmerksam werden für das Leben Jesu in der Niedrigkeit und Alltäglichkeit des Menschseins. An der Geschichte Jesu Christi lässt sich die Verwirklichung des von sich unterschiedenen Lebens ablesen. Die Unterscheidung des Menschen von sich selbst muss sich im Tun der Wahrheit in der konkreten Geschichte des einzelnen Menschen verwirklichen. Dieses Tun steht unter der konkreten Bestimmung der von Christus vollbrachten Liebe. Die Interpretation des Johannesevangeliums bietet dafür reichliche Anschauung.

Dennoch zieht sich auch für den reifen Augustin die Bestimmungskraft des Lebens Jesu im Wesentlichen auf den Tod und die Auferstehung zusammen. Darin konzentriert sich die Tat der Liebe und hier findet sie ihren unüberbietbaren Höhepunkt. Der Grund dafür liegt in der herausragenden Bedeutung, welche Paulus für Augustins Denken im Ganzen hat. Dieser entnimmt die Bestimmung des Menschen der Paulinischen Interpretation des Todes und der Auferstehung Jesu im *verbum crucis*.[277] Die Geschichte Jesu kulminiert im Kreuzesgeschehen und der darin begründeten Unterscheidung des Menschen von sich selbst: In Adam kam die Sünde in die Welt und damit der Tod. In Tod und Auferstehung Christi wird die Sünde durch die *Gerechtigkeit* Gottes überwunden und der Tod besiegt. Adam und Christus werden

---

[274] Zu Augustinus und Paulus siehe Ruhstorfer: Die Platoniker und Paulus 299 ff.; Augustins früheste Bezugnahme auf Paulus findet sich in Acad. 2,5 f. (CCL 29,21,64 ff.).
Zur Augustinischen Christologie insgesamt W. Geerlings: Christus Exemplum. Studien zur Christologie und Christusverkündigung Augustins, Mainz 1978.

[275] Conf. 7,9,13 (CCL 27,101,3). Es ist zu verdeutlichen, dass es sich bei der Schilderung der Bekehrung in den „Confessiones" um Augustins theoretische Position aus der Zeit nach 396 handelt. Der Unterschied zwischen der Bekehrung von 386 und der späteren Interpretation derselben betrifft besonders die Stellung der Geschichte Jesu; dazu Ruhstorfer: Die Platoniker und Paulus.

[276] Beim frühen Augustin finden sich noch Anklänge an das porphyrianische Dictum: *omne corpus fugiendum*. Zum Ganzen siehe Ruhstorfer: Die Platoniker und Paulus passim, zu Porphyrios bes. 296 ff. und 306.

[277] Siehe dazu 1 Kor 1 f.

zu Prototypen des alten und des neuen Menschen. Was geschieht im Übergang von Adam zu Christus?

„*Initium*' enim ,*omnis peccati superbia*' [Sir 10,15]".[278] Der Hochmut des Geschöpfs ist ein Akt des Ungehorsams, wodurch der Mensch zu einem Kind des Zornes wird.[279] In seinem Zorn überließ Gott den Menschen der Herrschaft des Teufels, ohne dass er aber dadurch der übergeordneten Herrschaft Gottes entrinnen würde. Da der Teufel selbst ein *amator potentiae* und ein *oppugnator iustitiae* (trin. 13,13,17; CCL 50A,404,4f.) ist, sollte er nicht durch die Macht, sondern die *Gerechtigkeit* Gottes überwunden werden. Und auch die Menschen sollten, Christus nachahmend, den Teufel durch Gerechtigkeit und nicht durch Macht zu überwinden suchen.[280] Zwar ist auch die Macht an sich nichts Böses, doch gemäß der Ordnung muss die Gerechtigkeit der Macht vorausgehen. So gehören zum glücklichen Leben zwei Dinge: Gutes zu wollen und Gutes zu vermögen. Die Macht wird den Menschen guten Willens von Gott verliehen. Zunächst aber bedarf es der Reinigung und Ausrichtung des Willens, mehr noch der Krisis des Willens gemäß der Gerechtigkeit Gottes. Die prinzipielle Krisis des Willens wird im Fleische Jesu Christi ausgetragen. Schon bei der Ankündigung der Geburt Jesu wird auf den guten Willen abgehoben, welcher immer auch ein gerechter ist,[281] wird doch der Friede auf Erden „den Menschen guten Willens" (Lk 2,14) verheißen. Schon der Gedanke der Inkarnation als solcher ist der *superbia* und dem *Willen zur Macht* des Teufels entgegengesetzt, denn in der Fleischwerdung erniedrigt sich der Höchste und begibt sich dadurch seiner Macht. Wohl verzichtet der inkarnierte Gott auf die Macht, nicht aber auf den guten Willen. Der gute Wille Christi besteht in der Entsprechung seines menschlichen Willens mit dem göttlichen. So vollendet sich auch die Gerechtigkeit des Menschen Jesus durch den *Gehorsam* gegenüber dem göttlichen Willen. Die *humilitas* der Knechtsgestalt erfüllt sich im Gehorsam. Der Gehorsam gegenüber dem Vater führt den Sohn bis zum Tod am Kreuz (vgl. Phil 2,8).[282] Dieser Tod *ist* die erfüllte Gerechtigkeit und dadurch wird Christus selbst für uns zur Gerechtigkeit. Erst indem sich in Christus die Gerechtigkeit Gottes uns zuwendet, können wir uns zur Gerechtigkeit *bekehren*.[283] Durch die konkrete Gerechtigkeit, die Christus ist, sollte der Teufel besiegt werden.

---

[278] Ciu. 14,13 (CCL 48,434,4f.).

[279] Augustinus verdeutlicht diesen Sachverhalt etwa mit Eph 2,1ff., siehe trin. 13,12,16 (CCL 50A,403,14–21).

[280] Trin. 13,13,17 (CCL 50A,404,10f.).

[281] Trin. 13,13,17 (CCL 50A,405,32–34): „Es bezieht sich aber die Gerechtigkeit auf den guten Willen, warum die Engel bei der Geburt Christi sagen: *Herrlichkeit Gott in den Höhen und auf Erden Friede den Menschen guten Willens* [Lk 2,14]."

[282] Trin. 13,17,22 (CCL 50A,413,22–25): „Welch größeres Beispiel für den Gehorsam könnte uns gegeben werden, die wir durch den Ungehorsam zugrunde gegangen waren, als der Gott Sohn, der dem Vater *bis zum Tod am Kreuz gehorsam* [Phil 2,8] war."

[283] Trin. 7,3,4 (CCL 50,252,46–49).

„Und wie wurde er besiegt? Dadurch dass er ihn, obwohl er in ihm nichts Todeswürdiges fand, dennoch tötete. Und jedenfalls ist es gerecht, dass die Schuldner, die er festhielt, als Freie entlassen werden sollten, weil sie an den glaubten, den er ohne irgendeine Schuld tötete. Das ist es, was wir, in Christi Blut gerechtgemacht zu werden [*iustificari*], nennen [vgl. Röm 5,9]. So nämlich wurde *zur Vergebung* unserer *Sünden* [Kol 1,14; Mt 26,28], jenes unschuldige Blut vergossen" (trin. 13,14,18; CCL 50A,406,2–6).

Christus unterzieht sich selbst einem Gericht. Ungerechterweise wird er zu derjenigen Strafe verurteilt, welcher die Adamskinder gerechterweise unterliegen, dem Tod. Doch während der Teufel die Menschen zu Recht im Tod festhält, kann er an Christus nichts Todeswürdiges finden. Da er ihn aber trotzdem tötet, verwirkt der Teufel sein Recht auf die Menschen. Durch die Unschuld seines eigenen Todes bezahlt der einzelne Mensch Jesus Christus die Schuld der Menschheit im Allgemeinen. Die Menschen, „im Blut Christi" gerechtfertigt, werden freigesprochen.

Christus ist gerecht. Er ist der einzige Mensch ohne Sünde, weil er der einzige ist, der nicht den „Raub" begangen hatte, überheblicherweise wie Gott sein zu wollen (vgl. Phil 2,6). [284] Deshalb wird es auch möglich, dass im Tod Christi die Subjektionsordnung wieder hergestellt wird, die durch die Abwendung von Gott und die Zuwendung zur körperlichen Welt zerstört wurde. Christus, obwohl selbst Gott, wird als Mensch zum Subjekt Gottes, indem er gehorsam ist. In seinem Gehorsam erweist er sich als Herr über sich selbst und seinen Leib, den er hingibt. Angemessenerweise führt aber gerade die *humilitas* des einen Gott-Menschen zur Erhöhung der vielen Menschen. Indem Christus sich selbst und damit seinen sterblichen Leib weniger liebt als den Willen Gottes, erwirbt er sich das Recht zur Auferstehung und damit zur Erneuerung des Leibes als eines unsterblichen. [285] Im Gehorsam Christi gegenüber dem Willen des Vaters wird der Wille des Menschen befreit.

„Daher sagt er durch den Mund seines Fleisches, wie man im Evangelium lesen kann: *Siehe, es kommt der Fürst dieser Welt, und in mir findet er nichts* [Joh 14,30]; das heißt keine Sünde, *aber, damit alle wissen*, sagt er, *dass ich den Willen meines Vaters tue* [*facio*], *erhebt euch, lasst uns fortgehen* [Joh 14,31]. Und er machte sich von dort auf zum Leiden [*ad passionem*], damit er für uns Schuldner bezahlte, was er selbst nicht schuldete" (trin. 13,14,18; CCL 50A,406,12–16).

Dem ersten Tun Gottes in der Schöpfung – „in principio *fecit*" – entspricht in der Mitte der Geschichte das Tun des Gottessohnes in der Erlösung der Menschen – „facio". In beidem vollzieht sich der Wille Gottes. Während sich im Schöpfungsakt primär die göttliche Macht zeigt, bewirkt Gott die Erlösung vor allem durch einen Akt der Gerechtigkeit. [286] Am gerechtesten war es beim Kampf mit dem Teufel, die Macht hintan zu stellen und die Gerechtigkeit vorzuziehen. Um gemäß dieser Ord-

---

[284] Trin. 13,14,18 (CCL 50A,406,10).
[285] Vgl. zum Ganzen 1 Kor 15.
[286] Trin. 13,14,18 (CCL 50A,406,18f.): „Würde etwa dadurch der Teufel mit vollem Recht besiegt, wenn Christus es mit ihm in Macht und nicht in Gerechtigkeit hätte aufnehmen [*agere*] wollen? Aber er stellte hintan, was in seiner Macht stand [*potuit*], damit er zuvor tue [*ageret*], was sich gehört [*oportuit*]."

nung die Erlösung zu bewirken, muss Christus mit hypothetischer Notwendigkeit Gott und Mensch sein.[287] Wäre er nicht Mensch, dann könnte er nicht getötet werden, wäre er nicht Gott, dann würde man nicht glauben, er zöge die Gerechtigkeit der Macht vor, sondern es wäre anzunehmen, dass es ihm an Macht fehle.[288] In seinem Sterben beweist der Mensch Christus, dass er die Gerechtigkeit mehr liebt als sein Leben. Mit der Auferstehung erweist Gott in Christus seine Macht, den Tod zu überwinden.

> „Denn was ist gerechter als *bis zum Tod am Kreuz* [Phil 2,8] für die Gerechtigkeit durchzuhalten? Und was ist mächtiger als von den Toten aufzustehen und mit demselben Fleisch, in dem er getötet wurde, in den Himmel aufzusteigen" (trin. 13,14,18; CCL 50A,407,32–35).

Zuerst sollte also der Teufel durch die Gerechtigkeit, dann erst durch die Macht besiegt werden (35 f.). Das Erleiden des „Menschlichen" beruht allein auf der Freiheit des göttlichen Willens.[289] Dieses Leiden ist aber hypothetisch notwendig, damit das unbedingte Tun der Gerechtigkeit durch einen Menschen den vielen Menschen glaubhaft empfohlen werde. Durch das Tun Christi wird die Überzeugung gestiftet, dass die Liebe zur Gerechtigkeit der Liebe zur Macht unbedingt vorzuziehen sei, dass die Demut geliebt, der Hochmut aber gehasst werden soll. Den von ihrer *superbia* und der Liebe zur Macht ins Verderben gestürzten Menschen wird dadurch die Unterscheidung von sich selbst als Weg der Erlösung eröffnet.

Der eigentliche Sieg über den Teufel geschieht schon im Sterben Christi. Groß ist es, den Teufel durch Macht zu besiegen, größer den Teufel und den Tod durch die Auferstehung zu überwinden, am größten und für die Vernunft am tiefsten einzusehen aber ist die Überwindung des Teufels bereits durch die Kreuzigung, also in dem Moment, als er glaubte, gesiegt zu haben. Durch die Gerechtigkeit, und das heißt im Blut Christi, nicht erst in der Auferstehung, geschieht denn auch die Rechtfertigung des Menschen.

> „Deshalb ist es nicht schwierig, den Teufel an dem Zeitpunkt besiegt zu sehen, als derjenige, welcher von ihm getötet wurde, auferstand. Jenes ist größer und einzusehen tiefer: den Teufel da besiegt zu sehen, als ihm schien, gesiegt zu haben, das heißt als Christus getötet wurde. Da nämlich wurde jenes Blut, weil es ja dem gehörte, der gänzlich ohne Sünde war, *zur Vergebung* unserer *Sünden* [2 Kor 5,21] vergossen, damit der Teufel, weil er diejenigen mit Recht [*merito*] festhielt, welche er als der Sünde Angeklagte unter die Bedingung des

---

[287] Pérez Paoli: Hypostasis 231 ff.

[288] Trin. 13,14,18 (CCL 50A,406,21–25): „Wenn er nämlich kein Mensch wäre, könnte er nicht getötet werden; wenn er nicht auch Gott wäre, könnte man nicht glauben, dass er nicht wollte, was er vermochte, sondern dass er nicht vermochte, was er wollte, und auch nicht, dass er die Gerechtigkeit der Macht vorzog, sondern wir müssten meinen, dass ihm die Macht fehlte."

[289] Trin. 13,14,18 (CCL 50A,406,25–407,31): „Nun aber hat er Menschliches für uns gelitten, weil er ein Mensch war; aber wenn er nicht gewollt hätte, hätte er das nicht zu leiden vermocht, weil er auch Gott war. Deshalb ist in der Niedrigkeit [*humilitate*] die Gerechtigkeit gnadenhafter geworden, weil er vermocht hätte, die Niedrigkeit angesichts der so großen Macht in seiner Göttlichkeit nicht zu erleiden, wenn er nicht gewollt hätte."

Todes verstrickt hat, sie wegen demjenigen zu Recht loslassen musste, den er als keiner Sünde Angeklagten zu Unrecht mit dem Tod bestraft hat. Durch diese Gerechtigkeit wurde der Starke besiegt [*uictus*] und durch diese Fessel gebunden [*uinctus*], damit seine *Gefäße* herausgerissen würden, die bei ihm und mit ihm selbst und seinen Engeln *Gefäße des Zorns* waren, und in *Gefäße der Barmherzigkeit* [Röm 9,22] verwandelt würden" (trin. 13,15,19; CCL 50A,407,1–408,12).[290]

Durch die gerechte Schwachheit Christi, wurde der Stärke des Teufels besiegt.[291] Die Menschen, auf denen der Zorn Gottes ruhte und die dem Teufel einst zur Bestrafung überlassen wurde, erfahren nun die Liebe und Barmherzigkeit Gottes. Dadurch werden sie dem Machtbereich des Teufels entrissen. Mehr noch als schon die Sünde Adams auf alle Menschen überging, vermittelt sich die Unterscheidung von sich selbst, welche das Individuum Christus an sich selbst vollzog, an die Allgemeinheit der Menschen.[292] Doch ist dies noch weniger ein Naturgeschehen wie die Erbsünde, die sich ja *qua concupiscentia* fortpflanzt, als vielmehr ein Freiheitsgeschehen. Das Wissen um die Wirklichkeit und Wirksamkeit des Todes Jesu wird durch jeweils von sich unterschiedene Menschen weitergegeben. So verweist Augustin an der eben besprochenen Stelle unmittelbar nach der Darlegung der Bedeutsamkeit der Geschichte Jesu auf die Bekehrung des Apostels Paulus.[293] Christus ist Paulus erschienen, damit er seinerseits als „Diener und Zeuge" eines Geschehens wirke; Paulus wird zu den Menschen gesandt: „ ,damit sie sich abwenden [*auertantur*][294] von der Finsternis und der Macht des Satans zu Gott hin, damit sie annehmen die Vergebung der Sünden, das Los der Heiligen und den Glauben an mich' " (Apg 26,18; trin. 13,15,19; CCL 50A,408,19ff.).

Wenn aber der Tod und alle „Übel, Schmerzen und Mühen" dieser Welt durch die Vergebung der Sünden nicht schlechthin beseitigt werden, so hat dies seinen Grund darin, dass die Folgen der Sünde, die selbst nicht mehr Sünde sind, für den Menschen, der seine individuelle Geschichte erst vollbringen muss, zur Aufgabe werden.[295] Sie

---

[290] Pérez Paoli: Hypostasis 232f.: „Für sich allein wäre dieser Sieg jedoch – mutatis mutandis – der ,ratio facilis' ähnlich, nach welcher Gott sich von dem Teufel unterscheiden würde. Die ,ratio difficilis' verlangt hingegen die Unterscheidung von sich selbst [...]."

[291] Vgl. Trin. 13,14,18 (CCL 50A,407,38–47): „Aber durch die Macht hätte er den Teufel auch dann besiegt, wenn er von ihm nicht hätte getötet werden können, obgleich es größere Macht erfordert, den Tod selbst auch dadurch zu besiegen, dass er aufersteht [*resurgendo*], als dadurch zu vermeiden, dass er am Leben bleibt [*uiuendo*]. Aber es ist etwas anderes, weswegen wir im Blut Christi gerechtgemacht werden, wenn wir durch die Vergebung der Sünden der Macht des Teufels entrissen werden; das bezieht sich darauf, dass der Teufel von Christus durch die Gerechtigkeit und nicht durch die Macht besiegt wurde. Aus der Schwachheit nämlich, die er im sterblichen Fleisch angenommen hat, nicht aus der unsterblichen Macht, ist Christus gekreuzigt worden, über welche Schwachheit der Apostel dennoch sagt: *Das Schwache an Gott ist stärker als die Menschen* [1 Kor 2,25]."

[292] Röm 5,15.

[293] Trin. 13,15,19 (CCL 50A,408,13–33).

[294] Der griechische Text liest hier ἐπιστρέψαι, die Vulgata *convertantur*.

[295] Dies gilt in besonderer Weise von den Märtyrern, letztlich aber von jedem Menschen. Der Tod und mithin alle Übel können gut gebraucht werden. Dazu und zu Folgendem siehe Trin. 13,16,20 (CCL 50A,409,3–13).

dienen dazu, dass der Mensch „für die Wahrheit kämpfe" (*ueritate certaret*) und seine „Tugend der Gläubigen" übe. Als „Neuer Mensch soll er sich durch den Neuen Bund unter den Übeln dieser Welt für das Neue Zeitalter vorbereiten". Auf diesem Weg dient die Geschichte Jesu, die Geschichte seines vollbrachten Lebens, als Vorbild für das Tun des neuen Menschen.

c) Der Mittler und die Geschichte des Individuums (Augustinus)

Christus hat durch seinen Tod die gesamte Menschheit von der Schuld Adams befreit. Durch die Verkündigung dieser Frohen Botschaft wird die Erlösung an die Menschen vermittelt. [296] Das Wissen um die Tat Christi erreicht die Menschen im Glauben. Ihre entscheidende Gegenwart hat die Unterscheidung des Menschen, die in Leben und Tod Christi vollbracht wurde, im Sakrament der Taufe. [297] Der eigentliche Akt der Bekehrung liegt aber im Willen des Menschen beschlossen. Erst durch die *assensio* des Willens werden Glaube und sakramentale Bestätigung des Glaubens wirkmächtig. Die Liebe zu Christus ist die Bedingung für die erlösende Vereinigung mit ihm. Damit steht die Bekehrung unter der Bedingung einer Beziehung des individuellen Menschen mit dem Individuum Christus. So strebt Augustinus im achten Buch der „Confessiones", in welchem vordergründig die Bekehrung des Willens und tiefer gesehen das In-Sein in Christus verhandelt werden, danach „nec certior de te, sed stabilior in te esse" (conf. 8,1,1; CCL 27,113,11).

Schon früh machte Augustinus deutlich, dass der freie Wille im Zentrum der menschlichen Person liege. [298] Ohne Willensfreiheit sind keine Verantwortung, keine Schuld und kein Rechtsgeschehen denkbar. Deshalb betrifft die Erlösung des Menschen durch Jesus Christus den Menschen in der Mitte seines individuellen Wesens. Da aber der Wille des Menschen durch die Erbsünde unfrei wurde, kann er sich selbst nicht befreien. Die Bekehrung ist damit erstlich eine Gabe. Augustinus bringt diesen Sachverhalt auf die Formel: „Da quod iubes et iube quod uis". [299] Der vereinzelte gute Willensakt selbst ist eine Gabe. Doch da das Gegebensein der Gabe nicht schlechthin empirisch erfahrbar ist, da Geber und Beschenkter sich gewissermaßen auf absolut unterschiedlichen Ebenen befinden, treten Gnade und freier Wille in kein Konkurrenzverhältnis, vielmehr steht der gute Wille des einzelnen unter der Bedingung der Gnade, eine Bedingung, die ihn nicht von den Anstrengungen des empirischen Willens entbindet, sondern diesen vielmehr fördern will.

Die „Confessiones" des Augustinus erzählen die Befreiungsgeschichte eines individuellen Willens. Hier wird das Ringen eines einzelnen Menschen geschildert, das sich ganz von der Gnade Gottes abhängig weiß und dennoch frei und verantwortlich handelt. In den „Bekenntnissen" urteilt Augustinus über sich selbst und seine

---

[296] Vgl. conf. 1,1,1 (CCL 27,1,7–14), dort der Verweis auf Röm 10,14.

[297] Vgl. Röm 6.

[298] Lib. arb. 1,26 (CCL 74,26,1 ff.); 3,3 (CCL 74,92,10–21).

[299] An dieser Formel wird sich der pelagianische Streit entzünden.

Geschichte. Das Gute schreibt er dabei erstursächlich Gott zu, das Böse seiner gefallenen Menschennatur. Im achten Buch spitzt sich der Kampf zwischen dem begnadeten guten Willen und dem durch Erbsünde sowie schlechte Gewohnheit unfreien Willen zu. Es kommt zur entscheidenden Krise, zur Unterscheidung des Menschen von sich selbst.

Wenn Augustinus hier seine persönliche Geschichte erzählt, so nicht aus Eitelkeit, sondern um seinen Bekehrungsweg in die Tradition der Kirche einzureihen. Ausgehend von Tod und Auferstehung Christi über die Bekehrung des Apostels Paulus, die Bekehrung des Eremiten Antonius, des Rhetors Marius Victorinus, die Bekehrung der Kameraden Ponticians etc. führt die Reihe der Zeugen bis zu Augustinus selbst. Damit stilisiert er seine eigene Geschichte als eine Heilsgeschichte, die andere zum Lob Gottes ermuntern und zur Selbstunterscheidung anhalten soll.

Kurz vor der Bekehrungsszene beschreibt Augustin seinen Zustand der inneren Zerrissenheit. „Aus einem verdrehten Willen" war die *libido* entstanden, aus dieser die *consuetudo* und schließlich die *necessitas*. Die Freiheit ist nicht durch „fremdes Eisen", sondern durch den „eigenen eisernen Willen" niedergezwungen. Doch steht dem bereits ein „neuer Wille", Gott zu verehren und ihn zu genießen, gegenüber:

> „So stritten meine beiden Willen, der eine alt, der andere neu, der eine fleischlich, der andere geistlich, untereinander und in Zwietracht zerrissen sie meine Seele" (conf. 8,5,10; CCL 27,120,17ff.).

Augustinus fasst die innere Spaltung auch in den Worten des Galaterbriefes zusammen: „Das Fleisch begehrt gegen den Geist und der Geist gegen das Fleisch" (Gal 5,17; conf. 8,5,11; CCL 27,12,21). In beiderlei Begehren ist das Ich Augustins gespalten. Was aber hat der fleischliche und was der geistliche Wille zum Gegenstand? Der fleischliche Wille zielt auf das irdische Leben in seiner Unmittelbarkeit. Ziel des Willens ist es primär, in dieser Welt zu wohnen, mit einem nachrangigen bzw. fehlenden Ausblick auf die himmlische Heimat.[300] Doch war Augustins „flammendes Begehren" bezüglich der unmittelbaren Liebe zur Welt schon erloschen (conf. 8,1,2; CCL 27,113,25). Sein „Treiben in der Welt" mißfiel ihm bereits. Er hatte die Wahrheit des Wohnens bereits mit Gewissheit erfasst (conf. 8,5,11; CCL 27,120,30), ohne aber zum Wohnen in der Wahrheit finden zu können. Denn „eine Sache ist es, [...] das Vaterland zu sehen, [...] eine andere, den dorthin führenden Weg zu halten" (conf. 7,21,27; CCL 27,111,34–38).

> „Und ich suchte einen Weg, um die Kraft zu gewinnen, die geeignet wäre, dich zu genießen, und ich fand ihn nicht, bis ich *den Mittler zwischen Gott und den Menschen, den Menschen Christus Jesus* [1 Tim 2,5] in mein Herz schloss [*amplecterer*], *der Gott ist über allem, gepriesen sei er in Ewigkeit* [Röm 5,9], der ruft und sagt: *Ich bin der Weg, die Wahrheit und das Leben* [Joh 14,6]" (conf. 7,18,24; CCL 27,108, 1-5).

Der Weg zum Bewohnen des himmlischen Vaterlandes ist Jesus Christus selbst. Die größtmögliche Angleichung an ihn führt zur bestmöglichen Vorbereitung auf

---

[300] Conf. 7,21,27 (CCL 27,110ff.).

das vollendete Wohnen. Diese Vorbereitung selbst ist bereits *cultus* und *fruitio Dei* (conf. 8,5,10; CCL 27,119,15), soweit sie in dieser Welt möglich sind. Augustinus ist nun einerseits entschlossen, diese Welt im Vorblick auf das Wohnen bei Gott gering zu schätzen. Doch ist er in einem Punkt noch unfrei: „Noch wurde ich hartnäckig gehemmt durch die Frau" (conf. 8,1,2; CCL 27,113,28).

Von Paulus werden Sexualität und Ehe den Christen ja durchaus zugestanden, doch führt ein geordnetes Leben der Sexualität in der Ehe zu Verpflichtungen, welche nach Augustin notwendigerweise die Sorge um „Ansehen" (*honor*) und Geld nach sich ziehen[301] – „wegen dieser einen Sache wälzte ich mich in den übrigen Krankheiten und ich zerging in zermürbenden Sorgen" (conf. 8,1,2; CCL 27,114,31f.). Für Augustin ist die Sorge um sich die Folge des sexuellen Begehrens. Es entsteht in seinem Leben ein Widerspruch dadurch, dass er einerseits von seiner „Begierde" (*cupiditas*) zu einem Ausleben der Sexualität gezogen wird, andererseits aber den Vorsatz gefasst hat, sich so weit wie möglich von dieser Welt zu lösen und Gott zu dienen[302] – auch durch Befolgen des Paulinischen Rates der Keuschheit. Nicht schon an sich ist der Widerspruch gegeben, wohl aber in der besonderen Verfasstheit des Individuums Augustinus, dessen Wille hier gespalten ist.

Augustinus arbeitet im Fortgang des achten Buches immer stärker den Widerspruch zwischen der *caritas* und der *cupiditas* (conf. 8,5,12; CCL 27,120,40) heraus. Das sexuelle Begehren ist für Augustinus ebenso wenig wie der Tod ein gottgewolltes und geschaffenes Gut, sondern ein aus dem bösen Willen des ersten Menschen entsprungenes Übel. In beidem manifestiert sich der Verlust an Macht und Herrschaft des Geistes über sich selbst und seinen Körper sowie eine entscheidende Schwächung des Willens.[303] Sexualität und Tod hängen innerlich zusammen,[304] nicht so sehr, weil durch die Sexualität das Leben entsteht, das durch den Tod endet, sondern weil jene als bloßes Begehren gerade zum unmittelbaren Genuss des Vergänglichen und Vielen drängt, das doch nach Augustin zu benutzen ist, um Gott, den ewigen Einen, selbst genießen zu können. Die Befriedigung der Begierde führt in eine schlechte Unendlichkeit, nicht aber zu einem einmaligen Frieden. Dieser kann nur über das Auslöschen der Begierde erreicht werden.[305] Augustinus deutet den Komplex von Sexualität und Begierde als das Paulinische „Gesetz der Sünde" (Röm 7,24), das dem „Gesetz des Geistes" entgegengesetzt ist und zum Tod des Leibes führt. Vom

---

[301] Conf. 8,1,2 (CCL 27,113,26 und 114,32).

[302] Conf. 8,10,22 (CCL 27,127,13ff.): „Wenn ich überlegte, dass ich schon Gott, meinem Herrn dienen wolle, wie ich es längst beschlossen hatte, war ich es, der wollte; ich war es, der nicht wollte; ich war es." Dazu conf. 8,1,2 (CCL 27,113,29–114,33f.).

[303] Conf. 8,8,20–10,22 (CCL 27,126,30–127,20).

[304] Conf. 8,7,18 (CCL 27,125,40–42); 8,11,25 (CCL 27,129,13).

[305] Conf. 8,7,17 (CCL 27,124,21–24), Augustinus bittet Gott: „ ‚Gib mir Keuschheit und Enthaltsamkeit [*continentiam*], aber bitte nicht gleich'. Denn ich fürchtete, du könntest mich schnell erhören und schnell von der Krankheit der Begehrlichkeit heilen, die ich lieber ausleben als auslöschen wollte." Vgl. conf. 8,11,25 (CCL 27,129,13): „[…] haesitans mori morti et uitae uiuere […]."

Leben in diesem „Leib des Todes" kann nur die Gnade Gottes *per Iesum Christum* befreien.[306]

Befreiend wirkt die Tugend der *continentia*. Sie ist der *concupiscentia* entgegengesetzt. Die *continentia* wird von Gott befohlen, weil sie „uns sammelt und zum Einen zurückführt, von dem aus wir ins Viele zerflossen sind".[307] Augustinus hört in diesem Wort das „Zusammenhalten" (*con-tenere*) des Vielen. Hier zeigt sich sowohl seine Verbundenheit mit dem Plotinischen Prinzip als auch die Abgrenzung davon. Anders als bei der Plotinischen ἐπιστροφή, durch welche das Viele und auch noch die Seele und der Geist sich in das Eine hinein aufgeben, bleiben bei der Augustinischen *conversio* sowohl die Seele des individuellen Menschen als auch dessen Leib erhalten. Die *continentia* besagt hier soviel wie, sich auf ein bestimmtes Maß und eine bestimmte Ordnung zusammenzuhalten. In Christus sind dieses Maß und diese Ordnung gegeben, und durch ihn wird dem Individuum auch die *continentia* ermöglicht.

Augustinus weiß, dass ihm die Bekehrung geschenkt werden muss. Er weiß aber auch, dass er sie eben deshalb selbst zu vollbringen hat. Die Unterscheidung des Menschen von sich selbst ist der *vollbrachte Tod*. Doch unvermeidlich empfindet der Mensch, der sich von seinem eigenen bösen Willen unterscheiden will, der seinem Begehren absterben will, einen „Horror". So versucht auch Augustin, den Moment der Entscheidung immer wieder hinauszuschieben, und doch führt ihn die Dynamik der Bekehrung näher und näher an den Moment heran, in welchem der alte Mensch zu Grunde gehen soll.[308] Je näher die Entscheidung kommt, desto größer wird die Verzweiflung. Die Verzweiflung an sich selbst ist bei Augustin insofern die Bedingung der Bekehrung, als der Mensch durch sie empfänglich für die Gnade wird und der Selbstherrlichkeit, welche die Gnade verhindert, abstirbt. Die Bekehrung bleibt dennoch immer auch ein von der Gnade getragenes verdienstvolles Werk, in welchem sämtliches menschliches Wollen und Vermögen – zweitursächlich – gefragt ist. Der „Zeitpunkt, an dem er sich ein anderes werden sollte"[309], ist für Augustinus

---

[306] Röm 7,25 und Conf. 8,5,12 (CCL 27,120,45–121,55).

[307] Conf.10,29,40 (CCL 27,176,5–10): „Per continentiam quippe colligimur et redigimur in unum, a quo in multa defluximus. minus enim te amat qui tecum aliquid amat, quod non propter te amat. O amor, qui semper ardes et numquam extingueris, caritas, deus meus, accende me! continentiam iubes: da quod iubes et iube quod uis."

[308] Conf. 8,11,25 (CCL 27,129,7–17): „Denn ich sagte in meinem Innern: Ja, jetzt soll es geschehen, jetzt soll es geschehen, und im Wort schritt ich schon zur Entscheidung. Fast handelte ich schon, und ich handelte nicht, doch fiel ich auch nicht in das Frühere zurück, sondern von Neuem kam ich zum Stehen und ich holte Atem. Und wieder versuchte ich es und immer weniger fehlte, und ich war dort, und im nächsten Augenblick berührte ich es, und ich fasste es; und ich war noch nicht dort, und weder berührte ich es, noch fasste ich es, zögernd dem Tod zu sterben und dem Leben zu leben, und stärker war in mir das eingewachsene [*inolitum*] Schlechtere als das ungewohnte [*insolitum*] Bessere, und der Zeitpunkt selbst, zu dem ich anderes werden sollte, je näher er rückte, jagte mir um so größeren Schrecken ein, doch weder jagte er mich zurück noch brachte er mich ab [*auertebat*], sondern er hielt mich in der Schwebe."

[309] Vgl. Conf. 8,11,25 (CCL 27,129,14f.).

unmittelbar, bevor er die Kinderstimmen hört, gekommen. Er bittet Gott verzweifelt um das „Ende seiner Schmach".[310] Gott erhört Augustinus, indem er ihm durch das „tolle, lege" den entscheidenden Impuls gibt.

Augustinus beginnt äußerst aufmerksam nachzudenken. Er kann die äußerlich zufällige Situation nicht anders deuten, als dass Gott ihn hieß, ein Buch zu öffnen und den Abschnitt zu lesen, den er zuerst findet.[311] Das Hören bzw. Lesen – es sich gesagt sein lassen – führt zur Bekehrung. So sehr diese erstlich von Gott veranlasst ist, so sehr ist auch das „Nehmen und Lesen" des Kodex durch Augustinus sowie das Einsehen des Gelesenen notwendig. Noch einmal bindet Augustinus sich und sein Tun in die Tradition der Kirche ein, wenn er auf die Bekehrung des Antonius verweist. Dessen Art und Weise des Hörens wird für Augustinus zum Interpretament für sein eigenes Lesen und Begreifen der Offenbarung. Die Konkretion der Offenbarung ist aber für das jeweilige Individuum bestimmt. Antonius wird die Armut empfohlen, Augustinus die *continentia*. In jedem Fall handelt es sich um die Nachfolge Christi, ja mehr noch, die Vereinigung mit ihm.

> „So ging ich heftig erregt zurück an den Ort, wo Alypius saß, dort nämlich habe ich das Buch des Apostels hingelegt, als ich aufgestanden war. Ich ergriff es, öffnete es, und las in Stille den Abschnitt, auf den zuerst meine Augen fielen: *Nicht in Schmausereien und Trinkgelagen, nicht in Schlafkammern und Schamlosigkeiten, nicht in Streit und Neid, sondern zieht den Herrn Jesus Christus an und sorgt nicht um das Fleisch in Begierden* [Röm 13,13f.]. Ich wollte nicht weiter lesen, und es war auch nicht nötig. Denn sogleich, mit dem Ende dieses Satzes wurde gleichsam das Licht der Sicherheit meinem Herzen eingegossen, und alle Finsternis des Zweifels zerstob" (conf. 8,12,29; CCL 27,131,30–38).

Mit der Bekehrung ist die Unterscheidung des Menschen von sich selbst noch nicht vollendet. Sie vollendet sich erst dann, wenn der Bekehrte durch das Sakrament der Taufe mit Christus bekleidet wird. Mit der Bekehrung endet jedoch die Vorbereitung auf das Sterben mit Christus, das in der Taufe wirklich wird. Der Lebensweg Augustins, der ja von Anbeginn ein Weg der Transformation durch die Gnade Gottes ist, erreicht hier seine entscheidende Wende: Nicht nur der Wille, sondern der ganze Mensch wird bekehrt. Auch das Denken erreicht hier erst seinen Grund, indem Christus so gedacht wird, wie er gedacht werden muss. Insofern vollendet sich nun die Bekehrung des Denkens. Zwar hat Augustin bereits im siebten Buch die Wahrheit gesehen (*cernere patriam*), doch muss die christliche Wahrheit nicht nur gesehen und

---

[310] Conf. 8,12,28f. (CCL 27,130,9–131,18): „Ich warf mich unter irgend einem Feigenbaum zu Boden, ich weiß nicht wie und ich ließ den Tränen die Zügel schießen, und es brachen Ströme aus meinen Augen, ein dir wohlgefälliges Opfer, und zwar nicht mit diesen Worten, doch in diesem Sinn habe ich Vieles zu dir gesagt: *Und du, Herr, wie lange noch?* [Ps 6,4] *Wie lange noch, Herr, wirst du bis zum Ende zürnen?* [Ps 78,5] *Denke nicht an unsere alten Ungerechtigkeiten* [Ps 78,8]. Denn ich spürte, dass ich durch sie zurückgehalten würde. Erbarmenswerte Laute stieß ich aus: Wie lange noch, wie lange noch: Morgen und morgen? Warum nicht jetzt? Warum nicht in dieser Stunde das Ende meiner Schande? Ich sagte dies, und ich weinte in bitterster Zerknirschung meines Herzens."

[311] Es ist in diesem Zusammenhang auf die Wörter zu achten, die einen Anfang bezeichnen: *coepi, aperirem, primum inuenissem.*

eingesehen,[312] sondern geliebt und getan werden (*habitare patriam*). Der Glaube als das bekehrte Denken wird erst hier erreicht, weil genau an diesem Punkt die Zustimmung des Willens bedingungslos gegeben wird, so dass Augustin sich die *Wahrheit* des Glaubens gesagt sein lässt, ohne noch an einem sinnlichen Genuss, einer weltlichen Glückserwartung festzuhängen. Christus gilt es anzuziehen, seinem Wandel gilt es zu folgen. So wird er selbst für uns zum *Weg* in die himmlische Heimat. Dieser Weg aber führt zunächst zum Tod am Kreuz. Mit ihm soll der Christ dem Tod sterben, um für das *Leben* zu leben.[313] Für Augustinus erschließt sich hier Christus als „der Weg, die Wahrheit und das Leben".[314]

Die Vereinigung mit Christus ist aber nur durch die Liebe möglich. Der Wille Augustins, der bis zur Bekehrung in eine Liebe zur Welt und eine Liebe zu Gott gespalten war, überwindet nun diese Zerrissenheit und findet zur Einheit und Ganzheit. Er will nun nicht mehr der Erfüllung der körperlichen und besonders der sexuellen Begierden in Liebe anhangen.[315] Nicht mehr Essen, Trinken, Sexualität, soziale Achtung, Erfolg sind die Sachen des Genusses, sondern Christus und damit Gott selbst wird genossen.[316] Die *fruitio Dei* wird nur durch die Vermittlung Jesu Christi möglich.[317] Die körperlichen Bedürfnisse sollen ihrerseits so benutzt werden, dass Begierden und Genusssucht nicht erwachen können. Statt dessen wird die „Sorge" (*providentia*) Augustins auf seinen Nächsten gelenkt: „Des Schwachen aber im Glauben nehmt euch an".[318] Aus der mit Foucault gedachten „Sorge um sich" und seinen Bedürfnissen wird die Sorge um Gott und den Nächsten. Dieses Sorgen entspringt nicht den Besorgnissen und Kümmernissen, sondern dem Willen zur Pflege, zur Pflege des eigenen Leibes, des eigenen Selbst, des Nächsten und schließlich Gottes. Diese Pflege zielt auf ein *colere*, ein gemeinschaftliches geschichtliches Wohnen in dieser Welt. Die Mitte dieses Wohnens ist der *cultus Dei*, das gemeinschaftliche Bedenken und Tun der Wahrheit. Doch wird gerade aus der Geschichte Augustins deutlich, dass der Weg des Menschen immer schon von der Fürsorge und Vorhersehung Gottes bestimmt ist. Der Wille Gottes zur Vollendung der Geschichte wird den Menschen zum Grund des Dankens. Als erste Reaktion Augustins auf

---

[312] Selbst wenn Augustinus zu Beginn des 8. Buches der „Confessiones" schon von der Gewissheit der spekulativen Erkenntnis spricht und sich sogar die Liebe zu Gott zugesteht (8,1,1; CCL 27,113), so ist doch zu bemerken, dass die Liebe noch gespalten ist und folglich noch zu keinem Tun der Wahrheit durchbrechen kann. So ist der Glaube einerseits zwar die Voraussetzung der Bekehrung, doch in der Vollform, mit ungeteilter Zustimmung und wirksamer Liebe kann er erst nach der Bekehrung zum Durchbruch kommen (siehe doctr. chr. 1,36,40; CCL 32,29,1–4). So findet die eigentliche Bekehrung des Denkens in der Gartenszene des 8. Buches und nicht schon in der Lektüre platonischer Bücher statt – so die Lage in den „Confessiones". Anders in „Contra Academicos".

[313] Conf. 8,11,25 (CCL 27,129,13).

[314] Conf. 7,18,24 (CCL 27,108,5); Joh 14,6.

[315] Dieser Römerbriefstelle unmittelbar voraus geht die Zusammenfassung der Gebote im doppelten Liebesgebot; Röm 13,8ff.; siehe dazu das nächste Kapitel.

[316] Vgl. Conf. 7,17,23 (CCL 27,107,2): „[…] non stabam frui deo meo […]."

[317] Conf. 7,18,24 (CCL 27,108,1ff.).

[318] Conf. 8,12,30 (CCL 27,132,43f.).

seine Taufe, in welcher sich die erste Phase der Unterscheidung des Menschen von sich selbst vollendet, erwägt er die Tiefe des Heilsplans.[319]

3. Die in Christus bestimmte Ordnung der Welt (ordo caritatis)

Die eigentliche Bekehrung des Menschen hat ihren Ort im geschichtlichen Moment des Bestimmungsterminus, da hier der Übergang vom alten Menschen zum neuen stattfindet. Der Unterscheidung des Menschen liegt eine gewisse Ordnung der Welt zu Grunde, die auch als eine Ordnung der Liebe begriffen werden kann. Das erste Buch „Von der christlichen Lehre" handelt von dieser Ordnung. Wenn in diesem Buch von den „Sachen" die Rede ist und nicht wie in den Büchern zwei bis vier von den „Zeichen", so werden diese doch so verhandelt, dass darin die prinzipielle ‚Bestimmung der Sache des Denkens' gegeben ist. Im Vorblick auf das Ziel des Menschen wird dessen Verhältnis zu den Dingen geordnet. Diese Ordnung gründet im doppelten Liebesgebot, das durch Jesus Christus vermittelt ist.

Augustinus bestimmt zunächst die Grundsituation des Menschen. Der Mensch ist eine Sache, die sowohl genießt als auch gebraucht. Sein Aufenthalt in dieser Welt liegt in der Mitte zwischen den Sachen, die zu genießen, und den Sachen, die zu gebrauchen sind. Die Sachen des Genusses machen den Menschen glücklich, die anderen sind dienstbar im Bezug auf die Erlangung und das Verweilen im Genuss (*fruitio*).[320]

> „Genießen heißt, einer Sache um ihrer selbst willen in Liebe anhangen. Gebrauchen aber das, was für den Gebrauch vorkommt, auf die Erlangung dessen zu beziehen, was du liebst, wenn es denn zu lieben ist" (doctr. chr. 1,4,4; CCL 32,8,1 ff.).

Durch die Begriffe *frui – uti* werden also die Gegenstände der Liebe und damit die Liebe selbst unterschieden. Was aber für den Menschen zu lieben und zu genießen ist, ergibt sich im Vorblick auf das menschliche Wohnen. Mit Paulus bestimmt Augustinus das Leben des Menschen in dieser Welt als Wanderschaft. Wir sind *„peregrinantes a domino"* (2 Kor 5,6).[321] Glücklich leben kann der Mensch nur in der „Heimat". Deshalb muss er alles, was ihm auf der Reise nach Hause begegnet, benutzen, um sein Ziel zu erreichen. Versucht er die Dinge der Fremde zu genießen, wird sein „Lauf" (vgl. 1 Kor 9,24) behindert, verzögert und möglicherweise durch diese falsche Liebe sogar verhindert.[322] Wenn der Mensch also in sein „Vaterland" zurückkehren will, so muss er „diese Welt" im Ganzen und im Einzelnen „benutzen und nicht genießen". Mit Röm 1,20 verdeutlicht Augustin noch einmal, warum

---

[319] Conf. 9,6,14; CCL 27,141,21 ff.): „[…] und wir wurden getauft, und es floh von uns die Sorge des vergangenen Lebens. Und nicht konnte ich in jenen Tagen von der wunderbaren Süße genug bekommen, die Tiefe deines Ratschlusses über das Heil des Menschengeschlechts zu bedenken."

[320] Doctr. chr. 1,3,3 (CCL 32,8,1–10).

[321] In: Doctr. chr. 1,4,4 (CCL 32,8,14).

[322] Doctr. chr. 1,3,3 (CCL 32,8,8 ff.).

diese Welt nicht zu genießen ist: „ut *inuisibilia* dei *per ea, quae facta sunt, intellecta conspiciantur*, hoc est, ut de corporalibus temporalibusque rebus aeterna et spiritalia capiamus."[323] Die Sache des Genusses ist die göttliche Trinität. Damit sind der Vater, der Sohn und der Heilige Geist selbst das „Vaterland" des Menschen. Gott ist der anfängliche Wohnort des Menschen. Er kann dies sein, weil „aus ihm alles, durch ihn alles und in ihm alles" ist (vgl. Röm 11,36)[324].

Augustinus bestimmt im Folgenden Gott von der erstlichen *ineffabilitas* über das *summum bonum* schließlich zur *incommutabiliter sapiens vita* fort. Der Mensch bedarf aber der Reinigung, um diesem Leben „anhangen" (*inhaerere*) zu können. Die Pilgerreise des irdischen Lebens wird selbst zum Weg der Reinigung durch „gutes Betragen"[325]. Dies ist aber nur durch die göttliche Weisheit selbst möglich, indem die Weisheit Gottes für uns zur „Torheit" wird[326] und zur Welt kommt, die durch sie gemacht war (Joh 1,10)[327]. Aber auch die Torheit der Inkarnation ist für den Menschen, der „dieser Welt gleichförmig" geworden, ist, weil der das „Geschöpf an Stelle des Schöpfers genießt" (vgl. Röm 1,25)[328], nicht zugänglich. „Die Welt hat ihn nicht erkannt" (Joh 10,10)[329]. Deshalb bedarf es einer Unterscheidung der Welt durch eine Unterscheidung der Liebe zur Welt. Genau bezogen auf diese unterschiedene Liebe ist für uns Christus ein „exemplum" (1,11,11; CCL 32,12,13). „Obwohl er unser Vaterland selbst ist, machte er sich auch zum Weg für uns in die Heimat" (9 f.). So wird klar, dass der Mittler durch sich selbst als Mensch zu sich selbst als Gott vermittelt – „per me uenitur, ad me peruenitur, in me permanetur" (1,34,38; CCL 32,28,16). Als Mensch und Weg ist Jesus Christus zu benutzen, als Gott und Ziel ist er zu genießen. Das gesamte Heilsereignis in der Zeit gibt uns keine „Bleibe" und damit keinen Genuss (1,35,39; CCL 32,29,5–12), sondern es nützt uns lediglich auf unserem Weg der Selbstunterscheidung, auf dem wir „erkennen sollen, dass die *Fülle* und das Ziel *des Gesetzes* und aller göttlicher Schriften *die Liebe* [vgl. Röm 13,10] zu der Sache ist, die man genießen soll, und zu der Sache, die zusammen mit uns diese Sache genießen kann, weil es keines Gesetzes bedurfte, um sich selbst zu lieben" (1,35,39; CCL 32,28,1–5). Lediglich die Gottes- und die Nächstenliebe müssen geboten werden. Die Selbstliebe ist selbstverständlich. Augustinus fasst hier seine eigenen Aussagen über die christliche Lehre mit dem doppelten Liebesgebot zusammen und zwar in dessen Paulinischer Fassung. Die Stelle im Römerbrief, auf die Augustinus hier anspielt, geht unmittelbar der Stelle voraus, die für Augustinus bekehrend wurde (Röm 13,13). Die Unterscheidung des Menschen von sich selbst beruht also unmittelbar auf dem Liebesgebot und der Ordnung der Liebe:

---

[323] Doctr. chr. 1,4,4 (CCL 32,8,14 f.).

[324] In: Doctr. chr. 1,5,5 (CCL 32,9,6 f.).

[325] Doctr. chr. 1,10,10 (CCL 32,12,1–9).

[326] Doctr. chr. 1,11,11 f. (CCL 32,12); Augustinus verweist in diesem Zusammenhang auf 1 Kor 1,21 und 25.

[327] Doctr. chr. 1,12,12 (CCL 32,13,7).

[328] Doctr. chr. 1,11,11 (CCL 32,12,2).

[329] Doctr. chr. 1,12,12 (CCL 32,13,13).

„Jener aber lebt gerecht und heilig, der die Dinge unbestechlich einzuschätzen weiß; das ist aber derjenige, welcher eine geordnete Liebe hat, damit er weder liebt, was nicht zu lieben ist, noch nicht liebt, was zu lieben ist, noch mehr liebt, was weniger zu lieben ist, noch gleich liebt, was entweder mehr oder weniger zu lieben ist, noch weniger oder mehr liebt, was gleichermaßen zu lieben ist" (doctr. chr. 1,27,28; CCL 32,22,1–7).

Vier Dinge sind in dieser Ordnung zu lieben: das was über uns ist – Gott; das, was wir selbst sind – die Seele; das was neben uns ist – der Nächste, das was unter uns ist – der Leib (1,23,22; CCL 32,18,6–9). Um seiner selbst willen soll nur Gott geliebt werden, denn er allein ist die Sache des Genusses. Alles übrige, auch das eigene Selbst, ist „propter aliud", nämlich wegen Gott zu lieben und deshalb auch nicht unmittelbar zu genießen.[330] Folglich kann sich auch der Nächste nicht beschweren, wenn er wegen Gott, nicht aber wegen sich selbst geliebt wird, denn wie das Liebes-Gebot bei Matthäus heißt: *„Liebe deinen Nächsten wie dich selbst"* (Mt 22,39; doctr. chr. 1,22,21; CCL 32,17,29f.). Die Gottesliebe aber „aus ganzem Herzen, ganzer Seele und ganzem Gemüt" versteht Augustinus als ein Totalität der Liebe, auf die jede andere Liebe bezogen ist.

„Wenn er aber sagt, *aus ganzem Herzen, aus ganzer Seele und aus ganzem Geist* [Dtn 6,5], lässt er keinen Teil unseres Lebens aus, der leer bleiben und Raum geben könnte, um eine andere Sache genießen [*frui*] zu wollen, sondern was auch immer anderes, das zu lieben wäre, in die Seele kommt, wird dorthin geraubt, wohin die ganze Stoßkraft der Liebe strebt" (doctr. chr. 1,22,21; CCL 32,17,33–18,34).

III. Der abgekehrte Mensch und seine Hoffnung

Schon früh antwortete Augustin auf die Frage, was er wissen wolle: „Gott und die Seele. – Nichts darüber hinaus? – Gar nichts" (sol. 1,7,1; CSEL 89,11,15ff). Gott und Seele sind die Sache des frühen Augustinischen Denkens, die er auf seinem Denkweg unter dem Einfluss des Paulus modifiziert. Aus dem Beginn der „Confessiones" geht klar und deutlich die neue Sache Augustins hervor: Gott und *Mensch*.[331] Der Mensch als Kompositum von Seele und Leib in seiner Geschichtlichkeit tritt an die Stelle der rein geistigen Seele. Damit löst sich Augustin weiter von seiner Plotinisch-Porphyrianischen Vorgabe. In den „Confessiones" wird zunächst Gott auf seine Größe, Lobwürdigkeit, Macht und Weisheit hin angesprochen. Sodann wird das Leib-Geist-Wesen Mensch als Geschöpf Gottes bezeichnet. Gerade seine Leiblichkeit trägt Sterblichkeit, Sünde und Ohnmacht bei, durch welche er hier charakterisiert

---

[330] Eigenartigerweise formuliert Augustinus an der Stelle, wo er die Liebe zum Menschen nicht als Selbstzweck begreift, sehr vorsichtig „videtur mihi". Angesichts der „Größe" und Gottähnlichkeit des Menschen und des Gebotes, einander zu lieben, ist die Frage nach der Finalität der Liebe zum Menschen strittig. Siehe 1,12,20 (CCL 32,16f.).

[331] Conf. 1,1,1 (CCL 27,1,1–7).
Zum Menschen als neuer Sache Augustins nach 396 siehe auch Ruhstorfer: Die Platoniker und Paulus 316f.

ist. Gott widersteht dem Hochmut des Geschöpfs, dessen missliche Lage nicht auf den Willen des Schöpfers, sondern gerade auf die menschliche Liebe zur Macht und zur Selbstherrlichkeit zurückzuführen ist. Doch bleibt Gott das Ziel des Geschöpfs. In Gott zu sein, ist der vorzügliche Gegenstand der menschlichen Hoffnung.

Schon bei Foucault und Nietzsche war die Sache in besonderer Weise mit der Macht verbunden. Foucaults Bemühen in der genealogischen Phase zielte auf das Aufbrechen von regionalen Dispositiven der Macht, durch welche der Mensch beherrscht wird. Seine Sache ist ein Spiel von Entmachtung und Ermächtigung anonymer Strukturen – auch der Mensch ist letztlich eine anonyme Struktur. Dieses Spiel zielt – nach dem Tod Gottes und dem Tod des Menschen als normierender Instanzen – auf die vorübergehende Selbstbestimmung und Selbstschaffung des selbst-losen Individuums. Nietzsches Sache ist es, nach dem Tod Gottes den Menschen durch Selbstunterscheidung zu ermächtigen, aus dem Willen zur Macht jenseits von Gut und Böse eine neue, antichristliche Bestimmung des Menschen geben zu können. Seine Hoffnung richtet sich auf den Übermenschen als den Menschen der Zukunft. Er ist der künftige Herr der Erde.

Auch die Sache Augustins ist in besonderer Weise mit der Macht verbunden. Macht bezieht sich stets auf die Äußerung von Wissen und Willen. Die Macht Gottes äußert sich in der Erschaffung der Welt. Mit diesem Gedanken setzt Augustins Termfolge nach 396 ein. Dabei hat er aber bereits den Menschen und sein anfängliches sowie sein gegenwärtiges und zukünftiges Wohnen im Blick. Das gegenwärtige Wohnen des Menschen wird von seiner eigenen Ohnmacht gekennzeichnet. Der Mensch hat keine Macht über sich selbst. Er tut das, was er nicht will. So wird die Sache bezogen auf die Macht des Schöpfers und die Ohnmacht des Geschöpfs. Dieses Machtverhältnis resultiert aus einem geschichtlichen Vorgang, an dessen Anfang die Schöpfung und der Sündenfall stehen. Also ist die Sache Augustins das *gebrochene* Verhältnis von Schöpfer und Geschöpf. Durch den Bruch wird der Zorn Gottes hervorgerufen. Getragen wird die Sache des Augustin von Röm 1,18–32. Insofern Sache, Bestimmung und Denken den drei Paulinischen Tugenden Hoffnung, Liebe und Glaube entsprechen, ist die Situation des zunächst von Gott abgekehrten Menschen auch von der Hoffnung bestimmt, sich auf Grund der Ermächtigung durch Gott wieder zu Gott bekehren zu können.

Früh gibt Augustin die grundlegende Definition des Menschen: *animal rationale mortale*.[332] Die *animalitas* bezieht sich auf die beseelte Materialität des Menschen, seine Leiblichkeit, die er mit den Tieren gemeinsam hat. Die spezifische Differenz des Menschen liegt in der *rationalitas*. Von der reinen Geistigkeit der Engel und der absoluten Geistigkeit Gottes unterscheidet sich der Mensch durch die *mortalitas*. *Animalitas*, *rationalitas* und *mortalitas* bilden die Gliederungsmomente für die Sache Augustins, welche das Verhältnis von Gott und Mensch ist. Am Beginn der *Geschichte* der Menschheit steht der Bruch dieses Verhältnisses, durch welchen die *Sterblichkeit* über die Menschen kam (3.). Die Einsicht in die je eigene *Gei-*

---

[332] So in ord. 2,31 (CCL 63,169,3 f.).

stigkeit Gottes und des Menschen bildet die Mitte als *sprachliches* bzw. *logisches* Moment (2.). Hierin ereignet sich bereits ein wichtiger Schritt zur Überwindung des Bruchs. Zuletzt, im *weltlichen* Moment, treten die Wohnwelten des Menschen auseinander (1.). Das Wissen um die himmlische Heimat bereitet die Krise des Menschen vor, der von seiner *animalitas*, nicht aber von seiner *rationalitas* beherrscht wird. [333]

1. Das Wohnen des Menschen (*animal* rationale mortale)

Die Hoffnung auf die Bekehrung des Menschen zu Gott ist das Resultat der Augustinischen Sache. Da die Bekehrung allein noch nicht in die endgültige Heimat des Menschen bei Gott führt, sondern zunächst das provisorische Wohnen *in* dieser Welt betrifft, erhält sich die Hoffnung auch nach der Bekehrung als Hoffnung auf die *visio beata* oder das Bewohnen des Vaterlandes. Das weltliche Moment im Sachterminus bezieht sich auf das erhoffte Wohnen des Menschen sowohl in „dieser" Welt als auch im Vaterland, wobei sich das wirkliche Wohnen des unbekehrten Menschen und der Gegenstand seiner Hoffnung noch unversöhnt gegenüber stehen, da sie noch nicht in Christus vermittelt sind. Er, Christus, ist als Gott-Mensch der dritte Ort des Aufenthaltes des Menschen. In-Christus-Sein bezeichnet das versöhnte Wohnen des Menschen in dieser Welt nach der Bekehrung und nach der Taufe.

Durch die Begegnung mit den „libri Platonicorum" war Augustinus bereits zur Einsicht in die Wahrheit über das Wohnen des Menschen gekommen. [334] Er begreift, dass der eigentliche Aufenthalt des Menschen nicht unmittelbar in dieser sinnlichen Welt sein kann, sondern im anfänglichen Wort, das bei Gott ist. Diese Wahrheit deutet Augustin bereits in neutestamentlichen Kategorien, ja er identifiziert die Plotinisch-Porphyrianische Wahrheit mit dem Beginn des Johannesprologs. Damit kommt er zu einer völlig verwandelten Bestimmtheit des höchsten Aufenthaltsortes des Menschen. In der Plotinischen ἐπιστροφή kehrt die ins Viele abgefallene Seele zu sich selbst als allgemeiner Weltseele, zu sich selbst als Geist und schließlich zu sich selbst als dem Einen zurück. Die Seele gibt sich in die Vernunft auf, die Vernunft in das Eine. So und nur so ist die Vereinigung im Sinne der ἔκστασις letzlich denkbar.

---

[333] Vgl. ciu. 13,4 (CCL 48,387,28–36); unmittelbar nach Beschreibung der Erbsünde zitiert Augustinus Ps 48,13, um die Situation der gefallenen Menschheit zu charakterisieren: „*Homo in honore cum esset, non intellexit; comparatus est pecoribus non intellegentibus et similis factus est eis.*"

[334] Conf. 7,9,13 (CL 27,101 f.); ciu. 9,17 (CCL 47,265,4–7): „Wo bleibt da jenes Wort des Plotin, wo er sagt: *Man muss also in jenes zuhöchst geliebte Vaterland fliehen, und dort ist der Vater, und dort ist alles. Mit welchem Schiff oder auf welchem Fluchtweg?*, sagt er. *Indem man Gott gleich wird* [Enn. 1,6,8; 2,3]." Es ist zu bemerken, dass die Sicht in den Confessiones bezüglich der Bekehrung Augustins nicht streng historisch ist. Vielmehr geben Aufbau und Inhalt des siebten und achten Buches der „Confessiones" den Stand des Denkens Augustins nach 396 wieder.

Im Porphyrianischen *recursus* der Seele findet die Seele zur *consubstantialitas patri*.[335] In beiden Fällen ist der Ort der Vollendung Gott selbst als die absolute Einheit. Die Seele verliert ihre Verbindung mit dem Leiblichen und ihrer Individualität. Anders bei Augustin. Aus dem *recursus ad patrem* wird ein eschatologisches Bewohnen der *patria*. In der Heimat selbst erhalten sich Vielheit und Leiblichkeit des Menschen.

Die Menschen wurden als weltliche und gesellschaftliche Leib-Geist-Wesen geschaffen und als solche sollen sie in der Vollendung wohnen. Die Leiblichkeit des Menschen soll nicht abgelegt werden, sondern wieder der Geistigkeit untergeordnet und schließlich als Ganze erneuert werden. Dafür bedarf es der Unterscheidung von *caro* und *corpus*, sowie der himmlischen und der irdischen *corpora*.[336] Mit Paulus macht Augustin deutlich, dass „Fleisch und Blut das Reich Gottes nicht besitzen werden" [1 Kor 15,50], wohl aber kann „dieses Fleisch verwandelt werden [*conuerti*]" und zwar in neue „einfache, lichthafte Körper, die der Apostel *geistliche* [*spiritalia*] nennt". Dabei ist sowohl bei Paulus als auch bei Augustin nicht nur an die neue, himmlische Leiblichkeit des Menschen, sondern auch an eine neue Körperlichkeit der ganzen Schöpfung zu denken. Die *corpora caelestia* bezeichnet Augustinus auch als „die weltlichen [...] Körper des neuen Himmels und der neuen Erde"[337]. Die Erneuerung bezieht sich also auf die gesamte Wohnwelt des Menschen, die Erde und deren Himmel. Die erneuerte Welt ist mit den irdischen Augen nicht zu sehen, sondern so, „wie jetzt das Unsichtbare Gottes durch das, was geschaffen ist, als vernünftig wahrgenommen wird, durch einen Spiegel im Rätselbild und bruchstückhaft [...]"[338].

Die Tatsache, dass die Vielheit sich in der Vollendung erhält, zeigt sich schon dadurch, dass sie sehr wohl als *patria*, nicht aber Porphyrianisch als Einheit mit dem *pater* vorgestellt wird. Sie ist *civitas* und damit ein Gemeinwesen aus einer bestimmten Zahl von Menschen und Engeln, das himmlische „Jerusalem"[339]. Die Einwohner jener „Stadt" bilden das „Volk Gottes"[340]. Das Volk Gottes ist die Gemeinschaft der von sich unterschiedenen, bekehrten Menschen. In dieser Gemeinschaft erhält sich die Individualität und bezüglich des Verdienstes auch die Geschichte des Einzelnen.[341] Dennoch ist die *civitas Dei* von der Einheit Gottes derart durchwirkt, dass Augustinus mit Paulus sagen kann, dass in ihr Gott alles in allem ist.[342] Augustinus

---

[335] Dass Augustinus bis in sein Spätwerk mit seiner Inspiration durch das neuplatonische Denken ringt, zeigt sich darin, dass er nicht nur vor seiner Schilderung der *civitas Dei* im 10. Buch des „Gottesstaates" vor allem Porphyios verhandelt, sondern auch noch vor der Beschreibung der Vollendung der *civitas* im 19. Buch auf ihn zu sprechen kommt.

[336] Hier und im Folgenden F. et symb. 24 (CSEL 41,30,20–31,13). Vgl. 1 Kor 15,39–50.

[337] Ciu. 22,29 (CCL 48,861,183).

[338] Ciu. 22,29 (CCL 48,861,187); vgl. Röm 1,20 und 1 Kor 13,12.

[339] Ciu. 19,11 (CCL 48,674,4).

[340] Lev 26,12; dazu ciu. 22,30 (CCL 48,863,29).

[341] Ciu. 22,30 (CCL 48,863,37–48). Pérez Paoli: Hypostasis, 236: „Nichts wird da vergessen sein; kein Verschwinden der einzelnen Seele in dem Geist oder in dem Einen, sondern die vollkommene Transparenz der subjektiven Substanz."

[342] 1 Kor 15,28; dazu trin. 15,28,51 (CCL 50A,535,48); ciu. 22,30 (CCL 48,862,2 und 863,33) u.v.a.

will dieses Wort so verstanden wissen, dass Gott selbst der Lohn für den Menschen ist.

Auch der nicht vollends bekehrte Mensch kann um seine himmlische Heimat wissen. Augustinus verdeutlicht dies immer wieder mit Verweis auf Röm 1,20.[343] Doch kommt er durch dieses Wissen der Heimat nicht näher, lediglich die Sehnsucht nach der Heimkehr wird größer und damit auch der Schmerz über die unüberwindliche Distanz. Je deutlicher das Wissen um die Heimat des Menschen ist, um so größer werden die Sehnsucht und die Verantwortung, den richtigen Weg zu wählen. Augustinus zeigt dies einerseits allgemein geistesgeschichtlich in den Büchern acht bis zehn von „De civitate Dei" und andererseits bezogen auf seine individuelle Geschichte im siebten Buch der „Confessiones".

Plotin, Porphyrios, Iamblich und Apuleius Afer sind nach Augustin dem christlichen Weg so nahe gekommen wie nur möglich, ohne ihn freilich einzuschlagen, doch gerade das Gehen des Weges macht den ganzen Unterschied.[344] Die kleinste Kluft bleibt auch hier die am schwersten zu überbrückende. Die Neuplatoniker „erkannten Gott", doch „weder verherrlichten sie ihn, noch sagten sie ihm Dank, sondern sie verloren sich in eigenen Gedanken, und ihr törichtes Herz verfinsterte sich; indem sie sich Weise nannten, wurden sie zu Toren"[345]. Sie vertauschten den *cultus* des Schöpfers mit demjenigen des Geschöpfs, die Pflege und Verehrung der „Herrlichkeit deiner Unverderblichkeit" mit den „Götzen und verschiedenen Trugbildern, mit dem Bild des verderbbaren Menschen und Vögeln und Vierfüßlern

---

[343] Dies wird besonders im siebten Buch der „Confessiones" deutlich, wo Augustinus nach der Begegnung mit den Neuplatonikern mehrfach auf diese Stelle verweist. Siehe dazu L. C. Ferrari: Augustine's „discovery" of Paul (Confessions 7.21.27), in: Augustinian Studies 22 (1991) 37–61, 51 f.
Augustinus versteht diese Stelle jedoch keinesfalls im Sinne einer natürlichen Theologie. Derartiges liegt außerhalb seines Horizontes. Zum Ganzen auch Ruhstorfer: Die Platoniker und Paulus 303 f.

[344] Ciu. 8,5 (CCL 47,221,3): „Keiner ist uns näher gekommen als diese." Ciu. 8,12 (CCL 47,229,25–30): „Unter ihnen sind von großer Vortrefflichkeit [*nobilitate*] die Griechen Plotin, Jamblich, Prophyrius; in beiden Sprachen, nämlich in Griechisch und Lateinisch, zeichnet sich Apuleius Afer als vortrefflicher Platoniker aus. Aber sie alle und die übrigen dieser Art und sogar Platon selbst, meinten, man müsse sehr vielen Göttern Opfer bringen."
Conf. 7,9,13 (CCL 27,101,1–12): „Und zuerst wolltest du mir zeigen, wie sehr *du den Hochmütigen widerstehst, den Demütigen aber Gnade gibst* [1 Petr 5,5] und aufgrund wie großer Barmherzigkeit den Menschen der Weg der Demut vor Augen geführt wurde, dass dein *Wort Fleisch geworden ist und gewohnt hat* [Joh 1,14] unter den Menschen, versorgtest du mich durch einen von maßloser Eitelkeit aufgeblähten Menschen mit einigen aus der griechischen Sprache ins Lateinische übersetzten Büchern der Platoniker, und dort las ich, zwar nicht mit diesen Worten, aber doch ganz dasselbe mit vielen und vielfältigen Gründen [*rationes*], um zu überzeugen: *Im Anfang war das Wort, und das Wort war bei Gott, und Gott war das Wort; dieses war im Anfang bei Gott; alles ist durch es geworden, und ohne es wurde nichts; was gemacht worden ist, ist in ihm Leben, und das Leben war das Licht der Menschen; und das Licht leuchtet in der Finsternis, und die Finsternis hat es nicht erfasst* [Joh 1,1–12]."

[345] Conf. 7,9,14 (CCL 27,102,45–48); nach Röm 1,21 f.; vgl. dazu ciu. 8,10 (CCL 47,226).

und Schlangen"[346]. Die Neuplatoniker werden sogar mit Esau verglichen, da sie ihr Erstgeburtsrecht für die „ägyptische Speise" verkauft haben.[347]

Augustinus interpretiert vor allem Porphyrios, Iamblichus und Apuleius unter dem Signum der *superbia*. Da sie den wahren Mittler Jesus Christus und damit die *via humilitatis* nicht kennen, versuchen sie, teils aus eigenem Vermögen, teils durch den Kult der Mittelwesen, teils durch theurgische Praktiken den Weg aus dieser Welt in die himmlische Heimat zu finden. Apuleius macht deutlich, dass Menschen, Dämonen und Götter *animalia* sind, die sich nur durch ihren Wohnort unterscheiden.[348] Augustinus kritisiert die theurgischen Praktiken nach Art des Iamblichus.[349] Auch noch Porphyrios, für Augustinus der bedeutendste heidnische Philosoph, hat ein ambivalentes Verhältnis zur Theurgie[350] und zur Verehrung der *animalitas* der Zwischenwesen.[351] Grundsätzlich werden durch die Verehrung (*cultus*) der Dämonen und Götter die ungeordnete *animalitas*, die *passiones* und *libidines* des Menschen befördert und die Herrschaft der Vernunft geschwächt.[352] Dies gilt in eingeschränktem Maße auch für den Porphyrianischen Kult der Mittelwesen. Zwar *sieht* Porphyrios das Vaterland, wenn auch mit verdunkeltem Blick, doch kennt er den *Weg* dahin nicht. Zwar bekennt er die Gnade, da die Heimkunft nicht Sache des Denkens und Wollens des Menschen, sondern die des gewährenden Gottes ist, doch begreift Porphyrios gerade nicht, dass die Gnade in Christus vermittelt ist, dass Christus das „höchste Beispiel der Gnade ist".[353] Zwar weiß er, dass in diesem Leben die vollendete Weisheit nicht dauerhaft erlangt werden kann, doch fehlt nach Augustin das Bekenntnis zum Mittler, der die Spannung zwischen jetzt und dereinst überbrückt. Die Demut, welche in der Selbstunterscheidung Gottes liegt, bleibt Porphyrius fremd und damit auch der Weg für die Menschen in die Heimat, der in der Selbstunterscheidung des demütigen vom überheblichen Menschen besteht. Wichtig ist hier, dass sich nach Porphyrios einerseits die menschliche Seele bis zu Wesensgleichheit mit der *paterna mens*, welche der Sohn Gottes ist, erheben kann, den Akt der Fleischwerdung des Wortes hält er aber andererseits nicht für möglich. Darin liegt nach Augustin ein Akt höchster *superbia*,[354] welcher den Verlust des Zugangs zum Vaters nach sich zieht, da „niemand den Sohn kennt, wenn nicht der Vater und niemand den Vater kennt, wenn nicht der Sohn und wem der Sohn es hat

---

[346] Conf. 7,9,15 (CCL 27,102,49ff.); nach Röm 1,23f.; und ebd. (CCL 27,103,65); nach Röm 1,25.

[347] Conf. 7,9,15 (CCL 27,102,52–103,56); dazu die Interpretation der Paulinischen Esau-Jakob-Typologie (Röm 9,6–13) in: Simpl. 1,2 (CCL 44,24–56) passim.

[348] Ciu. 8,14 (CCL 47,230,1ff.); ciu. 8,16 (CCL 47,233,13).

[349] Siehe dazu T. Stäcker: Jamblich und der philosophische Begriff der Zauberei, in: A. Regenbogen: Antike Weisheit und moderne Vernunft, Osnabrück 1996, 88–116; Pérez Paoli: Hypostasis 73f., dort Literatur.

[350] Ciu. 10,9 (CCL 47,281,14–19). Siehe auch ciu. 10,10 (CCL 47,283f.).

[351] Ciu. 8,14 (CCL 47,230,1ff.). Siehe dazu ciu. 8,23 (CCL 47,241,64). Auch bei dieser Kritik am Neuplatonismus steht Röm 1,21–28 im Hintergrund.

[352] Ciu. 9,6 (CCL 47,255) und ciu. 9,9 (CCL 47,258f.).

[353] Ciu. 10,29 (CCL 47,304,9–23).

[354] Ciu. 10,29 (CCL 47,305,38–46).

offenbaren wollen"[355]. Folglich kennen die Neuplatoniker nicht die *uia humilitatis*, welche die *uia uniuersalis* ist.[356] In Christus vollzieht sich der Wille Gottes auf Erden. Christus lehrt die Unterordnung unter den Willen des Vaters. Dies ist die Bedingung dafür, von der Herrschaft der eigenen Begierden befreit zu werden. So stürzt nach Augustinus gerade auch Porphyrios durch den Versuch, sich von der Leiblichkeit zu lösen und mit Gott eins zu werden, immer tiefer in die Verstrickung mit dem Niedrigeren. Die Herrschaft der *animalitas* ist noch die Strafe für die *superbia* der Anmaßung der Gottgleichheit und des Wissens um die Heimkehr. „*Scientia inflat, caritas aedificat* [1 Kor 8,1]"[357]. Der neuplatonische Cultus der Mittelwesen ist ein Cultus des unbekehrten Wissens, eines Wissens ohne Liebe. Was Augustin in „De civitate Dei" weltgeschichtlich entfaltet, gilt ebenso für seinen individuellen Bekehrungsweg. Augustinus erkennt zwar die „*Macht* und die Gottheit" Gottes durch die Schönheit des Geschaffenen in neuplatonischer Art, doch zieht ihn das Gewicht der „fleischlichen Gewohnheit" in die Tiefe. Dadurch wird das irdische Wohnen des Menschen ,deprimierend', zumal, wenn die Vernunft des Menschen bereits die Wahrheit bedenkt.[358] Für den Menschen, der unmittelbar in dieser Welt haust, der jedoch die Heimat sieht, steigt die Spannung zwischen dem ,Ist-' und dem ,Sollzustand' auf das Äußerste.[359]

Dennoch kommt Augustinus durch die *libri Platonicorum* nicht nur zur ersten Einsicht in die Spannung zwischen Güte der himmlischen Heimat und Schlechtigkeit der *regio dissimilitudinis* (conf. 7,10,16; CCL 27,103,17), sondern auch zur Einsicht in die begrenzte Güte der irdischen Welt, in welcher der Mensch vorübergehend wohnt. War ihm bis dahin die Frage nach der Herkunft des Bösen ein Problem, so begreift er nun diese aus dem Willen des Menschen und er erkennt damit auch die Güte alles Geschaffenen einschließlich des Bösen.[360] Alles in dieser Welt ist letztlich gut, da Gutes wie Böses, Großes und Kleines geordnet und gefügt sind. Aber auch diese Einsicht führt noch nicht zu einem angemessenen Bewohnen dieser Welt, eben weil das bloße Wissen noch keine durchgreifende Unterscheidung des Menschen von der Herrschaft der *animalitas* und keine Erneuerung der Herrschaft der *rationalitas*

---

[355] Mt 11,27 nach qu. eu. 1,1 (CCL 44B;7,3ff.).

[356] Ciu. 10,32 (CCL 47,309f.).

[357] Ciu. 9,20 (CCL 47,267,1–5); vgl. conf. 7,20,26 (CCL 27,110,11–14).

[358] Conf. 7,17,23 (CCL 27,107,1–10): „Und ich wunderte mich, dass ich schon dich liebte, und nicht eine Vorstellung [*phantasma*] statt deiner, und nicht stand ich fest, um dich zu genießen, bald wurde ich zu dir hin gerissen durch deine Schönheit, bald wurde ich von dir weggerissen durch mein Gewicht und ich stürzte in jene [irdischen] Dinge mit Gejammer, und dieses Gewicht war die fleischliche Gewohnheit. Aber bei mir war die Erinnerung an dich, und ich zweifelte in keiner Weise, dass du bist [*esse*], dem ich anhange, dass vielmehr ich noch nicht bin, der ich anhange, da ja *der Leib, der zerstört wird, die Seele beschwert, und unsere irdische Behausung drückt* [*deprimit*]*die Vernunft* [*sensum*] *herab, die vieles bedenkt* [Weish 9,15]. Und ich war mir zuhöchst gewiss: Dein *Unsichtbares wird seit der Erschaffung der Welt durch das, was gemacht worden ist, als Vernünftiges eingesehen, deine ewige Macht und Gottheit* [Röm 1,20]."

[359] Conf. 7,21,27 (CCL 27,111,34–112,42).

[360] Conf. 7,11,17–16,22 (CCL 27,104ff.).

und über dieser der Herrschaft Gottes bewirkt. Dazu bedarf es der Gnade des Mittlers.

Nur nebenbei sei bemerkt, dass es sich bei der Trennung des Augustinischen Gedankens vom Porphyrianischen und Iamblichischen um die Unterscheidung der Vernunft von sich selbst handelt. Warum von sich selbst? Weil sich Augustinus auf das Denken vor allem des Porphyrius eingelassen hatte wie auf kein anderes. Erst 396 vollendet sich diese Unterscheidung. Augustin verabschiedet hier die natürliche und weltliche Vernunft und findet zur reinen Conception der Paulinischen Bestimmung des Menschen. Die Bedingung dieser Conception ist die neue Fassung seiner Sache als das Verhältnis von Gott und Mensch. Zentral ist hierbei die neue Konkretion der *rationalitas* des Menschen.

2. Die Geistigkeit Gottes und die Geistigkeit des Menschen (animal *rationale* mortale)

Das entscheidende Moment in der Vorbereitung der Bekehrung durch die Begegnung mit dem Mittler Jesus Christus bleibt dennoch die neuplatonische Einsicht. Man kann mit einem gewissen Recht von einer ‚Bekehrung des Denkens' sprechen, wenn dabei deutlich bleibt, dass der Augustin der „Confessiones" diesen Begriff letztlich für die Taufe selbst bzw. für die der Taufe unmittelbar vorausgehende Bekehrung des ganzen Menschen, wie im achten Buch beschrieben, reserviert und dass das eigentlich bekehrte Denken, nämlich der Glaube, ein Denken ist, dem die Zustimmung des Willens vorausgeht. Die Unterscheidung zwischen der vollen Bekehrung durch die Lektüre des Apostels Paulus und der Vorbereitung auf diese Bekehrung durch die Lektüre der „platonischen Bücher" macht Augustinus erst nach 396. In den Frühwerken nimmt er noch eine weitgehende Identität zwischen Neuplatonikern und Paulus an.[361] Augustinus hält jedoch auch in den „Confessiones" daran fest, dass er durch die „Platoniker" die wahre Geistigkeit des Menschen und die wahre Geistigkeit Gottes begriffen hat. Das Verhältnis der menschlichen *rationalitas* zur göttlichen bildet das *sprachlich-logische* Moment der Sache Augustins.

Augustinus stilisiert seine eigene Lebensgeschichte nach Art eines christlichen Protreptikos. Das bedeutet, dass seine individuelle Geschichte als Prototyp der allgemeinen Heilsgeschichte Gottes mit den Menschen gelesen werden kann. Damit werden die „Confessiones" zu einer antiken ‚Phänomenologie des Geistes'[362]. Die wesentlichen Positionen der Rationalität werden auf die christliche Wahrheit hin angeordnet. Augustinus hat das Denken seiner Zeit in einer gewissen Vollständigkeit durchlaufen. Auf seinem individuellen Unterscheidungsweg werden die wichtigsten Denkfiguren verhandelt. Am Anfang der Reihe von Bekehrungen des Denkens

---

[361] Beispielsweise in: Acad. 2,2,5f. (CCL 29,21,63–69).
[362] Diese Formulierung verdanke ich einem mündlichen Hinweis von Bernhard Uhde.

steht der „Hortensius" Ciceros.[363] Durch diese Lektüre wird der *amor sapientiae*
entzündet. Die „Liebe zur Weisheit" ist für Augustin bereits hier eine Liebe zu Gott,
doch eröffnet ihm sein philosophisches Wissen weder das wahre Denken Gottes
noch das Verständnis der Heiligen Schrift. Vielmehr wird der Zugang zur christlichen Offenbarung durch die griechisch-lateinische Philosophie versperrt.[364] Augustinus verfällt auf eine *„philosophia* [...] *secundum traditionem hominum, secundum
elementa huius mundi* [Kol 2,8f.]"[365]. Durch die Einflüsse stoischen Denkens stellt
sich Augustinus Gott als ein Etwas, als eine ausgedehnte, materielle Größe vor.[366]
Die Wahrheit findet sich in der Stoa außen (extra), in der stofflichen Objektivität. Sie
ist gerade nicht rein geistig. Entsprechend wusste Augustinus zunächst nicht, „dass
Gott Geist (*spiritus*) sei" (conf. 3,7,12; CCL 27,33,10).

Vor allem die Frage nach der Herkunft des Bösen drängt Augustinus dann in
den Manichäismus.[367] Dessen gnostisch dualistische Weltsicht nimmt zwei göttliche
Prinzipien an. Ein feinstofflich Gutes und ein grobstofflich, schöpferisch Böses. Die
göttliche Wahrheit liegt über der Vernunft des Menschen (supra) und kann nur
durch eine Offenbarung erfasst werden. Augustinus wendet sich nach einigen Jahren
wieder von diesem Denken ab. Äußerer Grund dafür sind innere Widersprüche in
der Lehre,[368] der innere Grund aber ist die heilsgeschichtliche Leitung durch Gott.
Die Auseinandersetzung mit dem Manichäismus verfolgt ihn sein Leben lang.

Durch die Zuwendung zur Skepsis der neuen Akademie versucht sich Augustinus
vom materialistischen Dogmatismus der Stoa und vom gnostischen Dualismus der
Manichäer zu lösen.[369] Weil die Wahrheit vom Menschen schlechthin nicht erfasst
werden kann, gilt es, an allem zu zweifeln.[370] Jedem Urteil muss die Zustimmung
verweigert werden.[371] Doch bleibt die Skepsis ihrerseits einem materialistischen
Denken verhaftet. Augustinus nähert sich durch die Begegnung mit Ambrosius dem
Christentum wieder stärker an. Wegen der Befangenheit des Denkens in Körperlichkeit und Vorstellungen (*phantasmata*) kann er sich aber nicht ganz zum Christentum
bekehren. Die Unfähigkeit, rein Geistiges zu denken, und die Verstrickung in *imagi-
nes corporum*[372] sind nicht nur ein rein theoretisches Problem, sondern einerseits die
Strafe für die Überhebung gegen Gott und andererseits die Verweigerung des ange-

[363] Siehe dazu M. Bettetini: Augustinus in Karthago: gleich einem Roman, in: Fischer/Mayer (Hgg.): Die
       Confessiones des Augustinus von Hippo 133–164, dort 142–145 sowie Flasch: Augustin 17–20.
[364] Conf. 3,5,9 (CCL 27,30f.).
[365] Conf. 3,4,8 (CCL 27,30).
[366] Dazu Flasch: Augustin 23–27.
[367] Dazu Bettetini: Augustinus in Karthago 147–155; Flasch: Augustinus 27–36.
[368] Dazu A. Raffelt: ‚Pie quaerere' – Augustins Weg der Wahrheitssuche, in: Fischer/Mayer (Hgg.): Die
       Confessiones des Augustinus von Hippo 207–213.
[369] Conf. 5,10,19 (CCL 27,68); dazu Raffelt: ‚Pie quaerere' 223ff.
[370] Conf. 5,10,19 (CCL 27,68,25ff.).
[371] Acad. 3,22 (CCL 29,47,4).
[372] Conf. 7,7,11 (CCL 27,200,32).

messenen Wohnens in der *media regio salutis* – Gott dienend und die körperlichen Dinge beherrschend.[373]

Erst die Begegnung mit dem Neuplatonismus befreit Augustinus aus dem stoisch-gnostisch-skeptischen Materialismus. Von Plotin übernimmt Augustin den Gedanken der absoluten Jenseitigkeit des ersten Einen, von Porphyrios den der Geistigkeit Gottes. Gerade die Einsicht *Deus est spiritus* wirkt auf Augustinus bekehrend.[374] Durch die Lektüre der „platonischen Bücher" wird Augustinus ermahnt, die Wahrheit als „unkörperliche" zu suchen. Augustinus deutet diese Suche mit Röm 1,20: *„inuisibilia tua per ea quae facta sunt intellecta conspexi".*[375] Dieses Pauluswort verbindet und trennt neuplatonisches und christliches Denken.[376] Noch in den Confessiones (9,14) behauptet er die Identität der Logosspekulation im Johannesprolog (Joh 1,1–5) mit den „Platonicorum libri" und deren Verhältnisbestimmung von ἕν und νοῦς. Porphyrios hatte durch die Einbeziehung des Einen in die gemeinsame Sphäre des Geistigen, den κόσμος νοητός,[377] den absoluten Unterschied zwischen dem Einen und seinen beiden Hypostasen νοῦς und ψυχή relativiert,[378] dadurch aber gewissermaßen die drei Naturen des Einen (Plotin) in die Dreifaltigkeit des Einen verwandelt.[379] Augustinus nun restituiert den absoluten Unterschied,[380] entwickelt aber diese subordinatianistische Trinität im christlichen Sinn weiter. Der νοῦς verliert seine Mittelstellung zwischen ἕν und ψυχή. Er wird einerseits zum *verbum*, das am Anfang bei Gott war, das Gott ist und andererseits zur *rationalitas* des Menschen. Die ψυχή ist nicht mehr die unterste Hypostase des Einen als universale Seele, sondern als *anima* eindeutig das Lebensprinzip des individuellen, inkarnierten *animal*

---

[373] Conf. 7,7,11 (CCL 27,100,20–30): „Ich richtete mich ganz auf das, was räumlich [*locis*] gefasst wird, und dort fand ich keinen Ort [*locum*] zum Ruhen und jene Dinge nahmen mich nicht auf, so dass ich hätte sagen können: Es ist genug, es ist gut, und auch ließen sie mich nicht dahin zurückgehen, wo es für mich genug und gut wäre. Denn ich war höher als diese Dinge, niedriger aber als du; und du, meine wahre Freude, der ich dir unterstellt bin [*subdito*], und du hattest mir alles unterworfen [*subieceras*], was du unterhalb meiner geschaffen hast. Und das wäre das rechte Verhältnis und der mittlere Bereich meines Heils, dass ich *als dein Abbild* beständig bliebe und, indem ich dir diente, den Leib beherrschte. Aber, da ich mich hochmütig gegen dich erhob und anrannte gegen den Herrn mit dem *dicken Buckel als meinem Schild* [Job 15,26], wurden auch diese niederen Dinge meiner Herr und unterdrückten mich, und nirgends gab es Erleichterung und Atemholen."

[374] Conf. 3,7,12 (CCL 27,33,10); vgl. Joh 4,24 und Io. eu. tr. 15,24 (CCL 36,169,22–161,26). Siehe zur Bekehrung durch diese Einsicht O. du Roy: L'intelligence de la foi en la trinité selon Saint Augustin. Genèse de sa théologie trinitaire jusqu'en 391, Paris 1966, 29–33; Pérez Paoli: Hypostasis 74; Ruhstorfer: Die Platoniker und Paulus 304.

[375] G. Madec: Connaissance de dieu et action de grâce. Les Citations de l'Épître aux Romains 1,18–25 dans les Œuvres de Saint Augustin, in: RechAug, Bd. 2, Paris 1962, 273–309, 308.

[376] Dazu G. Madec: Conaissance 308; P. Platz: Der Römerbrief in der Gnadenlehre Augustins, Würzburg, 1938, 130f.; L. C. Ferrari: ‚Discovery' 51ff.; Ruhstorfer: Die Platoniker und Paulus 303–310.

[377] Pérez Paoli: Hypostasis 50–69.

[378] Vgl. sententia ad intelligibilia ducentes 25 und 26 (Porphyrii Sententiae ad intelligibilia ducentes, hg. v. E. Lamberz), Leipzig 1975; siehe auch Boeder: Topologie 237f.

[379] P. Hadot: Porphyre et Victorinus, Paris 1968, Bd. 1,484.

[380] Boeder: Topologie 244.

rationale Mensch. Damit begreift Augustinus die materielle Welt und mithin den Körper des Menschen nicht mehr als Abfallprodukt des Einen, sondern als gewollte Schöpfung. Bildlich gesprochen stehen sich nun auf der einen Seite die drei Personen der Trinität und auf der anderen Seite das Leib-Geist-Wesen Mensch unmittelbar gegenüber.[381] In den Worten der Bibel ausgedrückt, der Mensch ist geschaffen „nach dem Bilde und nach der Ähnlichkeit" Gottes (Gen 1,26).[382] Gerade weil Gott auch für Augustinus Geist ist, trinitarischer Geist, erweitert er die *rationalitas* des Menschen zur ihrerseits trinitarischen *mens*, die sich in *memoria, intellectus* und *voluntas* auseinanderlegt.[383] Nur bezüglich der Geistigkeit der *mens* ist der Mensch ein spekulatives Abbild Gottes.[384] Augustinus erneuert aber auch den absoluten Unterschied, den der Eine zu Allem macht. Die Geistigkeit des Menschen ist nur ein *vestigium trinitatis*[385], ein schwacher Abglanz, von Gott absolut verschieden.

Für die *conversio* des Menschen im Augustinischen Sinn besagt dies nun Folgendes:[386] Bekehrend wirkte bei Plotin die Zuwendung (ἐπιστροφή) der Seele zu ihrem Selbst aufgrund der Erinnerung an ihre vormalige Schönheit.[387] Das Selbst der Seele ist die Vernunft, die Vernunft wendet sich wiederum ihrem Selbst zu, dem Einen. Der νοῦς wird dadurch selbst zur ersten ἀρχή, indem er sich in das ἕν hinein aufgibt.[388] Insofern aber das Eine nicht ‚ist‘, hört damit auch der Geist auf zu ‚sein‘. Es handelt sich folglich nicht um einen Akt der Überhebung des Niedrigeren, und die Jenseitigkeit und Einzigkeit der ersten ἀρχή bleiben gewahrt. Die ἐπιστροφή erfüllt sich in der Unsagbarkeit des Einen. Dagegen ist die Porphyrianische ἀναδρομή als eine substantielle Vereinigung der Seele mit Gott aufzufassen[389], was Augustin als *superbia* deuten muss (ciu. 10,29; CCL 47,304–307). Die Seele wird in den θεῶν πατήρ[390] verwandelt. Dabei muss sie ihren Leib verlassen. Nicht nur kommt Gott

---

[381] Siehe Pérez Paoli: Hypostasis 83.

[382] Gn. litt. 3,19,20 (CSEL 28,1;85,13–20): „Nun aber, damit wir unsere Untersuchung und Behandlung des Sechs-Tage-Werks zum Abschluss bringen, sagen wir zuerst kurz, es darf nicht als gleichgültig aufgefasst werden, dass es bei den anderen Werken heißt: *Es sprach Gott: Es werde* [Gen 1,3; 1,6], hier aber:*Es sprach Gott: lasset uns den Menschen machen als unser Abbild und Gleichnis* [Gen 1,26], um nämlich sozusagen die Vielheit der Personen von Vater und Sohn und Heiligem Geist einzuführen."

[383] Trin. 10 passim.

[384] Gn. litt. 3,20,30 (CSEL 28,1;86,8–17): „[…] damit wir offenkundig einsehen sollen, dass der Mensch darin als Abbild Gottes gemacht wurde, worin er die vernunftlosen Lebewesen überragt, das aber ist der Verstand [*ratio*] selbst oder der Geist [*mens*] oder die Vernunft [*intellegentia*] oder, wenn es mit einem anderen Wort passender genannt werden mag. Daher sagt der Apostel: *Lasst euch erneuern / erneuert euch im Geist eueres Denkens* [*in spiritu mentis uestrae*] *und zieht den neuen Menschen an* [Eph 4,23], *der erneuert wird zur Erkenntnis gemäß dem Abbild dessen, der ihn geschaffen hat* [Kol 3,10], so zeigt er ausreichend, worin der Mensch als Abbild Gottes geschaffen wurde, nicht in körperlichen Umrissen, sondern in einer intelligiblen Form [*forma*] des erleuchteten Geistes [*mentis*]."

[385] Vgl. Trin. 11,1 (CCL 50,333,4).

[386] Zum Ganzen siehe auch Ruhstorfer: Die Platoniker und Paulus 293–299.

[387] Plotin: Enneade VI 9,7,33f.; VI 4,14,16.

[388] Enneade VI 9,9.

[389] De Abstinentia I,29,25,9 (Philosophi Porphyrii opuscula selecta, hg. v. A. Nauck, Hildesheim 1977).

[390] Sententia 32 (Lamberz).

selbst der Seele bei dieser Vereinigung entgegen, sondern es können auch Mittelwesen der Seele bei ihrem *recursus ad patrem* helfen.

Bei Augustin kann die Seele keinesfalls mit Gott im Sinne einer Identität oder einer voridentischen Einheit vereinigt werden. Der absolute Unterschied zwischen der bekehrten Seele und Gott erhält sich auch in der Vollendung. Umgekehrt bleibt die Seele als diejenige des Menschen mit dem Leib verbunden. Die Seele kann und darf ihren Körper nicht dauerhaft verlassen, vielmehr wird mit Paulus (1 Kor 15) eine Erneuerung des Leibes erwartet.[391] Der Mensch bleibt auch als ein von sich Unterschiedener *Mensch*. Er kann seine Vollendung nicht mehr in der reinen Geistigkeit, sondern im Erfüllen seines ganzen Menschseins gemäß dem Willen Gottes finden. Damit kann auch der Weg der Unterscheidung des Menschen kein neuplatonischer Aufstieg mehr sein, weil dadurch gerade das Menschsein abgelegt werden würde. Der frühe Augustinus sieht noch in dieser partiellen Erhebung des menschlichen Geistes zum göttlichen den Höhepunkt menschlichen Denkens,[392] dem allerdings bereits eine Selbstunterscheidung vorausgeht.[393] Nach 396 erscheinen neuplatonische Aufstiegsversuche unter dem Vorzeichen der Überheblichkeit.[394] Die Versuche Augustins, sich über die Stufen der Geistigkeit bis zu Gott zu erheben, scheitern. Im siebten Buch der „Confessiones" schildert er zwei Aufstiegsversuche der Seele (conf. 7,10,16 und 7,17,23).[395] Sie geben Aufschluss über den Bau des Menschen als Leib-Geist-Wesen und über dessen Verhältnis zur Geistigkeit Gottes.

Bereits inspiriert durch die Gnade Gottes, wendet sich der Mensch von den äußeren „Körpern" ab und der „durch den Körper empfindenden Seele und von da aus deren innerer Kraft" zu. Diese Vermögen teilt der Mensch mit den anderen *animalia*. Die spezifisch menschliche Sphäre wird durch die *ratiocinans potentia* erreicht, die Augustin auch als Urteilskraft vorstellt. Über dem mit sinnlichen *phantasmata* beschäftigten Verstand befindet sich die Vernunft. Die *intellegentia* hat sich selbst zum Gegenstand. Erst durch dieses Vermögen verlässt der Mensch die Welt materieller

---

[391] Siehe retr. 1,4,3 (CCL 15,37–42): „Und bei der Stelle, wo ich gesagt habe: *Durchweg ist jenes sinnlich Wahrnehmbare* [*sensibilia*] *zu fliehen* [sol. 1,14,24], war dafür Sorge zu tragen, dass man von uns nicht denke, dass wir den Satz des falschen Philosophen Porphyrius vertreten: *Jeder Körper ist zu fliehen.* Ich aber habe nicht gesagt: alles sinnlich Wahrnehmbare, sondern nur *jenes*, was zerstörbar ist. Aber das hätte deutlicher gesagt werden müssen. Nicht aber sind derart die künftigen sinnlich wahrnehmbaren Dinge im neuen Himmel und in der neuen Erde des künftigen Weltalters."

[392] Siehe z. B. Acad. 1,23; 2,2; sol. 1,24; mag. 11,38; an. quant. 76. Dazu auch hier C.I.1.a) Glaube, der Einsicht sucht; auch Ruhstorfer: Die Platoniker und Paulus 307f.

[393] Sol. 1,12 (CCL 89,20,2–7): „Also hat die Seele drei bestimmte Dinge nötig: Sie muss Augen haben, die sie schon gut zu benützen versteht. Sie muss betrachten. Sie muss sehen. ‚Gesunde Augen', das ist der Geist [*mens*], wie er von allem körperlichen Schmutz [*labes*] rein ist, nämlich von den Begierden nach sterblichen Dingen befreit und gereinigt. Dazu verhilft ihm nichts anders als zuerst der Glaube."

[394] Conf. 7,9,13 (CCL 27,101,2).

[395] P. Courcelle: Recherches sur les ‚Confessions' de saint Augustin, Paris 1950, ²1968, 157ff. Courcelle bietet eine Synopse der ‚vaines tentatives d'extase plotiniennes', siehe Recherches 160–164. Siehe auch F. van Fleteren: Augustine's Ascent of the Soul in Book VIII of the Confessions: A Reconsideration, in: Augustinian Studies 5 (1974) 29–72; Ruhstorfer: Die Platoniker und Paulus 303, bes. Anm. 103.

Vorstellungen und betritt die Sphäre reiner Geistigkeit. Diese Stufe wurde Augustin erst durch die Neuplatoniker eröffnet. Die *intellegentia* steht an der Schwelle zwischen der Wandelbarkeit des Geschöpfs und der Unwandelbarkeit des Schöpfers, doch bleibt sie gerade diesseits jener Unterscheidung.

> „[…] und ich kam zu dem, das ist im Augenschlag des zitternden Erblickens. Da aber habe ich dein *Unsichtbares durch das, was gemacht worden ist, als Vernünftiges* erblickt, aber ich war nicht in der Lage, meinen Blick festzumachen, und durch meine Schwachheit zurückgestoßen, kehrte ich zurück in das Gewohnte, und ich nahm nichts mit mir, außer eine Erinnerung, die liebt und gleichsam einen Geschmack ersehnt, den ich noch nicht verkosten konnte" (conf. 7,17,23; CCL 107,27–32).

Der geschaffene *mundus intelligibilis* ist von der göttlichen Trinität absolut zu unterscheiden. Nur für letztere gilt *est est, non non*, während der menschliche Geist zwischen Sein und Nichtsein, zwischen Wahrheit und Lüge wechseln kann.[396] Nur Gott kann von sich sagen: „Immo uero ego sum qui sum"[397]. Die Vernunft des Menschen ist, solange sie an den korrupten Körper gebunden bleibt, ihrerseits wandelbar, während die Geistigkeit Gottes unwandelbare Wahrheit ist. Diese erleuchtet den Menschen[398] und wird in besonderer Weise mit dem Sohn identifiziert. Das göttliche Licht befindet sich über der *mens*, doch nicht in einem räumlichen Sinne, es unterscheidet sich auch nicht einfach quantitativ oder qualitativ vom Licht des menschlichen Geistes, sondern es ist „Anderes, sehr Anderes". Augustinus fasst die absolute Überlegenheit Gottes mit dem Unterschied von Schöpfer und Geschöpf.[399] So ist denn die erste Einsicht des menschlichen Geistes, wenn er an seine Grenze erhoben wird:

> „Et cum te primum cognoui, tu assumpsisti me, ut uiderem esse, quod uiderem, et nondum me esse, qui uiderem" (conf. 7,10,16; CCL 27,103,13 ff.).

Augustinus sieht ein, dass *Gott* im emphatischen Sinn *ist*. Er erkennt, dass Gott das unwandelbare Sein ist, und er erkennt – mit einer bemerkenswert doppeldeutigen Formulierung ausgedrückt –, dass er zu wahrem Sehen und Einsehen im Sinne der *visio beata* noch nicht in der Lage sei: „Ich bin noch nicht derjenige, der zu sehen vermöchte". Diese Unfähigkeit liegt aber im Mangel an Sein und damit in der Wandelbarkeit der geschöpflichen *ratio* begründet: „Ich, der ich sehen könnte, *bin* noch nicht."

---

[396] Conf. 7,11,17 (CCL 27,104,1–4): „Und ich musterte das Übrige unter dir, und ich sah, dass es nicht ganz ist und nicht ganz nicht ist. Es ist zwar, da es von dir ist, aber es ist nicht, da es das, was du bist, nicht ist. Das nämlich ist wahrhaft, was unwandelbar bleibt."

[397] Conf. 7,10,16 (CCL 27,104,24); vgl. Ex 3,14.

[398] Conf. 7,17,23 (CCL 27,107,23 f.).

[399] Conf. 7,10,16 (CCL 27,103,7–11): „Nicht derart [aus derselben Gattung, nur größer und klarer] war dieses [Licht], sondern anders, sehr anders im Vergleich mit all jenem. Weder war es so über meinem Geist wie Öl über Wasser noch wie der Himmel über der Erde, sondern es war höher, weil es mich gemacht hat, ich aber niederer, weil ich von jenem gemacht bin."

Wenn der Mensch das Unvermögen seiner Geistigkeit einsieht, die seiner Leiblichkeit unterworfen ist und so in der *regio dissimilitudinis*, dem Ort der Gottunähnlichkeit haust, die von sich aus nicht fähig ist, die absolut verschiedene Geistigkeit Gottes zu schauen und mehr noch zu genießen, dann wird er auf das Erfassen des „Mittlers zwischen Gott und den Menschen" vorbereitet. [400] Der Gott-Mensch Jesus Christus ist der einzige Mittler zwischen göttlicher und menschlicher *rationalitas*, zwischen *verbum* und *intellectus*, zwischen *trinitas* und *mens*. [401] Gerade seine *humilitas* wird dem Menschen zur Bestimmung; ist er doch als Mensch selbst Gott vollkommen subjektiert, und hat er doch seine Leiblichkeit der Geistigkeit unterworfen – bis hinein in den leiblichen Tod. Er wird zum Vorbild für die Wiederherstellung der Subjektionsordnung, welche durch die Bekehrung angestrebt wird: Leib – Seele – Gott. [402] Die Bekehrung wird damit zu einem lebenslangen Bemühen, das durch die Abwendung des Menschen von Gott notwendig wird; [403] es hat seinen Anfang in der Zuwendung Gottes, [404] seine Mitte im begnadeten Streben des Menschen nach Vervollkommnung in diesem Leben [405] und seine Vollendung in der Schau Gottes. [406]

Da Augustinus aber Inkarnation und Tod Christi sowie die Bekehrung des Menschen vor allem in Paulinischen Begriffen denkt, wird die Begegnung mit den Neuplatonikern zur *praeparatio Pauli*. Erst vermittelt durch die neuplatonische Einsicht geht ihm die Logik des Paulinischen Denkens auf. Dessen scheinbare Selbstwider-

---

[400] Conf. 7,18,24 (CCL 27,108,1–8).

[401] Qu. eu. 1,1 (CCL 44B,7,3 ff.).

[402] Siehe 1 Kor 15,27 ff. (vgl. auch Röm 1,25). Dazu trin. 1,10,20 (CCL 50,57,28–39) und trin. 10,5,7 (CCL 50,320,1–5). Inwiefern diese Ordnung bereits im Frühwerk angestrebt wird, siehe Pérez Paoli: Hypostasis 95 ff.; bei Augustin: mus. 6,13 (PL 32,1170) und gn. adu. Man. 2,12–22 (PL 34,202–208). Auch Ruhstorfer: Die Platoniker und Paulus 306 f.

[403] En. Ps. 6,5 (CCL 38,30,8–10): „Weil wenn wir ihn verlieren sollten, so machte dies nicht die Abwesenheit dessen, der überall ist, sondern unsere Abkehr [*auersio*]."
Simpl. 1,2,18 (CCL 44,45,549–551): „Die Sünde des Menschen ist aber Unordnung und Verdrehtheit, das heißt die Abkehr von einer vorzüglicheren Bedingung und die Zukehr [*conuersio*] zu bedingtem Niedrigerem."

[404] En. Ps. 6,5 (CCL 38,30,1–6): „*Kehre dich zu, Herr, und rette meine Seele* [Ps 6,5]. Wenn sich die Seele bekehrt, bittet sie, dass Gott sich zu ihr kehren möge, wie geschrieben steht: *Kehrt euch mir zu, und ich kehre mich euch zu, sagt der Herr* [Sach 1,3]. Oder soll man diese Rede so verstehen: *Kehre dich zu, Herr*, das bedeutet, mach, dass ich bekehrt werde, weil sie [die Seele] bei ihrer eigenen Bekehrung die Schwierigkeit und die schwere Mühe empfindet." Siehe auch praed. sanct. 2,3 (PL 44,961); zur prinzipiellen Bedeutung von Zukehr und Abkehr sowie zu Gott als Prinzip der Bewegung auch Boeder: Topologie 274.

[405] En. Ps. 6,5 (CCL 38,30,13–16): „Während wir uns aber bekehren, das heißt durch die Veränderung des alten Lebens unseren Geist neu herausmeißeln, empfinden wir es als hart und mühsam, uns von der Dunkelheit der irdischen Begierden zur Heiterkeit und Ruhe des göttlichen Lichts zurückzuwinden."
En. Ps. 6,6 (CCL 38,30,2 f.): „Er [der Beter des Psalms] sieht ein, dass nun die Zeit der Bekehrung ist, da ja, wenn dieses Leben vorübergegangen sein wird, nichts bleibt außer die Zuteilung der Verdienste." Vgl. auch trin. 14,17,23 (CCL 50A,455).

[406] En. Ps. 6,5 (CCL 38,30,6 ff.): „Denn die vollendete Bekehrung findet Gott bereit, wie der Prophet sagt: *Gleichwie dem Morgenrot werdet ihr ihn bereit finden* [Hos 6,3 LXX]." Auch trin. 14,17,23 (CCL 50A,455) mit Bezugnahme auf 1 Kor 13,12 und 2 Kor 3,18.

sprüchlichkeit und dessen vermeintlicher Widerspruch zu Gesetz und Propheten verschwinden:

> „[...] und es zeigte sich mir ein einziges Angesicht *der lauteren Worte* [*Ps 11,7], und ich lernte *frohlocken mit Zittern* [Ps 2,11]. Und ich fing an, und ich fand, dass, was auch immer ich dort [in den Büchern der Platoniker] Wahres gelesen hatte, hier [bei Paulus] mit Preisung [*conmendatione*] deiner Gnade gesagt wurde, damit, wer sieht, nicht so *sich rühme, als hätte er nicht empfangen* und zwar nicht nur das, was er sieht, sondern auch, dass er sieht; denn *was hat er, das er nicht empfangen hat?* [1 Kor 4,7], und damit er nicht nur ermahnt werde, dich, der du immer der selbe bist, zu sehen, sondern damit er auch geheilt werde, um [dich] festzuhalten, und damit, wer von der Ferne nicht sehen kann, dennoch auf dem Weg wandle, auf welchem er kommen soll und sehen soll und festhalten soll; weil, auch wenn der Mensch *Freude hat am Gesetz Gottes gemäß dem inneren Menschen* [Röm 7,22], was wird er machen mit *dem anderen Gesetz in seinen Gliedern, das dem Gesetz seines Geistes* [*mentis*] *widerstreitet, und das ihn unter dem Gesetz der Sünde gefangen hält, das in seinen Gliedern ist?* [...] Was soll der *elende Mensch machen? Wer wird ihn befreien vom diesem Leib des Todes, wenn nicht deine Gnade durch Jesus Christus unseren Herrn?* [Röm 7,23 ff.]" (conf. 7,21,27; CCL 27,110,5–111,15.20 f.).

3. Die Geschichte des Verhältnisses von Gott und Mensch (animal rationale *mortale*)

Der Bau des Augustinischen Gedankens hat seine Achse im geschichtlichen Moment. Er vollendet sich im Denkterminus mit der Suche des Glaubens nach Einsicht (*fides quaerens intellectum*): Wissen des bekehrten Menschen. Er hat im Bestimmungsterminus die Geschichte Jesu zu seiner Mitte: Wille des bekehrenden Gottes. Und er setzt in der Sache mit der Geschichte des Verhältnisses von Gott und Mensch vor der Bekehrung ein: Ohnmacht des abgekehrten Menschen – Macht des schaffenden Gottes. In jedem dieser Momente weiß sich Augustin von Paulus inspiriert, so auch bei der Geschichte des *animal rationale* ‚mortale'.

> „Deswegen, wie durch einen einzigen Menschen die Sünde in diese Welt eingedrungen ist und durch die Sünde der Tod, und so auf alle Menschen der Tod übergegangen ist, in diesem [Adam] haben alle gesündigt" (Röm 5,12) [407].

a) Die Sünde des Geschöpfs

Mit Röm 5,12.15, 1 Kor 15,20 ff. und 1 Kor 15,45–49 stellt Augustinus den Menschen zwischen den vergangenen Adam und den künftigen Christus. Von Adam hat der Mensch seinen beseelten Leib (*corpus animale*), die Sündigkeit und die Sterblichkeit; von Christus den geistlichen Leib (*corpus spiritale*), die Gerechtigkeit und die

---

[407] Augustinus hat diese ältere lateinische Fassung vor Augen (Vetus latina und Vulgata), welche das griechische ἐφ' ᾧ fälschlicherweise mit *in quo* übersetzt, statt, wie die Neovulgata mit *eo quod*, „dadurch, dass" oder „weil" alle gesündigt haben.

Unsterblichkeit. „Primus homo de terra terrenus; secundus homo de caelo caele-stis". [408] Sowohl die Erschaffung Adams als auch die Auferweckung Christi, durch welche der geistliche Leib an die Menschen kommen wird, sind Akte der göttlichen Macht. Nicht erschaffen aber sind die Sünde und der Tod. [409] Der erste Mensch wurde von Gott gänzlich gut erschaffen. Er trug die *imago trinitatis* in seiner *mens* und war von daher das höchste Geschöpf. Innerlich war der Mensch bereits *spiritalis* und hätte er nicht gesündigt, so hätte ihn Gott nach diesem Leben auch mit einem „geistlichen Leib" beschenkt. Gott hat Adam mittelbar aus dem Nichts und unmittelbar „aus Lehm" (*ex limo*) und „Staub" (*ex pulvere*) geschaffen. Wie jede geschaffene Natur ist er von daher wandelbar. [410] Diese Wandelbarkeit bezieht sich sowohl auf den Leib als auch auf den Geist Adams. Sein Leib ist sterblich und unsterblich zugleich. Er hatte die Möglichkeit zu sterben und nicht zu sterben. [411] Letzteres stand allerdings unter der Bedingung des Gehorsams. Der Wille des Menschen besaß nun seinerseits die Möglichkeit zu gehorchen und nicht zu gehorchen, zu sündigen und nicht zu sündigen. [412]

Der Mensch wurde von Gott geschaffen und in das Paradies gesetzt, um selbst „an ihm wirksam zu sein und ihn zu behüten" [413]. Die „Herrschaft" Gottes äußert sich in dieser Pflege, die er dem Menschen angedeihen lässt, die aber unter der Bedingung der Anerkennung eben dieser Herrschaft steht. Die Anerkennung geschieht einzig zum Nutzen des Geschöpfs, nicht aber zu dem des Schöpfers, der nicht auf seine Werke angewiesen ist. Schon im Paradies vermag der Mensch nichts ohne die bleibende Wirkkraft des Schöpfers. Dessen wirksame Gabe an das Geschöpf besteht aber

---

408 Gn. litt. 6,19,39 (CSEL 28,1;193,20f.); 1 Kor 15,47.
409 Anders noch bei Ambrosius, für den der Tod durchaus ein Gut als solches darstellt. Siehe Ambrosius: De bono mortis II 2; ders.: Expositio ev. sec. Lucam VII 35–39. Siehe dazu Pérez Paoli: Hypostasis 208f.
410 Ciu. 12,1 (CCL 48, 356,36–39).
411 Gn. litt. 6,25,36 (CSEL 28,1;197).
412 Ciu. 22,30 (CCL 48,864,68): „Aber weil jene Natur [des ersten Menschen] gesündigt hat, da sie ja sündigen konnte, wird sie durch eine um so reichlicher gegebene Gnade befreit, damit sie zu derjenigen Freiheit geführt wird, in welcher sie nicht sündigen kann. Wie nämlich die erste Unsterblichkeit, die Adam durch die Sünde verdorben hat, darin bestand, möglicherweise nicht sterben zu können [*posse non mori*], die letzte darin bestehen wird, unmöglich sterben zu können [*non posse mori*], so war es dem ersten freie Wille möglich, nicht zu sündigen [*posse non peccare*], dem letzten Willen unmöglich zu sündigen [*non posse peccare*]."
413 Gn. litt. 8,11,24 (CSEL 28,1;248,10–17): Und Gott, der Herr, nahm den Menschen, den er gemacht hatte, und setzte ihn in das Paradies, um es zu bebauen und zu behüten / um an ihm wirksam zu sein und ihn zu behüten [Gen 2,15] [...] wegen dem Menschen wurde dies geschrieben, um ihn zu ermahnen, wie sehr es ihm förderlich sein würde, Gott als Herrn zu haben, das heißt unter seiner Herrschaft gehorsam zu leben, anstatt willkürlich die eigene Macht zu missbrauchen."
Der lateinische Text des Augustinus liest hier durchaus zweideutig: „Et sumsit dominus deus hominem, quem fecit, et posuit eum in paradiso operari eum et custodire." (Die Vulgata liest das zweite eum als illum und wird dadurch eindeutig, so auch sämtliche neueren Übersetzungen). Jedoch bezieht Augustin im Folgenden eindeutig das Wirken und Behüten auf Gott: „Et sumsit dominus deus hominem, quem fecit, et posuit eum in paradiso operari eum, ut iustus esset, et custodire, ut tutus esset, ipsa utique dominatione sua, quae non est illi, sed nobis utilis. ille quippe nostra seruitute non indiget, nos uero dominatione illius indigemus, ut operetur et custodiat nos" (CSEL 28,1;248,22–26).

in nichts anderem als in der Selbstmitteilung Gottes.[414] Die Macht des Geschöpfs in Bezug auf Gutes ist relativ und bleibt abhängig von der Macht Gottes als dem höchsten Gut. Jedes Zuwenden (*convertere*) zum Guten, jedes Verharren im Guten (*inhaerere*) bleibt eine Gabe.[415] Anders aber steht der Abfall zum Bösen in der Macht des Geschöpfs, genauer in der Macht seines freien Willens.

Der erste *defectus* kommt nicht durch den Menschen in die Welt, sondern durch die reinen Geistwesen, die Engel, und ist damit nicht durch die Materialität, d. h. Leiblichkeit des Menschen verursacht. Auch die Engel waren geschaffen, um Gott anzuhangen, ihn zu genießen und zu loben.[416] Doch sie wandten sich von jenem ab, der zuhöchst ist, und kehrten sich zu sich selbst, die sie nicht zuhöchst sind.[417] Das Bewirkende des bösen Werkes ist der böse Wille, das Bewirkende des bösen Willens aber ist nichts (ciu. 12,6; CCL 48,360,18). Damit kann die Kausalität des Bösen nicht ins Endlose zurückverfolgt werden, sondern sie hat einen Anfang in der Geschichte. Die *perversa conversio* (ciu. 12,6; CCL 48,361,56) setzt selbst einen Anfang. Ihr Gegenstand ist die eigene Macht. Am Anfang der Sünde steht der Machtmissbrauch des Geschöpfs;[418] er besteht in der Verkennung der eigenen Macht als gegebener und der Missachtung der Anerkennung Gottes als Schöpfer und seiner Macht als *principium*.

> „Denn *der Anfang jeder Sünde ist Hochmut* [Sir 10,15]. Was aber ist Hochmut wenn nicht Streben nach verdrehter Erhabenheit [*peruersae celistudinis*]. Denn verdrehte Erhabenheit ist es, nach dem Verlassen des Prinzips, dem der Geist [*animus*] anhangen soll, in gewisser Weise sich selbst Prinzip zu werden und zu sein. Dies geschieht, wenn er [der Geist] sich zu sehr gefällt" (ciu. 14,13; CCL 48,434,4–8).

Die *superbia* ist nichts anderes als die Liebe zur eigenen Erhabenheit, die Begierde der Menschen und Engel nach eigener Macht – der *Wille zur Macht*.[419] Die Engel, die an ihrer eigenen Macht Gefallen finden, wenden sich vom allen gemeinsamen Gut ab, als ob sie durch sich selbst ein Gut wären, und beschränken sich auf ihr „privates Gut". Diese *privatio boni* ist selbst ein *malum* und Quelle weiteren Übels. So tauschen die Engel den „Dünkel der Erhebung" gegen die „herausragende Ewigkeit" Gottes ein, die „Täuschung der Nichtigkeit" gegen die „gewisseste Wahrheit", den „Eifer für

---

[414] Gn. litt. 8,11,24 (CSEL 28,1;249,5–9): „Was wir gesagt haben, ist auch nicht so zu verstehen, dass wir ihm zu unserem Nutzen und Heil dienen, gleichwie als ob wir irgendetwas anderes von ihm erwarten würden als ihn selbst, der unser höchster Nutzen und unser Heil ist, so nämlich lieben wir ihn umsonst, gemäß jenem Wort: *Mir aber ist, Gott anzuhangen das Gute* [Ps 72,28]."

[415] Gn. litt. 8,12,25 (CSEL 28,1;249,10–13): „Denn nicht ist der Mensch derart beschaffen, dass er als einer, der gemacht wurde, wenn er den verlässt, der ihn gemacht hat, aus sich selbst irgendetwas Gutes tun könnte, vielmehr besteht sein ganzes gutes Handeln darin, sich dem zuzuwenden [*conuerti*], von dem er gemacht wurde, und von ihm stets gerecht, fromm, weise und glückselig gemacht zu werden."

[416] Gn. litt. 4,24,41 (CSEL 28,1;124).

[417] Ciu. 12,6 (CCL 48,359,4).

[418] Ench. 8,27 (CCL 46,64,66): „[…] sua male utens potestate […]."

[419] Gn. litt. 11,11,15 (CSEL 28,1;344,17 f.): „[…] superba concupiscentia propriae potestatis […]."

den Teil" gegen die „ungeteilte Liebe"; sie werden „stolz, lügnerisch, neidisch".[420]
Der Stolz des Teufels wird, wenn er sich dem Menschen zuwendet, zur *libido
dominandi*, zum Willen, über die Menschen zu herrschen. Das Wirken des Teufels
ist gekennzeichnet von der Lüge, denn die Anmaßung der Macht ist selbst seine
erste Lüge, da er dadurch der gerechten Macht Gottes nicht entrinnen kann.[421] Der
Teufel kann nur simulieren, was er nicht ist. Er hat mit seinem Aufstand, anstatt
die Macht Gottes zu unterlaufen, sich selbst zu Fall gebracht – *a se ipso subuersus*.
Deshalb versucht er aus Neid, den Menschen zur ‚Subversion' anzustiften und zu Fall
zu bringen.[422] Dieser wäre mit Hilfe Gottes niemals dem Versucher erlegen, wenn
nicht auch er in falschem Vertrauen auf die Macht seiner „eigenen Tugend" (*propria
uirtus*) schon seinerseits hochmütig gehandelt hätte.[423] So aber gerät schließlich die
Menschheit im ganzen wegen Adams Liebe zur Macht unter die Macht des Teufels.[424]

Das glückselige Leben der Menschen im Paradies stand unter der Bedingung des
Gehorsams gegenüber Gott, der Anerkennung der göttlichen Macht. Als einziges
Gebot war den Menschen befohlen, nicht vom Baum der Erkenntnis zu essen, dies
nicht, weil der Baum schlecht gewesen wäre, sondern um „das Gut des reinen und
einfachen Gehorsams zu empfehlen, welcher die große Tugend des vernünftigen
Geschöpfes ist, wie es unter dem Schöpfer als Herrn verfasst ist."[425] Mit hypotheti-
scher Notwendigkeit zieht die Übertretung des Gesetzes den Tod nach sich. „Wenn
ihr das Gebot übertreten haben werdet, dann werdet ihr des Todes sterben."[426]
Warum? Augustinus deutet das Gebot von Gen 2,17, als ob gesagt wäre: „An dem
Tag, da ihr mich aus Ungehorsam verlasst, verlasse ich euch aus Gerechtigkeit."[427]
Wenn Gott als das Lebensprinzip die Seele verlässt, dann stirbt diese, wie wenn sie

---

[420] Ciu. 12,1 (CCL 48,55,17–22). Vgl. Gn. litt. 11,15,20 (CSEL 28,1;348).

[421] Ciu. 11,13 (CCL 48,334,40–45): „Indem er [der Teufel] sich weigerte, dem Schöpfer untertan [*sub-
ditus*] zu sein, und sich gleichsam an seiner eigenen Macht erfreute, dadurch wurde er falsch und
trügerisch, weil niemand der Macht des Allmächtigen entrinnt, und wer durch fromme Unterordnung
[*piam subiectionem*] das nicht festhalten wollte, was wahrhaft ist, der strebt danach, durch hochmütige
Überhebung das zu erheucheln, was nicht ist."

[422] Ciu. 20,1 (CCL 48,699,26f.): „[...] quorum [sc. angelorum malorum] princeps homines a se ipso
subuersus inuidendo subuertit [...]."
Auch gn. litt. 11,14,18 (CSEL 28,1;346,20–26): „Da also Hochmut Liebe zur eigenen Erhabenheit ist,
Neid aber Hass auf fremdes Glück, liegt auf der Hand, was daraus geboren wird. Wenn jemand nämlich
seine eigene Erhabenheit liebt, dann beneidet er die Gleichgestellten, weil sie ihm gleichkommen,
die Niedrigergestellten, damit sie ihm nicht gleichkommen, die Höhergestellten, weil sie ihm nicht
gleichkommen. Durch Hochmut also ist einer neidisch, nicht durch Neid hochmütig."

[423] Gn. litt. 11,5,7 (CSEL 28,1;338).

[424] Trin. 13,12,16 (CSEL 50A,402,1–5): „Durch eine gewisse Gerechtigkeit Gottes wurde das Menschengeschlecht der Macht des Teufels ausgeliefert [*traditum est*], indem die Sünde des ersten Menschen auf
alle aus der Mischung der beiden Geschlechter geborenen ursprunghaft [*originaliter*] übergeht und die
Schuld der ersten Eltern alle späteren verpflichtet."

[425] Ciu. 13,20 (CCL 48,403,29–32).

[426] Ciu. 13,4 (CCL 48,388,22). Zum imperativischen Charakter des hypothetischen Satzes siehe Pérez
Paoli: Hypostasis 214.

[427] Ciu. 13,15 (CCL 48,396,9–15).

selbst als das Lebensprinzip des Leibes diesen verlassen würde. Der Tod des ganzen Menschen erfolgt, wenn die Seele ihrerseits den Leib verlässt. Dies ist der erste Tod, dem ein zweiter folgt. Der zweite Tod (vgl. Offb 2,11; 21,8) meint die Verurteilung im Gericht und die daraus resultierende ewige Strafe. Sie ist eigentlich zu fürchten, denn in ihr manifestiert sich dann die Macht Gottes, deren Missachtung den Tod der Seele überhaupt erst hervorgerufen hat; „[…] das zeigt der Erlöser, wo er sagt: *Fürchtet ihn, der die Macht hat, sowohl den Leib als auch die Seel in der Hölle zu verderben* [Mt 10,28]" (Ciu. 13,2; CCL 48,365,13f.).

Dass sich die Gnade Gottes mit dem Tod der Seele zurückgezogen hat, wird für die Menschen in „der neuen Bewegung des Ungehorsams des eigenen Fleisches" wahrnehmbar. Darin vollzieht sich die „reziproke Strafe" für den Ungehorsam der Seele gegenüber Gott.[428] Die Seele, die sich über Gott erheben wollte, wird den Begierden des Körpers unterworfen. Die Anmaßung eigener Macht gegenüber dem, der über ihr ist, führt zum Verlust der Macht über das, was unter ihr steht. Diese Lehre gründet im Paulinischen Gedanken von der *„concupiscentia carnis adversus spiritum"*, wie er in Gal 5,17[429] und in Röm 7 dargelegt wird. Die Freiheit des Willens wird durch die Begierden des Fleisches behindert (Röm 7,15ff.).[430] Das „Gesetz der Vernunft" wird durch das „Gesetz der Sünde, das in meinen Gliedern ist", bekämpft (Röm 7,23)[431]

Die sexuelle Erregung der Geschlechtsorgane ist für Augustinus das erste fühlbare Anzeichen für den „Kampf zwischen dem Willen und der Begierde"[432]. Die Fortpflanzungsorgane werden zu „Schamteilen" (*pudenda*), da sich die vernünftige „Seele" (*animus*) dafür schämen muss, wenn sie nicht mehr Herr über ihren Körper ist, sondern von ihm und seinem Begehren beherrscht wird.[433] Schon gegen sonstige rationale Leidenschaften kämpfen zu müssen, ist peinlich, schlimmer aber als der Kampf mit sich selbst ist für die Vernunftseele der Kampf gegen das Untergeordnete, den Körper.[434] Die Fortpflanzung des Menschen, ursprünglich eine Sache des

---

[428] Ciu. 13,13 (CCL 48,395,3–7): „Deshalb bedeckten die Verstörten auch mit Feigenblättern, die sie wohl zuerst gefunden hatten, ihre Schamteile [*pudenda*], die zuvor dieselben Glieder waren, aber man musste sich ihrer nicht schämen / es waren noch keine Schamteile [*pudenda non erant*]. Adam und Eva verspürten also die neue Bewegung des Ungehorsams ihres Fleisches, gleichwie eine reziproke Strafe ihres eigenen Ungehorsams."
Dazu auch P. Brown: Die Keuschheit der Engel, München–Wien 1991, 417–432.

[429] Dazu Simpl. 1,2,21 (CCL 44,53); doctr. chr. 1,24,25 (CCL 32,19); ciu. 15,7 (CCL 48,461f.) u.v.a.

[430] Dazu Simpl. 1,1,8 (CCL 44,13f.); gr. et pecc. or. 1,43 (CSEL 42,156f.) u.v.a.

[431] Dazu conf. 7,21,27 (CCL 27,111); Io. eu. tr. 41,11 (CCL 36,363f.) u.v.a.

[432] Ciu. 14,23 (CCL 48,446,53).

[433] Siehe dazu Foucault: Sexualité et solitude, DÉ 4,174f. (Sexualität und Einsamkeit 41ff.).

[434] Ciu. 14,23 (CCL 48,445,42–49): „Denn wenn sich der Geist in geordneter Weise selbst überwindet, so dass sich seine unvernünftigen Regungen der Vernunft [*rationi*] unterordnen, wenn gleichwohl auch jene Gott untergeordnet ist, so ist dies lobenswert und tugendhaft. Weniger allerdings schämt sich der Geist, wenn er sich aus seinen eigenen lasterhaften Teilen nicht selbst gehorcht, als wenn der Körper, der zu ihm ein anderes ist und unter ihm steht, und dessen Natur ohne ihn nicht lebt, seinem Willen und Befehl nicht folgt."

Willens und der Vernunft, wird nun zur Sache der Begierde. [435] Zwar entsprang auch für die Menschen vor dem Sündenfall „aus dieser Liebe eine große Freude", [436] auch für sie war Sexualität mit Genuss verbunden, dies jedoch in vollkommener Übereinstimmung der körperlich-seelischen Freude mit dem Willen. [437]

Auch nach dem Sündenfall ist die Sexualität nicht vollkommen verdorben. Der eheliche Beischlaf ist in der Absicht, Nachkommen zu zeugen, keine Sünde und ohne diese Absicht lediglich eine „lässliche Sünde", sofern die Entstehung von Kindern nicht verhindert wird. [438] Augustinus legitimiert diese Befriedigung der Lust unter Berufung auf 1 Kor 7,3–6. Dennoch bleibt für ihn die Sexualität wegen ihrer infralapsarischen Verknüpfung mit der Herrschaft der Begierden auch als die Fähigkeit, Nachkommen hervorzubringen, engstens mit der Sünde verbunden. Deshalb lässt sich für ihn auch die Fortpflanzung der Sünde als solcher durch die Zeugung von Nachkommen denken. [439] Die Sündigkeit der Kinder Adams ist ihrerseits eine *Strafe* für die Sünde der ersten Menschen, nicht aber *persönliche Schuld*. „Warum aber sollte irgendeine Strafe sein in denen überhaupt nichts zu strafen war?" (ciu. 13,3; CCL 48,386,8). Der Größe der Schuld der ersten Menschen war es angemessen, dass ihre Schuld auf die Nachkommen übergehen sollte, zwar nicht *poenaliter*, wohl aber *naturaliter*. Die Wirkung kann nicht größer sein als die Ursache, die Adamskinder können nicht besser sein als Adam, also muss der Defekt Adams auch auf die Menschen übergehen, dies umsomehr als die Nachkommen nämlich nicht wie Adam aus Staub und Erde hervorgehen, sondern er sie „gezeugt hat" (*genuit*). Sie sind Menschen, wie Adam ein Mensch ist. Sie gehören zu seinem „Geschlecht" (*genus*). Die Zeugung ist eine menschliche und damit auch geschichtliche Angelegenheit und kein materieller Mechanismus. Durch die Sünde geschieht eine entscheidende

---

[435] Ciu. 14,24 (CCL 48,446). Dazu auch Brown: Die Keuschheit 415 ff.

[436] Ciu. 14,10 (CCL 48,430,14).

[437] Vgl. Brown: Die Keuschheit 416: „Anders als heute wäre der eheliche Verkehr von Adam und Eva, hätte er vor dem Sündenfall stattgefunden, ein Musterbeispiel für die ausgeglichene Verzückung gewesen, mit der alle menschlichen Wesen die körperlichen Freuden hätten gebrauchen können, mit denen ihr Schöpfer sie überschüttet hatte. Die süße Anziehungskraft körperlicher Schönheit und der wunderbare Beginn und jähe Höhepunkt sexueller Lust, die sich mit dem Empfängnisakt verbinden, waren im Paradies vielleicht nicht abwesend, aber im Paradies hätte solche Lust völlig mit dem Willen übereingestimmt."

[438] Nupt. et conc. (CSEL 42,229,16–19).

[439] Ench. 8,26 (CCL 46,63,28–39): „Der Mensch, der nach dem Sündenfall zu einem Verbannten geworden ist, verstrickte daher auch seine Nachkommenschaft, die er durch die Sünde in seiner Person gleichsam in der Wurzel verderbt hatte, in die Strafe des Todes und der Verdammung. Was auch immer an Kindern aus ihm und der mit ihm verdammten Gattin, durch die er gesündigt hatte, durch die fleischliche Begehrlichkeit, in welcher die dem Ungehorsam ähnliche Strafe zugeteilt wurde, geboren wird, sollte die Ursprungssünde auf sich ziehen. Vermittels dieser sollten sie durch verschiedene Irrtümer und Schmerzen zusammen mit abgefallenen Engeln, ihren Verderbern, Besitzern und Weggefährten, zu jener äußersten Strafe ohne Ende geführt werden. *So ist durch einen einzigen Menschen die Sünde in die Welt eingedrungen und durch die Sünde der Tod, und so ist er auf alle übergegangen, in ihm [Adam] haben alle gesündigt* [Röm 5,12]. Mit ‚Welt' hat der Apostel an dieser Stelle freilich das ganze Menschengeschlecht [*genus humanum*] bezeichnet."

Veränderung im Wesen des Menschen selbst. Weil das *genus humanum* im ersten Menschen enthalten war, geht seine Verfassung auf die Natur des Menschen über.[440] Die Geschichte des Menschen steht unter dem Vorzeichen von Sünde und Strafe, deren sichtbarstes Zeichen der Tod ist.

b) Die Macht des Schöpfers

Gott, der Allmächtige, hat in seiner Macht die Welt geschaffen,[441] der Vater durch seinen Sohn wegen des Heiligen Geistes (Ciu. 11,24; CCL 48,343,27). Der Vater sprach: „Es werde" (29). Also wurde die Welt durch das Wort (30), den Sohn, die *virtus atque sapientia dei*[442]. Gott urteilte über die Welt: „Es ist gut" (31). Er schuf aus keinerlei Bedürfnis (32), sondern einzig wegen seiner Güte (33), unter welcher der Heilige Geist zu verstehen ist (36). Doch werden nicht gerade durch den Sündenfall und die daraus resultierende Existenz des Bösen das Allwissen, die Allgüte und die Allmacht Gottes in Frage gestellt? Ohne Zweifel hat Gott sowohl vorausgesehen, dass Adam sündigen, als auch, dass die Menschheit dadurch in die Sünde gestürzt würde.[443] Dennoch wird die Güte des göttlichen Willens durch die Existenz des Bösen nicht in Frage gestellt, zum einen, da Gott das Böse nicht gewollt, sondern lediglich zugelassen hat, und zum anderen, weil Gott den Unterschied zwischen Gut und Böse selbst noch einmal ausdrücklich gebilligt hat: „Er urteilte nämlich, dass es besser sei, über Böses gut zu handeln als kein Böses zuzulassen".[444]

Wenn Gott das Böse zulässt, so nicht aus einem Mangel an Macht und Güte, sondern aus deren Überfülle.

> „In dieser [bewundernswerten Schönheit der Gesamtheit, *universitatis*] empfiehlt auch das, was man Übel nennt – wohl eingeordnet und an seinen Ort gestellt – in noch überragenderer Weise das Gute, damit es noch mehr gefalle und noch lobwürdiger sei,

---

[440] Ciu. 13,3 (CCL 48,386,13–387,27): „Denn nicht wird aus ihnen [Adam und Eva] etwas anderes geboren, als sie selbst waren. Wegen der Größe der Schuld nämlich verändert die Verdammung ihre Natur zum Schlechteren, so dass, was bei den ersten Menschen, als sie sündigten, zuerst als Strafe auftrat, bei den Nachgeborenen auch als Natur folgen sollte. Denn nicht so stammt der Mensch vom Menschen, wie der Mensch vom Staub herkommt. Der Staub war nämlich der Stoff, aus dem der Mensch gemacht werden sollte. Der Mensch bringt den Menschen durch Zeugung [*gignendo*] hervor. Daher ist, was Erde ist, nicht Fleisch, obwohl das Fleisch aus der Erde gemacht wurde. Was aber beim Hervorbringen Mensch ist, das ist auch als Nachkomme Mensch. Im ersten Menschen war also das ganze Menschengeschlecht [*genus*], das durch die Frau auf die Nachgeborenen [*progeniem*] übergehen sollte, vorhanden, als jene beiden Gatten den göttliche Urteilsspruch empfangen sollte. Und was der Mensch geworden ist, nicht als er geschaffen wurde, sondern als er gesündigt hat und bestraft wurde, das hat [weiter] gezeugt [*genuit*], insofern es sich auf den Ursprung der Sünde und des Todes bezieht." Siehe dazu Pérez Paoli: Hypostasis 211 f.

[441] Ciu. 11,24 (CCL 48,343,8); vgl. ciu.12,24 (CCL 48,381,14f.): „Die Hand Gottes ist die Macht Gottes, die auch das Sichtbare in unsichtbarer Weise wirkt."

[442] 1 Kor 1,24, dazu conf. 11,9,11 (CCL 27,199,2).

[443] Gn. litt. 11,4,6 (CSEL 28,1;337,12).

[444] Ench. 8,27 (CCL 46,64,53f.)

wenn es mit dem Übel verglichen wird. Denn der Gott, der Allmächtige – wie auch die Ungläubigen zugeben: *Ihm die höchste Macht über die Dinge* [Vergil: Aen. 10,100] – hätte, weil er zuhöchst gut ist, in keiner Weise irgend etwas Übles in seinen Werken zugelassen, wenn er nicht bis zu dem Punkt allmächtig und gut wäre, dass er [nicht] auch mit dem Übel Gutes tun könnte. Was ist aber das, was wir Übel nennen, anderes als der Mangel an Gutem [*priuatio boni*]" (ench. 3,11; CCL 46,53,27–35).

Der eigentliche Grund für die Zulassung bleibt wegen der „Höhe des Ratschlusses" menschlichem Erdenken verborgen.[445] Keinesfalls ergibt sich für die Allmacht Gottes eine Notwendigkeit bezüglich der geschöpflichen Sünde. Denn sehr wohl hätte Gott einen freien Willen schaffen können, der nicht zu sündigen vermag, wie der Blick auf die Engel und die erlösten Menschen zeigt. Ebenso hätte er einen Willen erhalten können, der zwar zu sündigen in der Lage ist, der aber nicht sündigen will, wie derjenige Adams *ante lapsum*.[446] Dennoch und deshalb steht die Geschichte des Verhältnisses von Gott und Mensch, wie Augustinus sie der Offenbarung und seiner Erfahrung entnimmt, unter dem Vorzeichen des Sündenfalls der ersten Menschen; dieser ist die Bedingung für die Geschichte in ihrer konkreten Ausprägung.[447] Wenn Gott die geschichtliche Wirklichkeit des Bösen vorübergehend duldet, so deshalb, weil er es in ein Gut verwandeln will. Gott hat den Sündenfall im Vorblick auf die Erlösung in Jesus Christus zugelassen. Das bedeutet: Die Zulassung des Bösen ist bedingt durch den Willen Gottes zur Unterscheidung des Menschen von sich selbst, die in Christus präfiguriert ist. Erst im Blick auf diese durch und in Jesus Christus ermöglichte Konversion des Menschen wollte Gott auch die Unterscheidung der Menschen voneinander im Gericht.

Wenn Gott nur Menschen geschaffen hätte, die nicht sündigen können, dann wäre das Verdienst der Menschen, nicht zu sündigen, denkbar gering.[448] Gott wollte den Menschen als ein geschichtliches Wesen, das sich in der Zeit bewährt und so einen Lohn erwirbt (ciu. 13,4; CCL 48,388,19). Dies ist auch der Grund dafür, warum mit der Taufe das *malum* des Todes nicht sofort beseitigt wird. Wäre dem so, dann würde der Mensch unmittelbar nach der Taufe in die Seligkeit aufgenommen, „die Kraft und der Kampf des Glaubens" (388,9) wären aufgehoben; es gäbe keinen „Sieg" und keinen „Ruhm" (388,12f.). Durch die Wirkweise der „Gnade des Erlösers" wird die *poena peccati* nicht einfach beseitigt, sondern *in usum iustitiae*

---

[445] Gn. litt. 11,4,6 (CSEL 28,1;337,12).

[446] Gn. litt. 11,7,9 (CSEL 28,1;340,17). Dieser Sachverhalt ist im Blick auf die oft vorgebrachte Vorstellung hervorzuheben, Gott hätte um der Freiheit der Menschen willen das Böse zulassen müssen. Dem ist mitnichten so. Augustin betrachtet gerade die Freiheit der Erlösten, für die gilt: *non posse peccare*, als die vollendete Freiheit.

[447] Pérez Paoli: Hypostasis 238: „Keine Tatsache ist an dieser von der Iustitia Dei gestifteten Geschichte notwendig. In ihrer Ganzheit ist sie allerdings ,nicht unmöglich', ,vernünftig' mit der einzigen Vernüftigkeit der Gerechtigkeit Gottes. Alles in ihr wird gegeben, alles Wahre. Sie hängt gänzlich von der Gnade Gottes ab, der *beschloss*, sowohl die Welt aus dem Nichts zu schaffen, wie auch die Menschen zu seinen Kindern zu machen. Sie ist durch das Nichts des bösen Willens mitbedingt, ohne welchen es keine Trennung von zwei Staaten geben könnte."

[448] Gn. litt. 11,4,6 (CSEL 28,1;337,17f.) und 11,6,8 (CSEL 28,1;339,15ff.).

verwandelt – *conversa est* (388,19 f.). Der Tod tritt in den Dienst der geforderten Unterscheidung des Menschen von sich selbst, was besonders an den Märtyrern deutlich wird (388,11). Wurde zu Adam im Sinne eines Verbotes gesagt: „Du wirst sterben, wenn du sündigst", so gilt nun für die Märtyrer: „Stirb, damit du nicht sündigst" (388,29 ff.). Dies bedeutet keinen Schutz vor einer möglichen künftigen Sünde, sondern ein bedingtes Auf-sich-Nehmen auch des Todes. Wenn Gott von einem Menschen verlangte, Blutzeugnis abzulegen, dann würde dieser Mensch durch die Nichterfüllung des Gotteswillens sündigen. Nimmt er jedoch den Tod auf sich, wird dieser für ihn zu einem *bonum*. Dies ist jedoch nur der äußerste Fall der von jedem Kind Adams geforderten Unterscheidung von sich selbst, da jeder aufgefordert ist, mit Christus zu sterben, um mit ihm auferweckt zu werden. In diesem Sinne ist die Sünde Adams als eine Bedingung für die Erlösung der Menschen anzusehen und ihrerseits – für den Getauften – ein Gut.

Gott hat den Sündenfall auch im Blick auf die Unterscheidung der Menschen voneinander zugelassen. Durch den Sündenfall werden die Menschen zu einer „Masse des Verderbens", alle haben die Herrlichkeit Gottes verloren,[449] Sünde und Tod auf sich gezogen und sind damit dem Zorn Gottes verfallen.[450] Gott hätte alle Menschen gerechterweise verurteilen können.[451] Mit Röm 9,21 ff. macht Augustinus immer wieder deutlich, dass Gott als dem Schöpfer die Macht zukommt, „aus derselben Masse ein Gefäß zur Ehre und ein Gefäß zur Schande" zu machen.[452] An den „Gefäßen des Zorns" wollte Gott seinen Zorn und seine Macht erweisen, an den „Gefäßen der Barmherzigkeit" die „Reichtümer seiner Herrlichkeit"[453] offenbar werden lassen. Dem Menschen kommt es nicht zu, der Macht Gottes bezüglich dieses Unterscheidens, das als voll und ganz Gerechtes gedacht werden muss, Vorhaltungen zu machen. Wie der Wille ist auch die Macht Gottes sowohl auf die Barmherzigkeit als auch auf die Gerechtigkeit bezogen.[454] Deshalb bleiben auch die Bösen, die Gott nicht zu Guten machen wollte, obwohl er deren Willen lenken könnte,[455] nicht schlechthin ihrer Bosheit überlassen. Vielmehr will Gott an ihnen zum einen das Gut des gerechten Urteils manifestieren, und sie zum anderen für die Guten als „ein Hilfsmittel der Übung und ein Beispiel der Furcht" benutzen.[456] Es ist nämlich nach Augustin auch ein Gut, dass es neben der Gattung der Menschen, die verurteilt wird, und derjenigen, die als Begnadete das Gute tut, auch eine Gat-

---

[449] Röm 3,24, dazu nat. et gr. 1 (CSEL 60,2341–6).
[450] Röm 1,18, dazu spir. et. litt. 19 (CSEL 60,171,18–172,10).
[451] Ench. 25,99 (CCL 46,102,53 ff.;103,77 ff.).
[452] Z. B. exp. prp. Rm. 54,62,18 (CSEL 84,38,24 ff.); Simpl. 1,2,17 (CCL 44,43,503–44,516); Simpl. 1,2,20 (CCL 44,52,709); ench. 25,99 (CCL 46,102,60–103,80).
[453] Simpl. 1,2,18 (CCL 44,46,585–47,600).
[454] Ench. 25,99 (CCL 46,102,50).
[455] Gn. litt. 11,10,13 (CSEL 28,1;342,22–343,11).
[456] Gn. litt. 11,9,12 (CSEL 28,1;342,18 ff.): „Von sich selbst haben sie den schlechten Willen, von jenem aber die gute Natur und die gerechte Strafe; für sich haben sie den Platz, der ihnen gebührt, für die anderen sind sie ein Hilfsmittel der Übung und ein Beispiel der Furcht."

tung von Menschen gibt, die nur durch den Vergleich mit anderen gerettet werden kann. [457] In der geordneten Vielzahl der *genera* der Menschen offenbart sich die Einheit des göttlichen Willens zum Guten mit der schöpferischen Macht. [458]

In diesem Leben sind Gut und Böse sowohl im einzelnen Menschen als auch bezogen auf die Gattungen vermischt. Deshalb ist dieses Leben selbst eine Mischung aus Leben und Tod. [459] Mit dem Erscheinen der *iustitia Dei* [460] am Tag des Gerichts tritt die Scheidung ein. Christus selbst ist nach Paulus die Gerechtigkeit Gottes. Augustinus interpretiert diese als ‚iustitia distributiva'. Mit der in seinem Tod erworbenen *potestas iudicaria* [461] kommt Christus als Richter. Geurteilt wird nach den Taten der Menschen. Auf der einen Seite werden die guten Menschen mit dem Ewigen Leben belohnt, auf der anderen Seite stehen die Bösen. Auf sie wartet die *mors sempiterna* (ciu. 21,3; CCL 48,760,28) – ein todloser Tod, ein Sterben ohne Ende. [462]

Auch die Folge der heilsgeschichtlichen Phasen zeigt die Macht Gottes, die Schöpfung in einer gestuften Ordnung vom Sündenfall bis zur Vollkommenheit zu führen. [463] Augustinus unterscheidet vier Stufen: *ante legem, sub lege, sub gratia, in pace* (exp. prop. Rm. 12,13–18,1; CSEL 84,6,23f.). Nach dem Sündenfall und vor dem Gesetz billigt der Mensch die Sünde (84,7,4). Er gibt sich widerstandslos seinen Begierden hin und sucht deren Befriedigung, ohne Frieden finden zu können, in der endlosen Wiederholung des Gleichen. Das Begehren drängt zur Überschreitung im Genuss der Güter des Anderen. Es entsteht ein Teufelskreis aus Unfrieden, Befriedigung und erneutem Unfrieden. Durch die entgrenzte Befriedigung wird der Friede ins Endlose aufgeschoben.

Auf der zweiten Stufe steht das Gesetz. Durch das Gesetz tritt der Unterschied von Gut und Böse hervor. „Durch das Gesetz kommt nämlich die Erkenntnis der Sünde" (Röm 3,20; 84,7,11). Der Mensch befindet sich im Kampf gegen das Böse, doch er unterliegt, weil er sein Tun auf eigenes Vermögen gründen will (7,14). Hier erfährt der Mensch die Kluft zwischen seinem Willen und seiner Macht. Durch das

---

[457] Gn. litt. 11,8,10 (CSEL 28,1;340f.).

[458] Gn. litt. 11,11,15 (CSEL 28,1,344,8–344,15): *„Groß die Werke des Herrn, auserlesen alle Bestrebungen seines Willens* [Ps 110,2]. Er sieht die zukünftigen guten Menschen voraus, und er erschafft sie; er sieht die zukünftigen bösen Menschen voraus, und er erschafft sie; er bietet sich selbst den Guten zum Genuss an, er schenkt seine vielen Gaben auch den Bösen, barmherzig verzeihend, gerecht strafend, ebenso barmherzig strafend; gerecht verzeihend, nichts Böses fürchtet er von irgendjemandem, nichts bedarf er von irgendeines Gerechtigkeit, nichts erwartet er für sich aus den Werken der Guten und versorgt die Guten auch noch aus den Strafen der Bösen."

[459] Ciu. 13,10 (CCL 48,392,19).

[460] 1 Kor 1,30f. nach ciu. 21,24 (CCL 48,792,139f.).

[461] Trin. 13,13,17 (CCL 50A p. 405,30f.): „Die Macht, wenn sie zur Gerechtigkeit hinzukommt, oder die Gerechtigkeit, wenn sie der Macht vorausgeht, – das ergibt die richterliche Gewalt."

[462] Ciu. 13,11 (CCL 48,394,83–87): „Im Gegenteil werden dort die Menschen nicht vor dem Tod oder nach dem Tod sein, sondern immer im Tod; und dadurch sind sie niemals lebendig und niemals tot, sondern ohne Ende sterben sie. Denn nirgends wird dem Menschen Schlechteres widerfahren, als wo der Tod selbst ohne Ende sein wird."

[463] Siehe auch ciu. 22,30 (CCL 48,865–866,146). Augustinus nennt hier sieben Weltalter, entsprechend den sieben Schöpfungstagen. Der letzte Tag entspricht der Sabbatruhe am siebten Tag.

Vertrauen auf die eigenen Kräfte fällt der Mensch noch tiefer in die Sünde, zumal er nun, durch sein Begehren hingerissen, die gesetzte Grenze überschreitet und zu einem *praevaricator* (7,17), einem ‚Transgressor' des Gesetzes wird.[464] Doch führt das Gesetz gerade auch zur Einsicht in die eigene Machtlosigkeit. Der Mensch beginnt die „Hilfe des Befreiers" (7,20) zu erflehen.

„Es kommt also die Gnade […]" (7,20). Unter der Gnade endet die Selbstherrlichkeit des Geschöpfs. Es setzt nun auf die Macht und Herrlichkeit des Schöpfers. Der Mensch unter der Gnade ist für die Begabung durch Gott geöffnet. Die Gnade verzeiht die Sünden, hilft dem Bemühten, gibt Liebe zur Gerechtigkeit und entfernt die Furcht (7,21). Seine Befriedigung bezieht der Begnadete nicht aus der Sünde, nicht aus eigenem Vermögen, sondern aus dem Genuss der sakramental vermittelten Gegenwart Gottes. Zwar bleiben die Begierden solange im Menschen zurück, wie er im sterblichen Leib lebt; es erhält sich der Kampf. Doch vermag der Mensch die Zustimmung zur Sünde zu versagen, weil er in der „Gnade und Liebe" Gottes festgemacht ist (8,1). Deshalb lässt er davon ab zu sündigen und findet so bereits jetzt Befriedung.

Der „vollendete Friede" (8,11) kommt erst nach der Umgestaltung des sterblichen Leibes, denn als „letzter Feind wird der Tod zerstört werden".[465] Der unsterbliche Leib untersteht wieder vollkommen dem Geist, wie auch der Geist ganz Gott untergeordnet ist. „Nichts wird uns dann mehr widerstehen, die wir Gott nicht widerstehen" (8,12f.). Gerade in der *subiectio* unter die Herrschaft Gottes wird der Wille des Menschen befreit. Dieser wird um so mächtiger sein, als er nicht mehr in der Lage ist zu sündigen, zwar nicht aus eigener Natur, wohl aber aus *participatio Dei*.[466] Gott selbst gibt sich dort den Vollendeten. Er gibt die Befriedigung. Er ist das Ende und die Vollendung des menschlichen Begehrens.

> „,Ich werde sein, woran sie sich sättigen; ich werde sein, was auch immer von den Menschen mit Anstand begehrt wird: Leben, Heil, Sieg, Reichtum, Herrlichkeit, Ehre, Friede, alle guten Dinge.' Denn so wird auch in rechter Weise eingesehen, was der Apostel sagt: *Damit Gott sei alles in allem* [1 Kor 15,25]. Er selbst wird das Ende all unseren Begehrens [*desideriorum*] sein, der ohne Ende geschaut wird, ohne Überdruss geliebt wird, ohne Ermüdung gelobt wird. Dieses Geschenk, diese Leidenschaft, dieses Tun werden durchweg allen gemeinsam zukommen wie auch das ewige Leben selbst" (ciu. 22,30, CCL 48,863,29–36).

---

[464] Es ist an dieser Stelle darauf hinzuweisen, dass das postmoderne Denken etwa Derridas oder Foucaults nur diese ersten beiden Stufen kennt. Charakteristisch ist für sie sowohl die Limitation der Begierden als auch die Limitation des Gesetzes im Sinne der Derridaschen Dekonstruktion bzw. der Foucaultschen Subversion. Es kommt zu einem Spiel zwischen Gesetz und Transgression.

[465] Ep. 55,10 (CSEL 34,2;180,20–181,4): „Dann *wird als letzter Feind zerstört der Tod, und* [1 Kor 15,26] was auch immer uns aus der Schwäche des Fleisches da Widerstand leistet, wo wir noch keinen vollkommenen Frieden haben, wird gänzlich verschwinden, wenn *dieses Vergängliche mit Unvergänglichkeit bekleidet wird, und dieses Sterbliche mit Unsterblichkeit bekleidet wird* [1 Kor 15,53]."

[466] Ciu. 22,30 (CCL 48,863,54).

Gott teilt seine Herrlichkeit den Geschöpfen mit, indem er sie in seine Herrlichkeit verwandelt.[467] Auch diese Verwandlung geschieht aus einem Willen zur Unterscheidung. Jeder wird gemäß seinem Verdienst seinen Lohn erhalten.[468] Der himmlische Gottesstaat ist die gestufte und geordnete Gemeinschaft der Engel und der konvertierten Menschen unter der Herrschaft Gottes. Er ist in dieser Differenzierung die Äußerung der Macht Gottes und mehr noch die Erscheinung seiner Schönheit und Herrlichkeit. Seinetwegen wurde die Welt geschaffen.

---

[467] 2 Kor 3,18, in: Ciu. 22,29 (CCL 48,860,147 ff.).

[468] Ciu. 22,30 (CCL 48,864,79): „Welches im übrigen die künftigen Stufen der Ehren und Herrlichkeiten für die verdienten Belohnungen sein werden, wer ist fähig, sie zu denken und mehr noch sie zu nennen? Dass es aber künftige Stufen gibt, kann nicht bezweifelt werden."

D. PAULUS

Mit Paulus erreicht die hier beabsichtigte Archäologie der Bestimmung des Menschen ihren Grund. Paulus ist nicht einfach ein weiterer Autor in einer beliebig verlängerbaren Reihe, sondern das Fundament, welches das Gefüge von Augustin, Nietzsche und Foucault zusammenhält und trägt.

Es ist zu erinnern: Für Foucault gibt es kein absolut Erstes, das zu interpretieren wäre, denn im Grunde ist alles immer schon Interpretation.[1] Deshalb kann auch keine prinzipielle Bestimmung des Menschen für sich Verbindlichkeit beanspruchen. Entsprechend verlischt bei Foucault die Spur des Paulinischen Anfangs. Foucault wendet sich in einer endlosen Bewegung gegen jeden Anfang, genauer, gegen jede ἀρχή des Denkens. Dabei richtet er jedoch in besonderer Weise sein Augenmerk auf eine Limitation der Normierungen, die in einer christlichen Bestimmung des Menschen wurzeln. Das Entfallen einer ersten Sache und mithin einer ersten Bestimmung verbindet Foucault vor allem mit dem Namen Nietzsches. Doch anders als Foucault kennt dieser sehr wohl ein erstes *interpretandum*. Positiv formuliert ist dies das Leben, sein Wille zur Steigerung, sein Wille zur Macht. Ex negativo erscheint der Gekreuzigte der Paulinischen Offenbarung als das Erste, welches Nietzsches Denken hervorruft, beansprucht und zum Widerspruch reizt. Ihm setzt Nietzsche einen neuen Künstler-Gott entgegen: „Dionysos gegen den Gekreuzigten". Paulus, nicht Jesus, wird für Nietzsche der weltgeschichtliche Gegner par excellence. Das Werk des Aurelius Augustinus kann seinerseits als eine einzige Interpretation des Apostels Paulus betrachtet werden. Paulus ist für Augustin die maßgebliche Realität in der christlichen Offenbarung.[2] Paulus führt ihn nicht nur wieder der Kirche zu, sondern er öffnet ihm auch „das wahre Antlitz der Philosophie"[3]. Sowohl Paulus als auch Johannes werden für Augustin zunächst durch Plotin und Porphyrios erschlossen. Durch Johannes lernt Augustin, die jenseitige Geistigkeit Gottes zu begreifen und die Fleischwerdung des Wortes, das „im Anfang war", zu denken. Durch Paulus wird er angehalten, sich von sich selbst zu unterscheiden, mit Christus gekreuzigt zu werden, um mit ihm zum neuen Leben zu kommen. Gerade Augustin zeigt, wie das Neue Testament zum bestimmenden Anfang für die reine Vernunft wird. Erst durch

---

[1] Nietzsche, Freud, Marx, DÉ 1,571 (Nietzsche, Freud, Marx, S 1,734).
[2] P. Brown: Augustinus von Hippo, Frankfurt 1982, 315; Lössl: Intellectus gratiae 1; Ruhstorfer: Die Platoniker und Paulus 299–302.
[3] Acad. 2,6 (CCL 29,21,61).

Jesus Christus, dem einzigen Mittler zwischen Gott und Menschen, von welchem die Frohe Botschaft berichtet, fällt das entscheidende Licht auf die Schriften des Alten Bundes. So ist das Alte Testament durchgehend vom Neuen her zu begreifen.[4] Das Neue Testament – und für unsere Fragestellung das Corpus Paulinum – ist das erste *interpretandum*, an welchem die hier untersuchte Kette der Interpretationen ihren Halt findet.

In der Tat kommt die vorliegende Untersuchung zunächst der These Derridas entgegen, dass alles in den Text, die „écriture", aufgesogen wird, dass es kein Außen gibt. Ein Zeichen verweist auf ein anderes, eine Interpretation auf eine andere und so fort ins Unendliche. Doch soll hier gerade in radikaler Abgrenzung von postmoderner Unendlichkeit des Urteils einerseits ein sprachlicher Anfang und andererseits eine begrenzte Vielheit der Interpretationen eben dieses Anfangs behauptet werden. Die spezifisch postmoderne Entgrenzung und Begrenzung soll ihrerseits als nur *eine* mögliche Position dargestellt werden, die in sich haltlos ist, die in sich weder bewiesen noch widerlegt werden kann und die nun ihre Grenze erreicht hat. Von einem nach-postmodernen Standpunkt aus zeigt sich, was der Postmoderne selbst verborgen blieb, nämlich dass die Kette der Interpretationen – in einer bestimmten Linie – ihren Grund gerade in der Schrift des Neuen Testaments hat, noch gründlicher gesprochen, im Wort Gottes selbst. Es gibt einen Anfang und dieser ist zuletzt Jesus Christus. Als fleischgewordenes Wort Gottes liegt der Anfang erstens *außerhalb* der Sprache in der Weltlichkeit des Menschen Jesus Christus und seines Tuns der Wahrheit. Er befindet sich zweitens *oberhalb* der Sprache in der unaussprechlichen Transzendenz Gottes, und er findet sich drittens *innerhalb* der Sprache, zunächst als göttlicher λόγος, der im Anfang bei Gott war und der Gott war und sodann auch in den Schriften der Offenbarung, welche von den Worten und Taten Jesu Christi berichten, sofern diese Schriften im Heiligen Geist betrachtet werden. In der Betonung der Sprachlichkeit der Offenbarung zeigt sich noch die Nähe zur Postmoderne. Die Grenze ist aber dort überschritten, wo die Unselbstständigkeit des postmodernen Denkens am Beispiel Foucaults aufgewiesen wird. Dies geschieht durch die Verwendung der Urteilsformen des Daseins bzw. der Inhärenz, welche nach Hegel die Unselbstständigkeit des Prädikats, das am Subjekt seine Grundlage hat, aufzeigen.[5] Als „Subjekt" kann hier in äußerster Reduktion die Paulinische Offenbarung gelten. Sie ist das Fundament, welche der Kette der Interpretationen ihren Halt gibt.

Diese Kette kann gemäß den drei Formen des Urteils des Daseins (= Qualitätsurteil) auf *drei* Verhältnisse zu Paulus reduziert werden: die *Realität* des Paulinischen Gedankens bei Augustin, die *Negation* desselben bei Nietzsche und die *Limitation* bei Foucault. Durch die Vervollständigung der Urteilsformen stellt sich in vollkommen neuer Weise die Frage nach der Gegenwart der Offenbarung, ja sie steht nach der postmodernen Verschließung (clôture) in radikal neuer Weise wieder offen. Einerseits scheint es sich um eine unmittelbare Gegenwart der Offenbarung zu handeln,

---

[4] Siehe dazu Augustinus: qu. 2,73 (CCL 33,106,1276–1282) und DV 16 (DH 4223).
[5] Hegel: Wissenschaft der Logik II,311.

doch macht gerade die archäologische Erschließung deutlich, dass es sich um eine mittelbare handelt. Sie wird vermittelt durch die Limitation, die Negation und die Position und zwar in aufsteigender Intensität und Dignität. Die höchste Dignität kommt der Position durch die Philosophie des Augustinus zu. Die Vermittlung durch Gestalten der metaphysisch-geschichtlichen Vernunft Augustins, der modern-weltlichen Vernunft Nietzsches, der postmodern-sprachlichen Vernunft Foucaults gewährleistet *für uns* die Vernünftigkeit der Offenbarung selbst. Gerade weil die Paulinische Weisheit in besonderer Weise auf diese Vernunftformen bezogen ist, ja weil sie diese hervorgerufen hat, kann ihre eigene Vernünftigkeit postuliert werden. Diese wiederum zeigt sich nicht zuletzt am vernünftigen Bau des Paulinischen Gedankens selbst.

Die Termfolge der Weisheit ist eine grundsätzlich andere als diejenige der auf die Weisheit bezogenen Vernunftformen. Auf den eröffnenden Bestimmungsterminus folgt unmittelbar die Sache, nicht aber das Denken. Das besagt, dass hier der *Mensch als solcher* direkt der Bestimmung untersteht und nicht das *Denken* des *animal rationale* wie in jeder Form der metaphysischen Vernunft. In der ersten Position der neutestamentlichen Weisheit,[6] bei den Synoptikern, wird dies deutlich. So wird der Mensch als Sache des Denkens in den *synoptischen Evangelien* unmittelbar mit seiner ihm vorausgehenden *Bestimmung*, der Liebe Gottes, konfrontiert, die sich zunächst als die Liebe des Vaters zum Sohn offenbart,[7] sodann in den Worten und Taten des Sohnes, zuhöchst aber in Tod und Auferstehung Jesu. Darin wird der Wille unseres Vaters im Himmel, der zu geschehen hat, als Maßgabe für den ganzen Menschen und sein Wohnen in der Welt anschaulich. Durch das machtvolle Tun der Wahrheit Jesu Christi kommt die βασιλεία τοῦ θεοῦ den Menschen nahe.[8] Sie ist der eschatologische Wohnort des Menschen. In ihr werden bereits jetzt die Herrschaft und Herrlichkeit Gottes gegenwärtig. In der βασιλεία τοῦ θεοῦ konkretisiert sich die *Sache* des Denkens, das Verhältnis von Gott und Mensch, als das Verhältnis des

---

[6] Wiewohl die synoptischen Evangelien erst nach Paulus abgefasst wurden, ist es sinnvoll, deren Theologie *vor* derjenigen des Paulus anzusetzen. Erstens greifen sie mit den Erzählungen über Jesus stärker auf die Überlieferungen der ältesten Gemeinden zurück und zweitens erscheint ihnen die historische Person Jesus Christus in einer größeren Unmittelbarkeit als etwa bei Paulus und Johannes. Das Leben und Wirken Jesu kommt in wesentlich größerer Konkretion als gerade bei Paulus zur Sprache, bei dem sich die Geschichte Jesu auf Tod und Auferstehung zusammenzieht und mithin abstrakter ist. Doch ist zu betonen, dass bereits die Synoptiker *Theologie* bieten und keinen historischen Bericht darstellen. Für die anfänglichere Stellung der synoptischen Evangelien spricht der Aufbau der Theologien des Neuen Testaments bei Bultmann, Conzelmann u.a. Dagegen setzen Gnilka, Stuhlmacher u.a. mit dem chronologisch früheren Paulus ein. Entscheidend für die hier angenommene Positionierung des Paulus ‚nach' den Synoptikern ist aber die Logotektonik Boeders, da sich das Problem der Position des Paulus erst von seiner Fragestellung her ergibt. Eindeutig wird der Bau des Neuen Testaments mit dem Corpus Johanneum abgeschlossen.

[7] Siehe Mk 1,11; Mt 3,17; Lk 3,22. Boeder lässt die synoptische Ratio mit der „geteilten Herrlichkeit Gottes" einsetzen, da er Macht und Herrlichkeit Gottes als die Bestimmung annimmt, nicht aber die göttliche Liebe. Siehe Boeder: The Present of the Christian *sapientia* 279f. Siehe dazu auch hier weiter unten, v.a. Anm. 12f.

[8] Lk 11,20; Mk 1,15.

Herrn zu seinem Volk, das von der Liebe bestimmt wird. Resultat der synoptischen Termfolge sind der geforderte Glaube an den Auferstandenen und seine bleibende Gegenwart bei den Seinen sowie in sprachlicher Hinsicht die Weitergabe dieses Glaubens in der Verkündigung.[9] Der Glaube als das bekehrte *Denken* ist die Vorgabe, mit welcher die Paulinische Termfolge einsetzt. Die Bekehrung des Paulus als Berufung zur Verkündigung des Glaubens bildet das erste, das sprachliche Moment im Denkterminus.

Der „Glaube" ist ein Denken, das der besonderen Gabe des *Heiligen Geistes* bedarf, er ist *die* Paulinische Form des erlösenden *Wissens*. Dem Denkterminus folgt die Bestimmung. Diese ist der *Wille* Gottes zur Erlösung der Menschen. Der Wille Gottes manifestiert sich in der Hingabe seines *Sohnes*, und zwar für uns. Damit wird die „Liebe" Gottes in Jesus Christus für uns zur Maßgabe. Einzig durch seine Gnade werden wir mit Gott versöhnt. Die Sache des Paulus ist die Herrlichkeit Gottes, des *Vaters*. Sie bezeichnet den Gegenstand unserer „Hoffnung" auf Vollendung. Mit der Auferstehung des Sohnes beginnt die *Macht* des Vaters bereits jetzt wirksam zu werden und die Seinen zu verherrlichen.[10] Diese finden in den „Gemeinden" einen ausgezeichneten Wohnort, der durch gemeinschaftlichen Glauben, Lieben und Hoffen geprägt wird. Damit bildet einerseits das urpaulinische Ternar *Glaube, Liebe* und *Hoffnung* das entscheidende Bauprinzip.[11] Andererseits erhält sich dieselbe Bezogenheit der Bestimmung auf den Willen, der Sache auf die Macht und des Denkens auf das Wissen wie schon bei Foucault, Nietzsche und Augustinus.[12]

Auch bei Paulus finden sich die Momente Geschichte, Welt und Sprache in ganz eigener Verwendung. So kann Sprache hier nicht mehr die reine Logik der Augustinischen Metaphysik meinen, sondern die Offenbarung Gottes bzw. das Wort der Verkündigung als solches. Insofern die Gegenwart des Paulus in unserer geschicht-

---

[9] Mk 16,20; Mt 28,20; Lk 24,47 und v.a. Apg 28,31: „[…] er [Paulus] verkündigte das Reich Gottes und lehrte über den Herrn Jesus Christus in aller Offenheit [παρρησία] ungehindert."
Nach Boeder endet die synoptische ratio im sprachlichen Moment mit der εὐλογία, dem lobenden Denken, der ὁμολογία als dem Bekennen des Glaubens bzw. dem wechselseitigen Bekenntnis von Glaubendem, Sohn und Vater sowie schließlich der rettenden Bekanntheit mit dem Namen des Vaters. Siehe Boeder: The Present of Christian *sapientia* 281.

[10] Die Johanneische ratio, die sich an die Paulinische anschließt, setzt mit dem Sachterminus ein, das ist die Macht und Herrlichkeit Gottes. Das Wort, vor aller Zeit beim Vater (Joh 1,1f.), wird Fleisch. Dadurch wird die Herrlichkeit Gottes sichtbar (Joh 1,14). Der Sache folgt das Denken (Glauben, z.B. Joh 8,30ff.), das vorgezeichnet ist von der Gegenwart der Herrlichkeit (Joh 6,30–51; 14,10). Die Bestimmung als das Eins-Sein von Vater, Sohn und den Seinen in Liebe (Joh 15,9–17) ist der abschließende Höhepunkt des Johanneischen Gedankens (vgl. 1 Joh 4,7–21). Auch hier anders Boeder: The Present of Christian *sapientia* 285.

[11] Dazu T. Söding: Die Trias Glaube, Hoffnung, Liebe bei Paulus. Eine exegetische Studie (SBS 150), Stuttgart 1992.

[12] Hier zeigt sich bereits ein entscheidender Unterschied zur Bauweise Boeders, der bei Paulus die Herrlichkeit Gottes und mithin die Macht als die Bestimmung ansieht. Der Wille und die Liebe bleiben bei ihm auf die Sache bezogen. Dadurch bleibt m.E. aber die fundamentale Eigentümlichkeit des Paulus im Dunkeln, dass für ihn die Liebe und nur diese maßgeblich ist. Glaube, Liebe und Hoffnung werden bei Boeder nicht als Bauelemente verwendet.

lichen Situation behauptet wird, kommt dem sprachlichen Moment die zentrale Bedeutung zu. Es bildet, wie schon bei Foucault, den Anfang, die Mitte und das Ende in der Abfolge der Momente. In je eigentümlicher Weise steht das „Evangelium" am sprachlichen Anfang des Denkens, in der Mitte der Bestimmung und in der Vollendung der Sache.

Da die Momente Geschichte, Welt und Sprache auch als Signum der Totalitäten Metaphysik, Moderne und Postmoderne gelten, wird mit ihnen bei Paulus besonders die Augustinische Bejahung, die Nietzschesche Verneinung und die Foucaultsche Begrenzung verbunden.[13] Anders ausgedrückt: Die Tatsache, dass Augustin, Nietzsche und Foucault Paulus bleibend inhärieren, zeigt sich unter anderem in der eigentümlichen Bezogenheit Augustins auf das geschichtliche, Nietzsches auf das weltliche und Foucaults auf das sprachliche Moment des Paulus. Grundsätzlich ist dabei das erste Moment mit der Kategorie der Realität, das zweite mit der Negation und das letzte mit der Limitation verknüpft. Doch ist zu betonen, dass diese Kategorien hier eine Verwandlung erfahren, die dem Charakter der Paulinischen Schriften angemessen ist. So kann beispielsweise die *Limitation* keine dialektische Aufhebung und auch kein unendliches Urteil – weder im metaphysischen noch im postmodernen Sinn – bezeichnen. Die Limitation bei Paulus ist keine dekonstruktivistische différance, keine prinzipielle Unentscheidbarkeit und kein Spiel der Transgression, sondern sie bezeichnet die bestimmte Grenzziehung in einem *endlichen* Urteil und die begrenzte Vielheit in einer gegebenen Ordnung. Der Grund der Unterscheidung kommt durch das „Evangelium" überhaupt erst zur Sprache. Dieses hat seine innerste Mitte in der Selbstunterscheidung des Gottessohnes Jesus Christus. Sie bewirkt der Möglichkeit nach eine Bekehrung des Menschen. Der Paulinische Gedanke ist insgesamt auf eine Unterscheidung des Menschen von sich selbst gesammelt.[14]

---

[13] Auch Boeder verwendet in seiner jüngsten Darstellung der Neutestamentlichen Tektonik (Die neutestamentliche Verkündigung angesichts der Submoderne, Manuskript) die Qualitätskategorien in Verbindung mit den Momenten Geschichte, Welt und Sprache, doch hat diese Verbindung bei ihm lediglich eine allgemeine Erschließungsfunktion. Sie verweisen jedoch nicht auf die besondere Verbindung mit der Position, Negation und Limitation des Paulinischen Gedankens bei Augustinus, Nietzsche und Foucault, eben weil Boeder diese Kategorien ja auch nicht auf die Stellung der drei Denker zu Paulus anwendet. Daraus ergibt sich, dass in meiner Darstellung die Kategorie der Realität mit dem geschichtlichen Moment (Augustin) verbunden werden muss. Boeder hingegen sieht diese im weltlichen Moment gegeben. Das geschichtliche Moment ist bei Boeder durch das Moment der Negation gekennzeichnet. Die Negation in vorliegender Darstellung muss wegen der Beziehung zu Nietzsche auf das weltliche Moment bezogen werden.

[14] Vgl. James D. G. Dunn: The Theology of Paul the Apostle, Grand Rapids–Cambridge 1998, 326 ff.

I. Die Hoffnung auf die Herrlichkeit
des Vaters

Allgemein gesprochen ist die *Sache* des Paulus das Verhältnis von Gott und Mensch. Näher betrachtet ist die *Sache* der Mensch, wie er unter der *Macht* Gottes steht, wie er durch die Einwirkung der δύναμις τοῦ θεοῦ selbst vom Zustand der Ohnmacht befreit wird und Anteil bekommt an der Macht und vor allem an der *Herrlichkeit* Gottes. Der Unterscheidungsweg des Menschen, der mit der Bekehrung des Denkens zum Glauben durch die Berufung im Heiligen Geist beginnt, hat in der Vereinigung mit dem Sohn durch die Teilhabe an dessen Tod und Auferstehung seine Mitte, und er vollendet sich in der ewigen Herrlichkeit des Vaters.[15] Diese Vollendung bleibt jedoch zunächst Sache der Hoffnung.[16] Die „Hoffnung auf die Herrlichkeit Gottes" zeichnet die Gläubigen aus (Röm 5,2); dieser Hoffnung wegen rühmen sich die Christen.

Die „Verkündigung" (κήρυγμα) der Christen bildet das *sprachliche* und letzte Moment der Paulinischen Sache (1). Dem geht das *weltliche* Moment voraus, das in der „Gemeinschaft" (ἐκκλησία) der Gläubigen, genauer in den „Gemeinden" (ἐκκλησίαι) als dem Leib Christi besteht (2). Die Gemeinden stellen zuerst die geschichtliche Realität der neuen Menschen dar, die durch die ihrerseits geschichtliche Wirksamkeit der Liebe Gottes konstituiert wird. Ihr Weg unter der Herrschaft Gottes macht das *geschichtliche* Moment der Sache des Paulus aus (3).

1. Die Verkündigung und die Verkündiger

a) Verherrlichung und Verkündigung

Die Verherrlichung

Die „Herrlichkeit" bezeichnet bereits sowie im masoretischen Text sowie in der Septuaginta die göttliche Wesensart: seine Gegenwart, Schönheit, Macht und Ehre. כבוד bzw. δόξα ist der Wohnort Gottes.[17] Die „Herrlichkeit" kommt ursprünglich Gott, dem Vater, als dem Schöpfer des Himmels und der Erde zu (vgl. Röm 11,36). Auch die Auferweckung des Sohnes geschieht durch die „Herrlichkeit des Vaters" (Röm 6,4). Doch bezeichnet Paulus Jesus Christus bereits vor dessen Tod und Auferstehung als „Herrn der Herrlichkeit" (1 Kor 2,8). Damit sind sowohl Gott, dem Vater, als auch Jesus Christus die Herrlichkeit wesentlich zu eigen. Die höchste Tätigkeit des Menschen ist es nun, Gott die Ehre zu erweisen und ihm die Herrlichkeit zuzu-

---

[15] Siehe 1 Thess 2,12; 2 Kor 3,11ff.; 3,18 und 4,17; Röm 8,30, dazu ThWNT 2,253 (Der Gläubige und die δόξα).

[16] Röm 8,24: „Denn in Hoffnung sind wir gerettet; Hoffnung aber, die man sieht, ist nicht Hoffnung; was man sieht, wer erhofft das?"

[17] ThWNT 2,250f.

sprechen, ohne dass dadurch die Herrlichkeit des Vaters und des Sohnes vermehrt werden könnte oder müsste. Die Verherrlichung Gottes findet sich an exponierten Stellen der Briefe des Paulus, am Ende von Sinneinheiten oder gar am Ende der Briefe selbst.[18] Die explizite Verherrlichung gilt vornehmlich „dem Gott und Vater unseres Herrn Jesus Christus" (Röm 15,2). Der „Lobpreis" (*benedictio*, εὐλογία) Gottes ist mit der Verherrlichung auf das engste verbunden. Auch das „Gut-Sagen" gebührt primär dem „Gott und Vater Jesu Christi", dem Schöpfer des Himmels und der Erde.[19] Doch besteht die entscheidende Erleuchtung des Menschen gerade darin, auch „im Antlitz Jesu Christi" die Herrlichkeit Gottes zu erkennen (2 Kor 4,6).

Das Streben nach der Herrlichkeit Gottes bezeichnet die *Grenze* zwischen den Menschen, die erlöst werden, und denen, auf welchen der Zorn Gottes verbleibt (Röm 2,7–10). „[A]m Tag des Zornes und der Offenbarung des gerechten Gerichtes Gottes (ἀποκαλύψεως δικαιοκρισίας τοῦ θεοῦ, Röm 2,5)", wird dieser „jedem nach seinen Werken vergelten" (Röm 2,6). Wiewohl es viele verschiedene Werke der Liebe gibt (vgl. 1 Kor 12), ist ein ausgezeichneter Dienst derjenige der Verkündigung des Evangeliums.[20] Paulus selbst ist eine besondere Vollmacht (ἐξουσία, 2 Kor 10,8) gegeben worden, an Christi Statt zu verkündigen (2 Kor 5,20). Er ist ein „Diener des Neuen Bundes, nicht des Buchstabens, sondern des Geistes" (2 Kor 3,6). Damit erscheint auch die *Grenze* zwischen dem Dienst des Alten Bundes, dem Dienst am Mosaischen Gesetz, und dem Dienst an Christus. Der Unterschied liegt in der Herrlichkeit selbst. Die Herrlichkeit und damit die Gegenwart Gottes, wie sie der Dienst am Gesetz mit sich bringt, war nur eine vergängliche, die im Vergleich mit der Herrlichkeit, die in Christus offenbar wurde, für nichts zu erachten ist (2 Kor 3,10). Auch die Ermächtigung des Menschen zum Dienst an der δόξα, wie sie Mose zuteil wurde, betrachtet Paulus als eine vorübergehende (2 Kor 3,7). Nur eine *Bekehrung* zum Herrn bewirkt eine Entschleierung des Alten Bundes.[21] Der Dienst der Herrlichkeit, zunächst bezogen auf den Apostel als Verkündiger des Evangeliums (2 Kor 2,12), wird nun auf alle ausgeweitet, die sich von sich unterscheiden und zum Herrn bekehren:

---

[18] Siehe z.B. Röm 11,36: „[…] aus ihm, durch ihn und auf ihn hin alle Dinge; ihm die Herrlichkeit in die Ewigkeiten, Amen." Röm 16,27: „[…] dem einen, weisen Gott die Herrlichkeit durch Jesus Christus in die Ewigkeiten, Amen." Gal 1,5: „Ihm [dem Gott und Vater] die Herrlichkeit in die Ewigkeiten der Ewigkeiten, Amen." Vgl. auch Röm 15,6.

[19] Röm 1,25; 2 Kor 1,3; 2 Kor 11,31; auch Eph 1,3. Schwierig ist Röm 9,5, wo Jesus Christus als Gott gepriesen wird. Doch stellt sich hier die Frage, ob sich der Lobpreis nicht doch auf Gott den Vater bezieht und der Text zu korrigieren ist. Siehe dazu U. Wilckens: Der Brief an die Römer, 3 Bde., Zürich–Einsiedeln–Köln, 1978–1982 (EKK VI, 1–3), Bd. 2,188f. und K. Haacker: Der Brief des Paulus an die Römer (ThHK 6), Leipzig 1999, 186f. Siehe dazu auch hier Anm. 137 und 173.

[20] 1 Thess 2,7; 1 Kor 1,17.

[21] 2 Kor 3,16: „*Wenn immer aber sich einer zum Herrn bekehrt, wird der Schleier weggenommen* [Ex 34,34]."

„Indem wir aber alle mit enthülltem Angesicht die Herrlichkeit des Herrn wie im Spiegel schauen, werden wir in sein Bild verwandelt, von Herrlichkeit zu Herrlichkeit gleichwie von dem Geist des Herrn" (2 Kor 3,18).[22]

Durch den Dienst des Apostels werden die Gläubigen selbst zu einem „Brief Christi [...], geschrieben nicht mit Tinte, sondern mit dem Geist des lebendigen Gottes, nicht auf steinerne Tafeln, sondern auf Tafeln aus Fleisch, eure Herzen" (2 Kor 3,3). Diejenigen, welche das Wort der Verkündigung in ihr Herz aufgenommen haben und dadurch selbst Teil der Verkündigung geworden sind (2 Kor 3,2), werden in zweifacher Weise verwandelt. Sie bekommen bereits jetzt Anteil an der „Herrlichkeit Gottes im Antlitz Jesu Christi" (2 Kor 4,6), und sie werden vollkommen verherrlicht werden bei der eschatologischen Vollendung (1 Kor 15,43).

Der Mensch als Paulinische Sache soll sich zeit seines Lebens verändern. In diesem Zusammenhang ist durchaus an Foucaults Forderung, *sich ein anderer zu werden*, zu denken. Der maßgebliche Unterschied besteht nun darin, dass es sich bei Paulus nicht bloß um ein Anders-Werden handelt, sondern um eine *Vervollkommnung*, die auf das Ziel der Herrlichkeit ausgerichtet ist. Diese konkretisiert sich darin, ein „Abbild" (εἰκών) Christi zu werden und so an seiner Herrlichkeit teilzuhaben.

Das kritische Wesen der Verkündigung

Die „Verkündigung" (κήρυγμα), die in der „Frohen Botschaft" (εὐαγγέλιον), im „Wort vom Kreuz" (λόγος τοῦ σταυροῦ) besteht, bildet die Achse des Paulinischen Gedankens.[23] Sie erscheint in je eigener Weise im sprachlichen Moment der Sache, der Bestimmung und des Denkens.[24] Das „Wort vom Kreuz" ist die *Sache* des Paulus, insofern es die Erscheinung der „*Macht* Gottes" ist (1 Kor 1,18).[25] Als solche kommt ihm eine grundlegend unterscheidende Funktion zu:

„Denn das Wort vom Kreuz ist denen, die verloren gehen, eine Torheit, denen aber, die gerettet werden – uns –, ist es Macht Gottes" (1 Kor 1,18).

---

[22] Das mediale κατοπτρίζεσθαι, das auch „sich spiegeln", „sich im Spiegel sehen" bedeuten kann, meint hier „wie im Spiegel schauen". Die Bedeutung des aktiven κατοπτρίζειν: „spiegeln", „widerspiegeln" ist für das Medium sonst nicht belegt. Auch von einem gänzlich abgeschliffenen „Schauen" ist Abstand zu nehmen. Das Spiegelmotiv ist nicht zu eliminieren. Siehe C. Wolff: Der zweite Brief des Paulus an die Korinther, ThHK 8, Berlin 1989, 77, bes. auch dort Anm. 139; vgl. rev. Lutherübersetzung. Ein Blick auf 2 Kor 3,13, wo davon die Rede ist, dass der Glanz der Herrlichkeit Gottes auf dem Antlitz des Mose lediglich vergänglich ist, lässt auch die Deutung als „widerspiegeln" (vgl. Einheitsübersetzung) nicht als undenkbar erscheinen. In jedem Fall hängen beide Aspekte innerlich zusammen: Dass der Mensch, mit Gen 1,26 gedacht, bereits ein Bild (εἰκών) Gottes ist und dass folglich das Antlitz des Gläubigen die Herrlichkeit widerzuspiegeln vermag, ist die Voraussetzung für die spekulative Gottesschau. Vgl. dazu auch hier im Augustinusteil Anm. 53.

[23] Zum Wort vom Kreuz siehe auch H. Merklein: Das paulinische Paradox vom Kreuz, in: TThZ 106 (1997) 81–98 und W. Schrage: Der gekreuzigte und auferweckte Herr. Zur theologia crucis und theologia resurrectionis bei Paulus, in: ZThK 94 (1997) 25–38.

[24] Vgl. die Abschnitte I.1; II.2 und III.3.

[25] Siehe K. Barth: Der Römerbrief (1922), Zürich [16]1999, 11–18.

Nur denjenigen, die im Begriff sind, von Gott gerettet zu werden, erscheint im „Wort vom Kreuz" die Macht Gottes, nur für sie ist der Verkündiger „ein Wohlgeruch Christi", ein „Geruch des Lebens zum Leben" (2 Kor 2,16). Für diejenigen, welche dabei sind, verloren zu gehen, ist die Verkündigung eine „Torheit", ja mehr noch, es geht für sie von der Botschaft ein „Geruch des Todes" aus (2 Kor 2,16). Ziel dieser Unterscheidung ist aber weder die Vorwegnahme des eschatologischen Gerichts[26] noch, damit verbunden, die bleibende Ausgrenzung der Ungläubigen vom Heil. Die Unterscheidung zielt vielmehr darauf, zwei Wege hervortreten zu lassen, von denen der eine im Streben nach Macht und Weisheit in der Welt besteht und zum Verderben führt und der andere sich der Macht und Weisheit Gottes unterstellt weiß und deshalb zum Heil führt. Die Ermächtigung zum Heil ist, wie jedes Gut, letztlich eine unverfügbare Gabe Gottes:

> „Denn wer unterscheidet dich? Was hast du, das du nicht empfangen hast; wenn du aber empfangen hast, was rühmst du dich, als hättest du nicht empfangen?" (1 Kor 4,7).[27]

Hier ist der Grund gelegt für die epochale Fassung des Sinns von Sein als Geben, wie es in grundlegender Weise Augustinus entfaltet hat. Alles ist dem Menschen gegeben, nichts entspringt einzig seinem eigenen Vermögen. Zwar hatte Gott den Menschen die Möglichkeit gegeben, selbst die Weisheit, die Macht und die Herrlichkeit Gottes zu erkennen, doch haben die Menschen dieses ihnen verliehene Vermögen verkannt. Sie haben sich selbst die Macht und Weisheit zugeschrieben und dadurch Gott die ihm gebührende Anerkennung verweigert. „Die Welt" konnte, obwohl sie sich bereits „in der Weisheit Gottes" befand, Gott nicht durch menschliche Weisheit hindurch als Gott anerkennen.[28] Doch hätte gerade die verherrlichende Anerkennung und der entsprechende Dank den ganzen Unterschied gemacht (vgl. Röm 1,21). Deshalb hat sich Gott entschlossen, durch die „Torheit der Verkündigung die Glaubenden zu retten" (1 Kor 1,21).

Während die Juden als Ausweis der Göttlichkeit der Offenbarung machtvolle „Zeichen" verlangen, während die Griechen menschliche und damit eigenmächtige „Weisheit" fordern (1 Kor 1,22)[29], hat die christliche Verkündigung nichts zu ihrem

---

[26] Dazu W. Schrage: Der erste Brief an die Korinther (EKK VII,1–4), Zürich-Braunschweig-Düsseldorf–Neukirchen 1991–2001, 4 Bde., hier Bd. 1,172f.

[27] Dazu Schrage: Korinther 1,337: „Schlechthin alles ist Gabe, und das schließt jedes καυχᾶσθαι als Selbstruhm aus. [...] In Wahrheit können Christen sich nur grundsätzlich und umfassend als von Gott Beschenkte verstehen, niemals aber die Gabe vom Geber isolieren, usurpieren und in eigene Regie nehmen." Zur Auslegungs- und Wirkungsgeschichte dieses Verses ebd. 350f.

[28] 1 Kor 1,21: „Denn da die Welt in der Weisheit Gottes durch die [eigene] Weisheit Gott nicht erkannte, hat es Gott gefallen, durch die Torheit der Verkündigung die Glaubenden zu retten [...]."

[29] Trifft die Schilderung der Apostelgeschichte 17,11 zu, dann wären unter der griechischen Weisheit dieser Welt die Philosophien der Epikureer und Stoiker zu verstehen. Deren im Vergleich mit dem Christentum „freieren" Lebenskunst kommt nach Foucault für unsere Gegenwart eine paradigmatische Bedeutung zu. Wenn aber Paulus seinerseits wieder zu maßgeblichem Ansehen kommt, dann trifft seine Ablehnung der weltlichen Weisheit genau die selbstherrlichen Technologien, Ästhetiken des Selbst und deren eigenmächtige Selbstsorge.

Gegenstand als „Jesus Christus, und zwar als den Gekreuzigten" (1 Kor 1,23; 2,2). Genau diese Sache der Verkündigung ist aber von strenger Allgemeinheit. Sie transgrediert die bisherigen Grenzen, die unter den Menschen maßgeblich, weil heilsrelevant waren, so auch die Grenze zwischen Juden und Heiden. Diese wird überschritten und durch eine neue *Limitation* ersetzt. Innerhalb der Menschheit im Allgemeinen wird die „Berufung" (κλῆσις) selbst zur entscheidenden Grenzziehung. Die Berufenen aus Judentum und Heidentum erkennen im verkündigten Christus „Gottes Macht und Weisheit" (1 Kor 1,24). Diese Einsicht muss eigens gegeben werden, sie ist nicht natürlich. Den vorherbestimmten „Vollkommenen" unter den Juden und Heiden geht der Unterschied zwischen der Macht und der Weisheit „dieser Welt" und der Macht und der Weisheit Gottes auf (1 Kor 2,6). Für die nicht von sich unterschiedenen Juden wie Heiden bleiben Macht und Weisheit Gottes ein „Skandal" und eine „Torheit" (1 Kor 1,23), weil göttliche Macht und Weisheit gerade im Verzicht auf die unmittelbare menschliche Qualitäten und Vermögen bestehen. Um jede Selbstherrlichkeit und jeden Selbstruhm des Geschöpfes auszuschließen, hat Gott das „Törichte vor der Welt", das „Geringe vor der Welt und das Verachtete, […] das, was nichts ist", erwählt, um das, „was etwas ist", zunichte zu machen (1 Kor 1,27ff.). Das Kreuz Christi wird so zum Inbegriff des Nichtigen, Törichten, Geringen, Verachteten. In der Verkündigung des Kreuzes aber sind Gottes Weisheit und Macht verborgen; ein „Geheimnis, das Gott vorherbestimmt hat vor aller Zeit zu unserer Herrlichkeit" (1 Kor 2,7). So trägt das scheinbare Gegenteil der göttlichen Herrlichkeit für uns gerade die Teilhabe an der Herrlichkeit Gottes ein. Die Mächtigen dieser Welt konnten in der Kreuzigung Christi die Herrlichkeit Gottes jedoch nicht erkennen, deshalb haben sie den „Herrn der Herrlichkeit", der sich selbst seiner Macht begab, gekreuzigt (1 Kor 2,8). Was die Betonung dieses Komplexes in unserer geschichtlichen Gegenwart angeht, kommen hierbei Foucaults Machtkritik und seiner Sympathie für ‚das, was nichts ist', eine wegweisende Bedeutung zu. Gerade in der Zuwendung zu den Schwachen, Ausgegrenzten, Sündern etc. erhält sich in der Postmoderne eine Spur der neutestamentlichen Verkündigung, allerdings mit dem einschneidenden Unterschied, dass Paulus etwa den Sünder nicht als Sünder billigt, und die Grenze zwischen dem „Wie-es-zu-sein-hat" und dem „Wie-es-nicht-zu-sein-hat" nicht ins Gleiten bringt.

Die Paradoxie des Wortes vom Kreuz besagt weder eine Negation noch eine Dekonstruktion von Macht, Weisheit, Intellektualität oder Logik, wie nicht zuletzt der kunstvolle Bau sowie die klare Entschiedenheit der besprochenen Passagen verrät, sondern eine *Limitation* von menschlicher Macht und Weisheit, d.h. eine Unterscheidung derselben von der Macht und Weisheit Gottes. Es kommt bei der Verkündigung nicht primär auf die Eigenmacht, die menschliche Logik der Argumentation an, vielmehr gilt es, deren Kraft zu begrenzen und sie damit der Macht, der Weisheit und der Logik Gottes zu unterstellen.[30] Dort und nur dort, wo – in der

---

[30] Vgl. dazu Schrage: Korinther 1,192: „Die kritische Destruktion der Weltweisheit bedeutet also keine Irrationalität, kein *credo quia absurdum*. Wohl aber bedeutet es, daß das Kreuz tatsächlich Vorzeichen

nachmetaphysischen Moderne – Macht und Weisheit ihren Halt in Gott verlieren, müssen sie entweder durch den weltlichen Willen zur Macht und die dionysische Weisheit ersetzt werden oder in einer endlosen Arbeit der dekonstruktiven Limitation ins Gleiten gebracht werden. In unserer geschichtlichen Gegenwart hingegen, wo die Paradoxie des Wortes vom Kreuz erneut zur Sprache kommt, unterläuft dieses Wort seinerseits das entgrenzende und begrenzende Spiel des Zerstörens und Setzens von Diskurspraktiken und Dispositiven der Macht, wie die Foucaultsche Kritik sie kennt: Erstens, weil die Kritik an bloß weltlicher Macht durch das „Wort vom Kreuz" selbst radikalisiert wird. Zweitens, weil schon bei Paulus nur durch den Verzicht auf die Eigenmacht die göttliche Macht als Grund von kritischer Macht hervortreten kann. Und drittens, weil gerade das nach weltlichen Maßstäben Ausgegrenzte, das Marginalisierte, das zu Unrecht Kriminalisierte von Gott zur Manifestation seiner Herrlichkeit erwählt wurde.

Die Verkündiger als von sich unterschiedene Menschen

Bedenkt man angesichts der Erhabenheit der paradoxen Herrlichkeit Gottes und ihrer Verkündigung die postmoderne Nivellierung der Frage nach dem Sprecher – nicht zuletzt durch das Foucaultsche Diktum: „Wen kümmert's, wer spricht?"[31] –, so stellt sich in verschärfter Form die Frage nach dem Verkündiger des Wortes vom Kreuz. Spricht hier ein pervertierter Wille zur Macht, wie Nietzsche Paulus deutet? Sprechen hier anonyme Strukturen der Macht und des Wissens, wie Foucault postuliert? Oder ist hier ein Verkündiger anzunehmen, der von jedem anderen Sprechen abgegrenzt ist und der sich sogar noch von sich selbst und seiner Natürlichkeit und Weltlichkeit unterschieden hat?

Der Verkündiger des Wortes vom Kreuz kann als das Resultat des Paulinischen Gedankens gelten, insofern er der berufene und bekehrte Mensch ist, der sich im Blick auf Wissen, Wille und Macht von sich unterschieden hat. Der von Gott erkannte, geliebte und ermächtigte Mensch, der glaubt, liebt und auf die Kraft und Herrlichkeit Gottes hofft, ist befugt, das Wort der Verkündigung zu ergreifen. Die Berufung zum Apostel bedeutet eine Abgrenzung durch die Wirkmacht Gottes.[32] Schon im Mutterleib sei Paulus selbst ausgesondert und durch Gottes Gnade berufen worden.[33] Immer wieder betont er den Zusammenhang seiner Bekehrung

---

aller Weisheit und Horizont allen im Glauben implizierten Verstehens und aller Theologie ist." Auch op. cit. 1,235: „[…] der eigentliche Skopus ist auch hier nicht darin zu suchen, daß Paulus Rhetorik und Rationalität als solche ablehnt […] Vielmehr wird der kontradiktorische Gegensatz von Weisheit der Welt und dem Kreuz als der Weisheit Gottes auch hier durchgehalten. Alles entscheidet sich daran, ob Christus als Gekreuzigter verkündet wird."

[31] Qu'est-ce qu'un auteur (DÉ 1,789).

[32] Z.B. Röm 1,1: „Paulus, Knecht Jesu Christi, berufener Apostel, abgegrenzt für das Evangelium Gottes […]."

[33] Vgl. Gal 1,15f.

mit der Berufung zum Apostel.[34] Weder durch eigenes Zutun noch durch Einwirkung anderer Menschen ist ihm die Wahrheit der Verkündigung aufgegangen, sondern durch eine unmittelbare „Offenbarung Jesu Christi" (Gal 1,12).[35] Die Bezugnahme auf eine Offenbarung schließt jedoch nicht aus, dass Paulus den wesentlichen Inhalt der Verkündigung seinerseits in einem Traditionsgeschehen empfangen hat (1 Kor 15,3 ff.). Es gehört vielmehr zum Wesen der „Frohen Botschaft", angenommen und weitergegeben zu werden. Dieses Geschehen muss allerdings seinerseits als gottgewirkt gedacht werden. Und so bleibt bestehen, dass Paulus nur ermächtigt ist zu sagen, was in dauerhafter Unmittelbarkeit Christus in ihm wirkt (Röm 15,18). Nur im Verzicht auf ausschließlich eigene Vermögen können Macht und Weisheit Gottes als solche hervortreten. Deshalb muss der Apostel paradoxerweise behaupten: „[...] wenn ich schwach bin, so bin ich stark" (2 Kor 12,10). Denn in seiner Schwäche und Ohnmacht hat er Anteil am Kreuz Christi. Indem er mit Christus auf weltliche Herrlichkeit und Macht verzichtet und sich wie Christus der Ohmacht und dem Leiden in dieser Welt ausliefert, bekommt er mit Christus Anteil an der δύναμις Gottes.[36]

Während jede Form von eigenmächtigem Rühmen ausgeschlossen wird, kann und soll sich Paulus der Macht und Kraft Christi rühmen.[37] Der Apostel spricht nur von dem, was Christus in ihm wirkt (Röm 15,17). Deshalb erfolgt seine Verkündigung in der „Kraft (δύναμις) des Geistes Gottes", und sie wird begleitet von der „Macht" (δύναμις), Zeichen und Wunder zu wirken (18).[38] Die Unterscheidung des Menschen von sich selbst besagt hier den Übergang von der Inständigkeit in Selbstherrlichkeit und Eigenmacht zum Feststehen in der Macht und Herrlichkeit des Herrn. Die Verkündigung steht Paulus nicht frei, vielmehr ist die Verkündigung die besondere Bestimmung, welche Paulus erfüllen muss: „Weh mir, wenn ich das Evangelium nicht verkünde!" (1 Kor 9,16).

In der Schwachheit des Verkündigers, in seiner bleibenden Angewiesenheit auf die Gabe Gottes tritt das Wort vom Kreuz als „Kraft und Weisheit Gottes" hervor.[39] So und nur so wird deutlich, „dass das Evangelium, das von mir verkündigt wird, nicht menschlicher Art ist" (Gal 1,11). Der eigentliche Sprecher der Verkündigung ist Gott selbst. Das Evangelium wird dann und nur dann in Wahrheit angenommen,

---

[34] Siehe Gal 1,11–23; 2 Kor 12; dazu Gnilka: Paulus von Tarsus, 40–47; auch K. Kertelge: Grundthemen paulinischer Theologie, Freiburg–Basel–Wien 1991, 11–45 und J. Becker: Paulus. Der Apostel der Völker, Tübingen ³1998, 60–86.

[35] Dazu Kertelge: Grundthemen 46–61.

[36] 2 Kor 12,9 f.: „[...] Meine Gnade genügt dir, denn die Macht wird in der Schwachheit vollendet. Am allerliebsten also werde ich mich meiner Schwachheiten rühmen, damit die Macht Christi bei mir Wohnung nehme. Deshalb habe ich Gefallen an Schwachheiten, Misshandlungen und Nöten, an Verfolgungen und Ängsten für Christus, denn wenn ich schwach bin, dann bin ich machtvoll [...]."

[37] Siehe z.B. 1 Kor 1,31; 2 Kor 10,13.17; Röm 5,2 f.; 15,17.

[38] Vgl. 2 Kor 12,12.

[39] Vgl. 1 Kor 2,3 ff. Dazu U. Wilckens: Zu 1 Kor 2,1–16, in: C. Andresen/G. Klein (Hgg.): Theologia crucis – Signum crucis. FS E. Dinkler, Tübingen 1979, 501–537.

wenn es nicht als menschliches Wort, sondern als Gotteswort betrachtet wird.[40] Gott selbst verkündet, ermahnt, versöhnt durch das Werk der Apostel. Diese gelten selbst als „Botschafter an Christi Statt" (2 Kor 5,20). Das bedeutet, dass die Paulinische Weisheit als der Grund, auf welchen Augustin, Nietzsche und Foucault sich beziehen, ihrem inneren Anspruch nach in Wahrheit nicht primär von einem menschlichen Sprecher vorgetragen wird, sondern dass Gottes Macht selbst hier zu Wort kommt.[41]

b) Die Verkündigung und die Vervollkommnung der Heiligen

Die Apostel als von sich unterschiedene Menschen sind einerseits zur Verkündigung des Wortes vom Kreuz ermächtigt. Die Verkündigung drängt trotz und wegen ihres unterscheidenden Charakters über die Grenzen des Bestehenden hinaus und zielt auf eine möglichst umfassende Missionierung sowohl unter den Juden als auch unter den Heiden (1 Kor 9,19 ff.). Andererseits ist die Sache der Apostel auch die Erhaltung bzw. Vervollkommnung der bestehenden Gemeinden. Während sich die missionarische Verkündigung nach außen richtet, bleiben die Ermahnungen und Weisungen des Apostels auf den Binnenraum der Gemeinden beschränkt (1 Kor 5,12). Auch für diese Weisungen beansprucht Paulus eine besondere, ihm verliehene Autorität.[42] Die Briefe des Apostels Paulus sind primär der Vertiefung des Glaubens, dem inneren Wachstum der Christen, der aufrichtigen Verwirklichung der Lehre durch das Tun der Wahrheit gewidmet. Stets haben sie eine konkrete Situation vor Augen, oft eine singuläre Problemlage, immer sprechen sie eine bestimmte Gruppe von Menschen an und sind in Inhalt und Form auf diese zugeschnitten. Doch wurzelt die konkrete, situativ bedingte Weisung stets im übersituativen Kern Paulinischer Verkündigung.

Die christlichen Gemeinden leben in der Spannung zwischen dem Anbrechen der Herrschaft Gottes und der noch ausstehenden Wiederkehr des Herrn der Herrlichkeit.[43] Einerseits gelten die Christen bereits durch die Taufe als erneuerte Menschen (Röm 6), und Paulus kann sie in diesem Sinne als „Vollkommene" (Phil 3,15) und „Heilige" (Röm 1,7; 8,23) ansprechen, doch andererseits steht die Vollendung noch aus. Die Christen müssen sich in der Zeit bewähren. Die Unterscheidung des Menschen von sich selbst ist ein kontinuierlicher Prozess.[44] Paulus vertraut darauf, „dass derjenige, der in euch das gute Werk begonnen hat, es bis zum Tag Christi

---

[40] 1 Thess 2,13: „Darum danken wir Gott unablässig dafür, dass ihr [das] Wort [λόγον] Gottes, das ihr durch unsere Verkündigung empfangen habt, nicht als Menschenwort angenommen habt, sondern als das, was es in Wahrheit ist, als Gotteswort, das in euch, den Glaubenden, wirksam ist."

[41] In unserem Zusammenhang kann es nur darum gehen, die Logik dieser Behauptung hervorzutreiben. Ihre Wahrheit kann nicht schlechthin bewiesen oder andemonstriert werden; sie einzusehen, ist dem Menschen nicht auf Grund seiner eigenen Kraft und Macht möglich. Die Einsicht in die Wahrheit des göttlichen Sprechens setzt Glauben als das angemessene, weil bekehrte Denken voraus. Diese Bekehrung jedoch ist ihrerseits primär freie Gabe Gottes und sekundär Sache des menschlichen Willens.

[42] Siehe dazu Dunn: Paul's Theology 571–580.

[43] Zum Ganzen Dunn: Paul's Theology 461–499.

[44] Vgl. Röm 12,3.

Jesu auch vollenden wird" (Phil 1,6). Wiewohl nur Gott selbst die *Macht* hat, die Vervollkommnung zu bewirken, kommt dabei sowohl dem Apostel als auch den Gemeinden selbst ein entscheidender Anteil zu. Auch Paulus selbst weiß sich noch nicht vollendet, doch die feste Überzeugung, „von Christus ergriffen zu sein" und selbst nach der Vollendung zu streben (Phil 3,12–15), berechtigt ihn, sich selbst den Gemeinden als Vorbild vor Augen zu stellen (Phil 3,17; 1 Kor 11,1). Insofern diese seinem Wandel nachfolgen, können sie ihrerseits füreinander zu Vorbildern werden (1 Thess 1,6f.). Es bleibt aber eine besondere Aufgabe des Apostels, seine Gemeinden zur Erneuerung zu ermahnen und sie zu befähigen, auf dem Weg der Unterscheidung fortzuschreiten (vgl. Röm 12).

Die Macht des Paulus und seiner Apostel-Kollegen ist keine grenzenlose. Ihre Aufgaben und Kompetenzen sind geteilt. So ist Paulus für die Verkündigung unter den Heiden zuständig, Petrus unter den Juden (Gal 2,7f.). Paulus' Aufgabe ist es, zu „evangelisieren", nicht aber zu taufen (1 Kor 1,17). Alles findet sein Maß an Christus. Die Apostel sind seine Verwalter und Diener, die sich vor ihm verantworten müssen. Sie haben ihr Mandat von Christus empfangen (1 Kor 4,7). Ihre Macht gegeneinander ist begrenzt: „[…] damit ihr an uns lernt, ‚nicht über das hinaus, was geschrieben steht', damit sich keiner für den einen gegen den anderen aufbläst" (1 Kor 4,7). [45] Auch innergemeindlich bleibt die Limitation der Macht und der Vermögen ein zentrales Anliegen Pauli. Diese Begrenzung ist eine grundlegende Bedingung für die Einheit der Gemeinde. Nur wenn die Vielfalt der Glieder anerkannt wird, kann sich die Gemeinde als Leib Christi konstituieren und entfalten.

Die Ordnung innerhalb der Gemeinde (ἐκκλησία) ist von Gott selbst eingesetzt (1 Kor 12,28). [46] Ihm allein kommt die uneingeschränkte Macht zu. Unter den Gliedern herrscht eine bestimmte Hierarchie, die freilich bei Paulus nur angedeutet wird und angesichts der Naherwartung provisorisch bleibt: An erster Stelle nennt Paulus die Apostel, als zweites die Propheten, dann die Lehrer. Nach den Diensten, die sich durch ihre Bezogenheit auf Sprache auszeichnen, folgen die Gaben, Wunder zu wirken, zu heilen, zu helfen, zu leiten, in Zungen zu reden (1 Kor 12,28). [47] Wie schon das Bild vom Leib und den Gliedern nahelegt, kommt jedem der Glieder eine mehr oder weniger notwendige, in jedem Fall erbauliche Funktion für die Gesamtheit des Leibes zu. Wesentliches Merkmal der Ordnung des Leibes ist die Wertschätzung der Geringen, auf dass den geringeren Gliedern die größere „Ehre" zukomme (1 Kor 12,24), [48] „damit keine Spaltung sei im Leib und die Glieder in gleicher Weise für einander sorgen" (25). Wiewohl auch der einzelne Christ für sich

---

[45] Dazu Schrage: Korinther 1,330 ff.

[46] Zum Ganzen Dunn: Paul's Theology 565–571.

[47] Vgl. Röm 12,3–8. Es ist zu verdeutlichen, dass es hier nicht darum geht, eine kirchliche Ämterstruktur unmittelbar aus dem Paulinischen Befund abzuleiten. Wohl aber muss das Prinzip der neutestamentlichen Gemeindestrukturen auch das Prinzip des kirchlichen Amtes sein. Dazu Schrage: Korinther 3,263–266.

[48] Für Nietzsche wird diese Ausrichtung Anlass zur Umwertung aller Werte, vor allem aber derjenigen der „christlichen Sklavenmoral", welche alles Starke, Machtvolle, Blühende verleumde. Wenn nun Foucault die Dispositive der Macht einer radikalen Kritik unterzieht, so ist zu bemerken, dass er sich

und sein Heil Sorge tragen muss, ist deutlich, dass es hier keine ausschließliche „Sorge um sich" (Foucault) geben kann. In gewisser Hinsicht kann Christus als das Selbst der Gemeinde betrachtet werden. Alle haben Anteil an ihm und tragen – in einem bestimmten Maß – Sorge für einander. Der Grund des Zusammenhalts ist eine durch Christus vermittelte Sympathie (1 Kor 12,26), wohlgemerkt keine unmittelbare, denn diese kann niemals geboten werden, wohl aber eine vermittelte.

Es muss betont werden, dass im Neuen Testament nicht die Macht, sondern die Liebe die Bestimmung der Sache des Denkens ist. Die Liebe gibt das Maß des Zusammenhaltes und begrenzt die Ansprüche der Macht und der Ämter. Die Liebe als Grund sowie die Entäußerung der Macht als Bedingung für die Übertragung der Macht bilden zusammen das Potential für eine noch fundamentalere Machtkritik, als es die Foucaultschen Theoreme leisten können. Dennoch bleibt festzuhalten, dass nach der neuzeitlichen Epoche der Freiheit, nach der modernen Besinnung auf die weltlichen Verhältnisse, nach der postmodernen Kritik an Dispositiven der Macht das Paulinische Potential seinerseits neu zu erschließen ist. Gerade die Wertschätzung der Leidenden, Marginalisierten und Ohmächtigen muss dabei neu bedacht werden. Der Verzicht auf den Willen zur Macht, die Kritik an totalitären Ansprüchen müssen christliche Machtausübung stets begleiten. Wie sich das Hohelied der Liebe im ersten Korintherbrief unmittelbar an die Paulinische Begrenzung der innergemeindlichen Machtverhältnisse anschließt, so muss die Liebe und nicht der Wille zur Macht den kirchlichen Machtstrukturen vorausgehen und diese begründen. Anders als es der Postmoderne in den Sinn kommt, *kann* christliche Macht begründet und begrenzt werden.

c) Die sprachliche Konstitution der Gemeinde in Zeichen und Sakrament

Die Gemeinden werden grundsätzlich durch sprachliche Akte konstituiert. Dies wird schon durch die etymologische Verwandtschaft des Wortes für „Kirche" und „Gemeinde" (ἐκκλησία) mit dem Wortfeld καλεῖν deutlich.[49] Am Anfang der Kirche steht die Berufung (κλῆσις) durch Gott (1 Kor 1,26; 7,29). Die Christen sind für Paulus die „Berufenen" (Röm 1,7; 8,28; 1 Kor 1,2; 1,24). Der Ruf ergeht durch die Vermittlung der „Verkündigung" (Röm 10,14f.). Doch ist die sprachliche Konstitution der Gemeinde ein dialogisches Geschehen. Das Wort Gottes ruft seinerseits eine Antwort des Menschen hervor. Erst durch diese Antwort wird der Berufene zu einem Glied der Kirche als der eschatologischen Heilsgemeinschaft. Dieses Sprachgeschehen zwischen Gott und dem Gläubigen ist kein Akt privater Konversation, sondern öffentliches, machtvolles Wirken Gottes. Dieses Wirken Gottes verdichtet sich in besonderer Weise in den sakramentalen Zeichenhandlungen der Kirche. Paulus kennt zwei Sakramente, die Taufe und die Eucharistie. Durch beide Akte wird

---

dabei vielmehr auf ideologisierte Formen der Nietzscheschen Machtverhältnisse bezieht als auf deren vermeintliche christlichen Ursprünge.

[49] Siehe ThWNT 3,488–538; auch Bultmann: Theologie des Neuen Testaments, Tübingen ⁹1984, 309.

die Kirche konstituiert, durch die Taufe ingressiv – der Gläubige tritt in die Kirche ein – und durch die Eucharistie durativ – sie gewährt die bleibende Gegenwart des Herrn in seiner Gemeinde.

Es empfiehlt sich, die Taufe als kirchenkonstituiernden Akt von der zentralen Unterscheidung des Menschen von sich selbst im sprachlichen Moment des Bestimmungsterminus zu unterscheiden, zumal der Gehorsam und die Bekehrung des Willens als intimere Schichten der Bekehrung zu gelten haben.[50] Hier soll nun das Sprachgeschehen in den Blick rücken, das auf die Berufung als den machtvollen Anruf Gottes antwortet, den Menschen von sich unterscheidet und die Gemeinde konstituiert.[51] Die Bekehrung darf nicht als private geistliche Transaktion verstanden werden.[52] Sie zielt vielmehr auf die Gemeinschaft in Christus. Die Taufe ist der sakramentale Akt Gottes, durch den das Individuum erneuert und der Leib Christi konstituiert wird (1 Kor 12,13).[53] Die Taufe ist ein Sprachgeschehen, das durch Zeichenhandlungen begleitet wird. Der Komplex aus Bekenntnis und Zeichenhandlungen bildete zur Zeit des Paulus möglicherweise bereits eine Liturgie der Taufe. Jedenfalls wird die kultisch-gottesdienstliche Gestaltung in der Folgezeit explizit.[54] Auch wenn nicht von einer entwickelten Tauftheologie oder -liturgie auszugehen ist, so kommt der Taufe in der Paulinischen Theologie doch ohne Zweifel ein herausragender Ort zu. Nun geht es zunächst darum, den Zusammenhang von Ermächtigung, Kirchenkonstitution und Taufe zu verdeutlichen.

Immer wieder beharrt Paulus darauf, dass das eschatologische Gottesvolk nicht mehr durch das Gesetz konstituiert wird. Nicht die dem jüdischen Volk im Gesetz eigentümliche Bundesgerechtigkeit, sondern die Gerechtigkeit Gottes, wie sie in Jesus Christus erschienen ist (Röm 10,3), macht den ganzen Unterschied. Der Mensch wird nicht mehr durch Abstammung, sondern durch Unterscheidung von sich selbst Mitglied des Gottesvolkes. Diese Unterscheidung vollzieht sich in der Taufe. Deshalb kann auch nicht mehr dem Gesetz die Macht zukommen, den Menschen heilsrelevant von sich und von anderen zu unterscheiden, wohl aber dem „Wort des Glaubens", das Paulus verkündigt (Röm 10,1–8).

> „Denn wenn du in deinem Mund bekennst [ὁμολογήσῃς], dass Jesus der Herr ist und wenn du in deinem Herzen glaubst, dass Gott ihn von den Toten auferweckt hat, wirst du gerettet werden; denn mit dem Herzen wird geglaubt zur Gerechtigkeit, mit dem Mund aber bekannt zur Rettung [σωτηρίαν]" (Röm 10,9f.).

---

[50] Bei Augustin fallen Taufe und auch die Eucharistie in den Denkterminus, da der Gedanke bei ihm auf die Unterscheidung des *Denkens* gesammelt ist. Sein Medium ist die reine von sich unterschiedene *Vernunft*. Paulus hingegen bezieht die Sakramente auf die Unterscheidung des *Menschen*, der nicht schon als *animal rationale* zu verstehen ist.

[51] ThWNT 5,210: „Die ὁμολογία hat also Scheidungskraft". Zum Ganzen ebd. 206–217.

[52] Dunn: Paul's Theology 447: „Conversion, typically, was not some private spiritual transaction. It involved baptism."

[53] Dazu Gnilka: Paulus 272–281; Dunn: Paul's Theology 442–460, weitere Literatur ebd. 442f.

[54] E. Lohse: Taufe und Rechtfertigung bei Paulus, in: Ders.: Die Einheit des Neuen Testaments. Exegetische Studien zur Theologie des Neuen Testaments, Göttingen 1973, 228–244, bes. 238.

Im öffentlichen Bekenntnis bei der Taufe wird anerkannt, dass Jesus der κύριος ist.[55] Mit dieser alttestamentlichen Gottesbezeichnung[56] werden ihm auch die Macht und die Herrlichkeit Gottes zugesprochen.[57] Der Glaube an die Auferweckung besagt soviel wie Vertrauen auf die Macht Gottes, zuerst Christus, dann aber die Seinen zum Leben zu erwecken. Dieses Vertrauen gilt es zu bekennen. Dem Namen Jesu, des Herrn, eignet die Macht, den Menschen zu erlösen. „Jeder, der den Namen des Herrn anruft, wird gerettet werden" (Joel 3,5 LXX; Röm 10,13). Die Verleihung eben dieses Namens, „der über allen Namen" ist (Phil 2,9), hat die Entäußerung seiner ihm angestammten Macht im Kreuzestod zur Voraussetzung (Phil 2,6ff.). Vor diesem Namen soll „sich jedes Knie beugen und jede Zunge soll bekennen: Herr Jesus Christus, zur Herrlichkeit Gottes, des Vaters" (Phil 2,11).

Das Bekenntnis besagt nicht nur die Wahrheit der paradoxen Gegenwart der Herrlichkeit des Vaters im Kreuzesgeschehen, sondern diese Herrlichkeit selbst kommt *im Bekenntnis* zur wirksamen Gegenwart (Phil 2,11).[58] Der Bekennende gewinnt Anteil an der Herrlichkeit Gottes. Er wird Glied des Leibes Christi. Wie Christus durch die „Herrlichkeit des Vaters" von den Toten erweckt wird (Röm 6,4f.), wird auch der Bekennende bereits jetzt zu einem neuen Wandel befähigt.[59]

> „[…] damit ihr untadelig und unverdorben seid, makellose Kinder Gottes, inmitten einer verdrehten und verkehrten Generation, in der ihr scheint wie Lichter in der Welt" (Phil 2,15).

Das Bekenntnis zu Christus als dem Herrn, das eine Absage an eigenmächtiges Wollen und Vollbringen impliziert (Phil 2,13), realisiert sich nicht nur in den gesprochenen Worten, sondern im neuen Wandel des Bekennenden selbst. Zwar ist nicht zuletzt deshalb beim Akt des Bekennens auch an das Geständnis der Sünden zu denken, jedoch bleibt dieser Aspekt vor der lobenden Anerkennung von Gottes Heilswirken im Hintergrund. Jedenfalls ist die pathologische Selbstbeschmutzung oder gar die Selbstauslöschung, welche in je eigener Weise Nietzsche und Foucault dem Christentum ansehen, nicht bei Paulus zu finden. Vielmehr handelt es sich beim

---

[55] Den Zusammenhang von Röm 10,9 mit dem Taufgeschehen betonen z.B. K. Wengst: Christologische Formeln und Lieder des Urchristentums, Gütersloh 1972 (131–135) oder Wilckens: Römer 2,227, dagegen Haacker: Römer 211ff.

[56] Dazu Haacker: Römer 212f.; J. Gnilka: Der Philipperbrief (HThKNT 10,3), Freiburg–Basel–Wien ³1980, 128f.; U. Müller: Der Brief des Apostels Paulus an die Philipper (ThHK 11,1), Leipzig 1993, 109f.

[57] Paulus zitiert in Phil 2,11 Jes 45,24 LXX; Gnilka: Philipperbrief 129: „Das beherrschende Isaiaswort hat Gottes Herrschermacht zum Inhalt."

[58] Gnilka: Der Philipperbrief 131: „Mit der δόξα θεοῦ πατρός ist für den Apostel die letzte Finalität des in der Einsetzung Christi zum Kyrios gipfelnden Heilsgeschehens gegeben."

[59] M. Theobald: Der Römerbrief, Darmstadt 2000, 233: „Denn das heißt nichts anderes, als dass sie nun zu einem ‚Wandel in der Neuheit des Lebens' (6,4) befreit sind. Die Anteilhabe an der schon gegenwärtigen Auferweckungsmacht zeigt sich auf Seiten der Gerechtfertigten nicht anders als in ihrem gehorsamen Lebenswandel."

Taufbekenntnis in der Tat um die Konstitution des Neuen Menschen im Einzelnen und der Gemeinschaft der Neuen Menschen im Allgemeinen.

> „Der Kelch des Segens, den wir segnen, ist er nicht Gemeinschaft mit dem Blut Christi? Das Brot, das wir brechen, ist es nicht Gemeinschaft mit dem Leib Christi? Weil [es] ein einziges Brot [ist], sind wir, die Vielen, ein einziger Leib, denn wir alle haben haben teil an dem einen Brot" (1 Kor 10,16).

Das „Herrenmahl" bildet das zweite Sakrament, das, wie schon die Taufe, den Glaubenden mit Tod und Auferstehung des Herrn verbindet, verkündigenden Charakter hat und Gemeinde konstituiert. Durch die Teilhabe am „Kelch des Segens" erhält der Gläubige Gemeinschaft mit Christus. Einerseits ist diese κοινωνία reine und unmittelbare Gabe Gottes, doch andererseits wird sie auch dadurch, dass von den Teilnehmern am Herrenmahl der Segen über den Kelch gesprochen wird, mittelbar bewirkt. Die Gemeinde der von sich unterschiedenen Menschen ist auf die Unterscheidung Jesu Christi von sich selbst bezogen. In doppelter Hinsicht gewinnt, wer den Kelch trinkt, Anteil am Sterben Christi, das durch sein Blut bezeichnet wird. Einerseits ist damit die Teilhabe am eschatologischen Heil, das durch das Sterben Christi gewirkt wird, gemeint und andererseits die Teilhabe am Geschick Christi und damit an der Selbstunterscheidung des Herrn. Wer am Brechen des Brotes teilnimmt, bekommt „Gemeinschaft" mit dem Leib des Herrn, das bedeutet hier, mit dem Leib Christi als sakramentaler leiblicher Gegenwart Christi.[60] Es handelt sich dabei um die reale Gegenwart, die nicht bloß geistig oder symbolisch vorgestellt werden darf.[61] Die Teilhabe an der Unterscheidung des Herrn von sich selbst bewirkt die Integration in den Leib Christi, welcher die Kirche ist. Zwar ist die Taufe das Sakrament der Bekehrung und damit der Initiation in die Kirche, doch aktualisiert und verwirklicht das „Herrenmahl" seinerseits die in der Bekehrung begründete Eingliederung stets neu.[62] Die sakramentale κοινωνία stiftet die reale Einheit zwischen Christus und den Seinen sowie die Einheit der Christen untereinander.

Dennoch kommt dem Herrenmahl auch ein kritischer Charakter zu:[63] Erstens ist das falsche vom wahren Mahl zu unterscheiden. Da nämlich, wo durch soziale und ökonomische Differenzen ausgelöste „Spaltungen" (σχίσματα) in der Gemeinde herrschen, wo jeder gemäß seinen Verhältnissen ein kulinarisches Sättigungsmahl hält, handelt es sich nicht um das „Herrenmahl" (1 Kor 11,20ff.).[64] Doch haben auch die „Parteiungen" (αἱρέσεις) gemäß dem persönlichen Vorziehen von Meinungen, Lehren und Genußmitteln ihre Berechtigung, da durch sie „die Bewährten" (οἱ

---

[60] Schrage: Korinther 2,439: „Man hat es im Herrenmahl mit dem Herrn selbst zu tun, der im Mahl heilgewährend und lebenprägend gegenwärtig ist und die Mahlteilnehmer an sich bindet."
In V. 16 ist bestenfalls durch eine gewisse Zweideutigkeit der ekklesiologische Leib des Herrn mitgemeint. Schrage 2,439, Anm. 342.

[61] Schrage: Korinther 2,438.

[62] Schrage: Korinther 2,440. Siehe zum Ganzen auch C. Wolff: Der erste Brief des Apostels Paulus an die Korinther (ThHK 7,2), Berlin 1982,52 ff.

[63] Zur Häufung der Wörter vom Stamm κριν- siehe Schrage: Korinther 3,52.

[64] Zum Ganzen Schrage: Korinther 3,18–28.

δόκιμοι) in der Gemeinde hervortreten und von den Unzuverlässigen unterschieden werden können. „Bewährt" sind diejenigen, welche sich selbst kritisch gegenüberstehen. Zweitens ist auch das wahre „Herrenmahl" als solches kritischen Wesens, da derjenige, welcher „unwürdig das Brot isst und den Kelch des Herrn trinkt, schuldig sein wird am Leib des Herrn" (1 Kor 11,27).[65] So soll sich jeder selbst prüfen (δοκιμάζειν), ob er für den Empfang des Herrenmahles würdig ist (28). In Frage steht hier die Sündigkeit der eigenen Person. Der dritte und entscheidende Punkt ist, sich desjenigen Unterschieds bewusst zu sein, den dieses Mahl von jedem anderen Mahl macht, „denn der isst und trinkt sich selbst das Gericht, der isst und trinkt, ohne den Leib [des Herrn] zu unterscheiden" (1 Kor 11,29).[66] Nur unter der Bedingung, dass die wirksame Gegenwart des Herrn im Sakrament anerkannt wird, kann dieses seine gemeinde- und gemeinschaftsstiftende Wirkung entfalten, an welcher wiederum das Heil der Menschen hängt.

Das wahre „Herrenmahl" zeichnet sich dadurch aus, dass der „Herr" zugleich Geber und Gabe ist.[67] Was Paulus über das wahre Mahl zu berichten weiß, hat er selbst „empfangen" (παρέλαβον) und zwar „vom Herrn". Ob Paulus dabei an eine unmittelbare Offenbarung oder ein Traditionsgeschehen denkt, ist nicht definitiv zu entscheiden und muss auch nicht entschieden werden, da auch im Fall einer Überlieferungskette der Herr selbst die Wahrheit des Gesagten garantiert.[68] Festzuhalten ist, dass auch Paulus das „weitergibt" (παρέδοκα), was er selbst empfangen hat. Damit ist er in eine Kette des Weitergebens eingebunden. Das Herrenmahl hat seinen Grund im Geben und Nehmen Jesu, des Herrn. In der Nacht, in welcher er selbst „hingegeben", „ausgeliefert" (παρεδίδετο) wurde, nahm (ἔλαβεν) er selbst

---

[65] Dazu Schrage: Korinther 3,48–57.

[66] Zu dieser Interpretation, die in der Tradition weit verbreitet ist, siehe Schrage: Korinther 100f. Auch der Catechismus Romanus 2,4,57 hat so gedeutet. In neuerer Zeit C. K. Barrett: Der 1. Brief an die Korinther, Darmstadt 1987, 274f. und P. Arzt: Bedrohtes Christsein. Zu Eigenart und Funktion eschatologisch bedrohlicher Propositionen in den echten Paulusbriefen, Frankfurt–Berlin 1992, 146, Anm. 643. Anders dagegen Schrage: op. cit. 51. Schrage bezieht σῶμα auf ἐκκλησία τοῦ θεοῦ (V 22). διακρίνειν τὸ σῶμα bedeute demnach, zu verstehen, dass der für uns hingegebene und im Sakrament empfangene Leib Christi die Gläubigen zum Leib der Gemeinde zusammenschließt, wie er unter der Bestimmung der Liebe steht. M. E. ist dies eine richtige weiterführende Interpretation, die aber auf der Anerkennung der Grenze zwischen Christus (dem Leib Christi) und jedem anderen Menschen, sodann zwischen dem sakramentalen Leib (der ganzen Person Christi) und jeder anderen Speise beruht. Augustinus (bapt. 5,9; CSEL 51,270,12–18) bezieht das würdige Empfangen des Herrenmahls auf die Liebe als Bedingung für jedes weitere heilsrelevante Tun. So sind denn die liebende Anerkennung des Herrn und das Tun der Liebe innerhalb der Gemeinde die Bedingung für Heil oder Unheil auch beim Empfang der Eucharistie. Glaube und Liebe sind die Bedingung für den würdigen Empfang des Sakraments.

[67] Schrage: Korinther 3,23.

[68] Schrage: Korinther 3,29. Schrage plädiert für eine Traditionskette. In der theologischen Tradition wurde dagegen meist eine unmittelbare Offenbarung angenommen. Augustinus enthält sich des Urteils.

das Brot (1 Kor 11,23):[69] „[…] und dankend brach er [das Brot] und sprach: Das ist mein Leib für euch, tut das zu meinem Gedächtnis" (11,24).[70]

Jesus selbst dankt für die Gabe des Brotes. Er bricht es, womit wohl das Zerbrechen des Leibes Christi in der Kreuzigung angedeutet wird. Und er deutet das Brot bzw. den ganzen Ritus der Danksagung, indem er seinen „Leib", welcher die Ganzheit der physischen Person meint, mit dem Brot identifiziert. Dieser Leib wird seinerseits *für* die Jünger hingegeben. Der Kreuzestod geschieht *für* die Gemeinde und ist die Selbsthingabe des Herrn. In der Gedächtnisfeier wiederholt die Gemeinde das Tun Jesu, das dadurch gegenwärtig wird,[71] denn über seinen Tod hinaus will der Herr bei den Seinen gegenwärtig bleiben. Im zeichenhaften Tun der Wahrheit wird die Gemeinde ihrerseits als Leib des Herrn konstituiert.[72] Sie erhält Anteil am Leib Christi und an den Auswirkungen seines Sterbens für sie.

„Ebenso [dankend nahm er] den Kelch nach dem Mahl und sprach: Dieser Kelch ist der Neue Bund in meinem Blut, tut dies, sooft ihr daraus trinkt, zu meinem Gedächtnis" (11,25). Durch den Verweis auf das „Blut" wird auch der Kelch auf die Kreuzigung des Herrn als das Heilsereignis bezogen. Dieses deutet Jesus hier als das Stiften des „neuen Bundes".[73] Durch das gemeinschaftliche Trinken des Kelches wird in Gegenwart Jesu Christi das neue Gottesvolk konstituiert.[74] Das wiederholende, erinnernde Tun des Trinkens gewährt ebenso die bleibende Gegenwart des Herrn in seiner Gemeinde wie schon das Essen des Brotes. Diese Gegenwart wird durch keine mentale oder theurgische Vergegenwärtigung des Menschen hergestellt und nicht durch bloße Zeichen symbolisiert. Sie ist vielmehr als die auf Christus übertragene Herrlichkeit Gottes zu begreifen, die sich selbst durch das zeichenhafte

---

[69] Schrage: Korinther 3,31 f.: „Dabei ist das παραδιδόναι, das der Gerichtssprache angehört und am besten mit ausliefern übersetzt wird, sozusagen eine auf ein einziges Wort verdichtete Kurzformel für die gesamte Passion Jesu, […]. Das gilt um so mehr, wenn hier ein *passivum divinum* vorliegen sollte."

[70] Die drei genannten Akte entsprechen der jüdischen Mahlsitte. Siehe J. Jeremias: Die Abendmahlsworte Jesu, Göttingen ³1960, 166–168, auch Schrage: Korinther 3,32.

[71] Zu ἀνάμνησις siehe Schrage: Korinther 3,41: „Die Übersetzung von ἀνάμνησις durch Gedächtnis oder Erinnerung gibt dem damit Gemeinten leicht einen falschen Akzent, als ob sich die Feiernden beim Mahl an ihren Herrn erinnern sollten und ein rein mentaler oder kognitiver Vorgang im Blick wäre. Ἀνάμνησις meint aber primär Vollzug und Vergegenwärtigung einer repräsentativen Vergangenheit in Worten und Handlungen und nicht eine geistige Rückschau und Rückerinnerung."

[72] Schrage: Korinther 3,34 f.

[73] Im Hintergrund stehen hier wohl Ex 24,8, wo durch das Besprengen des Volkes mit dem „Blut des Bundes" der „alte", mosaische Bund geschlossen wird, und Jer 31,34, wo die sündentilgende Wirkung dieses Bundesschlusses ausgesprochen wird. Dazu H. Merklein: Der (neue) Bund als Thema der paulinischen Theologie, in: ThQ 176 (1996) 290–308.

[74] Schrage: Korinther 3,40: „Jedenfalls aber integriert der kreisende und getrunkene Becher, der den heilswirksamen Tod Jesu Christi repräsentiert, in den durch Jesu Blut konstituierten neuen Bund. Im Herrenmahl erfährt die Gemeinde die gegenwärtige Gültigkeit des in der Lebenshingabe Jesu Christi von Gott gestifteten Bundes, durch die er die zerbrochene Heilsordnung endgültig aufrichtet, sich erneut zum Bundesgenossen seiner Gemeinde macht und die Mahlgenossen als eschatologisches Bundesvolk zusammenschließt und zusammenleben lässt."

Tun der Gemeinde zur Gegenwart bringen will. Die Wahrheit dieses Tuns ist nur dem Glauben als dem bekehrten Denken offenbar.[75]

Paulus selbst gibt dem Herrenmahl eine zusammenfassende Deutung. Das Mahl hat Anteil an der Verkündigung der Gemeinde. Es hat als Ganzes den Charakter eines verkündigenden Zeichens. „Denn sooft ihr dieses Brot esst und aus dem Kelch trinkt, verkündigt ihr den Tod des Herrn, bis er kommt" (26). Ob das καταγγέλειν nun durch die Zeichenhandlung als solche, durch die begleitenden Deuteworte oder gar eine eigene liturgische Predigt geschieht, kann dahingestellt bleiben, in jedem Fall ereignet sich durch das Herrenmahl eine Verkündigung des Todes Christi. Bis zur Wiederkunft des auferstandenen Herrn bleibt die jeweilige historische Gegenwart der Menschen unter dem Zeichen des Kreuzes und damit der Unterscheidung des Menschen von sich selbst. Die Heilsmacht der einmaligen Selbstunterscheidung des Gottessohnes ist damit ebenso Gegenstand der Verkündigung wie auch die Ermächtigung der Gläubigen, sich fortwährend zu bekehren und je mehr dem Vorbild Christi zu entsprechen (1 Kor 11,1). Nur in der geglaubten und geliebten Gegenwart des gekreuzigten „Herrn der Herrlichkeit" (1 Kor 2,8) ist diese heilsnotwendige Bekehrung möglich. Paulus will durch seine Verkündigung möglichst viele gewinnen (1 Kor 9,19). Deshalb soll die durch die sakramentale Gegenwart des Herrn in Taufe und Eucharistie konstituierte Gemeinde das, was sie selbst empfangen hat, weitergeben (vgl. 1 Kor 11,23), nicht zuletzt durch die Feier des Herrenmahls und die darin liegende Verkündigung.[76]

2. Die Gemeinde und die Welt

In der liturgischen Feier der Sakramente berühren sich die sprachliche und die weltliche Konstitution der Gemeinde, manifestiert sich doch gerade im Herrenmahl der Leib des Herrn in Gestalt von Brot und Wein und damit verbunden die konkrete Gemeinde als irdischer Leib Christi. Doch so sehr die Gemeinde ihren Ort in der Welt hat, so sehr steht sie in Spannung zu ihr. Diese Spannung drückt letztlich den Gegensatz Christi und der Seinen zu „dieser Welt" aus. Nietzsche sieht Paulus einen Hass auf diese Welt an. Nichts hat seine Negation des Christentums so sehr hervorgerufen wie die vermeintliche Negation der Welt, *dieser* Welt, der für Nietzsche einzigen Welt. Das christliche *Nein* zur Welt ist für ihn im Symbol des Kreuzes ausgedrückt. Diesem setzt Nietzsche sein uneingeschränktes *Ja* zur Welt entgegen. Nietzsches Sache ist die Welt des Menschen und der Mensch der Welt. Dieser

---

[75] Es ist daran zu erinnern, dass nach Boeder die Wahrheit der Zweiten Epoche im Unterschied zur θεωρία der Ersten Epoche und der ποίησις der Dritten einen wesentlich *praktischen* Grundzug hat. Es kommt auf das Tun der Wahrheit an, sei es in Werken der Liebe, sei es in den Zeichen der Sakramente, vor allem des Herrenmahls, sei es in der Verkündigung.

[76] Vgl. dazu J. Ratzinger: Eucharistie und Mission, in: Ders.: Weggemeinschaft des Glaubens. Kirche als Communio, Augsburg 2002, 77–106.

muss erst durch den Unterscheidungsweg, welcher im „Zarathustra" gedichtet ist, hervorgebracht werden. Es gilt bei Nietzsche, sich zunächst vom Christentum und mehr noch vom Nihilismus, von der Entwertung der obersten Werte, zu welchen der Glaube an den Gekreuzigten geführt hat, zu unterscheiden und sich dadurch zu ermächtigen, die antichristliche Verkündigung in die Welt zu tragen. Erst da, wo kein Glaube an eine „Hinterwelt" mehr den Menschen schwächt, kann die Hoffnung auf den Übermenschen, auf die künftigen Herrn der Erde aufkeimen, kann darüber hinaus mit dem Gedanken der Ewigen Wiederkehr die dionysische Verklärung der weltlichen Welt gedacht werden. Es ist nun aber zu fragen, ob und inwiefern bei Paulus die Welt tatsächlich negiert wird, in welcher Hinsicht sich die Gemeinde im Gegensatz zur Welt befindet und inwiefern von einer Ausrichtung der Kirche auf eine „Hinterwelt" die Rede sein kann.

a) Die Paulinische Negation der Welt?

Welt bedeutet im weitesten Sinn bei Paulus zunächst die Gesamtheit alles Geschaffenen (Röm 1,20).[77] Die Herkunft von „Allem" (τὰ πάντα) aus Gott[78] besagt mit Blick auf Gen 1 auch eine qualitative Einschätzung der Schöpfungswelt: Es ist gut.[79] Welt (κόσμος) kann auch die Erde als den Bereich des menschlichen Wohnens[80], ja den Inbegriff der irdischen Lebensbedingungen und Möglichkeiten[81] bezeichnen. In jedem Fall gilt auch hier, dass die Welt gut ist, dass in ihr nichts unrein ist und daher ihre Güter für den Menschen genießbar sind.[82] Eine bedeutende und spezifischere Verwendung des Begriffs zielt auf die Menschenwelt im Sinne von Menschheit. Dies ist vor allem immer dann gemeint, wenn Paulus davon spricht, dass Gott den κόσμος richten wird (Röm 3,6), wenn der Glaube der Christen vor der ganzen Welt verkündet wird (Röm 1,8) und wenn die Christen nicht mit der Welt dem Gericht verfallen (1 Kor 11,32). Die Welt als die Menschheit ist denn auch vor allem angesprochen, wenn von der Vergänglichkeit der Welt die Rede ist. Die „Gestalt dieser

---

[77] ThWNT 3,883f.; Bultmann: Theologie 254f.; Gnilka: Paulus 197. Es ist hier festzuhalten, dass den Aussagen Rudolf Bultmanns zur Welt bei Paulus wegen seiner Nähe zum Denken Martin Heideggers besondere Bedeutung zukommt. Heidegger nimmt nach Marx und Nietzsche die dritte Position der Kernbesinnung der Moderne ein, in welcher die Unterscheidung des Menschen von sich selbst, wie sie die Metaphysik in Bezug auf die vorgegebene Weisheit dachte, im Horizont der Welt substituiert wird. Sowohl das In-der-Welt-Sein als auch das Der-Welt-Verfallen und die daraus resultierende Sorge und Angst nehmen bei Bultmann wie bei Heidegger eine zentrale Stellung ein. Siehe z.B.: Theologie 227; Heidegger: Sein und Zeit 175–195. Zu Bultmann und Heidegger vgl. C. Kralles: The Meeting of R. Bultmann with M. Heidegger. The vicissitude of protestant Theology and of existentialist Ontology, in: Deltio biblikon meleton 14,2 (1995) 5–20.

[78] 1 Kor 3,22; 8,6; 15,27; Röm 11,36; Phil 3,21; dazu Dunn: Paul's Theology 38–43.

[79] Dunn: Paul's Theology 39: „What is significant at this point, however, is Paul's essentially Jewish conception of a cosmos which was created good (Gen 1,26–31)."

[80] Röm 4,13; 1 Kor 14,10; dazu Bultmann: Theologie 255.

[81] 1 Kor 3,22; 7,31–34; dazu Bultmann: Theologie 255.

[82] 1 Kor 10,25f.30; Röm 14,14.20.; dazu Bultmann: Theologie 230.

Welt" im Ganzen (1 Kor 1,31) vergeht. Bedrängend für die Menschen wird dies erst da, wo der Tod ins Spiel kommt.[83] Der Tod aber kam durch die Sünde in die Welt (Röm 5,12). Die Welt als Ganze gerät somit in Gegensatz zu Gott. Ὁ κόσμος οὗτος, wie Paulus in diesem Zusammenhang formuliert, wird als ganzer zur Sphäre der Gottfeindlichkeit.[84] Dieser Gegensatz spitzt sich zum Widerspruch zu, wo die „Herrscher dieser Welt" den „Herrn der Herrlichkeit" kreuzigen (1 Kor 2,8).

Der gegenwärtige Zustand „dieser Welt" ist die Folge einer geschichtlichen Entwicklung.[85] Die Welt der Menschen ist als ganze der Sünde verfallen.[86] Die Verherrlichung des Geschöpfs an Stelle des Schöpfers ist der Ursprung der Sünde. Weil alle gesündigt haben, haben alle Menschen die Herrlichkeit verloren, die ihnen doch als gottebenbildliche mit der Schöpfung verliehen wurde (1 Kor 11,7). Damit haben sie aber auch die Macht über sich selbst und über die Schöpfung verloren, sie wurden vielmehr den „Elementen dieser Welt" (Gal 4,3), den „Archonten dieser Welt" (1 Kor 2,6.8; 2 Kor 4,4) unterworfen.[87]

Obwohl der Begriff σάρξ, wie schon der Begriff κόσμος, von gottgeschaffener, natürlicher Existenz des Leib-Geist-Wesens Mensch bis zur gottfeindlichen Macht schlechthin reicht, ist es gerade die σάρξ, welche als Gegensatz zum πνεῦμα zum Paulinischen Inbegriff des Widergöttlichen wird.[88] Es ist nun genau dieses Der-Welt-Verfallen-Sein, dieses Leben „gemäß dem Fleisch", welches seinerseits durch die Inkarnation des Gottessohnes und vor allem seine Auferstehung negiert wird. Denn in der Auferstehung zeigt sich die überlegene Macht und Herrlichkeit Gottes.[89] Gottes Macht negiert die unmittelbare Zuwendung und schließlich die Verfallenheit an die Welt, welche durch die Verherrlichung der Schöpfung an Stelle des Schöpfers verursacht wurde. Diese Negation der Negation besagt aber keine dialektische Aufhebung, sondern eine Unterscheidung der Welt im Gericht. Damit wird nicht die Schöpfung als Schöpfung negiert, auch nicht das In-der-Welt-Sein des Menschen als solches, sondern die Widergöttlichkeit des menschlichen Lebens „gemäß dem Fleisch". Die Paulinische Negation „dieser Welt" impliziert denn auch nicht eigentlich eine Ausrichtung auf eine „Hinterwelt" und eine Verleumdung des irdischen Daseins als solchen – so sehr Paulus persönlich und die Gemeinde insgesamt auf die Vollendung bei Christus ausgerichtet sind –, sondern die *Hoffnung* auf

---

[83] Röm 1,21 ff.; 8,20; 5,12.

[84] Röm 3,9.19; 11,15; 2 Kor 5,19; dazu Bultmann: Theologie 256 ff..

[85] Deshalb folgt auch das weltliche Moment des Sachterminus dem geschichtlichen.

[86] Röm 1,21: „Denn obwohl sie Gott erkannten, haben sie ihn nicht als Gott verherrlicht oder ihm gedankt, sondern sie sind in ihren Gedanken [διαλογισμοῖς] auf Nichtiges verfallen, und finster geworden ist ihr unverständiges Herz." Siehe auch Röm 3,23; 5,12.

[87] Bultmann: Theologie 257: „So besteht denn die unheimliche Tatsache, daß der κόσμος, *die Menschenwelt, die durch das, was die Einzelnen sorgen und tun, konstituiert wird, seinerseits zum Herrn über die Einzelnen wird.*"
Besonders deutlich wird die Unfreiheit des Menschen unter der Herrschaft des Fleisches in Röm 7.

[88] Röm 8,6; Gal 5,17 u.v.a. Dazu Bultmann: Theologie 246; Gnilka: Paulus 216–220; Dunn: Paul's Theology 62–70.

[89] 1 Kor 6,14; vgl. Röm 6,4.

die Erneuerung der Schöpfung im Ganzen in der Herrlichkeit Gottes. Die erlösende Erneuerung der Schöpfung beginnt mit der Bekehrung des Menschen und so auch mit der Abgrenzung der Gemeinde von der Welt. [90]

b) Die weltliche Konstitution der Gemeinde

Die Gemeinde steht in einem eigentümlichen Spannungsverhältnis zur Welt, insofern sie nicht wie die Welt „gemäß dem Fleisch" lebt. Als „Heilige" werden die Gläubigen von denen, die „draußen" sind (1 Kor 5,12; 1 Thess 4,12), abgegrenzt (Röm 8,29 ff.; vgl. Eph 1,5). Sie sind zur Herrlichkeit vorherbestimmt und werden nicht mit der Welt verdammt (Röm 3,6; 8,1; 1 Kor 11,32). Ja, die Gläubigen selbst werden ihrerseits sogar die Welt richten (1 Kor 6,2). Paulus fordert von ihnen, sich „nicht der Welt anzugleichen", sondern „sich selbst zu verwandeln durch die Erneuerung der Vernunft" (Röm 12,2). Die fundamentale Grenzziehung zwischen den Heiligen und der Welt geschieht durch die Taufe. Wenn sie mit Christus sterben (Röm 6), sterben sie der Sünde ab und damit auch „dieser Welt". Es gilt für die Gläubigen im Allgemeinen, was auch für Paulus gilt, nämlich, dass durch das Kreuz Christi ihnen die Welt gekreuzigt ist und dass sie der Welt gekreuzigt sind (Gal 6,14).

Indem die Christen die unmittelbare Liebe zur Welt verlieren, erlangen sie ein durch Christus vermitteltes Sein in der Welt. Die Gläubigen wohnen „in Christus" und werden damit eine „neue Schöpfung" (2 Kor 5,17)[91]. Die Macht und die Herrlichkeit Gottes wollen in ihnen zur Wirklichkeit kommen. Als Gemeinschaft von vielen Gliedern sind sie der „Leib Christi" (Röm 12,5; 1 Kor 12,27). Die Gemeinschaft der von sich und der Welt unterschiedenen Menschen wurde zum Tun der Wahrheit ermächtigt. Die Christen sind der Welt Herr geworden (1 Kor 3,21 f.; Gal 4,9) und vermögen „im Geist", die Werke der Liebe zu vollbringen. Dies ist wesentlich, denn der Glaube muss sich durch die Liebe verwirklichen. [92] Durch eine Fülle von ethischen Anweisungen, die Paulus gibt und die zum Teil aus konkreten Problemlagen in den Gemeinden erwachsen sind, wird deutlich, wie sich die Liebe in

---

[90] Röm 8,18–21: „Denn ich bin überzeugt, dass die Leiden der gegenwärtigen Zeit nicht ins Gewicht fallen gegenüber der Herrlichkeit, die an uns offenbart werden soll. Denn die ganze Sehnsucht der Schöpfung erwartet die Offenbarung der Söhne Gottes. Denn der Nichtigkeit ist die Schöpfung unterworfen worden, nicht freiwillig, sondern wegen dem, der sie unterworfen hat – auf Hoffnung hin, weil auch sie, die Schöpfung, befreit werden wird, von der Knechtschaft der Vergänglichkeit zur Freiheit der Herrlichkeit der Kinder Gottes."

[91] Dazu P. Stuhlmacher: Erwägungen zum ontologischen Charakter der καινὴ κτίσις bei Paulus, in: EvTh 27 (1967) 1–35.

[92] Gal 5,6: „Denn in Christus Jesus gilt weder Beschneidung noch Unbeschnittensein etwas, sondern der Glaube, der durch die Liebe wirksam ist." Hier ist sowohl an den ethischen Teil des Römerbriefes (Röm 12,1–15,13; dazu Theobald: Römerbrief 295–310) als auch an die Weisungen etwa an die Korinther, die Philipper oder die Galater zu erinnern. Aber auch der Brief an Philemon gibt eine schöne Anschauung von konkreter Verwirklichung der Liebe im Einzelfall.

die Welt hinein verwirklichen soll. Die Liebeswerke gelten prinzipiell allen Menschen, doch vor allem innergemeindlich soll die Liebe ins Werk gesetzt werden.[93]

Die Verwirklichung der Tadellosigkeit in der Gemeinde hat auch eine erleuchtende Kraft für die Welt als solche (Phil 2,15).[94] Durch das leibliche Tun der Gemeinde wird einerseits Gott in der Welt verherrlicht[95] und andererseits beginnt so auch die Verherrlichung des menschlichen Leibes, d.h. die Verherrlichung des ganze Menschen (Phil 1,20). Wiewohl die ganze und damit auch leibliche Hingabe an das Tun der Wahrheit im täglichen Leben der Gemeinde der wahre, weil „vernünftige Gottesdienst" (λογικὴ λατρεία; Röm 12,1) ist, findet doch die Gemeinde ihre besondere Verwirklichung als Ort der Gegenwart Gottes in der kultischen Versammlung[96] und im liturgischen Tun in Taufe und Eucharistie.[97]

Die Gemeinde vermittelt Gottes Herrlichkeit an die ganze Schöpfung (vgl. Röm 8, 19–23), sie ist aber selbst der Welt entnommen. So konstituiert sie sich gerade durch eine Reihe von Negationen weltlicher Charakteristika. Zunächst wird jede Eigenmächtigkeit in der Gemeinde negiert. Christus selbst lebt und wirkt in den Gläubigen.[98] Doch gerade dadurch findet ein Wandel der menschlichen Person statt. Derjenige, in dem Christus wirkt, der zum Leib Christi gehört, ist ein neuer Mensch,[99] denn er wurde von der Macht der Sünde befreit und so ermächtigt, seinen eigenen guten Willen zu verwirklichen.[100]

Eine zweite konstitutive Negation der Gemeinde betrifft die weltlichen Unterscheidungen unter den Menschen, Unterscheidungen, welche weltliche Machtverhältnisse begründen.

> „Denn alle seid ihr Kinder Gottes durch den Glauben an Jesus Christus; denn wer immer von euch auf Christus getauft wurde, hat Christus [als Gewand] angezogen. Nicht gibt es Jude und Grieche, nicht gibt es Knecht und Freien, nicht gibt es Mann und Frau; denn ihr alle seid einer in Christus Jesus. Gehört ihr aber zu Christus, dann seid ihr auch Abrahams Same, gemäß der Verheißung Erben" (Gal 3,26–29).

Für „die in Christus" gelten die geschlechtlichen, ethnischen, gesellschaftlichen und religiösen Unterschiede, welche Rang und Stellung des Menschen in der Welt bestimmen, nicht mehr, denn alle Christen sind gleichermaßen Kinder Gottes. Die radi-

---

[93] Gal 6,10: „Darum also wollen wir, solange wir noch Zeit haben, allen Menschen Gutes tun, besonders aber den Mitbewohnern im Glauben." Vgl. dazu bes. 1 Thess 5,15, auch Gal 5,13.

[94] Siehe dazu die Dunn: Paul's Theology 562ff. den Abschnitt mit dem Titel: „An unrealistic vision?"

[95] 1 Kor 6,20: „[…] verherrlicht also Gott in eurem Leib."

[96] 1 Kor 14,25; vgl. Bultmann: Theologie 309; Dunn: Paul's Theology 552–561.

[97] Boeder bezeichnet die Werke der Heiligung und die Werke der Untadeligkeit als die weltliche Sache des Paulus; siehe ders.: Present of the Christian *sapientia* 284. Zu den Sakramenten siehe auch Gnilka: Paulus 272–281 und zur Eucharistie im Besonderen Dunn: Paul's Theology 598–624.

[98] Phil 2,13; 1,5; 2 Kor 3,5; Gal 2,20.

[99] Sanders: Paulus 100f. und auch 63f. Die Tatsache, dass Christus hier am Werk ist, besagt nicht, dass es bei Paulus keine verdienstvollen Werke geben kann. Ebenso Dunn: Paul's Theology 359–379 und Theobald: Römerbrief 248.

[100] Siehe Röm 7,15–20; dazu auch D.I.3. Die Wirklichkeit der Gemeinde zwischen den Zeiten.

kale Negation dieser Unterschiede „in Christus" besagt jedoch kein sozialrevolu-
tionäres Programm.[101] Paulus hat seine Gemeinde nicht angeleitet, weltliche Machtverhältnisse zu verändern, sondern es kommt „in Christus" schlichtweg nicht darauf
an, ob einer z.B. Sklave oder Freier ist. Dergleichen Differenzierungen verlieren
innerhalb der Gemeinde Christi jedwede Bedeutung. Sie sinken zur Gleichgültigkeit
herab. So kann Paulus auch fordern, dass jeder in dem Stand bleiben soll, in welchem
ihn die Berufung Gottes getroffen hat (1 Kor 7,17–24). Auch die Eigentümlichkeiten
der beiden Geschlechter sind durch das Eins-Sein in Christus nicht ausgelöscht.[102]
Andererseits ist Paulus aber sehr wohl auf einen Ausgleich unter den sozialen Ständen
und den verschiedenen Gruppierungen der Gemeinde bedacht, sind doch alle Menschen als Kinder Gottes in Würde und Wert gleich. Die Reichen beispielsweise
müssen auf die Armen Rücksicht nehmen (1 Kor 11,22), ja, sie sind gehalten, ihnen
von ihrem Reichtum zu geben (2 Kor 8,13–16; 9,6–15), kann sich doch der Gläubige
gerade durch großzügiges Spenden bleibenden Verdienst erwerben. Die Liebe verwirklicht sich in gegenseitigem Geben und Hingeben. Vor allem aber die Erwählung
des Niedrigen durch Gott (1 Kor 1,28) lässt die Armut höherschätzen und drängt
auch die Reichen dazu, die Kenosis des Herrn selbst nachzuvollziehen.

Auch der Unterschied zwischen den „Schwachen", welche noch an jüdischen
Speisegeboten und bestimmten „Tagen" festhalten, und den „Starken", die wissen,
dass „alles rein" ist, weil die Erde und was sie erfüllt dem Herrn gehört (1 Kor 11,26),
wird hinfällig.[103] Paulus betont, dass dem Christen zwar alles erlaubt ist, jedoch
nicht alles gleichermaßen erbaulich ist. Der Gläubige soll auf den Nächsten, d.h. den
Mitchristen Rücksicht nehmen (1 Kor 10,23, vgl. 6,12). Entscheidend ist, dass das
Handeln der Gemeindemitglieder der Erbauung des Leibes Christi dient und dass
nichts Weltliches Macht über die Gläubigen gewinnt. Die Ordnung der Dinge muss
gewahrt bleiben.[104] Christus ist Gott unterstellt, die Gemeinde Christus, der Bauch
dem Menschen und die Speise dem Bauch.[105] Den Starken unter den Glaubenden
gehört alles, auch die Welt, sie selbst aber gehören Christus, Christus gehört Gott
(1 Kor 3,22f.). Alles hat seine Ausrichtung auf die Verherrlichung Gottes, vom Reden
und Tun bis hin zum Essen und Trinken (1 Kor 10,31).

Der Ort der Gemeinde ist gegenwärtig in der Welt. Die Gläubigen müssen gemeinsam mit den Sündern in ihr wohnen (Phil 2,15). Sie können die Welt nicht verlassen
(1 Kor 5,10). Auch bleiben sie der weltlichen Ordnung im Sinne der staatlichen
Gewalt unterworfen (Röm 13,1–7). Wenn Paulus formuliert, dass es „keine staat-
liche Gewalt gibt, die nicht von Gott" stammt, so ist damit jedoch kein blinder

---

[101] Dazu Bultmann: Theologie 309f.
[102] Siehe hierzu vor allem 1 Kor 11,2–16, weniger 1 Kor 14,34, das wohl als Interpolation anzusehen ist.
[103] Siehe auch Röm 14.
[104] Es ist bereits hier an den *ordo caritatis* des Augustinus zu erinnern.
[105] 1 Kor 6,12–13a: „Alles ist erlaubt, aber nicht alles nützt. Alles ist mir erlaubt, aber ich soll nicht von
irgendetwas beherrscht werden. Die Speise dem Bauch und der Bauch der Speise, Gott aber wird jene
und diesen vernichten. Der Leib nicht für die Unzucht [πορνεία], sondern für den Herrn, der Herr für
den Leib."

Gehorsam gegenüber jedweder weltlicher Macht empfohlen, vielmehr stellt Paulus die Anerkennung der staatlichen Macht unter die Bedingung ihrer Herkunft von Gott, das heißt unter die Bedingung einer weltlichen Gerechtigkeit. „Ehre" ist der Christ nur dem schuldig, dem die Ehre gebührt (Röm 13,7).[106]

Das In-der-Welt-Sein der Gemeinde bringt es auch mit sich, dass sie die Negativität dieser Welt ertragen muss. Die Vollendung der Erlösung und mithin die Verklärung der Welt ist noch ausständig. Durch das Leiden in der Welt hat der Christ Anteil am Leiden Christi. Doch ist der Gläubige nicht nur dem Übel, sondern auch dem Bösen ausgesetzt. Dies ist auch der Grund, warum der Konflikt zwischen dem guten Willen und seinem Vermögen, eben diesen Willen ins Werk zu setzen, auch beim bekehrten Menschen, der sich durch die Taufe von sich selbst unterschieden hat und ein Glied am Leib Christi geworden ist, noch nicht vollkommen gelöst ist. Wiewohl die Christen einerseits aus „dieser Welt" herausgenommen wurden, bleiben sie doch in den Zusammenhang von Gesetz, Sünde und Tod derart involviert, dass ihre Freiheit und ihre Ermächtigung zum Guten als begrenzt angesehen werden muss. Die Ohnmacht und damit auch Hoffnungslosigkeit des adamitischen Menschen, wie sie in Röm 7,7–25 beschrieben ist,[107] bezieht sich zunächst auf den Menschen, *bevor* er in die Gemeinschaft der Glaubenden aufgenommen wurde. Auch Augustinus hat bis zum Jahr 419 Röm 7,7–25 zunächst auf die verzweifelte Lage des Sünders *ante gratiam* ausgelegt,[108] diese Auffassung jedoch im Verlauf der antipelagianischen Auseinandersetzungen revidiert.[109] Dieser Wandel hatte größte Auswirkungen auf die Geschichte des abendländischen Verständnisses von Paulus. Vor allem da, wo nicht mehr wie zur Zeit des Paulus ein überschaubarer Kreis von entschiedenen Christen die Gemeinden bevölkerte und zudem die eschatologische Naherwartung zurücktrat, musste eine Neubewertung des Maßes an Vollkommenheit der Gemeinden stattfinden. Eben weil die Gemeinde noch in der Welt der Vollkommenheit entgegengeht, muss ihr Vermögen zum Guten als begrenzt gelten. Mit der Hilfe der Gnade, welche allein zum Guten ermächtigt, können die Gemeindemitglieder jedoch bereits jetzt eigenverantwortlich, jedoch nicht eigenmächtig, die Liebe in der Welt verwirklichen.[110]

---

[106] Siehe Wilckens: Römer 3,28–66; Haacker: Römer 261–275; Theobald: Römerbrief 306–310.

[107] Theobald: Römerbrief 132, 153, 156–159, 248 ff. (!); Wilckens: Römer 2,97–101; Die meisten Exegeten vertreten die Auffassung, dass Röm 7,7–25 im Gegensatz zu Röm 8 die Ohnmacht und Hoffnungslosigkeit des Menschen *vor* seiner Bekehrung verdeutlicht. Anders Dunn: Paul's Theology 472–482, bes. 476: „Since the present evil age is characterized as being under the power of sin and death, that continues to be its character so long as it endures. And those who are part of the present evil age, in any degree, are to that extent, still caught in the nexus of sin and death." Vgl. v. a. ebd. Anm. 68.

[108] Augustinus: diu. qu. 66,5 (CCL 44a,157,158–158,178); Simpl. 1 (CCL 44,7–22); siehe dazu T. G. Ring: Erläuterungen zu Ad Simplicianum I, in: An Simplizian zwei Bücher über verschiedene Fragen, 177–253, bes. 189–199; auch E. Dinkler: Die Anthropologie Augustins, Stuttgart 1934, 267–274; O. Bardenhewer: Augustin über Röm 7,14 ff., Rotterdam 1930, 579–584; zur Wirkungsgeschichte der Stelle im Allgemeinen Wilckens: Römer 2,101–117.

[109] Siehe c. ep. Pel.I,22 (CSEL 60,442 f.); c. Iul. 6,23,40 (PL 44,865 f.); retr. 1,22,2 (CSEL 36,105).

[110] Wilckens: Römer 2,105: „Der Gnade kommt darum in dem Maße eine umfassende erziehende Funk-

3. Die Geschichtlichkeit der Herrschaft Gottes und die Gemeinde

Es ist deutlich, dass Paulus keine reine Negation der Welt kennt. Wohl aber kommt es bei Paulus zu einer Unterscheidung der Welt. Da ist einerseits „diese" Welt, die im Widerspruch zu Gott steht. Sie entspringt einer unmittelbaren Liebe zur Schöpfung und der damit verbundenen Missachtung des Schöpfers. Diese Welt wird mit den in ihr herrschenden Mächten negiert. Andererseits gibt es bei Paulus die Hoffnung auf eine Erneuerung und damit auch einer Vervollkommnung der Welt als guter Schöpfung Gottes. Damit ist die Gemeinde nicht rein auf eine „Hinterwelt" ausgerichtet, wie Nietzsche dies unterstellt, vielmehr kommt es zu einer Neubestimmung ihres In-der-Welt-Seins. Dieses ist ein radikal geschichtliches. Die Gemeinde hat ihren Ort in jener Phase der Geschichte, in welcher sich das neue Zeitalter, wo Macht und Herrlichkeit Gottes verwirklicht sein werden, und den Äon, welcher von den widergöttlichen Mächten dieser Welt beherrscht wird, überlappen.[111] Mit dem Tod bzw. der Auferstehung Christi hat das neue Zeitalter bereits begonnen, ein neues schöpferisches Handeln des Vaters hat die Christen bereits verwandelt:

> „[…] wenn daher einer in Christus [ist, so ist er] eine neue Schöpfung, das Alte ist vergangen, siehe, Neues ist geworden […]" (2 Kor 5,17).[112]

Die neue Schöpfung ist jedoch noch nicht vollendet. So steht die Gemeinde in der eschatologischen Spannung zwischen dem „Schon" und dem „Noch nicht" der Erlösung.[113]

Das geschichtliche Moment des Sachterminus ist besonders mit dem positiven Qualitätsurteil bzw. der Kategorie der Realität verbunden. Dies besagt zweierlei. Erstens kommt hier die prinzipielle Position durch den Schöpfergott besonders zur Sprache: Das Geben Gottes der Gesamtheit der geschichtlichen *Realität*. Dieses Geben durch die Macht Gottes erstreckt sich von der Schöpfung der Welt über die Mitte der Geschichte in der Auferstehung Christi bis hin zur endzeitlichen Erneuerung der Schöpfung und bezieht sich besonders auf die geschichtliche Konstitution des Gottesvolkes. Zweitens findet im geschichtlichen Moment die Augustinische Bejahung des Paulinischen Gedankens und dessen Übersetzung in neuplatonische Metaphysik besondere Berücksichtigung.

---

tion zu, in dem das Christentum als Staatsreligion seine Identität nicht mehr primär *in der Bekehrung als Schritt aus der Welt* von der Taufe an durch die verändernde, heilende Kraft der Gnade erkennt. Das bestimmende theologische Thema kann jetzt nicht mehr der Anfang im vollen Glanz der Vollendung sein, sondern der lange und mühsame, aber aussichtsreiche Weg vom Anfang bis zur endlichen Vollendung, das schrittweise Wachstum der Verwirklichung des christlichen Lebens aus der Gnade, indem das Bestimmtsein von der Begierde nach dem Irdischen in dem Maß gemildert wird, indem die Gaben der Gnade, Glaube und Liebe, das Leben mehr und mehr vom Himmlischen her bestimmen" [Hervorh. v. mir].

[111] Siehe Dunn: Paul's Theology 464f.
[112] Auch Röm 8,19–23; Gal 6,15; vgl. Kol 1,15.18.
[113] Dunn: Paul's Theology 465.

a) Die Wirklichkeit des neuen Menschen in der Geschichte

Die künftige Herrlichkeit als die vollkommene Realität

Die Herrlichkeit Gottes ist die Finalbestimmung des Menschen. Wenn das Gottesvolk in die Herrlichkeit Gottes aufgenommen wird, vollendet sich die Geschichte der Menschheit. Die eschatologische Einkehr in das Wohnen bei Gott, vorgestellt als Schauen der δόξα τοῦ θεοῦ, war bereits in alttestamentlicher Zeit die Vollendung des Gottesvolkes.[114] Die Herrlichkeit ist der Wohnort des Vaters, der Ort, an welchem nach christlichem Glauben aber auch der Sohn seinen Ursprung hat (Phil 2,6f.).[115] Eben weil der Sohn der Gleichgestaltigkeit Gottes entspringt und selbst als „Herr der Herrlichkeit" (1 Kor 2,8)[116] angesprochen wird, kann er für die Menschen zum Mittler der Herrlichkeit Gottes werden (Phil 3,21). Christus wurde durch die Herrlichkeit Gottes von den Toten auferweckt (Röm 6,4). Erst in der Auferstehung von den Toten tritt die Macht des Gottessohnes ans Licht (Röm 1,4). Die Auferstehung Christi ist auch der Grund für unsere Hoffnung, die Herrlichkeit, die dem Menschen von seiner Erschaffung her zukam (1 Kor 11,7) und die durch die Sünde verloren wurde (Röm 2,23), wiederzugewinnen (Röm 5,2).[117] Nur wenn Christus von den Toten auferweckt wurde, können auch wir hoffen, mit ihm auferweckt zu werden (1 Kor 15,12–19) und mit ihm beim Vater im Himmel zu wohnen.[118] Die wahre Heimat der ἐκκλησία ist im Himmel, von dort erwarten die Gläubigen die Wiederkunft des „Retters" [σωτήρ], des Herrn Jesus Christus, „der unseren Leib der Niedrigkeit verwandeln wird, [dass wir] gleichgestaltig seinem Leib der Herrlichkeit [werden] gemäß der Kraft, mit der er sich alle Dinge unterordnen kann" (Phil 3,20f.)[119]. Als Kinder des himmlischen Vaters, als Erben Gottes und Miterben des Sohnes, werden die Christen mit Christus verherrlicht (Röm 8,17). Es wird damit notwendig, im Zusammenhang der Hoffnung auf die künftige Herrlichkeit die Frage nach der Gottheit des Mittlers zu stellen, denn nur der Gott-Mensch Jesus Christus kann uns die vollkommene Realität vermitteln.

Durch die Erneuerung, die mit der Auferstehung von den Toten geschieht, wird der Mensch als ganzer verwandelt. Diese Ganzheitlichkeit ist gemeint, wenn Paulus von der Verwandlung des Leibes spricht. Die Verwandlung ist eine Gabe Gottes (1 Kor 15,38). Das irdische Leben gleicht lediglich einem Samen, der seine Bestimmung erst in der Blüte oder der Frucht verwirklicht. So findet auch der Mensch

---

[114] Ex 24,11; Lev 9,6; Jes 6,1; 35,2; 66,18 dazu ThWNT 3,253 mit Verweisen auch auf die rabbinische Literatur. Für die neutestamentliche Ausprägung des Gedankens siehe 1 Petr 5,4.10; 2 Thess 2,14; 2 Tim 2,10; bei Paulus auch 1 Thess 2,12 und 2 Kor 4,17.

[115] Zur Präexistenz Christi gemäß dem Philipperhymnus siehe Dunn: Paul's Theology 281–288; zur Herrlichkeit Jesu siehe auch ThWNT 3,251 f.

[116] Siehe auch Jak 2,1. Der Gedanke der Gegenwart der Herrlichkeit Gottes in Christus wird vor allem im Corpus Johanneum entfaltet.

[117] Wilckens: Römer 1,290.

[118] Vgl. 1 Kor 8,6; 15,28; 1 Thess 3,11 auch Eph 1,17–23.

[119] Vgl. Röm 8,11.

die Fülle seines Lebens, auf die er seit seiner Erschaffung ausgerichtet war, mit der Auferstehung von den Toten. Das irdische Leben ist noch nicht die vollkommene Verwirklichung der menschlichen Möglichkeiten. Tod und Leben, Mangel und Fülle, Gut und Böse sind hier noch vermischt. Erst im himmlischen Leben in der Herrlichkeit Gottes tritt der Mensch in die vollkommene Realität des Lebens, der Fülle und des Guten ein.

> „Es wird gesät in Vergänglichkeit, auferweckt in Unvergänglichkeit; gesät wird in Schmach, auferweckt in Herrlichkeit; gesät wird in Schwachheit, auferweckt in Macht [δυνάμει]; gesät wird ein seelischer Leib, auferweckt ein geistlicher. Wenn es einen seelischen [ψυχικόν] Leib gibt, gibt es auch einen geistlichen [πνευματικόν]. So steht auch geschrieben: Es wurde der erste Mensch, Adam, zur lebendigen Seele, der letzte Adam zum lebenschaffenden Geist. Aber nicht [war] zuerst das Geistliche [auch: der geistliche Leib], sondern das Seelische [auch: der seelische Leib], dann das Geistliche. Der erste Mensch [ist] von der Erde [und damit] irdisch, der zweite Mensch vom Himmel" (1 Kor 15,42b–47).[120]

Wie durch die Sünde des einen Menschen Adam der Tod als Inbegriff des Mangels auf alle Menschen kam (Röm 5,12), so nimmt auch die Auferstehung von den Toten beim einen Menschen Christus ihren Anfang (1 Kor 15,21 f.). Diese Erneuerung des Menschen geschieht gemäß einer bestimmten Ordnung (15,23 f.), an deren Ende schließlich die vollkommene Herrschaft Gottes und die vollkommene Verwirklichung der Herrlichkeit stehen.

Christus ist der erste der Entschlafenen (15,20), der auferweckt wurde, die ἀπαρχή der Auferstehung. Bei seiner Wiederkunft folgen ihm die Seinen nach. Schließlich – und das ist das „Ende" (τέλος) der Geschichte – übergibt der Sohn dem Vater die βασιλεία (15,24).[121] Die Auferstehung Christi ist der Anbruch des Gottesreiches, nicht aber dessen Vollendung.[122] In einem endzeitlichen Prozess, der mit der Auferstehung beginnt und mit der Parusie endet, unterwirft und vernichtet Christus alle widergöttlichen Mächte und Gewalten.[123] Paulus rechnet mit diesem Geschehen

---

[120] Dazu Schrage: Korinther 4,293–314.

[121] Zur Problematik dieser Übergabe siehe Schrage: Korinther 4,172, v. a. Anm. 770.

[122] Schrage: Korinther 4,172f., auch 174f.: „Jedenfalls qualifiziert die βασιλεία Christi bereits die Gegenwart [...], doch ist sie weder eine schon schlechthin realisierte noch eine nur ausstehende. Sie hat zwar mit der Auferweckung begonnen, ist aber noch nicht universal und noch nicht vollendet, sondern im Werden begriffen, was zugleich einen dialektischen Schwebezustand *ad infinitum* ausschließt."
Letzteres macht deutlich, dass der Gedanke einer Vollendung bei Paulus eine unendliche Limitation und die entsprechende Schwebe in der unendlichen Dekonstruktion, wie sie für die Postmoderne charakteristisch sind, prinzipiell ausschließt. Die Unvereinbarkeit mit einer Eschatologie à la Foucault, Derrida und Levinas liegt auf der Hand.

[123] Schrage: Korinther 4,173 f. Schrage macht deutlich, dass sowohl irdische als auch kosmisch-dämonische Mächte hier gemeint sind und dass wenig über die Art und Weise ihrer Entmachtung gesagt ist. Sowohl eine „harte" Lesart, die auf deren Vernichtung zielt, als auch eine „weiche", die eine bloße Außerkraftsetzung meint, sind denkbar, wahrscheinlicher ist jedoch nach Schrage ersteres.

in naher Zukunft. Er ist von einer baldigen Wiederkunft Christi überzeugt.[124] Das Reich Christi dauert, so macht Paulus mit Psalm 110,1 klar, solange bis „er [Christus] alle *Feinde unter* seine *Füße* [gelegt hat]" (15,25).[125] Christus selbst vollbringt die Unterwerfung der Feinde. Der letzte Feind, der „vernichtet wird" (καταργεῖται), ist der Tod (15,26). In diesem Vers wechselt das Subjekt; war es in 15,24f. Christus, der handelte und sich alles unterwarf, so ist es nun Gott bzw. der Vater. Grammatisch ist dies durch das als *passivum divinum* zu verstehende Verb καταργεῖται angezeigt.[126] Es ist noch einmal zu betonen, dass der Tod, von dem Paulus hier spricht, kein natürliches Phänomen der Vergänglichkeit ist, sondern ein Resultat der Sünde (15,54ff.). Mit dem Sieg über den Tod ist die Zeitlichkeit mit ihrer Bedrängnis überwunden, das Nichtige ist durch die kreative Macht Gottes besiegt und die Herrschaft Christi über alles hergestellt. Alles ist ihm untertan. Einerseits hat sich der Sohn alles unterworfen, doch andererseits ist es der Vater, der Christus die Macht zu dieser Unterordnung verleiht,

> „[…] denn *alles hat er* seinen *Füßen untergeordnet* [Ps 8,7]. Wenn es heißt, dass alles untergeordnet worden ist, dann ist klar, dass der ausgenommen ist, der ihm alles untergeordnet hat" (1 Kor 15,27).[127]

Gott selbst ist letztlich derjenige, der Christus alles unterordnet. Deshalb bleibt er auch der Einzige, der von der Subjektion ausgenommen ist. Wenn die eschatologische Ordnung der Dinge hergestellt ist, erfolgt als letzter Schritt die Unterordnung des Sohnes unter Gott.[128] Erst damit ist das Ende erreicht, von dem V. 24 spricht,

---

[124] 1 Thess 4,13–18; 1 Kor 15,51. Zur systematisch-theologischen Problematik der Parusie siehe W. Kasper: Hoffnung auf die endgültige Ankunft Jesu Christi in Herrlichkeit, in: IkaZ 14 (1985) 1–14; zur Naherwartung im NT insgesamt K. Erlemann: Naherwartung und Parusieverzögerung im Neuen Testament. Ein Beitrag zur Frage religiöser Zeiterfahrung, Tübingen–Basel 1995; zu Paulus W. Radl: Ankunft des Herrn. Zur Bedeutung und Funktion der Parusie-Aussagen bei Paulus, Frankfurt 1981; Becker: Paulus, 468ff.; Dunn: Paul's Theology 294–316; zu 1 Kor 15,51 Schrage: Korintherbrief 4,370; zu 1 Thess 4,12–18 W. Harnisch: Eschatologische Existenz. Ein exegetischer Beitrag zum Sachanliegen von 1 Thess 4,13–5,11 (FRLANT 110), Göttingen 1973; T. Holtz: Der erste Brief an die Thessalonicher (EKK 13), Zürich 1986 und G. Haufe: Der erste Brief des Paulus an die Thessalonicher (ThHK 12,1), Leipzig 1999.

[125] Zur schwierigen Frage nach den Subjekten in den VV. 24–27 siehe Schrage: Korinther 4,177 und 182; nach Schrage ist in V. 25 wohl noch Christus als Subjekt anzunehmen; anders die Einheitsübersetzung und die Revidierte Lutherbibel. Vgl. auch hier Anm. 137.

[126] Siehe Schrage: Korinther 4,178f.

[127] Es ist darauf hinzuweisen, dass das griechische Verb ὑποτάσσειν sowohl „unterordnen" als auch „unterwerfen" bedeuten kann, doch hängt das Wort etymologisch mir τάξις zusammen. Deshalb schwingt im griechischen Wort stärker die Bedeutung der „Ordnung" mit als im lateinischen Verb *subicere*, das mit *iacere* zusammenhängt und mehr „unterwerfen", „unterliegen" meint als „unterordnen". Damit wird deutlich, das es gerade im paulinischen Kontext auf die „Ordnung der Dinge" ankommt und das Subjekt aus dieser Ordnung seine Bestimmung empfängt.

[128] Vgl. Schrage: Korinther 4,184.

die vollendete Herrschaft Gottes, die Gegenwart seiner Herrlichkeit[129], die vollkommene Wirklichkeit.

> „Wenn aber ihm alles untergeordnet ist, dann wird auch der Sohn selbst dem untergeordnet sein, der ihm alles untergeordnet hat, damit Gott alles in allem sei" (1 Kor 15,28).

Deutlich ist hier ausgesprochen, dass die Herrschaft des Sohnes zeitlich begrenzt ist und dass der Sohn geringer ist als Gott, da er sich diesem unterwirft. Damit stellt sich die Frage, ob und inwiefern Paulus eine subordinatianische Christologie vertritt, die der kirchlichen Orthodoxie widerspricht.[130] Sind der Vater und der Sohn wesensverschieden? Stehen christliches Dogma und paulinisches Evangelium im Widerspruch? Hat die christliche Metaphysik der Väter Paulus missverstanden?[131]

Um die Frage vom Text her einer Antwort näherzubringen, sei zunächst festgestellt, dass es Paulus in V. 28 vordringlich und wesentlich darum geht, die Gottheit Gottes und die letztendliche Herrschaft des einen und einzigen Gottes über alles hervorzuheben. Diesem Gott ist der Sohn nun untergeordnet. Er unterwirft sich ihm. Doch wer ist hier mit „Sohn" angesprochen? Der „Sohn" wird nicht ausdrücklich in ein Verhältnis zum „Vater" gebracht. Paulus redet schlicht vom Verhältnis des Sohnes zu „Gott". Von V. 21 her ist der Sohn als der Mensch Jesus, der auferstandene Christus, zu begreifen, der gerade durch die Auferstehung in die Gottessohnschaft eingesetzt ist (Röm 1,4). In diese Richtung deutet auch die Verwendung von Psalm 8,7 in V. 27, wo urspünglich auf die herausgehobene Stellung des *Menschen* in der Schöpfung verwiesen wird. Dem „Sohn" eignet also ein grundsätzlich *menschlicher* Zug. Damit wäre er – als Mensch – der Gottheit Gottes, nicht speziell derjenigen des Vaters, untergeordnet. Die neue und absolute Bezeichnung Christi als „Sohn" und nicht als „Sohn Gottes", die ausschließlich in V. 28 vorkommt, scheint ebenfalls die Menschheit Christi zu betonen.[132] Auch die kaum zu entscheidende Frage nach dem Subjekt in V. 25 und damit verbunden die eigentümliche Verwendung

---

[129] Vgl. dazu Schrage: Korinther 4,186 f.: „Mit dem πάντα ἐν πᾶσιν kann demnach kein Pantheismus gemeint sein, auch kein mystisches Aufgehen in Gott, nicht einmal eine Einwohnung Gottes. Im Blick ist vielmehr Gottes unverkürzte Souveränität, daß zuletzt nur sein Wille gilt, seine Herrlichkeit und seine Macht unbestritten sind, er ungeschmälert Pantokrator ist (vgl. Röm 11,36, εἰς αὐτὸν τὰ πάντα) und seine Herrschaft in der ganzen Schöpfung anerkannt ist."

[130] Schrage: Korinther 4,213: „Das größte Sachproblem in unserem Abschnitt hat immer die am Ende erfolgende Übergabe der Herrschaft an den Vater und die Unterordnung des Sohnes unter ihn bereitet, weil die kirchliche Trinitätslehre mit ihren christologischen Implikaten den paulinischen Aussagen entgegenstand und die Arianer sich für ihre These von der Inferiorität des Sohnes (*minorem esse Filium*) nicht zufällig darauf beriefen." Siehe ebd. weiter ab S. 220!

[131] Es ist angebracht, diese christologische Fragestellung an diesem Ort im Sachterminus zu klären, denn erstens handelt es sich um die Frage der Gleichheit an Herrlichkeit und Macht und zweitens gründet unsere eschatologische Vollendung in der vollen Gottheit des Sohnes; vgl. dazu auch hier D.II.1.c) Die Geschichte Jesu.

[132] Es handelt sich hier um die einzige Stelle bei Paulus, an welcher υἱός bei Paulus absolut, also nicht in der Kombination „Sohn Gottes" gebraucht wird. Schrage: Korinther 4,185, Anm. 837.

von Ps 110,1[133] zeigen an, dass für Paulus Christus und Gott, denen beiden jeweils alles unterworfen wird, in eine gewisse Nähe geraten. In jedem Fall ist Christus im Umfeld von V. 28 ein übermenschlicher, quasigöttlicher oder sogar göttlicher Status einzuräumen. Unbezweifelbar ist, dass der „Sohn" Gott untergeordnet ist, doch ob er dies als bloßer Mensch, als übermenschliches Mittelwesen oder gar als Gott ist, muss an dieser Stelle offen bleiben. Die Dynamik von 1 Kor 15,23–28 zielt einzig darauf, die Einzigkeit und Gottheit Gottes im Ende hervorzutreiben.

Eben deshalb ist es, um zu einer Klärung zu kommen, nicht nur zulässig, sondern unumgänglich, V. 28 mit anderen Paulinischen und neutestamentlichen Aussagen zu konfrontieren[134], vor allem mit 1 Kor 8,6[135], Phil 2,6[136] und Röm 9,5.[137] Dies ist bereits in bis heute maßgeblicher Weise durch die frühkirchliche und patristische Interpretation geschehen.[138] Vor allem der Deutung des Textes durch Augustinus kommt eine entscheidende Funktion zu, da er sowohl in der Widerlegung der arianischen Christologie als auch in der Trinitätslehre Grundlegendes geleistet hat. Die Bejahung und damit auch die Übersetzung des Paulinischen Gedankens in Metaphysik führt zu einer rationalen Klärung von Problemen, die dieser impliziert.[139]

Augustin fordert auch bezüglich von 1 Kor 15,28 eine vernünftige Einsicht in die Schrift. Durch sie können scheinbare Widersprüche behoben werden. Zu widersprechen drohen sich nach Augustin die beiden christlichen Überzeugungen, dass der Sohn dem Vater wesensgleich ist und dass sich der Sohn dem Vater unterordnet. Augustin stützt sich zur Lösung zunächst auf eine überlieferte *regula catholicae fidei*,

---

[133] Das Subjekt in Psalm 110,1 ist der „Herr", יהוה, also Gott: Gott unterwirft. In der Paulinischen Verwendung jedoch ist Christus als Subjekt anzunehmen: Christus unterwirft. Siehe Schage: Korinther 4,177 und 182.

[134] Ebenso Schrage: Korinther 4,219.

[135] „Aber für uns: Ein einziger Gott, der Vater, aus dem alles und wir auf ihn hin, und ein einziger Herr Jesus Christus, durch ihn alles und wir durch ihn."
Die Frage, ob Paulus Christus die Gottgleichheit zuspricht, wird von der Tatsache, dass 1 Kor 8,6 und Phil 2,6–11 Traditionsstücke sind, die Paulus übernimmt, nicht beeinflusst. Zur Stelle Schrage: Korinther 2,241–251. Zu erinnern ist auch an 2 Kor 5,19. Zur Christologie siehe Sanders: Paulus 108.

[136] Dazu sowie zur Christologie im Ganzen hier D.II.1.c) Die Geschichte Jesu, auch D.I.3.b) Die Schöpfungsmittlerschaft Christi.

[137] Der Text lautet: Χριστός „[…] ὁ ὤν ἐπὶ πάντων θεὸς εὐλογητὸς εἰς τοὺς αἰῶνας, ἀμήν" (Christus, „[…] der ist über Allem Gott, gepriesen [sei] er in die Ewigkeiten, Amen.") Da es hier um keine historisch-kritische Rekonstruktion der ‚originalen' Paulinischen Theologie geht, spielt die Frage nach der vor allem aus formgeschichtlichen Gründen angezweifelten Authentizität der Stelle Röm 9,5, die textkritisch einwandfrei ist, jedoch keine Rolle. Für die Richtigkeit des überlieferten Textes treten ein: H. Schlier: Römerbrief (HThKNT 6), Freiburg 1977, 288f., ebenso Zahn, Lagrange, Kühl, Michel, Cullmann, Cranfield. Für die Konjektur ὤν ὁ ἐπὶ πάντων θεὸς (gemeint ist: Die Juden, „denen der über allem [seiende] Gott [gehört]) E. Käsemann: An die Römer (HNT 8a), Tübingen ³1974, 248; Wilckens: Römer 2,189; Haacker: Römer 187. Dazu auch hier Anm. 19 und Anm. 173.

[138] Es sei hier nur auf das Glaubensbekenntnis des 1. Konzils von Nikaia 325 verwiesen, DH 125; zur Wirkungsgeschichte von V. 28 siehe Schrage: Korinther 4,213–220.

[139] Die *philo-sophia* Augustins gleicht auch einer Kreuzung, an welcher sich zahlreiche Hauptwege des frühchristlichen Denkens begegnen. Augustin fasst zusammen, systematisiert und vertieft. Vgl. jüngst W.-D. Hauschild: Lehrbuch der Kirchen- und Dogmengeschichte, Gütersloh ²2000, 229.

die vorschreibt, dass Aussagen, welche besagen, dass der Vater größer sei als der Sohn (Joh 14,28), auf dessen menschliche Natur zu beziehen sind, dass hingegen Aussagen, welche die Gleichheit betonen, die göttliche Natur des Sohnes ansprechen.[140] Augustin hebt hervor, dass er diese Regel dem Philipperbrief des Apostels Paulus (2,6) entnommen hat.[141] Mit dieser Regel können neutestamentliche Aussagen wie Joh 14,28 und Joh 10,30, Joh 1,1 und Joh 1,14, Phil 2,6 und Phil 2,7, die scheinbar dem Satz vom Widerspruch als dem Verstandesprinzip widersprechen, in ihrer Kohärenz aufgewiesen werden.[142] Augustinus begründet die nizänische Feststellung der Wesensgleichheit von Vater und Sohn vor allem mit Phil 2,6.[143] Wenn aber Vater und Sohn auch bei Paulus wesensgleich sind, dann kann der Sohn *als Gott* dem Vater nicht schlechthin untergeordnet sein. In einem zweiten Schritt weist Augustin aus dem Zusammenhang der Stelle (1 Kor 15,21–28) auf, dass es sich um die Menschheit des Sohnes handelt, welche sich hier dem Vater unterstellt.[144] Warum aber muss Paulus nach Augustin diese Unterordnung des Auferstandenen betonen? Er tut dies, um die bleibende Trennung von menschlicher und göttlicher Natur in Christus hervorzuheben. Auch in der Vollendung geht die Menschheit Christi nicht in der Gottheit auf.[145] Der absolute Unterschied zwischen Schöpfer und Geschöpf erhält sich auch hier.

Es ist bei dieser Problematik auf den geschichtlichen Zusammenhang zu achten. Die Geschichtsphase, die mit Phil 2,6 f. beginnt, endet mit 1 Kor 15,28. Diese Phase hat ihr Signum darin, dass sich *Gott selbst* seines Gottseins begibt, sich selbst erniedrigt, Menschengestalt annimmt, am Kreuz stirbt und auferweckt wird zu Macht und Herrlichkeit. In diesem Geschehen vollzieht sich die *Selbstunterscheidung Gottes*. Gott unterscheidet sich um des Heils der Menschen willen von sich selbst. Genauer: Er hat sich in Ewigkeit von sich selbst unterschieden, indem der Vater vor aller Zeit den Sohn gezeugt hat. Dieser Unterschied wird geschichtlich erfahrbar in der Menschwerdung des Sohnes. Die Niedrigkeit (*humilitas*) des Sohnes, der Verzicht auf die Herrlichkeit machen hier den ganzen Unterschied. Diese Demut Gottes wird der Gemeinde als dem Leib Christi zum Weg in die Herrlichkeit. Die

---

[140] Diu. qu. 69,1 (CCL 84A,184,13–185,20): „Die Regel des katholischen Glaubens lautet: Wenn irgendetwas in der Schrift über den Sohn sagt, dass er geringer als der Vater sei, so ist dies gemäß der Annahme des Menschseins [*susceptionem hominis*] einzusehen, wenn aber das gesagt wird, wodurch er als gleich aufgezeigt wird, so ist dies gemäß der Tatsache anzunehmen, dass er Gott ist. Es kommt nämlich zum Beispiel vor, dass gesagt wird: *Der Vater ist größer als ich* [Joh 14,28], und: *Ich und der Vater sind eins* [Joh 10,30], und: *Das Wort ist Fleisch geworden* [Joh 1,14], und: *Er betrachtete es nicht als Raub, dass er Gott gleich ist* [Phil 2,6], und: *Er entäußerte sich, indem er die Gestalt des Knechts annahm* [Phil 2,7]." Vgl. dazu trin.1,7,14 (CCL 50,45 f.).

[141] Trin. 1,7,14 (CCL 50,45,29–46,35), Augustin fasst Phil 2,6 f. zusammen: „*Der Sohn Gottes* ist *Gott Vater* dem Wesen nach [*natura*] gleich, der äußeren Erscheinung nach [*habitu*] geringer [vgl. Symb. ‚Quicumque', 28 und 2 Kor 1,19 lat.]."

[142] Im Übrigen wären hier auch Lk 1,33; Eph 1,22; 5,5; Kol 1,15 f. heranzuziehen.

[143] Diu. qu. 69,1 (CCL 84A,185,41).

[144] Diu. qu. 69,2 (CCL 84A,186 f.).

[145] Trin. 1,8,15 (CCL 50,46 f.).

Selbsthingabe Gottes – sind doch Sohn und Vater der eine Gott – ist die Heilsgabe. Darin liegt aber, dass sich Gott in 1 Kor 15,28 sich selbst unterwirft. Gott-Sohn unterwirft sich – als Mensch – dem Vater, dem er – als Gott – gleich ist. Dies wird zum Kern der Augustinischen Theologie. Zu Recht entnimmt Augustinus diesen Kern der Paulinischen Christologie im Ganzen, auch wenn einzelne Stellen für sich genommen mehrdeutig sein mögen. Es ist zwar wohl anachronistisch, 1 Kor 15,28 zu befragen, ob hier Wesensverschiedenheit oder Wesensgleichheit von Vater und Sohn vorliegen, aber es findet sich doch nichts im Paulinischen Gedanken, was der Augustinischen Entfaltung widerspricht.[146] Wichtig ist, hier zu begreifen, dass die Offenbarung und mithin Paulus erst die Aufgaben stellen, welche die Geschichte der Theologie, zumal in ihren herausragenden Positionen, löst. Hieraus erhellt auch die bleibende wegweisende Bedeutung der christlichen Metaphysik.

Die Gegenwart als die Zeit des Übergangs

Das gegenwärtige Zeitalter beginnt mit Tod und Auferstehung Christi, und es endet mit der Parusie des Herrn. Die Auferstehung ist der Grund zur Hoffnung auf die Herrlichkeit und dadurch die Finalursache für das christliche Handeln. Ohne Auferstehung wäre es sinnlos, sich zu mühen, und die Christen täten gut daran, sich angesichts des im Tod nahenden Nichts auf das Essen, das Trinken und ähnliche Annehmlichkeiten zu konzentrieren (1 Kor 15,32). Lebten die Christen in dieser Welt nur unter dem Zeichen des Kreuzes, wären sie erbärmlicher dran als alle anderen Menschen (1 Kor 15,19), da sie die Erfüllung eben nicht im Genuss der Welt suchen, sondern in deren Gebrauch auf dem Weg zu Gott. Allerdings schließt auch der Gebrauch einen mittelbaren Genuss der Welt nicht aus. Die eigentliche und höchste Sache des Genusses bleibt jedoch die Herrlichkeit Gottes.

Das Leben in dieser Weltzeit will vollbracht werden, ohne in den Sorgen der Welt aufzugehen. Das irdische Leben kann der Kirche nicht gleichgültig sein, dennoch befinden sich die Gläubigen mit Blick auf die himmlische Herrlichkeit in einer gewissen Distanz zu diesem Äon, da der Zeitpunkt der Wiederkunft Christi nahe ist.

> „Die Zeit ist zusammengedrängt; für die übrige Zeit gilt, dass auch die, welche Frauen haben, sein sollen, als hätten sie keine, und die weinen, als weinten sie nicht, und die sich freuen, als freuten sie sich nicht, und die kaufen, als besäßen sie nicht, und die die Welt gebrauchen, als gebrauchten sie sie nicht, denn es vergeht die Gestalt dieser Welt" (1 Kor 7,29ff).

In diesem Sinne gewinnen die Gläubigen einen neuen theozentrischen und christozentrischen Zugang zu dieser Welt, der die eschatologische Ordnung der Dinge

---

[146] G. Wainwright, in: Göttinger Predigtmeditationen 44 (1989/90) 208–214, 208. Zu den neueren Ansätzen, diese Problematik zu lösen, siehe Schrage 4,219f.; dort Literatur. Auch Sanders: Paulus 106–109, 107: „Natürlich sah Paulus das Problem [Gottheit und Menschheit in Christus] nicht in diesen Kategorien; im Gegenteil, offenbar hat er gar nicht gemerkt, dass es hier ein Problem gibt."

bereits vorwegnimmt.[147] Die Christen leben im Bewusstsein der Vergänglichkeit des Daseins. „Diese Hütte" wird abgebrochen (2 Kor 5,1) und so sehnen sich die Gläubigen nach dem himmlischen Haus (2), denn ihre Heimat ist beim Herrn (8). Sie wohnen nur provisorisch in der Welt und wissen doch um die unendliche Relevanz dieses Wohnens.[148] Je nach der Art ihres irdischen Lebens wird sich ihr überirdisches Wohnen gestalten.

> „[…] deshalb suchen wir auch unsere Ehre darin – ob wir nun daheim sind oder in der Fremde – ihm zu gefallen. Denn wir alle müssen offenbar werden vor dem Richterstuhl Christi, damit jeder erhalte, entsprechend dem, was er während des Leibes[lebens] getan hat – sei es Gutes, sei es Schlechtes" (2 Kor 5,9 f.).

Das Leben in dieser Welt ist eine Zeit der Bewährung. Sie kann dies nur sein, weil die Christen als von sich unterschiedene Menschen bereits eine „neue Schöpfung" sind (2 Kor 5,17), denn „wenn einer für alle gestorben ist, dann sind sie alle gestorben. Und er ist für alle gestorben, damit die Lebenden nicht mehr sich selbst leben, sondern dem, der für sie gestorben und auferstanden ist" (2 Kor 5,14 f.). Das Leben in dieser Welt fordert eine fortschreitende Selbstunterscheidung und eine wachsende Übereinstimmung mit dem Tun Christi. Die Kürze der Zeit, die Nähe der Ankunft Christi fordert die Christen heraus, sich noch mehr um die Verwirklichung der Bestimmung, der Liebe Christi, zu bemühen. Jetzt ist die „Zeit" (καιρός) der Auferstehung, die Zeit, sich stets neu vom Schlaf zu erheben (ἐξ ὕπνου ἐγερθῆναι; Röm 13,11). Die Erlösung ist den Christen „jetzt" bereits näher als zu der Zeit, da sie gläubig wurden. Je näher der Tag des Herrn kommt, desto mehr sind sie gehalten, die „Werke der Finsternis" abzulegen und die „Waffen des Lichts" anzulegen, ja letztlich Christus anzuziehen (Röm 13,11–14). Durch das Tun der Wahrheit im Geist der Freiheit werden die Christen „verwandelt in sein Bild von Herrlichkeit zu Herrlichkeit" (2 Kor 3,18), von der vergänglichen Herrlichkeit dieser Zeit in die unvergängliche der Ewigkeit. Bereits jetzt „spiegeln" sie „mit enthülltem Angesicht die Herrlichkeit des Herrn" wider (2 Kor 3,18). Doch ist dies kein Grund für vorschnelle Siegessicherheit. Paulus warnt die Korinther vor der Illusion, bereits jetzt mit Christus zu herrschen (1 Kor 4,8) oder sich gar aus eigener Macht auszuzeichnen (4,7). Noch ist die Verwandlung in Gang, die Herrschaft Christi nicht ganz verwirklicht. Doch ist Christus im Glaubenden jetzt schon am Werk. Dann und nur dann, wenn Christus in ihm wirkt, besitzt der Mensch die Macht, das gewollte Gute zu tun. Deshalb sind die Christen auch für ihre Taten beim Jüngsten Gericht verantwortlich,[149] deshalb können sie auch ihren Taten gemäß gerichtet werden[150]

---

[147] 1 Kor 3,21 ff.: „Alles gehört uns, […] sei es die Welt, sei es das Leben, sei es der Tod, sei es Gegenwärtiges, sei es Zukünftiges; alles gehört uns, wir aber Christus, Christus aber Gott."

[148] Vgl. dazu Sanders: Paulus 44.

[149] 1 Kor 3,15; 4,4; 2 Kor 5,10.

[150] Röm 2,6 f.: „[…] dieser [sc. Gott] wird jedem gemäß seinen Werken den Lohn zuteilen [ ]: Den einen, die nach Herrlichkeit, Ehre und Unvergänglichkeit streben, entsprechend ihrer Ausdauer in guten

und deshalb kann Paulus die Gemeinden überhaupt zu angemessenem Handeln ermahnen.[151]

Die Gegenwart bleibt für die Gemeinde eine Zeit der Bedrängnisse. Sie ist den „Leiden der gegenwärtigen Zeit" unterworfen (Röm 8,18). Doch ist Paulus überzeugt davon, dass diese im Vergleich zur Herrlichkeit, die an den Gläubigen offenbar werden soll, nichts bedeuten (ebd.). Zudem werden die Gläubigen durch die Leiden noch inniger mit Christus verbunden, denn sie gewinnen gerade dadurch Anteil an Tod und Auferstehung Christi (Phil 3,10f.).[152] Wie nämlich die „Leiden Christi reichlich" über Paulus und mit ihm auch über die Gemeinde gekommen sind, so wird auch der Trost überreich auf sie kommen (2 Kor 1,5ff.). Entsprechend entspringt die Haltung des Paulus gegenüber den Wechselfällen des Lebens weder dem Gefühl des Mangels noch der eigentlichen Schwäche, sondern der Erfahrung der Nähe zu Christus, zu dessen wirksamer und verwandelnder Macht:

> „Nicht dass ich aus Mangel rede, denn ich habe gelernt, worin ich auch bin, mir genügen zulassen. Ich weiß, niedrig zu sein, und ich weiß, hoch zu sein, in jedes und alles bin ich eingeweiht: Sattsein und Hungern, Überfluss und Entbehrung; alles vermag ich in dem, der mir Kraft gibt" (Phil 4,11ff.).[153]

Jetzt ist die Zeit der Hoffnung. Dieser „Hoffnung auf die Herrlichkeit" dürfen sich die Christen rühmen. Sie dürfen sich jedoch darüber hinaus auch der „Bedrängnisse" rühmen, denn sie wissen, „die Bedrängnis bewirkt Geduld, die Geduld aber Bewährung, die Bewährung Hoffnung. Die Hoffnung lässt nicht zugrunde gehen" (Röm 5,4f.). Die Gemeinde ist jetzt schon gerettet, doch auf Hoffnung hin (Röm 8,24).

Werken, ewiges Leben; denen aber, die streitsüchtig sind, der Wahrheit nicht gehorchen [ἀπειθοῦσι], wohl aber der Ungerechtigkeit hörig sind [πειθομένοις], Zorn und Grimm."
Etymologisch hängen die letzten beiden Verben mit πίστις (Glaube und Vertrauen) zusammen. Damit ist der mehr intellektuale Glaube an die Unwahrheit und die Ungerechtigkeit, der auf diese vertrauen und bauen lässt, ebenso Ursache für die Verurteilung, wie das mehr voluntative Suchen und Streben. Siehe zum Ganzen auch 2 Kor 11,15 und 2 Kor 5,10.

[151] Es ist das geschichtliche Verdienst des Augustinus, das Verhältnis von göttlichem zu menschlichem Vermögen als das von Erstursache zu Zweitursache gedeutet zu haben. Augustinus gibt damit den Blick für die innere Logik des Paulinischen Gedankens frei. Die Negation der Eigenmacht, das heißt auch, die Negation der Negation der Macht Gottes besagt weder eine radikale Auslöschung jeder Macht und Verantwortung des Menschen noch eine dialektische Aufhebung von Gott und Mensch in eine höhere Einheit, auch kein dekonstruktivistisches Spiel von Limitation und Transgression, sondern eine präzise *Begrenzung* im Sinne einer Anerkennung des prinzipiellen Unterschieds zwischen Schöpfer und Geschöpf. Der Mensch ist ganz der Macht Gottes unterstellt, doch gerade wegen des absoluten Unterschieds besagt dies sowohl eine Befreiung von der Macht „dieser Welt" und keine Beschränkung menschlichen Vermögens auf gleicher Ebene. Durch das Wirken der Erstursache Gott kommt überhaupt erst die Zweitursache Mensch zur Entfaltung.

[152] Dunn: Paul's Theology 482–487.

[153] Vgl. auch Röm 8,38; 14,7ff.

Die Vergangenheit

Der Mensch ist von Gott her gut geschaffen, ja des Menschen Haupt ist das „Abbild und die Herrlichkeit Gottes" (1 Kor 11,7). Seine Aufgabe war es, Gott zu verherrlichen und ihm zu danken (Röm 1,21). Doch die Menschen verweigerten Gott die Anerkennung seiner „ewigen Macht und Gottheit" (1 Kor 1,20), die doch von jedem Menschen – Jude wie Heide – „seit Erschaffung der Welt durch das Gemachte als vernünftig eingesehen" werden kann (ebd.). So verlor bereits der erste Mensch die Herrlichkeit Gottes (Röm 2,23),[154] und durch ihn kamen Sünde und Tod in die Welt (Röm 5,12).[155] Sünde und Tod beherrschen (βασιλεύειν) fortan den Menschen (Röm 5,17.21). Sie sind seiner Herr geworden (κυριεύειν, Röm 6,14). Juden und Heiden stehen gleichermaßen unter der Herrschaft der Sünde (Röm 3,9).[156] Gott aber hat mehrmals in die Geschichte eingegriffen, um die Menschen wieder zu sich zurückzuführen und damit gerecht zu machen. Der erste heilsgeschichtliche Einschnitt ist die Verheißung, die an Abraham ergeht,[157] „Vater vieler Völker" zu werden: „[...] in dir sollen alle Völker gesegnet sein" (Gal 3,8; Gen 12,3). Paulus bezieht den Bundesschluss Gottes mit Abraham nicht primär auf das Volk Israel als die Nachkommen Abrahams, sondern auf alle Menschen, Juden wie Heiden, sofern diesen πίστις – Vertrauen auf Gott (Gal 3,7) – zukommt. Abrahams Vertrauen auf die Macht Gottes, die Toten lebendig zu machen, und das, was nicht ist, zu rufen, dass es sei (Röm 4,17), sowie seine darin liegende „Hoffnung gegen alle Hoffnung" (Röm 4,18) hat Gott ihm zur Gerechtigkeit angerechnet. Verheißen aber ist Abraham vor allem der eine „Nachkomme" Jesus Christus (Gal 4,15), die heilsgeschichtliche Wende, welche mit Tod und Auferstehung Christi sich ereignen wird. Der zweite Eingriff Gottes in die Geschichte geschieht in der Offenbarung des mosaischen Gesetzes (νόμος).[158] Durch die Gabe des Gesetzes konstituiert Gott das besondere, auserwählte Volk, dem sich auch Paulus bleibend verbunden weiß.

> „Wahrheit sage ich in Christus, ich lüge nicht, denn es zeugt für mich mein Gewissen im heiligen Geist, dass ich große Trauer und unaufhörlichen Schmerz in meinem Herzen habe. Denn ich würde [sogar] bitten, selbst verflucht zu sein, getrennt von Christus, wegen meiner Stammesgenossen nach dem Fleisch, welche die Israeliten sind; ihnen gehören die Sohnschaft und die Herrlichkeit und die Bundesschlüsse und die Gesetzgebung und der Gottesdienst und die Verheißungen, ihnen gehören die Väter und aus ihnen stammt Christus dem Fleisch nach, der Gott ist über Allem, gepriesen sei er in alle Ewigkeiten, Amen" (Röm 9,1–5).

Das auserwählte Volk zeichnet sich vor allem dadurch aus, dass ihm das „Wort" Gottes anvertraut ist. Vor allem durch den Besitz der תּוֹרָה wird das Volk konsti-

---

[154] Dazu Wilckens: Römer 1,188, bes. Anm. 509.

[155] Zu Adam siehe Dunn: Paul's Theology 79–101, zur Herrschaft von Sünde und Tod ebd. 102–127.

[156] Theobald: Römerbrief 153: „Für ihn [Paulus] ist Sünde beides: geschichtsbestimmende *Macht* und verantwortliche *Tat*."

[157] Röm 4 und Gal 3,6–18. Vgl. zum Ganzen hier D.III.3.2.c) Die (Vor-)Geschichte des Glaubens.

[158] Gal 3,19–25 und Röm 2,17–3,20.

tuiert. Darüber hinaus ist den „Israeliten" ein Fülle von Heilsgaben anvertraut: Die Gotteskindschaft, die Herrlichkeit (vgl. 2 Kor 3), die Bundesschlüsse, der Gottesdienst und die Verheißungen. Letztere haben nach Paulus ihren Skopus in der Person Jesu Christi, der „dem Fleisch nach" ebenfalls dem jüdischen Volk entstammt. Wiewohl die Beschneidung bereits das Zeichen des Abrahamitischen Bundes war, bringt Paulus sie besonders mit dem Mosaischen Bund in Zusammenhang. Sie wird zum Kennzeichen für das von den Völkern unterschiedene Volk.

Da das Gesetz die Kundgabe des Willens Gottes ist (Röm 2,18) und der Glaube den Werken des Gesetzes entgegengesetzt wird, muss seine Funktion in der Heilsgeschichte im Zusammenhang mit der Geschichte der *Bestimmung* bzw. des *Denkens* eingehender untersucht werden. Im Zusammenhang der *Sache* genügt es festzustellen, dass für Paulus das Gesetz zwar sagt, wie es zu sein hat[159] – „das Gesetz ist heilig, das Gebot ist heilig, gerecht und gut" (Röm 7,12) –, dass es jedoch nicht die *Macht* gibt, den Willen Gottes tatsächlich zu erfüllen (Röm 7,7–25). Das heißt, dass die Sünde durch das Gesetz zwar erkannt (Röm 2,30), die Bekehrung zu Gott aber nicht durch das Gesetz bewirkt wird. Das bloße Gesetz wird somit zum Signum für diejenigen Menschen, welche sich nicht vom „Fleisch", von der „Sünde" und damit von sich selbst unterschieden haben. Das Unter-dem-Gesetz-Sein rückt in die Nähe des Unter-der-Sünde-Seins (Röm 6,14; 7,5f.). Durch das Gesetz scheint die Sünde sogar noch an Macht und Umfang gewonnen zu haben (Röm 5,20). Doch kommt dem Gesetz als solchem nur eine zeitlich begrenzte heilsgeschichtliche Gültigkeit zu (Röm 7,6).[160] Es ist ein „Zuchtmeister" (παιδαγωγός), der auf Christus hin ausgerichtet ist (Gal 3,24). Das Gesetz findet sein „Ende" in Christus (Röm 10,4), was jedoch keine Aufhebung, sondern eine Erfüllung bedeutet.[161] Die negative Einschätzung des Gesetzes wird klar und deutlich vom Glauben an die Positivität des Christusgeschehens ausgelöst (Röm 5,20; 7,25). In Christus ist der positive und damit schöpferische Akt Gottes gesetzt, von dem her alles beurteilt werden muss.

Von hier aus rückt auch die heilsgeschichtliche Stellung der Juden in den Blick. Paulus betont die Treue Gottes gegenüber seinem auserwählten Volk (Röm 11,1f.; 9,6), doch bezieht er die Bedeutung des jüdischen Volkes auf das neue Gottesvolk aus Juden und Heiden, indem er die Geschichte des von den Völkern unterschiedenen Volkes in die Geschichte des Volkes der von sich selbst unterschiedenen Menschen einbettet. Zunächst gilt auch für Paulus, dass die Zugehörigkeit zum wahren Gottesvolk von der Erfüllung des Gesetzes abhängt (Röm 2,17–29). Die Juden aber haben genausowenig wie die Heiden das Gesetz erfüllt. Wer jedoch wie Abraham (Röm 4) oder die Väter aus den Juden oder wie manche aus den Heiden (Röm 2,12–16) das Gesetz erfüllt, der gehört – auch vorzeitig – zum wahren Israel, zu den „Kindern der Verheißung" (Röm 9,8). Sie sind auf die Ankunft Christi bezogen

---

159 1 Kor 7,19; Röm 8,4; 13,8 ff.; Gal 5,14 auch Röm 3,31.
160 Sanders: Paulus 111.
161 Dazu Dunn: Paul's Theology 160.

(Röm 9,7b–8). Damit ergibt sich ein Widerspruch. Einerseits wird von den Juden verlangt, das Gesetz zu erfüllen. Andererseits kann das Gesetz aber nur erfüllen, wer in Christus berufen ist. Paulus macht deutlich: Nicht alle „aus Israel sind Israel" (Röm 9,6), nicht alle „Nachkommen Abrahams" sind seine „Kinder". „Kinder der Verheißung" sind nur diejenigen, welche Gott selbst durch einen absolut freien, prinzipiellen schöpferischen Akt dazu macht. Nicht der Wille oder das Vermögen des Menschen konstituieren das wahre Israel, sondern die schöpferische Macht Gottes (vgl. Röm 9,17) in ihrer absoluten Positivität,[162] wie sie auf die geschichtliche Realität Christi bezogen ist.

Gott schafft sich sowohl aus Juden als auch aus Heiden sein wahres Volk.[163] Es ist hervorzuheben, dass Gott sein altes Volk, das er schließlich zuvor erwählt hat, keinesfalls verstoßen hat (Röm 11,1). Die Verfehlung eines Teils des alten Gottesvolkes, der zunächst nicht dem wahren Israel zuzurechnen ist, hat ihrerseits heilsgeschichtliche Funktion.

> „Also sage ich: Sind sie etwa gestrauchelt, damit sie fallen? Keineswegs! Vielmehr [ist] durch ihre Überschreitung die Errettung [σωτηρία] zu den Heiden gekommen, um sie eifersüchtig zu machen. Wenn aber [schon] ihre Überschreitung zum Reichtum der Welt und ihr Fehlen zum Reichtum für die Heiden [geworden sind], um wie viel mehr ihre Fülle!" (Röm 11,11f.).

Ein Teil des alten Volkes hat den Glauben an Jesus Christus nicht angenommen, doch kam gerade dadurch das Heil von den Juden auch zu den Heiden. Zweige vom wilden Ölbaum wurden in den edlen (καλλιέλαιος) eingepflanzt (Röm 11,17–24). Israel bleibt die Wurzel, welche die Zweige trägt (Röm 11,18), deshalb dürfen sich die Heiden nicht über die Juden erheben. Aber wie durch die Verstockung eines Teils Israels die Heiden in das Volk aufgenommen wurden, so soll genau durch diese Aufnahme die Eifersucht der Juden geweckt werden, damit sich ganz Israel zum Herrn bekehre.

> „Denn unwiderruflich sind die Gnadengaben und die Berufung Gottes. Denn wie ihr einst Gott ungehorsam wart, nun aber Barmherzigkeit erlangt habt wegen deren Ungehorsam, so sind auch sie nun ungehorsam geworden wegen der Barmherzigkeit, die ihr erlangt habt, damit auch sie Barmherzigkeit erlangen." (Röm 11,29–32).[164]

---

[162] Auch bezüglich Röm 9 hat die Augustinische Aufnahme des Paulinischen Gedankens Epochales geleistet. Augustin entdeckt in dieser Römerbriefstelle den Anstoß zu seiner Gnadenlehre und Prädestinationslehre. Ja, er findet durch den Kommentar in Simpl. 1,2 überhaupt erst zu seiner eigentlichen Position. Augustin arbeitet die Vernünftigkeit des Paulus heraus, indem er den Schein einer doppelten Prädestination, welchen Paulus hier erzeugt, zerstört. Da es sich dabei um die Frage des Verhältnisses von Willen und Gnade handelt, wird die Thematik eingehender im geschichtlichen Moment der *Bestimmung* besprochen.

[163] Röm 9,25ff., bezogen auf Hos 2,1 und 2,25.

[164] Der Dativ in V. 31a τῷ ὑμετέρῳ ἐλέει ist zwar formal streng parallel zum Dativ in V. 30b zu verstehen, er kann auch beide Male kausal aufgefasst werden, wie dies etwa in der Lutherübersetzung und bei einer Reihe von Exegeten geschieht, doch ist hierbei genau auf den Sinn zu achten. Es wäre gedanklich schlechthin falsch, die Barmherzigkeit, die die Heiden erlangt haben, als Kausalursache für

Sowohl die Bekehrung der Heiden als auch die Bekehrung der Juden geschieht einzig auf Grund der Barmherzigkeit Gottes. Diese ist auch noch der Grund, warum Gott den Ungehorsam, sei es der Heiden, sei es der Juden zulässt. Lediglich im Vorblick auf die bekehrenden Erweise der Barmherzigkeit lässt Gott die Verstockung der Menschen zu. Die Bekehrung selbst gleicht als freier Schöpfungsakt Gottes der Auferstehung von den Toten (Röm 11,15)[165]. Wie Gott aus dem Nichts die Welt erschafft, so erweckt er Tote zum Leben und konstituiert sich so sein Gottesvolk. Alles ist reine Gabe (1 Kor 4,7), reiner Überfluss an Gnade (Röm 5,20). Wie das Nichts keinen Anspruch hat, dass aus ihm etwas geschaffen wird, wie die Toten keinen Anspruch haben, auferweckt zu werden, so hat niemand, weder aus dem alten Gottesvolk noch aus den Heiden, ein Anrecht darauf, in das neue Volk der Erlösten berufen zu werden.[166]

b) Die schöpferische Macht des Vaters durch Jesus Christus

Gott und der Mensch sind die Sache des Paulus, genauer das Verhältnis des Menschen zu Gott und das Verhältnis Gottes zu den Menschen. Wie Paulus keine explizite Anthropologie entwickelt, so entwickelt er auch keine explizite Theologie im Sinne einer Lehre von Gott. Der Paulinische Gedanke ist ganz auf das *Wohnen* des Menschen in Geschichte, Welt und Sprache gesammelt. Stets erörtert er konkrete Fragen des Wohnens. Auch da, wo er seine Sache „Gott" näher bestimmt, bleiben theologische Ausführungen stets den konkreten Fragen und Antworten des menschlichen Lebens zugeordnet. Die geschichtliche Welt, in welcher der Mensch lebt, geht aus Gott hervor und sie kehrt auch zu ihm heim. Wie schon in der israelitischen Überlieferung stehen die schöpfungstheologischen Aussagen stets im heilsgeschichtlichen Kontext.[167]

---

den Ungehorsam der Juden in dem Sinn zu verstehen, dass angesichts der Barmherzigkeit Gottes den Heiden gegenüber die Juden begännen, Gott ungehorsam zu sein; dem widerspricht schon 11,14. Es ist zu beachten, dass der Ungehorsam sowohl der Heiden als auch der Juden der Gabe der Gnade schlechthin vorausgeht, wie Paulus in den ersten Kapiteln des Römerbriefes eindrücklich zeigt. Eine Interpretation des Dativ als dativus commodi („zugunsten seines euch geschenkten Erbarmens"), wie Wilckens dies versucht (Römer 2,251,259ff.), führt durchaus weiter, doch kann sie nicht vollends überzeugen, erstens wegen der formalen Parallele zu V. 30b und vor allem aber aus inhaltlichen Überlegungen, denn was würde dann gegenüber V. 30b Neues gesagt werden? Vielmehr ist die *Kausalität* des Dativs anders zu deuten: Die in Christus den Heiden geschenkte Barmherzigkeit ist auch noch die Ursache für die Duldung des Ungehorsams der Juden. Durch diese vorübergehende Verstockung soll deutlich gemacht werden, dass das weltgeschichtliche Heil ausschließlich durch die Barmherzigkeit Gottes in Jesus Christus, nicht aber durch das Gesetz gegeben ist.

[165] „Wenn nämlich ihre Verwerfung Versöhnung für die Welt [bedeutet], was [bedeutet] dann [ihre] Annahme, wenn nicht Leben aus den Toten?"

[166] Siehe Röm 11,35f.

[167] Wilckens: Römer 1,274.

Die Universalität des Schöpfers (Allgemeinheit)

Der Gott, von dem Paulus spricht, ist der Gott der israelitischen Heilsgeschichte, der Gott des Abraham, des Mose und der Propheten. Die Heiligen Schriften der Israeliten haben auch für Paulus noch verbindlichen Charakter. Dennoch betont er, dass dieser Gott nicht nur ein Gott der Juden, sondern auch der Heiden (Röm 3,30) ist, ja dass es sein eigener, besonderer Auftrag ist, den Heiden diesen Gott und seinen universalen Heilswillen bekannt zu machen.[168] Gerade da, wo Paulus wohl mit innerem Bezug zu Dtn 6,4[169] die Einzigkeit und Einheit Gottes als zentrales Signum hervorhebt, tut er das, um die Universalität dieses Gottes zu verdeutlichen. Diese ist aber erst durch das Christusgeschehen und der damit verbundenen Rechtfertigung aus dem Glauben in aller Radikalität ans Licht getreten.

> „[Ist] Gott allein [Gott] der Juden? Nicht auch der Heiden? Ja, auch der Heiden, wenn gilt, ein einziger [ist] Gott, der rechtfertigen wird die Beschnittenen aus Glauben und die Nichtbeschnittenen durch den Glauben" (Röm 3,29 f.).

Der eine Gott ist der Schöpfer von Allem. Es gibt nichts und niemanden, der nicht von Gott geschaffen worden wäre und deshalb auch ihm als Schöpfer die Anerkennung schuldete. Eben weil „aus ihm und durch ihn und auf ihn hin das Alles" (Röm 11,36b; 1 Kor 8,6) ist, stehen Juden wie Heiden unter dem Anspruch Gottes. Die Juden können sich nicht ihrer besonderen Erwählung rühmen (Röm 2,17) und die Heiden dürfen sich nicht als außerhalb des göttlichen Machtbereiches wähnen, da auch ihnen „seit der Erschaffung der Welt" „die Macht und Gottheit" des einen Gottes bekannt sind (Röm 1,20). Auch sie sind zur Anerkennung des absoluten Unterschieds zwischen Schöpfer und Geschöpf verpflichtet (Röm 1,21.25). Verehrung und Verherrlichung kommen nur dem einen Schöpfer zu.

Paulus räumt die Realität von widergöttlichen Mächten ein, denen auch die Bezeichnung „Götter" zukommen kann. Auch die Christen waren dem Wirken der „sogenannten Götter" (1 Kor 8,5) ausgesetzt und sind es zum Teil noch immer, da es auch für sie noch Versuchung und Verführung gibt, auch wenn die Herrschaft dieser Mächte gebrochen ist.[170] Doch für die Christen gibt es nur den „einen Gott und Vater, aus dem Alles ist und auf den hin wir sind" (1 Kor 8,6a). Durch die Macht des Schöpfers sind sie von der Herrschaft der vergötzten und verherrlichten Geschöpfe befreit. Sie erkennen deren Herrschaft nicht mehr an. Deshalb können sie sagen: „[…] wir wissen, dass es keinen Götzen gibt in der Welt und keinen

---

[168] Wenn die Autoren, welche die ‚New Perspective' auf Paulus vertreten, feststellen, dass das Movens Paulinischen Denkens die Einbeziehung der Heiden in das Bundesvolk ist und dass von hier aus die Kritik an Gesetz und Werken des Gesetzes motiviert sei, so ist hier zu bemerken, dass die Ausweitung der Heilsgeschichte auf die Heiden in den *Sachterminus* fällt. Das neue Gottesvolk aus Juden und Heiden, der universale Schöpfergott, die Universalität der Sendung Jesu Christi sind die charakteristische Sache Pauli. Die ‚Lehre' von der Rechtfertigung durch die Liebe Gottes im Kreuz hingegen ist die *Bestimmung*. Von der *Bestimmung* her ist die *Sache* in den Blick zu nehmen und nicht umgekehrt.

[169] (LXX) „ἄκουε Ισραηλ κύριος ὁ θεὸς ἡμῶν κύριος εἷς ἐστιν."

[170] Vgl. Phil 3,19; Röm 16,18; zum Ganzen siehe Schrage: Korinther 2,237–242, bes. 242.

Gott außer dem Einen" (1 Kor 8,4b). Es geht Paulus nicht um eine metaphysische Begründung des Monotheismus, sondern um dessen Relevanz für das Leben und Tun der Menschen in ihrer geschichtlichen Realität, und zwar im Zusammenhang mit dem Glauben an Jesus Christus (vgl. 1 Kor 8,6b). Dort, wo Paulus das monotheistische Bekenntnis mit einem Traditionsstück explizit entfaltet (1 Kor 8,6), tut er dies im Blick auf eine gottgemäße Gestaltung des persönlichen und gemeinschaftlichen Lebens. Er fordert eine fortwährende Bekehrung, will sagen, Zuwendung zum einen Gott, welcher wiederum seine Zuwendung zu uns in Jesus Christus vorausgeht (vgl. 1 Kor 8,11). Dies gilt auch da, wo Paulus die *creatio ex nihilo* denkt. Zu glauben, dass Gott einer unfruchtbaren Frau – wie Sara – noch Kinder schenkt, dass er Tote – wie Christus – zum Leben erweckt, ist Sache des heilsrelevanten und verdienstvollen Glaubens. Weil Abrahams Vertrauen in die Macht Gottes keine Grenzen kannte, wurde ihm diese feste Überzeugung als Gerechtigkeit angerechnet. Schöpfungstheologisch begründet wird dieser Glaube dadurch, dass Gott derjenige ist, der schon „das Nicht-Seiende ins Sein gerufen hat" (Röm 4,17). Damit rückt aber die Schöpfungstheologie des Paulus als solche in den Zusammenhang der Bekehrung des Menschen,[171] denn am Anfang der Bekehrung steht der Glaube, und zwar der Glaube an den Auferstandenen.

Die Schöpfungsmittlerschaft Christi (Einzelheit)

> „Aber für uns: ein einziger Gott, der Vater, aus dem alles und wir auf ihn hin,
> und ein einziger Herr Jesus Christus, durch ihn alles und wir durch ihn" (1 Kor 8,6).

Der eine und einzige Schöpfer von Allem ist auch der Erlöser der Menschheit und der Vollender der Schöpfung.[172] *Creatio, redemptio* und *perfectio* des Menschen sind zunächst auf Gott, den Vater zu beziehen. Doch auch der „einzige Herr Jesus Christus" steht am Anfang, in der Mitte und am Ziel aller Dinge. Paulus unterscheidet dabei zwischen der Art und Weise, wie der Vater Anfang und Ende von Allem ist, und derjenigen, wie Christus Anfang und Ziel von Allem ist. Die prinzipielle und finale Stellung des Vaters wird mit den Präpositionen ἐξ und εἰς bezeichnet, diejenige des Sohnes wird zweimal mit der Präposition διά ausgedrückt. Dies besagt, dass zwischen Gott und Christus keine schlichte Identität und ebenso keine simple Differenz herrscht.[173] Die Präposition διά verweist auf die Schöpfungsmittlerschaft Christi. Durch den Sohn hindurch schafft der eine Gott und Vater. Auch an die-

---

[171] Vgl. dazu Wilckens: Römer 1,274: „Von Anfang an finden sich in israelitischer Überlieferung Schöpfungsaussagen in heilsgeschichtlichem Kontext, besonders bei Deuterojesaja. So kann es nicht verwundern, wenn die endzeitliche Totenauferweckung hier mit der Schöpfung parallelisiert wird. Auch dafür gibt es jüdische Belege; vgl. vor allem JosAs 8,9 […], wozu Eph 5,14; 2,10 (κτισθέντες!); 2 Kor 5,17 zu vergleichen sind. Der Kontext ist hier überall die Bekehrung."

[172] Schrage: Korinther 2,243.

[173] Letzteres gilt auch dann, wenn Paulus Christus niemals als Gott bezeichnet hat. In jedem Fall drängen seine Aussagen auf die Gottheit Christi, wie sowohl die Problemlage von Röm 9,5 als auch die Weiterführung Paulinischer Theologie etwa im Eph oder Kol, die Entwicklung der Christologie im Corpus

ser Stelle könnte man eine subordinatianische Christologie vermuten, zumal die Bezeichnung „Gott" für den Vater reserviert zu sein scheint. Doch gilt auch hier, was bereits bezüglich der Interpretation von 1 Kor 15,28 gesagt wurde.[174] Der volle Sinn der Stelle erschließt sich nur im Zusammenhang mit anderen Aussagen bei Paulus und darüber im gesamten Neuen Testament.[175] An dieser Stelle ist die Bezeichnung „Herr" das Signal dafür, Jesus Christus die Göttlichkeit zuzusprechen.[176] Auch die jüdische Weisheit, der Logos oder die Thora haben eine schöpfungsmittlerische Funktion, doch geht die Schöpfungsmittlerschaft Christi darüber hinaus, eben weil dieser anders als jene wie Gott als „Herr" angesprochen wird. In späterer Terminologie gesprochen: Christus ist nicht das *principium sine principio* wie der Vater, doch ist er ohne Zweifel auch selbst *principium*.

Christus steht aber nicht nur am Anfang der Schöpfung, sondern auch am Anfang der Neuschöpfung[177] sowie am Anfang vom Ende. Durch ihn ist alles geschaffen, „durch ihn sind wir" (1 Kor 8,6), nicht nur als Menschen, sondern als Erlöste (vgl. 1 Thess 5,9). Gerade das kreative Erlösungswerk ist durch Christus vermittelt. Vor allem im Bezug auf dieses Erlösungswerk spricht Paulus vom „Sohn Gottes". Er tut dies im Blick auf das menschliche ‚Wohnen', um so für uns eine Brücke für ein Leben in der Gotteskindschaft zu bauen. Nur der Sohn Gottes kann uns mit Gott „versöhnen". Nur wenn der Sohn Gott ist, kann er uns die eschatologische Verherrlichung vermitteln. So kommt auch die endzeitliche Gottesherrschaft durch ihn für uns zur Wirklichkeit (1 Kor 15). In jeder dieser Hinsichten erweist sich in Christus „Gottes Macht und Weisheit" (1 Kor 1,24). Der Denkweg Augustins beginnt mit 1 Kor 1,24. An diesem Wort geht ihm erstmals die Gottheit Jesu Christi auf. Auch für ihn wurde dieses Wort Gabe und Aufgabe; auch er musste sich von einem neuplatonisch subordinatianischen Verständnis lösen. Die volle Heilsrelevanz der Mittlerschaft Christi geht erst dann auf, wenn die volle Gottheit und die volle Menschheit des Sohnes gedacht werden; einzig der Gott-Mensch kann zwischen Gott und Menschen das Heil vermitteln. Auch Nietzsche hat das Skandalon der Paulinischen Botschaft noch begriffen: Der Gott am Kreuz. Doch wird der Mensch gerade durch diese äußerste Erniedrigung des Schöpfers selbst bis zur „Herrlichkeit der Kinder Gottes" (Röm 8,21) erhöht.

Die Besonderheit der Gotteskinder

Die allgemeine Herrschaft des Schöpfers ist über die Mitte der Einzelheit und Einzigkeit Jesu Christi mit der Besonderheit des neugeschaffenen Gottesvolkes zusammengeschlossen. Gott, der Vater und Schöpfer, vermittelt durch Jesus Christus, seinen

---

Johanneum und schließlich in der patristischen Theologie bezeugen. Vgl. dazu hier Anm. 19 und Anm. 137.

[174] Siehe hier D.I.3.a) darin den Abschnitt: Die künftige Herrlichkeit als vollkommene Realität.

[175] Vor allem ist auf Phil 2,6 zu verweisen, dazu hier D.II.1.c) Die Geschichte Jesu.

[176] Schrage: Korinther 2,244, Anm. 194.

[177] Schrage: Korinther 2,244, Anm. 197.

Sohn, an uns die Gotteskindschaft und befreit uns dadurch aus der Knechtschaft, in welcher sich die Menschen durch eigene Schuld befinden.

> „Ich aber sage: Solange der Erbe ein [unmündiges] Kind [νήπιος] ist, unterscheidet er sich in nichts von einem Sklaven, obwohl er Herr über alles ist, vielmehr steht er unter Vormündern und Hausverwaltern bis zu dem vom Vater festgelegten Zeitpunkt. So auch wir: Als wir [unmündige] Kinder waren, waren wir unter die Elemente der Welt versklavt; als aber die Fülle der Zeit kam, sandte Gott seinen Sohn, geworden aus einer Frau, gestellt unter das Gesetz, damit er die unter dem Gesetz loskaufe, damit wir die Sohnschaft empfingen. Weil ihr aber Söhne seid, hat Gott den Geist seines Sohnes in unsere Herzen gesandt, der ruft: Abba, Vater! So dass du nicht mehr Knecht bist, sondern Sohn, wenn aber Sohn, so auch Erbe durch Gott" (Gal 4,1–7).

Der Sohn Gottes stiftet ein neues Verhältnis der Menschen zum Vater, ein Verhältnis, das nicht schon in der Schöpfung als solcher grundgelegt ist, sondern erst durch die Sendung des Sohnes konstituiert wird. Nur weil der Sohn unter den Menschen war, weil er ganz Mensch wurde, wird zwischen den „Knechten" und den „Kindern" ein Unterschied gesetzt. Die Gotteskindschaft ist nicht mit der Schöpfung gegeben. Sie liegt nicht in der Natur der Menschen begründet, sondern ist reine Gabe, gegeben aus der Freiheit Gottes. Durch diese Gabe aber können auch die Gläubigen sich als Kinder Gottes begreifen. Aus Knechten werden sie zu Freien. Den freien Kindern, nicht aber den Knechten, wird das Erbe des Vaters zuteil. Das Erbe, das die Kinder Gottes zu erwarten haben, besteht in nichts anderem als in Gott selbst, in seiner Herrlichkeit (Röm 8,17) [178]. Im Sohn gibt Gott sich selbst hin. Die Mit-Menschen des Sohnes, seine Geschwister stehen als Mit-Erben ganz an seiner Seite. Sie schreiten das volle Mensch-Sein mit ihm aus, im Leiden ebenso wie in der Freude. Ihnen ist der Geist Gottes gegeben. In ihm werden sie zu Kindern Gottes und als solche werden sie von Gott geliebt. Sein Geist ist der Geist der *Liebe*. Im Besitz dieses Geistes zu sein, ist die Besonderheit der Kinder Gottes. Die Knechte hingegen bleiben lediglich unter der *Macht* und damit unter der Verfügungsgewalt des Vaters, ohne seiner Liebe teilhaft zu werden. Sie stehen unter dem Gesetz, ohne Gottes Kinder zu sein. Wegen der Ohmacht des Gesetzes, die Menschen zu befreien und zu erneuern, gerät das Gesetz selbst in die Nähe der Mächte dieser Welt, welchen zunächst alle Menschen durch ihre eigene Schuld unterworfen sind. Wiewohl Gott alle Menschen liebt, lieben nicht alle Menschen Gott. Die Liebe wird damit zum Grund der Unterscheidung der Menschen von einander und vor allem von sich selbst. Hier berührt die *Sache* des Paulus (das Verhältnis von Gott und Mensch) die *Bestimmung*: Die in Christus geoffenbarte Liebe des Vaters. Die schöpferische Macht Gottes und die Gemeinschaft der Kinder Gottes stehen unter dieser Maßgabe.

---

[178] „[…] wenn aber Kinder [τέκνα], dann auch Erben; Erben zwar Gottes, Miterben aber Christi, wenn wir mit ihm leiden, um auch mit ihm verherrlicht zu werden."

II.   Die in Christus offenbare Liebe Gottes

Paulus lässt keinen Zweifel daran, dass im Ternar Glaube – Liebe – Hoffnung der Liebe die überragende Stellung zukommt.[179] Sowohl der Glaube als auch die Hoffnung stehen unter der Bestimmung der Liebe. Die ἀγάπη hält die Mitte zwischen der grundlegenden πίστις und der auf die Vollendung vorblickenden ἐλπίς. Wie der Glaube ein gegebenes Wissen um die Erlösung zum Inhalt hat und wesentlich ein in Gottes Treue begründetes Vertrauen ist, wie die Hoffnung in der Ermächtigung zum Tun der Wahrheit gründet und auf die Verherrlichung Gottes zielt, so ist auch die Liebe erstlich und letztlich als die Liebe Gottes zu begreifen – im Genetivus subiectivus und obiectivus. Die Liebe Gottes zu den Menschen ist die Maßgabe schlechthin (Röm 5,2). Gegeben aber ist das Kreuz Christi, an ihm findet der Mensch sein Maß. In der Sendung des Sohnes offenbart sich die Liebe Gottes als sein Wille, die Welt zu erlösen. Die Hingabe Christi am Kreuz manifestiert die Gerechtigkeit Gottes als seine Treue zu uns. Die darin liegende Selbsthingabe Gottes wird dem Menschen zur Bestimmung seines Willens. Der Mensch ist gehalten, sich selbst Gott hinzugeben. Er kann dies, weil ihn die Liebe Gottes zu einem Gerechten macht.

Das erste Moment bildet die Negation „dieser Welt" durch den Zorn Gottes (3). Die Mitte der Bestimmung ist die „Gerechtsprechung" des Menschen durch die Selbsthingabe Gottes am Kreuz, wodurch sowohl die Limitation des Zornes als auch die Unterscheidung des Menschen von sich selbst erfolgt. Der gerechtfertigte Mensch entspricht dem Willen Gottes im Gehorsam (2). Die geschichtliche Entfaltung der Realität der Liebe Gottes in Jesus Christus schließt die Bestimmung ab (1). Am Anfang der Maßgabe steht der unfreie Wille des weltlichen Menschen, in der Mitte seine Befreiung durch das Wort vom Kreuz und am Ende die geschichtliche Realität der Freiheit unter der Maßgabe der Liebe.

1.   Die geschichtliche Realität der Liebe Gottes

Klar und deutlich verneint Paulus das Hin-und-her-Gleiten zwischen Ja und Nein. Die Differenz als das endlose Aufschieben oder die prinzipielle Unentscheidbarkeit zwischen Position und Negation wird eindeutig negiert. Paulus unterstellt dem Willen zur Offenheit und bloßen Andersheit eine „Leichtfertigkeit" (ἐλαφρία). Ein Wille, der zwischen Ja und Nein schwankt und das noch aus Vorsatz, ist κατὰ σάρκα (2 Kor 1,17). Paulus ruft Gott zu seinem Zeugen an, dass sein Wort nicht zugleich Ja und Nein ist (18):

---

[179] Bezüglich der Reihenfolge der Trias Glaube, Liebe, Hoffnung bei Paulus ist auf 1 Thess 1,3 und 5,8 zu verweisen. Diese Stellen lassen die eben genannte Folge als die ursprüngliche vermuten (vgl. Schrage: Korinther 3,317). Die Endstellung der Liebe in 1 Kor 13,13 (Glaube – Hoffnung – Liebe) dürfte auf die Heraushebung der Liebe als der „größten" (ebd.) unter diesen drei zurückzuführen sein.

„Denn der Sohn Gottes, Jesus Christus, der unter euch durch uns verkündigt worden ist [...], wurde nicht das Ja und Nein zugleich, sondern in ihm ist das Ja verwirklicht. Denn alle Verheißungen Gottes sind in ihm das Ja, deshalb auch durch ihn das Amen, Gott zur Herrlichkeit" (2 Kor 1,19f.).

Die Zuverlässigkeit Gottes hat sich in Christus manifestiert, in dem er seine Liebe zu „uns" geoffenbart und „uns" dadurch bejaht hat, und zwar als wir ihn noch verneint haben (Röm 5,8ff.). Mit dieser Tat hat Gott eine neue Wirklichkeit gesetzt, nämlich die Wirklichkeit des neuen Menschen, der Gottes Willen in Freiheit entspricht. Das Ja Gottes besagt aber gerade keine ununterschiedene Bejahung dieses Äons jenseits von Gut und Böse im Sinne Nietzsches, sondern die Verheißung und mehr noch die Wirklichkeit der Erneuerung.

In der singulären Geschichte des Individuums Jesus Christus hat Gott uns sein Ja gegeben. Die Verneinung durch die Menschen führte zu seiner Kreuzigung, wodurch aber Gottes „Zuverlässigkeit" (πίστις) nicht gebrochen werden konnte. Die Geschichte des gottgemäßen Lebens Jesu Christi, die sich auf das Kreuzesgeschehen zusammenzieht, wird als singuläres Vorbild zur Bestimmung des Menschen (c). Über die Mitte der Allgemeinheit des Wirkens Christi in der Geschichte der Menschheit (b) wird die singuläre Maßgabe, das Leben Jesu Christi, mit dem Leben der besonderen, weil begnadeten Individuen zusammengeschlossen (a). Die Geschichte Jesu als höchster Norm ist bei Paulus von äußerster Abstraktheit. Eben deshalb kommt den Christen als denjenigen, die sich seinem Vorbild besonders verpflichtet sehen, ein Höchstmaß an Freiheit bei der konkreten Ausgestaltung zu. Die Allgemeinheit der Tradition Christi in der Menschheitsgeschichte vermittelt die Momente der Besonderheit und der Einzelheit und gibt somit eine verbindliche Anweisung für die konkrete geschichtliche Verwirklichung des göttlichen Willens in der je besonderen Situation der Kirche.

a) Der freie Wille und die Liebe des Menschen

Die Freiheit der besonderen Verwirklichung

„Zur Freiheit hat uns Christus befreit; steht fest und lasst euch nicht wieder dem Joch der Knechtschaft unterwerfen" (Gal 5,1).

Die Christen sind zu einer besonderen Freiheit berufen. Sie sind von der Knechtschaft des Gesetzes befreit (vgl. Röm 7,1–7). Durch die Aufforderung, in der neuen Freiheit festzustehen und nicht wieder in die Unfreiheit des Gesetzes zu verfallen, ist zweierlei angezeigt. Erstens wurde der menschliche Wille von der Ohnmacht, die mit dem Gesetz verbunden ist, befreit (vgl. Röm 7,15–25)[180] und zweitens tritt die Freiheit

---

[180] Vgl. dazu U. Wilckens: Die ‚gemeinsame Erklärung zur Rechtfertigungslehre' (GE) und ihre biblische Grundlage, in: T. Söding: Worum geht es in der Rechtfertigungslehre? Das biblische Fundament der ‚Gemeinsamen Erklärung' von katholischer Kirche und Lutherischem Weltbund (QD 180), Freiburg 1999; 27–63, bes. 48.

des Glaubens an die Stelle des Gesetzes als die Maßgabe für das Handeln. Zum ersten: Die Menschen hatten ihre Freiheit durch die Sünde, die sie sehr wohl gewollt hatten, verloren (vgl. Röm 1,21–24; 5,12). Solange sie unter dem Gesetz standen, fehlte ihnen die Macht, das Gute zu tun, auch wenn sie den guten Willen hatten. Doch nun sind sie durch die Bekehrung eine „neue Schöpfung" geworden (Gal 6,15; 2 Kor 5,17). Jesus Christus hat die Menschen aus der Unfreiheit ihres Willens befreit (Röm 7,24f.). Fortan können sie das Gute nicht nur wollen, sondern auch tun. Der „Indikativ", der die Erneuerung des Menschen feststellt, ist die Voraussetzung für den „Imperativ", durch welchen die Christen zum Leben gemäß dem Willen Gottes ermahnt werden.[181] Nur dieser befreite Wille des in Christus erneuerten Menschen, das heißt der Wille des bereits Glaubenden, trägt die Verantwortung für sein eigenes Heil (Gal 6,6–10).[182] Er hat die Freiheit, das Gute oder das Böse zu wählen (vgl. Röm 12,2). Der durch Gott Gerechtgemachte kann sich in der Gerechtigkeit bewähren, und der von Gott Geliebte (Röm 5,2) kann seinerseits die Liebe verwirklichen. Die Früchte der Liebe und der Gerechtigkeit (Phil 1,9f.), die der Gläubige für Gott bringt (Röm 7,4), entscheiden dann allerdings über sein Schicksal. Der Christ wird gemäß seinen freien und deshalb verantwortbaren Taten gerichtet (Gal 6,7–10).[183] Damit ist aber klar, dass der Indikativ der Erneuerung nicht die *Notwendigkeit*, das Gute zu tun, impliziert, ja, nicht einmal die *Wirklichkeit*, dass alle Christen immer das Gute tun, wie gerade Röm 8 nahe legen könnte, sondern die *Möglichkeit* als die *Realität* des Vermögens.[184] Darin liegt, dass die Freiheit der Christen das entscheidende Moment darstellt. Es ergibt sich nun allerdings die Frage nach dem Verhältnis von Gnade und Freiheit, doch soll dies erst etwas später angesprochen werden.

Zunächst ist der zweite Punkt, die Freiheit als Freiheit vom Gesetz, zu klären. Wenn der Wille der Christen frei ist, stellt sich das Problem, wonach sich ihr Wille denn zu richten hat. Offenbar ist es nicht schlechthin das Gesetz, von dem doch die „Kinder Gottes" gerade befreit sind.[185] Doch besagt diese Freiheit keine Willkür.[186] Die Christen müssen sich vielmehr hüten, unter die Herrschaft der Begierden zurückzufallen. Dabei kann das Gesetz auch für sie durchaus eine Weisung sein, wie es das für die „Schwachen" im Glauben ist, die sich weiterhin ganz an die Gesetze des Mose halten.[187]

---

[181] Siehe Röm 6,4a.b; 1 Kor 5,7a.b; Gal 5,13a.b.; Phil 2,12f. Zur Diskussion um „Indikativ" und „Imperativ" in der Paulinischen Ethik siehe Dunn: Paul's Theology 626–631; vgl. auch Sanders: Paulus 97f.

[182] Siehe dazu Theobald: Römerbrief 248ff..

[183] 1 Kor 3,15; 4,4; 2 Kor 5,10; Sanders: Paulus 63ff., 101, 132ff.

[184] Es ist in diesem Zusammenhang sehr wichtig, die Modalitätskategorie ‚Wirklichkeit' von der Qualitätskategorie ‚Realität' streng zu unterscheiden.

[185] Gal 3,24ff.; 4,21–26; Röm 3,21; 8,1–4 u.v.a.

[186] Gal 5,13 und 1 Kor 6,12: „Alles ist erlaubt, aber nicht alles nützt. Alles ist mir erlaubt, aber ich soll nicht von irgendetwas beherrscht werden."

[187] Röm 14; 1 Kor 8; 10,23–11,1.

„Ihr nämlich wurdet zur Freiheit berufen, Brüder; [nehmt] nur nicht die Freiheit als Anlass für das Fleisch! Sondern durch die Liebe dient einander. Denn das ganze Gesetz ist in einem Wort erfüllt, in dem: Du sollst deinen Nächsten lieben wie dich selbst" (Gal 5,13 f.).

Die christliche Freiheit impliziert, das Gesetz auf seinen Grund hin zu durchschauen. Gerade da, wo die Liebe als Grund des Gesetzes erkannt wird, kann es – eingeschränkt – mit seinen Geboten und Verboten durchaus Weisungscharakter behalten.[188] Dies gilt in besonderer Weise von den Zehn Geboten, die Paulus mit dem Liebesgebot zusammenfasst:

> „Niemandem bleibt irgend etwas schuldig, außer einander zu lieben; denn, wer den Nächsten liebt, hat das Gesetz erfüllt. Denn das *Du sollst nicht ehebrechen, Du sollst nicht stehlen, Du sollst nicht begehren* [*Dtn 5,17–21 LXX] und jedes andere Gebot wird in diesem einen Wort zusammengefasst: *Liebe deinen Nächsten wie dich selbst* [*Lev 19,18]. Die Liebe tut dem Nächsten nichts Böses; so ist die Liebe die Erfüllung des Gesetzes" (Röm 13,8 ff.).[189]

Schon im Judentum galt das Gesetz als der geoffenbarte Wille Gottes (Röm 2,18). Doch hat es als die Urkunde des Bundes Gottes mit seinem Volk und damit als die verbindliche Kundgabe des Gotteswillens jetzt in Christus ein geschichtliches Ende gefunden.[190] Christus ist das Ziel des Gesetzes (Röm 10,4), weil in ihm der Wille, d.h. die Liebe Gottes, in maßgeblicher Weise erschienen ist.[191] Er ist die endgültige Bestimmung des Menschen und im Vorblick auf ihn war schon das Gesetz gegeben (Gal 3,23–25). Paulus nennt das Gesetz, wonach sich der Christ nunmehr zu richten hat, das „Gesetz des Glaubens", das „Gesetz des Geistes" oder das „Gesetz Christi".[192] Dieses kann als Manifestation des göttlichen Willens nicht dem alten Gesetz widersprechen, da sonst der Wille Gottes selbstwidersprüchlich wäre oder sich geändert hätte. Doch ist es auch nicht schlechthin der Kern des Alten Gesetzes, der schon von alters her als Gottes- und Nächstenliebe[193] offenbar und zugänglich war. Christus hat sich vielmehr selbst in neuer Weise als der Kern des Alten Gesetzes erwiesen. Die Liebe Gottes ist in einer neuen Weise zur Bestimmung des Menschen geworden. Jetzt sollen sowohl Juden wie auch Heiden das Gesetz in der „Neuheit des Geistes und nicht der Überkommenheit des Buchstabens" (Röm 7,6) verwirklichen. Damit ist eine neue Verantwortung gegeben, denn es gilt nicht, die Fülle der Normen wortwörtlich zu erfüllen. In neuer Freiheit ist der bekehrte Mensch gehalten, durch

---

[188] Zur Stelle Wilckens: Römer 2,221–224; Theobald: Römerbrief 197: „Thoragehorsam ist nicht der Grund eschatologischer Rechtfertigung des Menschen durch Gott, diese vermittelt allein der Glaube an Jesus Christus."

[189] Zum Liebesgebot, seinem jüdischen und alttestamentlichen Hintergrund siehe Wilckens: Römer 3,67–74.

[190] Siehe dazu hier D.II.2.1.b) Christus und die Geschichte der Menschheit, darin den Abschnitt: In der Mitte der Zeit (Gesetz – Christus, Adam – Christus).

[191] Haacker: Römer 206–209.

[192] Zu dieser modifizierten Verwendung des Begriffs νόμος in ihrem schwierigen Verhältnis zum jüdischen Pentateuch siehe Dunn: Paul's Theology 625–679.

[193] Siehe Dtn 6,4 und Lev 19,18.

die „Erneuerung der Vernunft" „zu prüfen, was der Wille Gottes ist, das Gute und Wohlgefällige und Vollkommene" (Röm 12,2).

Der Wille des Menschen findet seine Bestimmung in der Vollkommenheit, die in der Liebe Christi anschaulich wird. Das beinhaltet aber gerade keine schlichte Normierung des Willens. Die Besonderheit des Individuums wird nicht durch die Allgemeinheit des Vollkommenen vernichtet, sondern die Individualität bildet sich als solche in der Auseinandersetzung mit dem Vollkommenen erst heraus. Dies ist gegen Foucault zu betonen, der dem Christentum eine totalitäre, weil normierende Gesetzesfrömmigkeit unterstellt, die auf die Auslöschung der Freiheit und Individualität zielt. Der Christ steht nach Paulus aber gerade in der Verantwortung, für sich den Willen Gottes zu finden, der in Christus manifest geworden ist. Darin liegt keine Beliebigkeit, auch kein atomisierender Individualismus, vielmehr wird der Einzelne durch die Liebe stets an die Gemeinschaft der Glaubenden zurückgebunden. Einerseits steht der Christ in der Freiheit vom Buchstaben des Gesetzes, doch ist er andererseits gehalten, sich an dem auszurichten, was sich ziemt, was für die Individualität ebenso erbaulich ist wie für den Anderen und schließlich für die Gemeinde.[194]

> „Alles ist erlaubt, aber nicht alles nützt; alles ist erlaubt, aber nicht alles baut auf. Niemand suche sein Eigenes, sondern das [Wohl] des Anderen" (1 Kor 10,23 f.).

Der „Andere", dem die Liebe gilt und der so für mich zum Maßstab wird, ist nicht der „Fernste" Nietzsches im Sinne des Übermenschen. Er ist nicht der „Andere" eines Levinas oder Derrida, der durch die *différance* schlechthin von mir getrennt ist und doch in meine Sphäre einbricht, sondern der in Christus vermittelte *Nächste*, zunächst der „Mitbewohner des Glaubens", darüber hinaus aber „alle Menschen"[195] (Gal 6,10) – sind doch alle Geschöpfe des einen Gottes. Durch die gemeinsame Herkunft aus Gott und mehr noch durch die Liebe Gottes in Christus kommt mir der Andere nahe und wird mir dadurch zum Nächsten. Die Liebe zum Nächsten findet ihre Bestimmtheit im Tun Christi. An Konkretion dieser Bestimmtheit lässt es Paulus nicht mangeln und doch hat der Paulinische Gedanke in seiner Bestimmungskraft hier eine Grenze. Die Paulinische Liebe entfaltet gerade nicht eine kaum zu übersehende Fülle von Geboten und Verboten, die dem Buchstaben nach befolgt werden wollen; statt dessen will im Geist Christi die Konkretion der Bestimmung des Willens je und je neu gefunden werden.

---

[194] W. Klaiber spricht von einem „ekklesiologischen Charakter" der Paränese, ders.: Rechtfertigung und Gemeinde. Eine Untersuchung zum paulinischen Kirchenverständnis (FRLANT 127), Göttingen 1982, 56, Anm. 220.

[195] Mit T. Söding: Das Gebot der Nächstenliebe bei Paulus. Die Mahnungen zur Agape im Rahmen der paulinischen Ethik (NtA NF 26), Münster 1995, 256.

Die Liebe als Maßgabe des Tuns (1 Kor 13,1–13)

Auf vielen verschiedenen Wegen kann der Christ seine besondere Bestimmung verwirklichen (1 Kor 12,12–30). Zu jeder einzelnen Aufgabe, durch die er seine Liebe verwirklicht, wird der Gläubige durch eine bestimmte Gabe (χάρισμα) befähigt. Die Fülle des Besonderen wird ihrerseits durch die Einheit der Liebe zusammengehalten. Wenn Paulus die Liebe als den „überragenden Weg" bezeichnet, so nicht, weil sie an der Konkretion des Alltags vorbei ein Königsweg zum Heil wäre, sondern weil sie der „Weg in die alltägliche Wirklichkeit"[196] ist. Jedes gute Werk des Christen steht unter der Bedingung der Liebe. Die Liebe ist der von sich unterschiedene Wille, der in sich Christus am Werk weiß.[197] Weil Christus sich für „mich" hingegeben hat (Gal 2,20), kann ich mich für ihn hingeben, kann ich lieben. Ohne diese Liebe können weder die kultisch-liturgischen Gnadengaben wie Zungenrede und Prophetie, noch intellektuelle Gaben wie Wissen und Erkenntnis ihre Frucht bringen. Sogar der Glaube als das rückhaltlose Vertrauen auf die Macht Gottes bewirkt ohne Liebe nichts. Wenn im Hohenlied der Liebe der Glaube unter die Bedingung der Liebe gestellt wird, so ist nicht nur an bloßen Wunderglauben zu denken, sondern durchaus auch an den heilsrelevanten Glauben, der die Auferweckung von den Toten zu seinem Gegenstand hat.[198] Erst wenn die geglaubte Sache auch geliebt wird, entfaltet das Wissen des Glaubens seine Heilswirkung. Die Haltung des Glaubens muss durch die Liebe bestimmt sein, nur dann ist der Mensch auch in Wirklichkeit zu einem Gerechten geworden. Zwar geht der Glaube den Werken der Liebe voraus, doch muss er sich heilsnotwendig durch Werke der Liebe bewähren.[199] Nicht einmal die Hingabe des Besitzes oder des eigenen Leibes nützen etwas im Blick auf das Heil. Wenn dieses Tun nicht unter der Maßgabe der Liebe steht, führt es nicht zur Erlösung.

---

[196] Schrage: Korinther 3,282.

[197] Gal 2,20: […] nicht mehr ich lebe, sondern Christus lebt in mir; insofern ich aber jetzt im Fleisch lebe, lebe ich im Glauben an den Sohn Gottes, der mich geliebt und sich für mich hingegeben hat."

[198] Becker: Paulus 440: „Ohne Liebe und Hoffnung ist der Glaube ‚nichts'."

[199] Anders Schrage: Korinther 3,288. Doch kann seine Argumentation nicht überzeugen. Es ist schlichtweg falsch, dass bei Paulus „jede Art von Verdienstlichkeit […] a limine ausgeschlossen" ist. Wahr ist, dass jedem Verdienst die Gerechtmachung durch Gott vorausgeht, ja, jeder Verdienst Gabe Gottes ist. Falsch ist auch, dass „[n]irgendwo […] die Liebe als Heilsweg bezeichnet" wird. Eben weil in Christus die Liebe Gottes an uns kommt (Röm 5,2), weil die Liebe Christi uns zur Selbstunterscheidung drängt (2 Kor 5,14), weil Christus das Gesetz erfüllt und weil die Summe des Gesetzes die Liebe ist, bleibt für den Christen – nach seiner Gerechtsprechung *sola fide* und *sola gratia* – der Weg der Liebe eine Bedingung des Heils.
Dies hat gerade Augustinus deutlich gemacht, der Paulus in diesem Punkt – anders als Luther – exakt entspricht. Siehe hier C.I.2.a) Fides, quae per dilectionem operatur. Siehe bei Augustin bes. en. ps. 31,2,6 (CCL 38,229,10–23). Augustinus weist hier auf den scheinbaren Widerspruch in Paulus hin, der einerseits einen Glauben ohne Werke fordert (Röm 3,28), andererseits die Werke als notwendiges Konstitutivum des Glaubens bezeichnet (Gal 5,6), auch en. ps. 31,2,5 (CCL 38,228,20 ff.) und weiter Io. eu. tr. 6,21 (CCL 36,65); gr. et. lib. arb. 12 (PL 44,888 f.) und gr. et lib. arb. 34 (PL 44,901 f.) mit Zitaten aus Röm 8,35–39; 1 Kor 12,31–13,13; Gal 5,13 f.; Röm 13,8; Kol 3,14.

Die Liebe als Maßgabe ist kein pathologischer Affekt, sondern der gute Wille im Blick auf den Nächsten (1 Kor 13,4–7) und auf Gott. Es gilt, dem Nächsten Gutes zu wollen und dessen Bosheit durch Gutes zu überwinden (vgl. Röm 12,9–21), wie gerade der Blick auf das Tun Christi lehrt (vgl. Röm 15,1–6). Dennoch ist die Liebe nicht ohne Unterscheidung, und sie weiß klug mit Verfehlungen umzugehen. Diese Klugheit im konkreten Handeln führt im Extremfall bis hin zur Absonderung vom Bösen (1 Kor 5,1–21).

Die Liebe ist der bekehrte, weil Gott zugewandte Wille des Menschen. Deshalb hört die Liebe auch nicht auf, solange der Mensch lebt – zumindest der Möglichkeit nach. Und mehr noch: Während die übrigen Talente und Gnadengaben mit diesem Leben vergehen – sie haben ihren Ort nur in der Zeit des Übergangs zur Vollendung –, hört die Liebe niemals auf (1 Kor 13,8). Auch in der eschatologischen Vollendung erhält sie sich.[200] Die Liebe strebt jetzt schon danach, den Willen Gottes zu erfüllen und in diesem Sinn das Wohlgefällige, Gute und Vollkommene zu wollen. Die Liebe ist die fortschreitende Verwirklichung der Vollkommenheit bereits in dieser Weltzeit. Wenn das Stückwerk dieser Zeit vergeht und das Vollendete kommt, dann erhält sich dennoch die Liebe als das Sich-selbst-Hingeben. Sie bleibt die vollkommene Antwort auf die Selbsthingabe Gottes, auch in der „Schau von Angesicht zu Angesicht" (1 Kor 13,12).

Solange der Christ noch auf dem Weg der Vervollkommnung ist und sich immer wieder von sich selbst unterscheiden soll, bleiben ihm Glaube, Hoffnung und Liebe als Wegweisung. Am bedeutendsten unter den dreien ist die Liebe (1 Kor 13,13). Sie ist es nicht nur, weil der Glaube in die Schau übergeht und die Hoffnung sich erfüllt, sondern vor allem deshalb, weil die Liebe die Maßgabe sowohl für den Glauben als auch für die Hoffnung ist. Sie ist die Bestimmung des Menschen.

Das Verhältnis von Gnade und Freiheit

Ausführlich und systematisch beschäftigt sich Paulus ebensowenig mit der Frage nach dem Verhältnis von Gnade und Freiheit wie mit der Frage nach dem genauen Verhältnis von Gott, dem Vater, und Jesus Christus, dem Sohn, – im Sinne der späteren Trinitätslehre – oder nach dem Verhältnis von göttlicher und menschlicher Natur in Jesus Christus – im Sinne der chalkedonensischen Christologie. Dennoch hat Paulus dem abendländischen Denken auch in der Frage nach dem freien Willen und der Gnade eine grundlegende Aufgabe gestellt. Augustinus hat diese Aufgabe für die Mittlere Epoche gelöst. Anders dagegen Luther: In seinem nunmehr neuzeitlichen Horizont konnte er die menschliche Freiheit nicht anders denn als erstursächliche begreifen. Diese Annahme widerspricht aber der allein erstursächlichen Freiheit Gottes. Mit anderen Worten, die Vorstellung eines primären, freien Willens und damit verbunden verdienstvoller Werke (*de condigno*[201]) und die gleichzeitige Vorstellung

---

[200] Ebenso Schrage: Korinther 3,304 ff.
[201] Dazu E.-M. Faber: Art. Verdienst, in: LThK ³2001, Bd. 10, 613–616, 614.

des allein heilswirkenden Gottes schließen sich gegenseitig aus.[202] Luther entschied sich in dieser Situation für eine Rechtfertigung *sola gratia* und *sola fide*. Die Werke des guten Willens folgen als freie Zugabe der Rechtfertigung, tragen aber nichts zu ihr bei.[203] Dabei hat Luther seine Auseinandersetzung mit seinen – ebenfalls neuzeitlichen – ‚katholischen' Gegnern sowohl in das Schrifttum des Paulus als auch in das des Augustinus hineingelesen. Die Luthersche Negation des *liberum arbitrium* hat schlichtweg keinerlei Entsprechung bei *Paulus*.[204]

Bemerkenswerterweise beherrschte jedoch die Luthersche Perspektive auch die traditionelle historisch-kritische Exegese über lange Zeit. So unterstellt noch Bultmann, dass das Judentum nach „Werkgerechtigkeit" strebe und dass jeder menschliche Versuch, das Gesetz aus eigener Freiheit und Macht zu erfüllen, nur noch tiefer in die Verstrickung der Schuld führe.[205] Dabei verbindet Bultmann Luthersche Motive mit Heideggerschen Philosophemen.[206] Sowohl Wilckens und Merklein als auch Sanders und Dunn versuchen in je eigener Weise, den Blick auf Paulus wieder freizugeben.[207]

Zunächst ist festzustellen, dass Paulus eine erstursächliche Freiheit, wie sie erst in der Spätscholastik (Gabriel Biel) und im italienischen Humanismus der Renaissance (Giovanni Pico della Mirandola) aufkommt, nicht kennt. Doch gerade diese hatte Martin Luther vor Augen. Aber auch der Freiheitsbegriff eines Pelagius, gegen den sich Augustin wendet, ist Paulus fremd. In seiner Auseinandersetzung mit dem Judentum zielt er nicht auf die Kritik einer erstursächlichen menschlichen Freiheit, da jüdische Gesetzeserfüllung das Gnadenwirken Gottes schlechthin voraussetzt.

---

[202] M. Luther: De servo arbitrio, WA 18;615,12–16.

[203] M. Luther: Von der Freiheit eines Christenmenschen, WA 7;24,25–25,4.

[204] Sanders: Paulus 28, 58, 64f., 132, 171; Dunn: Paul's Theology 335–340. Wiewohl die neue Perspektive Paulus aus der allzu engen Umarmung durch Luther löst, bleibt deren Vertretern doch der charakteristisch neuzeitliche Impetus Luthers und damit dessen eigentliches Verdienst um die menschheitliche Freiheit verborgen. Um dies in den Blick zu bekommen, empfiehlt es sich, das Ende der Neuzeit zu betrachten; siehe G.W.F. Hegel: Vorlesungen über die Philosophie der Geschichte, Frankfurt [2]1989, 497: „Das ist der wesentliche Inhalt der Reformation; der Mensch ist durch sich selbst bestimmt, frei zu sein." Hegel lässt auch keinen Zweifel daran, dass die Freiheit, von der hier die Rede ist, ihren Ort im Staat hat. So ist er in der Folge nur an den „Auswirkungen der Reformation auf die Staatenbildung" (508), nämlich an der „Aufklärung und [der] Französische[n] Revolution" (520) interessiert. Für Hegel steht fest, dass die bleibende Wirksamkeit einer bürgerlichen Revolution unter der Bedingung der Reformation steht (535).

[205] Bultmann: Theologie 264: „Aber Paulus geht noch viel weiter; er sagt nicht nur, dass der Mensch durch Gesetzeswerke nicht das Heil erlangen *kann*, sondern auch, dass er es gar nicht *soll*". Der Weg der Verdienste auf Grund des freien Willens und der Weg der Gnade schließen sich nach Bultmann aus: „Warum ist das der Fall? Deshalb, weil *das Bemühen des Menschen, durch Erfüllung des Gesetzes sein Heil zu* gewinnen, ihn nur in die Sünde hineinführt, ja im Grunde selbst *schon die Sünde ist.*" Theobald nennt diese Position die „anti-legalistische" Deutung, siehe ders.: Römerbrief 190.

[206] Gerade die Heideggersche Rede von der „Sorge" und der „Gelassenheit" hatte großen Einfluss auf Bultmann.

[207] Eine schöne Übersicht über die *anti-legalistische* (Bultmann, Bornkamm), die *hamartologische* (Wilckens, Merklein) und die *anti-partikularistische* (Sanders, Dunn) Deutung bietet Theobald: Römerbrief 190–202.

Die Polemik des Paulus gegen die Werke des Gesetzes richtet sich nicht gegen eine vermeintliche jüdische Werkgerechtigkeit.[208] Das eigentliche Movens für die Kritik der Werke des Gesetzes ist die neue Bestimmung des Menschen in Jesus Christus. Durch die Ablehnung der „Werke des Gesetzes" soll ausgeschlossen werden, dass die Unterscheidung des Menschen von sich selbst, wie sie einzig und allein im Christusgeschehen präfiguriert und „für uns" wirksam ist, durch das Vollbringen der Gesetzeswerke wieder ersetzt wird. Das jüdische Erfüllen des Gesetzes führt niemals zur Bestimmung des Menschen in Christus, wodurch aber allein das Heil gegeben ist. Nicht das Tun des Gesetzes kennzeichnet die von sich unterschiedenen Menschen, sondern das In-Christus-Sein. Im Horizont der Alternative: Gesetz – Christus erscheint für Paulus noch nicht die Frage nach Gnade und Freiheit, da auch die Erfüllung des Gesetzes im Judentum als eine Gabe der Gnade auf Grund der Bundestreue Gottes zu verstehen ist. Deshalb wirft Paulus den Juden nicht den Versuch vor, für sich vermittels eigener, erstursächlicher Freiheit das Heil wirken zu wollen, sondern er greift ihre Besonderung von den Völkern sowie ihre Verschlossenheit gegenüber Jesus Christus an.

Die Alternative Gnade oder eigenes Wollen und Vollbringen findet sich durchaus auch im Paulinischen Horizont. Sie stellt sich für Paulus allerdings nicht in der Auseinandersetzung mit den Juden, sondern mit dem korinthischen Enthusiasmus. Die korinthischen Christen laufen Gefahr, in ihrer Begeisterung die absolute Grenze zwischen Schöpfer und Geschöpf zu überschreiten und sich selbst die Gerechtigkeit zuzuschreiben, die doch von Gott kommt. Die Korinther blähen sich gegeneinander auf und rühmen sich ihrer Werke. Genau gegen diese Überheblichkeit der Christen richtet sich nun die Mahnung:

> „Wer unterscheidet dich? Was aber hast du, das du nicht empfangen hast? Wenn du aber auch empfangen hast, was rühmst du dich, als hättest du nicht empfangen?" (1 Kor 4,7).[209]

Paulus hält den Korinthern den urjüdischen Grundsatz entgegen: Alles ist von Gott gegeben.[210] Dieser lautet nun allerdings christlich modifiziert: Alles ist durch Christus gegeben. Doch kann es im Horizont des paulinischen Denkens niemals zu einem Widerspruch zwischen göttlichem Geben und menschlichem Wollen kommen. Denn auch das Wollen und das Vollbringen des Menschen sind von Gott gegeben. Gott selbst bewirkt das Wollen gerade als ein freies.

> „Denn Gott ist es, der in Euch wirkt [ἐνεργῶν] sowohl das Wollen als auch das Wirken [ἐνεργεῖν] nach [seinem] Wohlgefallen / für den [eueren guten] Willen" (Phil 2,13).[211]

---

[208] Zum Ganzen hier den Abschnitt 2.1.b) Christus und die Geschichte der Menschheit: Mitte der Geschichte (Christus – Gesetz).

[209] Zur Bedeutung von 1 Kor 4,7 in der Gnadenlehre des Augustin siehe Ring: Erläuterungen 278–282.

[210] Vgl. Mt 13,11; 19,11; Joh 6,65. Schrage hebt in seinem Kommentar zur Stelle ausdrücklich die grundlegende Bedeutung des Gegeben-Seins von Allem hervor: Korinther 1,337 f.

[211] Zur Übersetzung von ὑπὲρ τῆς εὐδοκίας: Die Einheitsübersetzung liest „noch über eueren guten Willen hinaus", die Lutherübersetzung „nach seinem Wohlgefallen." Weil ein klärendes Possessivpronomen

Für Paulus wird der Mensch durch das Wirken Gottes nicht einfach zum willenlosen Automaten degradiert, sonst würden seine vielfältigen Appelle an die Freiheit und Verantwortung ins Leere laufen. Es ist damit kein impliziter Ausschluss des freien Willens in heilsrelevanten Angelegenheiten gemeint, wie dies Luther entworfen hat. Vielmehr deutet Paulus hier das eigentümliche Zusammenwirken von Gnade und Freiheit im Menschen an. Bezogen auf seine eigene Bekehrung macht Paulus deutlich:

> „Durch die Gnade Gottes aber bin ich, was ich bin, und seine Gnade gegen mich war nicht vergeblich, sondern mehr als sie alle habe ich mich abgemüht, aber nicht ich, sondern die Gnade Gottes mit mir" (1 Kor 15,10).

Die Unterscheidung des Menschen ist ausschließlich Sache der Gnade und damit reine Gabe.[212] Doch die Gnade will ihrerseits Wirkungen und Werke hervorbringen. Paulus ist kein willenloses Objekt der Gnade, sondern er wirkt mit ihr zusammen. Nun aber ist dieses Zusammenwirken gerade nicht synergistisch zu verstehen.[213] Die Freiheit, das Wirken, die Verantwortung, die sich Paulus hier zugesteht, sind ebenfalls Wirkungen der Gnade. Gerade weil die Gnade ihn bekehrt und damit befreit hat, kann er in Freiheit wirken und zwar Werke, die für sein eigenes Heil maßgeblich sind.[214] Aber auch diese Werke wirkt letztlich Christus, der in ihm lebt

---

fehlt, kann εὐδοχία sowohl auf Gott als auch auf den Menschen bezogen werden. Gnilka (Philipperbrief 150) und Müller (Philipper 117) entscheiden sich vor allem aus sachlogischen Gründen für Gottes „Wohlgefallen" als Ursache für unser Wollen und Vollbringen. Gegen diese Übersetzungsmöglichkeit ist nichts einzuwenden. Sie wird m.E. noch zusätzlich gestützt durch den Chiasmus: ἐνεργῶν (Gott) – θέλειν (Mensch) – ἐνεργεῖν (Mensch) – εὐδοχία (Gott). Wirken (Macht) und Wollen Gottes bilden somit die Klammer für Wollen und Wirken (Macht) des Menschen, jenes steht an Anfang und Ende von diesem. Doch versteht Paulus unter εὐδοχία an den anderen Stellen, wo dieses Wort vorkommt, den „guten Willen" des Menschen (Phil 1,15; Röm 10,1) und nicht den Willen Gottes. Lediglich im deuteropaulinischen Epheserbrief (1,5; 1,9) bedeutet εὐδοχία göttliches „Wohlgefallen". Zudem ist die Grundbedeutung von ὑπέρ nicht „nach", „gemäß", sondern „für", „zugunsten von" (siehe Gnilka: Philipperbrief 150, Anm. 27). Damit ergibt sich aber als Bedeutung von ὑπὲρ τῆς εὐδοχίας: „für den [guten] Willen [des Menschen]"! Diese Übersetzung wird durch die Vulgata gestützt, die *pro bona voluntate* liest. Entscheidend ist aber auch hier das sachlogische Argument, dass nämlich Gott am *neutralen* „Wollen" des Menschen wirksam ist, damit der Mensch einen *„guten"* Willen habe (man beachte die Vorsilbe ευ). An diesem Punkt kommt auch eine weitere Bedeutung von ὑπέρ: „für", „an Stelle von" ins Spiel. Gott bewirkt den Willen an Stelle des guten Willens, der sich nicht selbst (als Erstursache) hervorbringen kann. Damit kommt der Stelle eine gewisse Mehrdeutigkeit zu, die jedoch durchaus beabsichtigt sein kann, zumindest jedoch dem Textbefund und dem bei Paulus Gedachten entspricht: Das „Wohlgefallen", der „Ratschluss" und der „gute Wille" Gottes sind nämlich der Grund für den „guten Willen des Menschen", der nicht *causa sui* ist.

212 Schrage: Korinther 4,69.

213 Durchaus richtig Schrage: Korinther 4,70: „Die neben ἡ χάρις αὐτοῦ ἡ εἰς ἐμέ stehende ‚synergistisch klingende Formel' ἡ χάρις τοῦ θεοῦ σὺν ἐμοι lässt zwar keine Zweifel daran, dass Paulus nicht einfach ein passives Objekt ist, aber das eigentliche Subjekt seines κοπιᾶν ist die Gnade Gottes, nicht er selbst (οὐκ ἐγώ). Und diese Gnade ist nicht ohne Wirkung und positives Ergebnis geblieben. Jedenfalls bezeugt die paulinische Missionstätigkeit ebenfalls die Wirklichkeit und Wirksamkeit der ihm bei der Erscheinung Christi widerfahrenen Gnade und damit zugleich die der Auferweckung Jesu Christi".

214 Dem widerspricht 1 Kor 9,16–18 nur scheinbar, denn hier ist nur der Entschluss zur Verkündigung gemeint, welcher nicht frei war und deshalb zunächst kein Verdienst fordern kann. Paulus wurde

(Gal 2,20). Dennoch und deshalb ist es auch Paulus selbst, der hier seine Freiheit ins Werk setzt. Paulus bedenkt das Verhältnis der Gnade in Christus zur menschlichen Freiheit nicht näher, doch ist das Verhältnis von Freiheit und Gnade, das er zu denken aufgab, die Voraussetzung für die klassisch christliche Lehre von der Freiheit.

Erstmals gedacht wurde sie bei Augustinus in seinem Brief „Ad Simplicianum".[215] Augustinus entfaltete dieses Verhältnis in der Schrift „De gratia et libero arbitrio".[216] Die Kurzformeln seiner Lösung lauten: „Prima est igitur gratia, secunda opera bona"[217] oder „da quod iubes, et iube quod uis".[218] Der Wille selbst ist als freier von Gott gewollt und gegeben.[219] Weiter vertieft wurde seine Lehre im Mittelalter vor allem von Thomas von Aquin. Dieser unterscheidet explizit zwischen der Erstursache Gnade und der Zweitursache Freiheit.[220] Erst mit der einsetzenden Neuzeit veränderten sich die Verhältnisse grundlegend.[221] Nach dem Ende der metaphysi-

---

verpflichtet, doch ist ihm eine Verantwortung übertragen worden, die er erfüllen kann oder nicht. Sein „Siegespreis" (1 Kor 9,24) steht ihm vor Augen. „[...] ἕκαστος δὲ τὸν ἴδιον μισθὸν λήμφεται κατὰ τὸν ἴδιον κόπον [...]" (1 Kor 3,8b), vgl. 2 Kor 8,10.

[215] Simpl. 1,2,12 (CCL 44,36,319–37,334): „Wenn du auf jene Worte nämlich sorgfältig Acht gibst: *Also nicht [ist es Sache] des Wollenden und auch nicht des Laufenden, sondern des sich erbarmenden Gottes* [Röm 9,16], wird sich zeigten, dass der Apostel das nicht nur deswegen gesagt hat, weil wir mit der Hilfe Gottes zu dem, was wir wollen, gelangen, sondern auch aus der Absicht, von welcher er an anderer Stelle spricht: *Mit Fürchten und Zittern wirkt euer eigenes Heil. Denn Gott ist es, der in Euch wirkt [operatur]sowohl das Wollen als auch das Wirken [operari]für den guten Willen* [Phil 2,13], wo er in ausreichender Weise zeigt, dass auch der gute Wille selbst in uns aufgrund des Wirkens Gottes entsteht. Denn wenn allein deswegen gesagt wird: *Nicht [ist es Sache] des Wollenden, sondern des erbarmenden Gottes* [Röm 9,16], weil der Wille des Menschen allein nicht zureicht, dass wir recht und gerecht leben, außer es wird uns durch die Barmherzigkeit Gottes geholfen, dann kann das auch auf diese Weise gesagt werden: Also ist es nicht [Sache] des sich erbarmenden Gottes, weil die Barmherzigkeit Gottes allein nicht zureicht, außer es wird die Zustimmung unseres Willens hinzugefügt. Und es ist offenkundig, dass wir vergeblich wollen, wenn Gott sich nicht erbarmt. Ich weiß allerdings nicht, wie gesagt werden kann, dass Gott sich vergebens erbarmt, wenn wir nicht wollen. Denn wenn sich Gott erbarmt, dann wollen wir auch."

[216] Gr. et lib. arb. 5,12 (PL 44,888,47–889,10): „Aber durch die Gnade Gottes bin ich, was ich bin [1 Kor 15,10]. Und damit er auch den freien Willen aufzeige, hat er hinzugefügt: *und seine Gnade gegen mich war nicht vergebens, sondern mehr als sie alle habe ich mich abgemüht* [1 Kor 15,10]. Wozu nämlich ermahnt er sie, wenn sie die Gnade so empfangen hätten, dass sie den freien Willen verlören? Dennoch, damit man nicht meint, der Wille selbst vermöge ohne die Gnade irgendetwas Gutes, fügt er sofort, nachdem er gesagt hat: *Seine Gnade gegen mich war nicht vergebens, sondern ich habe mich mehr als sie alle abgemüht*, hinzu und sagt: *Nicht aber ich, sondern die Gnade Gottes mit mir* [1 Kor 15,10]; das bedeutet, nicht allein ich, sondern die Gnade Gottes mit mir. Und dadurch weder die Gnade Gottes allein [*nec gratia dei sola!*] noch er selbst allein, sondern die Gnade Gottes mit ihm."

[217] Simpl. 1,2,3 (CCL 44,27,93 f.).

[218] Conf. 10,29,40 (CCL 27,176,2.9); conf. 10,45 (CCL 27,179,52) hier mit Bezügen zu Phil 4,13 und 1 Kor 1,31; conf. 10,60 (CCL 27,188,4); perseu. 53 (PL 45,1026,19).

[219] Gr. et lib. arb. 6,15 (PL 44,891,2 ff.): „Wenn also deine guten Verdienste Gottes Gaben sind, krönt Gott nicht deine Werke als deine Werke, sondern als seine Gaben."

[220] S.th. 1,19,8; S.th. 1,22,3; S.th. 2–2,113,3.

[221] Nicht nur bei Luther, sondern auch im entstehenden ‚Katholizismus' wird die Freiheit nun als erstursächliche zur Herausforderung des Glaubens. Vor allem die Jesuitentheologen, um nur auf Luis de Molina und Francisco Suárez zu verweisen, haben die menschliche Freiheit zusammen mit der göttli-

schen Neuzeit und der nachmetaphysischen Moderne ergibt sich die Aufgabe einer Verhältnisbestimmung von klassisch christlicher Freiheitslehre (Augustin, Thomas) zum neuzeitlich bürgerlichen Begriff von Freiheit (Kant, Fichte, Hegel) neu. Eine gründliche Besinnung auf die klassisch christliche Lehre, die ihren Grund in Paulus hat, ist die notwendige Voraussetzung, um die gegenwärtige Problemlage überhaupt in den Blick zu bekommen.

b) Christus und die Geschichte der Menschheit

In Christus wurde die Liebe Gottes zu den Menschen geoffenbart. Durch diese Offenbarung in der Fülle der Zeit zeigt sich auch, dass die Geschichte der Menschheit im Ganzen unter der Bestimmung der Liebe Gottes steht. Folglich werden Anfang, Mitte und Ende der Zeit durch die Liebe Christi bestimmt. Die Liebe ist dabei immer eine unterscheidende.

Am Ende der Zeit (Gericht)

Gott hat Jesus Christus für uns zur „Weisheit und zur Gerechtigkeit und zur Heiligung und zur Erlösung" (1 Kor 1,30) gemacht. Diese Gerechtigkeit Gottes in Jesus Christus, die in der Mitte der Zeit offenbart worden ist (Röm 3,21–26), bewirkt die maßgebliche Bekehrung des Menschen. Sie macht aus dem Gottlosen einen Gerechten. Sie gibt die Freiheit umsonst, die sich dann in der Gnade bewähren muss. Doch schon die Heiden und Juden vor der Offenbarung Christi sind für ihr Tun verantwortlich (Röm 2,4–6b; 2,16). Wie das Beispiel Abrahams zeigt, geschieht aber eine mögliche Rechtfertigung durch den Glauben im Blick auf Christus. Alle Freiheit ist durch Christus geschenkt. Die geschenkte Freiheit, die stets von Gott geleitet wird, ist die Voraussetzung für jede verantwortliche Tat und damit auch die Voraussetzung dafür, von Gott zur Rechenschaft gezogen werden zu können. Am Ende der Zeit wird Christus wiederkommen, dann aber, um zu richten. Es erscheint in Christus auch die Gerechtigkeit Gottes im Sinne einer *iustitia distributiva*. Und weil die Freiheit durch Christus gegeben ist, kann sie auch durch Christus beurteilt werden.[222]

> „An dem Tag wird Gott das Verborgene der Menschen nach meinem Evangelium durch Christus Jesus richten" (Röm 2,16).

In strenger Allgemeinheit muss die Menschheit am Ende der Geschichte vor dem Richterstuhl Christi erscheinen:

> „Denn wir alle müssen offenbar werden vor dem Richterstuhl Christi, damit jeder erhalte, entsprechend dem, was er während des Leibes[lebens] getan hat – sei es Gutes, sei es Schlechtes" (2 Kor 5,10).

---

chen als Ersturssache gesehen. Zur Grundlegung der ,katholischen' Neuzeit bei Ignatius von Loyola siehe Ruhstorfer: Das Prinzip ignatianischen Denkens.

[222] Vgl. dazu auch die beiden Exkurse zum Gericht nach den Werken in: Wilckens: Römer 1,127–131 (traditionsgeschichtlich) und 1,142–146 (theologische Interpretation).

Paulus kann sowohl vom Richterstuhl Christi als auch von dem Gottes sprechen (Röm 14,10b). Das Maß, in dem der Mensch sich zu Gott bekehrt und seinem Willen entsprechend lebt, ist das Maß der Beurteilung. Zwar drängt die Güte Gottes den Menschen dazu, sich Gott zuzuwenden, doch bleibt ihm immer die Freiheit, sich zu verhärten und in der Abgewandtheit zu verharren. Der Mensch muss wissen,

> „[…] dass die Güte Gottes dich zur Umkehr [εἰς μετάνοιάν] führt; aber entsprechend deinem Starrsinn und deinem umkehrunwilligen Herzen sammelst du dir selbst Zorn an für den Tag des Zorns und der Offenbarung des gerechten Gerichts Gottes, *der jedem nach seinen Werken zurückgeben wird* [Ps 62,13]" (Röm 2,4b–6b).

Der Beurteilung unterliegen aber nicht nur die offenkundigen Taten des Menschen, [223] sondern auch die verborgenen Gedanken, das „Mitwissen" (συνείδησις) um verborgenes Tun und innere Regungen des Willens. Das „Gewissen"[224] des Menschen entscheidet, ob der eigene Wille dem Willen Gottes entspricht oder nicht (vgl. Röm 2,15). Für die (vorchristlichen) Heiden wird es sogar zum Maß für ihre Beurteilung durch Gott (ebd.). Aber letztlich ist nicht das Bewusstsein der eigenen Schuld oder Unschuld maßgeblich, sondern die Beurteilung des Willens und der Absichten durch den „Herrn":

> „[…] denn nichts bin ich mir bewusst, jedoch bin ich dadurch noch nicht gerecht gesprochen, vielmehr ist es der Herr, der über mich urteilen wird. Deshalb richtet nicht vor der Zeit, bis der Herr kommt, der auch das in Finsternis Verborgene ans Licht bringen und die Willensentscheide des Herzens offenbar machen wird; und dann wird jedem das Lob von Gott zuteil werden" (1 Kor 4,4f.).

In der Mitte der Zeit (Gesetz – Christus, Adam – Christus)

Mit der Offenbarung in Jesus Christus in der Mitte der Zeit bricht die Geschichte in zwei Teile. Diese Zäsur trifft zum einen die Geschichte des besonderen Gottesvolkes und so auch das Gesetz als das Dokument des Bundes. Die jüdische Auffassung des Gesetzes als eines besonderen Heilswegs tritt in Gegensatz zu Jesus Christus als dem allgemeinen Weg zum Heil für Juden und Heiden. Zum anderen wird die bisherige Geschichte der Menschheit im Allgemeinen durch die Offenbarung des Heilswillens Gottes neu bestimmt. Die freie Tat Christi zeigt sich als der geschichtliche Widerspruch zur Tat Adams, welche die Sünde und Unfreiheit über die ganze Menschheit gebracht hat.

Zunächst ist noch einmal zu verdeutlichen: Gesetz meint in diesem Zusammenhang die jüdische Thora, die fünf Bücher Mose.[225] Schon das jüdisch verstandene Gesetz vermittelte an die Israeliten den Willen Gottes (Röm 2,18). Das Gesetz ist

---

[223] Vgl. 2 Kor 11,15: „[…] es ist also keine große Sache, wenn auch seine [sc. des Teufels] Diener sich als Diener der Gerechtigkeit verstellen; ihnen wird ein Ende gemäß ihren Werken zukommen."

[224] Zum Komplex συνείδησις und σύνοιδα bei Paulus siehe ThWNT 7,912–917.

[225] Zum Ganzen H. Hübner: Das Gesetz bei Paulus, Göttingen ²1980; H. Räisänen: Paul and the Law, Tübingen 1983; E. P. Sanders: Paul, the Law and the jewish People, London 1985; J. Lambrecht: Gesetzesverständnis bei Paulus, in: Das Gesetz im Neuen Testament (hg. v. K. Kertelge; QD 108),

dabei das Kennzeichen der Erwählung Israels und damit die Grundlage der Unterscheidung des Volkes von den Völkern. Es ist das Zeichen der Liebe Gottes zu seinem Volk (4 Esra 5,27). Die Gebote zu erfüllen, bedeutet, dem Bund Gottes mit seinem Volk die Treue zu bewahren. Dies ist, wie bereits gesagt, auch im jüdischen Verständnis nicht ohne Gnade möglich.[226] Schon in Levitikus 19,18 wird das Gesetz im Gebot der Nächstenliebe zusammengefasst. Deuteronomium 6,4 nennt die Gottesliebe als herausragendes Gebot.[227] Dennoch ist in Christus auch das „Ende des Gesetzes" (Röm 10,4) gekommen. „Ohne Werke des Gesetzes" kommt nun die Gerechtigkeit Gottes durch den Glauben zu den Menschen (Röm 3,21).

Paulus selbst wird durch seine Bekehrung und Berufung in der Christophanie zum Bekenntnis zu Jesus als dem Χριστός und κύριος geführt, wodurch sich für ihn notwendigerweise eine Neubewertung der Thora ergibt. Paulus, der sich seiner untadeligen Gesetzesfrömmigkeit rühmen konnte, gerät in Gegensatz zu seiner eigenen pharisäischen Vergangenheit.[228] Angesichts des „Übermaßes der Erkenntnis Christi Jesu" wird ihm alles, was er bis dahin wertschätzte, zum Schaden (Phil 3,5–8a). Es kommt für Paulus zu einer Umwertung aller Werte.

Zwar bleibt die Thora die Offenbarung des göttlichen Willens, doch zeigt sich, dass sie niemals Heilsweg war,[229] vielmehr wird nun auch offenbar, worauf das Gesetz von jeher zielte,[230] nämlich auf die Erlangung des Lebens durch das Tun des Willens Gottes (Röm 10,5), und wozu es faktisch führte, nämlich zur Verfluchung des Sünders (Gal 3,10), da weder Juden noch Heiden dem Willen Gottes gemäß gehandelt haben (Röm 1,18–3,20; 3,23). Wenn mit Christus das Ende des Gesetzes gekommen ist, so befreit er dadurch auch vom Fluch des Gesetzes (Gal 3,13). Die Erfüllung des Gotteswillens in Jesus Christus ist das Ziel der Thora.[231] Insofern Christus die vom Gesetz geforderte Liebe vollbracht hat, insofern in ihm die erlösende Liebe Gottes den Seinen endgültig offenbar wird, ist er die Vollendung des Gesetzes. Die Anerkennung dieser Liebestat im Glauben und im Bekenntnis bringt die Gerechtigkeit und die Erlösung (Röm 10,10).[232]

Dies impliziert, dass das Gesetz als besonderes Zeichen des Bundes zwischen Gott und dem israelitischen Volk für die Christen keine Relevanz mehr hat.[233] Da alle

---

Freiburg 1986, 88–127; M. Limbeck: Das Gesetz im Alten und Neuen Testament, Darmstadt 1997, 115–128.

[226] E. P. Sanders: Paulus und das palästinische Judentum. Ein Vergleich zweier Religionsstrukturen (StUNT 17), Göttingen 1985, 400.

[227] Vgl. dazu Mt 22,37–40.

[228] Siehe auch Gal 1,13–16. Paulus hebt hier, nachdem es sich seines „Wandels im Judaismus" und seines „Eifers für die Überlieferungen der Väter" rühmte, hervor, dass ihm durch die Gnade Gottes Christus geoffenbart wurde, um ihn unter den Heiden zu verkündigen.

[229] O. Hofius: Paulusstudien (WUNT 105), Tübingen ²1994, 64.

[230] Wilckens: Römer 2,223; Theobald: Römerbrief 218.

[231] Theobald: Römerbrief 219.

[232] Ebd.

[233] Vor allem Dunn betont, dass die Paulinische Gesetzeskritik ausschließlich die *„Einengung der Gnade Gottes* auf die Angehörigen der jüdischen Nation und die damit einhergehende *Ausgrenzung der Heiden,*

Menschen, Juden wie Heiden, radikal gesündigt haben (Röm 3,23), bedürfen sie alle
der Erlösung. Die Zugehörigkeit zum besonderen Volk Gottes, welche vor allem
an der Beschneidung und den Essensvorschriften augenscheinlich wird, verliert jede
Heilsrelevanz. Eine völkische Bindung des Heils ist für Paulus sarkisch und in diesem
Sinne von Übel (Gal 3,3). Die Unterscheidung des Volkes von den Völkern besagt nur
noch einen Ehrenvorrang (Röm 11,18.24; Gal 2,15) innerhalb des neuen allgemeinen
Gottesvolkes, denn alle Völker sind in das neue Bundesvolk berufen. Dieses gilt als
die besondere Gruppe derjenigen Menschen, die allein durch Gnade von sich selbst
unterschieden sind, insofern sie mit Christus für die Sünde gestorben sind. Im Blut
Christi wurde der Neue Bund geschlossen (1 Kor 11,25). Die Gerechtmachung des
Menschen wird jedoch grundsätzlich nicht durch das Gesetz gewirkt (Röm 3,20a),
sondern durch Jesus Christus (Röm 3,24) und deshalb durch den „Glauben, der
sich in der Liebe verwirklicht" (Gal 6,9).[234] Das neue Volk findet seine Bestimmung
im Willen Gottes, der in Jesus Christus offenbar geworden ist.[235] Das Gesetz gilt
eingeschränkt für diejenigen, die bereits in Christus gerecht gemacht sind, „denn das
Gesetz ist heilig, das Gebot ist heilig, gerecht und gut" (Röm 7,10). Dabei ist jedoch
nicht nach ethischen und kultischen Geboten zu unterscheiden, vielmehr hat das
Gesetz grundsätzlich in Christus seine wahre Bestimmung gefunden.[236]

Die Neubewertung des Gesetzes hat eine neue Sicht auf die Geschichte der ganzen
Menschheit zu ihrer Voraussetzung. In beiden Fällen denkt Paulus von Christus her.
Dies bedeutet nun: Wenn Gott in Jesus Christus war, um die Welt mit sich zu
versöhnen (2 Kor 5,19), dann muss die Welt zuvor in einem Zustand gewesen sein,
der der Versöhnung bedurfte. Paulus macht deutlich: „Gott erweist seine Liebe
zu uns darin, dass Christus für uns gestorben ist, als wir noch Sünder waren"
(Röm 5,8). Paulus' Blick auf die Universalität der Sünde ist ein notwendiger Reflex
auf die universale Erlösung in Christus.[237] Wie Christus das geschichtlich konkrete
einzelne Individuum ist, durch das die Erlösung kam, so verkörpert Adam die
bisherige Menschheit in abstrakter Allgemeinheit.

[…] anmahne. Dies verstoße gegen Gottes universalen Heilswillen" (C. Strecker: Paulus aus einer
,neuen Perspektive'. Der Paradigmenwechsel in der jüngeren Paulusforschung, in: Kirche und Israel
11 (1996) 3–18, 12). Dazu Dunns Rede vom Gesetz als „identity marker" nach innen und „boundary
marker" nach außen; Paul's Theology 355 f., grundsätzlich op. cit. 334–389, 632.

[234] Sanders: Paulus 101.

[235] Mir erscheint die Position Sanders, der die Christologie als das primäre Moment in der Paulinischen
Gesetzeskritik hervorhebt, plausibler als diejenige Dunns. Erst von der Christologie her rückt die
Ausweitung des Heils auf alle Völker in den Blick; die Christologie impliziert aber einen Bruch und
keine Kontinuität mit dem Judentum (gegen Dunn); Sanders: Judentum 437; Law 47; Paulus 83; dazu
Strecker: Perspektive 8.

[236] Sanders: Paulus 119; Theobald: Römerbrief 197.

[237] Sanders: Paulus 54: „Ist erst einmal die Offenbarung akzeptiert, dass Gott beabsichtigte, die ganze
Welt zu erlösen, dann muss man sich zwangsläufig die Welt als erlösungsbedürftig und mithin gänzlich
sündhaft vorstellen." Ähnlich Becker: Paulus 381 f.

„Deshalb, wie durch einen einzigen Menschen die Sünde in die Welt hineingekommen ist und durch die Sünde der Tod, so ist auch zu allen Menschen der Tod hindurchgekommen, weil alle gesündigt haben" (Röm 5,12).

Die Sündigkeit ist koexistent mit der Menschheit. Die Feststellung, dass alle Menschen radikal sündig und erlösungsbedürftig sind, kann keine induktiv empirische Feststellung sein, sie ergibt sich deduktiv aus dem heilsgeschichtlichen Gegensatz Adam – Christus. Christus hat den Willen Gottes erfüllt (Röm 5,19; vgl. Phil 2,8), in ihm offenbart sich der Wille Gottes zur Erlösung als göttliche Liebe (Röm 5,5.8). In Adam hingegen setzt das Geschöpf im Ungehorsam seinen Eigenwillen (5,19). Das Gesetz bleibt demgegenüber die Kundgabe des göttlichen Willens (13 f.), doch verdeutlicht es lediglich das Ausmaß der Übertretung und bewirkt nicht unmittelbar dessen Einhaltung. Lediglich indirekt führt es zur Gnade.

„Das Gesetz aber ist dazwischenhineingekommen, damit die Übertretung zunehme, wo aber die Sünde zugenommen hat, ist die Gnade überreichlich geworden" (Röm 5,20).

Der Wille zur „Übertretung" (παράπτωμα; 5,15.18.20) und die „Gnade Gottes" (χάρις τοῦ θεοῦ; 5,15.21) liegen nicht auf einer Ebene. Das χάρισμα als das „Geschenk in der Gnade des einen Menschen Jesus Christus" (5,15), die „Gerechtsprechung" (δικαίωμα; 5,16.18) und die „Gerechtigkeit" (δικαιοσύνη; 5,21), das „Leben" (5,17) und mehr noch das „ewige Leben" (5,21) überwiegen bei Weitem die „Sünde" (5,12.21), das „Sündigen aller" (5,12.19), die „Verurteilung" (5,18) und den „Tod" (5,12). Das Böse wird angesichts des Kreuzes durchaus nicht zur quantité négligeable. Es behält seinen Schrecken und seine Bedrohlichkeit, doch sind diese im Kern gebrochen. Die Erhabenheit des Erlösungswillens Gottes in Christus hat das Böse bereits überwunden, und sie wird das Leiden verklären.[238] Gott hat das Böse und das Leiden lediglich im Vorblick auf die Erlösung der Menschheit in Christus – missbilligend – in Kauf genommen.[239]

Paulus versucht keineswegs, die Universalität der Sünde in einem geschlossenen logischen Gebäude, etwa in einer Lehre von der Erbsünde, zu entfalten,[240] dennoch gibt er auch in diesem Zusammenhang die verbindliche Vorlage, welche auf eine Entfaltung und Systematisierung drängt. Wieder ist es Augustinus, der eben mit seiner Lehre vom *peccatum originale* und dessen Vererbbarkeit auf die Herausforderung des Paulus epochal wegweisend antwortet. Augustinus bedenkt ausgehend von Paulus in bis dahin unerhörter Weise die Radikalität des geschichtlichen Zusammenhangs der Menschheit. Indem er eine Verbindung von Sünde, Ungehorsam und Sexualität herstellt, die sich so bei Paulus nicht findet, kann er den genealogischen Zusammenhang der Sündigkeit als Erbsünde denken. Insofern sich die Einschätzung von Vererbung,

---

[238] Vgl. dazu auch 1 Kor 15,35–58.

[239] Sanders: Paulus 98.

[240] Vgl. Sanders: Paulus 54: „In seiner Anthropologie gab es (im Unterschied zu der des Augustinus) nicht den Begriff der Erbsünde, so dass sich ihm keine logische Möglichkeit bot, die universelle Verdammnis unter Berufung auf Adam zu ‚beweisen'. Er beharrte einfach darauf – obgleich er selbst Punkte anführte, die gegen sie sprachen."

Freiheit, Sexualität für unsere geschichtliche Gegenwart grundlegend geändert haben, muss der Kern des Paulinischen Gedankens neu erschlossen werden. Dabei behält die Radikalität der Augustinischen Conception weisenden Charakter.

Um es kurz zusammenzufassen: Augustin geht davon aus, dass „in" Adam alle Menschen gesündigt haben.[241] Der griechische Text liest aber: „Weil" (ἐφ’ ᾧ) alle gesündigt haben, erlangten Sünde und Tod ihre menschheitsgeschichtliche Dimension. Deshalb ergibt sich für uns eine andere Interpretation des Zusammenhangs der Sünde Adams und der Sündigkeit der Menschheit. Es ist heute nicht auf den biologisch-genetischen Zusammenhang abzuheben, wie zur Zeit Augustins, da biologische Fortpflanzung für uns gänzlich anderes besagt als im Augustinischen Kontext. Paulus aber verdeutlicht durch den Typos „Adam", dass bereits der erste Mensch, dass die Menschheit in ihrem Ursprung gesündigt hat, und dass durch diese ursprüngliche Sündigkeit der Menschen Sünde und Tod an alle weiteren Geschlechter kam. Die entscheidende Weise der Fortpflanzung der Sünde ist aber nicht die biologische, schon gar nicht im heutigen naturwissenschaftlichen Kontext, sondern die geschichtliche. In der Geschichte der Menschheit pflanzen sich Sünde und Tod fort. Daraus folgt: Erstens ist die Sünde koexistent mit der Menschheit. Seit es den Menschen gibt, sündigt er. Mit dem Erwachen der Freiheit erwacht – nicht notwendig, wohl aber faktisch – die Sünde. Diese Sünde ist kein biologisch vererbter Zwang, sondern sie bleibt stets Tat aus radikaler Freiheit. So findet sich einerseits jeder Mensch in der Position Adams. Anderseits folgt aus der kollektiven und individuellen Geschichte der Menschen ein wachsendes Verhängnis der Sünde. Daraus ergibt sich, wenn man Paulus mit Augustin weiter denkt, dass der Mensch von seinem ersten Atemzug an faktisch derart in das menschheitliche Verhängnis verwickelt ist, dass er sich nicht mehr durch eigene Freiheit aus dem Geflecht von Schuld und Leiden befreien kann. Obwohl dadurch die Verantwortung des Menschen nicht ausgelöscht ist und er deshalb auch verurteilt werden kann, muss doch zunächst der freie Willen selbst aus der Verstrickung in Sünde und Leid befreit werden. Der Mensch ist auf die Gabe der Erlösung radikal angewiesen.[242] Diese Gabe war aber für die Menschen schon bereitet, noch bevor sie überhaupt der Schuld und Unfreiheit verfielen.

Im Anfang der Zeit (Prädestination)

Wenn nun kein Mensch die Erlösung aus Sünde und Tod durch seinen eigenen Willen bewirken kann, dann liegt die Befreiung des Willens einzig bei Gott. Wenn aber die Gabe der Erlösung rein von Gott kommt und durch keinen guten Willensakt des

---

[241] Röm 5,12 (Vetus latina; Vulgata versio Sixtina-Clementina, Wordsworth-White, Vulgata Stuttgartensis).
[242] Vgl. zum Ganzen P. Schoonenberg: Theologie der Sünde, Einsiedeln 1966; K. Rahner: Die Sünde Adams, in: Ders.: Schriften zur Theologie IX, Einsiedeln 1970, 259–275; ders.: Art. Erbsünde, in: SM I (1967) 1104–1117; ders.: Grundsätzliche Überlegungen zur Anthropologie und Protologie im Rahmen der Theologie, in: MySal II (1967) 406–420; H. Hoping: Freiheit im Widerspruch. Eine Untersuchung zur Erbsündenlehre im Ausgang von Immanuel Kant (ITS 30), Innsbruck 1990, bes. 27–49.

Menschen, auch nicht durch den Akt des Gläubig-Werdens ausgelöst wird, dann sind diejenigen Menschen, die Gott erlösen will, schon vor aller Zeit zur Erlösung vorherbestimmt.

> „Wir wissen aber, dass denen, die Gott lieben, alles zum Guten verhilft [συνεργεῖ], denen, die nach [seinem] Vorsatz berufenen sind. Denn die er vorhergewusst hat [προέγνω], hat er auch vorherbestimmt [προώρισεν], seinem Sohn gleichgestaltet zu sein, damit er der Erstgeborene unter vielen Brüdern sei; die er aber vorherbestimmt hat, die hat er auch berufen; und die er berufen hat, die hat er auch gerechtgesprochen; die er aber gerechtgesprochen hat, die hat er auch verherrlicht" (Röm 8,28 ff.).

Die Liebe Gottes zu den Menschen ist der Grund für die Liebe der Menschen zu Gott (vgl. Röm 5,5). Nur die gemäß dem göttlichen „Vorsatz" Berufenen zeichnen sich durch die Liebe aus. Dass Gott diese „vorhergewusst" hat, besagt nicht, dass er ihren guten Willen erkannt hätte und sie daraufhin „abgegrenzt" (προώρισεν; Röm 8,29) habe, sondern umgekehrt, das Wissen Gottes setzt einen schöpferischen Akt und durch diesen hat Gott die Seinen vorherbestimmt – *praedestinavit* (Röm 8,29, Vulgata). Die Vorherbestimmten sind die Berufenen (Röm 8,30). [243]

Die Berufenen sind dazu vorherbestimmt, Christus gleichgestaltig zu werden. Damit ist Jesus Christus schon vor aller Zeit die Maßgabe für die Menschen. Gott ebenbildlich zu sein, bedeutet zu lieben. Zu lieben bedeutet, christusförmig zu sein. Diese Liebe hat ihr Maß im Kreuzestod Jesu (Röm 5,8). Durch das Mitvollziehen des Todes werden die Berufenen zu Gerechten gemacht (Röm 8,30). Die Gottesliebe als die Liebe Gottes zu den Menschen (Röm 5,5) und die Liebe der Menschen zu Gott (Röm 8,29) ist das Maß für die Gerechtigkeit und die Bedingung für die eschatologische Gleichgestaltigkeit mit dem Sohn in der Herrlichkeit durch die Auferweckung (vgl. Phil 3,21; 2 Kor 4,4; Kol 1,18). Der Anfang der Reihe Vorherbestimmung – Berufung – Rechtfertigung – Verherrlichung findet sich eindeutig in der göttlichen Prädestination. Die Freiheit der Annahme wird dadurch dem Menschen nicht genommen, sondern überhaupt erst gegeben. Darin liegt zum einen, dass derjenige, der nicht prädestiniert ist, diese Freiheit nicht besitzt. Er kann nicht aus freiem Willen zur Annahme des Glaubens an Jesus Christus kommen. Darin liegt aber auch, dass die Prädestination die Annahme als eine freie mit Gewissheit auch bewirkt. Es ist nicht denkbar, dass der Wille Gottes, so wie ihn Paulus hier ansetzt, am Widerstand des Menschen scheitert. Das Wesen der hier gedachten Vorherbestimmung zur Herrlichkeit impliziert, dass der Vorherbestimmte den Willen Gottes – aus Freiheit – will. [244] Paulus entwirft seine Briefe grundsätzlich aus keinem „theoretischen Inter-

---

[243] Es ist darauf hinzuweisen, dass Paulus selbst durch den Willen Gottes berufen ist, siehe 1 Kor 1,1; 2 Kor 1,1; vgl. Eph 1,1.5 und Kol 1,1.

[244] Theobald (Römerbrief 275) hat durchaus Recht, wenn er formuliert: „‚Vorherbestimmung meint Erwählung aus lauter *Gnade*; mit einer ‚Determination' zum Heil, die dem ‚Berufenen' die ihm in Gottes Gnade eingeräumte Möglichkeit der Annahme des Rufes nehmen würde, hat ‚Prädestinatio' hier nichts zu tun."
Doch ist hier darauf zu achten, dass nicht zu kurz gedacht wird. Der menschliche Wille wird nicht

esse"[245], dennoch haben in besonderer Weise die Formulierungen von Röm 8,29 f. zusammen mit Eph 1,5 und 11 die christliche Rede von der „Prädestination" geprägt.[246] Mehr noch als die Formulierungen sind es aber die Gedanken, welche zunächst zur Augustinischen Entfaltung einer Prädestinationslehre gedrängt haben:

> „Das ist die Vorherbestimmung [*praedestinatio*] der Heiligen: das Vorherwissen [*praescientia*] nämlich und die Vorbereitung [*praeparatio*] der Wohltaten Gottes, durch welche diejenigen auf das Gewisseste befreit werden, die befreit werden" (perseu. 14,35; CCL 45,1014,8–11).

Die Augustinische Lehre von Freiheit und Prädestination entspricht weitgehend der kirchlichen.[247] Beide unterscheiden sich im Wesentlichen an einem Punkt, der Quantifizierung von Heil und Unheil bzw. der Einschränkung des Heilswillens bei Augustin. Während Augustin von einer Masse spricht, die verdammt ist, und der gegenüber nur ein kleiner Rest auserwählt wird, hält die kirchliche Lehre stärker am allgemeinen Heilswillen Gottes fest und verbietet gerade eine Quantifizierung der Gruppe der Erlösten und Unerlösten.[248] Auch die absolute Bindung des Heils an die Kirche, die Augustin annimmt, wird spätestens mit dem Zweiten Vatikanum gelockert.[249] Für unseren Zusammenhang ist wichtig: Paulus lässt keinen Zweifel daran,

---

durch einen ihm fremden Willen, der auf gleicher Ebene mit ihm liegt, zur Annahme gezwungen. Kein Gotteswille nötigt die Freiheit zu etwas, wie dies in der neuzeitlichen katholischen Gnadenlehre des Bañezianismus im Gegensatz zu Thomas von Aquin und Augustin gedacht wurde. Es gilt also nicht: *Deus determinat ad unum*. Aber die Freiheit als solche und mithin die Konkretion der freien Entscheidung ist von Gott geschenkt, ohne dass dies als Determination zu verstehen wäre. Im Denken der Mittleren Epoche ist eine erstursächliche geschöpfliche Freiheit zwar nicht unbekannt, wohl aber ausgeschlossen. Dieser Ausschluss hat seinen Grund in der christlichen Offenbarung. Eine zweitursächliche Freiheit ist jedoch sehr wohl zu denken. Sie kann dann und nur dann gedacht werden, wenn der absolute Unterschied zwischen Schöpfer und Geschöpf beachtet wird. Wenn also Gott als die Erstursache einen Menschen zum Heil vorherbestimmt, so ist auch im Paulinischen Kontext nicht davon auszugehen, dass der menschliche Wille als Zweitursache dieser Vorherbestimmung auch nur widerstreben wollte, geschweige denn könnte (vgl. Phil 2,13).

Vgl. dazu auch Sanders: Paulus 60: „Keine uns direkt bekannte Form des antiken Judentums (vielleicht mit Ausnahme des Sadduzäismus) hielt ,Prädestination' und ,freien Willen' für unvereinbar."

[245] Theobald: Römerbrief 275.

[246] T. Mahlmann: Art. Prädestination, in: HWP 7 (1989) 1172–1178, hier 1172: „Aufgrund biblischer verbaler Verwendung (Röm 8,29.30; Eph 1,5.11) hat erst *Augustin* das Aktionsnomen ,P[rädestination]' gebildet."

[247] Siehe die Ausführungen der 2. Synode von Orange 529 (DH 370–397) und den Brief „Per filium nostrum" von Papst Bonifatius II. (DH 398 ff.).

[248] Dazu M. Schmaus: Katholische Dogmatik 3,2, München 1951, 352: „Nach einer sehr gewichtigen Deutung bei Augustinus, je älter er wurde, um so mehr für die mit Christus eingeleitete Zeit die Zugehörigkeit zur Kirche als unerlässliche Voraussetzung des Heils betrachtet. Darnach hätte Gott aus der massa damnata, welche die gefallene Menschheit darstellt, nur einen Teil für das Heil ausgewählt. Die Kirche ist über diese schroffen Lehren Augustins, die nicht mit 1 Tim 2,4 zu vereinbaren sind, hinweggegangen, so hoch Augustinus sonst als Lehrer der Gnade geschätzt wurde."

[249] Augustinus geht davon aus, dass im Wesentlichen die Menschheit mit der Christenheit deckungsgleich ist. Da dieser Gedanke für unsere geschichtliche Gegenwart unhaltbar geworden ist, stellt sich die Frage nach der absoluten Heilsnotwendigkeit der Taufe neu. Dies findet seinen Niederschlag auch im II. Vati-

dass zwischen beiden Gruppen eine Grenze besteht, doch bleibt die Gruppe der Unerlösten letztlich außerhalb seines Interesses. Es kommt ihm wesentlich auf die Berufenen und ihre Vorherbestimmung zum Heil an.[250] Dies gilt auch da, wo Paulus den Gedanken der unterscheidenden Liebe Gottes auf die Spitze treibt: Röm 9,6–29.

Paulus versucht auch in Röm 9 nicht, „eine allgemeine Lehre von der Willensfreiheit Gottes, die sich in doppelter Prädestination verwirklicht [...], zu entfalten".[251] Dennoch zielen seine Aussagen auch hier über den konkreten Zusammenhang hinaus auf eine Klärung des grundlegenden Verhältnisses von göttlicher Freiheit der Erwählung zu menschlicher Freiheit des Wollens.[252] Der Kontext von Röm 9 ist durch die Frage nach dem Verhältnis des alten zum neuen Gottesvolk abgesteckt. Sie bewegt Paulus vom neunten bis zum elften Kapitel des Römerbriefes.[253] Sind Gottes Willenskundgaben unzuverlässig, wenn die Erwählung des alten Gottesvolkes hinfällig wird? Dagegen macht Paulus deutlich, dass nicht alle Nachkommen Abrahams als seine „Kinder" gelten können. Kinder Abrahams sind lediglich die Nachkommen Isaaks, die „Kinder der Verheißung", die aus dem Glauben Abrahams entspringen, nicht aber die Nachkommen gemäß dem Fleisch. Damit ist die wahre Nachkommenschaft grundsätzlich auf die Heiden geweitet und auf die Gläubigen aus Juden und Christen beschränkt.[254] Aber auch unter den Kindeskindern Saras und Abrahams, den Kindern Isaaks und Rebekkas, ist noch einmal zu unterscheiden. Die Problematik der Auswahl verschärft sich, zumal es sich hier um leibliche Brüder, ja, Zwillinge handelt.[255] Doch gilt hier in aller Radikalität:

> „Denn noch nicht waren sie geboren und noch nichts hatten sie getan, weder Gutes noch Böses, damit Gottes Vorsatz zu erwählen bestehen bleibe, nicht aufgrund von Werken,

---

kanum. So sehr das Konzil an der absoluten Heilsbedeutung der Kirche für die gesamte Menschheit festhält, so sehr hebt es den allgemeinen Heilswillen Gottes hervor und weitet die Möglichkeit, das ewige Heil zu erlangen, über den engen Kreis der expliziten Kirchenmitglieder aus. Dazu v.a. LG 16 (DH 4140) bezogen auf 1 Tim 2,4; GS 16 (DH 4316) bezogen auf Röm 2,14ff. und GS 22 (DH 4322) bezogen v.a. auf Röm 8,32.

Auch Paulus nimmt an, dass bald der gesamte Erdkreis mit der christlichen Botschaft konfrontiert wird und dadurch alle, zumindest der Möglichkeit nach, durch das Evangelium gerettet werden können, siehe Röm 11,25. In unserer geistesgeschichtlichen Situation, die nicht mehr mit einer weltweiten Christianisierung rechnen kann, gehen von den Paulinischen Ausführungen zu Abraham und dessen Glauben avant la lettre für eine Theorie vom allgemeinen Heilswillen Gottes entscheidende Impulse aus; dazu hier D.III.2.c) Die (Vor-) Geschichte des Glaubens. Zur Vereinbarkeit von allgemeiner Heilszuversicht und Heilsnotwendigkeit des übernatürlichen Glaubens siehe den Brief des Hl. Offiziums an den Erzbischof von Boston, 8. Aug. 1949 (DH 3872).

[250] Dazu Boeder: The Present of Christian *sapientia* 284.

[251] Wilckens: Römer 2,209.

[252] Ebd.

[253] Theobald: Römerbrief 276.

[254] Hier darf nicht auf einen Heilsausschluss der nichtbekehrten Juden geschlossen werden, wie gerade Röm 11,25–32 zeigt.

[255] Dies lässt daran denken, dass auch unter den Christen, gewissermaßen unter den gleichen Startbedingungen, allein der Heilswille Gottes entscheidend ist und nicht das vorhergesehene ‚zweitursächliche' Werk des durch die Taufe befreiten Christen.

sondern aufgrund des Berufenden, wurde ihr [Rebekka] zugesagt: *Der Größere wird dem Kleineren dienen* [Gen 25,23 LXX], wie geschrieben steht, *Jakob habe ich geliebt, Esau aber habe ich gehasst* [Mal 1,2f. LXX]" (Röm 9,11 ff.).

Deutlich wie sonst nirgends billigt Paulus an dieser Stelle den Unterschied zwischen der göttlichen Liebe und dem göttlichen Hass. Gottes Liebe ist eine radikal kritische. Sie liebt das Gute und hasst das Böse. Sie ist mit Augustin gedacht *dis-lectio* – Auslese. Doch bezieht sich hier die Unterscheidung nicht auf vollbrachte Taten oder geheime Willensregungen. Vielmehr bestimmt die unterscheidende Liebe Gottes das Tun des Menschen. Nicht nur ist das erwählende Handeln Gottes vollkommen unabhängig von den Werken des Menschen, vielmehr wird durch die Prädestination der Mensch radikal zum Guten und scheinbar auch zum Bösen vorherbestimmt. Damit scheint Paulus in Röm 9,13 auf eine *praedestinatio gemina* zuzusteuern.[256] Es ist aber das bleibende Verdienst des Augustinus, den tieferen Sinn der Aussage von Röm 9,13 aufgedeckt und die Vorstellung einer Vorherbestimmung zum Bösen abgeschmettert zu haben.[257] In der zweiten *quaestio* seines Briefes „*Ad Simplicianum*" interpretiert Augustin Röm 9,6–29. Immer wieder versucht er, mit der Herausforderung des Satzes: „Jakob habe ich geliebt, Esau aber gehasst" fertig zu werden, immer wieder scheint der Versuch zu misslingen,[258] bis er durch eine Verbindung seiner Erbsündenlehre mit der Prädestinationslehre eine epochale Antwort finden kann.[259] Nach Augustin geht nur der Liebe zu Jakob schlechthin keine menschliche Tat oder Regung voraus. Dem Hass auf Esau aber liegt die Sündigkeit des Menschengeschlechts in seiner Allgemeinheit zu Grunde. Weil Adam gesündigt hat, geht seine Sünde auf Esau über und diese Sünde, nicht aber das Menschsein Esaus, hasst Gott.[260] Damit ist Gott zwar die erste Ursache für jedes *bonum*, nicht aber für das *malum* der Welt. Dieses kommt ausschließlich durch die Sünde des Geschöpfs in die Welt, auch wenn Gott die Sünde zulässt und zudem die Sünde in seinem heilsgeschichtlichen Plan zu benützen versteht. So benützt Gott die Verhärtung des Pharao, um an ihm seine Macht zu zeigen und seinen Namen auf der ganzen Erde bekannt zu machen (Röm 9,17).[261] Letztlich hat die Sünde ihren Ort im Vorblick auf die Erlösung in Christus. Die leitende Absicht des Apostels in Röm 9 ist nach Augustin in Anlehnung an 1 Kor 4,7 und 2 Kor 10,17, „dass niemand sich bezüglich seiner

---

[256] Wilckens: Römer 2,195: „Paulus steuert hier also auf eine doppelte Prädestination zu, jedoch nicht in kosmologischem, sondern in heilsgeschichtlichem Sinn, nämlich um die völlige, absolute Freiheit herauszustellen, in der Gott innerhalb der Geschichte der Welt die Geschichte seines auserwählten Volkes konstituiert und voranführt."

[257] Dies ist gegen Theobald: Römerbrief 275 festzuhalten, der Augustinus eine doppelte Prädestination zu unterstellen scheint.

[258] Simpl. 1,2,7–16 (CCL 44,30–41).

[259] Simpl. 1,2,16 (CCL 44,42). Augustin begründet die Erbsündenlehre hier mit 1 Kor 15,22: „[…] in Adam omnes moriuntur." Noch einmal nimmt Augustin Röm 9,13 in Simpl. 1,2,18, um die Stelle mit Röm 9,23 f. zu verbinden.

[260] Simpl. 1,2,18 (CCL 44,45) zur Ausbreitung der Sünde und der gerechten Verurteilung aller Menschen siehe Simpl. 1,2,20 (CCL 44,51).

[261] Simpl. 1,2,15 (CCL 44,40).

Werke rühme".[262] Primär soll die Barmherzigkeit Gottes, sekundär die Gerechtigkeit offenbar werden.[263]

Auch wenn dieser Augustinische Gedanke vor allem wegen der Anwendung einer expliziten Erbsündenlehre, die Paulus so nicht kennt, nicht tale quale auf Paulus angewendet werden kann, behält doch die Interpretation wegweisenden Charakter. Zunächst ist für Paulus Folgendes festzustellen: Die Vorstellung einer doppelten Prädestination findet sich nur an dieser Stelle.[264] Der Grundduktus des Paulinischen Denkens setzt eine freie Verantwortung des Menschen voraus.[265] Er ist verantwortlich für sein Gutes und Böses, allerdings für das Gute nur ‚zweitursächlich' – wie zwar dem Ausdruck nach anachronistisch, der Sache nach durchweg zutreffend gesagt werden kann, denn alles Gute ist Gabe Gottes. Andererseits kann Gott im Paulinischen Denken niemals die Ursache für Böses sein. Das Böse entspringt ausschließlich der menschlichen Freiheit. Das Gewicht der Aussagen insgesamt liegt eindeutig auf der Erlösung in Christus, die Gnade ist überreich im Vergleich zur Sünde (Röm 5,15.20). So bezieht sich Paulus in seiner Erläuterung der Provokation von V. 13 zunächst auf die positiven Aussagen der Erwählung und des Erbarmens gegenüber Jakob.

> „Was sollen wir nun sagen? Ist etwa Ungerechtigkeit bei Gott? Keineswegs! Denn er sagt zu Mose: *Ich werde dem Barmherzigkeit zeigen, wem immer ich Barmherzigkeit zeige, und ich werde mit dem Mitleid haben, mit wem immer ich Mitleid habe* [*Ex 33,19 LXX]. Also nicht [ist es Sache] dessen, der will, und nicht dessen, der läuft, sondern Gottes, der sich erbarmt" (Röm 9,14 ff.).

Erst sekundär, mit Blick auf die Verhärtung des Pharao, stellt Paulus fest:

> „Er erbarmt sich also, wessen er will, und er verhärtet, wen er will" (Röm 9,18).

Doch handelt es sich bei der Verhärtung um einen heilsgeschichtlich unterfütterten vorübergehenden Zustand. Paulus kennt keine doppelte Prädestination.[266] Die Verhärtung hat ihren Zweck im Blick auf die Offenbarung der Macht und Herrlichkeit Gottes (Röm 9,17). Das Gewicht der Aussage liegt nicht auf der Verhärtung als solcher, sondern auf der Gabe der Erlösung an die prädestinierten Heiligen als dem wahren Israel. Und auch der Hass auf Esau ist im heilsgeschichtlichen Kontext zu deuten, denn er ist eingebettet in die Erwählungsgeschichte des Gottesvolkes. Ebenso hat die Verhärtung der Israeliten gegenüber dem Glauben an Jesus eine heilsgeschichtlich begrenzte Funktion (Röm 9,24.30; 11,11–32), sie ermöglicht die

---

[262] Simpl. 1,2,2 (CCL 44,24) und 2,21 (CCL 44,53,734 ff.): „Nulla igitur intentio tenetur apostoli et omnium iustificatorum, per quos nobis intellectus gratiae demonstratus est, nisi ut qui gloriatur in domino glorietur."

[263] Ench. 24,94 (CCL 49,99,4 f.); Augustinus zitiert hier Ps 100,1: *„Misericordiam et iudicium cantabo tibi domine."*

[264] E. Dinkler: Prädestination bei Paulus – exegetische Bemerkungen zum Römerbrief, in: Ders.: Signum Crucis. Aufsätze zum Neuen Testament und zur christlichen Archäologie, Tübingen 1967, 241–269.

[265] Siehe dazu hier die entsprechende Ausführung zum Gericht bzw. zur Freiheit des Willens.

[266] Mit Wilckens: Römer 2,209; vgl. Theobald: Römerbrief 276.

Einbeziehung der Heiden in das wahre Israel. Letztlich lässt Gott die Sünde im Vorblick auf die potentielle Erlösung aller in Jesus Christus zu.[267]

Paulus führt den Gedanken der Prädestination in Röm 9 zwar im Zusammenhang mit der Konstitution des Gottesvolkes ein. Dies ändert aber nichts an der grundsätzlichen Gültigkeit der Aussagen über Prädestination und Heilsgeschichte.

Es ist festzuhalten, dass dem Willen Gottes niemand widerstehen kann und dennoch der Mensch für sein Tun verantwortlich ist (Röm 9,19)[268]. Dies ist aber nur zu denken, wenn am absoluten Unterschied zwischen Schöpfer und Geschöpf festgehalten wird. Diesen treibt Paulus in der Argumentation von Röm 9,20–23 hervor.

> „O Mensch, wer bist du denn, dass du Gott entgegenredest? Sagt etwa das Kunstwerk
> zum Künstler: Warum hast du mich so gemacht?" (Röm 9,20).

Der Wille Gottes in der Erwählung ist absolut frei. Vor seiner Erschaffung existiert der Mensch nicht, sodass er auch keinen Anspruch darauf erheben kann, ins Sein gerufen zu werden. Gott kommt in der Prädestination dieselbe schöpferische Allmacht zu wie in der Gerechtmachung des Sünders. Beides ist letztlich derselbe Akt und gleicht einer *creatio ex nihilo* (Röm 4,17).[269] Gott schafft aber nur Gutes. Prädestination besagt somit, dass Gott beide Gefäße als *bona* schafft, sowohl das zur Verherrlichung als auch das zum Verderben. Paulus hat das Bild des Gefäßes mit Bedacht gewählt, denn geschaffen wurde das Gefäß, der Mensch, nicht aber der Inhalt, zu verstehen als der Unterschied von gutem und bösem Willen. Der gute Wille ist als Gut ebenfalls von Gott erschaffen. Wegen der prinzipiellen Gegebenheit von allem Guten muss diese Freiheit gerade als gute gegeben sein. Der böse Wille jedoch ist nicht als solcher gegeben, wodurch der Erhabenheit des Schöpfers kein Abbruch geschieht. Vielmehr offenbart sich so die „Langmut" Gottes. Gott erträgt zunächst mit großer Geduld das Böse, was einzig der Freiheit des Geschöpfs entspringt, um aber schließlich an den „Gefäßen des Zorns" eben seinen „Zorn" und seine „Macht" geltend zu machen (Röm 9,22). Und genau weil das Geschöpf nur mit der freien Gabe der Gnade, und das heißt, aufgrund der Prädestination zur Unterscheidung von sich selbst, vom alten, sündigen Menschen Erlösung erlangen kann, bleibt bestehen, dass die Erlösung kein natürlicher Rechtsanspruch des Menschen ist. Die Gabe der Erlösung ist unverfügbar. Sie kann, muss aber nicht gegeben werden. Der Ton hat gegenüber dem Töpfer keinen Anspruch. Damit muss im Gericht durchaus mit der realen Möglichkeit und damit auch mit der Wirklichkeit der Verdammung gerechnet werden. Dagegen könnte die abschließende Aussage von Röm 11,32 ins Feld geführt werden, dass Gott alle in den Ungehorsam eingeschlossen habe, damit er sich aller erbarme. Diese Stelle ist jedoch vom Kontext her ausschließlich auf die Allgemeinheit von Juden und Heiden zu beziehen, nicht aber

---

[267] Sanders: Paulus 54: „Ist erst einmal als Offenbarung akzeptiert, dass Gott beabsichtigte, die ganze Welt zu erretten, indem er seinen Sohn sandte, muß man sich zwangsläufig die Welt als erlösungsbedürftig und mithin gänzlich sündhaft vorstellen." Dazu Röm 11,32.

[268] „Nun wirst du zu mir sagen: Was tadelt er dann noch? Wer kann seinem Willen widerstehen?"

[269] Dazu Wilckens: Römer 2,195. Es ist hier auch auf Röm 11,36 zu verweisen.

auf die grundsätzliche Allgemeinheit der Erlösung.[270] Auch der deuteropaulinische Erste Brief an Timotheus (2,4) besagt keinen allgemeinen Heilsautomatismus. Dem widersprechen die zahlreichen Aussagen zu Verdammung und Gericht im Neuen Testament insgesamt und bei Paulus im Besonderen. Das Wesen der Liebe Gottes bleibt unterscheidend. Demgegenüber ist jedoch zu bemerken, dass die liebende Zuwendung Gottes in Jesus Christus dem Menschen gerade *als Sünder* gilt.[271]

Das Ziel von Röm 9 – und das hat schon Augustinus deutlich gemacht – ist nicht, irgendeinem einzelnen Menschen oder gar einer Menschengruppe den definitiven Ausschluss vom Heil anzudrohen, sondern ausschließlich den unverfügbaren Gabecharakter der Erlösung zu verdeutlichen.[272] Einzig die unterscheidende Liebe Gottes bestimmt vor aller Zeit unwandelbar und unfehlbar die Menschen zum Heil. Die Prädestination geschieht dennoch nicht willkürlich, sondern mit höchster Weisheit und Erkenntnis. Der Grund des göttlichen Unterscheidens bleibt dem menschlichen Erkennen verborgen. Er ist völlig unerfahrbar und unerforschbar. Gott bedarf in keinerlei Hinsicht seiner Schöpfung und doch verdankt sich ihm die Schöpfung ganz.[273] Nicht zuletzt der Rückweg in die göttliche Herrlichkeit ist reine Gabe.

> „O Tiefe des Reichtums der Weisheit und des Wissens Gottes!
> Wie unerforschlich seine Gerichte
> und unaufspürbar seine Wege!
> Denn wer hat die Vernunft des Herrn erkannt?
> Wer ist sein Ratgeber gewesen?
> Wer hat ihm vorausgegeben,
> so dass es ihm erstattet werden müsste?
> Denn aus ihm und durch ihn und auf ihn hin ist alles,
> Sein ist die Herrlichkeit in alle Ewigkeit, Amen" (Röm 11,31–36).

c) Die Geschichte Jesu[274]

Die Geschichtlichkeit der Bestimmung des Menschen durch die Liebe Gottes hat ihren Grund in der Geschichte Jesu Christi. Sie ist die singuläre Maßgabe (c), die über die Mitte des allgemeinen Verhältnisses von Christus und der Geschichte der Menschheit (b) mit der besonderen Geschichte derjenigen Menschen zusammengeschlossen ist, die zur Verwirklichung der Liebe befreit sind (a). Insofern die Geschichte Jesu als

---

[270] Gegen Theobald: Römerbrief 276.

[271] Siehe hier D.II.2.c) Die Gerechtsprechung.

[272] O. Kuss: Der Römerbrief (dritte Lieferung), Regensburg 1978, 714: „[…] hier aber muss man den – ohne Zweifel schwer erträglichen – Gedanken der vollkommen freien Gnadenwahl Gottes ohne Verkürzung zur Geltung kommen lassen." Hier findet sich auch eine sehr ausführliche Abhandlung zur „Problematik um die Prädestination" 828–935.

[273] Es ist hier an Plotin zu erinnern, v.a. Enn. 5,2,1,5.

[274] Zum Ganzen siehe auch den Abschnitt ‚Aspekte und Stationen des Jesus-Wegs' bei Theobald: Römerbrief 169–175.

Norm des Willens zu gelten hat, kommt ihr dabei aber ein hohes Maß an Abstraktion zu. Im Wesentlichen konzentriert sich die Geschichte auf Tod und Auferstehung und die darin liegende Unterscheidung des Menschen von sich selbst. Damit berührt das geschichtliche Moment das sprachliche, in welchem genau diese heilsrelevante Unterscheidung im logischen Kern gedacht wird. Das sprachliche Moment wird aber auch insofern berührt, als Paulus hier überlieferte Geschichten aufgreift und sie gemäß seiner Theologie interpretiert. Eine der bedeutendsten Überlieferungen gibt Paulus in 1 Kor 15,3b–5 wieder. Er bezeichnet diese kurze Geschichte Jesu selbst als das „Evangelium" (1 Kor 15,1 ff.), das er den Korinthern verkündigt hat, das diese angenommen haben (παρέλαβον) und durch das sie auch gerettet werden, falls sie am Wortlaut festhalten, den Paulus verkündigt hat. Paulus reiht sich mit diesem Stück[275] in die christliche Traditionskette ein. Er gibt weiter, was ihm gegeben worden ist.

> „[Denn als erstes habe ich euch überliefert, was auch ich empfangen habe,]
> dass Christus gestorben ist für unsere Sünden gemäß den Schriften,
> und dass er begraben worden ist,
> und dass er auferweckt worden ist am dritten Tag gemäß den Schriften,
> und dass er erschienen ist dem Kephas, dann den Zwölf" (1 Kor 15,3 ff.).

Tod und Auferstehung Christi sind der Kern der Überlieferung und so auch die tragende Säule des Evangeliums. Deren Wahrheit wird durch die Vorgeschichte der Offenbarung, nämlich durch die Schriften der Thora und die Propheten verbürgt. Auch die Nennung von Κηφᾶς und den Zwölf Aposteln soll lediglich die Wahrheit der Auferstehung sicherstellen. Paulus zieht im Folgenden eine Linie von Privaterscheinungen bis hin zu sich, zu seiner eigenen Bekehrung durch die Erscheinung des Auferstandenen (1 Kor 15,6 ff.). Er legt also größtes Gewicht auf die geschichtliche Wirklichkeit des Christusgeschehens. Nur wenn Christus wirklich von den Toten auferstanden ist – und zu ergänzen wäre hier, wenn er wirklich sein gottgemäßes Leben geführt hat, das sich im Kreuz erfüllt –, ist der Glaube nicht leer, die Liebe nicht grundlos, die Hoffnung nicht vergebens (vgl. 1 Kor 15,17 ff.).

Die Überlieferung spricht von Christus, der gestorben und auferstanden ist. Der konkrete historische Mensch Jesus wird also mit dem Messias der jüdischen Tradition identifiziert. Auch wenn bei Paulus die Wendung „Jesus Christus" gelegentlich zum Eigennamen abgeschliffen zu sein scheint, ist doch darin stets der Messiastitel herauszuhören.[276] Besonders wenn Paulus das Heilswerk in Jesus beschreibt, verwendet er das isolierte Christusprädikat.[277] Paulus deutet den Messias als den

---

[275] Der Umfang des Traditionsstückes wird meist auf die Verse 3b–5 festgelegt. Dazu H. Conzelmann: Der erste Brief an die Korinther (KEK 5), Göttingen [12]1981, 296–306; Schrage: Korinther 4,20, Anm. 37; Gnilka: Paulus 229.

[276] Gnilka: Paulus 230.

[277] Gnilka: Paulus 230: „Christus starb für uns (Röm 5,8); Christus wurde auferweckt aus den Toten durch die Herrlichkeit des Vaters (6,4); Christus hat euch angenommen (15,7); Wir verkündigen Christus, den gekreuzigten (1 Kor 10,23); Christus, unser Pascha, wurde geschlachtet (5,7); Christus hat uns losgekauft vom Fluch des Gesetzes (Gal 3,13); Zur Freiheit hat uns Christus befreit (5,1)."

verheißenen Nachkommen Abrahams (Gal 3,16), der als der gekreuzigte Messias für das Judentum zur geschichtlichen Herausforderung wird (1 Kor 1,23), heißt es doch in Dtn 27,6; 21,23: „Verflucht ist jeder, der am Holz hängt" (Gal 3,13).

Die Geschichte Jesu erhält gerade dadurch ihr maßgebliches Gewicht, dass sie den ‚historischen Jesus' mit dem überhistorischen Christus identifiziert. Die zeitlose Dimension Christi wird unter anderem durch den Sohnestitel ausgesagt, der in einem engen Zusammenhang mit dem Messiasprädikat steht.[278] Auch am Beginn des Römerbriefes verwendet Paulus ein Traditionsstück. Er verkündet die

> „[frohe Botschaft Gottes, die er zuvor verheißen hat durch seine Propheten in den heiligen Schriften, über seinen Sohn]
> geboren aus dem Samen Davids nach dem Fleisch,
> bestimmt zum Sohn Gottes in Macht gemäß dem Geist der Heiligkeit aufgrund der Auferstehung von den Toten, [...]" (Röm 1,1b–4a).

Bereits das Traditionsstück legt allein schon durch den Umfang des zweiten Halbsatzes mehr Gewicht auf die Einsetzung Jesu als Gottessohn, denn auf die bloße irdische Existenz. Dies betont Paulus, wenn er der Überlieferung den Sohnestitel vorordnet. Damit bringt er den Gedanken der Präexistenz des Gottessohnes zur Geltung.[279] Denn Jesus Christus wird nicht erst durch die Auferstehung zum Sohn Gottes gemacht, sondern er ist es bereits, bevor er in diese Welt gesandt wurde, um ihr die Sohnschaft zu vermitteln.

> „[als aber kam die Fülle der Zeit,]
> sandte Gott seinen Sohn,
> [aus einer Frau geboren, unter das Gesetz gestellt, damit er die unter dem Gesetz freikaufe,]
> damit wir die Sohnschaft empfingen" (Gal 4,4).[280]

Durch die Hinzufügung der menschlichen Geburt aus der Frau und seines Lebens unter dem Gesetz verdeutlicht er die konkrete und gewöhnliche Menschlichkeit Jesu als Jude. Doch selbst wenn Gott seinen Sohn in der „Gestalt des Fleisches der Sünde" (Röm 8,3) sandte, ist doch damit nicht gesagt, dass der Sohn selbst zum sündigen Menschen werde. Gerade in seiner Sündlosigkeit unterscheidet er sich von allen anderen Menschen und kann nur so für sie zur Befreiung vom „Fluch des Gesetzes" (Gal 3,12) und von der Macht der Sünde (Röm 8,3) werden.

Die Erhabenheit gerade des Menschen Jesus über alle übrigen Menschen drückt Paulus vor allem im χύριος-Titel aus. Das Bekenntnis zu Jesus Christus als dem „Herrn" wird schließlich zur sprachlichen Handlung, welche die Unterscheidung des Menschen von sich selbst in der Taufe bewirkt (Röm 10,9). Mit dem χύριος-

---

[278] Auch in Ps 2,7 wird der königliche Messias aus dem Hause David von Gott als „mein Sohn" angesprochen. Doch ist festzuhalten, dass der Paulinische Sohnestitel weit über die jüdische Messiasvorstellung hinausgeht. Dazu auch Gnilka: Paulus 233.

[279] Gnilka: Paulus 234. Zur Präexistenz ausführlich Dunn: Paul's Theology 266–293.

[280] Dazu Gnilka: Paulus 234 und F. Mußner: Der Galaterbrief (HThKNT 9), Freiburg 1974, 268–274.

Titel wird ein Gottesprädikat auf Jesus übertragen. Die griechische Bibel, welche Paulus las, verwendet die Anrede κύριος für das unaussprechliche יהוה. Die Anrede „Herr" erwirbt sich Jesus durch sein irdisches Leben gemäß dem Willen Gottes (Phil 2,8). Eben weil er diesen bis zum Tod am Kreuz erfüllte, hat ihn Gott über alles erhöht (Phil 2,9a), und es wird ihm der alles überragende Name κύριος verliehen (Phil 2,9b–10a). Dieser ist letztlich Gottes eigener Name. Als „Herr" nimmt Jesus Christus gleichsam die Stellung Gottes ein.

Paulus übernimmt mit dem so genannten Philipperhymnus ebenfalls ein Traditionsstück.[281] Er stellt ihm eine Ermahnung voraus. Die Philipper sollen untereinander gesinnt sein, wie es einem Leben in Jesus Christus und damit der Gemeinschaft in Christus entspricht (Phil 2,5).[282] Die Maßgabe dieses Lebens in Christus ist das Leben des Messias Jesus selbst, wie es im Hymnus zusammengefasst ist. Damit ist jedoch keine moralische Weisung gemeint, sondern das Christusgeschehen in seinem innersten Kern.[283] In der Geschichte Jesu Christi soll die Liebe (vgl. Phil 2,1–4) als die Bestimmung des Menschen anschaulich gemacht werden.

> „Er, der in Gestalt Gottes war,
> hielt es nicht für einen Raub, Gott gleich zu sein,
> sondern er entäußerte sich selbst,
> indem er die Gestalt eines Sklaven annahm,
> den Menschen gleich wurde
> und dem Aussehen nach als Mensch gefunden wurde;
> er erniedrigte sich selbst,
> indem er gehorsam wurde bis zum Tod, zum Tod am Kreuz.
> Deshalb hat ihn Gott auch so sehr erhöht
> und ihm den Namen, der über jedem Namen ist, geschenkt,
> damit im Namen Jesu sich jedes Knie beuge
> der Himmlischen und Irdischen und Unterirdischen

---

[281] Zu Gestalt und theologischer Absicht dieses vorpaulinischen Hymnus siehe Gnilka: Philipperbrief 131–147 und Müller: Philipper 98 f.

[282] „τοῦτο φρονεῖτε ἐν ὑμῖν ὃ καὶ ἐν Χριστῷ Ἰησοῦ [...]." Müller: Philipper 89 übersetzt: „Darauf seid untereinander gesinnt, worauf man in Christus Jesus zu sinnen hat." Gnilka: Philipperbrief 108: „Das sinnet untereinander, was auch in Christus Jesus zu sinnen sich schickt."

[283] Vgl. dazu Gnilka: Philipperbrief 109: „Der paränetische Verweis auf Christus betrifft nicht so sehr dessen Person als das Christusgeschehen (2 Kor 5,14; 8,9). Deshalb muß auch hier an dieses Christusgeschehen gedacht werden, in das die Philipper mit ihrem Gläubig- und Getauftwerden hineingenommen sind und das im Hymnus entfaltet wird. Weil sie in Christus sind, deswegen wird ihnen ein entsprechendes Verhalten zu den Brüdern abverlangt." Ähnlich Müller: Philipper 90.
Der Verweis auf das Christusgeschehen und die Zurückweisung des Moralismus sind durchweg richtig, doch bleibt das Christusgeschehen an die Person Jesu und dessen Tun zurückgebunden. Interessant auch Theobald: Römerbrief 170: „[...] nicht die sittliche Anstrengung Jesu oder seine Vorbildlichkeit oder was auch immer man an menschlichen Qualifikationen Jesu nennen wollte, sind Grund für die soteriologische Qualifikation seines Werks, – diese leitet sich allein von *Gottes Heilswillen* her, dem schon *Jesus qua Person* als seine ‚*Gabe*' an die Menschen (8,31) zu [ver]danken ist" [Hervorh. v. mir].

und jede Zunge bekenne:
Herr [ist] Jesus Christus zur Herrlichkeit Gottes des Vaters"
(Phil 2,6–11).

Die Geschichte Jesu Christi hat ihren Anfang in Gott selbst. Christus wird zwar nicht unmittelbar Gott genannt, doch ist die Gottgleichheit explizit ausgesagt.[284] Es kann deshalb durchaus von der Menschwerdung Gottes in Jesus Christus gesprochen werden.[285] Der Beginn des Lebens Jesu ist mit der Entäußerung in die Knechtsgestalt gegeben. Trifft dies zu, dann setzt die Geschichte Jesu Christi mit der Unterscheidung Gottes von sich selbst ein und dies nicht nur bezogen auf die Macht und Herrlichkeit, deren der inkarnierte Gott sich entäußert, sondern auch bezüglich des Willens. Entäußerung (ἐκένωσεν), Demut (ἐταπείνωσεν ἑαυτὸν) und Gehorsam (γενόμενος ὑπήκοος), letzteres bis zum Tod am Kreuz, werden zur Konkretion der Liebe, die in der Geschichte Jesu anschaulich wird und welche die Maßgabe für den Menschen schlechthin ist. Die geschichtliche Realität der Liebe Gottes hat ihren Grund in der Realität des von Jesus Christus Vollbrachten.

Die eigenartige Spannung zwischen Identität Jesu Christi mit Gott und ihrer Differenz, wie sie der Philipperhymnus nahelegt, wird ein zentraler Anstoß für die spätere Formulierung der Trinitätslehre[286] und der Christologie[287]. Die Formulierungen rufen die spätere Rede sowohl von der ὁμοουσία von Vater und Sohn, wie sie im Konzil von Nikaia dogmatisiert wird, als auch von den zwei Naturen, der göttlichen und der menschlichen, hervor. Für rationale Durchdringung und Entfaltung dieser trinitarischen und christologischen Aussagen hat Augustinus Maßgebliches geleistet.[288]

2. Die Logik des Kreuzes und die Gerechtigkeit Gottes

Die „Frohe Botschaft" bildet die Achse des Paulinischen Gedankens. Sie steht als sprachliches Moment am Anfang des Glaubens, in der Vollendung der Gemeinde als deren Verkündigung und in der Mitte der Bestimmung, welche die Liebe Gottes ist. Die Liebe Gottes offenbart sich in Tod und Auferstehung Jesu Christi. Tod und

---

[284] Gnilka: Paulus 234: „Letztlich ist damit mehr gesagt, als daß er – in seiner Präexistenz – in der Stellung Gottes war oder mit göttlicher Herrlichkeit umhüllt gewesen sei. Die griechische Formulierung kommt an die Bedeutung von göttlicher Substanz und Kraft heran. Es wird gewiß noch nicht über die zwei Naturen in Christus spekuliert, wie es der späteren Dogmatik vorbehalten war. Die Grundaussage aber ist: Gott wurde Mensch. Die Realität des Menschseins wird fast überbetont."

[285] So Gnilka: Paulus 234.

[286] Siehe dazu F. Courth: Trinität. In der Schrift und Patristik. Handbuch der Dogmengeschichte Bd. 2, Fasz. 1a, Freiburg 1988.

[287] Siehe dazu J. Liébaert: Christologie. Von der Apostolischen Zeit bis zum Konzil von Chalcedon (451) Handbuch der Dogmengeschichte, Bd. 3, Fasz. 1a, Freiburg 1965. Zur Christologie auch hier D.I.3.a) darin den Abschnitt: Die künftige Herrlichkeit als die vollkommene Realität.

[288] Augustinus knüpft sowohl seine zentralen trinitarischen als auch seine christologischen Aussagen an Phil 2,6f. Er zitiert diese Verse über einhundert Mal.

Auferstehung Christi halten die verschiedenen Aspekte und Momente des Paulinischen Gedankens zusammen.[289] Damit ist die Unterscheidung des Menschen von sich selbst Mitte und Maßgabe schlechthin. Christus ist „ein für allemal" (ἐφάπαξ) der Sünde gestorben, um für Gott zu leben (Röm 6,10). So sollen auch die Christen sich selbst im Blick auf die Sünde für tot erachten, um für Gott zu leben (6,11). Ein für allemal hat Christus die Krisis an sich ausgetragen. Ein für allemal sind die Gläubigen in diese Unterscheidung hineingenommen. In Christus sind sie eine neue Schöpfung (2 Kor 5,17). Diese Unterscheidung ereignet sich im innersten Kern als ein Sprachgeschehen, ein Sprachgeschehen, das auf den Willen Gottes, den Willen Christi und den Willen der Gläubigen bezogen ist. Den Anfang dieses Geschehens bildet die Gerechtigkeit Gottes, zu verstehen als Gerechtsprechung. Er spricht den Sünder gerecht (c). Die Mitte ist die Hingabe des Sohnes in den Tod am Kreuz (b), durch welche die Hingabe des Menschen hervorgerufen wird. In dieser Hingabe vollzieht sich elementar ein Akt des Gehorsams (a), zunächst des Gehorsams Christi, sodann des Gehorsams der Gläubigen. Durch die Zustimmung des Willens in einem Akt der Liebe wird der Glaube erst wirksam.

a) Der Gehorsam

Wie der Ungehorsam der Menschen Gott gegenüber nicht auf Israel beschränkt blieb, so konnte die Forderung des erneuerten Gehorsams nicht auf Israel beschränkt bleiben und deshalb kann auch das Gesetz als die bis zum Christusereignis maßgebliche Offenbarung des Gotteswillens keinen heilsrelevanten Gehorsam fordern, ist es doch das Zeichen des Bundes Gottes mit Israel, nicht aber mit allen Menschen. Darüberhinaus konnte das Gesetz die Menschen niemals aus der Unfreiheit unter der Sünde erlösen, in die sie aus eigener Willensentscheidung gefallen waren, indem alle Menschen ihre Liebe mehr auf die Geschöpfe denn auf den Schöpfer richteten und so den Begierden nach geschaffenen Gütern verfielen. Sie gehorchten ihren „Begierden" (εἰς τὸ ὑπακούειν ταῖς ἐπιθυμίαις αὐτοῦ; Röm 6,12). Das Gesetz zeigte dem Willen auf, wonach er sich zu richten habe, es forderte Gehorsam, es forderte, nicht zu begehren (Röm 13,9), doch es gab nicht die Erfüllung dieser Forderung. Dadurch, dass die Christen nicht mehr „unter dem Gesetz" stehen, sondern „unter der Gnade" (Röm 6,15), wird jedoch nicht der Herrschaft der Begierden freier Lauf gelassen. Die Bestimmung des Menschen durch das Gesetz wurde nicht von einer Bestimmung zur Bestimmungslosigkeit abgelöst (vgl. Röm 3,31; 6,15). Die Gläubigen sollen vielmehr vom „Gehorsam der Sünde gegenüber", welcher zum Tod führt, ablassen und den „Gehorsam zur Gerechtigkeit" (Röm 6,16) anstreben. Der Übergang ist aber bereits vollzogen. Die Gläubigen sind nicht länger „Knechte der Sünde", sondern sind „von Herzen gehorsam geworden"[290] und zwar „gegenüber der Lehrgestalt",

---

[289] Lohse: Paulus 64.
[290] Man beachte den ingressiven Charakter des Aorist ὑπηκούσατε (Röm 9,17).

der sie „übergeben worden sind" (Röm 6,17)[291]. Nur weil der Wille aus der Knechtschaft der Sünde unter dem Gesetz befreit wurde, kann es überhaupt Gehorsam im
eigentlichen Sinne geben.[292] Wegen dieses Übergangs schulden die Gläubigen Gott
Dank. *Er* hat den Übergang bewirkt, nicht der geschöpfliche Wille, der ja vormals
unfrei war. Der neue Gehorsam erfolgt freiwillig und gerne aus der innersten Mitte
des Menschen. Dies wird durch die Apposition „von Herzen" gesagt. Der Ausdruck τύπος διδαχῆς bezeichnet den Inhalt der christlichen Verkündigung,[293] der
Verkündigung, wie sie in besonderer Weise im Taufsymbol zusammengefasst ist.[294]
Mit einem Seitenblick auf Augustins Satz, dass der Sohn selbst die Lehre ist,[295]
empfiehlt es sich, auch hier an eine Personifikation der Lehre in Jesus Christus zu
denken.[296] Vor allem die eigentümliche Verwendung des Verbs παραδίδωμι legt
dies nahe. Offenkundig ist nicht daran gedacht, dass das Taufsymbol dem Täufling
überreicht wird, was zu erwarten wäre, sondern dass der Täufling seinerseits der
Lehre übereignet wird. Der Täufling wird an Christus als die Weisung, wie es zu sein
hat, übergeben. Diese Tätigkeit wird mit demselben Wort παραδίδωμι umschrie-
ben, mit dem Paulus sowohl die Überlieferung der Lehre (z.B. 1 Kor 11,23; 15,3)
als auch die Überlieferung des Sohnes (z.B. 1 Kor 11,23) und seine Hingabe durch
den Vater (z.B. Röm 8,32) bezeichnen kann. Παρεδόθητε ist auch in Röm 6,15 als
passivum divinum zu verstehen. Damit sind sowohl Hingabe des Sohnes als auch
die Hingabe des Menschen an Christus als die Lehre in der Taufe von Gott gewirkt.
Die Unterscheidung des Menschen von sich selbst ist primär Gabe, sekundär Tat des
freien Willens als Gehorsam.

Der Gehorsam richtet sich zunächst nicht auf eine Weisung im Sinne des alten
Gesetzes oder eines moralischen Gebots, sondern der Christ soll sich gesagt sein
lassen, *dass er in Christus erlöst ist.* Entsprechend ist der geforderte Gehorsam eine
ὑπακοὴ πίστεως.[297] Im Glauben als dem Vertrauen auf diese Wirklichkeit und im
Bekenntnis des Glaubens gibt der Mensch seine Antwort auf das, was ihm zugesagt
ist. Indem er auf das ihm Zugesagte hört, gehorcht er dem Willen Gottes. Der Mensch
gibt seine Zustimmung, die für die Erlösung in Christus essentiell ist. Augustinus
wird durch seine Definition des Glaubens als *cum assensione cogitare* diesen Aspekt
des Glaubens als ein Wissen, das der Zustimmung des Willens bedarf, hervortreiben.

Die Zustimmung des Willens richtet sich auf die Lehre, die Christus ist. Die
kürzeste Form des Glaubensbekenntnisses, das bei der Taufe gesprochen wird, lau-

---

[291] Zur exegetischen Problematik von V. 17 siehe Wilckens: Römer 2,35.
[292] Wilckens: Römer 2,34.
[293] Wilckens: Römer 2,36.
[294] Käsemann: Römer 171; Schlier: Römerbrief 209.
[295] Trin. 2,4 (CCL 50,85,12f.): „[...] ita non est aliud filius, aliud doctrina eius, sed ipsa doctrina filius
       est."
[296] Wilckens: Römer 2,36: „Zu erwägen ist jedoch, ob Paulus mit dem Ausdruck an Christus als Inhalt der
       Lehre (vgl. Gal 3,1) denkt, in den hinein die Christen nach V 3 getauft und also ‚übergeben' worden
       sind, indem sie das Taufcredo nach 10,9f. annahmen."
[297] Röm 16,26; 1,5; 10,16; 15,18; 16,19; 2 Kor 10,5.

tet: χύριος Ἰησοῦς Χριστός (Phil 2,11). Dadurch, dass Christus im Bekenntnis des Gläubigen als Herr anerkannt wird, vollzieht sich die Unterscheidung des Menschen von sich selbst. Die hierbei erforderliche Zustimmung muss im Inneren des individuellen Herzens gegeben werden, und sie muss sich im expliziten Bekennen äußern, deshalb spricht Paulus seinen Hörer in diesem Zusammenhang direkt in der zweiten Person Singular an:

> „Wenn du in deinem Mund bekennst [ὁμολογήσῃς]: Herr Jesus, und wenn du in deinem Herzen glaubst: Gott hat ihn von den Toten auferweckt, dann wirst du gerettet; denn mit dem Herzen wird geglaubt zur Gerechtigkeit, mit dem Mund aber bekannt zur Rettung" (Röm 10,9).

Dieses Sprachgeschehen der ἐξομολόγησις ist auf das Engste mit der Taufe verbunden.[298] So wurde immer wieder der Zusammenhang des Bekennens in Röm 10,9f., im Philipperhymnus[299] und auch im deuteropaulinischen Kolosserhymnus[300] mit der Taufe herausgestellt. Die genannten Passagen wurden als ausdrückliche Glaubensbekenntnisse und Taufsymbole verstanden, denn auch die Taufe hat wie das Bekennen einen konstitutiven Charakter für das neue Leben des Einzelnen und die Gemeinde im Allgemeinen (1 Kor 12,13). Durch die Taufe wird der Gläubige in den Leib Christi aufgenommen, und das Bekennen des einzelnen Täuflings ist stets eingebettet in ein kirchliches Tun. Weil jeder Täufling in Christus eintritt, werden die Getauften in Christus auch untereinander verbunden. Gerade als gemeinschaftliches Tun der Kirche als des Leibes Christi eignet dem Taufbekenntnis bzw. der symbolischen Taufhandlung ein sakramentaler Charakter.

> „Mit ihm also sind wir begraben durch die Taufe in seinen Tod hinein, damit, wie Christus auferweckt worden ist von den Toten durch die Herrlichkeit des Vaters, so auch wir im neuen Leben wandeln. Denn wenn wir im Bild [gesprochen] mit seinem Tod verwachsen sind, dann werden wir es auch mit [seiner] Auferstehung sein. Wir wissen doch, dass unser alter Mensch mitgekreuzigt worden ist, damit der Leib der Sünde vernichtet werde, auf dass wir nicht mehr der Sünde dienen müssen; denn wer stirbt, wird gerechtgesprochen frei von der Sünde. Wenn wir mit Christus gestorben sind, glauben wir, dass wir auch mit ihm leben werden" (Röm 6,4–8).

Was in der sakramentalen Taufe durch äußere Zeichen angedeutet wird, vollzieht sich im Inneren des Menschen. Mit Christus wird der „alte Mensch" gekreuzigt, mit Christus sterben die Gläubigen, mit ihm werden sie begraben, mit ihm werden sie auferweckt, mit ihm führen sie ihr neues Leben. In-Christus-Sein ist das Ziel der Taufe, denn in der Taufe wird Christus wie ein Kleid angezogen (Gal 3,27;

---

[298] Dunn bestreitet die Taufe als Ort des urspünglichen Bekennens, doch räumt er einen Zusammenhang von Taufe und Bekennen ein, Paul's Theology 444. Siehe dazu hier D.I.1.c) Die sprachliche Konstitution der Gemeinde in Zeichen und Sakrament.

[299] Siehe z.B. R. P. Martin: Carmen Christi: Philippians 2,5–11 in Recent Interpretation and in the Setting of Early Christian Worship (SNTSMS 3), Cambridge 1967, 81 ff.

[300] E. Käsemann: A Primitive Christian Baptismal Liturgy, in: Essays on New Testament Themes, London 1964, 149–168.

vgl. Röm 13,14). Diese Einheit mit Christus ist eine Einheit des Willens, näherhin der Liebe. Die Gläubigen sind mit Christus und untereinander in Liebe verbunden. Der neue Wandel der Christen, zu dem sie in der Taufe befähigt werden, befindet sich unter der Maßgabe der Liebe. Diese steht im Gegensatz zu den Begierden, denn sie ist eine Willensregung, die dem Willen Gottes entspricht, wohingegen die Begierden ihm widersprechen. Die Liebe wahrt die gehörigen Grenzen, jene überschreiten sie. Insofern der alte Mensch unter der Herrschaft der Begierden stand, besagt das Bekennen auch eine Absage an die Begierden und eine Lossprechung von den Sünden. „Durch den Namen des Herrn Jesus Christus und durch den Geist unseres Gottes" wurden die Christen „abgewaschen", „geheiligt", „gerecht gemacht" (1 Kor 6,11). Doch nirgends spricht Paulus von einem öffentlichen Bekenntnis der Sünden. Der Gedanke, Sünden zu bekennen, legt sich nahe, das ganze Gewicht aber liegt auf dem Aspekt der lobenden Anerkennung Jesu Christi als Herrn.

Der Gehorsam des Menschen ist präfiguriert im Gehorsam Christi. Ja mehr noch, der Gehorsam Christi Gott gegenüber bewirkt die Erneuerung der Menschen. In seinem Gehorsam werden die Christen zu Gerechten.

> „Denn wie durch den Ungehorsam des einen Menschen die Vielen zu Sündern geworden sind, so werden auch durch den Gehorsam des Einen die Vielen zu Gerechten werden" (Röm 5,19).

Der Gehorsam Christi dem Vater gegenüber wird durch die Selbstunterscheidung Gottes ermöglicht. Obwohl Christus selbst Gott gleich ist, entäußert er sich seines Gottseins und begibt sich in das Sklavendasein als Mensch. Als solcher aber zeichnet sich Christus dadurch aus, dass er den Willen Gottes ganz erfüllt. In der Knechtsgestalt erkennt er den absoluten Unterschied zwischen Schöpfer und Geschöpf an. Während sich die Menschen erhöhen, indem sie ihren Eigenwillen und ihre Begierde zum Geschöpf ausleben, erniedrigt er sich und ist gehorsam und zwar bis hin zum Tod am Kreuz. Und gerade durch diese Übereinstimmung mit dem Gotteswillen wird er in der Knechtsgestalt erhöht. Gott verleiht dem Gekreuzigten Jesus seinen eigenen Namen: κύριος. Durch das Bekenntnis zum κύριος Ἰησοῦς Χριστός (Phil 2,11) geben die Menschen ihrer Übereinstimmung mit dem Gotteswillen Ausdruck. Sie erweisen dadurch ihren eigenen Gehorsam (Phil 2,12).[301] Auf das Engste werden sie nun mit Christus und durch ihn mit Gott verbunden. Gott selbst muss nun auch in ihnen wie schon in Christus als der Grund des Wollens und Vollbringens angesehen werden (Phil 2,13). Auch die Christen werden durch den Gehorsam, der zur Selbstunterscheidung in der Taufe und im Bekenntnis führt, wie Christus erhöht, zwar nicht zur Herrschaft des Herrn, wohl aber zur Gotteskindschaft (Gal 3,26; 4,1–7; Röm 8,14ff.). Das Gehorchen des Kindes ist im Gegensatz zu demjenigen des Knechtes ein freies.

---

[301] „Also, meine Geliebten, wie ihr immer gehorsam, gewesen seid [...]." Bezeichnenderweise spricht Paulus die Gläubigen zunächst als „Geliebte" an. Aus dem Gehorsam gegenüber dem Herrn erwächst die Liebe der Gläubigen untereinander.

Die Paulinische Bestimmung des Menschen berührt die Foucaultsche Bestimmung in ihrem Kern. Auch wenn bei Foucault die Spur des Paulus am Erlöschen ist, bleibt er doch von Paulus abhängig. Foucault kritisiert vor allem in seiner späten Phase „Selbstpraktiken", Bekehrungspraktiken der Kirchenväter, die ihrerseits unmittelbar von Paulus beeinflusst sind. Diese haben, so Foucault, die freieren Selbstpraktiken des heidnischen Hellenismus, die mit ihrer Ästhetisierung des Selbst für uns einen gewissen Vorbildcharakter haben können, verdrängt. Aber auch seine Auseinandersetzung mit der Psychoanalyse führt auf die Wurzeln des Christentums zurück, insofern Foucault den therapeutischen Zwang, die Wahrheit über sich zu sagen, als eine säkularisierte Fortsetzung der christlichen Beichtpraxis begreift. Die Vorgeschichte der Totalitarismen des 20. Jahrhunderts mit ihrer Verheißung des neuen Menschen und der Forderung nach absolutem Gehorsam und nach Normierung der Massen führt für Foucault bis in die frühchristliche Zeit zurück. Schließlich habe die Inkriminierung der Sexualität durch das Christentum eine verheerende Wirkung gehabt. Um Paulus heute hören, verstehen und ihm ‚gehorchen' zu können, bedarf es der Klärung.

Foucault begreift die christliche Bekehrung als eine „Transsubjektivierung", die sich als plötzliches, einzigartiges Geschehen ereigne, den Übergang von einem Zustand in einen anderen zum Inhalt habe und einen Verzicht auf sich selbst impliziere.[302] Gerade durch den Gehorsam, der sich in der ἐξαγόρευσις äußert, vollziehe sich der Verzicht auf den eigenen Willen und letztlich der Verzicht auf sich selbst.[303] Tatsächlich soll bei Paulus der alte Mensch sterben, tatsächlich ist Paulus selbst mit Christus gekreuzigt, nicht mehr er lebt, sondern Christus lebt in ihm. Tatsächlich bezieht sich diese Selbstunterscheidung in besonderer Weise auf den Willen. Falsch ist jedoch, diese „Transsubjektivierung" auf einer platten Verstandesebene zu begreifen. Dadurch, dass Christus in mir lebt, wird gerade das wahre Selbst des Individuums freigelegt. Der Mensch wird aber nicht entkernt, ausgehöhlt und industriell normiert, sondern nach einem Urbild gestaltet, das sich in seiner Göttlichkeit von jeder endlichen, weltlichen, gesellschaftlichen Norm – auch der des Gesetzes – unterscheidet. Das Urbild ist dabei von so großer Abstraktion, dass für die individuelle Verwirklichung größtmöglicher Spielraum bleibt. Es findet keine Normierung gemäß einem Gesetz in dessen buchstäblichem Sinn statt, sondern im Geist der Liebe und der Freiheit soll die Bestimmung des Menschen durch Christus gerade zu einer singulären Neugestaltung des Menschen führen. Entsprechend wird auch der Wille des Menschen nicht ausgelöscht, sondern aus der Knechtschaft zu sich selbst befreit. Auch diese Freiheit ist nicht mit dem bloßen Verstand zu begreifen, sondern es bedarf der Vernunft, um das Verhältnis von göttlicher zu menschlicher Freiheit einzusehen – Augustin hat die Vernünftigkeit der Paulinischen Freiheit begriffen.[304]

---

[302] Vorlesung vom 10.02.1982 (Becker 48).

[303] Techniques de soi VI, DÉ 4,812 (Technologien des Selbst 61).

[304] Siehe hier D.II.1. Die geschichtliche Realität der Liebe Gottes, darin besonders die Abschnitte über das Verhältnis von Gnade und Freiheit sowie über Prädestination.

Durch die Bekehrung wird der Mensch auch nicht von außen und schlechthin in einen anderen Zustand versetzt, vielmehr beginnt mit der initialen Unterscheidung des Menschen von sich selbst erst der Weg der christlichen ‚Selbstkultur'. In einer lebenslangen Arbeit an sich selbst wird der Christ zu einem Subjekt Christi. Er wird dies im Gehorsam gegenüber dem „Herrn". Dieses Gehorchen ruft eine eigene christliche ‚Ästhetik des Selbst' und eine ‚Kultur des Nächsten' hervor. Diese hat gewiss eine Ausrichtung auf die Vollendung im Himmel. Jedoch wird durch Orientierung auf das Leben nach dem Tod das Leben in dieser Welt nicht entwertet, sondern das Leben in seiner Vergänglichkeit erhält dadurch erst bleibenden Wert. Diesen „Wert" hat niemand so sehr zu schätzen und zu hassen gewusst wie Nietzsche, der sich gezwungen sah, die Hoffnung auf das Ewige Leben durch den Glauben an die Ewige Wiederkehr des Gleichen zu substituieren, um der Entwertung des Lebens durch den Nihilismus entgegenzuwirken. Die Christen erwarten das Heil nicht einseitig im kommenden Leben, wie Foucault dies unterstellt, sondern das Heil ist schon – anfanghaft – in dieses Leben gekommen. Und das Begonnene will auch durch das Tun der Menschen vollendet werden. Doch ist der Gedanke der Vollendung ebenso wie derjenige der Teleologie dem postmodernen Denken ein Gräuel. In den Christen findet sich, jedenfalls nach Paulus, kein morbider Todeswunsch, wie Foucault, aber auch Nietzsche dies annehmen, sondern eine Hoffnung auf Vollendung in der Ewigkeit, durch welche *auch dieses* Leben geprägt wird. Der Vergänglichkeit dieser Welt wird dabei aber auch Rechnung getragen. Die Christen haben, als hätten sie nicht, sie gebrauchen die Welt, als gebrauchten sie sie nicht (1 Kor 7,29 ff.).

Gerade das Wissen um die Relativität und Vorläufigkeit dieser Zeit und dieser Welt befreit die Christen aus einer Ideologisierung des weltlichen Glücks. Es ist zu bedenken, dass Marx die bürgerliche Bestimmung des Menschen zur Freiheit durch die Erwartung der kommunistischen Gesellschaft substituierte, dass Nietzsche den Willen Gottes als christliche Bestimmung durch den Willen zum Übermenschen ersetzte. Genau die Ideologisierungen dieser Negationen der metaphysischen Bestimmung des Menschen aber waren es, welche als Faschismus und Kommunismus ihre katastrophalen Folgen zeitigten. Diese wurden aber gerade durch ein *Fehlen* der christlichen oder bürgerlichen Maßgabe ermöglicht. Eine christliche „Transsubjektivierung" als Typus für den Abgrund des 20. Jahrhunderts zu stilisieren, wie Foucault dies tut, verkennt nicht nur das Wesen der christlichen Bestimmung des Menschen, nicht nur das Wesen des Totalitarismus des 20. Jahrhunderts, sondern auch das Verhältnis beider zueinander. Anders ausgedrückt: Nietzsche steht zwischen Foucault und Paulus. *Die Ideologisierungen Nietzsches und Marxens sind der wahre Gegner Foucaults, nicht aber das Christentum.* Letzteres wird für ihn zur Quantité négligeable. Paulus ist für Foucault lediglich der Name des Vaters, den er aus seinem eigenen Namen streicht. Dennoch berührt Foucault Paulus, indem er nicht zuletzt durch seine Theorien zum Begehren und zur Sexualität den Blick auf Paulus verstellt. Auch Foucault versucht eine Herrschaft der Begierden zu vermeiden und diese mit Selbsttechniken zu limitieren. Doch sein Begriff der Limitation, der wesentlich bestimmungslos ist, drängt anarchisch sowohl auf eine Begrenzung als auch auf eine Entgrenzung.

Anders bei Paulus: Die Begierden, die bei Paulus negiert werden, sind nicht einfach mit Sexualität oder auch dem Geschlechtstrieb gleichzusetzen. Erst indem die verschiedenen Neigungen des Menschen, und dabei ist das sexuelle Begehren nur eines von vielen, dazu drängen, eine bestimmte Grenze zu überschreiten, werden sie zur Sünde. Die Grenze ist gezogen durch den Anspruch Gottes im Gesetz – „du sollst nicht begehren". Durch das Gesetz werden die legitimen Ansprüche und Neigungen der Menschen gegeneinander abgegrenzt. Die entscheidende Grenze ist überschritten, wenn die Sache, zu welcher der menschliche Wille hinneigt, ihrerseits den Willen ganz bestimmt. Anders ausgedrückt: Wenn die begehrte Sache zu einem „Götzen" erhoben wird, zur Bestimmung des Menschen gemacht wird, dann gerät der Mensch in die Sünde. Ausdrücklich betont Paulus, dass weder die sexuelle Neigung zu einem konkreten Menschen (1 Kor 7,36) noch die sexuelle Befriedigung in der Ehe Sünde ist. Paulus legt vielmehr den Grund für eine von gegenseitiger Liebe und Achtung getragene Kultur der Sexualität,[305] deren Ziel es ist, den Sexualtrieb zu limitieren, das heißt, ihn nicht zur beherrschenden Macht anwachsen zu lassen, sondern ihn unter die Maßgabe der Liebe und Freiheit zu stellen. Der Mensch soll Gott, nicht aber seinen Neigungen und Trieben gehorchen.[306]

b) Die Hingabe

Die Mitte des Paulinischen Gedankens ist die Hingabe des Gottessohnes am Kreuz. Der λόγος τοῦ σταυροῦ bildet bezogen auf den Glauben den Anfang, bezogen auf die Liebe die Mitte und bezüglich der Hoffnung auf die Herrlichkeit die Vollendung des gedanklichen Baus. Jedesmal erscheint die „Frohe Botschaft" in der Paradoxie des Kreuzes.[307] Im Sachterminus liegt die Paradoxie in der Offenbarung der Macht und Herrlichkeit Gottes als Ohnmacht und Schande des Kreuzes. Gerade die Tatsache, dass Gott sich seiner Macht und Herrlichkeit begibt und am Kreuz für uns stirbt, wird zum Grund für unsere Hoffnung. Nun, im Bestimmungsterminus, erscheint die Paradoxie bezüglich des Willens und der Liebe. Die Liebe Gottes ist als Hingabe des Sohnes am Kreuz der tiefste Grund des Gedankens. Die Paradoxie besteht dabei

---

[305] Vgl. dazu auch Schrage: Korinther 4,63–66.
[306] Wenn Paulus zu asketischer Keuschheit rät, so stellt er einleitend fest, dass es sich hierbei um kein Gebot handelt, sondern um einen „Rat" (γνώμη; 1 Kor 7,25). Paulus begründet seine Bevorzugung der Keuschheit einerseits mit seiner Erwartung des nahen Endes der Weltzeit und andererseits mit der größeren Freiheit. Derjenige, der angesichts des nahen Endes auf Ehe und Familie verzichtet, ist von vielen Sorgen befreit. Zudem ist er frei, um sich um die „Sache des Herrn" zu kümmern (1 Kor 7,32 ff.). Noch einmal: Dies ist ein Rat, den der Asket Paulus gibt, der die Radikalität seines eigenen Lebens als Verkündiger als ein besonderes Charisma ansieht, der aber auch um die Pluralität der Gaben weiß (1 Kor 7,7) und der ein nahes Ende der Zeit erwartet. Hierzu und zur Frage nach Ehe und Keuschheit siehe Sanders: Paulus 130 f.
[307] Merklein: Das paulinische Paradox vom Kreuz 88: „Das Paradox wird zur Mitte seiner Theologie (vgl. 1 Kor 1,18–25; Phil 2,8; Gal 3,1; 5,11; 6,14 ergänzt 6,12) und zum letztlich allein maßgeblichen Inhalt seiner Verkündigung."

darin, dass Gottes Selbsthingabe den Feinden Gottes gilt und mehr noch, dass der Sündlose den schmachvollen Tod eines Verbrechers stirbt.

Vor der Explikation dieses Sachverhalts sind die am Kreuzesgeschehen Beteiligten im Blick auf ihre Liebe darzustellen. Die Liebe manifestiert sich in diesem Zusammenhang als Hingabe. Die Unterscheidung des Menschen von sich selbst ist als ein Gefüge des Hingebens zu begreifen. Erstlich ist da Gott-Vater als der Gebende schlechthin, sodann der Sohn, der sowohl Geber als auch Gabe ist, und schließlich die Gläubigen, denen gegeben wird, die sich aber im Empfang der Gabe selbst hingeben. Das Geben Gottes setzt die Bedürftigkeit der Empfänger voraus. Die Menschen waren bedürftig, insofern sie die Herrschaft über sich selbst verloren hatten (Röm 1,24.26) und schließlich der Herrlichkeit Gottes entbehrten (Röm 3,23). Der Verlust der Gegenwart Gottes ist die Folge der Sünde. Das Fehlen dieser Schöpfungsgabe bemerkt der Mensch nicht schon von sich aus in seiner Natürlichkeit. Erst nach dem Empfang der Gabe wird der Mangel in seiner Radikalität offenbar. Eben deshalb verschwindet in der Postmoderne mit dem Verlöschen der Spur der Gabe auch das Gefühl des Mangels. Mit der Herrlichkeit Gottes hat der Mensch vordergründig auch die Liebe Gottes verloren. Doch genau diese Liebe Gottes, des Vaters, wird den Menschen in Christus durch den Heiligen Geist noch einmal und diesmal endgültig geschenkt. Denn …

> „[…] die Liebe Gottes ist ausgegossen in unsere Herzen durch den heiligen Geist, der uns gegeben ist" (Röm 5,5b).

Gott schenkt, vermittelt durch die Gabe des Heiligen Geistes, seine Liebe. Diese Liebe trifft die Herzen der Menschen. Sie betrifft den Menschen in seiner innersten Mitte und damit auch seinen Willen. Paulus präzisiert die Liebe Gottes wenig später:

> „[…] Gott erweist seine Liebe zu uns darin, dass er für uns gestorben ist, als wir noch Sünder waren" (Röm 5,8).

Die Liebe, die Gott den Menschen erweist, besteht in nichts anderem als in der Hingabe seines Sohnes.[308] Doch damit hat er den Menschen alles geschenkt, und er wird ihnen alles schenken. Er hat bereits alles geschenkt, insofern Gott sich mit der Hingabe des Sohnes auch selbst gegeben hat, ist er doch selbst in Christus (2 Kor 5,19). Er wird alles schenken, insofern er die Menschen in die Fülle seiner Herrlichkeit führen wird.

> „Der seinen eigenen Sohn nicht verschont, sondern ihn für uns alle hingegeben hat [παρέδωκεν], wie sollte er uns mit ihm nicht alles schenken?" (Röm 8,32).

Paradoxerweise erwies Gott den Menschen seine Liebe, als diese noch „schwach" (Röm 5,6), und „Sünder" (5,8) waren, als sie radikal „gottlos" (5,6), ja sogar seine „Feinde" (5,10) waren. Die Liebe Gottes zu den Menschen ist also keineswegs durch deren Liebenswürdigkeit hervorgerufen, sondern gilt zunächst den Menschen mit all ihrem gottlosen und sogar widergöttlichen Wollen. Erst die Liebe Gottes erschafft

---

[308] Vgl. Röm 4,25; 1 Kor 11,23.

die Würdigkeit der Menschen, geliebt zu werden. Damit erweist sich Gott als der
Gebende und Schenkende schlechthin (vgl. Röm 11,35).[309]

Die Gabe ist, wie gesagt, in ihrem innersten Grund Gott selbst. Eben deshalb muss
auch Christus seinerseits als der Geber erscheinen. Christus ist nicht nur das Objekt,
sondern auch das Subjekt des Gebens. Er selbst gibt sich hin (Gal 2,20).[310] Paulus
kann folglich in einem Atemzug von der „Liebe Gottes" und der „Liebe Christi"
sprechen, welche sich in der Hingabe des Sohnes verwirklicht (Röm 8,31–39). Der
Gedanke der Hingabe impliziert das Ausgeliefertwerden in den Tod. Der Tod Christi
ist gekennzeichnet als ein Sterben „für" – „für uns"[311], „für unsere Sünden"[312], „für
mich" (Gal 2,20).

Die Präposition ὑπέρ, die im Zusammenhang der soteriologischen Deutungen
des Todes Jesu begegnet, kann eine zweifache Bedeutung haben, nämlich erstens
„anstelle von", „anstatt" und zweitens „zu Gunsten von", „zugute". Paulus deutet
den Tod Jesu, indem er auf die christliche Überlieferung zurückgreift,[313] sowohl
mit dem Gedanken der Stellvertretung als auch mit dem der kultischen Sühne. Er
übernimmt die traditionelle Rede, interpretiert sie aber im Gefüge seiner eigenen
Logik des Kreuzes, deren Prinzip die Liebe Gottes ist.[314] Der ursprüngliche Sitz der
Rede von der ‚Dahingabe des Sohnes für uns' dürfte in der Abendmahlstradition
sein.[315] Jedenfalls gewinnt früh die Erinnerung an das Opfer des Sohnes ihren Ort
in der eucharistischen Mahlfeier. Auch bei Paulus findet die Logik des Kreuzes
ihre bleibende und wirksame Gegenwart in der kultischen Feier des eucharistischen
Opfers.

In der Nacht, bevor der Herr „hingegeben wurde", nahm er das Brot und bezeichnete es durch seine Worte als „meinen Leib für euch" (1 Kor 11,24). Den Kelch
bezeichnete er als „den neuen Bund in meinem Blut" (11,25). Wenn hier vom Blut
gesprochen wird,[316] so lässt dies nicht nur an die Stiftung des „Alten Bundes" durch
die Besprengung des Volks mit dem Blut eines Opfertiers denken, sondern auch an
das der Stiftung zugrunde liegende Opfer Christi als solches. Christus selbst wird
geopfert, sein Blut wird „für uns" vergossen, indem sein Leib „für uns" dahingegeben

---

[309] Bei Nietzsche findet sich ein Nachhall dieses Gedankens, wenn er den von sich unterschiedenen
Menschen als den Schaffenden, Schenkenden, Liebenden, Gebenden, sich Hingebenden, Bejahenden
beschreibt.

[310] Vgl. Gal 1,4 und Eph 5,2.

[311] Röm 5,6.8; 8,31; 2 Kor 5,21; Gal 3,13; Eph 5,2.

[312] 1 Kor 15,3; Gal 1,4.

[313] Z. B. Bultmann: Theologie 295. Bultmann schließt aus dieser Tatsache, dass „die für ihn charakteristische
Anschauung […] darin jedenfalls nicht enthalten sei." Es ist dagegen mit Theobald: Römerbrief 176
festzustellen, dass schon aus formalen Gründen anderes zu erwarten ist, sind doch die überlieferten
„Glaubenssätze an architektonischen Dreh- und Angelpunkten" des Römerbriefes angesiedelt.

[314] Vgl. Becker: Paulus 384: „Die alles bestimmende Struktur des Teppichs ist mit dem Stichwort der
göttlichen Liebe angegeben (Röm 5,5.8). Hier liegt der tiefste Grund für das Heilsgeschehen."

[315] Käsemann: Paulinische Perspektiven 73.

[316] Paulus spricht nur in 1 Kor 11,25; 10,16; Röm 5,9 und 3,25 vom Blut Christi.

wird. Durch sein Blut sind wir gerechtgesprochen (Röm 5,9). Christus selbst leistet die Sühne für die Sünden der Menschen.

> „[Christus], den Gott als Sühneort [ἰλαστήριον] öffentlich hingestellt hat durch [den] Glauben in seinem Blut als Erweis seiner Gerechtigkeit wegen der Vergebung der zuvor begangenen Sünden in der Geduld Gottes [...]" (Röm 3,25–26a).[317]

Ἰλαστήριον ist die griechische Übersetzung für כַּפֹּרֶת. Kapporät bezeichnet den Aufsatz auf der Bundeslade im Allerheiligsten des Tempels.[318] Hier wohnt Gott selbst (1 Sam 4,4; 2 Sam 6,2). Am Jom-Kippur-Tag besprengt der Hohepriester die Kapporät mit dem Blut eines Opfertiers zur Entsühung des Heiligtums, seiner Person und letztlich zur Versöhnung ganz Israels mit Gott. Wenn nun Christus selbst von Gott zum „Sühneort öffentlich hingestellt" wird,[319] dann „hat er den Gekreuzigten zum Ort erlösender Sühne für alle Glaubenden gemacht, an dem er selbst gegenwärtig ist."[320] Entscheidend ist hierbei, dass Gott selbst in Christus handelt und dass Gott selbst in Christus ist. Gott schafft durch den Tod Christi die Sühne „zu Gunsten" der Gläubigen, und er selbst trägt stellvertretend die Sünden aller, indem er den Tod als die Folge der Sünde auf sich nimmt. Im Hintergrund des Gedankens des stellvertretenden Opfers Christi, sei es nun im kultischen Sinn, wie eben angedeutet, oder sei es im nichtkultischen Sinn, wie etwa in Röm 5 und 6, steht das vierte Lied vom Gottesknecht (Jes 52,13–53,12). Mit Jesaja ist zu betonen, dass die Hingabe Christi „für uns", nicht aber im Sinne der Anselmischen Satisfaktionstheorie „für Gott" geschieht.[321]

Wie der stellvertretende Tod des Opfertiers ein *Zeichen* für die wirkliche Hingabe des Lebens des Opfernden ist, so symbolisiert und mehr noch bewirkt das *Zeichen* der stellvertretenden Hingabe Jesu in den Tod das Absterben des Menschen für die Sünde (Röm 6,10). Genau diese Selbstunterscheidung führt zur Versöhnung mit Gott.[322] Und eben weil der Mensch nicht nur die Sünde *tut*, sondern selbst Sünder ist,

---

[317] Eine Übersicht über die unterschiedlichen Rekonstruktionen des Überlieferungsstückes bietet W. Schmidthals: Der Römerbrief, Gütersloh 1988, 120f.
Gegen Käsemann und Hengel macht Dunn deutlich, dass der Gedanke der Sühne, wie er durch das Hilastärion ausgedrückt wird, durchaus in den Kernbestand Paulinischen Denkens aufgenommen wurde. Die Sühne betrifft nach Dunn mehr die opfernde Person, nicht Gott. Eher an das Entfernen einer Krankheit ist zu denken als an die Besänftigung des Zorns; Dunn: Paul's Theology 212–218, bes. 214.

[318] ThWNT 3,319–324, auch Haacker: Römer 90f.

[319] Zur Übersetzung P. Stuhlmacher, Peter: Zur neueren Exegese von Röm 3,24–26, in: Jesus und Paulus (FS W. Kümmel), hg. v. E. E. Ellis und E. Gräßer, Göttingen 1975, 315–333, 328; auch Wilckens: Römer 1,192; vgl. Ex 29,23; 40,23; Lev 24,8; 2 Makk 1,8.15. Haacker: Römer 85 übersetzt mit „Sühnemittel".

[320] Wilckens: Römer 1,192.

[321] Siehe Anselm von Canterbury: Cur Deus homo? Besorgt u. übers. von Franciscus Salesius Schmitt, München ³1970, lib. I, cap. 19f. (67–77)

[322] O. Hofius: Sühne und Versöhnung. Zum paulinischen Verständnis des Kreuzestodes Jesu, in: Ders.: Paulusstudien, Tübingen 1989, 33–49, 48: Hofius spricht von der „Heraufführung des der Sünde gestorbenen und zum Leben in der Gottesgemeinschaft befreiten *neuen* Menschen".

wird die radikale Erneuerung des Menschen notwendig.[323] Die Erneuerung gründet
in der Identifikation des Opfers i.e. Christi mit den Menschen, zu deren Gunsten er
geopfert wird.[324] Der Sohn selbst erscheint in der „Gestalt des sündigen Fleisches"
(Röm 8,3). Gott selbst vereinigt sich mit der Menschheit in allem bis auf die Sünde.
Er erträgt jedoch den Tod als die Folge der menschlichen Sünde. Christus wird damit
zum Mittler zwischen Gott und Mensch. Augustinus hat diese vermittelnde Rolle
auf den Punkt gebracht: Die „*beata mortalitas*" Christi steht zwischen der „*mortalis
miseria*" und der „*beata* immortalitas".[325] Der „*iustus mortalis*" vermittelt zwischen
den „*mortales* peccatores" und dem „*iustus* immortalis"[326].

Paulus argumentiert durchgehend in einem Tun-Ergehens-Zusammenhang. Die
Sünde zieht den Tod nach sich (Röm 1,32; 6,20–23 u.a.), die Gerechtigkeit das
Leben (Röm 5,12).[327] Christus trägt nun stellvertretend für die Sünder die Konsequenz für deren Tat. „Nur durch solche *Gabe* Jahwes gibt es die Möglichkeit, dass
die Sünder dem sicheren Tod entgehen und am Leben bleiben; ein ,Gott-gewirk-
tes-Wunder' ".[328] Indem Gott selbst sich in die Kausalität von Schuld und Sühne,
Tat und Leid begibt und Strafe und Leid unschuldig auf sich nimmt, wird der
Tun-Ergehens-Zusammenhang zwar *nicht aufgehoben*, wohl aber *limitiert* und zwar
auf das Individuum Jesus Christus.[329] Einerseits ist der Tun-Ergehens-Zusammen-

---

　　　Dunn nennt drei Funktionen des versöhnenden Opfers: 1. Opfer für die Sünde (removal of sins);
　　　2. bezüglich der Verbindung Adam – Christus, a) Repräsentation des Sünders als Sünder im Opfertier,
　　　b) Handelnder ist Gott, nicht der Opfernde; 3. In Christus stirbt der Sünder als Sünder; Dunn: Paul's
　　　Theology 218–224.

[323] Vgl. Theobald: Römerbrief 178.

[324] Hofius: Sühne und Versöhnung 46: „Der gekreuzigte Christus, der den heiligen Gott repräsentiert, hat
　　　sich selbst unlöslich mit dem gottlosen Menschen und eben damit den gottlosen Menschen unlöslich mit
　　　sich selbst verbunden. Weil der Sohn Gottes so mit dem zu entsühnenden Menschen *eins geworden* ist,
　　　deshalb ist sein Tod als solcher der Tod des Sünders und seine Auferstehung als solche die Heraufführung
　　　des neuen, mit Gott versöhnten und durch das Todesgericht hindurch zum Leben gekommenen
　　　Menschen."

[325] Conf. 10,43,68 (CCL 27,192,1–8).

[326] Ciu. 21,15 (CCL 48,781,23), vgl. En. Ps. 52,5 (CCL 39,642,8–19).

[327] Theobald: Römerbrief 179.

[328] Wilckens: Römer 1,237f.

[329] Zur Frage nach Limitation bzw. Aufhebung siehe Wilckens: Römer 1,333: „Wie ist diese Verneinung
　　　unter Voraussetzung jener Bejahung logisch zu begreifen? Antwort: als Verneinung der im Tode
　　　Christi bejahten Vernichtung der Sünder, also als Negation der Negation." Weiter ebd.: „Die Logik
　　　dieses ,Geschehens ist also diese: Der *Gegensatz* zwischen Gott und Sünde wird *aufgehoben* durch den
　　　Gegensatz zwischen Gottes Zorn und Gottes Liebe. Das heißt strukturell: Ein als wirklich bejahter
　　　Gegensatz wird *durch einen Gegensatz zu diesem Gegensatz aufgehoben*."
　　　Wilckens verweist im Folgenden auf Hegel, dessen Logik der Aufhebung er als von Paulus inspiriert
　　　deutet (334). Dagegen ist aber festzuhalten, dass es bei Paulus *kein* dialektisches Verhältnis zwischen
　　　Gott und Sünde, gut und böse geben kann. Deshalb kann die Sünde auch nicht stricte dictu in
　　　Gott *aufgehoben* werden, da es sonst ein notwendiges konstitutives Moment in der Entwicklung der
　　　Geschichte wäre, dies ist jedoch sowohl für Paulus als auch für die Theologie der Mittleren Epoche
　　　abzulehnen. Die Sünde des Menschen ist für die Heilsgeschichte nicht notwendig. Vielmehr entwickelt
　　　sich die Heilsgeschichte unter der nicht-notwendigen Hypothese der universalen Sündigkeit. Das Böse

hang bewahrt, andererseits ist die Auswirkung auf die Sünder negiert; ihre Sünden sind vergeben. Die Bejahung des Tun-Ergehens-Zusammenhanges zieht sich auf Jesus Christus zusammen, damit wird die Allgemeinheit der Verurteilung beseitigt (Röm 8,3). In dieser Limitation des Tun-Ergehens-Zusammenhanges geschieht Versöhnung (Röm 5,10f.).

Hier tritt nun die paradoxe Logik des Kreuzes bezogen auf den Willen ans Licht. Zunächst steht der unendlichen Liebe Gottes zu seiner Herrlichkeit und zu den Geschöpfen die geschöpfliche Liebe zur Selbstherrlichkeit und damit die endliche Selbstliebe entgegen, wodurch die Liebe des Geschöpfs den Bezug zur unendlichen Güte Gottes verliert. Der göttliche Wille zur *Liebe* und der geschöpfliche Wille zur *Macht* befinden sich zueinander im Widerspruch. Dies ist entscheidend, denn im Kreuzesgeschehen überwindet Gott den geschöpflichen Willen zur Macht nicht durch seine überlegene *Macht*, sondern durch seinen *Willen zur Liebe*. Die Liebe Gottes gilt auch noch dem Menschen in seiner Feindschaft zu Gott (Röm 5,6.10). Gott will die Feindschaft zu sich nicht mit seiner Macht brechen, sondern er will die Feinde durch seine in Christus geoffenbarte Liebe mit sich versöhnen. Darin zeigt sich die wahre Überlegenheit Gottes. Die Feindschaft zu Gott kann ihren Willen zur Macht mit der Kreuzigung Christi vorübergehend befriedigen. Sie findet ihre Vollendung und damit auch ihr Ende im Tod Jesu. Der Ungehorsam der vielen Sünder steigert sich bis hin zu Qual und Tod des einzig unschuldigen Menschen (vgl. 2 Kor 5,21). Gott setzt dem sündhaften Ungehorsam den Gehorsam Christi bis in den Tod entgegen, der Selbstliebe bis zur Gottlosigkeit (ἀσέβεια) die Gottesliebe zur Selbstaufgabe.[330] Christus nimmt den „Fluch" der Verurteilung auf sich. Er wird durch die Sünder verurteilt. Der verurteilte Christus zieht den Schein der Sünde auf sich, und die Sünde umgibt der Schein der Gerechtigkeit. Damit geht die Paradoxie ins Äußerste.[331]

---

bleibt der Güte Gottes *unterstellt,* und kann von daher nicht in disjunktiver Wechselwirkung mit dem Guten stehen – anders in der Logik Hegels. Dessen Gedanke hat seinen Ort innerhalb der Neueren Epoche der Metaphysik. Deren Logik ist in der Tat disjunktiv und nicht mehr hypothetisch wie diejenige der alten Theologie. Es ist hier nur an den Beginn der Hegelschen Logik zu erinnern: Das göttliche Sein und das Nichts sind anfänglich dasselbe – ein dem klassischen christlichen Denken schlechthin fremder Gedanke.

Dennoch ist die Tiefe der Wilckenschen Deutung zu bewundern. Bezogen auf Röm 5,12–21 hat Wilckens festgestellt: „Denn Paulus hat hier nichts weniger als die Logik des Christusgeschehens als Logik des Handelns Gottes entdeckt: eine Logik, die denk-geschichtlich völlig neu war" (330). Dem ist durchweg zuzustimmen, doch hat Paulus nicht die *disjunktive* Logik der Neueren Epoche, sondern die *hypothetische* Logik der Mittleren hervorgerufen. Zu diesen Unterscheidungen siehe Boeder: Topologie 683ff.

Die Logik der Versöhnung ist bei Paulus im Blick auf die post-postmoderne Situation in neuer Weise als *Limitation* im Sinne der endlichen Begrenzung zu verstehen. Dabei erneuert sich auch der hypothetische Charakter. Denn auch die Unterordnung von Allem unter Gott, die Unterstellung der Sünde, die Subjektion des Sohnes sind vom Gedanken der Limitation aus neu zu bestimmen.

[330] Vgl. Augustinus: Ciu. 14,28 (CCL 48,451,1 ff.).
[331] Vgl. dazu Gnilka: Paulus 238.

Die Zerstörung des Scheins der Gerechtigkeit vollzieht sich in der Auferstehung. Gott bestätigt den Gehorsam des Sohnes, indem er ihn erhöht (Phil 2,9). Gott offenbart nun, dass seine Liebe gerade dem Gekreuzigten gilt, da er den Willen Gottes bis zur Vollendung erfüllt hat. Deshalb hat er ihn zur „Weisheit, zur Gerechtigkeit, zur Heiligung und zur Erlösung gemacht" (1 Kor 1,30). Das, was nach menschlichem Maß „nichts ist" und „nichts gilt" hat Gott erwählt, um das zuschanden zu machen, was „etwas ist" (1 Kor 1,27 f.). In der Schande des Kreuzes ist Christus den Menschen zum Opfer gefallen. Doch offenbart sich im Kreuzestod und in der Auferstehung, dass die eigentümliche Versöhnung in diesem Geschehen sowohl dem Täter als auch dem Opfer gilt, sowohl dem Sünder als auch dem Sündlosen. Christus ist gestorben zur Versöhnung der Menschen mit Gott sowie der Ungerechten mit den Gerechten. Gerade als Opfer kommt Gott die Befugnis zu, dem Täter zu verzeihen. Die Gegensätze sind nicht aufgehoben,[332] aber wie das Leiden des Gerechten begrenzt ist, wie der Widerwille des Sünders begrenzt ist, so ist auch der Zorn Gottes über die Sünder begrenzt.

Die Limitation der Sünde meint nichts anderes als die Bekehrung des Menschen. Das Evangelium berichtet von einem freien Geschehen, das dem Menschen als freiem Vernunftwesen und als Wesen der Gottebenbildlichkeit entspricht. Deshalb wird dem Menschen die Liebe Gottes *zugesagt*, welche in ihm die Bekehrung bewirkt und ihm so zur Maßgabe wird. Weder mechanisch noch totalitär wird das Widergöttliche besiegt. Es bleibt bis zur Wiederkunft Christi als Möglichkeit zum Ungehorsam erhalten. Wenn mit der Auferstehung die Macht Gottes den Tod besiegt und die widergöttlichen Mächte nach und nach unterwirft (1 Kor 15), so wird damit nur offenkundig, was bereits durch die Kreuzigung und die Liebe Gottes vollzogen ist: die Überwindung der Feindschaft zu Gott durch die Liebe, die Versöhnung. Jetzt aber ist die Zeit der Freiheit und Bewährung.

Das Unrecht der sündigen Menschheit trifft nicht nur Gott, dem die Menschen die Anerkennung verweigert haben (Röm 2,28–32; Gal 6,16–23), sondern auch die Mitmenschen und eben deshalb ist das Opfer Christi nicht nur als Hingabe des Sohnes und als sühnende und versöhnende Stellvertretung für die Sünder zu begreifen, sondern Christus verkörpert auch alle Opfer der Sünde. Er stirbt nicht nur den stellvertretenden Tod für die Täter als solche, sondern er leidet und stirbt auch für die Opfer der Sünder.[333] Das Leiden der gesamten Menschheit konzentriert sich in ihm, nicht nur die Sünde, sondern auch die Verletzlichkeit, Hinfälligkeit und

---

[332] Anders Wilckens: Römer 1,330: „Wie nämlich in der Liebe Gottes der Gegensatz in Gott selbst zwischen seinem Zorn und seiner Gerechtigkeit aufgehoben ist, so in der Versöhnung der Gegensatz im Verhältnis zwischen Gott und den Sündern und entsprechend zwischen Gerechtigkeit und Ungerechtigkeit der Menschen. *Die Aufhebung dieses Gegensatzes als Negation der Negation ist das Wesen der Versöhnung.*"

[333] Dazu J.-H. Tück: Versöhnung zwischen Tätern und Opfern? Ein soteriologischer Versuch angesichts der Shoah, in: ThGl 89 (1999) 364–381.

Sterblichkeit des Menschen sind im Tod ausgesagt, im Tod, den Christus „für uns" stirbt. Christus ist das Opfer schlechthin, zumal er als der einzige Mensch ohne Sünde zu gelten hat, und nicht gleichzeitig Opfer *und* Täter ist. Darin liegt nun zweierlei:

Das Kreuzesgeschehen gibt somit erstens Auskunft über die so genannte „Theodizee". Gott hätte in seiner Macht die Sünde auch nicht zulassen können, denn sie ist nicht notwendig. Trotzdem hat Gott die Freiheit zur Sünde zugelassen und zwar im Blick auf die Erlösung in Christus. Gott selbst leidet in Christus mit allen unschuldigen Opfern. In jedem unschuldig Leidenden leidet Gott. Er nimmt das Leiden der Welt auf sich und gibt gerade durch seine Auferstehung einen Ausblick auf die künftige Herrlichkeit und deshalb der ganzen leidenden Schöpfung einen Grund zur Hoffnung (Röm 8,18–24).

Zweitens ist zu beachten: Wenn alle Adamiten Sünder sind, so sind sie Täter und Opfer zugleich. Niemand ist ohne Schuld, niemand ist ohne Erfahrung des zugefügten Leids. Es entsteht ein Zirkel von Täterschaft und Opfer. Das Gesetz sollte die Grenzen der Ansprüche gegeneinander abgrenzen, doch hatte es nicht die Macht, die Einhaltung zu bewirken. Das Gesetz wird immer schon übertreten. Der Zorn über die Transgression der Gerechtigkeit führt zu neuer Transgression. Der Entzug durch die Enteignung an dem, was einem zusteht, führt zur Begierde, die Begierde führt zu neuer Enteignung, sei es in der Anerkennung, sei es im Besitz oder in der Partnerschaft (vgl. Röm 12,14–21). Diejenigen, die nicht die Liebe Christi zu ihrem Maßstab haben, laufen Gefahr „einander zu beißen und zu verschlingen", ja schließlich „einander zu vernichten" (Gal 5,15). Indem Christus „für uns gestorben ist", wurde aber der circulus vitiosus ein für allemal durchbrochen, das Opfer ein für allemal erbracht,[334] da gerade im Kreuz Gott das Böse des Sünders mit seinem eigenen Guten vergolten hat (Röm 5,8). Damit ist auch den Menschen untereinander ein Maß der Versöhnung vorgegeben (Röm 12,21).

Die Logik des Kreuzes vollendet sich in der Gegenliebe, die durch die Hingabe Christi hervorgerufen, ja mehr noch, gegeben wird. Das in Christus dem Sünder erwiesene unverdiente Erbarmen drängt diesen zur Hingabe der ganzen eigenen Person an Christus. Der „wahre", „angemessene", „logische", weil der Logik des Kreuzes entsprechende „Gottesdienst" ist die Darbringung seiner selbst bis hin in die Leiblichkeit als Opfergabe:

> „Ich ermahne euch nun, Brüder, wegen der Barmherzigkeit Gottes, euere Leiber [τὰ σώματα ὑμῶν] als lebendiges, heiliges, Gott wohlgefälliges Opfer darzubringen – das ist euer vernünftiger Gottesdienst [λογικὴν λατρείαν]" (Röm 12,1).

---

[334] Zur neueren katholischen Opfer-Diskussion siehe K.-H. Menke: Opfer und Martyrium – die Antwort Christi, in: IkaZ 31 (2002) 144–164, bes. 155ff.; H. Hoping: Gottes äußerste Gabe. Die theologische Unverzichtbarkeit der Opfersprache, in: HerKorr 56 (2002) 247–251.

Der Berufene kann sich im Glauben an die Liebe Gottes hingeben, weil er weiß, dass ihm Gott mit Christus alles schenken wird (Röm 8,32). Der Gläubige lebt in Christus und Christus lebt in ihm. Dadurch hat er Anteil an der Herrlichkeit und Liebe Gottes. Jeder Vorzug des unbekehrten Zustandes wird ihm zum Verlust (Phil 3,8–11). Er ist der Welt gekreuzigt und die Begierden und Leidenschaften dieser Welt sind ihm gekreuzigt (Gal 5,24; Gal 6,14).

> „Mit Christus bin ich gekreuzigt; nicht mehr ich lebe, sondern Christus lebt in mir; insofern ich aber jetzt im Fleisch lebe, lebe ich im Glauben an den Sohn Gottes, der mich geliebt und sich für mich hingegeben hat" (Gal 2,19b.20).

Der bekehrte Mensch wird nicht mehr von einem unbestimmten „Willen, sich ein Anderer zu werden", geprägt. Er ist sich bereits ein Anderer geworden. Er wird nicht mehr von der „Sorge um sich" getrieben. Denn der Gläubige weiß Christus in sich am Werk – ein Werk, das der Vollendung entgegenstrebt. Sein Selbst ist nicht im Aussprechen seines Begehrens konstituiert, sondern das wahre Selbst entsteht im Angesprochen-Werden durch Christus. Aus genau diesem Grund weiß sich der Gläubige als Individuum. Er weiß sich als Subjekt Christi und ist so nur äußerlich den weltlichen Gewalten untergeordnet. Er wird nicht bestimmt vom „Willen, nicht so regiert zu werden", denn er ist zur Freiheit befreit. Er wird nicht getrieben von einem verrückten, entgrenzten Streben nach einer unmöglichen Gerechtigkeit, weil ihm die allein mögliche Gerechtigkeit wirklich geworden ist. So tritt der Christ durchaus für die Verbreitung der Gerechtigkeit Gottes ein, doch er tut dies gelassen. Er kann sich im Dienst für die Ausgegrenzten, Geringen, Schwachen, Andersartigen hingeben, weil er weiß, dass er darin Christus dient. Er kann Leiden ertragen, denn durch sie gewinnt er mehr Anteil an Christus. In allem weiß er sich getragen von der Liebe Gottes, der Liebe Christi.

> „Wer wird uns trennen von der Liebe Christi? Bedrängnis oder Angst oder Verfolgung oder Hunger oder Gefahr oder Schwert? Wie geschrieben steht: *Wegen dir werden wir getötet den ganzen Tag, wurden wir als Schlachtschafe angesehen* [Ps 43,23 LXX]. Aber in all dem bleiben wir wegen dem, der uns geliebt hat, überlegene Sieger. Denn ich bin fest überzeugt: Weder Tod noch Leben, weder Engel noch Herrscher, weder Gegenwärtiges noch Zukünftiges und keine Mächte, weder Höhen noch Tiefen noch irgendein anderes Geschöpf wird uns trennen können von der Liebe Gottes, die in Jesus Christus ist, unserem Herrn" (Röm 8,35–39).

Paulus berührt in der Mitte seines Gedankens das gegenwärtige Denken in seinem Abgrund. In der Paulinischen Bestimmung des Menschen ist der Grund zu finden, dessen Fehlen sich in der Postmoderne als Abgrund, als ‚fehlendes Drittes' zugleich zeigt und verbirgt und nur noch die Spur des Verlöschens der Spur hinterlässt. Heutiges Denken, in besonderer Weise dasjenige Foucaults, verhält sich zu Paulus im Modus des unendlichen Urteils. In einer unendlichen Limitation werden sämtliche Ansprüche einer Bestimmung des Menschen – wie sie in der Bestimmung durch den Willen Gottes präfiguriert ist – zurückgewiesen, beschränkt und in das pluralistische Spiel der Wahrheiten einbezogen. Damit aber vervollständigen sich die Verhältnisse (*rationes*) gegenüber Paulus. Nach der Vollendung von Position, Negation und unendlicher Limitation wird der Blick auf Paulus in neuer Weise freigegeben.[335]

c) Die Gerechtsprechung

Michel Foucaults Spätwerk war getragen von der Frage nach einer Ethik ohne allgemein verbindliches Prinzip, einer Moral ohne Begründung (raison). Welche Bestimmung kann sich der Mensch geben, wenn es keinerlei Bestimmung des Menschen gibt? Nicht nur Foucault, auch Levinas und Derrida kennen in ihrem Œuvre eine Wende zur Ethik. Ja, es scheint überhaupt eine der Kernfragen gegenwärtigen Denkens zu sein: Wonach soll sich das Handeln des Menschen richten? Tiefer gefragt: Worin und woraus kann der Mensch leben?[336] Dabei stellt sich die dringende Frage nach der Gerechtigkeit. Christliche Theologie dient in diesem Mangel als Stichwortgeber, dessen Antworten stets in den Abyssus der Grundlosigkeit gezogen werden. Deutlichst hat sich Derrida über die Erfahrung der Grundlosigkeit des Rechtes ausgesprochen.[337] Dieser Grundlosigkeit entspringt das Streben nach einer Gerechtigkeit, die mit der Dekonstruktion identisch ist. Diese Gerechtigkeit

---

[335] Diese neue Freiheit gegenüber dem „Grund" (ἀρχή) hat in ganz eigener Weise Claus-Artur Scheier angedeutet. Scheier interpretiert die gegenwärtige Situation als Vollendung der Moderne, die sich nach dem Zeitalter der Metaphysik konstituierte:

„So fand der Mensch des 19. Jahrhunderts im Gott-Menschen in Knechtsgestalt nur die emphatische Bestimmung seines eigenen Wesens. Denn dies Wesen ist das Oxymoron der *leidenden Tätigkeit*, des unmittelbaren Zusammenfalls von *pathos* und *poiêsis*, daß der moderne Mensch Täter und Opfer, sein eigenes Opfer, zugleich sei.

Das Gefühl dieser sich selbst überlassenen Täter-Opferschaft ist das *Mitleid*, auf das von Anfang an Schopenhauer seine gesamte Ethik gegründet hatte. Da hier im Wesen aber Opfer und Täter dasselbe sind, das aus dem metaphysischen Grund entlassene Menschenwesen, ist der innerste Kern des Mitleids – Nietzsche war es, der dies, wenig verstanden, in aller Schärfe zum Vorschein gebracht hat – das *Selbstmitleid*. Dieses, sah er, erzeugt das *Ressentiment*, das Ressentiment die *Reaktion*, die Reaktion produziert die *Opfer* usf. Das Furchtbare ist nicht die *clôture* des von Derrida beschriebenen *ökonomischen Zirkels, sondern dessen* anthropomorphes Inneres, der diabolische Zirkel von Tat – Opfer – Mitleid – Selbstmitleid – Ressentiment – Tat.

Wie *diesem* Zirkel entkommen? Der geschichtliche Unterschied von sich zeigendem Dritten und sich entziehendem Dritten [m. E. der metaphysische Grund, hier: die christl. Weisheit; K.R.] ist, mit einer Wendung Adornos, nicht zu kassieren. Aber er ist auch nicht nur auszuhalten. Denn näher besehen kehrt in ihm das Sich-Entziehen um und ist vielmehr *Erinnerung*. Diese aber ist nicht einfach die Spur des Verlöschens der Spur, sondern die Spur als das Verlöschen des Verlöschens der Spur. Darin geht auf, dass sich Eines gezeigt *hat*. Nämlich je anderes in der jüdischen und in der christlichen Tradition, aber doch in beiden dies, daß das Menschenwesen in Wahrheit deshalb kein Opfer-Zirkel ist, weil – und dies ist die eschatologische Bedeutung jenes Sich-Entziehens – das *Opfer ein für allemal erbracht* ist" (Scheier: Nur noch die Spur der Spur? 49).

[336] Nicht zuletzt die Dankesrede von Jürgen Habermas anlässlich der Verleihung des Friedenspreises des Deutschen Buchhandels hat dies gezeigt. Siehe J. Habermas: Glauben und Wissen. Friedenspreis des Deutschen Buchhandels 2001, Laudatio: Jan Philipp Reemtsma, Frankfurt am Main 2001.

[337] Derrida: Force de loi 942 (Gesetzeskraft 29).

ist aber dasjenige, wovon „wir keine Erfahrung machen können". Sie ist die Erfahrung des Unmöglichen.[338] Dennoch und deshalb gilt es, in einer „Forderung nach unendlicher Gerechtigkeit", einer „unendlichen Forderung nach Gerechtigkeit", das konkrete Recht stets zu dekonstruieren, sich für jede Form des Unrechts zu sensibilisieren und grenzenlos zu intervenieren, wissend, dass die Gerechtigkeit unmöglich ist,[339] dass der Messias niemals ankommen wird.[340] Es handelt sich hierbei um die Limitation des Unrechtes ohne feste Unterscheidung von Recht und Unrecht. Diese Limitation geht nicht zuletzt deshalb ins Unendliche, weil durch die Herstellung des Rechts stets neues Unrecht produziert wird.[341]

Hier ist genau der geschichtliche Ort, wo die Spur des Verlöschens der Spur in die Spur als Verlöschen des Verlöschens der Spur umkippt. *Eines hat sich gezeigt.* Dieses bleibt in der Erinnerung gegenwärtig – nicht zuletzt der erinnernden Verkündigung der „Frohen Botschaft" und der Anamnese der Eucharistie. Das Opfer ist ein für allemal vollbracht, die Gerechtigkeit Gottes hat sich geoffenbart, der Messias ist angekommen.

> „Denn nicht schäme ich mich des Evangeliums, Macht Gottes nämlich ist es zur Rettung [σωτηρίαν] für jeden, der glaubt, für den Juden zuerst, aber auch für den Heiden. Denn Gerechtigkeit Gottes wird in ihm geoffenbart aus Glauben zum Glauben, wie geschrieben steht: *Der Gerechte aber wird aus Glauben leben* [Hab 2,4].
> Denn geoffenbart wird Gottes Zorn vom Himmel her gegen alle Gottlosigkeit und Ungerechtigkeit der Menschen, die die Wahrheit in Ungerechtigkeit niederhalten, denn was man von Gott erkennen kann, ist unter ihnen offenbar, denn Gott hat es ihnen offenbar gemacht" (Röm 1,16–19).

Sowohl die Gerechtigkeit Gottes als auch der Zorn Gottes sind geoffenbart worden. Beide liegen jedoch nicht auf einer Ebene. Dies zeigt sich zunächst formal: Die Gerechtigkeit Gottes hat ihren Ort im sprachlichen oder logischen Moment des Bestimmungsterminus. Der Zorn Gottes hingegen bildet das weltliche Moment im Bestimmungsterminus, weil hier Gottes Wille als Zorn ein bestimmtes Weltverhältnis negiert. Die unterschiedliche Valenz von Zorn und Gerechtigkeit manifestiert sich darin, dass die Gerechtigkeit Gottes sowohl eine endliche Limitation des Zornes Gottes als auch eine Unterscheidung des Menschen von sich selbst impliziert. Die Offenbarung der Gerechtigkeit Gottes bildet den ersten Aspekt in der

---

[338] Derrida: Force de loi 946 (Gesetzeskraft 33).

[339] Derrida: Force de loi 954 (Gesetzeskraft 40).

[340] Derrida: Force de loi 966, 969f. (Gesetzeskraft 52, 56).

[341] Derrida nennt drei imposante Aporien des Strebens nach Gerechtigkeit: 1. Epoche der Regel, 2. Heimsuchung durch das Unentscheidbare, 3. Dringlichkeit, die den Horizont des Wissens versperrt; Force de loi 960–972 (Gesetzeskraft 46–56).

Logik des Kreuzes (Röm 3,21–8,39),[342] die auf die Offenbarung des Zornes Gottes folgt (Röm 1,18–3,20).

> „Jetzt aber ist ohne Gesetz Gottes Gerechtigkeit offenbar gemacht geworden, bezeugt durch das Gesetz und die Propheten; Gerechtigkeit aber durch Glauben an Jesus Christus für alle Glaubenden. Denn es gibt keinen Unterschied, denn alle haben gesündigt, und es fehlt ihnen die Herrlichkeit Gottes; gerechtgesprochen werden sie umsonst aufgrund seiner Gnade durch die Erlösung in Jesus Christus" (Röm 3,21–24).

Zu einem bestimmten geschichtlichen Zeitpunkt ist die Gerechtigkeit Gottes geoffenbart worden. Durch sie wird ein doppelter Gegensatz aufgerissen.[343] Einerseits gegenüber der Gerechtigkeit „durch Werke des Gesetzes" und andererseits gegenüber dem bisher Gesagten, nämlich der allgemeinen Ungerechtigkeit der Menschen. „Keiner ist gerecht, auch nicht einer", stellt Paulus mit Koh 7,21 fest (Röm 3,10). Was aber besagt die Feststellung von Gerechtigkeit und Ungerechtigkeit hier grundsätzlich? Der Gedanke der Gerechtigkeit steht in einem eigentümlichen Spannungsverhältnis zum Gesetz. Zunächst erscheint er durchweg an das Gesetz gebunden, dies geht aus Röm 1,18–3,20 klar hervor. Das Gesetz offenbart den Gotteswillen (Röm 2,18). Als „gerecht" muss derjenige angesehen werden, der das Gesetz nicht nur hört, sondern der ihm gehorcht, indem er es tut (Röm 2,13).[344] Die allgemeine Ungerechtigkeit, die Paulus im Beginn des Römerbriefes eindrücklich feststellt, meint also eine allgemeine Überschreitung des *Willens* Gottes in den *Taten* der Menschen.

Ohne Zweifel ist der Paulinische Gerechtigkeitsbegriff vom alttestamentlich-jüdischen Kontext her zu begreifen.[345] Was gerecht ist, worin Gerechtigkeit besteht, hat seinen Grund im Willen Gottes und, insofern dieser seinerseits als gerecht angesehen werden muss,[346] in der Gerechtigkeit Gottes.[347] Durch das Gesetz werden Grenzen gesetzt, die es nicht zu überschreiten gilt. Dies zeigt sich bereits in Gen 1, wo die Menschen unter der Maßgabe, nicht vom Baum der Erkenntnis zu essen, das Paradies bewohnen. Dies zeigt sich auch im Dekalog, dessen erstes Gebot die erste und absolute Grenze bestimmt, diejenige zwischen dem einen Schöpfer und allen Geschöpfen. Die Gebote vier bis zehn bestimmen Grenzen zwischen Menschen und

---

[342] Vgl. hierzu auch die Stellung der Gerechtigkeit in der Paulinischen Theologie bei Bultmann: Theologie 271 ff.; Sanders: Paulus 62–101; Dunn: Pauls' Theology 334. Im Übrigen entspricht die hier vorgelegte Gliederung des Bestimmungsterminus den drei entscheidenden Punkten des Beginns der Erlösung bei Dunn: „Rechtfertigung durch Glaube" entspricht der „Gerechtsprechung"; „Partizipation in Christus" der „Hingabe", die „Gabe des Geistes" dem „Gehorsam". Die Spitzenstellung der Gerechtigkeit erklärt sich einfach aus dem grundlegenden Sachverhalt, dass *„die Gerechtigkeit die Bedingung für den Empfang des Heils, des Lebens"* ist (Bultmann: Theologie 272) – dies jedoch bei Paulus in eigentümlicher Weise.

[343] Etwa Haacker: Römer 86 betont den inhaltlichen Gegensatz und den zeitlichen Einschnitt.

[344] Gnilka: Paulus 240: „Das Ideal des jüdischen Menschen war es, gerecht zu sein, als gerecht anerkannt zu werden. […] Freilich hatte das Ideal des jüdischen Menschen weit mehr mit Gott zu tun. Denn gerecht konnte er nur werden durch das göttliche Gesetz, indem er die Weisungen der Thora des Mose gewissenhaft befolgte."

[345] Wilckens: Römer 1,212–222; Lohse: Paulus 199 ff.; Haacker: Römer 39–42.

[346] ThWNT 2,187.

[347] ThWNT 2,197 f.

dem, was sie sich schuldig sind. Dadurch soll, wie Paulus hervorhebt, das Begehren des Menschen beschnitten werden (vgl. Röm 2,28f.; 13,9).

Das Charakteristische des Gesetzes ist jedoch nicht das *suum cuique*, das aus griechisch-römischer Tradition später in das „Gesetz" eingelesen wurde,[348] sondern die Relation von Gott und seinem Volk,[349] zu verstehen als Bundestreue Gottes zu seinem Volk bzw. des Volkes zu seinem Gott. Gerecht zu sein bedeutet, die Verpflichtung zu erfüllen, die mit dem Bund eingegangen wurde.[350] Von hier aus gewinnt der Begriff „Gerechtigkeit Gottes" (Röm 3,21) seine eigentümliche Vorprägung. Zwar kann sie sowohl in der alttestamentlich-jüdischen als auch in der Paulinischen Redeweise durchaus einen forensischen Sinn etwa als *iustitia distributiva* erhalten (z.B. Jes 10,22),[351] es überwiegt jedoch der Gedanke der „Bundesgerechtigkeit".[352] Damit meint die „Gerechtigkeit Gottes" bei Paulus primär Gottes Zuwendung zu seinem Volk, sein rettendes Handeln, das machtvolle Wirken seiner Liebe.[353]

Ihre eigentümlich Paulinische Prägung erhält die „Gerechtigkeit Gottes" in ihrer christologischen Füllung, denn die Gerechtigkeit kommt „durch den Glauben an Jesus Christus" (Röm 3,22). *In Christus* offenbart sich die Bundesgerechtigkeit Gottes. Gott erweist sich als der Gerechte in seiner Treue zu seinem Volk, auch da, wo sich dieses von ihm abwendet. Denn Christus ist nicht für Gerechte gestorben (vgl. Röm 5,7), sondern für die Ungerechten. Diese werden durch sein Blut „gerechtfertigt" (Röm 5,1.9; δικαιωθέντες). In seinem Blut vollzieht sich die „Sühne" für die begangenen Sünden. Genau darin erweist Gott seine „Gerechtigkeit", weil er sich trotz der Abkehr der Sünder ebendiesen zuwendet und die „Erlösung in Jesus Christus" schenkt (Röm 3,24), wodurch sie zu δικαιούμενοι werden. Paulus benutzt hier neben der kultischen eine gerichtliche Sprache. Der Mensch wird „als ein Gerechter angesehen". Seine „Überschreitungen" (παραπτώματα) der durch das Gesetz aufgerichteten Grenzen werden ihm nicht mehr „angerechnet", weil Gott die „Welt durch Christus mit sich versöhnt hat" (2 Kor 5,18f.). Das „Wort vom Kreuz" ist das „Wort der Versöhnung" (19). Doch handelt es sich hier nicht darum, dass ein Verbrecher freigesprochen wird und weiterhin Verbrecher bleibt,[354] auch nicht darum, dass er lediglich nicht mehr als Ungerechter angesehen wird, sondern das Gerechtsprechen Gottes durch das schöpferische Wort Gottes impliziert eine *Unterscheidung von sich selbst*, die Paulus mit der Vorstellung verbindet, dass der Gerechtfertigte eine „neue

---

[348] So beispielsweise durch Augustin: ord. 1,19 (CSEL 63,133,29–134,5) und 2,22 (CSEL 63,161,12–22).

[349] Bultmann: Theologie 372; Wilckens: Römer 1,212; Dunn: Paul's Theology 341f.

[350] Dunn: Pauls Theology 342.

[351] Bultmann: Theologie 237.

[352] Wilckens: Römer 1,204.212; Dunn: Paul's Theology 341f.; Lohse: Paulus 200: „Mit dem Begriff der Gerechtigkeit Gottes wird sowohl auf Gottes Urteil, von dem nichts verborgen bleiben kann, wie auch auf seine Zuwendung hingewiesen, in der er dem Bund treu bleibt und seine Barmherzigkeit erweist, sodaß der begnadete Sünder aus dieser ihm beigelegten Gerechtigkeit künftig handelt."

[353] Wilckens: Römer 1,203: „Die Wirkung der δικαιοσύνη θεοῦ als Rechtfertigung des Gottlosen ist aber wirklich als die der *Bundes*gerechtigkeit Gottes aufzufassen. Ihr neuer Begriff ist der der Liebe (5,8), die Heil schafft durch Versöhnung der Feinde."

[354] Siehe dazu Sanders: Paulus 54f.

Schöpfung" ist, weil er „in Christus" ist (2 Kor 5,17). Die tiefere Bedeutung von „gerechtfertigt werden" liegt darin, dass „ich" den alten Menschen ablege, indem ich mit Christus gekreuzigt werde und den neuen Menschen, Christus, anziehe.[355] Das Rechtfertigungsgeschehen vollzieht sich gemäß der Logik des Kreuzes.

> „[...] den, der die Sünde nicht kannte, hat er für uns zur Sünde gemacht, damit wir Gottes Gerechtigkeit in ihm würden" (2 Kor 5,21).

Christus, der als einziger nicht gesündigt hat, zieht den Schein der Sünde auf sich, indem er zu Unrecht verurteilt wird. Darin dass Gott selbst in Christus „unser" Unrecht ertragen hat und uns dennoch mit sich versöhnt (vgl. 2 Kor 5,19), offenbart sich, dass die „Gerechtigkeit Gottes" unsere Ungerechtigkeit vergibt. In der Auferweckung Christi offenbart sich, dass Gott sowohl den ungerecht Leidenden nicht im Tod belässt als auch, dass der Täter des Unrechts bekehrt wird (vgl. Röm 6). So werden durch den Gehorsam des Einen die Vielen zu Gerechten gemacht (Röm 5,19). Gott selbst ist gerecht und deshalb kann er Gerechtigkeit geben (Röm 3,26).

Die „Gerechtigkeit Gottes" bezieht sich primär auf die Liebe Gottes als den Willen zur Erlösung des Menschen aus der Gottferne. Diese Gerechtigkeit gewinnt gerade angesichts der menschlichen Ungerechtigkeit ihr ganz eigenes Gepräge: Sie ist eine „reine Gabe aus Gnade" (Röm 3,24), eine Gabe, die den Menschen verändert. Eben deshalb offenbart sich die „Gerechtigkeit Gottes" sekundär als eschatologische Erscheinung der Macht Gottes,[356] da Gott mit der Auferstehung Christi begonnen hat, sein Recht in der Welt bis hin zur eschatologischen Vollendung durchzusetzen.

Anders als Derrida, anders als Foucault u. a. *hat* Paulus die Erfahrung der „Gerechtigkeit Gottes" *gemacht*. In seinem Werk ist diese Gerechtigkeit zur geschichtsmächtigen Weisung geworden. Diese birgt die „Frohe Botschaft" von der Liebe Gottes zum Gottlosen. Die Aufnahme des Evangeliums von der Rechtfertigung des Menschen in die christliche Theologie hat dessen Logik offengelegt und verdeutlicht. Die vernünftige „Freundschaft" (φιλία), die der Paulinischen Bestimmung des Menschen in der Geschichte der Philosophie entgegengebracht wurde, erweist diese Bestim-

---

[355] Sanders: Paulus 101: „‚Gerecht werden durch den Glauben' heißt mit anderen Worten, ‚von der Gruppe derer, die verdammt werden wird, überzugehen in die Gruppe derer, die gerettet werden wird'. Dieser Übergang schließt einen Wandel der Person ein, so daß Christus in und durch den Gläubigen lebt. Die tiefere Bedeutung von Paulus' schwierigem passivischem Verb ‚gerechtfertigt werden' ist also, daß jemand mit Christus stirbt und ein neuer Mensch wird." Vgl. dazu Theobald: Römerbrief 248 ff. Zur Rede vom alten und neuen Menschen siehe auch Eph 3,22 ff. und Kol 3,9 f.

[356] Vgl. E. Käsemann: Gottesgerechtigkeit bei Paulus, in: ZThK 58 (1961), 367–378; C. Müller: Gottes Gerechtigkeit und Gottes Volk. Eine Untersuchung zu Röm 9–11 (FRLANT 86), Göttingen 1964; P. Stuhlmacher: Gerechtigkeit Gottes bei Paulus (FRLANT 87), Göttingen 1965. Dagegen haben Bultmann, Conzelmann, Lohse u. a. die traditionell Lutherische Sicht der Gerechtigkeit Gottes als Gabe betont. Es scheint jedoch in der Tat die Alternative verfehlt. Einen Ausgleich versucht K. Kertelge herzustellen, ders.: ‚Rechtfertigung bei Paulus'. Studien zur Struktur und zum Bedeutungsgehalt des paulinischen Rechtfertigungsbegriffs (NTA 3), Münster 1967, bes. 182–219, ähnlich neuerdings Haacker: Römer 40; Wilckens: Römer 1,232.

mung als Weisheit (σοφία). Für Paulus ist die Liebe Gottes selbst die „Gerechtigkeit".
Die „Gerechtigkeit Gottes" ist der Grund (ἀρχή) für die Gerechtigkeit der Menschen.
Durch die Erinnerung an Paulus, die sich in der gegenwärtigen geschichtlichen Situa-
tion in neuer Weise ergibt, tritt die „Frohe Botschaft" selbst als der Grund (ἀρχή)
hervor, welcher sich für die Postmoderne in eigentümlicher Weise entzogen hat.
Deshalb hat in unserer geschichtlichen Gegenwart die Derridasche Erfahrung der
„Grundlosigkeit" der Gerechtigkeit ihrerseits keine Grundlage mehr,[357] denn der
Grund *ist* gegeben *worden*. Er ist präsent in der Erinnerung, gegenwärtig gehalten
durch die christliche Überlieferung. Foucaults Kritik einer allgemein verbindlichen
‚Norm', Derridas Kritik des Eindeutigen, Archischen, Gegenwärtigen speisen sich
aus der Erfahrung des Holocaust, der durch die Ideologisierung der modernen Sub-
stitute der göttlichen Gerechtigkeit und damit durch die Verdrängung der göttlichen
Gerechtigkeit ermöglicht wurde. Die abgründige Ursache für Foucault und Derrida
ist die Angst vor der Auslöschung des Anderen, Abweichenden, Nicht-Konformen, wie sie im Holocaust wirklich geworden ist.[358] Doch hat sich gerade in der
Paulinischen Rechtfertigung gezeigt, dass die „Gerechtigkeit Gottes" den Anderen,
Abweichenden, Nicht-Konformen eben nicht auslöscht, sondern sich ihm in Liebe
zuwendet, ihm sogar noch den Raum des Widerstandes gegen diese Liebe bis hin zur
Tötung des Gerechten einräumt und ihm auch diese Tat noch vergibt. Angesichts
dieser „Gerechtigkeit Gottes" verschwindet sowohl der Bedarf für die Aporetik der
„différance" und des Willens zur An-archie als auch jeder Gedanke einer Legitimation der Auslöschung des Anderen. In der „Gerechtigkeit Gottes" tritt ein Grund
für die Unterscheidung von Gut und Böse hervor, der eindeutig ist, ohne jedoch zu
innerweltlichem Totalitarismus zu führen.

Paulus betont, dass die „Gerechtigkeit Gottes" „ohne Werke des Gesetzes"
(Röm 3,21) offenbart wurde, dass das Gerechtwerden, d.h. die Unterscheidung
des Menschen von sich selbst, ohne Werke des Gesetzes erfolgt (Röm 3,28). Bedeutet dies, dass auch Paulus eine Kluft zwischen *Recht* und *Gerechtigkeit* annimmt,
dass die Gerechtigkeit nicht in die Bestimmung des Rechts durchschlägt?

Wenn Paulus hervorhebt, dass kein Mensch durch die Werke des Gesetzes vor
Gott gerechtfertigt wird (Röm 3,20), so hat dies einen *Grund* und eine *Ursache*.
Die *Ursache* ist die Öffnung des Heilswillens Gottes auf alle Menschen, Juden wie
Heiden (Röm 3,28–31).

---

[357] Die Frage, ob und inwiefern die biblische Weisheit der Grund für die Gerechtigkeit in allen drei Epochen
abendländischen Denkens ist, muss hier ausgeblendet bleiben.

[358] Es ist hier zu betonen, dass gerade Paulus, dessen Werk maßgeblich zur Lösung des Christentums aus
dem jüdischen Kontext beitrug und der somit in herausragender Weise auch am Ursprung des christlichen Abendlandes steht, immer Gefahr läuft, antijudaistisch missbraucht, wie schon bei Markion, und
für antisemitische Entwicklungen kausal verantwortlich gemacht zu werden. Dass derartige Vorwürfe
grundlos sind, ist offenkundig. Klar ist allerdings auch, dass in unserer geschichtlichen Gegenwart das
Verhältnis zum Judentum neu bedacht werden kann und muss. Doch bleibt auch hierbei Paulus wegweisend. Dies zeigt sich etwa in der Rezeption von Röm 11 bei der Neubestimmung des Verhältnisses
der katholischen Kirche zum Judentum in NA 4 (DH 4198).

„Denn wir kommen zu dem Schluss, dass ein Mensch im Glauben gerechtgesprochen wird ohne Werke des Gesetzes. Oder ist Gott etwa allein der Gott der Juden? Nicht auch der Heiden? Ja auch der Heiden, wenn denn [gilt], dass Gott ein einziger ist, der gerechtspricht Beschnittene aus Glauben und Unbeschnittene durch den Glauben. Setzen wir also [das] Gesetz durch den Glauben außer Kraft? Keineswegs! Wir bringen [das] Gesetz zum Tragen" (Röm 3,28–31).

Paulus wendet sich gegen die „*Einengung der Gnade Gottes* auf die Angehörigen der jüdischen Nation und die damit einhergehende *Ausgrenzung* der Heiden".[359] Die bisherige Grenze der Bundesgerechtigkeit Gottes ist aufgehoben. Deshalb kann sich kein Jude der „Werke des Gesetzes" rühmen (Röm 3,27). Dieser Ruhm ist zunächst nicht als Selbstruhm im Sinne der Selbstgerechtigkeit zu verstehen, denn auch die gesetzestreuen Juden rühmen sich Gottes (Röm 2,17), baut doch gerade auch die pharisäische Gesetzesgerechtigkeit auf der Gnade Gottes auf.[360] Das von Paulus abgelehnte Rühmen bezieht sich auf die Besonderheit des auserwählten Volkes, dessen Identität durch die Gesetzestreue hergestellt und aufrechterhalten wird.[361] Denn durch die Offenbarung der „Gerechtigkeit Gottes" in Jesus Christus zeigt sich, dass ein Neuer Bund mit allen Menschen geschlossen wurde und die „Gottesgerechtigkeit" nun allen Menschen gilt.

Der *Grund* dafür, dass Gesetzeswerke nicht zur Gerechtigkeit führen, liegt eben in der Offenbarung Jesu Christi als der neuen Maßgabe für alle Menschen.[362] Weil die „Gerechtigkeit Gottes" grundsätzlich nur durch Jesus Christus vermittelt ist und schon immer war, kann auch Abraham, obwohl er gemäß dem Gesetz gerecht war, sich seiner Gerechtigkeit nicht rühmen (Röm 4,2). Das Gesetz zielt von Anbeginn auf Jesus Christus und findet mit dessen Offenbarung sein Ende (Röm 10,4). Paulus selbst kann sich seiner Gesetzeserfüllung rühmen und seine Untadeligkeit hervorheben, doch hat er nach seiner Bekehrung alles, was er für Gewinn erachtete, „wegen

---

[359] So charakterisiert Strecker die Position Dunns; Strecker: Paulus aus einer neuen Perspektive, in: Kirche und Israel 11 (1996) 3–19, 12. Dunn kritisiert das Gesetz als „identity marker" nach innen und „boundary marker" nach außen; Paul's Theology 355f., grundsätzlich op. cit. 334–389 und 632. Zum Ganzen auch hier D.I.3.a) darin den Abschnitt: Die Vergangenheit und D.II.1.b) darin den Abschnitt: In der Mitte der Zeit.

[360] Sanders entfaltet die Struktur des palästinisch-jüdischen Bundesnomismus in: Ders.: Judentum 400: „1) Gott hat Israel erwählt und 2) das Gesetz gegeben. Das Gesetz beinhaltet zweierlei 3) Gottes Verheißungen, an den Erwählungen festzuhalten, und 4) die Forderung, gehorsam zu sein. 5) Gott belohnt Gehorsam und bestraft Übertretungen. 6) Das Gesetz sieht Sühnmittel vor, und die Sühnung führt 7) zur Aufrechterhaltung bzw. Wiederherstellung des Bundesverhältnisses. 8) All jene, die durch Gehorsam, Sühnung und Gottes Barmherzigkeit innerhalb des Bundes gehalten werden, gehören zur Gruppe derer, die gerettet werden. Eine wichtige Interpretation des ersten und des letzten Punktes besteht darin, daß Erwählung und letztliche Errettung nicht als menschliches Werk, sondern als Taten der Barmherzigkeit Gottes verstanden werden."

[361] Theobald: Römerbrief 202: „Der rechtfertigungstheologische ‚Basissatz' 3,28(20) besitzt seine Matrix von seiner Genese her in einem ekklesiologischen Kontext, näherhin in der Frage nach den wahren Konstituenten des aus Juden *und* Heiden bestehenden endzeitlichen Gottesvolkes."

[362] Dies haben Sanders und Räisänen hervorgehoben; Sanders: Judentum 437; Law 47; Paulus 83; dazu Strecker: Perspektive 8.

Christus" für einen Verlust angesehen (Phil 3,7). Angesichts der Offenbarung der „Gerechtigkeit Gottes" in Jesus Christus erscheint das jüdische Festhalten an der Gesetzesgerechtigkeit als „eigene" Gerechtigkeit und nun nicht mehr ausschließlich im Sinne der besonderen jüdischen Bundesgerechtigkeit, sondern im Sinne einer Eigenmächtigkeit.[363]

Paulus selbst betont den Gegensatz Gnade – Selbstgerechtigkeit vor allem gegenüber den enthusiastischen Korinthern. Sie, nicht die jüdischen Partner, muss er an das jüdische *sola gratia* erinnern – alles ist Gabe (1 Kor 4,7).[364] Insofern die Heilsgabe Gottes und damit die „Gerechtigkeit Gottes" in Christus ist, werden sogar das Gottesvertrauen und das jüdische Streben nach Gerechtigkeit zum Eifer ohne Einsicht (Röm 10,2), Einsicht nämlich in Christus, Einsicht, dass die Bundesgerechtigkeit in Christus, nicht im Gesetz gegeben ist. Das Gesetz für sich bringt nur den Zorn hervor (Röm 4,15), weil es zur Erkenntnis der Sünde führt (Röm 3,20). Paulus schlägt das Gesetz allein dem negativen Moment der Bestimmung zu, nicht aber dem limitierenden, in welchem die Unterscheidung des Menschen von sich selbst ihren Ort hat. Es grenzt weder den Gerechten vom Sünder ab noch das eschatologische Gottesvolk – die Gläubigen – von dieser Welt. Von hier aus gerät der Versuch, durch bloße Gesetzeserfüllung den Gotteswillen tun zu wollen, in die Nähe der Ungerechtigkeit, hat sich dieser doch in Christus geoffenbart. Die verlorene Herrlichkeit Gottes vermittelt sich allein durch Jesus Christus den Menschen (2 Kor 3). Durch die Gesetzestreue die Herrlichkeit finden zu wollen, grenzt nun an Selbstherrlichkeit.

In jedem Fall ist die Dynamik der Opposition von rein anthropologischer und theologischer Gerechtigkeit im Paulinischen Gedanken angelegt, auch wenn sie bei Paulus selbst im Hintergrund steht. In einem geschichtlichen Kontext jedoch, in dem sich die christliche Gemeinde aus dem Judentum zu lösen beginnt, tritt das Wissen um die jüdische Begründung der Gerechtigkeit in der Gnade Gottes zurück (Eph 2,5–9). Die frühen von der Synagoge ganz getrennten Christen lassen nun die Kritik am Gesetz und die Kritik an der Selbstgerechtigkeit vollends zusammenfallen. Diese Identifikation findet sich auch bei Augustinus. Sein Gegner ist eben nicht mehr das Judentum, sondern bezogen auf die Gnade vor allem der Pelagianismus. Doch schon vor dessen historischem Auftreten hat Augustin durch gründliche Paauluslektüre die Gerechtigkeit Gottes als eine prinzipielle Gabe verstanden, durch die der Mensch zu einem Gerechten gemacht wird. Ohne diese Gabe kann der Mensch nichts wesentlich Gutes tun. Mit dieser Gabe allerdings wird er in den Stand gesetzt, selbst – zweitursächlich – rechtfertigende Werke zu vollbringen. Denn schon bei Paulus entbindet die Rechtfertigung nicht davon, heilsrelevante gute Werke zu tun. Die Rechtfertigung ist die Bedingung der Möglichkeit, sein Heil gemäß den „Werken des

---

[363] Theobald: Römerbrief 215 und 202: „Die formale Opposition ‚Eigen'-Mächtigkeit des Menschen – ‚Gnade' Gottes ist im Basissatz impliziert, kann auch von Paulus bedingt hervorgekehrt werden wie in 10,3 (‚*eigene* Gerechtigkeit' versus ‚*Gottes* Gerechtigkeit') […], wird aber erst später, z. B. in Eph 2,5.8f., zum beherrschenden Moment in der Auslegung des Satzes." Siehe auch Haacker: Römer 204f.
[364] Vgl. Dunn: Paul's Theology 345.

Gesetzes" zu wirken. Dabei sind diejenigen Werke entfallen, welche Kennzeichen des besonderen Gottesbundes mit dem jüdischen Volk waren: die Beschneidung und die Speisevorschriften. Die Geltung des Gesetzes wurde aber nicht nur quantitativ, sondern auch qualitativ begrenzt, denn die Werke sollen nicht gemäß dem Wortlaut, sondern gemäß dem Geist, welcher der Geist der Liebe ist, vollbracht werden. Die Heilsgeschichte ist die Geschichte der Bewährung des Menschen unter der Gnade Gottes.[365] Auf seinem Weg durch die Zeit soll der Mensch durch seine Taten zu einem Gerechten werden. Genau mit der logischen Durchdringung der Spannung, welche im Paulinischen Rechtfertigungsgeschehen zwischen dem göttlichen und dem menschlichen Tun der Gerechtigkeit, zwischen Gegenwart und Zukunft der Gerechtigkeit liegt, hat Augustinus die Paulinische σοφία in die φιλοσοφία geborgen. Er wurde damit als „Lehrer der Gnade" zum Lehrer der Kirche.[366]

Wie ist von hier aus das Verhältnis von Gesetz und Gerechtigkeit Gottes, von Recht und Gerechtigkeit zu bestimmen? Zunächst ist am Grundsatz festzuhalten, dass durch die Offenbarung Gottes in Jesus Christus die Erlösung gekommen ist. Das Urteil Gottes über die Schöpfung „es ist gut", das durch die Sünde in Frage gestellt ist, wird in Tod und Auferstehung Christi erneuert. „Es ist gut", ist der erste Grundsatz der Gerechtigkeit Gottes. Es ist gut, weil es gut wird, weil Gott dieses Gut-werden in der Hand hat und weil er den Menschen in seiner Gnade Anteil am „Gut-Werden" gibt. Weil es gut wird, verliert die „Sorge um sich" ihre Dringlichkeit. Der Mensch wird nicht mehr getrieben vom unbedingten Willen nach Selbstverwirklichung und absoluter e-mancipatio, weiß er sich doch in der Hand Gottes gehalten, weiß er doch sein Selbst bereits in Jesus Christus verwirklicht. Das Streben nach Gerechtigkeit verliert den Charakter des dekonstruktiven „Wahnsinns", weil es ein Maß kennt: Das Maß Christi. Der Glaube an diese Maßgabe führt auch zum gelassenen Tun der „Werke des Gesetzes". Auch Recht und Gesetz sind in den Prozess des „Gut-Werdens" eingebunden. Sie sind im Geist der Liebe zu deuten und von daher in ihrer Gültigkeit von vornherein limitiert, doch anders als im postmodernen Denken. Getragen von der Erfülltheit von Recht und Gerechtigkeit in Christus, getragen von der Logik des Kreuzes kann die Unterscheidung Recht und Unrecht stets an der Maßgabe geprüft werden. Im Geist der Liebe gedeutet, können die Weisun-

---

[365] Vgl. Dunn: Paul's Theology. Dunn macht deutlich, dass die Rechtfertigung „The beginning of salvation" (Kap. 5, 317–460) ist, welcher „The Process of Salvation" (Kap. 6; 461–532) folgen muss. Der Prozess der Erlösung wird im geschichtlichen Moment des Bestimmungsterminus entfaltet.

[366] Vgl. dazu Wilckens: Römer 1,225: „Die entscheidende Wirkung auf die gesamte westliche Theologie ist von *Augustins* Paulusdeutung ausgegangen: Er bestreitet ein Verständis der iustitia dei als richterlicher iustitia distributiva und deutet sie vielmehr als gerechtmachende, dem Sünder Gerechtigkeit schenkende Gnade: ‚iustitia dei non qua iustus est, sed qua induit hominem cum iustificat impium' [sp. et litt. 9,15; 11,18; 18,31]. Damit hat Augustin der paulinischen Rechtfertigunslehre ihren Ort in der Gnadenlehre zugewiesen, den sie – vor allem durch den großen Einfluß der Magna Glossatura des *Petrus Lombardus* und systematisch durch den Aufriß der Summa Theologiae des *Thomas von Aquin* – bis in die katholische Dogmatik der Gegenwart behalten hat. [...] dogmatisch dominant ist nur die augustinische Deutung geworden. [...] allererst durch Augustin ist so der Römerbrief – zusammen mit den Psalmen – *der* zentrale Text kirchlicher Lehre geworden."

gen des Gesetzes niemals selbst die Stelle Gottes einnehmen und totalitär werden, ist doch gerade der Christ zur Freiheit befreit, befreit vom Zwang des Gesetzes. Dennoch haben die Gesetze auch und gerade im Geist der Liebe und Freiheit ihre wahre Festigkeit, die für ihre Verbindlichkeit notwendig ist. Die Übereinstimmung von Gesetz und Gerechtigkeit ist ein für allemal in Christus wirklich geworden, deshalb ist sie weiterhin möglich. Sie ist nicht unmöglich, weil sie nicht – wie im postmodernen Diskurs – unmöglich sein *muss*. Die Bestimmung des Menschen ist nicht die Unmöglichkeit der Übereinstimmung von Maßgabe und Mensch, sondern die Wirklichkeit dieser Übereinstimmung in Christus. Diese Wirklichkeit ist für uns Verheißung und Auftrag. Die Spannung bis zur endgültigen Übereinstimmung von Mensch und Maßgabe, Recht und Gerechtigkeit ist auszuhalten, weil sie von der Zuversicht auf die Wiederkunft des Herrn getragen wird.

3. Der Zorn Gottes und die Begierden

Die Paulinische Maßgabe setzt mit dem negativen Moment im Willen Gottes ein. Der Zorn Gottes negiert eine bestimmte Form der Weltlichkeit des Menschen und damit auch eine bestimmte Form des Verhältnisses der Menschen zu Gott und zueinander. Die Welt der Menschen, auf die sich der Zorn Gottes richtet, ist ihrerseits durch die Negation des Gotteswillens bzw. durch die Transgression der göttlichen Gebote gekennzeichnet. Damit steht am Beginn der Paulinischen Bestimmung der Gegensatz zwischen dem Willen Gottes und dem Willen „dieser Welt". Der Gedanke des göttlichen Gottes und der darin liegenden negierenden Kraft Gottes bedeuten für heutiges Denken zunächst eine fast unannehmbare Zumutung. Deshalb empfielt es sich, noch einmal die modernen Verhältnisse in den Blick zu nehmen.

Nietzsche negiert die christliche Bestimmung des Menschen in ihrem Grund, wenn er in seiner Formel „Dionysos gegen den Gekreuzigten" den Gott am Kreuz inkriminiert. Sein neuer Gott Dionysos ist die reine Negation des mit Paulus gedachten Gottes: „deus, qualem Paulus creavit, dei negatio" (AC 47; 6,255,20). Nietzsches Zorn richtet sich gegen die christliche Negation der Welt, die er als die einzige Welt ansehen muss. Durch das Christentum, wie Nietzsche es versteht, wird der Mensch in seinem innersten Wesen, seinem weltlichen Willen zum Leben, enteignet. Die christliche Moral gebiete ihm, nichts zu wollen, nichts zu lieben, das „Nichts" zu wollen. Doch ist zu bemerken, dass Nietzsches Blick auf das Christentum durch Schopenhauer vorgeprägt ist. Bei Schopenhauer – nicht im Christentum – findet sich denn auch die Bestimmung zur Negation der Welt. Der weltliche, chaotische „Wille" Schopenhauers, das blinde Begehren tritt an die Stelle des neuzeitlich gedachten Gottes. Der Mensch kann nur dann aus dem mit dem Weltwillen notwendig verbundenen Kreislauf des Leidens erlöst werden, wenn der Wille selbst erlischt. Die Erlösung des Lebens besteht in der Erlösung vom Leben, von jedem Leben. Unabhängig vom Glauben an die Wahrheit Gottes und die Wahrheit der himmlischen Welt ist festzustellen, dass sich im Christentum und mithin bei Paulus eine derartige Negation der Welt und des Willens des Menschen nicht findet. Wohl aber findet sich eine eigentümliche Limitation der Welt, da die Liebe zur Welt nicht die primäre Bestimmung des Willens sein darf. Mit Recht kritisiert Nietzsche das Christentum, wenn es einerseits zu einer Gestalt der Moral verkommt und wenn das christliche Abendland sich andererseits durch beispiellosen Imperialismus zum „Herrn der Erde" macht und dabei seine Herrschaft mit der Überlegenheit der christlichen Religion zu legitimieren versucht, wie in Nietzsches eigener geschichtlicher Gegenwart geschehen. Nietzsches Negation des Christentums muss ihrerseits durch das Christentum nicht negiert werden. Nicht nur, dass Nietzsches Welt nicht mehr die unsere ist, vielmehr wurde die unmittelbare Gegenwart des Nietzscheschen Gedankens durch die Tat der Postmoderne bereits gebrochen. Nietzsches Zorn bleibt – begrenzt – auch für ein nach-postmodernes Christentum verpflichtend.

Mit äußerster Schärfe hat Nietzsche die christliche Nächstenliebe als Bestimmung des Menschen angegriffen. Vor allem die Erwählung des Schwachen, Törichten, Unedlen, Verachteten durch Gott wird für Nietzsche zum Anstoß (AC 51; 6,232; vgl. 1 Kor 1,27ff.). Dagegen setzt Nietzsche den ersten Grundsatz seiner Menschenliebe: „Die Schwachen und Missrathenen sollen zu Grunde gehen […] und man soll ihnen noch dazu helfen" (AC 2; 6,179). An Stelle des Menschen gilt es, den „Übermenschen" zu lieben, welcher durch „Züchtung" durch „das Gesetz der Selektion" hervorgebracht werden soll (AC 7; 6,173). Mit der Postmoderne teilt heutiges Christentum die Erfahrung, dass eine politische Partei sich dieser Gedanken bemächtigt hat und das eigene Volk zu den „Herren der Erde" machen wollte, die Erfahrung der Vernichtung der „Missrathenen", der Gegner, der Anderen in den Konzentrationslagern des 20. Jahrhunderts. Demjenigen Aspekt im Denken Nietzsches, welcher Derartiges mit ermöglicht hat, gilt nicht nur der Zorn der Postmoderne, sondern wohl auch der Zorn Gottes.

Paulus lässt seine Bestimmung des Menschen im Römerbrief nicht unmittelbar mit dem Zorn Gottes über die Gottlosigkeit und Ungerechtigkeit aller Menschen einsetzen. Der Offenbarung des Zorns geht der Verweis auf die Offenbarung der Gerechtigkeit Gottes in Jesus Christus voraus (Röm 1,17). Erst angesichts der vollkommenen Liebe Jesu Christi, welche die vollkommene Übereinstimmung des Willens eines Menschen mit dem Willen Gottes erkennen lässt, erst angesichts des allgemeinen Heilswillens Gottes erscheinen die allgemeine Verfallenheit und Sündigkeit der Menschen in ihrem ganzen Ausmaß. Dennoch sind die Menschen auch dort unentschuldbar, wo das Wissen um die vollkommene Gerechtigkeit Gottes entweder noch nicht geoffenbart wurde oder bereits wieder verschwunden ist. Da aber das Ausmaß der Liebe Gottes seinerseits erst von der Offenbarung des gerechten Zorns her deutlich wird, beginnt Paulus seine Ausführungen über die Offenbarung des bestimmenden Gotteswillens mit dem göttlichen Zorn. Doch ist zu betonen, dass dieser lediglich das erste Moment der Offenbarung des Gotteswillens ist, wird er doch durch die Liebe Gottes limitiert.

„Denn geoffenbart wird Gottes Zorn vom Himmel her gegen alle Gottlosigkeit und Ungerechtigkeit der Menschen, die die Wahrheit in Ungerechtigkeit niederhalten, denn was man von Gott erkennen kann, ist unter ihnen offenbar, denn Gott hat es ihnen offenbar gemacht. Denn das, was an ihm unsichtbar ist, wird seit der Erschaffung der Welt durch das, was gemacht wurde, als Vernünftiges eingesehen: seine ewige Macht und Gottheit; deshalb sind sie unentschuldbar, denn obwohl sie Gott erkannt haben, haben sie ihn nicht als Gott verherrlicht oder ihm gedankt, sondern sie sind in ihren Gedanken ins Nichtige verfallen und finster geworden ist ihr uneinsichtiges Herz" (Röm 1,18–21).

Paulus spricht am Beginn des Römerbriefes über die Sünde im Allgemeinen, also die Sünden der Juden wie der Heiden. Dabei muss er aber in besonderer Weise die Sündigkeit der Heiden herausarbeiten, da sie ja nicht dem jüdischen Gesetz unterstehen und von daher eigens gezeigt werden muss, inwiefern sie den Zorn Gottes auf sich ziehen. Der Zorn Gottes gilt der „Gottlosigkeit und Rechtlosigkeit der Menschen". Die „Gottlosigkeit" (ἀσέβεια) meint das Überschreiten der absoluten Grenze zwischen Schöpfer und Geschöpf,[367] das Fehlen von Scham und Scheu, die Verweigerung der Anerkennung Gottes als Gott und damit den „Frevel". Gottlosigkeit und Unrecht hängen für Paulus unmittelbar zusammen, da Gott selbst, sein Wille, der Grund des Rechts ist. Durch einen Akt des Unrechts verhehlen sich die Menschen, was offenbar ist und damit auch „vernünftiger Einsicht zugänglich ist"[368]: „seine ewige Macht und Gottheit". So besteht der Kern der Sünde darin, Gott nicht die Herrlichkeit (δόξα) zuerkennen zu wollen[369] und ihm nicht für das Gegebensein von allem danken zu wollen.[370] Es handelt sich hierbei um einen Akt des *Wollens*, nicht des Erkennens. Die unmittelbare Folge dieses Versagens ist erstens das Nichtig-Werden des Denkens – die vielen Gedanken laufen ins Leere, Nichtige, Eitle – und zweitens die Verfinsterung auch des Wollens. Anstelle des Schöpfers wird dem Geschöpf die Vollkommenheit der Herrlichkeit zugesprochen (Röm 1,23.25). Doch durch den Kult am Geschaffenen gewinnt dieses die Macht über den Menschen. Es dominiert seinen Willen. Gott aber „übergibt" die Menschen „in den Begierden ihrer Herzen an die Unreinheit, so dass ihre Leiber durch sich selbst geschändet werden" (Röm 1,25; vgl. 26). Die Menschen werden sich selbst bzw. ihren Begierden „überlassen", wie Christus den Menschen „ausgeliefert" wurde. Dreimal erscheint in diesem Abschnitt das Wort παρέδωκεν (VV. 25, 26, 28). Gott lässt das Böse an den Menschen wirken, wie er es an Christus wirken lässt, ohne es selbst zu bewirken. Die Begierde drängt zur Transgression in vielerlei Gestalt und Konkretion. Aus der Überschreitung der ersten und absoluten Grenze folgt die Überschreitung aller übrigen Grenzen, welche durch Gesetz und Gewissen gegeben sind (Röm 1,27–32).

---

[367] ThWNT 7,169: „Der Stamm σεβ- bedeutet ursprünglich *zurückweichen* vor" – das Gegenteil von Transgression.

[368] Zu dieser freieren und durchaus angemessenen Übersetzung von νοούμενα καθορᾶται (Röm 1,20) siehe Haacker: Römer 45.

[369] Vgl. Röm 1,23.

[370] Vgl. 1 Kor 4,7; dazu Theobald: Römerbrief 151.

Die natürliche, die endlich-leibliche Seite des Menschen nennt Paulus „Fleisch". Das „Fleisch" ist durchweg gut, weil von Gott geschaffen. Doch dort, wo der Mensch sich selbst dieser Sphäre bedingungslos hingibt, wendet sich ihr Charakter ins Böse, Widergöttliche. „Gemäß dem Fleisch" zu leben, bedeutet dann, der eigenen Endlichkeit, der eigenen Körperlichkeit, den eigenen Bedürfnissen, der begrenzten Ichheit bedingungslos ausgeliefert zu sein. [371] Diese Erfahrung der Endlichkeit, Sterblichkeit und Begrenztheit des genießenden Daseins drängt zur Überschreitung. Die Befangenheit in sich selbst führt zur Unfreiheit. „Fleisch" und „Geist" (Gal 5,17), „Fleisch" und „Freiheit" (Gal 5,13) werden zu Gegensätzen. Die Menschen wollen die geschaffene Welt vergöttern, und sie können dies für den Preis der Unfreiheit. So wird der freie Wille der Menschen zum ersten Opfer der Sünde.

Paulus nennt als konkrete Sünden, die ihrerseits Folgen der Missachtung des Schöpfers sind, an erster Stelle sexuelle Vergehen der Menschen, wie sie ein Jude seiner Zeit an den Heiden verabscheute. Dabei geht es jedoch nicht um eine pauschale Inkriminierung der Sexualität, vielmehr meint der Jude Paulus im Sexualverhalten der Heiden eine allgemein menschliche Sündhaftigkeit aufzeigen zu können. Doch liegt das eigentliche Anliegen der Aussage nicht in der Verurteilung etwa der Homosexualität [372] oder bestimmter sexueller Praktiken, sondern in der Bloßstellung des Beherrscht-Werdens durch die Begierde, gleich in welcher Form. [373] In einem geschichtlichen Kontext allerdings, wo der freie Wille als Fiktion erscheint, verliert das Beherrscht-Werden durch die Begierde seine Anstößigkeit, ja, ein eigentümlich tragikomischer bis abgründiger Reiz umgibt sowohl die menschliche Unfreiheit als auch das Andrängen der Begierden. Der frühe Foucault hat deutlich gemacht, dass die Sexualität im postmodernen Kontext an die Stelle Gottes getreten ist. Die Sexualität nicht als Naturphänomen, sondern als sprachliches Tun rückt in die Lücke, welche der Tod Gottes hinterlassen hat. In der so gefassten Sexualität spricht sich der Gegenwille zum Willen Gottes aus. Das Spezifische der Sexualität liegt hier gerade in der Transgression des Gesetzes. Im Überschreiten von Grenzen konstituiert sich der Mensch. [374] Auch der späte Foucault strebte nach einer begrenzten Selbstbeherrschung und damit auch nach Freiheit von den Begierden, doch will diese Freiheit die Begierden ohne Maßgabe limitiert ausleben. Es kann bei Foucault nicht zur Anerkennung der *einen* Grenze, der Grenze zwischen Schöpfer und Geschöpf kommen. Bei Paulus ist die sexuelle Begierde als eine besonders starke Form des nicht-willentlichen Begehrens lediglich Exempel für den Mangel an Freiheit und Selbstbeherrschung, welcher zu „Übertretungen" (παράβασεις) führt. Sünde ist für Paulus wesentlich

---

[371] Zur Ambivalenz des Begriffs σάρξ siehe Bultmann: Theologie 232–239; Gnilka: Paulus 216–220.

[372] Siehe dazu Wilckens: Römer 110; Sanders: Paulus 144–148; Theobald: Römerbrief 142–145.

[373] Augustinus hat die Störung der Subjektionsordnung Leib-Geist, Geist-Gott in ihrem inneren Zusammenhang offengelegt, ciu. 13,13 (CCL 48,395,3–7); dazu auch: P. Brown: Die Keuschheit der Engel, München–Wien 1991, 417–432 und Foucault: Sexualité et solitude (DÉ 4,175).

[374] Dazu ausführlich hier A.III.3. Der Wille zur Transgression oder die Erfahrung des Außen.

Transgression des Gotteswillens[375] und so auch der Versuch, die Grenze zwischen Schöpfer und Geschöpf zu überschreiten.

Die Konkretion der Grenzen, die nicht übertreten werden sollen, weist das jüdische Gesetz, wenn es auf seinen Kern, den in Jesus Christus geoffenbarten Gotteswillen hin durchschaut wird. Dort, wo das jüdische Gesetz unbekannt ist, kann das Gewissen die Funktion des Gesetzes substituieren (Röm 2,12–16). „Das Gewissen ist Repräsentant des Willens Gottes im Menschen, durch den dieser letztlich seine Identität gewinnt, die er nicht aus sich selbst hat".[376] Das Gewissen zeichnet sich durch „Einfachheit und Lauterkeit" aus und ist von „fleischlicher Weisheit" zu unterscheiden (2 Kor 1,12). Es ist das geistige Organ, welches die Übereinstimmung oder Nichtübereinstimmung des eigenen Willens mit dem göttlichen wahrnimmt und weist. Bei chronischer Differenz zwischen göttlichem und menschlichem Willen stirbt das Gewissen ab. Die Begierde drängt zu dieser Differenz.

Der Zorn Gottes richtet sich auf die Übertretungen aller Menschen, ob sie nun Juden oder Heiden sind, ob sie nun dem Gesetz oder dem Gewissen unterstehen. Der Zorn ist die *Negation* der Transgression kraft des göttlichen Willens.[377] Entscheidend ist hierbei jedoch, dass die Verdammung der Menschen, welche rechtens wäre, nicht ausgesprochen und vollzogen wird. Vielmehr steuert die Argumentation auf die Offenbarung der „Gerechtigkeit Gottes" zu, durch welche eben gerade der Sünder gerechtfertigt wird (Röm 3,21 ff.). Der Zorn Gottes zielt nicht auf die Vernichtung des Sünders, wohl aber auf die Unterscheidung des Menschen von sich selbst. Durch Selbstunterscheidung soll der Mensch zur Anerkennung des Schöpfers und seines Willens finden.

Auf drei Ebenen geht Paulus die Darstellung der Sünde an,[378] wobei der Gedanke jeweils eine Stufe tiefer greift. Die erste, grundlegende Ebene stellt den Ursprung, das Wesen sowie die geschichtlich differenzierte, aber dennoch universale Herrschaft der Sünde dar (Röm 1,18–3,20): Negation des Willens Gottes. Die zweite Ebene setzt in äußerster Abstraktion die Sündigkeit des Menschen dem Erlösungswillen Gottes gegenüber, der eine Mensch Christus gegen den einen Menschen Adam (Röm 5,12–21): Negation der Sünde.[379] Die dritte und tiefste Schicht gibt einen Einblick in das *Ich* des Sünders (Röm 7,1–25). An diesem Punkt wird das ganze Ausmaß der menschlichen Unfreiheit offenbar: Negation des menschlichen Willens.

Für den Menschen, der sich vom „Flcisch" bestimmen lässt, wird das Gesetz selbst zum Stimulans für die Transgression (Röm 7,5). Das Gesetz, das vorschreibt, „du sollst nicht begehren" lässt die Sünde und die Begierde nicht nur als solche erkennen (Röm 7,7), sondern es weckt die Begierde, lässt sie „in unseren Gliedern

---

[375] Theobald: Römerbrief 153.

[376] Wilckens: Römer 138.

[377] Vgl. Barth: Römerbrief 19.

[378] Gnilka: Paulus 221; Theobald: Römerbrief 149 f.

[379] An diesem Punkt ist auf die Negation, die in dieser Entgegensetzung liegt, abzuheben, nicht aber auf die Limitation, wie in D.II.2. Die Logik des Kreuzes und die Gerechtigkeit Gottes.

stark werden" (Röm 7,5)[380] und treibt dadurch als Frucht der Sünde den Tod hervor (ebd.). Doch ist dies nur der alte Sinn des Gesetzes gemäß dem „Buchstaben". Hier fehlt der „Geist" der Liebe Christi (Röm 7,6). Dennoch bestreitet Paulus, dass das Gesetz selbst als Ursache der Sünde zu gelten habe und damit selbst Sünde sei (Röm 7,7). Nur beim unfreien Menschen, der von seinem „Fleisch" beherrscht wird, kann das Gesetz diese Wirkung entfalten. Das handelnde Subjekt ist hierbei nur teilweise der Mensch. Die „Sünde" selbst tritt als personifizierter Gegen-Wille auf (7,8.13). Die Sünde instrumentalisiert das an sich „heilige, gerechte und gute Gebot" (7,12) um selbst als Sünde hervortreten zu können (Röm 7,13), denn die Sünde bedarf der Grenze, um sie überschreiten zu können.[381]

Die Sünde und die Begierde sind identitätslose, anonyme Personifikationen, die als Gegenbestimmung zur Maßgabe in Christus im Widerspruch stehen. Das *„Ich"* des fleischlichen Menschen ist der Macht dieses *„Es"* unterworfen.

> „[…] denn nicht, was ich will, mache ich, Gutes, sondern was ich nicht will, Böses, eben das tue ich. Wenn ich aber das, was ich nicht will, mache, dann bin nicht mehr ich es, der das bewirkt, sondern die Sünde, die in mir wohnt" (Röm 7,19 f.).

Von „Außen" wirkt die Sünde am Menschen und bedrängt und lenkt den Willen. Der „innere Mensch" kann zwar das „Gesetz Gottes" kennen und es wollen, jedoch das Tun des Gewollten ist unmöglich. Befreiung kann hier ebenfalls nur von „Außen", gewissermaßen aus einer *„über-ichlichen"* Sphäre kommen, doch nicht nach Art einer gesetzlichen Norm, sondern in der Gabe des Geistes der Liebe und im festen Vertrauen auf die Liebe Gottes zu „mir", d. h. im Glauben.

> „Ich elender Mensch! Wer wird mich retten aus diesem Todesleib? Dank aber sei Gott durch Jesus Christus, unserem Herrn!" (Röm 7,24 f.).

> „Denn was unmöglich ist für das Gesetz, worin es schwach ist durch das Fleisch: Indem Gott seinen Sohn in Gestalt des Fleisches der Sünde und [als Sühne] für die Sünde sandte, verurteilte er die Sünde im Fleisch, damit das Recht [δικαίωμα] des Gesetzes in uns erfüllt werde, die wir nicht gemäß dem Fleisch wandeln, sondern gemäß dem Geist" (Röm 8,3 f.).

III. Das bekehrende Denken: Der Glaube (Geist)

Die Termfolge des Paulus setzt mit der Fassung des heilsrelevanten Denkens als πίστις ein. Damit schließt Paulus an die frühchristliche Konzentration auf die πίστις als das Proprium des Christlichen an.[382] Die Begegnung mit der Botschaft des

---

[380] Siehe dazu Theobald: Römerbrief 164 f.

[381] Becker: Paulus 422: „Das Begehren wächst gerade, weil das Verbot Grenzen setzt, die zu durchbrechen begehrlich sind. Diese Situation ist das Lebenselixier der Sünde, die nun lebendig wird."

[382] Logotektonisch schließt Paulus an den Denkterminus als Resultat der frühchristlichen Überlieferungen an, die dann in die synoptischen Evangelien eingehen. Vgl. auch M. Karrer: Art. Glaube, in: BThW, Graz ⁴1994, 250–256, 254: *„Paulus* markiert die Durchsetzung des Glaubens als Zentrum urchristlicher

Glaubens führt zum Umdenken, d. h. zur Bekehrung des Paulus. Paulus bündelt und vertieft die Breite der auf ihn gekommenen Tradition. Das erste Moment des Glaubens ist das *sprachliche*. Das Denken des Paulus beginnt mit der Bekehrung als rettendem Zum-Glauben-Kommen im Hören und Gehorchen gegenüber dem Evangelium. Dadurch wird das Denken als von Gott vorherbestimmter, vorher *abgegrenzter* Glaube konstituiert (3). Das Denken hat seine Mitte in der *Realität* der Heilsgeschichte. Der Glaube bewährt sich im geschichtlichen Tun der Wahrheit (2). Der Glaube hat sein letztes Moment in der *Negation* aller *weltlichen* Gründung des Denkens,[383] wobei das unmittelbare Vertrauen in die Welt ausgeschlossen und der Selbstruhm negiert wird. Das Eigentümliche des paulinischen *Denkens* wird in der Entgegensetzung der „Werke des Gesetzes" und der πίστις erreicht. Der Gegensatz von „Fleisch" und „Geist" beschließt das *weltliche* Moment des Glaubens (1).[384] Mit Paulus wird die πίστις derart grundlegend für jegliches christliche Denken, dass die Christen schlechthin als die „Glaubenden" bezeichnet werden.[385] Im Folgenden geht es darum, die πίστις als christliches Denken in der ihm eigenen Geistigkeit herauszuarbeiten.

Theologie. Dazu integriert er die [...] nach Ostern aufgebrochene Breite der Glaubensaussagen vom rettenden Zum-Glauben-Kommen bis zur Bewährung des Glaubens in der Ethik [...] und vertieft sie besonders in zwei Richtungen: *a) Glaube erwächst aus dem Wort, das er hört* [...] *b) Glaube und Rechtfertigung.*"

[383] Bultmann als Theologe der klassischen nachmetaphysischen Moderne hat diese Negation der Welt, jeder menschlichen Eigenmacht und jedes weltlichen Eigenwillens radikalisiert: „In Wahrheit [...] ist im Glauben nicht ein gewisses Maß von Selbsttätigkeit gesetzt, sondern er ist Tat im eminentesten Sinne, dabei aber das *Gegenteil von jedem 'Werk'*, jeder Leistung, weil die Tat des Glaubens gerade in der Negation alles die Existenz des Menschen begründenden Tuns besteht" (ThWNT 6,221).
Trotz der bestreitbaren exegetischen Begründung dieser Überzeugung, kommt ihr an ihrem geschichtlichen Ort ein unbestreitbares systematisches Recht zu; vgl. dazu Theobald: Römerbrief 205 und v. a. E. Jüngel: Das Evangelium von der Rechtfertigung des Gottlosen als Zentrum des christlichen Glaubens. Eine theologische Studie in ökumenischer Absicht, Tübingen ²1999, 153–155.
Richtig verstanden besagt die Negation, von welcher Bultmann spricht, die Negation einer eigenwilligen und eigenmächtigen „Begründung" des Denkens im weitesten Sinn des Wortes. Der Glaube verlässt sich einzig auf den Grund, der bereits gelegt ist: Jesus Christus, vgl. 1 Kor 3,11. Doch besagt dies keine Annihilation des Menschen, wie das die auf Luther zurückgehende Tradition, in welcher Bultmann immer noch steht, annimmt, sondern eine Transformation. Auf dem Grund Jesus Christus wird gebaut, und zwar der neue Mensch.
Siehe dazu Theobald: Römerbrief 206: „Gewiss setzt dies das *Absterben des alten Menschen in der Taufe voraus* [...], doch zielt dann die pln. Argumentation dahin, dass die Gnade das Leben des Glaubenden auch wirklich verändert, sie sich in dessen Tun und Handeln eine *neue Wirklichkeit* schafft."

[384] Becker: Paulus 440.

[385] Z. B. 1 Thess 1,3; 2,10.13.

1. Der Glaube als Negation weltlichen Schätzens und Vertrauens

Wie auch im weltlichen Moment des Sach- und des Bestimmungsterminus befindet sich Paulus hier im diametralen Gegensatz zu Nietzsche. Nietzsche führt das Denken auf die Kunst und die Kunst auf das Leben zurück. Das vor-ichliche Leben als dionysisches Chaos wird zur Bestimmung des Denkens. Aus seinem fleischlich-leiblichen Abgrund steigt der Wille zur Macht auf. Dem Denken kommt hierbei zunächst die Aufgabe zu, den Abgrund mit einem schönen Schein zu überbrücken. Das Denken als Kunst dient ausschließlich der Steigerung des weltlichen Lebens. Geschätzt wird, was der Entfaltung des Lebens dient. Werte bemessen sich an ihrer Nützlichkeit für das Wachstum der starken Individuen. Der Wille zur Macht dieses Individuums (Übermensch) wird zur Maßgabe, welche den Mensch als Sache des Denkens zur Machtergreifung und Selbstverherrlichung bestimmt. Die Kunst und die Wissenschaft dienen eben dieser Selbstunterscheidung des Menschen. Deren Denken ist ein Glaube im Sinne des Für-wahr-Haltens der dionysischen Wahrheit des Lebens, ein Glaube, der das Rühmen des sich unterscheidenden Selbst und ein Rühmen des weltlichen Gottes Dionysos impliziert. Getragen wird diese Vorzeichnung des Denkens bei Nietzsche durch die Erfahrung der radikalen Weltlichkeit des Lebens. Es sei daran erinnert, dass das Nietzschesche Denken mit dem weltlichen Moment beginnt. Weil das Denken ein Epiphänomen des weltlichen Lebens ist, kann es nicht durch eine überweltliche Wahrheit vorbestimmt werden. Dies führt notwendigerweise zum Tod Gottes, denn das bloße In-der-Welt-Sein kann keine Annahme einer sprachlich vermittelten, überweltlichen Frohen Botschaft zulassen. Die Verhältnisse ändern sich durch die fundamentale Kritik der Postmoderne an der Weltlichkeit der Moderne. Der linguistic turn ist die Bedingung der Möglichkeit eines neuen Hörens auf das Evangelium, jedoch keine zureichende Bedingung, vielmehr wird gerade ein anfängliches und ursprüngliches Hören einer maßgeblichen Botschaft zunächst weiter verunmöglicht.

a) Geist – Fleisch

> „Denn obwohl wir im Fleisch wandeln, kämpfen wir doch nicht in fleischlicher Weise, denn die Waffen unseres Kampfes sind nicht fleischlich, sondern mächtig durch Gott, um Festungen niederzureißen; wir reißen Gedanken[gebäude] nieder, und alles Erhöhte, das sich gegen die Erkenntnis Gottes erhebt, und wir nehmen alles Denken gefangen, so dass es Christus gehorcht" (2 Kor 10,3–5).

Das Denken Pauli ist sich seiner Endlichkeit durchweg bewusst. Es ist ein Denken „im Fleisch", wird jedoch nicht durch das Fleisch bestimmt, sondern durch den Geist. Seine Überzeugungskraft ($\pi\epsilon\iota\theta\acute{\omega}$) hat es nicht aus sich selbst, nicht aus der Kunst des Überzeugens, sondern aus Gott (vgl. 1 Kor 1–2). Entsprechend „rühmt" sich Paulus nicht seiner selbst, sondern Gottes (2 Kor 10,13.17). Sein Denken ist ein gegebenes, das dem einzelnen Menschen nach einem bestimmten „Maß" ($\mu\acute{\epsilon}\tau\rho\text{ov}$) zugeteilt wird

(13). Als solches befindet es sich im Gegensatz zu jeder Wertschätzung aus eigenem Vermögen sowie zu jeder Maßlosigkeit. Das Denken zielt darauf, sich ganz der Maßgabe, der ὑπακοή τοῦ Χριστοῦ, zu unterstellen. Als derart Unterstelltes wird es überhaupt erst eigentlich „Vernunft". Die „Vernunft" (νόημα) soll grundsätzlich der „Erkenntnis Gottes" (γνῶσις τοῦ θεοῦ) dienen, zuhöchst verwirklicht sie sich im Vernehmen der Bestimmung in Jesus Christus. Die ‚gefangengenommene Vernunft', die sich ganz in Gott gegründet weiß, ist πίστις, Inständigkeit in der Treue Gottes und deshalb Vertrauen auf Gott. Die „Waffen" dieses Glaubens sind von einer Geistigkeit, die sich dem Kampf mit einer bloßen weltlichen Vernunft gewachsen weiß.

Dieser Geist darf jedoch nicht als weltliche Gegebenheit begriffen werden. Er erwächst vielmehr aus einer sprachlichen Gabe. Das πνεῦμα wird „angenommen" (λαμβάνειν) „aus dem Gehör des Glaubens" (ἀκοὴ πίστεως) und damit aus der christlichen Verkündigung (Gal 3,2.5.14). Doch ist der Geist nicht nur die Folge des Hörens, sondern auch die Bedingung des Glaubens. Die πίστις gewinnt nur da an Überzeugungskraft, wo der Geist gegeben wird.[386] Durch die Gabe des Geistes wird der Gegensatz zum Fleisch aufgerissen (Gal 5). Wie das Gesetz ist auch das Fleisch an sich gut, weil gottgegeben. Der Gegensatz von πνεῦμα und σάρξ als solcher ergibt sich erst aus der Frage nach der Maßgabe des Denkens: Was ist bestimmend? Wo das Fleisch zur Maßgabe wird, kommt die Geistlosigkeit zur Herrschaft. Das Fleisch gerät zur widergeistigen und damit auch widergöttlichen Macht (Röm 8,4–11), denn „der Herr selbst ist der Geist" (2 Kor 3,17). Der Anfang (ἀρχή) und die Vollendung (τέλος) des Denkens, Wollens und Tuns der Wahrheit müssen folglich im Geist liegen (Gal 3,3).

Der Mensch, der vom Fleisch bestimmt wird, ist dem „Gesetz der Sünde" unterworfen. Dem widerstreitet das „Gesetz meiner Vernunft" (Röm 7,23). Es kommt zu einem Widerstreit der Bestimmungen. Dieser kann nur durch ein *Umdenken* gelöst werden. Das *Gesetz der Vernunft* soll zur Maßgabe werden. Doch nur, wenn die Bestimmung grundsätzlich „in der Neuheit des Geistes" gedacht wird, kann sie aus der Knechtschaft unter dem „Buchstaben" des Gesetzes befreit werden (Röm 7,6). „Der Buchstabe tötet, aber der Geist macht lebendig" (2 Kor 3,6). Wiewohl das Leben des Menschen grundsätzlich an die Geistigkeit gebunden ist, muss diese in die „psychische" und die „pneumatische" unterschieden werden. Die Geistigkeit des bloß „irdischen" Menschen manifestiert sich in der „Seele" (ψυχή) als dem sterblichen Lebensprinzip (1 Kor 15,45–49) sowie im Reichtum der „Gedanken" (λογισμοί) von bloßer Verständigkeit[387]. Die Geistigkeit des „zweiten Menschen", der sein Urbild in Christus hat und dessen bleibende Heimat im Himmel liegt, ist „pneumatisch" (1 Kor 15,47 ff.); sein Denken ist der „Glaube" und damit verbunden die erneuerte „Vernunft". Das neue Leben „im Geist" unterscheidet sich vom „psychischen" Leben „im Fleisch" insofern, als es „ewig" ist (Gal 6,8). Das „ewige Leben" erwächst aus dem Leben in der Welt, transformiert dieses in sich hinein,

---

[386] Röm 1,16; 1 Kor 15,45; 2 Kor 3,17; Gal 4,6.
[387] Vgl. 1 Kor 1,17.19; 2,1; 2 Kor 10,5.

ohne eine bloße Verlängerung zu sein. Es ist von anderer Kategorie, genauer: Es ist über jeder Kategorie und folglich auch nicht nur *Negation* des endlichen Lebens, welches zum Tode führt, sondern die Vorphase des „ewigen Lebens" im Geist, weil das Denken und Wollen bereits jetzt Gott zugewendet sind. Das konvertierte Leben weiß um seine *Begrenztheit* in dieser Welt, und es glaubt an seine *Unbegrenztheit* im Himmel.

Der Geist bewirkt die „Bekehrung zum Herrn" (2 Kor 3,16). „Der Herr aber ist der Geist" (17), und der „Geist des Herrn" befreit zum Leben. Diese Befreiung geschieht durch eine „Erleuchtung" (φωτισμός), die an die Erschaffung des Lichtes durch das schöpferische Wort Gottes zurückdenken lässt (2 Kor 4,6). Die Gabe des Geistes besteht in nichts anderem als in der „Erkenntnis der Herrlichkeit Gottes im Angesicht Jesu Christi" (2 Kor 4,6). Dies besagt, dass der *Glaube* die „Erkenntnis" (γνῶσις) der Herrlichkeit Christi als der *Sache* des Denkens und die Anerkennung der Liebe Christi als *Bestimmung* des Denkens in sich birgt.[388] Durch das bekehrte Denken beginnt die Verwandlung des Menschen in die Herrlichkeit Gottes selbst (2 Kor 3,18; Röm 8,17). Schon in dieser Welt hat der Mensch durch den Geist, der das „Angeld" des ewigen Lebens ist (2 Kor 1,22; 5,5), Anteil an der Herrlichkeit, indem er durch den Geist in einem neuen, in Christus vermittelten Verhältnis zu Gott steht.[389]

Noch einmal: Gott selbst gibt sich den Menschen im Geist zu denken und d. h. hier: zu glauben. Dadurch wird das Denken aus seiner Befangenheit in der Dunkelheit der Welt befreit. Im-Geist-Sein ist nur die eine Seite der Münze, deren andere das In-Christus-Sein ist.[390] Wie dieses auf die glaubende Erkenntnis, so ist jenes auf die Bestimmung zur Liebe bezogen.

b) Glaube – Werke des Gesetzes

Die eigentümlichste Fassung des Denkens bei Paulus findet sich dort, wo er im Zuge seiner Darlegung der Rechtfertigung des Menschen den „Glauben" den „Werken des Gesetzes" entgegensetzt und damit die Gerechtwerdung des Menschen durch das Tun des Gesetzes negiert. Die Offenbarung der Gerechtigkeit geschieht „aus πίστις zur πίστις" (Röm 1,17). Anfang und Ende der Gerechtwerdung ist πίστις: „Glaube", „Treue", „Vertrauen".[391] Die Gerechtigkeit kommt einzig und allein durch sie. Die „Treue" Gottes führt zum „Vertrauen" und auch zum „Glauben" des Menschen. Diese verschiedenen Weisen, πίστις zu übersetzen und damit die kryptische Wendung „aus πίστις zur πίστις" zu deuten, schließen sich nicht aus.[392] In jedem Fall ist

---

[388] Vgl. Bultmann: Theologie 318: „Im Grunde sind πίστις und γνῶσις als ein neues Sich-selbst-verstehen identisch […]."

[389] Siehe Röm 8,12–17; 1 Kor 2,10ff.; Gal 4,6.

[390] Siehe dazu Dunn: Paul's Theology 413–441, bes. 414.

[391] Schlier: Römerbrief 45.

[392] Zu den verschiedenen Möglichkeiten, diese Wendung zu übersetzen, siehe Kuss: Römer 22f.; Wilckens: Römer 1,246; Dunn: Paul's Theology 374.

hervorzuheben, dass „der Mensch gerecht gemacht wird ohne Werke des Gesetzes" (Röm 3,28).

Der Offenbarung des Glaubens als des einzigen Weges zur Gerechtigkeit geht die Feststellung der allgemeinen Ungerechtigkeit sowohl der Juden als auch der Heiden voraus. Gesehen auf das Denken: Sowohl das Denken (νοῦς) der Juden als auch das der Heiden wurde ἀδόκιμος (Röm 1,28), „unbrauchbar", den Willen Gottes zu *erkennen* (vgl. Röm 12,2). Darüber hinaus wurde der Wille des Menschen „unbrauchbar", den Willen Gottes zu *tun* (Röm 7). Die Impotenz des Erkennens ist die Folge einer verdrehten Wertschätzung, die darauf zielt, das Geschöpf mehr als den Schöpfer zu ehren. Auch der Jude kann sich seiner Erwählung, die sich im Gesetzesbesitz ausdrückt, nicht rühmen. Nicht nur, dass auch er wider besseres Wissen das Gesetz nicht erfüllt (Röm 2,17–29). Entscheidend ist vielmehr, dass seinem „Eifer für Gott" die „Erkenntnis" fehlt (Röm 10,2). Denn die Offenbarung der Gerechtigkeit Gottes, durch welche der Mensch zur Gerechtigkeit kommt, geschieht einzig und allein in Jesus Christus; dies gilt es zu erkennen. In Jesus Christus findet die πίστις ihre Maßgabe. Die πίστις τοῦ Χριστοῦ, durch welche die Gerechtigkeit Gottes zu uns kommt, ist zu verstehen als der „Glaube an Christus" *und* als die „Treue Christi", als Gottes sich in Christus zuwendende Treue.[393] Dabei kommt es darauf an, dass Tod und Auferstehung Christi als das zentrale Geschehen der Gerechtsprechung des Menschen festgehalten werden und dass dieses Geschehen durch den *Glauben* zu die Menschen kommt und nicht durch das den Juden auszeichnende Gesetz. Weltliche Unterschiede, wie derjenige zwischen Juden und Heiden, verlieren angesichts der Zuwendung Gottes in Jesus Christus jede Heilsrelevanz. „Denn es ist der eine Gott, der gerecht machen wird die Beschnittenen aus Glauben und die Nichtbeschnittenen durch Glauben" (Röm 3,30).[394]

Es wurde bereits gesagt, dass Paulus sich dessen bewusst ist, dass jüdisches Streben nach Gerechtigkeit aus dem Gesetz keine Selbstgerechtigkeit impliziert, denn auch die Juden rühmen sich Gottes (Röm 2,17), genauer, ihrer besonderen Beziehung zu Gott. Doch macht Paulus deutlich, dass angesichts des in Christus offenbaren allgemeinen Heilswillens Gottes dieses Streben nach besonderer Bundesgerechtigkeit in die Nähe des Selbstruhms gerät.[395] Und das bedeutet im Kontext der πίστις: Im Gesetz die *Erkenntnis* des Willens Gottes suchen zu wollen (vgl. Röm 2,18), kann Paulus auch als ein Sich-auf-das-Fleisch-Verlassen deuten, dem eben der *Geist* und mithin die πίστις fehlt (Gal 3,1–4,7). Die πίστις besagt jedoch die *Negation* alles *unmittelbaren* Grundvertrauens in die Welt als solche. Nicht auf die Welt kann sich der Mensch verlassen, wohl aber auf den Grund derselben, nämlich Gott. Gerade Abraham, der Vater der Glaubenden, der Juden wie der Heiden, hat gegen die

---

[393] Karrer: Glaube 254; kritisch dazu Dunn: Paul's Theology 285, auch Haacker: Art. Glaube, in: TRE 13, 277–303, 291. Grundlegend zu dieser Problematik H. Binder: Der Glaube bei Paulus, Berlin 1968.

[394] Zwischen den beiden Präpositionen „aus" und „durch" besteht kein entscheidender sachlicher Unterschied, siehe Wilckens: Römer 1,248.

[395] Vgl. Theobald: Römerbrief 202.

weltliche Wahrscheinlichkeit und Hoffnung „dem geglaubt/vertraut, der die Toten lebendig macht, und der das, was nicht ist, ruft, dass es sei" (Röm 4,17). Die Erweckung Jesu Christi von den Toten durch den Schöpfer der Welt ist der Grund des Denkens und damit des Glaubens.

c) Glaube – Selbstruhm (Weisheit Gottes – Weisheit der Welt)

Im Kontext der nachmetaphysischen Moderne wird die „wahre Welt zur Fabel". Nur eine Welt ist wirklich, die Wahrheit selbst nur eine Form der Lüge. Der „Gott am Kreuz" erscheint als die *Verneinung* der Welt schlechthin. Die dionysische Welt als der Gegenentwurf zur Welt des Gekreuzigten will ihrerseits erst geschaffen und das heißt gedichtet werden. Zuhöchst aber muss sich der Schaffende die Bestimmung schaffen, unter welcher die Welt steht. Diese gedichtete Bestimmung – ihr Name ist Dionysos – fordert einen eigenen Glauben. Der dionysische Glaube an die Zukunft der „Herren der Erde" ersetzt den Glauben an die „Hinterwelt". Die dionysische „Weisheit dieser Welt" wird der Weisheit Gottes, wie sie im Wort vom Kreuz gegeben ist, entgegengesetzt. Nicht nur, dass sich der „Jünger des Dionysos", der „Verkündiger des Übermenschen", seiner Weisheit als einer bloß menschlichen Weisheit rühmt. Die Entgegensetzung „Dionysos gegen den Gekreuzigten" als weltliche Negation der christlichen Unterscheidung des Menschen von sich selbst in all ihrer weltgeschichtlichen Brisanz drängt Nietzsche bis in die äußerste Konsequenz.[396] Er sieht sich gezwungen, selbst als Zarathustra/Dionysos an die Stelle des Gekreuzigten zu treten – Ecce homo! – und sich dessen zu rühmen.[397] Nietzsche kann die Frage, die er sich selbst stellt – „Warum ich so weise bin?" – beantworten.[398] Er weiß die Weisheit des Zarathustra von „reiner Thorheit" zu unterscheiden. Der Selbstruhm Nietzsches ist Bestandteil der dionysischen Tragödie. Dieser steigert sich ins Unermeßliche – „ich bin kein Mensch, ich bin Dynamit" –, um dann in den Wahnsinn der Selbstverklärung überzugehen.[399]

In unserer geschichtlichen Gegenwart ist die Negation der weltlichen Weisheit durch die Weisheit Gottes, die Paulus im Ersten Korintherbrief zur Sprache bringt, zunächst auf die antichristliche „Weisheit", die Nietzsche zur Welt gebracht hat, zu beziehen, denn vor allem diese enthält eine Gegen-Maßgabe und ist somit Weisheit genug, um angesichts der Weisheit Gottes zur Torheit werden zu können. In ihrer eigentümlichen Negation der Negation kommt dabei die Tat der Postmoderne der

---

[396] Vgl. EH, Warum ich ein Schicksal bin? 1 und 9 (6,365f. und 374).

[397] Vgl. Z, Vorrede 1 (4,11,16): „Siehe! Ich bin meiner Weisheit überdrüssig, wie die Biene, die des Honigs zu viel gesammelt hat [...]!"

[398] EH, Warum ich so weise bin? (6,264–277).

[399] Siehe z.B. das Brieffragment 1239 vom Januar 1889 (B 8,572,3–6): „Die Welt ist verklärt, denn Gott ist auf der Erde" oder 1256 (B 8,577,3ff.): „[...] zuletzt wäre ich sehr viel lieber Basler Professor als Gott; aber ich habe es nicht gewagt, meinen Privat-Egoismus so weit zu treiben, um seinetwegen die Schaffung der Welt zu unterlassen. Sie sehen, man muss Opfer bringen, wie und wo man lebt."

Offenbarung entgegen, ist doch Nietzsches moderne Gegen-Weisheit als solche bereits durch die Postmoderne „zunichte" gemacht worden.

Die „Weisheit Gottes" negiert allerdings auch die Limitation der Postmoderne. Auch ihre Bestimmung zur Bestimmungslosigkeit birgt noch die Schwundstufe eines weisheitlichen Anspruchs, versucht doch der späte Foucault, antike Selbstprakti-ken im Umfeld der weltlichen Weisheit der Stoa und des Epikureismus limitierend und transgredierend als Quelle der Inspiration für freiere, kreativere Möglichkei-ten der ‚Selbstverwirklichung' ohne Maßgabe und ohne Selbst zu gewinnen. Mit Apg 17,11 ist aber die Paulinische Negation der „Weisheit dieser Welt" auch auf die epikureische und stoische Philosophie auszudehnen, selbst wenn sie im Kontext der korinthischen Kontroverse historisch nicht unmittelbar intendiert sein mag.[400] Jede Form von natürlicher und weltlicher Weisheit der Griechen wird geschnitten,[401] damit wird auch der damit kokettierenden Foucaultschen Lebensweisheit der Boden entzogen.

Es bleibt aber anzuerkennen, dass, nicht zuletzt inspiriert durch Nietzsche, im 20. Jahrhundert eine rein *anthropologische* ‚Weisheit', die der „Geist des Menschen" (1 Kor 2,11) erforscht, eine eigene Sphäre ausgebildet hat. Die weltliche Anthro-pologie etwa der Psychoanalyse wurde noch für Foucault zum Stein des Anstoßes. Nicht mehr auf der Ebene der Bestimmung des Menschen, wohl aber auf der technisch-praktischen Ebene bleiben die Entdeckungen der modernen Anthropo-logien begrenzt gültig. Bezüglich der *theologischen* Weisheit gilt jedoch an unserem geschichtlichen Ort erneut das Wort des Paulus:

> „Aber wie geschrieben steht: *Was kein Auge gesehen hat, und was kein Ohr gehört hat und in keines Menschen Herz aufgestiegen ist, das hat Gott denen bereitet, die ihn lieben*" (1 Kor 2,9).

Die Weisheit Gottes entspringt nicht dem Herzen des Menschen, sie ist unverfügbare Gabe, deren Annahme unter der Bedingung der Liebe steht. Aber auch die Liebe ist eine Gabe, und zwar eine des Geistes. Der anfänglich gebende Geist ist der „Geist Gottes". Dieser ist zu unterscheiden vom „Geist des Menschen", zu verste-hen als „Geist der Welt". Der weltliche Geist ist „psychisch" (1 Kor 15,45–49), weil auf die mit dem Leib verbundene Geistigkeit der Seele fixiert und beschränkt: „Es ist mehr Vernunft in deinem Leibe, als in deiner besten Weisheit", so spricht die weltliche Vernunft der Seele (Z: Von den Verächtern des Leibes; 4,40,6f.). Diesem Denken ist es aber unmöglich, den Geist Gottes zu erkennen, er bleibt ihm Torheit. Nun aber wurde die Begrenztheit der Welt der Moderne erfahren, und die Frage nach der Zuordnung von Weisheit und Torheit stellt sich neu. Die Negation der

---

[400] Siehe dazu hier D.I.1.a. darin: Das kritische Wesen der Verkündigung.

[401] Zur Stoa und zu Epikur als weltlicher und natürlicher Form des Denkens im Vorfeld der christli-chen Verkündigung siehe Boeder: Einführung in die Vernünftigkeit des Neuen Testaments 97 f., 101 f. Eine negative Beziehung des Paulus, aber auch des neutestamentlichen Denkens insgesamt zum Den-ken von Platon oder Aristoteles ist auszuschließen. Beweis dafür ist die Rezeption Platonischen und Aristotelischen Denkens durch die christliche Theologie etwa bei Augustin oder Thomas von Aquin.

modernen Vernunft hat keine zwingende Überzeugungskraft mehr und auch der Widerstand der Postmoderne ist vollbracht und mithin erschöpft. Hier entsteht ein Freiraum des Glaubens: Je nach Standpunkt erscheint die Weisheit als Torheit bzw. die Torheit als Weisheit. Die Weisheit der Welt konnte die christliche Weisheit aus eigenem Vermögen zur Torheit herabsetzen, und sie konnte sich dessen rühmen, wie Nietzsche dies mit einigem Recht getan hat. Für den Christen hat die weltliche Welt und damit auch Nietzsche den Geist Gottes jedoch nicht erfasst, daher stellt sich für christliches Denken das Tun Nietzsches seinerseits als Torheit dar. Doch ist die christliche Weisheit nicht schlechthin zu beweisen und mit Notwendigkeit darzutun. Lediglich die Rationalität der Offenbarung kann ans Licht gebracht werden, und die Abhängigkeit sowohl Nietzsches als auch Foucaults von der Paulinischen Weisheit kann aufgezeigt werden. Die Einsicht in die Wahrheit der christlichen Weisheit muss auf ihrer radikalen Gegebenheit beharren – auch in unserer geschichtlichen Gegenwart. Der Christ hat keinen Vorrang aus sich, sondern nur aus der begnadeten Einsicht des Glaubens: „Wer unterscheidet dich? Was hast du, was du nicht empfangen hast, was rühmst du dich, als hättest du nicht empfangen?" (1 Kor 4,7). Zwar ist die „Weisheit dieser Welt Torheit bei Gott" (1 Kor 3,19), doch kann sich der Gläubige dieser Einsicht nicht rühmen, es sei denn „im Herrn" (1 Kor 1,29) und im Heiligen Geist. [402]

> „Uns aber hat es Gott durch den Geist geoffenbart. Denn der Geist erforscht alles, auch die Tiefen Gottes. Denn wer von den Menschen weiß das Menschliche, wenn nicht der Geist des Menschen in ihm? Ebenso hat das Göttliche niemand erkannt, wenn nicht der Geist Gottes. Wir aber haben nicht den Geist dieser Welt empfangen, sondern den Geist aus Gott, damit wir erkennen, was uns von Gott geschenkt wurde. Davon sprechen wir auch nicht mit Worten [λόγοις], wie sie von menschlicher Weisheit gelehrt werden, sondern [in Worten], wie sie vom Geist gelehrt werden, indem wir Geistliches mit Geistlichem zusammenbringen. [403] Der seelische [404] Mensch aber kann Geistliches nicht aufnehmen, denn Torheit ist es für ihn, und er kann es nicht erkennen, weil es Geistlich beurteilt wird. Der geistliche Mensch aber beurteilt alles, er selbst aber wird von niemand beurteilt" (1 Kor 2,10–15).

---

[402] Jer 9,22.23; vgl. 2 Kor 10,17; Röm 3,27; 5,11; Gal 6,14; Phil 3,3.

[403] Der letzte Satzteil (πνευματικοῖς πνευματικὰ συγκρίνοντες) ist sehr schwer zu übersetzen und zu deuten. Siehe Schrage: Korinther 1,261 f. Auch Schrage deutet πνευματικοῖς als Neutrum und übersetzt: „indem wir Geistliches mit Geistlichem prüfen"; ebenso denkbar: „indem wir Geistliches mit Geistlichem vergleichen" oder „verbinden". Die Lutherübersetzungen und die Einheitsübersetzung lesen πνευματικοῖς als Maskulin Plural, dann lautet der Sinn: „wir deuten geistlichen Menschen geistliche Dinge". Meine Übersetzung versucht die Offenheit des Paulinischen Textes soweit wie möglich nachzuahmen.

[404] Gemeint ist damit der Mensch, wie er derart in Weltliches und Fleischliches verwoben ist, dass sein Denken von diesem bestimmt wird. Gegensatz dazu ist eben der Pneumatiker, dessen Denken sich vom Geist Gottes bestimmen lässt.

2. Der Glaube als Realität der Heilsgeschichte

Die Positivität des Glaubens tritt besonders im geschichtlichen Moment hervor. Wiewohl Augustinus sich zu Paulus *bejahend* verhält und durch die Übersetzung der Weisheit in Philosophie für die Rationalität des Glaubens Epochales geleistet hat, muss im gegenwärtigen Denken der Glaube aus der Einbettung in die christliche Metaphysik gelöst werden. Zwar hat besonders Augustin Paulus begreifbar gemacht, und diese Begreifbarkeit Pauli hat auch für unsere geschichtliche Gegenwart maßgebliche Weisungskraft. Doch ist nach dem hier durchgeführten archäologischen Rückgang in den Grund auch die Position Augustins in einen neuen Zusammenhang gebracht worden. Augustin steht in herausragender Position neben Nietzsche und Foucault. Da auch die Negation und das Gleichgültigwerden des christlichen Glaubens uns je Eigenes zu Paulus zu sagen haben, muss das Denken der Offenbarung auch vor ihrer positiven Aufnahme in der Metaphysik einen Schritt zurücktreten. Nur so kann die Weisheit selbst in der ihr eigenen Logik, welche erst die Logik der christlichen Philosophie hervorgerufen hat, hervortreten.

Der frühe Augustinus setzt mit der *conceptio* der Bestimmung ein. Christus, in dem die *virtus et sapientia dei* geoffenbart ist, bestimmt das bereits philosophisch vorgezeichnete Denken – sowohl der *ratio* als auch der *fides* – unmittelbar. Die Sache, das gebrochene und durch die *conversio* wiederhergestellte Verhältnis von Gott und Mensch, erscheint als Resultat des Denkwegs. Der späte Augustin allerdings setzt mit dem Verhältnis von Gott und Mensch ein, welches durch das *peccatum originale* gebrochen ist. Über die Mitte der Bestimmung, die in Christus vermittelte Gnade Gottes, wird die Sache mit dem Denken zusammengeschlossen. Der Glaube als bekehrtes Denken ist die Vollendung des Augustinischen Denkweges und zwar zuletzt geschichtlich als *fides quaerens intellectum*. Der Glaube vollendet sich als vernünftige Spekulation zwischen der trinitarischen *mens* und dem trinitarischen Gott und hat darin für die Zeit der Pilgerschaft seine Aufgabe. Er erlischt mit dem Übergang zur *visio beata*. Glaube bei Augustin ist *cum assensione cogitare*. Dadurch, dass die philosophische Vorzeichnung durch Stoa, Gnosis und Skepsis sowie vor allem durch Plotin und Porphyrios bei Paulus entfällt, muss das Denken seine Vollendung auch nicht in einem zuhöchst philo-sophischen Glauben finden.

Das geschichtliche Moment der πίστις bei Paulus bleibt besonders auf Augustin und dessen Bejahung bezogen. Doch erscheint die Paulinische πίστις als Anfang des Denkwegs und nicht als Resultat wie bei Augustin. Sie hat von sich her keine ‚philosophische‘ Ausrichtung und der Aspekt der *rationalitas* ist mehr als wohlgefügte Bezogenheit auf den Grund (*ratio*) bzw. auf den Grund des Grundes,[405] denn als argumentative Verständigkeit im Sinne der griechischen Denkkunst zu deuten, die auch für Augustin das Organon des Denkens blieb. Geschichtlich gesehen ist πίστις zunächst biblisch als „Vertrauen" in die Heilsgeschichte aufzufassen, eine durchaus

---

[405] Insofern Paulus selbst als Grund etwa des Augustinischen Denkens bezeichnet wurde, muss die Gnade Gottes als Grund des Grundes vorgestellt werden.

menschliche Haltung, die aber in der πίστις Gottes im Sinne seiner Treue gründet. Die „Treue Gottes" (πίστις τοῦ θεοῦ), die sich auch in der ἀπιστία der Menschen durchhält (Röm 3,3), ist der Grund des heilsgeschichtlichen Denkens. Dabei legt sich die πίστις gemäß den drei Modi der Zeit auseinander. Sie birgt in sich je ein Moment der Vergangenheit (c), der Gegenwart (b) und der Zukunft (a).

a) Glaube als Spekulation auf die Herrlichkeit (Hoffnung)

Die πίστις richtet sich zuletzt auf die Zukunft. Diese ist die Gabe der Fülle des Lebens. Der Christ, der mit Christus gekreuzigt wurde, glaubt/vertraut darauf, mit Christus zu leben (Röm 6,8; vgl. 1 Thess 4,14) und zwar in der Herrlichkeit Gottes. Schon jetzt wird diese πίστις für den in Christus Gerechtgemachten zur Quelle des Lebens. „Der Gerechte wird aus πίστις leben" (Röm 1,17; Gal 3,11). Dabei ist bemerkenswert, dass der hebräische Text von Hab 2,4, den Paulus hier zitiert, Treue/Glauben auf den Menschen bezieht (בֶּאֱמוּנָתוֹ). „Der Gerechte wird aus *seiner* Treue leben". Der Septuagintatext hingegen bezieht die πίστις auf Gott. „Der Gerechte wird aus *meiner* Treue leben". Wenn Paulus nun jedes Personalpronomen weglässt, so ist die Lesart zunächst offen, und Paulus hat diese Offenheit möglicherweise intendiert, worauf zuletzt auch Dunn hingewiesen hat.[406] Doch mit einem Blick auf das Gefüge Paulinischen Denkens und mit einem Seitenblick auf Augustin muss hier die πίστις Gottes als der Grund oder die Ersturasche des Lebens und der Gerechtigkeit angenommen werden, was für die Lesart „aus *meiner* Treue" spricht. Die πίστις des Menschen hingegen kann nur gegebene Zweitursache für das eschatologische Heil sein. Ein völliges „Zunichtewerden" des Menschen durch die πίστις, wie Bultmann mit Rückbezug auf Luther annimmt, ist auszuschließen.[407]

Die πίστις entbindet den erneuerten und sehr wohl handelnden Menschen jedoch von der „Sorge um sich".[408] Der Glaubende/Vertrauende hat zwar keine zweifelsfreie Sicherheit über sein eschatologisches Geschick, auch kann er seine Vollendung nicht „erblicken", noch die Zukunft „sehen", doch hat er die „Hoffnung", welche ihn in „Geduld" die kommende Vollendung „erwarten" lässt (Röm 8,24f.). Eben weil das eschatologische Glaubens- und Hoffnungsgut der Verfügung des Menschen entzogen ist, braucht der Mensch sich nicht zu ängstigen, seinem Handeln ist der ersturasächliche Druck genommen. Als begnadetes Denken, Wollen und Tun kann die πίστις gelassen ihren (gott-)gegebenen Beitrag zum Heil leisten, indem sie sich „durch die Liebe" verwirklicht (Gal 5,6). Im Vertrauen auf die von Gott zugesagte „Verheißung" trägt die πίστις auch da, wo nach menschlichem Ermessen nichts zu hoffen ist. Abraham ist das Vorbild dieser Haltung, denn auch er hat „gegen alle Hoffnung auf Hoffnung hin geglaubt/vertraut" (Röm 4,18). Das „Werk der πίστις",

---

[406] Dunn: Paul's Theology 373 f.
[407] Bultmann: Theologie 284; dazu Theobald: Römerbrief 206.
[408] Vgl. Bultmann: Theologie 320 ff.

die „Mühe der Liebe" und die „Geduld der Hoffnung" (1 Thess 1,3) bilden somit eine innere Einheit.

Das Wohnen des Menschen in dieser Weltzeit ist ein vorübergehendes. Darüber hat der Christ ein festes „Wissen", welches ihn aber nicht beunruhigt, da er als bleibende Heimat ohnehin die himmlische Wohnung beim Herrn annimmt. Die πίστις gibt seinem irdischen Weg die Zielvorgabe.

> „Wir sind also immer zuversichtlich, auch wenn wir wissen, dass wir, solange wir in dem Leib zu Hause sind, in der Fremde – weg vom Herrn – wohnen; im Glauben wandeln wir und nicht im Schauen; wir sind aber zuversichtlich und halten es für besser, aus dem Körper fortzuziehen und Heimat zu finden beim Herrn" (2 Kor 5,6ff.).

Das Erkennen des Menschen bleibt auf dem Weg, solange er „im Glauben und nicht im Schauen" wandelt, „Stückwerk", welches aber mit der Ankunft des „Vollkommenen" vergeht.

> „[…] denn wir schauen jetzt durch einen Spiegel in ein Rätselbild, dann aber von Angesicht zu Angesicht; nun erkenne ich teilweise, dann aber werde ich erkennen, wie auch ich erkannt bin. Jetzt aber bleiben Glaube, Hoffnung, Liebe, diese drei; am größten unter ihnen ist die Liebe" (1 Kor 13,12f.).

Die πίστις des Menschen als vertrauensvolle Denkhaltung, aber auch als ganzheitliches Festhalten am Evangelium geht über in ein Schauen „von Angesicht zu Angesicht". Solange der Mensch noch nicht in der Vollendung angekommen ist, bleibt sein Denken und damit auch sein Glauben und Hoffen begleitet von Furcht. Paulus warnt die Christen, sich etwa über die Juden – und zu ergänzen wäre, über alle Ungläubigen – zu erheben: „[…] du aber stehst fest in πίστις. Denke aber nicht Überhebliches, sondern fürchte dich!" (Röm 11,20). Durch Überheblichkeit, mit Augustin gesprochen *superbia*, verliert der Gläubige die Haltung des Empfangens, des Bezogenseins auf das anfängliche Geben. Falsche und selbstsichere Heilsgewissheit zieht den Verlust der Gnade als Gnade nach sich. Doch mahnt Paulus eben zur *Furcht*, nicht aber zu Angst und Sorge. Furcht ist der angemessene Gegenpol zur Hoffnung. Sie richtet sich auf Konkretes, etwa auf den Selbstruhm, die Selbstverherrlichung und die Selbstgerechtigkeit als bleibende Gefahren für den Gläubigen, die aus der Größe der Heilsgaben entstehen können. Zwar darf sich der Christ seines Glaubens, recht verstanden, durchaus rühmen,[409] doch muss dieser Glaube als ein Denken immer auch ein Danken sein (Röm 14,6ff.).

b) Glaube als Inständigkeit in der Gegenwart Christi

Die πίστις ist ganzheitlich-denkende Bezogenheit auf die Gegenwart Christi. Durch die πίστις wird die geschichtliche Realität des Christusgeschehens in seiner Wahrheit, Verbindlichkeit und Wirksamkeit anerkannt. Die Geschichte Christi wird zur Realität des Lebens des Christen. Der Gläubige gibt seine *assensio* gegenüber der Botschaft

---

[409] Siehe dazu auch Söding: Die Trias 114ff.

vom Kreuz.[410] Das glaubend angenommene Wort vom Kreuz ist in den Glaubenden wirklich und wirksam (1 Thess 2,13), wodurch der Christ auf das Innigste mit der Geschichte Christi verbunden wird. Er gewinnt Anteil am Herrn.[411] Das Ja zu Christus, welches die πίστις impliziert, bewirkt eine μετάνοια, eine denkerische Bekehrung des Menschen, der eine Bekehrung des Willens zugrunde liegt.[412] Der Glaube selbst ist die geistige Verbindung mit dem Herrn und dem Leben, das der Herr gibt. Deshalb kann Paulus sagen: „[...] nicht mehr ich lebe, sondern Christus lebt in mir; insofern ich aber jetzt im Fleisch lebe, lebe ich im Glauben an den Sohn Gottes, der mich geliebt und sich für mich hingegeben hat" (Gal 2,20). Im Glauben wird Christus zum Selbst des Christen in dem Sinne, dass er zum bestimmenden Lebensprinzip und zur Quelle des Lebens wird. Die geschichtliche Gegenwart des Gläubigen wird voll und ganz von Christus bestimmt. Er weiß Christus in sich als den Grund allen Denkens, Handelns und Wollens. Und er weiß sich in Christus, gerade insofern er noch „im Fleisch" ist. Daher erscheinen auch die „Leiden der Gegenwart" (Röm 8, 18) in einem neuen Licht, denn im Glauben sind sie Teilhabe am Leiden Christi (2 Kor 4,10). Die Geschichte Jesu, die sich auf Tod und Auferstehung zusammenzieht, schneidet in die Geschichte des Menschen, wenn dieser zum Glauben kommt. Mit Christus ist er der Sünde gestorben und mit ihm bereits zu neuem Wandel erweckt. Das neue Leben ist Leben in Christus, denn mit ihm lebt der Gläubige, mit ihm leidet er jetzt und mit ihm wird er dereinst am Ende der Zeiten zum ewigen Leben erweckt. Glauben bedeutet damit ein ganzheitliches Sich-Eindenken in Christus. Der Gläubige ist Christi ,eingedenk'. Er erkennt sich in Christus und Christus in sich. Diese Erkenntnis wird möglich, weil der Christ darauf vertraut, selbst von Gott erkannt zu sein (Gal 4,9; 1 Kor 13,12; Röm 8,29).[413]

Diese glaubend-denkende Inständigkeit in der Gegenwart Christi muss sich im Leben des Christen bewähren. „Das Leben in seiner geschichtlichen Bewegtheit" wird vom Glauben getragen.[414] So kann der Mensch im Glauben schwach (Röm 14,1) oder stark sein (1 Thess 3,10). Er kann Fortschritte im Glauben machen (Phil 1,25; 2 Kor 10,15), aber auch Rückschritte. Er kann das Gesetz übertreten (Gal 6,1). In der Geschichte des Christen muss der Glaube selbst als Maßstab des Handelns angesehen werden, da im Glauben Christus als die Maßgabe schlechthin gegenwärtig gedacht ist: „Alles, was nicht aus Glauben ist, ist Sünde" (Röm 14,23), weil Abwendung (*aversio*) von Christus, mit welchem die πίστις gerade verbindet. Der Gläubige als Christus zugewandter Mensch ist bestrebt, die Maßgabe Christi in seinem Leben mehr und mehr wirklich werden zu lassen. Diese Maßgabe verwirk-

---

[410] Söding: Die Trias 111–116; vgl. Becker: Paulus 439.

[411] Söding: Die Trias 148ff.

[412] Bultmann: Theologie 316: „Daß die gläubige Annahme der Botschaft für Pls als ein Akt des Gehorsams erscheint, beruht darauf, daß die Botschaft, die die Anerkennung des Gekreuzigten als des κύριος fordert, vom Menschen die Preisgabe seines bisherigen Selbstverständnisses, die Umkehrung seiner bisherigen Willensrichtung verlangt."

[413] Vgl. Bultmann: Theologie 319.

[414] Bultmann: Theologie 325; vgl. auch Haacker: Art. Glaube II/3, in: TRE 13,298.

licht sich im konkreten Menschen stets individuell, gemäß dem zugeteilten μέτρον πίστεως (Röm 12,3).

Der Glaube ermöglicht die „Erneuerung der Vernunft". Die erneuerte Vernunft vermag als praktische Urteilskraft den Gotteswillen in der konkreten Situation zu erkennen. Das Leben aus dem Vernehmen des Gotteswillens ist das „lebendige, heilige, Gott wohlgefällige Opfer, der vernünftige Gottesdienst" der Gläubigen (Röm 12,2). Mit der Ganzhingabe des eigenen Lebens antwortet der Christ auf das eine Opfer Christi. Bei der individuellen Ausgestaltung der Hingabe soll „jeder von seinem eigenen Vernehmen (ἐν τῷ ἰδίῳ νοΐ) überzeugt sein" (Röm 14,5.22). Entscheidend ist die Verbindung mit dem gegenwärtigen Herrn (Röm 14,6ff.) und das „Danken" (εὐχαριστεῖν) für die Einsicht in die konkrete Weisung. Christus will sich in jedem Menschen individuell verwirklichen. Diese Verwirklichung durch den Glauben ist das Tun der Wahrheit, und zwar in Liebe,[415] „denn in Christus kommt es [...] auf den Glauben an, der sich durch die Liebe ins Werk setzt" (Gal 5,6). Das glaubende Denken ist seinerseits die erste Wirkung der göttlichen Liebe (Röm 5,1–5). Wiewohl der Glaube selbst gegeben wird, ist er die Bedingung dafür, dass der Mensch seine Bestimmung durch die Liebe Gottes in Christus annimmt. Die Gabe der Gerechtigkeit wird allein im Glauben angenommen (vgl. Röm 3,21–31), doch wirkt der Glaube selbst die Unterscheidung des Menschen von sich selbst. Mit ihm wird auch die Wirklichkeit des neuen Menschen gegeben und zwar als Gabe und Aufgabe zugleich.

c) Die (Vor-) Geschichte des Glaubens

Die Geschichtlichkeit des Glaubens hat ihr erstes Moment in der Vergangenheit. Der Glaube gründet in der Geschichte Jesu. Dieser Grund ist zwar als Ereignis vergangen, doch im Gedächtnis der Glaubenden ist er gegenwärtig (1 Kor 11,23–26). Vor allem im Tun der Wahrheit, welches die Eucharistie ist, ereignet sich die erinnerte Gegenwart Christi.[416] Leben, Tod, Auferstehung, aber auch die Stiftung des Neuen Bundes werden wirkmächtig gegenwärtig. Das Tun der Menschen muss angesichts der Gabe, der Selbsthingabe Gottes, als ein Danken begriffen werden. So lebt auch die Taufe aus der erinnerten Gegenwart der Geschichte des Herrn, seines Todes und seiner Auferstehung (Röm 6). In den Sakramenten der Taufe und der Eucharistie ist die Geschichte Christi in ihr Wesen eingegangen. Als „gewesene" entfaltet sie zeitlos ihre Wirkung, welche gleichwohl immer eine geschichtliche ist.

Die Geschichte der πίστις beginnt nicht erst mit Christus, sie hat vielmehr ihre Vorgeschichte im Glauben Abrahams. Abraham ist der Vater der Glaubenden, der Beschnittenen wie der Unbeschnittenen (Röm 4,11ff.). Durch den Rückgriff auf den Erzvater Abraham versucht Paulus, aus der „Schrift" (Gen 15,6) zu beweisen, dass die Gerechtigkeit an die Menschen ausschließlich über den Glauben kommt.

---

[415] Vgl. dazu Wilckens: Römer 3,2ff.

[416] Sowohl in 1 Kor 11,24 als auch in 11,25 beauftragt Jesus seine Jünger: „Tut dies zu meinem Gedächtnis".

Sowohl an Juden als auch an Heiden vermittelt der Glaube und nicht das Gesetz die Rechtfertigung und damit das Heil.[417]

> „Denn was sagt die Schrift? *Abraham aber hat Gott geglaubt, und das wurde ihm zur Gerechtigkeit angerechnet* [Gen 15,6 LXX]" (Röm 4,3).

Gegen alle frühjüdische Abrahamverehrung erscheint dieser selbst hier als „Gottloser" (ἀσεβής; 4,4), der sich nicht auf Werke des Gesetzes berufen kann.[418] Im Rückbezug auf Röm 3,24 wird der eigentümliche Gabecharakter der Gerechtigkeit deutlich (δικαιούμενοι δωρεὰν τῇ αὐτοῦ χάριτι). Durch die Gnade Gottes wird der Mensch gerecht, nicht durch das Werk des Gesetzes. Noch vor allem Werk wird Abraham der Glaube als Gerechtigkeit angerechnet (4,9f.). Das λογίζεσθαι bedeutet aber gerade nicht eine erneute Anerkennung einer Leistung, sondern das „Zurechnen" meint ein „Zusprechen" der Gerechtigkeit, welches freilich eine Veränderung des Menschen selbst impliziert.[419] Der Glaube ist schon die erste Gabe und der erste Akt der Gerechtigkeit. Worin aber besteht dieser Glaube? Er besteht im festen Vertrauen auf die „Verheißung" Gottes. Paulus deutet die Verheißung des Landes (Gen 15,7) und zahlreicher Nachkommenschaft (Gen 15,5), die an Abraham ergangen ist, universalistisch und christologisch um. Die Verheißung ist nicht an die Gerechtigkeit aus dem Gesetz, nicht an die Erfüllung des Gesetzes und damit nicht an das jüdische Volk gebunden.[420] Das Gesetz hat seinen Ort im Zusammenhang der „Transgression" (Röm 4,15). „Aus Glauben" und „gemäß der Gnade" kommt die Gerechtigkeit an Juden und Heiden, wodurch für alle Menschen die Verheißung gültig wird (Röm 4,16; vgl. Gal 3,8f.). Der „Segen" (εὐλογία) Gottes kommt durch die Verheißung auch an die Heiden (Gen 12,3; Gal 3,8). Segnen bedeutet „gutsagen", gutheißen, für gut nehmen und gut machen, gerade auch das, was zunächst nicht gut ist. Die Erfüllung der Verheißung gleicht der Auferweckung von den Toten und der *creatio ex nihilo* (Röm 4,17). Die Souveränität des Schöpfers gibt aus absoluter Freiheit seine Verheißung des Lebens in Fülle, er verwandelt das todverfallene, sündenverstrickte Leben der Menschen in Heil. Die einzig angemessene Haltung des Menschen gegenüber dem Wort des Schöpfergottes, der Christus von den Toten erweckt und den Sündern dadurch Teilhabe am Ewigen

---

[417] Theobald: Römerbrief 222; zu den verschiedenen Interpretationsansätzen von Neubrand, Wilckens, Klein, Goppelt, Watson, Moxnes und Becker siehe ebd. 221 (Literatur 219f.). Zur vorpaulinischen Interpretation von Gen 15,6 siehe auch Haacker: Römer 98f.

[418] Dazu Haacker: Römer 101 und Wilckens: Römer 263. Beide heben die „völlig neue, spezifisch christliche Deutung" des Abraham hervor. Wilckens: „Der Glaube wird dem hermeneutischen Horizont des Gesetzes entrissen und der iustificatio impii zugeordnet. Das heißt aber zugleich: Der Gottesbezug des Glaubens wird verändert. Er richtet sich auf Gott als auf den, er ihm im λογίζεσθαι nicht als Werk entspricht, sondern als Zuflucht, nicht als Lohner, sondern als Retter, der in der Rechtfertigung des Gottlosen schöpferisch das Nichtseiende ins Sein ruft (V. 17)." Nach Haacker „gebraucht Paulus in V. 5 eine zugespitzte Formulierung, die Theologiegeschichte gemacht hat: Der Glaube ist keine ‚Werktätigkeit', sondern bezieht sich auf (Gott als) ‚den, den den Gottlosen gerecht spricht'."

[419] Sanders: Paulus 64f.

[420] Dunn: Paul's Theology 378.

Leben verheißen hat, ist πίστις: Vertrauen, Treue, Glauben.[421] Was dies meint, wird
aus den Umständen, unter welchen Abraham Gott geglaubt hat, deutlich, denn seine
körperliche Verfassung und diejenige seiner Frau ließen es als unmöglich erscheinen,
Nachkommen zu erhalten (Röm 4,18f.).[422] Doch Abraham setzt „gegen alle Hoffnung" seine Hoffnung und sein Vertrauen allein auf den Schöpfer. Keine weltliche
Wahrscheinlichkeit und keine menschliche Erfahrung können sein Vertrauen trüben.
Der Glaubende steht erstlich und letztlich nicht in der Welt, nicht in der Geschichte,
sondern im schöpferischen Wort Gottes; auch Welt und Geschichte erhalten von
hier ihre Bestimmung.[423]

> „[…] er zweifelte aber nicht an der Verheißung Gottes durch Unglauben, sondern er wurde
> machtvoll [ἐνεδυναμώθη] im Glauben, indem er Gott die Herrlichkeit zuerkannte [δοὺς
> δόξαν] und fest überzeugt war, dass Gott so mächtig [δυνατός] ist, das, was er einmal
> verheißen hat, auch zu tun" (Röm 4,20).

Der vertrauende Glaube erscheint hier als diejenige Haltung, welche der Haltung
Adams korrespondiert. Adam verweigerte Gott die Anerkennung der „Herrlich-
keit" und „Macht" des Herrn und schätzte die Schöpfung höher als den Schöpfer
(Röm 1,18ff.). Diese Abkehr von Gott ist der eigentliche Sündenfall des Menschen.
Dagegen steht nun die Zukehr des Glaubens:[424] Die Anerkennung des absoluten
Unterschieds von Schöpfer und Geschöpf, die Zuerkennung der Herrlichkeit und
damit die eigentliche Erkenntnis Gottes.

Im Römerbrief vermeidet es Paulus, Abraham einen christlichen Glauben zu
unterstellen, doch stellt er schon mit dem Verweis auf die Totenerweckung eine
Verbindung zwischen dem Glauben Abrahams und dem christlichen her.[425] Die
Zurechnung des Glaubens als Gerechtigkeit geschieht nicht nur um Abrahams wil-
len, sondern auch im Blick auf die Christen, denn auch ihnen soll ihr Glauben als
Gerechtigkeit zugerechnet werden, ihr Glauben „an den, der unseren Herrn Jesus

---

[421] Vgl. Dunn: Paul's Theology 378.

[422] Es geht hier nicht um einen Mirakelglauben, sondern um die Anerkennung der prinzipiellen Macht-
und Bestimmungsverhältnisse. In den Zeichen und Wundern, zuhöchst in der Auferstehung offenbart
sich das Herr-Sein Gottes über seine Schöpfung und deren bedingte Eigendynamik. Vgl. dazu Gnilka:
Paulus 246f.

[423] Dieser Sachverhalt ist ‚logotektonisch' von größter Bedeutung, da dies der Grund ist, warum der Sprache der Weisheit in der Sprach-Dimension der Postmoderne eine prinzipielle Bedeutung zukommen
kann. Eine primäre Bestimmungskraft etwa weltlich wahrscheinlicher Verhältnisse, wie sie noch Bultmann beunruhigte und ihn schließlich zur „Entmythologisierung" biblischer Schriften führte, muss im
gegenwärtigen Kontext nicht mehr angenommen werden. Doch fordert dies umgekehrt auch keinen
Schriftpositivismus, sondern lediglich die prinzipielle Anerkennung der Weisheit Gottes als Grund von
allem.

[424] Haacker: Römer 109: „Dieses Wagnis wird in V. 20 als ein Gott-die-Ehre-Geben gedeutet, und hierin
liegt das Recht der These Luthers, daß der Glaube die Erfüllung des Ersten Gebots sei. Glaube ist damit
zugleich *Bekehrung*, nämlich Abkehr von der Vernachlässigung Gottes, die Paulus in Röm. 1,18ff.
als den eigentlichen Sündenfall der Menschheit beklagt hatte" [Hervorh. v. mir]. Ähnlich Wilckens:
Römer 1,276; Dunn: Paul's Theology 379 u.a.

[425] Haacker: Römer 108.

auferweckt hat von den Toten, welcher hingegeben wurde wegen unserer Übertretungen und auferweckt wurde wegen unserer Gerechtmachung" (Röm 4,24f.). In Gal 3,16 deutet Paulus die „Nachkommschaft" (τὸ σπέρμα) Abrahams als Singular. Christus ist der eine Nachkomme, in dem die Verheißung sich erfüllt.[426] Als Ziel der Verheißung offenbart sich Christus auch als der wahre Grund schon von Abrahams Glauben. Denn erst in Christus wird die verheißene Zuwendung Gottes wirklich. So wird er zum Antityp Adams. Im Glauben an seine Auferstehung kommen das Leben, die Erlösung, das neue Gottesverhältnis der „Kinder Gottes" (Gal 3,26) zur geschichtlichen Wirklichkeit.

3. Das Hören des Glaubens als Anfang des Denkens

Mit dem sprachlich-logischen Moment des Glaubens und dessen eigentümlichem Vernehmen erreicht die intendierte Archäologie der Bestimmung des Menschen ihr letztes bzw. erstes Moment. Hier werden die Bedingungen der Möglichkeit des Hörens auf die christliche Botschaft in ihrem Gefüge offengelegt. Hören gilt dabei als der Anfang des Denkens (a). Wie schon ein erster Blick auf die Bekehrung des Apostels Paulus deutlich macht (b), ist dieses Hören schon für ihn selbst kein alltäglicher, selbstverständlicher, selbstgewählter Akt des Menschen. Der Apostel betont: „Durch die Gnade Gottes bin ich, was ich bin" (1 Kor 15,10). Dem Denken des Menschen geht das Angesprochen-Werden durch das Wort Gottes voraus. Das Denken Gottes ist der Grund des Denkens schlechthin, und dies mit einer inneren Unterscheidung (c): Aus der verborgenen Weisheit Gottes wird die „Frohe Botschaft" geoffenbart. Diese stellt für den Menschen einen Anspruch dar, der ihn zunächst unmittelbar betrifft und einen Prozess des Umdenkens in Gang setzt, dann aber eine Reflexion auf die gegebene Wahrheit erfordert. Vor allem bezogen auf das Tun der Wahrheit kommt es zu einer „Erneuerung der Vernunft" (Röm 12,2) und damit zu einem rational verantworteten Glauben.

Ein heutiges Hören auf das Evangelium befindet sich aber zunächst in einer ausweglosen Situation. Welche gegenwärtige Vernunft könnte sich angesichts der christlichen Verkündigung zu einer Erneuerung entschließen? Die Philosophie der ordinary language? Die Dekonstruktion Derridas? Oder gar eine Hermeneutik à la Habermas? Wie könnte eine Erneuerung des Denkens, ein Umdenken, eine Bekehrung gegenwärtig aussehen? Wäre sie ein fundamentalistischer Gewaltakt? Eine willkürliche Wahl gemäß persönlichen Vorlieben? Eine Lebensabschnittsentscheidung auf Widerruf? Oder gar eine gelehrte Montage von zeitgenössischem Denken und theologischen Restposten? Ein Seitenblick auf die Archäologie Michel Foucaults als die Explikation seines Denkterminus bringt die Verfahrenheit noch einmal in aller Klarheit ans Licht.

---

[426] Dazu Sanders: Paulus 74ff.; ausführlicher Mußner: Galaterbrief 211–243.

Das archäologische Denken Foucaults zielt darauf, die Unmöglichkeit eines Anfangs des Denkens offenzulegen.[427] Dies geschieht nicht im Sinne der Negation eines bestimmten prinzipiellen Wissens, sondern durch die unendliche Limitation von allen möglichen Geltungsansprüchen. Darin liegt, dass das christliche Kerygma keinen herausragenden Widerspruch mehr erfährt. Es ist schlichtweg gleich-gültig geworden. In einem Prozess unendlicher Differenzierung wird die Vernunft selbst pluralisiert,[428] genauer, „zerstreut". Sie hat kein Zentrum, weder ein transzendental-theologisches noch ein immanent anthropologisches. Die entlogisierte Sprache selbst wird zum anonymen Sprecher der Diskurse. Doch resultiert diese Auskunft über den Stand des Denkens bei Foucault selbst aus seiner Fassung des Menschen. Der Mensch seinerseits ist nicht mehr *animal rationale*, sondern ein Sprachwesen, wobei die Sprache sich aus Differenzen konstituiert. Damit wird der Mensch selbst in einem offenen Prozess aus je anderen diskursiven Praktiken, je anderen Wissens-Macht-Konstellationen konstituiert bzw. aufgelöst. Der Mensch ist das Produkt einer kontingenten Geschichtlichkeit. Doch bildet auch die anarchische Historizität nicht das erste Moment im Foucaultschen Gefüge. Das Denken und die Sache Foucaults sind von der Bestimmung vorgezeichnet, von der Bestimmung zur Bestimmungslosigkeit. Aus einem Raum, der weder transzendent noch immanent ist, ergeht an den Menschen ein Anspruch seines „Begehrens". Die Erfahrung, dass Ausgrenzungen zur Auslöschung des negierten Anderen führen, bringt das Denken dazu, das Überschreiten der Grenzen selbst als Bestimmung anzunehmen. „Das Denken des Außen" hört und gehorcht dem Zuspruch des anonymen Draußen, der Verheißung des Anders-Seins. Sich selbst identitätslos zu verwirklichen, sich immer wieder ein Anderer zu werden, keiner Maßgabe ganz unterworfen, d. h. kein „Subjekt" zu sein, darin besteht die „Frohe Botschaft" Michel Foucaults und letztlich der Postmoderne im Ganzen. Angesichts dessen kann über das Paulinische Evangelium in der Gegenwart wenig Freude aufkommen. Will man, noch einmal, *will* man dagegen die christliche Offenbarung zu Gehör bringen, darf sich das Denken keinesfalls auf Widerlegungen vermeintlicher dekonstruktiver Wahrheiten oder historisch-archäologischer Einsichten einlassen. Denn eine unmittelbare Widerlegung versumpft in der Bodenlosigkeit postmoderner Argumentierlust. Doch auch Versuche, einen „kritischen Dialog" mit der Postmoderne zu führen, um so zu einem Aggiornamento des Christentums zu finden, sind zum Scheitern verurteilt. Derartige Theologien erreichen weder die Klarheit und Strenge eines Derrida oder Foucault noch können sie den christlichen Glauben vom Grund her denken.

---

[427] Vgl. AS 183 (AW 200): „Es handelt sich hierbei nicht um die Rückkehr zum Geheimnis des Ursprungs; es handelt sich um die systematische Beschreibung eines Diskurs-Objekts." Und AS 173 (AW 190): „Dieser Ausdruck [sc. Archäologie] ermuntert nicht zur Suche nach irgendeinem Anfang."

[428] AS 172f. (AW 190): „Die so verstandene Diagnostik begründet nicht die Feststellung unserer Identität durch das Spiel der Unterscheidungen. Sie begründet, dass wir Differenz sind: *unsere Vernunft* [raison] *ist die Differenz der Diskurse*, unsere Geschichte die Differenz der Zeiten, unser Ich die Differenz der Masken. Die Differenz, weit davon entfernt, vergessener oder wiederentdeckter Ursprung zu sein, ist diese Zerstreuung, die wir sind und die wir tätigen" [Hervorhebung v. mir].

Ein Zugang zum Denken der Offenbarung und zum Hören auf die christliche Bestimmung des Menschen ist hier nur über die Suspension der vorausgehenden Bestimmung zur Bestimmungslosigkeit, d. h. des Willens zur Andersheit zu erreichen. Doch ist gerade dies möglich: Die Theologie *kann* den Ort der Postmoderne bestimmen und damit den Geltungsanspruch der unendlichen Limitation selbst limitieren. Die scheinbar unendliche Pluralität von Vernunfttypen selbst *kann* begrenzt und geordnet werden. Die anarchische Archäologie Foucaults selbst *kann* auf einen ersten Grund zurückgeführt werden. Dabei hat die Postmoderne selbst durch ihre Favorisierung der „Sprache" bzw. der „Schrift" – hinter ihrem Rücken – für die Anerkennung einer ersten sprachlichen Gabe als solcher Vorarbeit geleistet.

a) Hören, Gehorchen, Bekennen

Glauben beginnt mit dem Hören eines Gesagten. Das Wahrnehmen, das Für-wahr-Nehmen eines Gedachten, und zwar mit Vernunft, steht am Anfang des Glaubens. Dieses Gedachte ist das „Wort des Glaubens" (Röm 10,8), die ἀκοὴ πίστεως (Gal 3,2.5): „So kommt der Glaube aus der Botschaft [ἐξ ἀκοῆς], die Botschaft aber durch das Wort Christi" (Röm 10,17). Ihren letzten Grund hat die christliche Botschaft im Wort des Herrn selbst. [429] Durch dieses werden die Verkündiger beauftragt, das empfangene Evangelium weiterzugeben. Das Hören des Glaubens ist verwoben in ein Sprachgeschehen zwischen Gott und Mensch: Sendung – Verkündigung – Hören – Glauben – Anrufen (Röm 10,14 f.). Die Verkündiger gewährleisten als von sich selbst unterschiedene Menschen die Glaubwürdigkeit der Botschaft. Sie selbst müssen auf Christus hin transparent sein, in ihrem Tun muss die Wahrheit der Frohen Botschaft wirklich werden. Auch wenn Paulus selbst die Anfänglichkeit und Christusunmittelbarkeit seines „Evangeliums" betont (Gal 1,1 ff.), reiht er sich doch in die Tradition von Geben und Empfangen der Botschaft ein (1 Kor 11,23; 15,3). [430] Das Sprachgeschehen hat kritischen Charakter, denn „nicht alle sind dem Evangelium gehorsam geworden" (16). Die Limitation zwischen Glauben und Unglauben dient, wie bereits gesagt, nicht der Feststellung der Verwerfung von irgend jemandem, sondern sie ist in die gesamte Heilsgeschichte eingebunden, die zumindest grundsätzlich auf die Erlösung aller zielt (vgl. Röm 11,30 ff.).

Der Glaube impliziert das Vernehmen eines Wissens. [431] Wiewohl Paulus so formulieren kann, als ob das Wissen den Glauben begründe (vgl. Röm 6,8), muss doch das eigentliche Fundierungsverhältnis mit dem Glauben einsetzen. Erst nach dem vertrauenden Hören kann sich das Wissen des Glaubens angemessen entfalten. Als Akte des Denkens haben πίστις und γνῶσις eine tiefe innere Entsprechung. Paulus kann das Vernehmen christlicher Kernwahrheiten gleichermaßen als „Erken-

---

[429] Haacker (Römer 215) übersetzt V. 17b: „[…] durch das (befehlende, sendende, schöpferische) Wort Christi (kommt es zur) Verkündigung (der Apostel)."

[430] Dazu Gnilka: Paulus 190 ff.

[431] Bultmann: Theologie 318 f.

nen" (γιγνώσκειν) und „Einsehen" (εἰδέναι) bezeichen. Die πίστις besteht gerade in der Annahme und Einsicht in die „Erkenntnis der Herrlichkeit Gottes im Antlitz Christi" (2 Kor 4,6).[432] Neben dem Kern der Botschaft enthält der Glaube ein gegebenes „dogmatisches" Wissen, welches die grundlegende Einsicht auf das Leben der Menschen hin konkretisiert.[433] Aber auch durch Schlussfolgerungen kann es zu einer Entfaltung der Kernwahrheiten kommen, welche das Wohnen des Menschen in dieser Welt unmittelbar betreffen.[434]

Das menschliche Erkennen des Glaubens und das göttliche Erkennen stehen in einem unmittelbaren Bedingungsverhältnis.[435] Wegen der Erhabenheit der gewussten Sache „Gott", mit anderen Worten, wegen des absoluten Unterschieds von Schöpfer und Geschöpf bleibt das menschliche Erkennen ein *hypothetisches*, ein Gott *unterstelltes*.[436] Das Erkennen steht selbst unter der Bedingung, von Gott erkannt worden zu sein. ‚Wenn du von Gott erkannt bist, dann wirst du erkennen‘. ‚Wenn du berufen bist, dann kannst du hören‘ (vgl. Röm 8,29f.). Der Vordersatz des hypothetischen Schlusses steht in seiner Wahrheit jenseits menschenmöglichen Wissens.[437] Dennoch kann und muss seine hypothetische Notwendigkeit als solche gewusst werden, denn das Ergehen des Rufes und die Gabe der Einsicht sind dem Menschen schlechthin unverfügbar, sie gründen im Vorherwissen und in der Vorherbestimmung Gottes – dies ist zu wissen.

Die hypothetische Struktur des christlichen Einsehens bewirkt auch, dass das glaubende Denken der Zustimmung des Willens bedarf. Der Glaube steht unter der Bedingung des Gehorsams.[438] ‚Wenn du nicht zustimmst, kommst du nicht zum Glauben‘. Schon Augustin hat darauf hingewiesen, dass der Zustimmung ein Moment der Einsicht vorausgeht und nachfolgt. Wie bereits gezeigt wurde, muss diese Zustimmung selbst sowohl als eine freie Tat des Menschen als auch als eine ihrerseits unverfügbare Gabe Gottes betrachtet werden. Doch nicht nur für das Zustandekommen des Glaubens ist der Gehorsam in Liebe erforderlich, sondern auch für dessen Fruchtbarkeit im Blick auf das Heil. ‚Wenn der Glaube nicht unter der Maßgabe der Liebe steht, nützt er dir nichts‘ (vgl. 1 Kor 13,2).[439]

---

[432] Vgl. 2 Kor 2,14 und Phil 3,8ff.

[433] 1 Thess 5,2; Röm 6,3; 2 Kor 5,1; 8,9; vgl. Bultmann: Theologie 319.

[434] Röm 8,28; 13,11; 14,14; 1 Kor 3,16; 6,2f.9; 15,28.

[435] Vgl. dazu Bultmann: Theologie 319: „Vollends wird der Charakter der γνῶσις daraus deutlich, daß das menschliche γιγνώσκειν in einem γνωσθῆναι ὑπὸ θεοῦ fundiert ist (Gal 4,9; 1 Kor 13,12).

[436] Es ist hier an den hypothetischen Charakter der Metaphysik der Mittleren Epoche im Ganzen zu erinnern, wie dies Boeder bereits in der „Topologie der Metaphysik" gezeigt hat. Der Grund für die hypothetische Logik liegt in der Offenbarung selbst, die ja das philosophische Denken hervorgerufen hat. Für Augustin hat auch Pérez-Paoli den hypothetischen Grundzug herausgearbeitet. Ders.: Hypostasis, passim.

[437] Dem Ruf und der Gabe geht die Prädestination durch Gottes Wissen und Wille voraus.

[438] Dazu v.a. hier D.II.2.a) Gehorsam. Vgl. Bultmann: Theologie 315f.; Becker: Paulus 439: „Der Gehorsame ist in diesem Fall nicht Befehlsempfänger, sondern Antwortender *aus Einsicht* in bezug auf die heilsame Gabe Gottes in Christus" [Hervorh. v. mir].

[439] Dazu hier D.II.1.a) Der freie Wille und die Liebe des Menschen.

Nach der Gabe der Einsicht und der Gabe der Zustimmung steht der Glaube zuletzt in seiner Wirksamkeit unter der Bedingung des Bekennens.

> „Denn wenn du in deinem Mund bekennst [ὁμολογήσῃς], dass Jesus der Herr ist und wenn du in deinem Herzen glaubst, dass Gott ihn von den Toten auferweckt hat, wirst du gerettet werden; denn mit dem Herzen wird geglaubt zur Gerechtigkeit, mit dem Mund aber bekannt zur Rettung [σωτηρίαν]" (Röm 10,9f.).

Im Akt des Bekennens wird aus dem anfänglichen Hören schließlich ein Sprechen. Das Bekenntnis ist die öffentliche Kundgabe der Einsicht in den Glauben und der Zustimmung zum Geglaubten. Das gegebene Wissen und der gegebene Wille kehren sich nach außen und drängen auf Weitergabe. Der Glaube will in der Verkündigung weitergegeben werden. Doch zunächst stellt das Bekennen die kognitiv-voluntative Seite der sakramentalen Unterscheidung des Menschen von sich selbst dar, welche sich in der Taufe vollzieht. [440]

Der Glaube als das hypothetische Annehmen einer Botschaft darf nicht mit bloßem Vermuten oder Meinen verwechselt werden. Ihm liegt auch kein beiläufiger Mangel an Erkenntnis zu Grunde und er weiß sich nicht durch „Zufall" (τύχη) hervorgerufen, wie eine skeptische Auskunft lauten würde, sondern durch „Gnade" (χάρις) und „Vorsatz" (πρόθεσις). [441] Angesichts der verborgenen Erhabenheit seiner Sache, nämlich der Herrlichkeit Gottes, neigt sich das Denken zur Unterordnung bzw. Unterstellung (vgl. Röm 10,3). Glauben heißt generell, Gott die Herrlichkeit zuzugestehen, auf seine Macht zu vertrauen (Röm 4,20); und speziell, die Offenbarung in Jesus Christus für wahr zu nehmen. In Jesus Christus hat Gott sich selbst den Menschen zu denken und zu glauben gegeben, damit hat die Unterstellung des Glaubens eine unüberbietbare Vollkommenheit zu ihrem Gegenstand: Der vollkommene Gott hat allen Menschen – nicht nur den Juden – das Höchste in vollkommener Weise geschenkt, nämlich sich selbst. In theologischer Sprache ausgedrückt besagt dies die universale und unüberbietbare Selbstmitteilung Gottes. Der Glaube ist damit die sich unterstellende Annahme Gottes als der vollkommenen Gabe schlechthin. [442]

Die „Treue" und das „Vertrauen Gottes" (πίστις θεοῦ; Röm 3,3) gegenüber den Menschen sprechen sich in Jesus Christus aus. Die „Treue Jesu Christi" (πίστις Ἰησοῦ Χριστοῦ; Röm 3,22) gegenüber dem Willen des Vaters – durch Kreuz und Tod hindurch – wird den Menschen zum Grund ihres eigenen „Trauens" (πίστις). So eignet dem Glauben eine Zuversicht und Gewissheit bezüglich des Heilswillens Gottes, welche die Erfahrung gegenwärtigen Leidens ebenso übersteigt (vgl. Röm 8,31–39) wie die grundlosen Argumentationen des blanken Verstandes (vgl. 2 Kor 10,5). Der Glaube lebt aus der Zuversicht, dass „jeder, der vertraut (πᾶς ὁ πιστεύων), nicht scheitern wird" (Jes 28,16 LXX; Röm 10,11) und dass „jeder, der

---

[440] Dazu D.I.1.c) Die sprachliche Konstitution der Gemeinde in Zeichen und Sakrament.

[441] Vgl. Boeder: The Present of Christian *sapientia* 282.

[442] Vgl. Röm 8,32: „Der seinen eigenen Sohn nicht verschont, sondern ihn für uns alle hingegeben hat [παρέδωκεν], wie sollte er uns mit ihm nicht alles schenken?" und 2 Kor 5,19: „[...] Gott war in Christus [...]. "

den Namen des Herrn anruft, gerettet werden wird" (Joel 3,5 LXX; Röm 10,13).
Darin erfüllt sich die hypothetische Gewissheit des Denkens.

b) Bekehrung und Berufung Pauli

Am Anfang des Glaubens stehen die Bekehrung und die Berufung des Menschen. Die
πίστις selbst meint Bekehrung.[443] Im Glauben wendet sich der ganze Mensch in all
seinem Sinnen und Trachten Gott zu.[444] Umgekehrt bezeichnet Bekehrung im Paulinischen Kontext stets primär einen Erkenntnisakt (vgl. Phil 3,8), der darin begründet
ist, dass „es Gott gefallen hat, [Paulus] seinen Sohn zu offenbaren" (Gal 1,16).[445]
Bekehrung ist erstlich ein Umdenken, das durch die Begnadung des Denkens selbst
ermöglicht wird (1 Kor 15,9; Gal 1,15). Um das Besondere der bekehrenden Einsicht
bei Paulus in den Blick zu bekommen, empfiehlt es sich, kurz auf die Bekehrung
und Berufung des Apostels Paulus selbst einzugehen.

Häufig wird zwischen Bekehrung und Berufung in dem Sinne unterschieden,
dass „Bekehrung" (*conversio*; ἐπιστροφή) die grundsätzliche Hinwendung zu Gott
bzw. zu Jesus Christus als dem Herrn bezeichnet, während „Berufung" (*vocatio*;
κλῆσις) die speziellere Beauftragung Pauli zur Heidenmission meint.[446] Wiewohl
dieser Unterscheidung etwas Künstliches anhaftet,[447] ist sie hilfreich, um auf die
Besonderheit bei Paulus hinzuweisen, die darin liegt, dass seine spezielle Berufung
im Auftrag zur allgemeinen Bekehrung der Heiden und Juden besteht. Als zunächst
„Gottlose" sollen sie zur Anerkennung Christi als des Herrn geführt werden. Doch
bezüglich des Sprachgebrauchs ist festzustellen, dass die „Bekehrung" zu Christus grundsätzlich eine sprachliche „Berufung" impliziert und umgekehrt. Auch die
besondere Beauftragung Pauli zur Heidenmission lässt sich nur schwer von der
Bekehrung zum neuen Glauben trennen. Im Folgenden wird von der besonderen
Berufung und Bekehrung Pauli ausgegangen, um von hier aus zu einem allgemeinen
Verständnis für unsere geschichtliche Gegenwart vorzudringen.

---

[443] Söding: Die Trias 78.

[444] Für die klassische Moderne in ihrer existentialistischen Denkart hat Bultmann (Theologie 319) treffend
formuliert: „Die πίστις hat also insofern wiederum nicht ‚dogmatischen' Charakter, als das Wort der
Verkündigung ja kein Referat über historische Vorgänge, keine Lehre über objektive Sachverhalte ist,
die ohne existentielle Wandlung für wahr gehalten werden könnten. Das Wort ist ja Kerygma, Anrede,
Forderung und Verheißung, ist göttlicher Gnadenakt selbst [...]. Seine Annahme, der Glaube, ist also
Gehorsam, Anerkennung, Bekenntnis."

[445] Haacker: Römer 5, auch Lohse: Paulus 59.

[446] K. Stendahl: Der Jude Paulus und wir Heiden. Anfragen an das abendländische Christentum (Kaiser
Traktate 36), München 1978 (gekürzte Übersetzung von ders.: Paul among Jews and Gentiles and
other Essays. Philadelphia 1976), 99–118.

[447] J. D. G. Dunn: Paul's Conversion – A Light to Twentieth Century Disputes, in: Evangelium Schriftauslegung Kirche. Festschrift für Peter Stuhlmacher zum 65. Geburtstag, hg. v. J. Ådna u. a., Göttingen
1997, 77–93, 91.

Schon in den Präskripten seiner Briefe weist sich Paulus dadurch aus, dass er sich als „berufener Apostel, abgegrenzt zum Evangelium" (Röm 1,1) bezeichnet.[448] Die Berufung erscheint als die vermittelnde instrumentale Ursache, die Verkündigung des Evangeliums an die Völker als die finale Ursache seiner Missionstätigkeit. Die letzte Wirkursache sind der Wille Gottes (vgl. 1 Kor 1,1 u. 2 Kor 1,1) bzw. die Gnade (vgl. 1 Kor 15,10). Diese vermitteln sich formal durch die Auferstehung des Herrn. In der Auferstehung nimmt der Inhalt der Verkündigung Gestalt an (vgl. Röm 1,2ff. und Gal 1,1).[449] Bemerkenswert ist der Beginn des Galaterbriefes, wo Paulus jeden anthropologischen Ursprung seiner Sendung radikal abstreitet und deren rein theologische Herkunft betont: „Paulus, Apostel, nicht von einem Menschen oder durch einen Menschen, sondern durch Jesus Christus und Gott, den Vater, der ihn auferweckt hat von den Toten" (Gal 1,1). Paulus bezieht sich im Weiteren, um seine Autorität zu untermauern und die Herkunft seiner Verkündigung von Gott zu belegen, explizit auf seine eigene Bekehrung und Berufung. Zunächst hebt er seine Vollkommenheit im „Judentum"[450] (Gal 1,13) hervor. Er war ein „Eiferer" (ζηλωτής) für die „Traditionen der Väter" (Gal 1,14). Paulus beschreibt sich hier als pharisäischen Juden, dessen Eifer sich darauf richtete, jede Vermischung des Volkes mit den hellenistischen Völkern zu vermeiden. Gerade als eine solche Vermischung musste ihm die zunächst innerjüdische Sekte der „Kirche Gottes" (Gal 1,13) erscheinen, denn bei den hellenistischen Christen begannen die jüdischen „boundary markers", nämlich die Beschneidung und die Speisevorschriften, ihre Bedeutung zu verlieren.[451] Deshalb verfolgte Paulus die neue jüdische Sekte und versuchte sie zu vernichten. Gegen die Abgrenzung der Pharisäer bringt Paulus nun die neue Grenzziehung ins Spiel. Paulus weiß sich selbst „vom Mutterschoß an

---

[448] Ähnlich in allen übrigen echten Paulinen mit Ausnahme von Phil, 1 Thess und Phlm, dazu Becker: Paulus 74f.

[449] Becker (Paulus 75) nennt als ersten von vier Kontexten, in denen die Berufung thematisch wird, die Präskripte: „Man kann also festhalten, dass man in diesem Kontext ein typisches Sprachfeld erkennen kann, das folgende Glieder besitzt: Berufung (Absonderung) – Apostolat (Gnade) – Evangelium für die Völker – Auferstehung Jesu Christi (als Kennzeichnung des handelnden Gottes, bzw. als Inhaltsangabe des Evangeliums)". Ohne Schwierigkeit kann man hier Instrumentalursache – Wirkursache – Finalursache – Formalursache eintragen. Materialursache der Bekehrung wäre Paulus selbst als Mensch.

[450] Dazu J. D. G. Dunn: Judaism in the Land of Israel in the First Century, in: Judaism in Late Antiquity. II Historical Syntheses, hg. v. J. Neusner, Leiden 1995, 229–261. Der Begriff ἰουδαϊσμός darf nicht mit unserem heutigen Begriff Judentum verwechselt werden. Vielmehr ist eine bestimmte Art von ‚Judentum' gemeint, eben jene der sich in besonderer Weise abgrenzenden Pharisäer.

[451] Dunn: Paul's conversion 89f.: „[...] Paul the persecutor undoubtedly saw himself as a ‚zealot' in the tradition of Phinehas and the Maccabees. From this we gain a surprisingly clear picture of Paul's motivation as a persecutor, but one too little noted in contemporary discussion of Paul's conversion. His motivation was that of earlier heroes of zeal. It was directed against the Hellenist Christians because they were seen to threaten Israel's distinctiveness and boundaries."
Zum pharisäischen Hintergrund Pauli auch Becker: Paulus 34–59, zur damaszenischen Synagoge und Gemeinde ebd. 66–73.

ausgesondert" (Gal 1,15). [452] Durch die Gnade wurde er berufen, indem es Gott gefiel, ihm „seinen Sohn zu offenbaren" (16). Ziel der Berufung ist die Verkündigung des Evangeliums unter den Heiden (ebd.). Bekehrung besagt nun: Abwendung von der Sekte der national thorafrommen Pharisäer und Zuwendung zur Erfüllung der universalen Verheißungen, wie sie an Abraham ergangen, aber auch in der prophetischen Überlieferung verankert sind. [453] Die bekehrende Einsicht ist aber nicht auf die sozial-ethnische Entgrenzung des göttlichen Heilswillens zu beschränken, vielmehr gründet diese Entgrenzung in der „Erkenntnis Jesu Christi" selbst. Die Ausweitung des Heilswillens kann nur die notwendige Außenseite der Anerkennung Christi als des auferstandenen Kyrios sein, [454] dies, zumal die Botschaft des Paulus doch vor allem den Heiden und nicht so sehr den Juden gilt. Die Heiden sollen sich bekehren und Christus zuwenden.

Im Philipperbrief bindet Paulus seine persönliche Bekehrung an die Erkenntnis Christi. Zunächst erinnert er an seinen untadeligen pharisäischen Lebenswandel, um dann aber Jesus Christus als die neue Maßgabe seines Lebens einzuführen, durch welche die bisherige Bestimmung des Menschen durch das Gesetz nunmehr als „Schaden", ja als „Dreck" angesehen werden muss (Phil 3,7f.). Die Bekehrung Pauli besteht also in der „Erkenntnis" (γνῶσις), dass der maßgebliche Wille Gottes nicht im jüdischen Gesetz, sondern in Jesus Christus zu finden ist: Abwendung von der besonderen Bundesgerechtigkeit des Volkes, Zuwendung zur universalen Gerechtigkeit „durch Glauben an Christus" (Phil 3,9); Anerkennung Jesu Christi als Bestimmung des Menschen. Nicht das Studium der Thora als das Werk des Gesetzes führt als Tun der Wahrheit zur Gerechtigkeit, [455] sondern das „Erkennen der Herrlichkeit Gottes im Antlitz Jesu Christi" (2 Kor 4,6). Diese Erkenntnis ist die Heilsgabe, die es anzunehmen gilt (Phil 3,12). Doch ist die Annahme selbst ein Tun der Wahrheit, das der Mensch in seinem Leben vollbringen muss. Der Mensch kann nach der vollkommenen Annahme der Gabe unter der Bedingung streben, dass er selbst von Christus angenommen ist. Mit einer Doppeldeutigkeit, die sich auf die

---

[452] Paulus benutzt ein Motiv der prophetischen Tradition vgl. Jer 1,5; Jes 49,1–6; dazu Dunn: Paul's conversion 91.

[453] Auch Jer 1,5 und Jes 49,1–6 enthalten diese universalistische Tendenz. Vgl. auch Jes 2,2–5, zum Ganzen Dunn: Paul's conversion 91.

[454] So gegen Dunn Lohse: Paulus 64. Bezogen auf den inneren Zusammenhang von Christologie und Ausweitung des Heilswillens schreibt Gnilka: „Welche Erkenntnis wird Paulus im Damaskusereignis zuteil geworden sein? Nun, zunächst vor allem die, daß Jesus von Nazaret, von dem er wußte, daß er gekreuzigt worden war, lebt. Damit erwies sich das christliche Kerygma von Tod und Auferweckung Jesu, das ihm als Verfolger ein wohl vertrautes Ärgernis gewesen war, als richtig. Aber auch die bedingungslose Ausweitung dieser Verkündigung auf Heiden, die er als Verletzung der Heiligkeit Israels angesehen hatte und zu deren Bekämpfung und Vernichtung er angetreten war, stellte sich als legitim heraus." Es ist festzuhalten, dass Dunn selbst gegen falsche Alternativen zu Feld gezogen ist. Siehe ders.: Paul's conversion 94.

[455] Vgl. C. Hezser: Lohnmetaphorik und Arbeitswelt in Mt 20,1–16. Das Gleichnis von den Arbeitern im Weinberg im Rahmen rabbinischer Lohngleichnisse (NTOA 15), Freiburg/Schweiz 1990, 240.

Erkenntnis der Einsicht und deren Verwirklichung im Leben bezieht,[456] formuliert
Paulus:

> „Nicht dass ich es schon erlangt hätte oder schon vollendet wäre, ich jage aber danach, ob
> ich es wohl ergreifen könnte [χαταλάβω], weil auch ich von Christus ergriffen worden
> bin" (Phil 3,12).

Im Kontext des Philipperbriefes gewinnt die Bekehrung Pauli selbst einen allgemeinen
Charakter. Sie wird zum Paradigma des Christwerdens. Seine besondere Berufung
zum Apostel der Völker wird durchsichtig als allgemeine Bekehrung.[457] So nennt
Paulus das Heilsgut selbst „obige [= himmlische] Berufung Gottes in Jesus Christus",
die an alle „Vollkommenen" ergangen ist und nun der Gegenstand ihres Denkens
und Trachtens sein soll (Phil 3,14 f.). Insofern das Denken des Paulus seinen Anfang
in der Erkenntnis Jesu Christi (an-)genommen hat, wird Paulus selbst zum Vorbild,
das es nachzuahmen gilt (3,17).

Je nach Zusammenhang beschreibt Paulus die sinnfällige Dimension seiner Bekehrung. Wenn Paulus formuliert, er habe „den Herrn gesehen" (1 Kor 9,1), ist nicht
davon auszugehen, dass er Christus persönlich kennen gelernt hat, wohl aber, dass
ihm dieser „erschienen ist" (1 Kor 15,8). Paulus reiht sich in die Liste der Osterzeugen
ein, denen er an Würde nur insofern nachsteht, als er sich erst vom Verfolger zum
Verkündiger bekehrt hat (1 Kor 15,5–9). Er nennt den Anfang seiner Einsicht eine
„Offenbarung" (Gal 1,12.16) und ist sich deshalb seiner herausragenden Begabung
und Begnadung bewusst (2 Kor 12,1.7; vgl. 1 Kor 15,10). In dieser Hinsicht unterscheidet sich seine eigene Bekehrung quantitativ und qualitativ vom allgemeinen Weg,
Christ zu werden. Eine Erhebung, wie Paulus sie erlebt hat, bleibt eine gefährliche
Ausnahme. Als Gegengewicht zu dieser einzigartigen Begabung weiß sich Paulus
selbst auch mit einem „Pfahl im Fleische" gequält und den Bedrängnissen durch
den Satan ausgesetzt (2 Kor 12,1–10). Da sein Evangelium von verschiedenen Seiten angefeindet wird, gelangt Paulus dahin, sich selbst gelegentlich zu rühmen und
den göttlichen Ursprung seiner Verkündigung zu betonen. Er kann aber auch aus
demselben Grund hervorheben, dass seine Verkündigung in den Strom der christlichen Tradition eingebettet ist, dass er nur weitergibt, was auch er empfangen hat
(1 Kor 15,3). Den christologischen Kern seiner Verkündigung scheint Paulus auf
dem Weg der menschlich vermittelten Tradition erhalten zu haben (ebd.), während
er den Auftrag zur Heidenmission auf unmittelbar göttliche Weisung zurückführt
(1 Kor 15,10; Gal 1,15 f. u. a.). Es ist festzuhalten, dass die Besonderheit der Berufung des Paulus, auch insofern sie den Charakter einer Privatoffenbarung hat, stets
mit seiner Sendung zur Heidenmission verbunden ist, während der Aspekt seiner
grundlegenden Bekehrung, insofern er also zum Glauben an Christus kommt, von

---

[456] Auch im Johannesprolog 1,5 findet sich die doppeldeutige Verwendung von χαταλαμβάνειν.

[457] Becker: Paulus 78. Becker deutet auch 2 Kor 3,18 und 4,4 ff. im Zusammenhang mit der paradigmati-
schen Bekehrung Pauli: „Alle Christen erfahren die Wirkung des Evangeliums auf diese Weise, nämlich
durch Erleuchtung (4,6) und damit zugleich Verwandlung (3,18)."

Motiven begleitet wird, die für eine allgemeine Konversion zum Christentum typisch sind. [458]

Die erste Gemeinsamkeit einer allgemeinen Bekehrung mit der besonderen des Paulus ist die Annahme Christi als Bestimmung des Menschen. Dieser Annahme geht das Wissen um das Angenommenwerden von Gott voraus: die „Erwählung" (1 Thess 1,4). Der Mensch nimmt seine Bestimmung an, indem er ein gegebenes Wissen für wahr nimmt, dessen Überzeugungskraft jedoch nicht in der Logik des „Wortes" allein gründet, sondern „in Macht und im Heiligen Geist" (1 Thess 1,5). Die Wahrheit als im Leben des Menschen *getane* führt zu weiterer Gewissheit des Glaubens. Auf dieses Tun der Wahrheit hin weiß Paulus sich als „Nachahmer" (μιμητής) Christi, er weiß die Thessalonicher als seine „Nachahmer" und diese wiederum als „Vorbild" (τύπος) für die Makedonier (1 Thess 1,6 f.). Nachahmenswert ist es, den λόγος Gottes trotz Bedrängnis in der Freude des Heiligen Geistes aufzunehmen (1 Thess 1,6) und ihm Vertrauen zu schenken. Damit ist aber auch die Freiheit, sich von sich selbst unterscheiden *zu wollen*, angesprochen.

Die Bekehrung des Paulus hat ihre Besonderheit darin, dass er gesandt wurde, das Evangelium von Tod und Auferstehung Jesu Christi denen zu bringen, die nicht schon die Herrschaft des einen Gottes, des Gottes Abrahams, anerkennen. Er soll den „Gottlosen" die Frohe Botschaft von der Liebe Gottes verkündigen. Die Heiden sollen sich von der Verehrung der Götzen abwenden und dem einen, „wahren und lebendigen Gott" zukehren (1 Thess 1,9). Obwohl seine Botschaft von strenger Allgemeinheit ist und sowohl Juden als auch Heiden betrifft, wird er besonders zu den Heiden gesandt …

> „[…] um ihnen die Augen zu öffnen, damit sie sich bekehren von der Finsternis zum Licht, von der Macht des Satan zu Gott, damit sie durch den Glauben an mich die Vergebung der Sünden und das Erbteil unter den Geheiligten erlangen" (Apg 26,18).

Die Bekehrung des Paulus hat immer wieder eine Deutung erfahren, wie sie dem Bedürfnis der jeweiligen geschichtlichen Gegenwart entsprach. Die Grenze zwischen Abwendung und Zuwendung wurde stets im Blick auf eine je eigene Unterscheidung des Menschen von sich selbst bestimmt. Dabei wurden verschiedene Aspekte hervorgehoben, die alle in der Bekehrung Pauli, wie sie in den Schriften zugänglich ist, grundgelegt sind, und – richtig verstanden – ihr eigenes, begrenztes Recht haben.

So wurde seine Bekehrung als eine *Abkehr vom Judentum und eine Zukehr zum Christentum* verstanden. Mit Recht ist einzuwenden, dass die fertigen Religionsbegriffe Judentum und Christentum als Anachronismen eingetragen werden. Doch ist es im Blick auf die weitere Geschichte durchaus angebracht, bereits hier die Grenze

---

[458] Becker: Paulus 78 f. Im Übrigen sind die drei Berichte der Apg auch in diese beiden Kategorien einzuteilen. Der erste Bericht Apg 9,1–31 beschreibt paradigmatisch die Geschichte einer Bekehrung zum Christentum (Gnilka: Paulus 41), während die beiden Nacherzählungen in Apg 22 und 26 den Akzent auf die Berufung des Paulus zu seinem missionarischen Dienst verschieben (vgl. Haacker: Römer 6).

zwischen Judentum und Christentum nicht nur präfiguriert, sondern grundgelegt zu sehen.[459]

Die Bekehrung *von einem belasteten Gewissen zum Frieden mit Gott* entspringt im wesentlichen der neuzeitlichen Frage nach der Freiheit und Bestimmungskraft des Gewissens. Vor allem durch Martin Luther wurde diese Sicht in Paulus hineingelesen.[460] Davon zu unterscheiden ist jedoch die Bekehrung, wie Augustin sie in den „Confessiones" beschreibt.[461] Hier liegt die Spannung zwischen der metaphysischen (neuplatonischen) Einsicht in die Wahrheit und das Bewohnen des Wahren, welches nur durch das Tun desselben aufgrund des zweitursächlichen befreiten Willens möglich ist. Augustin übersetzt die Bekehrung des Menschen, wie sie bei Paulus vorgedacht ist, in den Raum der reinen Vernunft. Es ist dabei selbstverständlich, dass die Lösung aus einem bestimmten jüdischen Kontext, wie sie historisch gesehen Paulus beschäftigte, nicht mehr die Sache des Augustin sein kann. Seine Leistung ist es, die allgemeine Struktur der christlichen Bekehrung, wie sie bei Paulus impliziert, ja mehr noch grundgelegt ist, freigelegt und durchdacht zu haben. Dennoch müssen heute der Grund (Paulus) und das Begründete (Augustin) unterschieden werden.

Auch die Interpretation der Bekehrung als Übergang *von eigener Gerechtigkeit zur Gerechtigkeit Gottes*[462] wurde durch die Theologie Luthers geprägt. Wiewohl es unbezweifelbar wahr ist, dass die maßgebliche Gerechtigkeit bei Paulus ausschließlich diejenige Gottes sein kann und ausschließlich durch Gnade an die Menschen kommt, bleibt doch heute festzustellen, dass gerade die Gnadenhaftigkeit der Gerechtigkeit bereits ein Kennzeichen des pharisäischen Judentums in Palästina zur Zeit Christi war und dass Selbstgerechtigkeit wohl nicht die Sache gewesen sein kann, von welcher sich Paulus in der Bekehrung abgewendet hat. Zudem lässt es der exegetische Befund nicht zu, eine mit Luther gedachte bloße Anrechnung der fremden Gerechtigkeit dem eigenen Streben nach Gerechtigkeit entgegenzusetzen. Zu sehr „rühmt" sich Paulus seines eigenen Bemühens.[463] Der Gläubige wird durch die Bekehrung gerecht und dadurch ermächtigt, selbst die gegebene Gerechtigkeit zu verwirklichen. Auch in diesem Zusammenhang bietet Augustin die angemessene Übersetzung des Paulus in philosophische Theologie: Erstursächlich wirkt die Gnade, zweitursächlich der Mensch die Gerechtigkeit.

Eine der bedeutensten Interpretationen der letzten Jahre sieht die Bekehrung als *Abkehr vom Gesetz und Zukehr zum Evangelium*.[464] Auch hier hat die Exegese bereits

---

[459] Dazu Dunn: Paul's conversion 77 ff.

[460] Dazu W. G. Kümmel: Römer 7 und die Bekehrung des Paulus, Leipzig 1929, Kritik daran vor allem durch K. Stendahl: Der Apostel Paulus und das ‚introspektive' Gewissen des Westens, in: Kirche und Israel 11 (1996) 15–33, auch Dunn: Paul's conversion 79 f.

[461] Dieser epochale Unterschied wird meistens übersehen.

[462] Vgl. Dunn: Paul's conversion 84 f.

[463] Es sei hier nur noch einmal auf 1 Kor 15,10 und Phil 3,12–16 verwiesen.

[464] U. Wilckens: Die Bekehrung des Paulus als religionsgeschichtliches Problem, in: Ders.: Rechtfertigung als Freiheit. Paulusstudien, Neukirchen 1974, 11–32; S. Kim: The Origin of Paul's Gospel

mit den Studien von Wilckens u. a. die auf Luther zurückgehende *Disjunktion*[465] von Gesetz und Evangelium hinter sich gelassen. Nicht schon der Versuch der Gesetzeserfüllung, sondern erst die Nichterfüllung des Gesetzes charakterisiere den nicht-bekehrten Zustand. Doch die Tatsachen, dass Paulus vor seiner Bekehrung deutlich nicht am Gesetz und an der Unmöglichkeit seiner Erfüllung zu leiden scheint und dass zudem die Bekehrung stets die Einbeziehung der Heiden ins Heil anvisiert, sprechen für die sogenannte ‚neue Perspektive', die vor allem die Ausweitung des Heilswillens als punctum saliens hervorhebt. Hier besteht jedoch noch historischer Klärungsbedarf. In jedem Fall aber ist festzuhalten, dass für Paulus nach seiner Bekehrung die Bestimmung des Menschen in der „Frohen Botschaft" und nicht im Gesetz gegeben ist. Dieses kann nur *begrenzt* für das Tun der Menschen eine Weisung sein. Die Bestimmungskraft des Gesetzes zieht sich auf das Liebesgebot zusammen, welches jedoch christologisch gedeutet werden muss.[466] Die Erfüllung des Gesetzes steht – *hypothetisch* – unter der Bedingung der in Christus vollbrachten Liebe Gottes.

Der innerste Kern der Bekehrung des Paulus ist aber *die „Erkenntnis Christi" selbst*,[467] *der Übergang von der Negation zur Affirmation Jesu als des gekreuzigten und auferweckten „Sohnes Gottes"*[468], *die Anerkennung Jesu als „Herr"* (2 Kor 4,4) *und „Christus"*. Entscheidend ist dabei nicht, welcher Hoheitstitel Paulus wohl urspünglich im historischen Bekehrungserlebnis aufgegangen war.[469] Entscheidend ist die Wende der Theologie zur Christologie. Der Mensch findet seine Bestimmung in Jesus Christus. Dadurch wird aber auch deutlich, warum die Heidenmission untrennbar mit der Annahme Christi als Maßgabe verbunden ist. Christus ist die Maßgabe für die Menschheit. Der Menschheit soll eine neue Bestimmung gegeben werden, welche ihr schlichtweg fehlt. Darin liegt aber gerade das Tertium zur gegenwärtigen Problematik.

c) Das Denken Gottes

Postmodernes Denken ist ein Denken der Grenze, Denken einer ursprünglichen Differenz, die keinen Ursprung kennt.[470] Am Anfang steht nicht etwa der absolute Unterschied, den Gott zu allem macht, sondern ein unaufhörliches Überschreiten

---

(WUNT 2,4), Tübingen 1981, 3ff.; C. Dietzfelbinger: Die Berufung des Paulus als Ursprung seiner Theologie (WMANT 58), Neukirchen 1985, 90, 110, 144.

[465] Es ist noch einmal zu erinnern, dass die Logik der neuzeitlichen Metaphysik, welche sich auch in der Logik der frühneuzeitlichen Religion geltend macht, eine disjunktive ist, im Unterschied zur hypothetischen Logik der Mittleren Epoche. Zu dieser Zuordnung auch Boeder: Topologie 683ff.

[466] Zum Ganzen kurz Dunn: Paul's conversion 82ff.

[467] Haacker: Römer 5; Gnilka: Paulus 44; Lohse: Paulus 64; Sanders: Paulus 16, 83; Becker: Paulus 80.

[468] Röm 1,3f.; Gal 1,16.

[469] Zur Schwierigkeit, die Anerkennung Christi als gekreuzigten Messias bei Paulus als die bekehrende Einsicht festzumachen, siehe Dunn: Paul's conversion 80ff.

[470] So auch z. B. G. M. Hoff: Die prekäre Identität des Christlichen, bes. 42ff.

der Grenze, nicht etwa eine vorsprachliche Wirklichkeit, sondern „das unaufhörliche Geriesel der Sprache, einer Sprache, die von niemandem gesprochen wird – jedes Subjekt zeichnet darin nur eine grammatikalische Falte –, einer Sprache, die sich nicht in Schweigen auflöst; jede Unterbrechung bildet nur einen weißen Fleck auf diesem nahtlosen weißen Tuch."[471] Dennoch kennt diese Sprache ein Außen, das an die Transzendenz Gottes erinnert, ohne mit ihr verrechnet werden zu können.[472] Das Denken des Außen hat Anklänge an neuplatonische negative Theologie etwa eines (Pseudo-)Dionysios Areopagita. Doch betont Foucault dezidiert den Unterschied,[473] denn „der erste Riss, durch den das Denken des Außen für uns sichtbar wurde," findet sich „paradoxerweise in de Sades endlosem Monolog"[474] und eben nicht in der negativen Theologie. Dieses „Außen" ist für den Menschen erfahrbar. In seiner Reinheit kann es bestimmend werden. Michel Foucault nennt diese Bestimmung des Denkens „l'expérience du dehors", Maurice Blanchot „l'attirance", der Marquis de Sade „le désir", George Bataille „la transgression",[475] Emmanuel Levinas „l'autre", Jacques Derrida „la différance". An der Grenze zwischen Ich und Es, Geist und Fleisch, Innen und Außen, Positivität und Negativität, Vernunft und Wahnsinn, Gesundheit und Krankheit, Gerechtigkeit und Verbrechen, Selbst und Anderem konstituiert sich der Mensch für einen flüchtigen Augenblick, um sich sofort wieder aufzulösen, zu transgredieren und zu dekonstruieren. Bestimmend wird das „Außen" nur für einen singulären Moment, der niemals gegenwärtig ist, sondern sich immer entzieht in einem unendlichen Aufschub. Die Sache, die bestimmt wird, ist der identitätslose Einzelne. Durch den Anderen wird der je Andere bestimmt, sich ein Anderer zu werden – ein unaufhörlicher Prozess des Anderswerdens ohne Ursprung und Ziel. ‚Konversionen' sind das tägliche Brot des „Denkens des Außen". Ausgeschlossen werden lediglich der Anfang, die Vollendung und der Unterschied im Ganzen, sei es eine Position oder Negation.

Das postmoderne Denken übt seine Gewalt auch an jenem Ort aus, an welchem sich vormals der absolute Unterschied zwischen Schöpfer und Geschöpf, Gott und Welt, göttlichem und menschlichem Wort geoffenbart hat. Die Unendlichkeit und Transzendenz Gottes wird in den Strudel der Transgression gezogen. Damit wird auch die auf diese Transzendenz bezogene Offenbarung der Dekonstruktion preisgegeben. Das postmoderne Denken setzt der christlichen Weisheit keine weltliche

---

[471] La pensée du dehors, DÉ 1,537 (Das Denken des Außen, S 1,694).

[472] La pensée du dehors, DÉ 1,521 und 537 (Das Denken des Außen, S 1,674 und 694).

[473] Gegen sämtliche Versuche der Theologie, an den Diskurs der Postmoderne Anschluss zu finden, ist festzuhalten, dass sich postmodernes Denken zu Recht gegen derartige Identifikationen auch partieller Art wehrt. So betont Derrida stets den Unterschied seines Denkens zur negativen Theologie. Durch die Anwendung postmoderner Unterscheidungs- und Entscheidungslosigkeit durch Theologen wird freilich auch dieser Unterschied verwischt. Einen guten Überblick bietet Hoff: Die prekäre Identität.

[474] La pensée du dehors, DÉ 1,521 (Das Denken des Außen, S 1,674).

[475] Vgl. La pensée du dehors, DÉ 1,525 (Das Denken des Außen, S. 1,679f.).

Weisheit mehr entgegen, wohl aber wird die Sprache der Weisheit durch die endlose
Subversion limitiert. Sie wird zur Sprache des Anderen, wobei gilt: „tout autre est
tout autre" – jeder Andere ist ganz anders, jeder Andere ist der ganz Andere. Damit
ist auch jeder Anspruch gleich in seiner Andersheit. Die christliche Weisheit unterscheidet sich durch nichts und durch alles von jedem anderen Anspruch alltäglicher
und nichtalltäglicher Natur. Sie ist gleich-gültig geworden und hat nur noch eine
unendlich begrenzte Geltung in der endlosen Vielfalt der Stimmen.

Das offenbare Evangelium

Nun aber hat sich jener innerste Ort der Postmoderne selbst als die Spur des
Verlöschens der Spur von Einem erwiesen, das sich geoffenbart hat. In ihrem anfanglosen Anfang kommt die Postmoderne der christlichen Weisheit scheinbar entgegen.
Doch die kleinste Kluft ist die am schwersten zu überbrückende. Die Kluft ist aber als
Kluft offenbar. Die Grenze der Postmoderne selbst ist erreicht. *Es gibt* diese Grenze
aber nicht „für" die Postmoderne, sie ist auch nicht einfach „an sich" gegeben. Auch
hier zeigt sich das eigentümliche Spannungsverhältnis von Torheit und Weisheit:
Für die Postmoderne bleibt die Annahme des geoffenbarten Evangeliums der Christen immer eine Torheit und ein Ärgernis, weil ein grundloses Festhalten an einem
Anfang, einer Identität und einer Ganzheit. Für das Christentum bleibt die Postmoderne eine Torheit, weil ein grundloses Festhalten an der Grundlosigkeit, ein endloses
Perennieren der Endlichkeit. Die Freude der Frohen Botschaft besteht für heutige
Ohren in der Begrenzung des Anspruchs der Postmoderne. Die quasi-prinzipielle
unendliche Limitation wird geschnitten und an ihre Stelle die endliche Limitation
gesetzt, statt *unbestimmter* Andersheit die *bestimmte* Andersheit, statt *endloser Differenz endliches Unterscheiden*. Die Postmoderne hatte ihre Zeit und sie hat ihren
Ort innerhalb bestimmter Grenzen. Die Grenze zwischen Weisheit und Torheit ist
aber mit der Einsicht in *Identität und Differenz von Gotteswort und Menschenwort*
gegeben.

> „Darum danken wir Gott unablässig dafür, dass ihr [das] Wort [λόγον] Gottes, das ihr
> durch unsere Verkündigung empfangen habt, nicht als Menschenwort angenommen habt,
> sondern als das, was es in Wahrheit ist, als Gotteswort, das in euch, den Glaubenden,
> wirksam ist" (1 Thess 2,13).

Der Anfang des Glaubens ist die Annahme der Identität der geoffenbarten Weisheit des Evangeliums in all seiner Endlichkeit, Zeitlichkeit und Kontingenz mit der
unendlichen, ewigen, verborgenen Weisheit Gottes selbst. Dies besagt jedoch keine
bloße Identifikation von Endlichkeit und Unendlichkeit, sondern eine *limitierte Identität* der göttlichen Vernunft mit dem für die Menschen Denkbaren. Darin besteht
auch ein Ertrag der Postmoderne. In neuer Weise gilt es, die Endlichkeit, Zeitlichkeit, Kontingenz des Menschen, seiner Vernunft und damit auch des geoffenbarten
Wortes wahrzunehmen, doch ohne die Fragmentarität zu verabsolutieren. Diese
bleibt auf die Ganzheit Gottes bezogen. Die Endlichkeit ist relativ zur Unendlichkeit

Gottes. Die Relation von beidem ist stets neu zu bestimmen, und zwar im Geist der Liebe.

Ein für allemal bestimmt ist das Verhältnis von absolutem Gott und relativem Menschen in Jesus Christus. Er ist die Maßgabe, welche die singuläre Identität von Göttlichem und Menschlichem ebenso sicherstellt wie die bleibende Differenz von beidem, da nur er allein jene Identität verwirklicht und verbürgt. *Die Identität von Gott und Mensch ist auf Jesus Christus begrenzt.* Aber die Liebe, die in seinem Tun der Wahrheit offenbar wird, ist die Bestimmung, welche das Verhältnis von Einheit und Vielheit, Gott und Mensch sowie Unendlichkeit und Endlichkeit ordnet. Eine begrenzte, weil bestimmte Ordnung der Dinge wird im Geist der Liebe denkbar. Der Geist der Liebe lässt die postmoderne Angst vor der Auslöschung des Anderen als Anderen ebenso gegenstandslos werden wie die Angst vor der Verabsolutierung des Endlichen. Die legitimen Grenzen werden hier vielmehr gewahrt.

Die Einsicht in die begrenzte Identität von göttlichem Denken und menschlich Denkbarem bleibt hypothetisch. Sie steht unter der Bedingung der Gabe des Heiligen Geistes und der Zustimmung des Willens. In modifizierter Form gilt auch hier:

> „Wir aber haben nicht den Geist dieser Welt empfangen, sondern den Geist aus Gott, damit wir erkennen, was uns von Gott geschenkt wurde. Davon sprechen wir auch nicht mit Worten [λόγοις], wie sie von menschlicher Weisheit gelehrt werden, sondern [in Worten], wie sie vom Geist gelehrt werden, indem wir Geistliches mit Geistlichem zusammenbringen. Der seelische Mensch aber kann Geistliches nicht aufnehmen, denn Torheit ist es für ihn, und er kann es nicht erkennen, weil es Geistlich beurteilt wird. Der geistliche Mensch aber beurteilt alles, er selbst aber wird von niemand beurteilt" (1 Kor 2,12–15).

Obwohl die Wahrheit des Evangeliums als Entsprechung von Gottes Wahrheit und Menschenwahrheit nicht innerhalb des menschlichen Erkennens liegt – sie übersteigt jede Vernunft (vgl. Phil 4,7) – eignet dem Glauben doch eine eigentümliche Vernünftigkeit, die seine Annahme als rational gegründet erscheinen lässt. Im gegenwärtigen Kontext bedeutet dies zunächst die Einsicht in die christliche Weisheit als Grund für die christliche Metaphysik, die antichristliche Moderne und a-christliche Postmoderne. Gemäß den Qualitätsurteilen inhärieren diese der christlichen Weisheit, wie das Prädikat dem Subjekt des Urteils. Darüber hinaus erscheint der rationale Bau der Offenbarung für das gegenwärtig Denken in neuem Licht. Die innere Differenziertheit der Offenbarung lässt die relationale Rationalität aufscheinen. Denken, Bestimmung und Sache des Paulus fügen sich zu einem vernünftigen Ganzen. Dies bedeutet keinen logischen Zwang für das Erkennen. Die Annahme der Wahrheit der Offenbarung steht dem Denken lediglich *frei*. Bedingung für die Annahme ist die Gabe der „Vernunft Christi". Denn nur deren Vernehmen reicht hin zur Erkenntnis der „Vernunft des Herrn". Der νοῦς κυρίου und der νοῦς Χριστοῦ sind voneinander zu unterscheiden, dennoch ist die Vernunft des Vaters selbst im Sohn. Diese Einsicht in die limitierte Identität der transzendenten „Vernunft des Herrn" mit der uns gegebenen „Vernunft Christi"[476] bewirkt Bekehrung. Die Annahme Christi als der Wahrheit in Person ist für das gegenwärtige Denken wieder möglich.

> *„Denn wer hat die Vernunft des Herrn erkannt, wer wird ihn belehren* [Jes 40,13.14a LXX]? Wir aber haben die Vernunft Christi" (1 Kor 2,16).

Die „Vernunft Christi" ist der Grund, der weder von der Moderne, noch von der Postmoderne aus beurteilt werden kann. Wohl aber können vom rationalen Gefüge der christlichen Weisheit und von der Einsicht in dessen gründende Stellung her die metaphysische Philosophie (Geschichte), die nachmetaphysische Moderne (Welt) und die Postmoderne (Sprache) beurteilt werden. Als Annahme der Realität, der Negation und der Limitation der Offenbarung sind Augustin, Nietzsche und Foucault von der anfänglichen Gabe bei Paulus abhängig. Nur die „Vernunft Christi" kann Augustin, Nietzsche und Foucault „zusammenbringen" (συμβιβάζειν). Nur die „Vernunft Christi" kann uns über diese Positionen „aufklären" (συμβιβάζειν). Nur „Vernunft Christi" kann sie in ihrem Grund „begreiflich machen" (συμβιβάζειν).

Die verborgene Weisheit Gottes

Die Wahrheit des geoffenbarten Evangeliums kann nur derjenige einsehen, dem seine Herkunft aus der „Tiefe" Gottes aufgeht. Dies bedeutet die Anerkennung der absoluten Differenz zwischen Gott und Mensch. Doch wurde gerade diese anfängliche Differenz durch die Tat der Postmoderne verschleiert. Sie musste diese Differenz verschleiern, blieb sie doch selbst durch die Welt der Moderne von der Geschichte der Metaphysik getrennt. Für die Postmoderne konnte die Anerkennung der Absolutheit Gottes nur zur weltlichen Ideologisierung und damit in den Totalitarismus führen, der durch die Ideologisierung Nietzsches oder Marxens im Nationalsozialismus und Sowjetkommunismus wirklich geworden ist. Postmodernes Denken wird nur scheinbar von der klassischen Metaphysik tangiert. Es gilt heute, den Schleier der Kontinuität von Metaphysik und Moderne, von Theologie und Totalitarismus zu zerreißen. Die neuplatonische Metaphysik war die Übersetzung des Gedankens von der Verborgenheit Gottes, wie sie in der Offenbarung vorgedacht wurde, in die Transzendenz des Einen. Es bedurfte der Offenbarung, da Gott selbst jedem Denken unerfindlich bleibt (1 Kor 2,9). Im Denken Plotins wurde die Unaussprechlichkeit des Anfangs vor aller menschlichen Prädikatisierung erstmals philosophisch begriffen. Sie blieb verbindliche Vorgabe für jede christliche Metaphysik, auch für diejenige Augustins.

Das Ganze und das Eine war in jeder Epoche der Metaphysik in eigener Ausprägung am Anfang des Denkens. Vom „Seienden" des Parmenides bis zum absoluten Geist Hegels reicht die Geschichte der prinzipiellen Einheit als der höchsten Sache der Vernunft. Die eigentümliche geschichtliche Aufgabe der philosophischen Spekulation auf das Eine in jeder epochalen Ausprägung muss als vollendet betrachten werden.

---

[476] Siehe dazu Schrage: Korinther 1,267.

Erst diese Vollendung gab den Raum für die Entfaltung der weltlichen Moderne frei. Erst deren Vollendung schuf Raum für die Postmoderne. Wenn nun nach Vollendung der Postmoderne – ein Gedanke, der diese perhorreszieren muss – erneut Raum für die Anerkennung des Einen und damit auch für die Anerkennung der unbegreiflichen Transzendenz Gottes freigegeben wird, dann bedarf dies der „Entschleierung" (ἀποκάλυψις) der bereits gezogenen Grenzen der Sphären des Denkens, da nur so die angedeutete „Hermeneutik des Verdachts" überwunden werden kann.

Für den christlichen Glauben gilt: Die Annahme des ersten und einzigen absoluten Unterschieds Gottes führt zur Anerkennung der ersten Grenze, aus welcher alle übrigen Grenzen ihre Bestimmung und ihren Halt empfangen. So ist die Anerkennung der Herrlichkeit des Herrn schon die Tat Abrahams, die ihm als Gerechtigkeit zuerkannt wurde (Röm 4,17–22). Gott ist der ganz Andere, und er ist der einzige ganz Andere. Die Anerkennung der Ewigkeit, der Verlässlichkeit und der Identität Gottes mit sich selbst ist der Grund für die Anerkennung seiner Weisungen, durch welche die Grenzen von allem und jedem bestimmt werden. Gott ist das Individuum schlechthin. Erst in ihm gewinnen die Identität und die Individualität des Menschen ihren Halt. Aus dem Einen ist Alles. Alles ist Gabe. Weil nichts in ihm ist, deshalb ist aus ihm alles. So hatte schon Plotin formuliert. Gemäß dem christlichen Denken wollte sich aber der Eine in Jesus Christus offenbaren. In ihm gibt der Eine sich selbst hin. Dies ist die höchste Form der Vermittlung der anfänglichen Differenz zwischen Schöpfer und Geschöpf. Die Selbstunterscheidung Gottes wird für die Menschen zur Maßgabe schlechthin und zum Grund, sich von sich selbst zu unterscheiden. Durch diese Selbstunterscheidung wird der einzelne Mensch zum Individuum, mehr noch zum Subjekt Gottes. Wie Gott sich von sich selbst unterschieden hat und in Christus Subjekt wurde, so kann sich der Mensch dieser ὑπόστασις unterstellen.

Der Anfang der Selbstunterscheidung des postmodernen Menschen besteht in der Unterscheidung des Einen von den Vielen, der einen Differenz von den vielen Differenzen, sowie der bestimmten Pluralität von der unbestimmten Pluralität. Es gilt die Bestimmung zur Bestimmungslosigkeit abzulegen und die Bestimmung durch den in sich unterschiedenen und daher bestimmten Gott anzunehmen. Die Bekehrung hat ihre Mitte in der Gabe des Geistes der Liebe, die in der Zustimmung des Willens besteht. Sie vollendet sich in der begrenzten und damit bestimmten Einsicht in die ihrerseits mit Unterscheidung zu denkende Identität des verborgenen Gottes mit Jesus Christus, in die limitierte Identität von verborgener Weisheit Gottes und geoffenbarter Weisheit der Heiligen Schrift. Angesichts der „Tiefe des Reichtums der Weisheit und der Erkenntnis Gottes" weiß sich der Glaube immer als ein endliches, begrenztes Denken, das aber auf dem Weg der Vervollkommnung ist. Gemäß dem Wort *timor Dei initium sapientiae* ist der Anfang des christlichen Denkens die Anerkennung des absoluten Unterschieds.

„O Tiefe des Reichtums der Weisheit und des Wissens Gottes!
Wie unerforschlich seine Gerichte
und unaufspürbar seine Wege!
Denn wer hat die Vernunft des Herrn erkannt?
Wer ist sein Ratgeber gewesen?
Wer hat ihm vorausgegeben,
so dass es ihm erstattet werden müsste?
Denn aus ihm und durch ihn und auf ihn hin ist alles,
Sein ist die Herrlichkeit in alle Ewigkeit, Amen." (Röm 11,33–36).

SCHLUSS

Die theologische Archäologie der Bestimmung des Menschen hat den Paulinischen Gedanken als ἀρχή des Denkens auch für unseren geschichtlichen Ort aufgezeigt. Damit können die drei eingangs gestellten Fragen beantwortet werden. *Womit wäre in einer christlichen Theologie der Anfang zu machen?* Der Anfang einer Theologie sind die verborgene und die offenbare Weisheit Gottes. Deren begrenzte Identität einzusehen und in Jesus Christus die Wahrheit in Person zu erkennen, ist Gabe des Heiligen Geistes. Diese Gabe für die je eigene geschichtliche Gegenwart denkbar und damit glaubwürdig zu machen, ist die eigentümliche Aufgabe jeder Theologie. Die Einsicht in die Wahrheit des Glaubens und die Annahme des Geglaubten als Grund des eigenen Denkens, Wollens und Tuns implizieren ein Umdenken, eine Bekehrung, welche die rationale Theologie selbst nicht *eo ipso* herbei führen kann. Eine einmalige, durchgreifende und nachhaltige Erneuerung der Vernunft und mithin des ganzen Menschen, wie Paulus dies fordert, ist im Horizont postmodernen Denkens schlechthin unmöglich. Deshalb bedeutet das geforderte Umdenken auch und vor allem eine in sich differenzierte Abkehr von der postmodernen Denkart und eine Hinwendung zum einen Wort Gottes. Eine derartige Bekehrung ist aber gerade an unserem Ort in völlig neuer Weise denkbar. Sie ist in neuer Weise rational verantwortbar.

Wie wäre die Vernünftigkeit der Frohen Botschaft von Jesus Christus für eine christliche Theologie heute zu erschließen? – so die zweite Frage der Einleitung. Die vorliegende Arbeit versuchte, die logotektonische Methode für die rationale Darstellung der neutestamentlichen Weisheit anzuwenden. Die Erschließung der Bestimmung, der Sache und des Denkens sowie ihrer Verhältnisse zueinander hat sich als hilfreich erwiesen, die Rationalität zumindest der *Paulinischen* Offenbarung zu erarbeiten. Auch die Verwendung der Momente Geschichte, Sprache und Welt trägt dazu bei, das vernünftige Gefüge des weisheitlichen Gedankens hervortreten zu lassen. Neben diesen streng schematisch angewendeten Bauelementen ist ebenso die ‚freiere‘ Anwendung weiteren „Bauzeugs" aus der Geschichte des Denkens wie etwa der Kategorien aufschlussreich. Entscheidend ist, dass durch die Verwendung all dieser ‚Struktureme‘ die Logik des Gedankens organisch hervortritt und dem Gedachten keine Gewalt angetan wird. Für die Erschließung der Vernünftigkeit des Neuen Testaments *für uns* ist jedoch nicht nur die innere Logik des Neuen Testaments von Bedeutung. Dies führt zur dritten Frage:

Welche rationalen Verhältnisse zum Anfang aller Theologie, nämlich zur Offen-
barung des Neuen Testaments, sind heute notwendigerweise zu berücksichtigen? Die
archäologische Untersuchung hat ergeben, dass drei Verhältnisse zur Offenbarung
notwendigerweise zu bedenken sind: Die Bejahung, die Verneinung und die Ver-
gleichgültigung. Damit ist eine äußerste Reduktion der Verhältnisse zum Neuen
Testament gegeben. Es genügt *zunächst*, nur einen wesentlichen Teil des Neuen
Testaments exemplarisch zu erschließen, nämlich das Corpus Paulinum. Entsprechend ist zunächst ausreichend, nur je einen Denker für die Sphären der Metaphysik,
der Moderne und der Postmoderne zu explizieren. Nicht dass die Metaphysik eines
Origenes, eines Anselm von Canterbury oder eines Thomas von Aquin nicht von
Bedeutung wäre, um jedoch ausgehend von gegenwärtigem Denken einen *ersten*
Zugang zur Offenbarung zu erschließen, reicht die Berücksichtung der Conception des Paulus durch Augustin. Über die christliche Philosophie im engeren Sinn
des Wortes hinaus müssen ‚heute' jedoch notwendigerweise auch die Negation des
Christentums durch Nietzsche und die Limitation durch Foucault bedacht werden,
eben weil sie ein Hören der christlichen Botschaft zunächst unmöglich gemacht
haben. Es ist für uns nicht mehr möglich, ausschließlich die christliche Metaphysik
zur Erschließung der Offenbarung heranzuziehen oder ausschließlich eine moderne
Hermeneutik nach Art der historisch-kritischen Exegese zu betreiben. Zunächst
sind der Ort und die Stellung der Negation des Paulus durch Nietzsche zu klären,
und vordem ist dem bodenlosen Gleichgültigwerden des Christentums in unserer
jüngsten Vergangenheit eine Grenze zu setzen. Ein rationaler Zugang zur Paulinischen Offenbarung kann nur gewonnen werden, wenn auch die Negation und die
endlose Limitation berücksichtigt werden. Durch Foucault, Nietzsche und Augustinus hindurch ist ein Weg zur Offenbarung zu finden, der heutigem Denken
zugemutet werden kann. Die endlose Limitation Foucaults ist zu begrenzen und
in eine gefügte und gegründete Ordnung der Dinge überzuführen. Die Negation
Nietzsches ist zu negieren. Die Position Augustins ist zu bejahen. Nur so wird man
jedem Denker gerecht – *suum cuique*. Doch tragen sowohl Foucault, Nietzsche als
auch Augustinus zu einem angemessenen Verständnis des Paulus bei:

Augustin leistet die Übersetzung des Paulinischen Gedankens in die reine Metaphysik. Die Augustinische Philosophie erhellt vor allem das geschichtliche Vollendungsgeschehen, das in der Botschaft vom Kreuz liegt. Auch die weltgeschichtliche
Dimension der christlichen Offenbarung wurde durch Augustin erstmals in aller
Breite gedacht. Darüber hinaus bleibt der immense Reichtum des Augustinus auch
für die Entfaltung einer ‚Dogmatik des Neuen Testaments' wegweisend, so beispielsweise für die Gotteslehre, die Trinitätslehre, die Christologie, die Gnadenlehre, die
Sakramentenlehre. Freilich kann und muss es im Zuge einer dogmatischen Entfaltung nicht bei der Beschränkung auf Augustin bleiben, doch gibt es kaum einen
dogmatischen Traktat, für den nicht Augustinus den Grund gelegt hätte. Es kann
aber für uns keinesfalls darum gehen, einen unmittelbaren Augustinismus zu insze-
nieren. Dies wäre reiner Anachronismus. Auch Augustin ist in den Grenzen seines
Gedankens wahrzunehmen.

Die Negation der Negation Nietzsches besagt weder eine Annihilation seines Gedankens, noch eine Aufhebung im Hegelschen Sinn. Begrenzt auf seinen Ort bleibt auch Nietzsche wegweisend. Zunächst bleibt Nietzsche für das Christentum der Pfahl im Fleische, er ist gerade in seiner schonungslosen Fundamentalkritik ein Spiegel, in welchem sich das Christentum selbst stets anschauen können muss: Die Gefahr der Heuchelei, die psychologischen Fallstricke, die platonistischen Engführungen sowie die moralistischen Verzerrungen der christlichen Weisheit aufzudecken, ist Nietzsches bleibende Aufgabe. Die moderne Besinnung auf die Weltlichkeit hat bereits zu einer neuen Wertschätzung der weltlichen Dimension des Menschseins geführt. Psychologie, Physiologie, Medizin und Ästhetik haben eine unübersehbare Entfaltung gefunden, die auch auf Theologie und Glauben wohltuend eingewirkt haben. Bedeutender noch ist die Tatsache, dass spätestens mit Nietzsche das Abscheiden der klassischen christlichen Metaphysik offenkundig wird. Die Grenze, welche die moderne Welt der überkommenen Philosophie des Christentums gesetzt hat, tritt ans Licht. Entscheidend ist dabei der Versuch Nietzsches, die christliche Weisheit abzuschaffen und zu substituieren: „Dionysos gegen den Gekreuzigten". Aber insofern diese Negation in das größere Ganze der beiden anderen Qualitätskategorien eingebettet wird, kann auch dieser Aspekt nur radikal begrenzte Geltung beanspruchen. Nietzsche *hat* sein Nein gesprochen. Dies *hatte* seine Zeit und es *hat* seinen Ort. Aus der Gärung der Moderne, aus der Ideologisierung der weltlichen Ersatzweisheit entspringt die Postmoderne. Für Foucault wird Nietzsches „Wille zur Macht" seinerseits zum Anstoß. Eben deshalb kann auch eine „Archäologie der Bestimmung des Menschen" ausgehend von Foucault über Nietzsche zu Augustin und vor allem Paulus finden.

Selbst wenn der Zusammenhang von Christentum und Foucault zunächst nicht offenkundig ist, kann heutige Theologie am Foucaultschen Denken nicht vorübergehen. Auch hier ist erstlich die prinzipielle Unvereinbarkeit mit dem Christentum festzustellen. Aber die unendliche Limitation und Transgression jedweder Bestimmung des Menschen und damit auch der christlichen hat *für uns* ihre unmittelbare Kraft verloren. Auch sie ist nur noch eines von drei möglichen und wirklichen Verhältnissen zum Neuen Testament. Selbst wenn das Christentum scheinbar unaufhaltsam mehr und mehr gleichgültig wird, so ist doch das Movens dieser Bewegung in seinem Kern bereits gebrochen, indem der Postmoderne ihrerseits eine Grenze gesetzt ist. Deshalb und nur deshalb wird es möglich, auch von Foucault und der Postmoderne einen Impuls aufzunehmen. Der Zugang zum Neuen Testament, wie er hier vorgestellt wird, beruht auf der Anerkennung des linguistic turn. Die Sprache der Postmoderne hat die Welt der Moderne abgelöst. Die anarchische Sprachlichkeit wird nun durch eine Unterscheidung von sich selbst in die Sprache der Weisheit überführt. Dadurch wird ein prinzipielles Hören auf die „Frohe Botschaft" denkbar. Die Foucaultsche Sympathie für Ausgegrenzte, Schwache, Marginalisierte, Verbrecher kann das Christentum ermahnen, sich in seiner Weise, welche sich freilich um den Himmel des Neuen Testaments von Foucault unterscheidet, dem Geringen, dem, was vor der Welt nichts gilt, und auch dem Sünder zuzuwenden – allerdings nicht, um Letzteren in seiner Abweichung zu belassen, auch nicht, um ihn zu „normalisieren" und zu „disziplinieren", wohl aber um ihn mit Jesus Christus vertraut zu machen und so eine freie Bekehrung zum „Herrn" zu ermöglichen. Dabei kommt der Schärfung des Blicks für den Einzelnen in seiner Singularität eine wichtige Rolle zu. In neuer Weise gilt es, dem Einzelnen gerecht zu werden. Zudem mögen Foucaultsche Überlegungen zur „Ästhetik des Selbst", zu „Technologien des Selbst", zur „Lebenskunst" die christliche Spiritualität anregen, ausgehend von ihrem unumstößlichen Fundament, Jesus Christus, eigene, neue Praktiken des Selbst zu entwickeln. Deren Ziel kann selbstverständlich nur sein, die eine Maßgabe Jesus Christus im einzelnen Menschen mehr und mehr wirklich werden zu lassen. Eine neuere Spiritualität muss die Gestalt einer individuellen „Logotherapie" haben, wie schon Karl Rahner feststellte. Freilich ist das geistliche Leben des Christen immer auf die Gemeinschaft der Glaubenden, die Kirche als den Leib Christi, ausgerichtet. Manche Elemente Foucaultscher Machtkritik können auch dort, wo kirchliche Macht sich zu verabsolutieren droht, wo der „Wille zur Macht" anstelle der Liebe maßgeblich zu werden droht, helfen, die Macht zu kritisieren und in den festen Grenzen zu halten, die letztlich von der Offenbarung und der Tradition vorgegeben sind. Hierbei darf man sich jedoch niemals über den anarchischen Grundzug Foucaults und der Postmoderne insgesamt hinwegtäuschen. Christliche Macht jedoch hat eine ἀρχή: Jesus Christus.

Eine Aufgabe, die sich die vorliegende Untersuchung gestellt hat, war es, das Denken Boeders auf seine Brauchbarkeit für die christliche Theologie zu prüfen. Zumindest bei den untersuchten Positionen hat sich die logotektonische Bauweise als durchweg äußerst hilfreich erwiesen. Meines Erachtens geht vom Denken Boeders ein wichtiger Impuls für eine systematische Theologie aus. Es ist möglich, dass sie sich den Boederschen Ansatz aneignet, in einem kritischen und kreativen Prozess modifiziert und gemäß den dogmatischen Vorgaben des Glaubens weiterentwickelt.

Für den hier unternommenen Versuch, in unserer geschichtlichen Gegenwart einen Grund für die Bestimmung des Menschen zu finden, war die Anwendung der Qualitätskategorien Realität, Negation und Limitation entscheidend, um über Boeder hinaus das Hören auf den Anfang zu ermöglichen. Es trat die Tatsache ans Licht, dass Foucault, Nietzsche und Augustin dem Neuen Testament inhärieren und dass das Dasein des Neuen Testaments in unserer geistesgeschichtlichen Landschaft gerade durch diese Inhärenz verbürgt wird. Die Vervollständigung der Arten des Urteils gegenüber Paulus führt zu einer neuen Freiheit gegenüber dem Wort Gottes und so auch zu einem neuen Zugang – zunächst – zur Paulinischen Offenbarung.

Weitere Aufgaben sind damit bereits vorgezeichnet: Es wäre die Logotektonik des Neuen Testaments insgesamt zu entfalten.[1] Eine ausführliche Verhältnisbestimmung zum Alten Testament sowie zur hellenistischen Umwelt wäre vorzunehmen. Ebenfalls müssten die weiteren Dimensionen des gegenwärtigen Denkens berücksichtigt werden, um hier den Strukturalismus und vor allem die analytische Philosophie nur

---

[1] Bei Boeder ist dies nur sehr knapp ausgeführt, in: Ders.: Einführung in die Vernünftigkeit des Neuen Testaments und The Present of Christian *sapientia*.

zu nennen, da sich gerade letztere im akademischen Betrieb besonderer Beliebtheit erfreut. Von zentraler Bedeutung ist auch, wie bereits in der Einleitung gesagt, die weitere Klärung der Beziehung des Neuen Testaments zur bürgerlichen und zur griechischen Epoche unserer Geschichte. Für uns ist hier zunächst vor allem die Frage wichtig, wie sich der christliche Glaube zum neuzeitlichen Denken der Freiheit, zur Rede von den Menschenrechten und mithin zum bürgerlichen Staat verhält. Auch wenn die Kirche von eigenem Prinzip und so auch von eigener Struktur ist, so kann und muss doch, wie gerade das Zweite Vatikanische Konzil deutlich gemacht hat, durchaus mit einem Einfluss des freiheitlichen Selbstverständnisses des Menschen auch in der Kirche gerechnet werden,[2] denn nicht nur hat der christliche Glaube sowohl im Katholizismus als auch im Protestantismus eine je eigene Neuzeitlichkeit ausgebildet, sondern das neuzeitliche Denken hat sich auch außerhalb der kirchlichen Theologie immer wieder als christliches begriffen – es sei an die Religionsphilosophien Fichtes, Hegels und Schellings erinnert.

Unter Berücksichtigung dieser und weiterer Aufgaben des Denkens könnte so eine fundamentaltheologische und schließlich eine dogmatische Entfaltung der bisher gewonnenen Ergebnisse geleistet werden, denn der christliche Glaube bedarf der Fülle der Wahrheit. Weil der hier vorgestellte Ansatz besonders das Wohnen des Menschen in der Sprache der Weisheit im Blick hat, berührt die systematische Entfaltung der *doctrina christiana* sowohl die Diakonie als auch die Liturgie. In der Einheit ihrer Grundvollzüge Martyria, Diakonia und Leiturgia bewährt sich die Kirche als der ausgezeichnete Wohnort der von sich unterschiedenen Menschen. Besonders im liturgischen Sprechen und Tun bewahrheitet sich die zeitlose Gegenwart des Anfangs. Zuhöchst in der Eucharistie bewahrt die Kirche die Erinnerung an die Selbstunterscheidung des Herrn als das Geheimnis des Glaubens:

> „Deinen Tod, o Herr verkünden wir,
> und Deine Auferstehung preisen wir,
> bis Du kommst in Herrlichkeit."

---

[2] Hier sei nur auf die Erklärung der Synode über die Religionsfreiheit „Dignitatis humanae" (DH 4240–4245) sowie auf GS 17 (DH 4317) hingewiesen.

ABKÜRZUNGEN UND ZITIERWEISE

1. Paulus

Im Paulus-Teil sind die gängigen Kürzel für die Brieftitel, Kapitel und Verse in den Text eingearbeitet.

2. Augustinus

Abkürzungen nach C. Mayer (Hg.): Corpus Augustinianum Gissense, Basel 1995.

Die Angaben im Augustin-Teil sind durch die Nennung von Werk und Kapitel sowie der jeweiligen zu zitierenden Ausgabe vergleichsweise lang geworden, deshalb wurden sie in die Fußnoten verlegt ausgenommen bei längeren Zitaten im Text.

3. Nietzsche

Abkürzungen nach J. Salaquarda (Hg.): Nietzsche, Darmstadt ^{2}1996; in chronologischer Reihenfolge:

GT		Die Geburt der Tragödie (1872)
UB		Unzeitgemässe Betrachtungen (1873–1876)
	DS	David Fr. Strauss, der Bekenner und Schriftsteller (1873)
	HG	Vom Nutzen und Nachtheil der Historie für das Leben (1874)
	SE	Schopenhauer als Erzieher (1874)
	WB	R. Wagner in Bayreuth (1876)
MA (I u. II)		Menschliches, Allzumenschliches Bde. I und II (1878–1880)
M		Morgenröthe (1881)
FW		Fröhliche Wissenschaft (1882, ^{2}1887 [erweitert])
Z		Also sprach Zarathustra (1883–1885) [von Salaquarda abweichend]
JGB		Jenseits von Gut und Böse (1886)
GM		Zur Genealogie der Moral (1887)
WA		Der Fall Wagner (1888)
GD		Götzendämmerung (1888; veröffentlicht 1908)
AC		Der Antichrist (1888; veröffentlicht 1895)
EH		Ecce homo (1888; veröffentlicht 1908)
NW		Nietzsche contra Wagner (1888; veröffentlicht 1889)
DD		Dionysos-Dithyramben (1888; veröffentlicht 1892)

zusätzlich:

WL	Ueber Wahrheit und Lüge im aussermoralischen Sinn (1872; posthum veröffentlicht)
1888*	Nachgelassene Aufzeichnungen und Fragmente aus dem Jahr 1888 [*Bei der Jahreszahl handelt es sich um ein Beispiel, Aufzeichnungen und Fragmente sind überliefert von 1869–1889]

Im Nietzsche-Teil wurde neben der Abkürzung für das Werk Band, Seite und Zeilen in der kritischen Studienausgabe angegeben. Da diese Angaben recht kurz blieben und somit den Lesefluss wohl kaum stören, wurden sie im Text belassen.

4. Foucault

AS	Archéologie du savoir, Paris 1969
AW	Archäologie des Wissens, Frankfurt 1981
Aufklärung	Was ist Aufklärung? in: Eva Erdmann u.a. (Hg.): Ethos der Moderne. Foucaults Kritik der Aufklärung, Frankfurt–New York 1990, 35–54
Caruso	Paolo Caruso: Gespräch mit Michel Foucault, in: Michel Foucault: Von der Subversion des Wissens, Frankfurt 1987, 7–27
DÉ	Dits et écrits par Michel Foucault 1954–1988, 4 Vols. ed. par Daniel Défert et François Ewald, Paris 1994
Die Rückkehr der Moral	Die Rückkehr der Moral, in: Eva Erdmann u.a. (Hg.) Ethos der Moderne. Foucaults Kritik der Aufklärung, Frankfurt–New York 1990, 133–145
Ein Spiel um die Psychoanalyse	Ein Spiel um die Psychoanalyse, in: Dispositive der Macht. Michel Foucault über Sexualität, Wissen und Wahrheit, Berlin 1978, 118–176
Erfahrungstier	Der Mensch ist ein Erfahrungstier. Gespräch mit Ducio Trombadori. Mit einem Vorwort von Wilhelm Schmidt. Mit einer Bibliographie von Andrea Hemminger, Frankfurt 1996
Freiheit und Selbstsorge	Freiheit und Selbstsorge. Gespräch mit Michel Foucault am 20. Januar 1984, in: Helmut Becker u.a. (Hgg.): Freiheit und Selbstsorge. Interview 1984 und Vorlesung 1982, Frankfurt 1985, 7–28
GL	Der Gebrauch der Lüste. Sexualität und Wahrheit 2, Frankfurt 1989
HF	Histoire de la folie à l'âge classique, Paris 1961
Jenseits von Gut und Böse	Gespräch zwischen Michel Foucault und Studenten. Jenseits von Gut und Böse, in: S 2,273–288
Nietzsche	Nietzsche, die Genealogie, die Historie, in: S 2,166–191
Machtverhältnisse	Die Machtverhältnisse durchziehen das Körperinnere, in: Dispositive der Macht. Michel Foucault über Sexualität, Wissen und Wahrheit, Berlin 1978, 104–117
MC	Les mots et les choses. Une archéologie des sciences humaines, Paris 1966

OD	Ordnung der Dinge. Eine Archäologie der Humanwissenschaften, Frankfurt 1974
ODisc	L'ordre du discours, Paris 1971
ODisk	Die Ordnung des Diskurses, Frankfurt 1991
‚Omnes et singulatim‘	‚Omnes et singulatim‘: vers une critique de la raison politique, in: DÉ 4,134–162
Omnes et singulatim	Omnes et singulatim. Für eine Kritik der politischen Vernunft, in: Joseph Vogl: Gemeinschaften. Positionen zu einer Philosophie des Politischen, Frankfurt 1994, 65–94.
Sorge um die Wahrheit	Michel Foucault oder die Sorge um die Wahrheit, übers. v. Walter Seitter, in: François Ewald: Pariser Gespräche, Berlin 1989, 15–32.
SP	Surveiller et punir. La naissance de la prison, Paris 1975
S 1	Schriften in vier Bänden, Dits et écrits, Bd. 1, Frankfurt 2001
S 2	Schriften in vier Bänden, Dits et écrits, Bd. 2, Frankfurt 2002
SS	Histoire de la sexualité III. Souci de soi, Paris 1984
SS	Die Sorge um sich. Sexualität und Wahrheit 3, Frankfurt 1989
UP	Histoire de la sexualité II. L'usage des plaisirs, Paris 1985
ÜS	Überwachen und Strafen. Die Geburt des Gefängnisses, Frankfurt 1994
VS	Histoire de la sexualité I. La volonté du savoir, Paris 1976
Wahrheit, Macht, Selbst	Wahrheit, Macht, Selbst. Ein Gespräch zwischen Rux Martin und Michel Foucault (25. Oktober 1982), in: Michel Foucault u. a.: Technologien des Selbst, hg. v. Luther H. Martin, Huck Gutmann, Patrick H. Hutton, Frankfurt 1993
WG	Wahnsinn und Gesellschaft. Eine Geschichte des Wahns im Zeitalter der Vernunft, Frankfurt [12]1996
WW	Der Wille zum Wissen. Sexualität und Wahrheit 1, Frankfurt 1983

Durch die Nennung sowohl der französischen als auch der deutschen Nachweise wurden im Foucault-Teil die Angaben z. T. sehr lang. Sie wurden daher grundsätzlich in die Fußnoten verlegt mit Ausnahme der im Text abgesetzt erscheinenden Zitate.

5. Sonstige Abkürzungen

nach der dritten Auflage des Lexikons für Theologie und Kirche.

LITERATURVERZEICHNIS

1. Werke der behandelten Autoren

a) Paulus

Novum Testamentum Graece post Eberhard et Erwin Nestle editione vicesima septima revisa communiter ediderunt Barbara et Kurt Aland et al., Stuttgart 1993

Schefzyk, Jürgen: BibleWorks for Windows. [Version] 3.5 Databases, Big Fork, Mont. 1996

für die weiteren biblischen Texte wurden ebenfalls die genannten Ausgaben verwendet sowie darüber hinaus:

Biblia Hebraica Stuttgartensia quae antea cooperantibus A. Alt [...] ed. R. Kittel. Adjuvantibus H. Bardtke [...] cooperantibus H. P. Rüger et J. Ziegler ed. K. Elliger et W. Rudolph. Textum Masoreticum curavit H. P. Rüger, ed. quarta emendata, Stuttgart 1990

LXX Septuaginta (LXT) ed. Alfred Rahlfs, Stuttgart 1935

Biblia Sacra iuxta Vulgatam Versionem, ed. R. Weber, B. Fischer, J. Gribomont, H. F. D. Sparks, W. Thiele, Stuttgart 1983

Nova Vulgata bibliorum sacrorum editio. Sacros. Oecum. Concilii Vaticani II ratione habita, iussu Pauli PP. VI recognita, auctoritate Ioannis Pauli PP. II promulgata. – Città del Vaticano 1979

Die Bibel. Altes und Neues Testament. Einheitsübersetzung, Freiburg–Basel–Wien 1980

Die Bibel. Nach der Übersetzung Martin Luthers (rev. Fassung von 1984). Mit Apokryphen, Stuttgart 1985

b) Augustinus

Augustini Sancti Aurelii opera omnia. Studio monachorum ordinis S. Benedicti, 11 Bände, Paris 1679–1700

Augustini Sancti Aurelii opera omnia, in: Migne: Patrologia cursus completus. Series latina, Bde. 32–47, Paris 1841–1849

Augustini opera. Sectio 1–3, 5–8, in: Corpus scriptorum ecclesiaticorum latinorum, Wien 1887 ff.

Augustini Aurelii opera, Corpus Christianorum. Series Latina, Turnhout 1954 ff.

Corpus Augustinianum Gissense, hg. v. Cornelius Mayer, Basel 1995

Benutzte deutsche Übersetzungen:

Des Heiligen Kirchenvaters Aurelius Augustinus ausgewählte Schriften (BKV), Bände 1–12, Kempten–München 1911–36

Deutsche Augustinusausgabe: Aurelius Augustinus. Werke in deutscher Sprache, Paderborn 1940 ff.

Sankt Augustin, der Lehrer der Gnade. Lateinisch-deutsche Gesamtausgabe seiner antipelagianischen Schriften, hg. v. A. Kunzelmann, A. Zumkeller, T. G. Ring, Würzburg 1955 ff.

Bekenntnisse. Mit e. Einl. von Kurt Flasch. Übers., mit Anm. vers. u. hg. v. Kurt Flasch u. Burkhard Mojsisch (Universal-Bibliothek; 2792), Stuttgart 1989

Confessiones/Bekenntnisse lat. u. dt., eingel. übers. u. erl. v. Joseph Bernhart, München ⁴1980

Philosophische Frühdialoge, übers. u. erl. von Bernd R. Voss, hg. v. Carl Andresen (Die Bibliothek der Alten Welt: Reihe Antike und Christentum), Zürich 1972

Selbstgespräche. Von der Unsterblichkeit der Seele, Einf., Übertr., Erl. und Anm. v. Hanspeter Müller (Sammlung Tusculum), München–Zürich 1986

Theologische Frühschriften. Übers. u. erl. von Wilhelm Thimme (Die Bibliothek der alten Welt: Reihe Antike und Christentum), Zürich 1962

Über die Psalmen, ausgew. u. übertr. v. Hans Urs von Balthasar, Einsiedeln ²1982

c) Nietzsche

Colli, Giorgio und Montinari, Mazzino (Hgg.): Friedrich Nietzsche. Kritische Studienausgabe in 15 Bänden, München–Berlin–New York ²1988

Colli, Giorgio und Montinari, Mazzino (Hgg.): Friedrich Nietzsche. Sämtliche Briefe. Kritische Studienausgabe in 8 Bänden, München–Berlin–New York 1986

d) Michel Foucault

Archéologie du savoir, Paris 1969

Dits et écrits par Michel Foucault 1954–1988, 4 Vols. ed. par Daniel Défert et François Ewald, Paris 1994

Histoire de la folie à l'âge classique, Paris 1961

La naissance de la clinique. Une archéologie du regard médical, Paris 1963

Les mots et les choses. Une archéologie des sciences humaines, Paris 1966

L'ordre du discours, Paris 1971

Surveiller et punir. La naissance de la prison, Paris 1975

Histoire de la sexualité I. La volonté du savoir, Paris 1976

Histoire de la sexualité II. L'usage des plaisirs, Paris 1985

Histoire de la sexualité III. Souci de soi, Paris 1984

Deutsche Übersetzungen:

Archäologie des Wissens, Frankfurt 1981

Das Subjekt und die Macht, in: Hubert L. Dreyfus, Paul Rabinow (Hgg.): Michel Foucault. Jenseits von Strukturalismus und Hermeneutik, Weinheim ²1994, 243–261

Der Mensch ist ein Erfahrungstier. Gespräch mit Ducio Trombadori. Mit einem Vorwort von Wilhelm Schmidt. Mit einer Bibliographie von Andrea Hemminger, Frankfurt 1996

Die Machtverhältnisse durchziehen das Körperinnere, in: Dispositive der Macht. Michel Foucault über Sexualität, Wissen und Wahrheit, Berlin 1978, 104–117

Die Ordnung des Diskurses, Frankfurt 1991

Die Ordnung der Dinge. Eine Archäologie der Humanwissenschaften, Frankfurt 1974

Ein Spiel um die Psychoanalyse. Gespräch mit Angehörigen des Département de Psychanalyse der Universität Paris/Vincennes, in: Dispositive der Macht. Michel Foucault über Sexualität, Wissen und Wahrheit, Berlin 1978, 118–175

Eine Ästhetik der Existenz, in: Von der Freundschaft. Michel Foucault im Gespräch, Berlin o. J., 133–141

Freiheit und Selbstsorge. Gespräch mit Michel Foucault am 20. Januar 1984, in: H. Becker u.a. (Hgg.): Freiheit und Selbstsorge. Interview 1984 und Vorlesung 1982, Frankfurt 1985, 7–28

Die Rückkehr der Moral, in: Eva Erdmann u.a. (Hg.): Ethos der Moderne. Foucaults Kritik der Aufklärung, Frankfurt–New York 1990, 133–145

Gespräch zwischen Michel Foucault und Studenten. Jenseits von Gut und Böse, in: Michel Foucault: Von der Subversion des Wissens, Frankfurt 1987, 91–105

Michel Foucault oder die Sorge um die Wahrheit, übers. v. Walter Seitter, in: François Ewald: Pariser Gespräche, Berlin 1989, 15–32

Nietzsche, die Genealogie, die Historie, in: Michel Foucault: Von der Subversion des Wissens, Frankfurt 1987, 69–90

Omnes et singulatim. Für eine Kritik der politischen Vernunft, in: Joseph Vogl: Gemeinschaften. Positionen zu einer Philosophie des Politischen, Frankfurt 1994, 65–94

Paolo Caruso: Gespräch mit Michel Foucault, in: Michel Foucault: Von der Subversion des Wissens, Frankfurt 1987, 7–27

Schriften in vier Bänden, Dits et écrits, Bd. 1 u. 2, Frankfurt 2001 f.

Sexualität und Einsamkeit. Michel Foucault und Richard Sennett, in: Von der Freundschaft. Michel Foucault im Gespräch, Berlin o. J., 25–55

Sexualität und Wahrheit 1, Der Wille zum Wissen, Frankfurt 1983

Sexualität und Wahrheit 2, Der Gebrauch der Lüste, Frankfurt 1989

Sexualität und Wahrheit 3, Die Sorge um sich, Frankfurt 1989

Technologien des Selbst, hg. v. Luther H. Martin, Huck Gutmann, Patrick H. Hutton, Frankfurt 1993

Überwachen und Strafen. Die Geburt des Gefängnisses, Frankfurt 1994

Wahnsinn und Gesellschaft. Eine Geschichte des Wahns im Zeitalter der Vernunft, Frankfurt [12]1996

Was ist Aufklärung? in: Eva Erdmann u.a. (Hg.): Ethos der Moderne. Foucaults Kritik der Aufklärung, Frankfurt–New York 1990, 35–54

Zur Genealogie der Ethik: Ein Überblick über laufende Arbeiten, in: Hubert L. Dreyfus, Paul Rabinow (Hgg.): Michel Foucault. Jenseits von Strukturalismus und Hermeneutik, Weinheim [2]1994, 265–292

2. Sonstige Quellen und Literatur

Ambrosius: Opera, recensuit Carolus Schenkl, Bd. 1 (CSEL 32): Exameron. De Paradio. De Cain et Abel. De Noe. De Abraham. De Isaac. De bono mortis, 1. repr., Wien 1962

Ambrosius: Expositio evangelii secundum Lucam. Fragmenta in Esaiam (CCL 14), Turnhout 1957

Anselm von Canterbury: Cur Deus homo? Besorgt u. übers. von Franciscus Salesius Schmitt, München ³1970

Aristoteles: De caelo, hg. v. D. J. Allan, Oxford 1936

Aristoteles: Ethica Nicomachea, hg. v. I. Bywater, Oxford 1988

Aristoteles: Metaphysica, hg. v. W. D. Ross, 2 Bde., Oxford 1924

Arnim, Hans v.: Stoicorum Veterum Fragmenta (SVF), Stuttgart 1968

Arzt, Peter: Bedrohtes Christsein. Zu Eigenart und Funktion eschatologisch bedrohlicher Propositionen in den echten Paulusbriefen (BET 26), Frankfurt–Berlin 1992

Bardenhewer, Otto: Augustinus über Röm 7,14 ff., in: Miscellanea Augustiniana: Gedenkboek, Vol. II, Rotterdam 1930, 879–884

Barrett, Charles K.: Der 1. Brief an die Korinther, Darmstadt 1987

Barth, Karl: Der Römerbrief (1922), Zürich ¹⁶1999

Becker, Jürgen: Paulus. Der Apostel der Völker, Tübingen ³1998

Bernoulli, Carl Albrecht: F. Overbeck und F. Nietzsche. Eine Freundschaft, 2 Bde., Jena 1908

Bettetini: Augustinus in Karthago: gleich einem Roman, in: Norbert Fischer, Cornelius Mayer (Hgg.): Die Confessiones des Augustinus von Hippo, Einführung und Interpretation zu den dreizehn Büchern (Forschungen zur europäischen Geistesgeschichte 1), Freiburg 1998, 133–164

Binder, Hermann: Der Glaube bei Paulus, Berlin 1968

Biser, Eugen: ,Gott ist tot'. Nietzsches Destruktion des christlichen Bewußtseins, München 1962

Biser, Eugen: Nietzsche – Zerstörer oder Erneuerer des Christentums? Darmstadt 2002

Boeder, Heribert: Das Bauzeug der Geschichte. Aufsätze und Vorträge zur griechischen und mittelalterlichen Philosophie, hg. v. Gerald Meier, Würzburg 1994

Boeder, Heribert: Das Vernunftgefüge der Moderne, Freiburg–München 1988

Boeder, Heribert: Der frühgriechische Wortgebrauch von logos und aletheia, in: Archiv für Begriffsgeschichte 4 (1959) 82–112

Boeder, Heribert: Die Dimension der Submoderne, in: Abhandlungen der Braunschweigischen Wissenschaftlichen Gesellschaft 46 (1995) 139–150

Boeder, Heribert: Die neutestamentliche Verkündigung angesichts der Submoderne, Manuskript

Boeder, Heribert: Die philo-sophischen Conceptionen der Mittleren Epoche, in: Ders.: Das Bauzeug der Geschichte. Aufsätze und Vorträge zur griechischen und mittelalterlichen Philosophie, hg. v. Gerald Meier, Würzburg 1994, 323–343

Boeder, Heribert: Die submoderne Prägung der Linguistic Analysis, in: Abhandlungen der Braunschweigischen Wissenschaftlichen Gesellschaft 51 (2002) 159–175

Boeder, Heribert: Die Unterscheidung des ersten Anfangs der Philosophie, in: Abhandlungen der Braunschweigischen Wissenschaftlichen Gesellschaft 47 (1996) 279–281

Boeder, Heribert: Einführung in die Vernünftigkeit des Neuen Testaments, in: Braunschweigische Wissenschaftliche Gesellschaft, Jahrbuch 39 (1988) 95–109

Boeder, Heribert: Einheit und Schranke des Nietzscheschen Gedankens, in: Filosofia e storia della cultura. Studi in onore di Fulvio Tessitore, a cura di G. Cacciatore et al., Vol. II, Napoli 1997

Boeder, Heribert: Fruitio Dei, in: Walter Wimmel (Hg.): Forschungen zur römischen Literatur. Festschrift zum 60. Geburtstag von Karl Büchner, Wiesbaden 1970, 14–20

Boeder, Heribert: Göttliche Paradoxa, in: Sapientia 54 (1999) 499–512

Boeder, Heribert: Heideggers Vermächtnis. Zur Unterscheidung der ἀλήθεια, in: Ewald Richter (Hg.): Die Frage nach der Wahrheit (Schriftenreihe der Martin-Heidegger-Gesellschaft 4), Frankfurt a.M. 1997

Boeder, Heribert: Logotektonisch Denken, in: Sapientia 53 (1998) 15–24

Boeder, Heribert: Privilege of Presence?, in: Ders.: Seditions. Heidegger and the Limit of Modernity, trans., ed., intr. by Marcus Brainard, New York 1997, 81–90

Boeder, Heribert: Seditions. Heidegger and the Limit of Modernity, trans., ed., intr. by Marcus Brainard, New York 1997

Boeder, Heribert: The Dimension of Submodernity, in: Ders.: Seditions. Heidegger and the Limit of Modernity, trans., ed., intr. by Marcus Brainard, New York 1997, 227–240

Boeder, Heribert: The Present of Christian *sapientia* in the Sphere of Speech, in: Ders.: Seditions. Heidegger and the Limit of Modernity, trans., ed., intr. by Marcus Brainard, New York 1997, 275–292

Boeder, Heribert: Topologie der Metaphysik, Freiburg–München 1980

Brams, Jozef: Carneades von Cyrene, Leuven 1973

Brieler, Ulrich: Die Unerbittlichkeit der Historizität: Foucault als Historiker, Köln–Weimar–Wien 1998

Brown, Peter: Augustinus von Hippo. Eine Biographie, Frankfurt 1982

Brown, Peter: Die Keuschheit der Engel. Sexuelle Entsagung, Askese und Körperlichkeit im frühen Christentum, München–Wien 1991

Bublitz, Hannelore: Foucaults Archäologie des kulturellen Unbewussten. Zum Wissensarchiv und Wissensbegehren der modernen Gesellschaften, Frankfurt 1999

Bultmann, Rudolf: Theologie des Neuen Testaments, Tübingen [9]1984

Camelot, Pierre-Thomas: ‚Quod intelligimus, debemus rationi'. Note sur la méthode théologique de saint Augustin, in: Historisches Jahrbuch 77 (1958) 397–402

Caputo, John D.: The prayers and tears of Jacques Derrida. Religion without Religion, Indianapolis 1997

Catechismus Romanus. Seu catechismus ex decreto Concilii Tridentini ad parochos Pii Quinti Pont. Max. iussu editus, ed. praefuit Petrus Rodriguez, ed. critica, Città del Vaticano 1989

Certeau, Michel de: Histoire et psychanalyse entre science et fiction, Paris 1987

Colli, Giorgio: Nachwort, in: Friedrich Nietzsche: Kritische Studienausgabe, hg. v. Giorgio Colli und Mazzino Montinari, 6,449–458, München–Berlin–New York 1988

Conzelmann, Hans: Der erste Brief an die Korinther (KEK 5), Göttingen [12]1981

Conzelmann, Hans: Grundriß der Theologie des Neuen Testaments, Tübingen [5]1992

Courcelle, Pierre: Recherches sur les ‚Confessions' de saint Augustin, Paris 1950, [2]1968

Courth, Franz: Trinität. In der Schrift und Patristik. Handbuch der Dogmengeschichte, hg. v. Michael Schmaus (u.a.), Bd. 2, Fasz. 1a, Freiburg 1988

Deleuze, Gilles: Différence et repetition, Paris 1968

Deleuze, Gilles: Foucault, Frankfurt 1992

Denzinger, Heinrich: Enchiridion symbolorum definitionum et declarationum de rebus fidei et morum, hg. v. Peter Hünermann, Freiburg–Basel–Rom–Wien [37]1991

Derrida, Jacques: Apories. Mourir – s'attendre aux ‚limites de la vérité', Paris 1996

Derrida, Jacques: Das Cogito und die Geschichte des Wahnsinns, in: Ders.: Die Schrift und die Differenz, Frankfurt am Main 1972, 52–100

Derrida, Jacques: Die Schrift und die Differenz, Frankfurt am Main 1972

Derrida, Jacques: Force de loi. Le ‚fondement mystique de l'autorité, in: Cardozo law review, vol. 11, July/Aug. 1990, 919–1045

Derrida, Jacques: Gesetzeskraft. Der ‚mystische Grund der Autorität‘, Frankfurt 1991

Derrida, Jacques und Bennington, Geoffrey: Jacques Derrida par Geoffrey Bennington et Jacques Derrida, Paris 1991

Derrida, Jacques: La différance, in: Ders.: Marges de la philosophie, Paris 1972, 1–29

Derrida, Jacques: Marges de la philosophie, Paris 1972

Derrida, Jacques: Ousia et grammè, in: Ders.: Marges de la philosophie, Paris 1972, 31–78

Derrida, Jacques: Tympan, in: Ders.: Marges de la philosophie, Paris 1972, I–XXV

Descombes, Vincent: Das Selbe und das Andere. Fünfundvierzig Jahre Philosophie in Frankreich 1933–1978, Frankfurt 1981

Diels, Hermann: Die Fragmente der Vorsokratiker griechisch und deutsch von Hermann Diels. Hrsg. von Walther Kranz, 3 Bde. Berlin 1951 f.

Dietzfelbinger, Christian: Die Berufung des Paulus als Ursprung seiner Theologie (WMANT 58), Neukirchen 1985

Dilthey, Wilhelm: Einleitung in die Geisteswissenschaften. Versuch einer Grundlegung für das Studium der Gesellschaft und der Geschichte I, Gesammelte Schriften Bd. 1, Stuttgart–Göttingen 1959

Dinkler, Erich: Die Anthropologie Augustins, Stuttgart 1934

Dinkler, Erich: Prädestination bei Paulus – exegetische Bemerkungen zum Römerbrief, in: Ders.: Signum Crucis. Aufsätze zum Neuen Testament und zur christlichen Archäologie, Tübingen 1967, 241–269

Dirscherl, Erwin: Die Bedeutung der Nähe Gottes. Ein Gespräch mit Karl Rahner und Emmanuel Levinas (Bonner dogmatische Studien, Bd. 22), Würzburg 1996

Dosse, François: Die Geschichte des Strukturalismus Bd. 1. Das Feld des Zeichens, Hamburg 1996

Dosse, François: Die Geschichte des Strukturalismus Bd. 2. Die Zeichen der Zeit, Hamburg 1997

Dunn, James D. G.: Judaism in the Land of Israel in the First Century, in: J. Neusner (Hg.): Judaism in Late Antiquity. II Historical Syntheses, Leiden 1995, 229–261

Dunn, James D. G.: Paul's Conversion – A Light to Twentieth Century Disputes, in: J. Ådna u. a. (Hgg.): Evangelium Schriftauslegung Kirche. Festschrift für Peter Stuhlmacher zum 65. Geburtstag, Göttingen 1997, 77–93

Dunn, James D. G.: The Theology of Paul the Apostle, Grand Rapids–Cambridge 1998

du Roy, Olivier: L' intelligence de la foi en la trinité selon Saint Augustin. Genèse de sa théologie trinitaire jusqu'en 391, Paris 1966

Eribon, Didier: Michel Foucault. Eine Biographie, Frankfurt 1994

Erlemann, Kurt: Naherwartung und Parusieverzögerung im Neuen Testament. Ein Beitrag zur Frage religiöser Zeiterfahrung, Tübingen–Basel 1995

Faber, Eva-Maria: Art. Verdienst, in: LThK [3]2001, Bd. 10, 613–616

Feiner, Johannes u. Löhrer, Magnus: Mysterium Salutis. Grundriss heilsgeschichtlicher Dogmatik, Bd. 2, Einsiedeln–Zürich–Köln 1967

Feldmann, Erich: Der junge Augustinus und Paulus. Ein Beitrag zur (Manichäischen) Paulus-Rezeption, in: Manichaean Studies III. Atti del Terzo Congresso internazionale di Studi ‚Manicheismo e Oriente Christiano Antico‘, Löwen–Neapel 1997, 41–76

Feldmann, Erich: Das literarische Genus und das Gesamtkonzept der Confessiones, in: Norbert Fischer, Cornelius Mayer (Hgg.): Die Confessiones des Augustinus von Hippo, Einführung und Interpretation zu den dreizehn Büchern (Forschungen zur europäischen Geistesgeschichte 1), Freiburg 1998, 11–60

Ferrari, Leo C.: Augustine's „discovery" of Paul (Confessions 7.21.27), in: Augustinian Studies 22 (1991) 37–61

Ferrari, Leo C.: Paul at the Conversion of Augustine (Conf VIII,12,29–30), in: Augustinian Studies 11 (1980) 5–20

Feuerbach, Ludwig: Das Wesen des Christentums (1841), Ges. Werke, hg. v. Werner Schuffenhauer, Bd. 5, Berlin 1973

Feuerbach, Ludwig: Die Unsterblichkeitsfrage vom Standpunkte der Anthropologie (1846), Ges. Werke, Hg. Werner Schuffenhauer, Bd. 10, Berlin 1971

Fichte, Johann Gottlieb: Fichtes Werke, hg. v. Immanuel Hermann Fichte, Bd. 1, Berlin 1971

Fiedrowicz, Michael: Psalmus vox totius Christi. Studien zu Augustins „Enarrationes in Psalmos", Freiburg 1997

Fink-Eitel, Hinrich: Zwischen Nietzsche und Heidegger. Michel Foucaults „Sexualität und Wahrheit" im Spiegel neuerer Sekundärliteratur, in: Philosophisches Jahrbuch 97 (1990) 367–390

Finkenzeller, Josef: Die Lehre von den Sakramenten im allgemeinen, Bd. 1, Von der Schrift bis zur Scholastik. Handbuch der Dogmengeschichte, hg. v. Michael Schmaus (u. a.), Bd. 4, Fasz. 1a, Freiburg 1980

Fischer, Norbert und Mayer, Cornelius (Hgg.): Die Confessiones des Augustinus von Hippo. Einführung und Interpretation zu den dreizehn Büchern (Forschungen zur europäischen Geistesgeschichte 1), Freiburg–Basel–Wien 1998

Flasch, Kurt: Augustin. Einführung in sein Denken, Stuttgart 1980

Fleischer, Margot: Dionysos als Ding an sich. Der Anfang von Nietzsches Philosophie in der ästhetischen Metaphysik der ‚Geburt der Tragödie‘, in: Nietzsche-Studien 17 (1988) 74–90

Frank, Manfred: Was ist Neostrukturalismus? Frankfurt 1984

Geerlings, Wilhelm (Hg.): Augustinus – Leben und Werk. Eine bibliographische Einführung, Paderborn 2002

Geerlings, Wilhelm: Christus Exemplum. Studien zur Christologie und Christusverkündigung Augustins (Tübinger theologische Studien 13), Mainz 1978

Gerhardt, Volker.: Art. Sinn des Lebens, in: Historisches Wörterbuch der Philosophie, hg. v. J. Ritter u. a., Bd. 9, Basel 1995, 815–824

Gessel, Wilhelm: Eucharistische Gemeinschaft bei Augustinus, Würzburg 1966

Gilson, Étienne: Introduction à l'étude de s. Augustin, Paris ³1946

Gilson, Étienne: Les métamorphoses de la cité de Dieu, Paris 1952

Gnilka, Joachim: Paulus von Tarsus. Apostel und Zeuge, Freiburg–Basel–Wien 1996

Gnilka, Joachim: Der Philipperbrief (HThKNT 10,3), Freiburg–Basel–Wien ³1980

Gutmann, Thomas: Nietzsches „Wille zur Macht" im Werk Foucaults, in: Nietzsche-Studien 27 (1999) 377–419

Haacker, Klaus: Der Brief des Paulus an die Römer (ThHK 6), Leipzig 1999

Haacker, Klaus: Art. Glaube II. (AT und NT), in: TRE 13,277–304

Habermas, Jürgen: Glauben und Wissen. Friedenspreis des Deutschen Buchhandels 2001, Laudatio: Jan Philipp Reemtsma, Frankfurt am Main 2001

Hadot, Pierre: Exercices spirituels et philosophie antique, Paris 1987

Hadot, Pierre: Porphyre et Victorinus, 2 Bde., Paris 1968

Harnisch, Wolfgang: Eschatologische Existenz. Ein exegetischer Beitrag zum Sachanliegen von 1 Thess 4,13–5,11 (FRLANT 110), Göttingen 1973

Hart, Kevin: The trespass of the sign Deconstruction, theology and philosophy, Cambridge 1989

Haufe, Günter: Der erste Brief des Paulus an die Thessalonicher (ThHK 12,1), Leipzig 1999

Hauschild, Wolf-Dieter: Lehrbuch der Kirchen- und Dogmengeschichte, Gütersloh [2]2000

Havemann, Daniel: Evangelische Polemik. Nietzsches Paulusdeutung, in: Nietzsche-Studien 30 (2001) 175–186

Hegel, Georg Wilhelm Friedrich: Die Wissenschaft der Logik II, Werke 6, Frankfurt [6]1993

Hegel, Georg Wilhelm Friedrich: Vorlesungen über die Philosophie der Geschichte, Werke 12, Frankfurt [2]1989

Heidegger, Martin: Bauen Wohnen Denken, in: Ders.: Vorträge und Aufsätze, Stuttgart [7]1994, 139–156

Heidegger, Martin: Brief über den Humanismus, Frankfurt [8]1981

Heidegger, Martin: Das Ende der Philosophie und die Aufgabe des Denkens, in: Ders.: Zur Sache des Denkens Tübingen [3]1988

Heidegger, Martin: Der Spruch des Anaximander, in: Ders.: Holzwege, Frankfurt 1977, 321–374

Heidegger, Martin: „... dichterisch wohnet der Mensch ...", in: Ders.: Vorträge und Aufsätze, Stuttgart [7]1994

Heidegger, Martin: Holzwege, Frankfurt 1977

Heidegger, Martin: Sein und Zeit, Tübingen [11]1967

Heidegger, Martin: Wer ist Nietzsches Zarathustra?, in: Ders.: Vorträge und Aufsätze, Stuttgart [7]1994

Heidegger, Martin: Vorträge und Aufsätze, Stuttgart [7]1994

Heidegger, Martin: Zeit und Sein, in: Ders.: Zur Sache des Denkens, Tübingen [3]1988, 1–26

Heidegger, Martin: Zur Sache des Denkens, Tübingen [3]1988

Hezser, Catherine: Lohnmetaphorik und Arbeitswelt in Mt 20,1–16. Das Gleichnis von den Arbeitern im Weinberg im Rahmen rabbinischer Lohngleichnisse (NTOA 15), Freiburg/ Schweiz 1990

Hofius, Otfried: Paulusstudien (WUNT 105), Tübingen [2]1994

Hofius, Otfried: Sühne und Versöhnung. Zum paulinischen Verständnis des Kreuzestodes Jesu, in: Ders.: Paulusstudien (WUNT 51), Tübingen 1989, 33–49

Hofmann, Fritz: Der Kirchenbegriff des Heiligen Augustinus in seinen Grundlagen und seiner Entwicklung, München 1933

Hoff, Gregor Maria: Die prekäre Identität des Christlichen. Die Herausforderung postModernen Differenzdenkens für eine theologische Hermeneutik, Paderborn–München–Wien– Zürich 2001

Hoff, Johannes: Spiritualität und Sprachverlust. Theologie nach Foucault und Derrida, Paderborn–München–Wien–Zürich 1999

Holte, Ragnar: Béatitude et Sagesse, Paris 1962

Holtz, Traugott: Der erste Brief an die Thessalonicher (EKK 13), Zürich 1986

Hoping, Helmut: Freiheit im Widerspruch. Eine Untersuchung zur Erbsündenlehre im Ausgang von Immanuel Kant (ITS 30), Innsbruck 1990

Hoping, Helmut: Gottes äußerste Gabe. Die theologische Unverzichtbarkeit der Opfersprache, in: Herder Korrespondenz 56 (2002) 247–251.

Hübner, Hans: Das Gesetz bei Paulus, Göttingen [2]1980

Hülser, Karlheinz: Fragmente zur Dialektik der Stoiker (FDS), Stuttgart 1987

Hünermann, Peter: Der Durchbruch des geschichtlichen Denkens im 19. Jahrhundert, Freiburg–Basel–Wien 1969

Janke, Wolfgang: Vom Bilde des Absoluten. Grundzüge der Phänomenologie Fichtes, Berlin–New York 1993

Jaspers, Karl: Nietzsche, Berlin 1936

Jeremias, Joachim: Die Abendmahlsworte Jesu, Göttingen [3]1960

Johannes Cassian: Institutions cénobitique, trad. J. C. Guy (Sources chrétiennes 109), Paris 1965

Johannes Paul II.: Enzyklika FIDES ET RATIO von Papst Johannes Paul II. an die Bischöfe der katholischen Kirche über das Verhältnis von Glaube und Vernunft (Verlautbarungen des Apostolischen Stuhls 135), Bonn 1998

Jüngel, Eberhard: Das Evangelium von der Rechtfertigung des Gottlosen als Zentrum des christlichen Glaubens. Eine theologische Studien in ökumenischer Absicht, Tübingen [2]1999

Karrer, Martin: Art. Glaube, in: Bibeltheologisches Wörterbuch, hg. v. Johannes B. Bauer, Graz [4]1994, 250–256

Käsemann, Ernst: An die Römer (HNT 8a), Tübingen [3]1974

Käsemann, Ernst: A Primitive Christian Baptismal Liturgy, in: Ders.: Essays on New Testament Themes, London 1964

Käsemann, Ernst: Gottesgerechtigkeit bei Paulus, in: ZThK 58 (1961) 367–378

Kasper, Walter: Das Absolute in der Geschichte. Philosophie und Theologie der Geschichte in der Spätphilosophie Schellings, Mainz 1965

Kasper, Walter: Der Gott Jesu Christi (Das Glaubensbekenntnis der Kirche 1), Mainz 1982

Kasper, Walter: Hoffnung auf die endgültige Ankunft Jesu Christi in Herrlichkeit, in: Internationale katholische Zeitschrift ‚Communio‘ 14 (1985) 1–14

Kasper, Walter: Theonomie und Autonomie. Zur Ortsbestimmung des Christlichen in der modernen Welt, in: Anspruch der Wirklichkeit und christlicher Glaube. Probleme und Wege theologischer Ethik heute (FS Alfons Auer), hg v. H. Weber und D. Mieth, Düsseldorf 1980, 17–41

Kant, Immanuel: Kritik der reinen Vernunft, Akademieausgabe (AA) Bd. 3, Berlin 1911

Kant, Immanuel: Kritik der praktische Vernunft, AA Bd. 5, Berlin 1913

Kant, Immanuel: Kritik der Urteilskraft, AA Bd. 5, Berlin 1913

Kant, Immanuel: Logik, AA Bd. 9, Berlin 1923

Kant, Immanuel: Vorlesungen über das Naturrecht, AA Bd. 27,2-2, Berlin 1979

Kertelge, Karl (Hg.): Das Gesetz im Neuen Testament (QD 108), Freiburg 1986

Kertelge, Karl: Grundthemen paulinischer Theologie, Freiburg–Basel–Wien 1991

Kertelge, Karl: ‚Rechtfertigung bei Paulus‘. Studien zur Struktur und zum Bedeutungsgehalt des paulinischen Rechtfertigungsbegriffs (NTA 3), Münster 1967

Kienzler, Klaus: Die unbegreifliche Wirklichkeit der menschlichen Sehnsucht nach Gott, in: Norbert Fischer, Cornelius Mayer (Hgg.): Die Confessiones des Augustinus von Hippo,

Einführung und Interpretation zu den dreizehn Büchern (Forschungen zur europäischen Geistesgeschichte 1), Freiburg 1998, 61–106

Kim, Seyoon: The Origin of Paul's Gospel (WUNT 2,4), Tübingen 1981

Klaiber, Walter: Rechtfertigung und Gemeinde. Eine Untersuchung zum paulinischen Kirchenverständnis (FRLANT 127), Göttingen 1982

Kleutgen, Joseph: Die Theologie der Vorzeit vertheidigt von Joseph Kleutgen, Priester der Gesellschaft Jesu, 4 Bde., Münster ²1853–1860

Knapp, Markus und Kobusch, Theo (Hgg.): Religion – Metaphysik(kritik) – Theologie im Kontext der Moderne/Postmoderne (Theologische Bibliothek Töpelmann 112), Berlin– New York 2001

Kralles, Charles: The Meeting of R. Bultmann with M. Heidegger. The vicissitude of protestant Theology and of existentialist Ontology, in: Deltio biblikon meleton 14,2 (1995) 5–20

Kümmel, Werner Georg: Römer 7 und die Bekehrung des Paulus, Leipzig 1929

Kuss, Otto: Der Römerbrief (dritte Lieferung), Regensburg 1978

Lambrecht, Jan: Gesetzesverständnis bei Paulus, in: K. Kertelge (Hg.): Das Gesetz im Neuen Testament (QD 108), Freiburg 1986, 88–127

Liebsch, Burkhard: Abgebrochene Beziehungen: Merleau-Ponty und Foucault über Ontogenese und Geschichte (I), in: Philosophisches Jahrbuch 6 (1994) 177–194

Limbeck, Meinrad: Das Gesetz im Alten und Neuen Testament, Darmstadt 1997

Letzkus, Alwin: Dekonstruktion und ethische Passion. Denken des Anderen nach Jacques Derrida und Emmanuel Levinas (Phänomenologische Untersuchungen 15), München 2002

Lévi-Strauss, Claude: La pensée sauvage, Paris 1962

Levinas, Emmanuel: Totalität und Unendlichkeit, Freiburg–München ²1992

Levinas, Emmanuel: Totalité et Infini. Essai sur l'Extériorité, La Haye ²1974

Liébaert, Jacques: Christologie. Von der Apostolischen Zeit bis zum Konzil von Chalcedon (451). Handbuch der Dogmengeschichte, hg. v. Michael Schmaus (u. a.), Bd. 3, Fasz. 1a, Freiburg 1965

Lohse, Eduard: Paulus. Eine Biographie, München 1996

Lohse, Eduard: Taufe und Rechtfertigung bei Paulus, in: Ders.: Die Einheit des Neuen Testaments. Exegetische Studien zur Theologie des Neuen Testaments, Göttingen 1973, 228– 244

Löhrer, Magnus: Der Glaubensbegriff des heiligen Augustinus in seinen ersten Schriften bis zu den Confessiones, Zürich–Köln 1955

Lössl, Josef: Intellectus gratiae. Die erkenntnistheoretische und hermeneutische Dimension der Gnadenlehre Augustins von Hippo, Leiden–New York–Köln 1997

Loock, Reinhard: Nietzsches dionysische Konzeption des Lebens, in: Ralf Elm u. a. (Hgg.): Hermeneutik des Lebens. Potentiale des Lebensbegriffs in der Krise der Moderne, Freiburg–München 1999, 65–99

Löwith, Karl: Nietzsches Philosophie der ewigen Wiederkehr des Gleichen, Stuttgart ²1956

Luther, Martin: D. Martin Luthers Werke. Kritische Gesamtausgabe, Weimar 1883 ff., Nachdruck Graz 1966

Lyotard, François: Das postmoderne Wissen, Wien 1994

Lyotard, François: Le différand, Paris 1983

Madec, Goulven: Art. Conuersio, in: Augustinus-Lexikon, hg. v. C. Mayer, Bd. 1, Basel 1986–1994, 1282–1294

Madec, Goulven: Connaissance de dieu et action de grâce. Les Citations de l'Épître aux Romains 1,18–25 dans les Œuvres de Saint Augustin, in: Recherches Augustiniennes, Vol. II, Hommage au R. P. Fulbert Cayré, Paris 1962, 273–309

Mahlmann, Theodor: Art. Prädestination, in: Historisches Wörterbuch der Philosophie, hg. v. J. Ritter u. a., Bd. 7, Basel 1989, 1172–1178

Markschies, Christoph: Die Gnosis, München 2001

Martin, Ralph P.: Carmen Christi: Philippians 2,5–11 in Recent Interpretation and in the Setting of Early Christian Worship (SNTSMS 3), Cambridge 1967

Mayer, Cornelius (Hg.): Augustinus-Lexikon, Basel–Stuttgart 1986 ff.

Menke, Karl-Heinz: Opfer und Martyrium – die Antwort Christi, in: Internationale katholische Zeitschrift ‚Communio‘ 31 (2002) 144–164

Merleau-Ponty, Maurice: Le sens et le non sens, Paris 1966

Merleau-Ponty, Maurice: Les aventures de la dialectique, Paris 1955

Merleau-Ponty, Maurice: Le visible et l'invisible, Paris 1964

Merklein, Helmut: Der (neue) Bund als Thema der paulinischen Theologie, in: Theologische Quartalschrift 176 (1996) 290–308

Merklein, Helmut: Das paulinische Paradox vom Kreuz, in: Trierer Theologische Zeitschrift 106 (1997) 81–98

Metz, Wilhelm: Hektor als der homerischste aller homerischen Helden, in: Gymnasium 97 (1990), 385–404

Metz, Wilhelm: Friedrich Nietzsche. Die Verwandlung des Menschen in ‚Also sprach Zarathustra‘, in: Friedhelm Decher u. a. (Hgg.): Philosophische Anthropologie im 19. Jahrhundert, Würzburg 1992, 181–192

Milbank, John (Hg.): Radical orthodoxy. A new theology, London 1999

Montinari, Mazzino: Nietzsches Nachlaß von 1885–1888 oder Textkritik und Wille zur Macht, in: J. Salaquarda (Hg.): Nietzsche, Darmstadt ²1996, 323–350

Müller, Christian: Gottes Gerechtigkeit und Gottes Volk. Eine Untersuchung zu Röm 9–11 (FRLANT 86), Göttingen 1964

Müller, Christian: Der Brief des Apostels Paulus an die Philipper (ThHK 11,1), Leipzig 1993

Müller, Klaus: Mehr als Kitt oder Stolperstein. Erwägungen zum philosophischen Profil von Religion in der Moderne", in: Markus Knapp, Theo Kobusch (Hgg.): Religion – Metaphysik(kritik) – Theologie im Kontext der Moderne/Postmoderne (Theologische Bibliothek Töpelmann, Bd. 112), Berlin–New York 2001, 41–55

Müller, Klaus: Wieviel Vernunft braucht der Glaube? Erwägungen zur Begründungsproblematik, in: Ders. (Hg.): Fundamentaltheologie. Fluchtlinien und gegenwärtige Herausforderungen. In konzeptioneller Zusammenarbeit mit Gerhard Larcher, Regensburg 1998, 77–100

Müller, Klaus: Wenn ich „ich" sage. Studien zur fundamentaltheologischen Relevanz selbstbewusster Subjektivität, Frankfurt u. a. 1994

Müller-Lauter, Wolfgang: Nietzsches Lehre vom Willen zur Macht, in: J. Salaquarda (Hg.): Nietzsche, Darmstadt ²1996, 240–244

Mußner, Franz: Der Galaterbrief (HThKNT 9), Freiburg 1974

Ortega, Francisco: Michel Foucault. Rekonstruktion der Freundschaft, München 1997

Pérez Paoli, Ubaldo Ramón: Der plotinische Begriff ὑπόστασις und die augustinische Bestimmung Gottes als subiectum, Würzburg 1990

Petzold, Martin: Nietzsche unter den Theologen? in: Theologische Literaturzeitung 127 (2002) 867–882

Platz, Philipp: Der Römerbrief in der Gnadenlehre Augustins, Würzburg, 1938

Plotin: Plotins Schriften. Übersetzt von Richard Harder, Darmstadt 2000

Pollmann, Karla: Doctrina Christiana. Untersuchung zu den Anfängen der christlichen Hermeneutik unter besonderer Berücksichtigung von Augustinus De doctrina christiana (Paradosis. Beiträge zur Geschichte der altchristlichen Literatur und Theologie 41), Freiburg (Schweiz) 1996

Porphyrios: Porphyrii Sententiae ad intelligibilia ducentes (Bibliotheca scriptorum Graecorum et Romanorum Teubneriana), hg. v. Erich Lamberz, Leipzig 1975

Porphyrios: Philosophi Porphyrii opuscula selecta (Bibliotheca scriptorum Graecorum et Romanorum Teubneriana), hg. v. August Nauck, Hildesheim [2]1977

Pröpper, Thomas: Evangelium und freie Vernunft. Konturen einer theologischen Hermeneutik, Freiburg 2001

Pröpper, Thomas: Freiheit als philosophisches Prinzip der Dogmatik. Systematische Reflexionen im Anschluß an Walter Kaspers Konzeption der Dogmatik, in: Eberhard Schockenhoff/Peter Walter (Hgg.): Dogma und Glaube. Bausteine für eine theologische Erkenntnislehre, Festschrift für Bischof Walter Kasper, Mainz 1993, 165–192

Radl, Walter: Ankunft des Herrn. Zur Bedeutung und Funktion der Parusie-Aussagen bei Paulus, Frankfurt 1981

Räisänen, Heikki: Paul and the Law, Tübingen 1983

Raffelt, Albert: ,Pie quaerere' – Augustins Weg der Wahrheitssuche, in: Norbert Fischer, Cornelius Mayer (Hgg.): Die Confessiones des Augustinus von Hippo. Einführung und Interpretation zu den dreizehn Büchern (Forschungen zur europäischen Geistesgeschichte 1), Freiburg–Basel–Wien 1998, 207–213

Rahner, Karl: Die Sünde Adams, in: Ders.: Schriften zur Theologie IX, Einsiedeln 1970, 259–275

Rahner, Karl: Art. Erbsünde, in: Sacramentum Mundi, theologisches Lexikon für die Praxis, hg. v. Karl Rahner u. a., Bd. 1, Freiburg 1967, 1104–1117

Rahner, Karl: Grundsätzliche Überlegungen zur Anthropologie und Protologie im Rahmen der Theologie, in: Mysterium Salutis. Grundriss heilsgeschichtlicher Dogmatik, hg. v. Johannes Feiner u. Magnus Löhrer, Bd. 2, Einsiedeln–Zürich–Köln 1967, 406–420

Rahner, Karl u. a. (Hgg.): Sacramentum Mundi, theologisches Lexikon für die Praxis, Bd. 1, Freiburg 1967

Ratzinger, Joseph: Einführung in das Christentum. Vorlesungen über das Apostolische Glaubensbekenntnis, München 1968

Ratzinger, Joseph: Herkunft und Sinn der Civitas-Lehre Augustins, in: Augustinus Magister. Congrès International Augustinien, Paris, 21–24 septembre 1954, Bd. 2, Communications, Paris 1954, 965–979

Ratzinger, Joseph: Volk und Haus Gottes in Augustins Lehre von der Kirche (MTS II,7), München 1954

Regenbogen, Arnim (Hg.): Antike Weisheit und moderne Vernunft. Heribert Boeder zugeeignet (Osnabrücker philosophische Schriften, Reihe A, Abhandlungen, Bd. 1), Osnabrück 1996

Riches, J. K.: Readings of Augustine on Paul, their impact on critical studies of Paul, in: Society of Biblical Literature: Seminar papers 134 (1998) 943–967

Ring, Thomas Gerhard: Einführung und Erläuterungen, in: Aurelius Augustinus: Schriften gegen die Pelagianer, Prolegomena Bd. III, An Simplizian zwei Bücher über verschiedene Fragen, eingeleitet, übertragen und erläutert von T. G. Ring, Würzburg 1991

Ritter, Joachim u. Gründer, Karlfried (Hgg.): Historisches Wörterbuch der Philosophie, Basel 1971 ff.

Rousseau, Jean-Jacques: Du contrat social, Paris 1992

Ruhstorfer, Karlheinz: Foucault und Christentum. Grundzüge der neueren theologischen Rezeption, in: Theologische Revue 97 (2001) 1–18

Ruhstorfer, Karlheinz: Das Prinzip ignatianischen Denkens. Zum geschichtlichen Ort der „Geistlichen Übungen" des Ignatius von Loyola (FTS 161), Freiburg 1998

Ruhstorfer, Karlheinz: Die Platoniker und Paulus. Augustins neue Sicht auf das Denken, Wollen und Tun der Wahrheit, in: Norbert Fischer, Cornelius Mayer (Hgg.): Die Confessiones des Augustinus von Hippo. Einführung und Interpretation zu den dreizehn Büchern (Forschungen zur europäischen Geistesgeschichte 1), Freiburg–Basel–Wien 1998, 283–341

Ruhstorfer, Karlheinz: Freiheit und Prädestination. Der Ansatz des Dr. Josef Heiler, Pfarrer von Triberg, in: Freiburger Diözesan-Archiv 120 (2000) 157–188

Sanders, Ed Parish: Paulus und das palästinische Judentum. Ein Vergleich zweier Religionsstrukturen (StUNT 17), Göttingen 1985

Sanders, Ed Parish: Paulus. Eine Einführung, Stuttgart 1995

Sanders, Ed Parish: Paul, the Law and the jewish People, London 1985

Salaquarda, Jörg (Hg.): Nietzsche, Darmstadt [2]1996, 288–322

Salaquarda, Jörg: Dionysos gegen den Gekreuzigten, in: Ders. (Hg.): Nietzsche, Darmstadt [2]1996, 288–322

Saussure, Ferdinand de: Grundfragen der Allgemeinen Sprachwissenschaft, Berlin [2]1967

Scheier, Claus-Artur: Aporien oder die poröse Moderne, in: Vittoria Borsò, Björn Goldammer (Hgg.): Moderne(n) der Jahrhundertwenden. Spuren der Moderne(n) in Kunst, Literatur und Philosophie auf dem Weg ins 21. Jahrhundert. Akten des Kongresses ‚Moderne der Jahrhundertwende(n) 24.–27. November 1998 an der Heinrich-Heine-Universität Düsseldorf, Baden-Baden 1999, 57–66

Scheier, Claus-Artur: Der Mensch, diese Fabrikware der Natur … Bemerkungen zur geschichtlichen Selbstbestimmung des Menschen, in: Braunschweiger Beiträge für Theorie und Praxis 88-2 (1999) 57–60

Scheier, Claus-Artur: Die Grenze der Metaphysik, in: Abhandlungen der Braunschweigischen Wissenschaftlichen Gesellschaft 46 (1995) 189–196

Scheier, Claus-Artur: Einigende Offenheit – Ein Motiv europäischen Denkens, in: Das multikulturelle Europa. Akten der CCIV. internationalen Tagung deutsch-italienischer Studien, hg. v. d. Akademie deutsch-italienischer Studien, Meran 1998, 623–630

Scheier, Claus-Artur: Nietzsche. Ecce auctor. Die Vorreden von 1886. Herausgegeben und eingeleitet von Claus-Artur Scheier, Hamburg 1990

Scheier, Claus-Artur: Nietzsches Labyrinth. Das ursprüngliche Denken und die Seele, Freiburg–München 1985

Scheier, Claus-Artur: Nur noch eine Spur der Spur? Vom schwierigen Verhältnis des philosophischen Denkens zur theologischen Tradition, in: Braunschweiger Beiträge für Theorie und Praxis 96-2 (2001) 45–49

Scheier, Claus-Artur: Zur Willensfreiheit bei Schopenhauer im Blick auf Feuerbachs Abhandlung ‚Über Spiritualismus und Materialismus, besonders in Beziehung auf die Willensfreiheit, in: Andreas Arndt und Walter Jaeschke (Hgg.): Materialismus und Spiritualismus, Hamburg 2000, 91–100

Scheffczyk, Leo: Urstand, Fall, Erbsünde. Von der Schrift bis Augustinus. Handbuch der Dogmengeschichte, hg. v. Michael Schmaus u.a., Bd. II, Fasz. 3a (1. Teil), Freiburg–Basel–Wien 1981

Schlier, Heinrich: Römerbrief (HThKNT 6), Freiburg 1977

Schmaus, Michael: Katholische Dogmatik, Bd. 3,2, München 1951

Schmid, Wilhelm: Auf der Suche nach einer neuen Lebenskunst. Die Frage nach dem Grund und die Neubegründung der Ethik bei Foucault, Frankfurt 1991

Schmithals, Walter: Der Römerbrief, Gütersloh 1988

Schöck, Helmut: Nietzsches Philosophie des ‚Menschlich-Allzumenschlichen‘, Tübingen 1948

Scholten, Clemens: Art. Gnosis, II. Alte Kirche, in: LThK ³1995, Bd. 4, 803–809

Schoonenberg, Piet: Theologie der Sünde, Einsiedeln 1966

Schopenhauer, Arthur: Die Welt als Wille und Vorstellung, 2 Bde.; in: Ders.: Sämtliche Werke, hg. v. Arthur Hübscher, Bd. 2 und 3, Wiesbaden 1949

Schopenhauer, Arthur: Aphorismen zur Lebensweisheit, in: Sämtliche Werke, hg. v. Arthur Hübscher, Bd. 5, Wiesbaden 1949, 331–530

Schrage, Wolfgang: Der gekreuzigte und auferweckte Herr. Zur theologia crucis und theologia resurrectionis bei Paulus, in: Zeitschrift für Theologie und Kirche 94 (1997) 25–38

Schrage, Wolfgang: Der erste Brief an die Korinther (EKK VII, 1–4), Zürich–Braunschweig–Düsseldorf–Neukirchen/Vluyn 1991–2001

Simonis, Walter: Ecclesia visibilis et invisibilis. Untersuchungen zur Ekklesiologie und Sakramentenlehre in der afrikanischen Tradition von Cyprian bis Augustinus (FTS 5), Frankfurt 1970

Söding, Thomas: Das Gebot der Nächstenliebe bei Paulus. Die Mahnungen zur Agape im Rahmen der paulinischen Ethik (NtANF 26), Münster 1995

Söding, Thomas: Die Trias Glaube, Hoffnung, Liebe bei Paulus. Eine exegetische Studie (SBS 150), Stuttgart 1992

Söding, Thomas: Worum geht es in der Rechtfertigungslehre? Das biblische Fundament der ‚Gemeinsamen Erklärung‘ von katholischer Kirche und Lutherischem Weltbund (QD 180), Freiburg 1999

Solignac, Aimé: Introduction et notes, in: Les Confessions, Livres I – VII, texte de l'édition de M. Skutella; introduction et notes par A. Solignac, traduction de E. Tréhorel … (Augustinus, Œuvres, vol. 13), Paris 1962

Spinoza, Baruch de: Opera, hg. v. Carl Gebhardt, Bd. 4, Heidelberg 1925

Stäcker, Thomas: Jamblich und der philosophische Begriff der Zauberei, in: Arnim Regenbogen (Hg.): Antike Weisheit und moderne Vernunft. Heribert Boeder zugeeignet (Osnabrücker philosophische Schriften, Reihe A, Abhandlungen, Bd. 1), Osnabrück 1996, 88–116

Steiner, George: Von realer Gegenwart. Hat unser Sprechen Inhalt? Mit e. Nachw. von Botho Strauß, München 1990

Stendahl, Krister: Der Apostel Paulus und das ‚introspektive‘ Gewissen des Westens, in: Kirche und Israel 11 (1996) 15–33

Stendahl, Krister: Der Jude Paulus und wir Heiden. Anfragen an das abendländische Christentum (Kaiser Traktate 36), München 1978

Strecker, Christian: Paulus aus einer ‚neuen Perspektive‘. Der Paradigmenwechsel in der jüngeren Paulusforschung, in: Kirche und Israel 11 (1996) 3–18

Striet, Magnus: Nietzsche und kein Ende. Tendenzen der gegenwärtigen Forschung und Diskussion, in: Theologische Revue 95 (1999) 3–18

Striet, Magnus: Vom Stigmatisierten zum Modeheiligen. Die Aktualität Friedrich Nietzsches für die christliche Theologie, in: Herder Korrespondenz 54 (2000) 523–526

Stuhlmacher, Peter: Erwägungen zum ontologischen Charakter der καινὴ κτίσις bei Paulus, in: Evangelische Theologie 27 (1967) 1–35

Stuhlmacher, Peter: Gerechtigkeit Gottes bei Paulus (FRLANT 87), Göttingen 1965

Stuhlmacher, Peter: Zur neueren Exegese von Röm 3,24–26, in: Jesus und Paulus (FS W. Kümmel), hg. v. E. E. Ellis und E. Gräßer, Göttingen 1975, 315–333

Taylor, Marc C.: Deconstructing Theology, New York–Chicago 1982

Theologisches Wörterbuch zum Neuen Testament, begr. v. Gerhard Kittel, hg. v. Gerhard Friedrich u. a.,10 Bde., Stuttgart 1933–1979

TeSelle, Eugene: Crede ut intelligas, in: Augustinus-Lexikon, hg. v. Cornelius Mayer, Bd. 1, Basel–Stuttgart 1986–1994, 116–119

Thomas von Aquin: Opera omnia (ed. Marietti), Rom 1972f.

Tück, Jan-Heiner: Versöhnung zwischen Tätern und Opfern? Ein soteriologischer Versuch angesichts der Shoah, in: Theologie und Glaube 89 (1999) 364–381

Valentin, Joachim: Atheismus in der Spur Gottes. Theologie nach Jacques Derrida, Mainz 1997

Valentin, Joachim: Das Echo Jacques Derridas in der angelsächsischen Theologie, in: Theologische Revue 97 (2001) 19–28.

van der Meer, Frits: Augustinus der Seelsorger. Leben und Wirken eines Kirchenvaters, Köln 1958

van Fleteren, Frederick: Augustine's Ascent of the Soul in Book VIII of the Confessions: A Reconsideration, in: Augustinian Studies 5 (1974) 29–72

van Fleteren, Frederick: St. Augustines Theory of Conversion, in: Ders. u. Joseph C. Schnaubelt (Hgg.): Collectanea Augustiniana. Augustine, Second Founder of the Faith, New York u. a. 1990, 65–80

Verbeke, Gérard: Augustin et le Stoïcisme, in: Recherches Augustiniennes, Suppl.-Bd. 1, Paris 1958, 67–89

Verweyen, Hansjürgen: Gottes letztes Wort. Grundriß der Fundamentaltheologie, Regensburg [3]2000

Wainwright, Geoffrey: (Kein Titel), in: Göttinger Predigtmeditationen 44 (1989/90) 208–214

Watson, Gerard: Art. Cogitatio, in: Augustinus-Lexikon, hg. v. Cornelius Meier, Basel–Stuttgart 1986ff., 1047f.

Weischedel, Wilhelm: Der Wille und die Willen. Zur Auseinandersetzung Wolfgang Müller-Lauters mit Martin Heidegger, in: Zeitschrift für philosophische Forschung 27/1 (1973) 71–76

Wengst, Klaus: Christologische Formeln und Lieder des Urchristentums, Gütersloh 1972

Wilckens, Ulrich: Der Brief an die Römer (EKK VI, 1–3), Zürich–Einsiedeln–Köln, 1978–1982

Wilckens, Ulrich: Die Bekehrung des Paulus als religionsgeschichtliches Problem, in: Ders.: Rechtfertigung als Freiheit. Paulusstudien, Neukirchen 1974, 11–32

Wilckens, Ulrich: Die ‚gemeinsame Erklärung zur Rechtfertigungslehre' (GE) und ihre biblische Grundlage, in: Thomas Söding: Worum geht es in der Rechtfertigungslehre? Das biblische Fundament der ‚Gemeinsamen Erklärung' von katholischer Kirche und Lutherischem Weltbund (QD 180), Freiburg 1999, 27–63

Wilckens, Ulrich: Zu 1 Kor 2,1–16, in: Carl Andresen/Günter Klein (Hgg.): Theologia crucis – Signum crucis. FS E. Dinkler, Tübingen 1979, 501–537

Wohlmuth, Josef (Hg.): Emmanuel Levinas. Eine Herausforderung für die christliche Theologie, Paderborn–München–Wien–Zürich 1998

Wohlmuth, Josef: Ruf und Gabe. Zum Verhältnis von Phänomenologie und Theologie, Bonn 2000

Wolff, Christian: Der erste Brief des Apostels Paulus an die Korinther (ThHK 7,2), Berlin 1982

Wolff, Christian: Der zweite Brief des Paulus an die Korinther (ThHK 8), Berlin 1989

Die Logotektonik Heribert Boeders

Ternfolgen der Vernunftarten und der Weisheit:

Weisheit:	–	setzt mit Bestimmungsterminus ein	B-S-D / D-B-S / S-D-B
natürliche Vernunft:	lehnt Weisheit ab	setzt mit Denkterminus ein	D-S-B / B-D-S / S-B-D
weltliche Vernunft:	ersetzt Weisheit	setzt mit Sachterminus ein	S-B-D / D-S-B / B-D-S
conceptuale Vernunft:	birgt Weisheit	setzt mit Bestimmungsterminus ein	B-D-S / S-B-D / D-S-B

Geschichte der Metaphysik

	Welt der Moderne	*Sprache der Submoderne*
1. natürliche Vernunft:	3. *hermeneutische V.:* Dilthey, Husserl, Wittgenstein	2. *anarchische V.:* Merleau-Ponty, *Foucault*, Derrida
2. weltliche Vernunft:	1. *technische V.:* Frege, Schlick, Kuhn	3. *strukturalistische V.:* Jakobson, Lévi-Strauss/Lacan, Barthes
3. conceptuale Vernunft: (2. Epoche: Plotin, Augustin, Thomas)	2. *apokalyptische V.:* Marx, *Nietzsche*, Heidegger	1. *performative V.:* Ryle, Austin, Dummett

Sophia und Philosophia in der Geschichte der Metaphysik:

	1. Epoche	*2. Epoche*	*3. Epoche*
Weisheit:	Homer, Hesiod, Solon	Synoptiker, *Paulus*, Johannes	Rousseau, Schiller, Hölderlin
Conceptuale Vernunft:	Parmenides, Platon, Aristoteles	Plotin, *Augustinus*, Thomas v. Aquin	Kant, Fichte, Hegel

Die Logotektonik der Zweiten Epoche:

	Vorphase	*Weisheit*	*1. Conception*	*2. Conception*	*3. Conception*	*Verschließungsphase*
Natürliche Vernunft:	Chrysipp (Stoa, dogmatisch) Karneades (skeptisch)		Numenios (gnostisch, Hermeneutik)	Porphyrios	Anselm von Canterbury	Johannes Duns Scotus Wilhelm von Ockham Nikolaus von Kues
Weltliche Vernunft:	Epikur (dogmatisch) Ainesidemos (pyrrho-neische Skepsis)		Corpus hermeticum ‚Poimander' (gnost.)	Jamblich	Richard von St. Viktor	Meister Eckhart Johannes Tauler Thomas von Kempen
Weisheit		Synoptiker Paulus Johannes	JOHANNES	*Paulus*	SYNOPTIKER	
Conceptuale Vernunft:			PLOTIN	Augustin	THOMAS v. AQUIN	

PERSONENVERZEICHNIS

Für Paulus, Augustinus, Nietzsche und Foucault werden die Angaben nur für das Vorkommen außerhalb der Kapitel, in denen das Denken der jeweiligen Person verhandelt wird, sowie außerhalb der Einleitung gemacht. Da das Paulinische Denken voll und ganz auf die Person Jesus Christus gesammelt ist, wird nur auf deren Vorkommen außerhalb des Paulus-Teils verwiesen.

VERZEICHNIS DER ZITIERTEN STELLEN
AUS DER HEILIGEN SCHRIFT